钱基博国学著作选粹

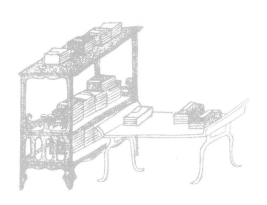

钱基博

著

孙子章句训义

（外一种）

上海古籍出版社

图书在版编目(CIP)数据

孙子章句训义:外一种／钱基博著. —上海:上
海古籍出版社,2024.5
(钱基博国学著作选粹)
ISBN 978-7-5732-1130-9

Ⅰ.①孙… Ⅱ.①钱… Ⅲ.①《孙子兵法》-研究
Ⅳ.①E892.25

中国国家版本馆 CIP 数据核字(2024)第 076937 号

钱基博国学著作选粹

孙子章句训义(外一种)

钱基博 著

上海古籍出版社出版发行

(上海市闵行区号景路 159 弄 1-5 号 A 座 5F 邮政编码 201101)

(1)网址：www.guji.com.cn

(2)E-mail：guji1@guji.com.cn

(3)易文网网址：www.ewen.co

启东市人民印刷有限公司印刷

开本 890×1240 1/32 印张 16.125 插页 3 字数 350,000

2024 年 5 月第 1 版 2024 年 5 月第 1 次印刷

印数：1-1,500

ISBN 978-7-5732-1130-9

E·23 定价：68.00 元

如有质量问题,请与承印公司联系

出 版 说 明

　　钱基博（1887—1957），字子泉，别号潜庐，江苏无锡人，著名学者、教育家。

　　钱氏出身书香门第，四岁起即读四书五经，十五岁时读《资治通鉴》《续通鉴》《读史方舆纪要》等书。少年时期所受的教育，决定了他一生的学术走向。钱氏在思想上基本上秉持了"中学为体，西学为用"这一根本理路，以中国传统的经史之学为自撰门径，同时亦以此为驾驭新知识、新学问的一种方法。

　　辛亥革命兴，钱氏曾在军政府中任职，但其一生的事业主要还是在于教育。钱氏十九岁时始任家庭教师，二十六岁任无锡第一小学教员，二十九岁任吴江丽则女子中学教员，此后更历任上海圣约翰大学国文教授、上海光华大学教授、国立浙江大学教授、湖南国立师范学院教授兼国文系主任等职，直至最后以华中师范学院教职工的身份去世。钱氏一生可说是与教育结下了不解之缘，这种教育者的身份，使得钱氏在秉持和改造传统学术理念的同时，又十分注意传统学问的传播和普及。从三十多岁时出版的《语体文范》到四十多岁时出版的《国学文选类纂》《老子道德经解题及其读法》等一系列著作，钱氏在学术上的所作所为均有推广和规范传统学问的意旨。在研究传统学问的同时，又力图使其成为普通知识人的日常所需，这构成了钱氏治学的另一特色，而这种特色又反过来使钱氏的著作成为普通读者迈进国学门槛的绝佳指引。

　　钱氏一生著述甚多，我社曾经推出《钱基博著作集》十二种，收录钱氏有代表性的单行著作为主，同时选收有学术意义的代表性论文，精择底本,核校引文,简体横排,新式标点,以适应现代阅读习惯,受到读者欢迎。今复择其中有关国学研究之作,分合篇目,编为《钱基博国学著作选粹》,包括以下十种:

《韩愈志》

《经学通志》

《国学文选类纂》

《近百年湖南学风》

《古籍举要 版本通义》

《孙子章句训义(外一种)》

《文学通论(外一种)》

《国故概论》

《国学要籍解题及其读法》

《文心雕龙校读记 读庄子天下篇疏记》

另《克劳塞维兹兵法精义》(原名《德国兵家克劳山维兹兵法精义》)篇幅短小,今附于《孙子章句训义》后。《国学必读》原分上下册,今依原题析为《文学通论》(编选历代文论)、《国故概论》(编选经、小学、史、子相关论文)二种,读者可各取所需。《骈文通义》原与《近百年湖南学风》合为一书,今以类相从附于《文学通论》后。同时修改部分标点、排印错误,重新出版,以飨读者。

上海古籍出版社

二〇二四年三月

总　目

孙子章句训义

目　　录

卷 头 语

"孙子章句训义"，仆旧日之所刊也；"新战史例"，则今之所增订也。往者德国兵家克老山维兹诏人："欲学兵法，只有读史。"人谓理论为事实之母；不知事实乃理论之母；无事实，无理论；而有理论矣，苟不能验之以事，抑亦无征不信！孔子曰："我欲载之空言，不如见之行事之深切著明也！"是故兵法之所以演进者三：其(一)曰综兵事以籀为法。孙子生春秋之末，列国兵争，闻见习熟，而著《十三篇》，以为中国言兵之祖。克老山维兹与于普法之役，身经百战，退而论兵以著书八卷，肇开德国兵学。是故非战国纷纭之世，不能产兵法！盖法不虚立，有兵事而後有兵法。苟无其事，不能空凭以抒议也！非聪明天亶之士，不能著兵法！事变之赜，屠僇之惨，俗人眩焉，获免为幸！惟智勇深沉者，默识心通，不震不悚，有以见天下之动，而观其会通，以行其典礼也。其(二)曰衍兵法以籀其例。古人发凡起例，无不原本事实；而言简以赅，未可以臆，无征不信，抑亦无征不明！德国史梯芬将军传授心法以承克老山维兹，而搜集古今速战速决之例，成为《卡南》一书。吾国唐之杜佑撰《通典》，著有《兵典》以为："孙武所著十三篇，旨极斯道，故知往昔行师制胜，诚当皆精其理。"辄捃摭史事，与孙武书之义相协，并颇相类者纂之，为卷十有五，为目百四十有奇，条举件系，大抵以孙武书明法，而以古事为验；其于唐以前兵事略备矣！明武进唐顺之论用兵指要，撰有《武编》十卷，分前后两集，而后集则征述古事，亦犹杜佑之志也。惟克老山维兹言："籀史例以阐兵法，宜用最近之例。盖古代之事，往往书阙有间；而时代逾近，则记载愈完备；此非言古代之例，一无可取也；如战略荦荦数大端，古例何尝不精要;惟战术及战略之详细布置,则以近例为尤宜;何者?以其近己而时变相类。"呜呼!此吾新战史例之所以为增订也。其(三)曰用兵法以显诸力。同一史梯芬计划也,同一迂回战略也,然小毛奇一九一四年用之于法而无效;而希特勒一九四〇年用之于法,则有成功者,显之有力也。此则行军用兵,将帅之事;而非书生纸上谈兵所敢置喙矣!书生不能用兵,然而书生不妨谈兵;由谈兵,而知兵。昔胡文忠公未尝不有慨乎言之,以谓:"天下之大患,总是书生不知兵之过;总以兵事为小人之事,非学者之事;一遇警动,则读书人早已远走,或隐匿不出;实因其人志气不能自为,不知兵事!不知兵事为儒学之至精,非寻常士流所能几及也!兵事以人才为根本,人才以志气为根本;兵可挫而气不可挫,气可挫而志不可挫。"志何以不挫?曰知兵而已!呜呼!古人以忧患动心忍性;今人以忧患幸生丧志;平日侈谈之学问经济,文章道德,一旦大难当前,未有片语只字,可以镇得心定,振得气壮!明之亡也,亦有老秀才无拳无勇以为国干城,而见危受命,神闲气定,安坐以待,引颈受刃者!今人则并此勇气而无之!四郊多垒,亦士之辱!效死勿去,何必军人!而大敌未临,学府先震,道听途说,庸人自扰,不惟无勇,抑亦不智,播散谣传,摇动人心,鼠骇兽走,逃死勿遑;大师失其所以为表,后生失其所以为学,见之气丧,语之颜赧,君子修辞立诚,吾言宣不然乎!呜呼!此《十三篇》书之所以不可不读也!吾之所为籀新战史例以阐《十三篇》书者,自甲午中日之战、日俄之战、欧洲第一次人战,及阿比西尼亚、西班牙、阿尔巴尼亚之战,以迄今日方酣之大战,而上溯于普王菲烈德立,法帝拿破仑两雄;凡列国兵情国势,齐民训士,布阵用器之制,战胜攻取之方,乃至参谋之组织,间谍之运用,莫不互勘其得失,阐论其因果;而尤致力于历史之演变,推见本末;然后知《十三篇》书,囊括古今,真可以建诸天地而不悖,百世以俟圣人而不惑焉!

近代论兵,多以德国为典型;而吾国之说《孙子》者,往往断章取义,以皮傅德国兵家之说;此不知《孙子》者也!《孙子》不云乎:"不尽知用兵之害者,则不能尽知用兵之利也!"德之兵家,徒知用兵之利而已! 德国兵法,始于菲烈德立大王,谓:"胜利者,前进而已! 傥有攻人之力,可以乘人之不备而不为攻者,其人则愚人也;为国则愚国也!"老毛奇将军则曰:"战争为上帝创造世界计划之一! 傥无战争,世界将沉沦于唯物主义之深渊,而不能拔矣! 唯战争,足以洗涤物质享乐之世界!"鲁登道夫言:"战争者,人之天性也。强者胜而善者败,于是不高贵之恶者,突进向前! 使高贵者而不败,则必高贵者而亦强,斯可以抵抗不高贵者,而继续生存耳!"希特勒言:"战争者,永恒者也! 普遍者也! 无空间,无时间,无所谓开端,无所谓和平,无战争,则无生命!"不恤糜烂其民而战之,幸灾乐祸;此诚《孙子》所谓"不尽知用兵之害,则不能尽知用兵之利"者也! 至于《十三篇》书,经之以五事,校之以计而索其情,因利制权,作战谋攻,而必以全争天下,禁攻寝兵,其言曰:"兵者,国之大事,死生之地,存亡之道,不可不察也! 是故百战百胜,非善之善者也;不战而屈人之兵,善之善者也! 非危不战;主不可以怒而兴师,将不可以愠而致战,合于利而动;怒可以复喜,愠可以复悦;亡国不可以复存,死者不可以复生;故明君慎之,良将警之,此安国全军之道也。"其操心也危,其虑患也深,郑重丁宁,"非危不战!"孔子曰:"仁者其言也切! 为之难,言之得无切乎!"呜呼! 孙子,仁者也;其言也切! 而德人之言兵也则易矣! 战国时,赵括自少学兵法,尝与父奢言之。奢不能难,然不谓善! 括母问其故? 奢曰:"兵,死地也,而括易言之! 赵若将括;破赵军者,必括也!"呜呼! 德人之言兵也则易矣! 其言之不怍,则为之也难! 俾斯麦以德国"铁血宰相"称;顾颇不慊于德国军人之战略,虽老毛奇将军亦非所重! 方一八六九年,拿破仑第三之将启衅于德也,俾斯麦独居深念,以谓:"波兰,小国耳! 然以俄、普、奥三大国之力,亡之百年,而民未亲附,叛者四起! 况以法人之聪强,有悠久之文化! 德如败法,于德何补;徒以贾怨,未必为功! 纵得亚尔萨斯,不得不出兵以守;而法国不亡,必有一日得其所与,以成联盟,而与我为敌;我不得旰食矣!"

呜呼！此固卤莽灭裂，好大喜功之德国兵家，未易遽以告者也！顾不意而俘拿破仑第三；俾斯麦念："今而后，吾德人不知何日得太平矣！"维此老成，瞻言百里！顾德国兵家，则以谓："战争者，民族生存之一方式。人类之生于今，应以战争为终身之职业。"而其战略，则欲用歼灭战略，谓："应采速战速决之法，以歼灭败者而摧残之以绝迹于历史。胜者何必与败者谈判和平之条件！盖一经战败，即无谈判之资格；而战胜者，仅须从心所欲，提出条件，以交战败者接受而已！"一九一四年，小毛奇欲以施之于法，而未遂也；遂以冒天下之大不韪，府世界之怨，而几以不国！顾不悔祸于厥衷！鲁登道夫著《全民战争论》，谓："方针，何惜偏！只要偏能彻底，则反而正矣！"意以为小毛奇不彻底也。今白鲁希兹用闪电战以佐希特勒，灭国者十余，而法亦溃；计可谓彻底矣！然而喋血万里，伏尸千万，破人之国，德亦无成，连兵不解，胜利何日，丁壮死于锋镝，老弱不得一饱，损人不利己，意欲何为！呜呼！是则偏之为害，而孙子之"必以全争于天下"也！然而希特勒其知之矣！方其破波兰也，大声呼吁，以谓："西线战局之相持，匪余所晓！如连兵久不解，必有一日，德法之间，划新疆焉！然世界残破，不见庄严之都市；而破瓦颓垣，一片荒凉，岂余之意！旷观历史，几见战胜之事；而常两败以俱伤。"吁！何其言之恫也！顾虎已骑背，不能再下；剑已出鞘，不得自收；张脉偾兴，欲罢不能！汝占先着以雄飞，谁甘输情而雌伏；既有今日，何必当初！而闪电之战，胜在奇袭；故技惯试，人有虞心！克老山维兹尝言："如攻击者，以突袭之活泼为常，此实大误！"习以为常，虽袭何突！传授心法，亦已质变！乃人情好奇，谈者夸诩；日本，我之自出，生心害政，拾德国兵家残唾，师其余智，不恤反兵所亲，日以肆毒于我，同种同文，相煎何急！不知其国东乡大将有言："热心于战争者，不知战争者也！凡经历战争之恐怖，而犹嗜战争者，非人类也！无论何法，必胜战争；吾人必不顾一切以力避战争！苟非危及民族之生存者，不可以战争！"呜呼！此《孙子》之所谓"非危不战"，而老成之谋国，少壮军阀之所漫不措意者也！不图前车将覆,后辙已寻! 国人谈兵,亦多诵德! 或曰:"守则不足,攻则有余,与其困守以待攻,不如先发而制人!"或曰:"国土防御,当在敌境。"矜闪电战之奇捷,以导扬速战速决之论。凡此不中情实,播为美谈,生心必以害政,异日将为厉阶! 呜呼! 希特勒之所以能为闪电战者,亦以德国科学之精研,工业之发达,由来已久,而凭借者厚,因势利导,固非一手一足之烈,亦岂岁月所能有功;然而悉索敝赋,二十余年,虏使其民,日困征缮,饥不得食,寒不得衣,憔悴虐政,不知税驾;希特勒之威声,震耀宇宙矣;于德之国计民生何有! 夫德之国土防御,在敌境矣;日之国土防御,在我境矣;然而"其用战也,胜久则钝兵挫锐,攻坚则力屈,久暴师则国用不足;夫钝兵挫锐,屈力殚货,则诸侯乘其弊而起;虽有智者,不能善其后矣!"此固《孙子》之所大戒,而顾亦步亦趋,欲逐后尘乎! 余故推本《孙子》之意,以明著闪电战之不足奇,速战速决之不可能,条举件系,具论于篇;辞而辟之,廓如也! 呜呼! 我中国今日之抗战,不患不胜;所患既胜之后,票佼锋协之武人,狃于一役,"不知用兵之害",好大喜功,日糜烂其民而战之,如希特勒之所为也! 借使希特勒之举兵也,仅以毁凡尔赛之条约,恢德意志之荣誉,师直为壮,岂惟德人之所愿欲,抑亦举世之所同情;而雄图既溢,瞻视非常,欲以并吞八荒,力征经营,罢民以逞,树敌日众,终亦必亡而已矣! 所贵乎兵家者,岂一胜之为烈;尤贵有以善其后;未制胜,且先虑败;既制胜,宜图保胜。而德之兵家,徒为制胜而已,败且无以善后,胜亦岂能终保! 抑兵之为用,制胜未易,善败尤难! 而我委员长以积弱之势,抗暴兴之日,再接再厉,而气不挠,善败不亡,败岂终败,可谓善败也已!《老子》曰:"抗兵相加,哀者胜矣!"而德之兵家,则不为"哀"而为"亢"!"亢之为言也,知进而不知退,知存而不知亡,知得而不知丧! 其唯圣人乎;知进退存亡而不失其正者,其唯圣人乎!"我委员长有焉! 余尝谓德国兵家:史梯芬之搜古今歼灭战例,知兵事而不知兵法者也! 塞克特及白鲁希兹之创闪电战,知兵器而不知兵法者也! 惟委员长为能知兵法,以退为进,推亡固存,无兵器而固兵心,作士气,败而逾奋,此所以不可及也!既有以善败于方今,必有以保胜于他日!

余观列国战略之成功,莫不习惯成自然,原本历史!英之先为不可胜以待敌之可胜,自拿破仑之战而已然;俄之寓攻于守,致人而不致于人,亦自拿破仑之战已然;德之贵胜不贵久,自一八六六年,普奥之战已然;日之制人于先发,自甲午中日之战已然;运用之妙,熟极生巧,盖历史之相沿,而因习者有素也!特是陈陈相因,数见不鲜,我所习熟,敌能预测,而有以相制,则无以善后焉!独委员长高瞻远瞩,推陈出新,以空间换时间,而予敌以不决;以弱势耗强敌,而持我以坚忍;决心抗战,可失地而不可媾和,一破中国数千年之历史,而不为因循!吾尝慨吾国士夫,震于欧化,而轻家丘,民族自信之心已堕;论及欧战,辄诧战术之创新,虽臭腐亦为神奇,而太不知历史!一谈抗日,则又疾首蹙额,宋、金、元、明、清之故事,潮上心头而不能自拔,往往降志辱身,而求以全躯保妻子;纵有形格势禁,而慷慨当众,沉吟私室;知识愈高,意气愈沮,而无法以自振;则太熟历史为之厉阶也!此一役也,中国历史,将为之转变,而予民族以自信,涤旧染之污而自新;岂仅一胜之为烈!吾尝持此谊以告人;而人莫之信也!或有问于予曰:"宋之南渡也,李纲、张浚咸议抗金,而日寻干戈,无役不北;卒以媾和,而生民稍得息肩,不已多乎!"余应之曰:"昔李纲劝高宗首定国是;而宋之败也,由于国是不定,二三其志!宋人怯战以求和,金人饵和以亟战;金人且和且战,宋人不战不守,宋不为备,而金乘之;史实具在,岂战之罪!而刘锜顺昌之捷,岳飞朱仙镇之役,金之铁骑纵横,亦非无坚不摧也!使当日如委员长者,总师干以与周旋;愈败愈不和,愈战愈强,以坚制锐,金何能为!今决心抗战,国是久定,士有死志,民无二心;师直为壮,曲为老;彼曲我直,吾何畏彼哉!吾观李纲、张浚,议论纷纷,兵情敌势,焯有所见,然以不习戎事,于将士非素拊循,虽有经国料敌之智,而无临戎驭军之才,终不足以当大任,捍强敌!是故李纲、张浚,知兵法而不知兵事者也!委员长则知兵法而能治军事者也！李纲、张浚纵无力以抗金；委员长必有材以败日；今古事异，可断言者！"

或又曰："自古中国，有起西北，以兼东南；罕有东南，克定中原！而今国都播迁西南，人以吴三桂视之矣！"余应之曰："言不可以若是其几也！"昔赵翼论长安地气，以谓："地气之盛衰，久则必变！唐开元天宝间，地气自西北转东北之大变局也！秦中自古为帝王州，周秦西汉递都之；苻秦，姚秦，西魏，后周，相间割据；隋文帝迁都于龙首山下，距故城仅二十余里，仍秦地也；自是混一天下，成大一统。唐因之，至开元天宝，而长安之盛极矣！盛极必衰，理固然也！自是地气将自西趋东北，故突生安史以兆其端！自后河朔三镇，名虽属唐，仅同化外羁縻，不复能臂指相使。盖东北之气将兴，西方之气，已不能包举而收摄之也！东北之气，始兴而未盛，故虽不为西所制，尚不能制西。西之气，渐衰而未竭，故虽不能制东北，尚不为东北所制；而无如气已日薄一日，帝居遂不能安！于是玄宗避禄山，有成都之行。代宗避吐蕃，有陕州之行。德宗避泾师，有奉天梁洋之行。地之觚觚不安，知气之消耗渐散！迨僖宗走成都，走兴元，走凤翔；昭宗走莎城，走华州，又被劫于凤翔，被迁于洛；而长安自此夷为郡县矣！当长安夷为郡县之时，契丹安巴坚已起于辽，此正地气自西趋东北之消息！特以气虽东北趋而尚未尽结，故仅有幽蓟而不能统一中原。而气之东北趋者，则有洛阳、汴梁为之迤逦潜引，如堪舆家所谓过峡者。至一二百年，而东北之气，积而益固；于是金源遂有天下之半；元明遂有天下之全；至我朝不惟有天下之全，且又扩西北塞外数万里，皆控制于东北；此王气全结于东北之明证也！而抑知转移关键，乃在开元天宝时哉！"上下古今，此诚博学通人之论！然东北之气，极盛于清，而亦消耗以尽；与之代兴，将在西南！赵氏以安禄山之反，为地气自西北转东北之消息；吾则以吴三桂之反，为地气自东北转西南之消息！盖自明以前，西南诸省，蛮夷荒服，仅等羁縻，曾无力以问鼎中原！及吴三桂称兵云南，一出而秦陇响应，东南震动；称帝衡山，清廷岌岌，连铁骑以南下,而苦战荆岳久不解,如楚汉之争荥阳、成皋焉;此正地气自东北转西南之消息;特以气虽西南趋,而尚未结,其兴也浡,其亡也忽!清廷遂据幽燕以盗有诸夏者二百年;然革命常起南方!广西崎岖岭徼,地瘠民贫,有史以来,何当大局!然洪秀全、杨秀清发难金田,乃裹五岭之民,陵历无前,出湘蹴鄂,顺长江而下,奠都金陵,奄有天下之半者,垂十余年;兵锋之锐,直达津沽!清廷踧缩而莫谁何;于是曾国藩、左宗棠之徒,起于湖南,用湘军以与角逐,厪乃克定;而湘军四出,东至东海,南逾岭外,西定天山。清廷拱手仰成以得苟延;则是西南之气日王,而东北之气,已不能包举而收摄之也!气之西南趋者,则有武汉、衡湘,迤逦渐引以为过峡。黄兴起于湖南,黎元洪举兵武昌,而清廷之大命以倾!及袁世凯因清之故都,洪宪称帝;而蔡锷以云南首义,一举而覆之;则是西南之气以益旁薄!抗日军兴,而国都播迁西南,以奠民族复兴之基;文化随之深入,西南必以开发。地运何常,人事可恃!然则今日之大患,不在日人兵势之强;而在吾人之历史因袭观念太强,气不自振,志以先沮也!

呜呼!物腐而虫必生,志疑而间以入!吾人丧气沮志,以疑于战;此固日人之所大欲,而间之可得入也!观于欧洲第一次大战:一九一七年,俄军虽不振;然德人不敢以一卒叩边,而割地以亟和者,列宁之护送回俄,而德人之用间成功也;非战之罪也!一九一八年,德人百战百胜,而亦内溃;则以英、法之宣传成功,而人民之厌战以深也;亦非战之罪也!今希特勒喑哑叱咤,纵横欧陆,灭十余国;人皆震于闪电战之威!顾校其成功;国之破于战者十之三;国之破于间者十之七;而所以为间,则一本克老山维兹之传授心法,操纵敌国之舆论,饵以和平,而煽诱敌国之民志,使之厌战而自为瓦解焉!呜呼!吾侪士夫,读书明理,岂有卖国以为间;徒以罢于奔命,厌战情深,谈吐之间,张皇敌势,而不知不觉,播散谣传,以为间用者,吾见亦多矣!此吾之所大惧也!呜呼!三十年来,吾见列强用间以破人之国者,不为少矣!阴谋秘计,微乎微乎!就所睹记,搜著其事,以阐《孙子·用间》之篇，如禹鼎之铸奸，如秦镜之照妖，绘影绘声，穷态极妍；岂如太史公之好奇哉！毋亦以为国人监观也！

余少喜谈兵，老不自振，读书数万卷，到老不得一字之力；教书三十岁，报国几见一士之用；抚衷唯有悔余，羁旅以延病喘，作伴回乡，不知何日；首丘思切，殊难为怀！独念本院缔造，茂公亟招，间关以来，长沙大火，杨家滩之工院亟迁，而蓝田之人心大震，风声鹤唳，士气已墨！而茂公神闲气定，经营方亟，抚绥多士，以有今日；其间长沙大战，亦再而三，迫近前线，惊心烽火，士无靖志；而茂公在危不扰，弦诵依旧！作育之效，未知何如；即此矢志不挠，处变若定，率励多士，俾知有勇，而体不惧，以安问学；已足立懦廉顽，树之风声！呜呼！见利思义，见危授命，亦士之常！此而不能，百年树人，亦奚以为！此仆衰病余生，以得追随为幸者也！屠龙之技，于我何有！伏枥之骥，不能无嘶！此中耿耿，读书监诸！无锡钱基博识于国立师范学院之光明山，时为夏历辛巳除夕，山居已四度除夕矣！云天凄黯，急景凋年，余发种种，盖不胜迟暮之感云！

序

　　《孙子》世传十家注，阳湖孙星衍平津馆校刊，颇称审核；然亦以臆改为病！余取正统道藏本及吾邑明谈十山嘉靖刊本参校，往往有原本不讹，而孙氏据《御览》《通典》诸书所引，校改以致讹者！谈刻异同尤多；有谈刻所有而孙氏无之者。湖北崇文官书局百字本，无注；世不谓佳；然有一二处剧胜者！于是参验四本，择善而从，句分节解，写为章句，以藏箧中，旧矣！其十家注，始魏武帝，云"撰为略解"，谦言解其粗略，语多引而未发；而自梁孟氏以下九家，宣阐其义；亦有自抒所见，与魏武异者；其中以唐杜牧、宋何延锡为详博，而张预独辨以析；梅尧臣则明白了当，以少许胜人多许。然据《新唐书·艺文志》著录魏武注《孙子》三卷，孟氏解《孙子》二卷，李筌注《孙子》二卷，杜牧注《孙子》三卷，陈皞注《孙子》一卷，贾林注《孙子》一卷。晁公武《郡斋读书志·兵家类》载魏武注《孙子》一卷，李筌注，杜牧注，陈皞注，梅圣俞注，王皙注，何氏注，各三卷。郑樵《通志·兵略》载《孙子兵法》三卷，吴将孙武撰，魏武注；又二卷孟氏解诂；又一卷唐李筌注；又一卷唐杜牧撰；又一卷唐陈皞注；又一卷唐贾林注；又一卷何延锡注；又一卷张预注；又三卷王皙注；又一卷梅尧臣撰。则知十家注旧本各自为书；而今荟刊为一，始于宋吉天保，采入《道藏》者是也。《道藏》中又有郑友贤《孙子遗说》一卷，《通志》亦著其目，据自序称："十家之注出，而愈见《十三篇》之法，如五声五色之变，惟详其耳目之所闻见，而不能悉其所以为变之妙；是则武之意，不得谓尽于十家之注也。顷因余暇，抚武之微旨，而出于十家之不解者，略有数十事；托或者之问而具其应答之义，曰十注遗说。"然亦有自以意说而不尽当于武者焉；要足以匡十家之遗而弥缝其阙也！最近海宁蒋方震氏百里尝学兵法于德意志，习其老将，往往颂美《孙子》书不容口；因撰《孙子新释》，民国初元，先成《计篇》；梁任公所采以入《庸言》者也。仆诵之惊叹，而访其全书读之，殊亦粗略未称，如魏武注也；其释《计篇》，亦不如《庸言》所载之详。然宏宣奥义，或取欧故，不为拘虚，多十家所未发；而以知新器新理，虽日出不穷，而大道无攸易；《孙子》一书，推诸四海而准，百世以俟圣哲而不惑；其言亦以名家！独惜其书成在一九一四年欧洲大战以前，未能备物，亦犹魏武注引而未发之不能无待于梁孟氏以下九家也。仆闻德国克老山维兹氏（一七八〇——一八三一年）者，彼都谈兵之祖，而老毛奇将军之师也；其著书以为："理根于事，事贵有验，无征不信，兵法亦然。而欲知兵，必多读史。史者，古人经验之记载也。兵法乃属于经验之学科；惟经验可以确定理论；而一事一理之意义，不用史例，无以阐发。惟能用史例者，而后谈兵不患其凿空，理论毋涉于诬妄；而以近代史为尤宜；何者？以其近己而俗变相类也。"盖世以近而可验。理无征而不信。《孙子》书李筌、杜牧、何延锡三家注，亦多引史事以相晓譬；而战争之尤繁巨以媲于现代史者，盖莫如一九一四年欧洲大战。傥有人焉，依据《孙子》而援欧战事为说，以扩三家注之所未备；古书新证，必有发前人之所未发者！仆怀此意久而未有以发也！徒以抗日军兴，家山唱破，违难奔走，不废教学；而烽火惊心，客子危涕。自顾老矣，而志未衰，未能荷戈，且为谈兵；以为："胜负何常，祸福相倚。傥读孙武《十三篇》书而籀绎其旨，知日本之胜不贵久，斯可以知我国之势不终败！"遂发箧中所写章句，为之诵说；而以十家之注，后多因前，辞或重复，徒乱人意；于是削其繁剩，笔其精粹，取意相发而不相复，以成训义。训者，顺也；义者，宜也；顺文为说，义取其宜，融裁众注，不为墨守；而旁摭克氏之学，欧战之史，推而大之，至于无垠；然后《十三篇》之书，支分节解，脉络贯通；而凡此后军事之利钝，战局之胜败，亦得以曲畅旁通而极其趣。谈者既为抵掌，听者亦以破涕也。

仆诵说《孙子》之书，以观此后军事之利钝，战局之胜负，而可知者有三端焉：一曰：日人之胜不贵久，不免于力屈货殚之患。二曰：我军之强而知避，可以收彼竭我盈之效。斯二者，日本战略之必失败也。三曰：日本之威加于敌，必以成众叛亲离之祸。抑又日本政略之必失败也。请得而备论之：何以知日本之胜不贵久，不免于力屈货殚之患也？《孙子》不云乎："其用战也，胜久，则钝兵挫锐；攻城，则力屈；久暴师，则国用不足。夫钝兵挫锐，屈力殚货，则诸侯乘其弊而起；虽有智者，不能善其后矣！故兵闻拙速，未睹巧之久也！故兵贵胜不贵久。"夫兵，非胜之难，胜而不久之难！欧洲大战，德之所以不保其胜，法之所以不终于败，则以德之胜而久也！其国人克氏著书论兵法，每谓："战争之道，尤贵迅速决胜。"何尝不虑胜久之无以善其后！然而胜，德之所能为也；不久，非德之所能为也！方吾国之参战也，目论者佥谓德人必不败。而严又陵独不谓然，与其友熊纯如书切论之，以为"德皇竭力缮武二十余年，用拿破仑与乃祖威廉第一之故智，欲以雷霆万钧，迅霆不及掩耳，用破法擒俄而后徐及于英国，故其大命悬于速战而大捷。顾计所不及者，英人之助比、法也，列日起致死为抗也，德国极强，然孟贲乌获，力有所底，飚发雷震，所薶粉者比国耳；浸淫而及于法之北疆；顾咫尺巴黎，经百日而不能破，东不能入俄境，南不能庇奥邻，至马兰之挫衄，而无成之局兆矣！及逾二年，则正蹈曹刿再衰三竭之说；而英人则节节为持久之划，疏通后路，维持海权，联合三国，不许单独媾和；曹刿以一鼓当齐之三，所谓彼竭我盈；英人之术，正复如是！大抵德人之病，在能实力而不能虚心！故德、英皆骄国也；德人之骄，益以剽悍；英人之骄，济以沉鸷；然则胜负之数，不待蓍蔡矣！亦既旷日持久，而德不得志；则今日之事，其决胜不在交绥之中，而必以财政兵众之数为最后。德虽至强，而兵力固亦有限。方战之初，德人自言有胜兵八百万，乃今此众已全出矣，而死伤达三百万。英法之海军未燔，而财力犹足以相持，军兴费重，日七八兆镑，久之，德必不支。要而言之，德之霸权，终当屈于财权之下！"

然而"胜久则钝兵挫锐；攻坚则力屈；久暴师则国用不足。"夫钝兵挫锐，屈力殚货，岂德之所愿欲耶？无亦法巧为久以相持；故德欲拙速而不能也！夫兵战之事，必计成功，不贵锋锐；而主客不同，情势攸异，固亦有"贵久不贵胜"者！欧洲大战勃发之初，以德人久蓄不用之威，而乘英、法积弛之民治，何尝不可以速胜！惟善用兵者，不轻与之战，而故控吾力，用坚以挫其锐，持久以承其弊；虽以威廉之摧坚破强，锐不可当，而卒无救于最后之"钝兵挫锐，屈力殚货。"然则"贵胜不贵久"者，为攻者强者之客言之；而"贵久不贵胜"者，则又守者弱者之主所不可不知也！然而德国兵学祖师克氏其知之矣，尝论："战之为道，必亟摧毁敌国之战斗力，使之不能复战；而欲摧毁敌国之战斗力，则必挑敌与战。如敌不以战而以守，则我之力有时而穷！何者？近代战术，利守不利攻；而兵力之弱者，常以守而延长战事，旷日持久；而攻者困于士兵死丧之过多，财用支给之日匮，情见势绌，则不战而自屈！昔在一七五六年至一七六三年，普鲁士菲烈德立大王之七年战争时，其兵力不如奥之众且强；而奥无以制其命者，徒以守而不与战也。虽然，所谓守者，非坐困之谓也；特静以观变，相机而动，以待反攻之机会耳！如有反攻之机，则必迅速以赴敌。苟攻守不相为用，守者每不知敌之所为攻，何得不分兵四防；而攻则可集中兵力以专注一处；以四散之分守，而当集中之猛攻，夫如是，其孰能御之！"迄于欧洲大战之起，英、法、美三国联军总司令福煦将军，尝在巴黎军官大学演说，谓："自来名将，无不先取守势，俟敌军疲惫，然后反攻；以我之奋，乘彼之衰，未有不胜！"其说盖本之克氏，而用以搏西战场最后之胜利。吾国广昌揭暄著有《兵法百言》一书，历观古今兵事利钝之故而籀其会通；其中有"延"与"速"之两言，相次以明为用。以为"势有不可即战者，在能用延。敌锋甚锐，少俟其怠；敌来甚众，少俟其解；征调未至，必待其集；新附未协，必待其孚；计谋未定，必待其决；时未可战，姑勿战。盖拙者贵于守；延者，势在必战而特迟之也，势已成，机已至，人已集，而又迁延迟缓者，此堕军也。士将怠，时将不利,国将困,拥兵境上而不决战者,此迷军也。有智而迟,人将先计。见而不决,人将先发。发而不敏,人将先收。难得者时,易失者机,迅而行之,速哉!用兵能速,则智不及谋,勇不及断,己舒而人促,己裕而人窘。"盖始之以"延",胜之于"速",其论亦与克氏之指相发。欧洲大战,法国福煦将军之所以挫德者此;而我今日之所以图抗日者,亦无出于此!观法之能胜德,知我之必胜日矣!特是日人知其士之将怠,时之将不利,国之将困,不甘为揭氏之所谓"迷军",而欲快心于一决。此诚揭氏所谓"敌锋甚锐,少俟其怠;敌来甚众,少俟其解";在我则用"延"而尚未臻用"速"之日。所谓"知日之胜不贵久,斯可以知我之势不终败"者此也!

或曰:"日之胜不贵久,法之巧以为久,则既闻命矣。然法之巧以为久者,守也;岂如我之孤不羞走以为避耶?"则应之曰:"避"者,兵家之一术。《孙子》不云乎!"强而避之。""故用兵之法,十则围之,五则攻之,倍则分之,敌则能战之,少则能逃之,不若则能避之。故小敌之坚,大敌之擒也。""善用兵者,避其锐气,击其惰归,此治气者也。"然则用兵之法,岂惟战之为功,抑亦避以治气。往者,项羽百战百胜,而卒蹶于汉高;以汉高知项羽之"强而避之"也。在纪元前二一八年,迦太基之攻罗马也,其大将汉尼鲍氏,年二十八岁,血气方刚,乃以步卒五万人,骑九千人,推锋直入,而裹胁罗马属藩之兵,又得六万人,乘胜而去国远斗。于是罗马大将法屏克雪梅氏,知汉氏之不可以力竞也;不与旗鼓相当,而以游击为功。敌进,则我退以避其锐;敌退,则我扰以乘其惰;务使敌不得用其锐,而养吾全锋以徐制其后。不意朝议以为怯也,别使人代将,一战而丧师七万人;乃用法氏之战略以与周旋。汉氏欲及锋而试,以制罗马于一时;而罗马卒不轻犯其锋,使之失其所求,逡巡求去而又不得去;而汉氏顿兵挫锐,固已无能为役矣!如是者二十年,迦太基以汉氏之卒无成功也,于是不继饷,不济师;而罗马卒制全胜以待其弊,亦不知汉氏之"强而避之"也。欧洲大战,兴登堡与麦耿生摧坚攻锐,皆德名将;而用攻用围,韬略不同。兴氏取胜多用围，而张两翼以困敌人于垓心者也。麦氏则以精兵猛将，厚集其力，布若长蛇，而用雷霆万钧之力，摧其中坚，横截敌军为两段，使首尾不相顾。凡研精军事学者，咸谓麦之韬略，奇变在兴登堡之上焉！其他虎底哀、鲁登道夫，亦皆鸷悍而善于攻，称德名将。然而法人何如？则其大将霞飞、福煦不愿为"小敌之坚，大敌之擒"，而曲尽"少则能逃"，"不若则能避"之"能"。方德之奋兵以入比也，比明知己之"少"与"不若"，而势处于无可"逃"无可"避"；则不得不为"小敌之坚，大敌之擒"。及至德人推锋长驱，法大将霞飞则缓退以持之，而密集大军于后方，深沟高垒以俟；迨时机既至，一鼓作气，突然反攻，以我之盈，乘彼之竭；以我之逸，待敌之劳；所以有玛因河之捷也。其后福煦上将亦步亦趋以传授心法。方德军之倾全力以掠取阵地也，法军惟取"能逃""能避"之"能"，决不耗其主力以求原阵线之维持；而故控其力，取攻势于敌人既得阵地以后，以我之力有余裕，乘德之攻坚力屈；此则《孙子》治气之原理，而运用之以最新战术者也。我国抗日军兴，不愿为"小敌之坚，大敌之擒"，而欲尽"能逃""能避"之"能"，何必不与法同。所望故控其力，以承日人之弊而制其全胜，有以善图其后尔！故曰："我军之强而知避，可以收彼竭我盈之效"也。

　　或且色然喜曰："信若子言，则是我之避，将以避锐击惰；而日之胜，未能保大定功也！"仆应之曰：又不仅是，天下固有可胜而不可战者！《孙子》不云乎："霸王之兵，伐大国，则其众不得聚；威加于敌，则其交不得合；是故不争天下之交，不养天下之权，信己之私，威加于敌，故其城可拔，其国可堕。"张预为之说曰："不争交援，则势孤而助寡。不养权力，则人离而国弱。伸一己之私忿，暴兵威于敌国，则终取败亡也。"世之论兵者，至战必胜，止矣；而《孙子》书乃至言可胜而不可战，知其意念深矣。夫"霸王之兵，伐人国，则其众不得聚；威加于敌，则其交不得合"，此可胜之势也，然而不可战；战则城拔国堕者！盖"威加于敌"，睹敌之"交不得合"，遂以为莫之与京，而"不争天下之交"，则外交陷于孤立；古之人有行之者，吴王夫差是也。"伐大国"，睹大国之"众不得聚",于是乎罢民以逞,而"不养天下之权",则民怨起而革命;古之人有行之者,秦始皇是也。世近而事变相类,乃有欧战之德皇,"信己之私,威加于敌",合吴夫差、秦始皇而并之一身,汉亨索伦皇朝忽焉!然而非一胜之为烈也。昔蒋方震论其败战之诸因曰:"兵之为物,有极端性;未有不求战而其兵可强者,亦未有兵既强而不求战者。夫以军事之优势而立国,一旦迄于彼我之间,强弱相当,则后此之危可知。而自兵略言,一千九百十四年,则德战之时机也。为奥战,则同盟固;一也。英、法疲于内政,而俄、法之军政改革未竣;二也。自此以后,将或并此徼幸之一胜而不可得!虽然,此可胜之机,而非可战之机;而所谓不可战者,何也?则政略上包围之形势已成;而法之复仇,俄之南下,英之海外政策,三者汇于一流以与德龂龁也。包围之形势孰致之?德人实自致之!而十九世纪日耳曼之统一运动,本有二派:其一派欲依国民之意志而成。其一派欲借普国之武力而成。自佛兰格福村国民大会之失败而俾斯麦相普,遂战奥败法,而德帝国以成;成则成矣,而内外形势,皆日处于不自然!法人建国,不利东邻之有强国,而亚、洛二州之割,几等于文身之耻,每饭不忘;而德不能不防其报复;一也。个人自由之伏流,来源已远;而以军事建国,势必趋于武断,不发于此,则伸于彼,而社会党承产业发达之结果,其勃兴较他国为甚;二也。逆其势而镇之,厥惟军备;然国民皆兵之秘钥,已公开于世界,子能之,人亦能之,互竞极其度,必有一日能发不能收者;而于是不自然之形势,乃随国家之强盛以继长增高!其在外,则德、法之世仇,而重以德、英之冲突,而三国协商日进于成。其在内,则政治之不自由,而加以贫富之阶级,而社会主义日趋于盛。扩充军备,一之为甚,至于再,至于三,凡以求战,非战不足以自保。夫一国而至于求战以自保,此可暂不可久之势,必有一日至于败者也。威廉二世之失败,特速其时耳;以包围启败战之端,以革命结败战之局。"呜呼!"不争天下之交",斯孤立以无援,而外交上包围之势成!"不养天下之权",斯剸断以自恣,而内治上革命之衅兆！徒以"信己之私，威加于敌"，而邦分崩离析，无以善其后也。德人如此！而我东邻之日本，亦将如此！甲午以还，日人之于我，几乎无役不胜；自以为兼弱攻昧，武之善经，而领土之野心，方兴未艾，辽东之鲸吞，河北之蚕食，吾人困于积弱，俄国怵其余威，不旬月而囊括三省，意未有餍；小国不敢非，大国不敢诛；岂非所谓"伐大国，则其众不得聚；威加于敌，则其交不得合"者耶！及卢沟桥之战起，吾国以日人之实逼处此，义无反顾，乃奋起而为抗战，迄今二十月矣，虽兵败地蹙，再接再厉。而日人劳师以袭远，攻坚则力屈，久暴师则国用不足，顿兵挫锐，屈力殚货，民不堪命，内难将作。而英、法怵于远东利益之不保，日焰咄咄逼人，方东交美，西构俄，以援我而孤日，日人纵克南京，陷徐州，取武汉，苟我军"能逃""能避"以不堕其主力者，则我必有一日以承日人之敝；而此"能逃""能避"以不堕其主力之权，则操之我，不操诸日；百胜不足以取威，挫败或且以亡国；强弩之末，其力几何！土崩之期，当不在远！始也不夺不餍，今且欲罢不能；然后知《孙子》"不争天下之交"，"不养天下之权"，所以深致诚于"霸王之兵"，"伐大国"，"威加于敌"者之为老谋深算；而非张脉偾兴，浅见寡识者所能会也！

　　或曰："有是哉，子之言也！然则必胜之势，固在我矣！"曰：唯唯！否否！在我何能必胜，而日不能无败。方其未底于败，而我只有静待。或且诧曰："明耻教战，求杀敌也；天下固有待敌之败而可以制全胜者哉！"则应之曰："固也！昔郑庄公之于太叔段曰：'多行不义，必自毙，子姑待之'；待也。"《孙子》之论善战也，曰："为不可胜以待敌之可胜"；亦待也。就此日之国际而论战略，大抵德、日、意争"先"，而英、法、美用"待"。《兵志》曰："先人有夺人之心。"《孙子》曰："兵之情主速，乘人之不及，由不虞之道，攻其所不戒。"此"先"之用也。往者俾斯麦、毛奇之战奥败法也，德以"先"制胜；而甲午之役，日俄之战，日"先"制胜；意阿之战，意以"先"制胜；则一以德为师资；皆衍克氏之一脉者也。然百年以来，英之用兵，自始不敢为天下"先"。而欧洲大战，法大将霞飞、福煦，则为不可胜以"待"德之可胜；而德之"先"无所用焉！及德与英、法相持之既久，角力俱困，而美徐起以承其弊，而制世界之全胜；则亦"待"之效也。我无力以胜日，而天未尝不予我余暇以"待"日之可胜。日尽力以争我"先"著，而无法以制我不"逃"不"避"；日亟"攻"，我姑"避"；日贵"胜"，我为"久"；日未败，我且"待"；"待"也者，古人以弱制强之妙算，而兵家之所不废也。仆在湖南言湖南，而知六七十年前，湘军之强，国内称雄焉！太平军洪秀全、杨秀清之暴兴也，乘胜远斗，其锋不可当；而湘乡曾文正公、益阳胡文忠公皆以"待"而制全胜者也！吾读《胡文忠公集》所以申儆而诰诸将者曰："战，勇气也，当以节宣蓄养提振为先；又阴事也，当以固塞坚忍蛰伏为本；贵乎审机以待战，尤贵蓄锐以待时。而兵事有须先一着者，如险要之地，以兵踞之；先发制人，必胜之道也。有须后一着者，愈持久，愈神妙；愈老到，愈坚定；待贼变计，乃起而乘之，亦必胜之道也。有先一着伐贼谋而胜者，有后一着待贼动而胜者，兵事不在性急于一时，惟在审察乎全局。全局得势，譬之破竹，数节之后，迎刃而解。军事到紧要之时，静者胜，躁者败，动者必躁，静者有所待，有所谋，不可测也！譬之南塘矛法，须先让对手打一下，然后应之，此理至微妙！坚持以待其弊，伺其瑕而踏之，有不战，战必胜矣！"盖一编之中，三致意焉！至曾文正公更为俚歌以晓卒徒云："起手要阴后要阳，出队要弱收队强；初交手时如老鼠，愈打愈狠如老虎。"而为之说其意曰："贼始至猛扑，一鼓作气，宜少辽缓之以钝其锋而销磨其气；所谓避其锐气，击其惰归也。兵者不得已而用之，常存一不敢为天下先之心，须人打第二下，我打第一下；毋乘以躁气，毋摇以众论，自能觑出可破之隙。若急于求效，杂以浮情客气，则或泰山当前而不克见！"此则湘军之战略，而妙得《孙子》所谓"强而避之"，"以待敌之可胜"之意；"避"者，不轻耗吾之力以犯其锋；"待"者，所以伺敌之瑕而承其敝。盖湘军之所以战无不胜者以此；而法国名将霞飞、福煦之所以摧强德者亦无不以此！人自不察耳！遂援之以终于篇。时在中华民国之二十八年五月九日，无锡钱基博叙于国立师范学院之李园。

孙 子 别 传

孙子武者，字长卿。齐敬仲五世孙书，为齐大夫，伐莒有功，景公赐姓孙氏，食采于乐安；生冯，为齐卿。冯生武，以田鲍四族之乱，遂奔吴也(《姓氏辨证书》)。善为兵法，辟隐深居，世人莫知其能。伍子胥、白喜以楚杀其父，亡命，事吴王阖闾，锐欲报楚。吴王内计二子皆怨楚深，恐以兵往，破灭而已；登台向南风而啸，有顷而叹；群臣莫有晓王意者！子胥深知王之不定，乃一旦与吴王论兵，七荐孙子。吴王曰："子胥托言进士，欲以自纳。"而召孙子，问以兵法？每陈一篇，王不知口之称善，大悦！(《吴越春秋·阖闾内传》)问曰："散地，士卒顾家，不可与战，则必固守不出。若敌攻我小城，掠吾田野，禁吾樵采，塞吾要道，待吾空虚而急来攻，则如之何？"孙子曰："敌人深入吾都，多背城邑；士卒以军为家，专志轻斗。吾兵在国，安土怀生，以陈则不坚，以斗则不胜；当集人合众，聚谷蓄帛，保城备险，遣轻兵绝其粮道；彼挑战不得，转输不至，野无所掠，三军困馁；因而诱之，可以有功。若与野战，则必因势，依险设伏；无险，则隐于天气隐晦昏雾，出其不意，袭其懈怠，可以有功。"王曰："吾至轻地，始入敌境，士卒思还，难进易退，未背险阻，三军恐惧；大将欲进，士卒欲退，上下异心；敌守其城垒，整其车骑，或当吾前，或击吾后，则如之何？"孙子曰："军至轻地，士卒未专，以入为务，无以战为，故无近其名城，无由其通路；设疑佯惑，示若将去；乃选骑衔枚先入，入掠其牛马六畜；三军见得，进乃不惧；分吾良卒，密有所伏；敌人若来，击之勿疑；若其不至，舍之而去。"王曰："争地，敌先至，据要保利，简兵练卒，或出或守以备我奇，则如之何？"孙子曰："争地之法，让之者得，争之者失。敌得其处，慎勿攻之，引而佯走，建旗鸣鼓，趣其所爱；曳柴扬尘，惑其耳目；分吾良卒，密有所伏，敌必出救。人欲我与，人弃吾取，此争先之道。若我先至而敌用此术，则选吾锐卒，固收其所；轻兵追之，分伏险阻；敌人还斗，伏兵旁起；此全胜之道也。"王曰："交地，吾将绝敌令不得来，必全吾边城，修其所备；深绝通道，固其厄塞。若不先图，敌人已备，彼可得来而吾不可往，众寡又均，则如之何？"孙子曰："既我不可以往，彼可以来；吾分卒匿之，守而易急；示其不能，敌人且至；设伏隐庐，出其不意，可以有功也。"王曰："衢地必先，吾道远发后，虽驰车骤马，至不能先，则如之何？"孙子曰："诸侯参属，其道四通；我与敌相当，而傍有国；所谓先者，必重币轻使，约和傍国，交亲结恩；兵虽后至，众以属矣；简兵练卒，阻利而处，亲吾军事，实吾资粮，令吾车骑，出入瞻候，我有众助，彼失其党；诸国犄角，震鼓齐攻；敌人惊恐，莫知所当。"王曰："吾引兵深入重地，多所逾越，粮道绝塞，设欲归还，势不可过；欲食于敌，持兵不失，则如之何？"孙子曰："凡居重地，士卒轻勇，转输不通，则掠以继食，下得粟帛，皆贡于上，多者有赏；士无归意；若欲还出，切为戒备，深沟高垒，示敌且久；敌疑通途，私除要害之道，乃令轻车衔枚而行，尘埃风扬，以牛马为饵；敌人若出，鸣鼓随之，阴伏吾士，与之中期，内外相应，其败可知。"王曰："吾入圮地，山川险阻，难从之道，行久卒劳；敌在吾前而伏吾后，营居吾左而守吾右；良车骁骑，要吾隘道，则如之何？"孙子曰："先进轻车，去军十里，与敌相候，接期险阻，或分而左，或分而右；大将四观，择空而取，皆会中道，倦而乃止。"王曰："吾入围地，前有强敌，后有险难；敌绝粮道，利我走势；敌鼓躁不进以观我态，则如之何？"孙子曰："围地之宜，必塞其阙，示无可往，则以军为家，万人同心，三军齐力；并炊数日，无见火烟，故为毁乱寡弱之形；敌人见我，备之必轻；告励士卒，令其奋怒；陈伏良卒，左右险阻，击鼓而出；敌人若当疾击，务突前斗后，拓左右犄角。"（《通典·兵刑典》）王曰："若我围敌，则如之何？"孙子曰："山峻谷险，难以逾越，谓之穷寇。击之之法，伏卒隐庐，开其去道，示其生路，求生逃出，必无斗心；因而击之，虽众必破。"王曰："吾师出境，军于敌人之地，敌人大至，围我数重；欲突以出，四塞不通；欲励士激众，使之投命溃围，则如之何？"武曰："深沟高垒，示为守备，安静勿动，以隐吾能；告令三军，示不得已；杀牛燔车，以飨吾士；烧尽粮食，填夷井灶，割发捐冠，绝去生虑；将无余谋，士有死志；于是砥甲砺刃，并气一力，或攻两旁，震鼓疾躁，敌人亦惧，莫知所当；锐卒分行，疾攻其后；此是失道而求生。若敌人在死地，士卒气勇，欲击之法，顺而勿抗；阴守其利，绝其粮道；恐有奇兵，隐而不睹，使吾弓弩，俱守其所。"（本书《九地篇》何氏注）王曰："敌勇不惧，骄而无虑，兵众而强，图之奈何？"孙子曰："诎而待之，以顺其意；无令省觉，以益其懈怠；因敌迁移，潜伏候伺，前行不瞻，后往不顾，中而击之，虽众可取。攻骄之道，不可争锋！"王曰："敌人保据山险，擅利而处之，粮食又足；挑之则不出，乘间则侵掠，为之奈何？"孙子曰："分兵守要，谨备勿懈，潜探其情，密候其怠，以利诱之，禁其樵牧，久无所得，自然变改，待离其固，夺其所爱，敌据险隘，我能破之也。"（《通典·兵刑典》）王乃曰："子之《十三篇》，吾尽观之矣；可以小试勒兵乎？"对曰："可。"曰："可试以妇人乎？"曰："可。"于是许之，出宫中美人，得百八十人（《吴越春秋·阖闾内传》作"三百人"）。孙子分为二队，以王之宠姬二人各为队长，皆令持戟；令之曰："汝知而心与左右手背乎？"妇人曰："知之。"孙子曰："前则视心，左视左手，右视右手，后即视背。"妇人曰："诺。"约束既布（《史记·孙子列传》），乃令曰："一鼓皆振，二鼓操进，三鼓为战形。"于是宫女皆掩口而笑，孙子乃亲自操枹击鼓，三令五申，其笑如故。孙子顾视诸女连笑不止；孙子大怒，两目忽张，声如骇虎，发上冲冠，项旁绝缨，顾谓执法曰："取铁锧！"孙子曰："约束不明，申令不信，将之罪也。既以约束，三令五申，卒不却行，士之过也。军法如何？"执法曰："斩！"武乃令斩队长二人，即吴王之宠姬也。吴王登台观望，正见斩二爱姬，驰使下令之曰："寡人已知将军用兵矣；寡人非此二姬，食不甘味，宜勿斩之！"孙子曰："既已受命为将，将法在军，君虽有令，臣不受之。"孙子复挝鼓之,当左右进退,回旋规矩,不敢瞬目;二队寂然,无敢顾者。于是乃报吴王曰:"兵已整齐,愿王观之!惟所欲用,使赴水火,犹无难矣;而可以定天下。"吴王忽然不悦曰:"寡人知子善用兵,虽可以霸,然而无所施也。将军罢兵就舍,寡人不愿!"孙子曰:"王徒好其言而不用其实!"子胥谏曰:"臣闻兵者凶事,不可空试;故为兵者诛伐不行,兵道不明。今大王虔心思士,欲兴干戈以诛暴楚,以霸诸侯而威天下,非孙武之将,而谁能涉淮逾泗,越千里而战者乎?"于是吴王大悦,因鸣鼓会军,集而攻楚;孙子为将,拔舒,杀王亡将二公子盖余烛佣。吴王谋欲入郢。孙子曰:"民劳未可恃也!"吴王有女滕玉,因谋伐楚,与夫人及女食蒸鱼。王前尝半而与女,女怒曰:"王食鱼辱我,不忘久生!"乃自杀。吴王痛之,葬于国西阊门外,凿池积土,文石为椁,题凑为中,金鼎玉杯银樽珠襦之宝,皆以送女;乃舞白鹤于吴市中,令万民随而观之;还使男女与鹤俱入羡门,因发机以掩之。杀生以送死,国人非之!湛卢之剑,恶吴王之无道也,乃去而出,水行如楚。楚昭王卧而寤,得吴王湛卢之剑。昭王不知其故,乃召风湖子而问曰:"寡人卧觉而得宝剑,不知其名。"风湖子曰:"此谓湛卢之剑。"昭王曰:"何以言之?"风湖子曰:"臣闻吴王得越所献宝剑三枚:一曰鱼肠,二曰磐郢,三曰湛卢。鱼肠之剑,已用杀吴王僚也;磐郢以送其女死;今湛卢入楚也。"昭王曰:"湛卢所以去者何也?"风湖子曰:"臣闻越王元常,使欧冶子造剑五枚以示薛烛。烛对曰:'鱼肠剑逆理不顺,不可服也;臣以杀君,子以杀父。'故阖闾以杀王僚。一名磐郢,亦曰豪曹,不法之物,无益于人,故以送死。一名湛卢,五金之英,太阳之精,寄气托灵,出之有神,服之有威,可以折冲御敌;然人君有逆理之谋,其剑即出,故去无道。今吴王无道,杀君谋楚,故湛卢入楚。"昭王曰:"其值几何?"风湖子曰:"臣闻此剑在越之时,客有酬其值者,有市之乡三十,骏马千匹,万户之都二,是其一也。薛烛对曰:'赤堇之山,已今无云;若耶之溪,深而莫测;群臣上天,欧冶死矣;虽倾城量金,珠玉盈河,犹不能得此宝;而况有市之乡,骏马千匹,万户之都,何

足言也。'"昭王大悦,遂以为宝。吴王闻楚得湛卢之剑,因斯发怒,遂
使孙武、伍胥、白喜伐楚。子胥阴令宣言于楚曰:"楚用子期为将,吾
即得而杀之。子常用兵,吾即去之。"楚闻之,因用子常,退子期。吴
拔六与潜二邑。楚使子常囊瓦伐吴;吴使伍胥、孙武击之;围于豫章,
大破之。吴王谓子胥、孙武曰:"吾欲复击楚,奈何而有功?"伍胥、孙
武曰:"囊瓦者,贪而多过于诸侯,而唐蔡怨之;王必先得唐蔡。"吴王
从之,悉兴师,唐蔡为承(《吴越春秋·阖闾内传》)。西破强楚,入郢,
北威齐、晋,显名诸侯;孙子与有力焉!(《史记·孙子列传》)吴王谓
子胥、孙武曰:"始子言郢不可入,今果如何?"二将曰:"夫战,借胜以
成其威,非常胜之道也。"吴王曰:"何谓也?"二将曰:"楚之为兵,天下
强敌也;今臣与之争锋,十亡一存;而王入郢者,天也!臣不敢必。"
(《吴越春秋·阖闾内传》)然而孙武以三万破楚二十万者,楚无法故
也(《新序》)。孙子八阵,有革车之乘(《周礼·夏官》郑玄注);为吴王
客,殁葬巫门外大冢(《越绝书·外传记吴地传》)。有三子,驰、明、
敌;而明食采于富春,生膑(《姓氏辨证书》)。尝为齐军师,破魏惠王
军,擒太子申以传武兵法(《史记·孙子列传》)。武著兵法八十二篇,
图九卷;独十三篇以进吴王而盛传于世。其大指在以正治国,以奇用
兵;遂为千古谈兵之祖焉!

　　外史氏曰:左氏《春秋传》叙吴王阖闾伐楚事,无孙武;而太史公
为之列传,亦著其事于《吴世家》;与《吴越春秋·阖闾内传》所载多
同;而《吴越春秋》辞特丰蔚,尤诙诡有奇趣,乃为史公好奇者之所不
取,何也?杜佑《通典》又载武与吴王问答语,不知何出,而何氏采以
入注(《通志·兵略》作"何延锡")。亦有《通典》所未详者,或以八十
二篇之佚文也。并裁为篇,以补《十三篇》之缺,而题之曰"别传"者,
所以别出于《太史公书》也。庶几读武之书者,有所考览云!

增订新战史例
孙子章句训义

（发凡）基博按：《汉书·艺文志》著录兵家四种：曰权谋，形势，阴阳，伎巧。权谋者，以正守国，以奇用兵，先计而后战，兼形势，包阴阳，用伎巧者也。形势者，雷动风举，后发而先至，离合背向，变化无穷，以轻疾制敌者也。阴阳者，顺时而动，推刑德，随斗击，因五胜，假鬼神而为助者也。伎巧者，习手足，便器械，积机关，以立攻守之胜者也。《吴孙子兵法》八十二篇，以冠权谋之首；而《史记·孙子列传》以十三篇为言。《正义》引《七录》云："《孙子兵法》三卷，以十三篇为上卷，又有中、下二卷。"今中、下二卷佚，独十三篇存。而读《十三篇》书，不可不先知者三事：（一）吾所睹记，中国兵法有二：一曰节制，即部署训练之方，属于军政；如明戚继光《练兵实纪》、《纪效新书》是也。一曰权谋，即战争攻守之方，属于战略战术；此《孙子十三篇》是也。（二）孙子生于春秋，《十三篇》所言战略战术，乃为列国交兵说法。而注释诸家，生秦汉以后，习于内战，往往不得其解。惟今日欧美棣通，列国并建，伐谋伐交，事多相符。（三）《十三篇》所言战略战术，穷极奥妙；要归于先胜而后求战，贵胜不贵久，攻瑕不攻坚，勿轻犯敌之强，而以全争于天下。一九一四年，欧洲大战。德之所以败，以不知此也。余今详证博引，蕲于推陈出新；以新例证原义，而理益明；以新例证古义，而法益备；广搜战史，无征不信，撮其指要，以当发凡云尔。

计 篇 第 一

（解题）曹操曰："计者，选将量敌，度地料卒，远近险易，计于庙堂也。"杜牧曰："'计，算也。'曰：'计算何事？'曰：'下之五事，所谓道、天、地、将、法也。于庙堂之上，先以彼我之五事，计算优劣，然后定胜负；胜负既定，然后兴师动众。用兵之道，莫先此五事，故著为篇首耳！'"张预曰："《管子》曰：'计先定于内，而后兵出境。'故用兵之道，以计为首也。曰：'兵贵临敌制宜，曹公谓计于庙堂者，何也？'曰：'将之贤愚，敌之强弱，地之远近，兵之众寡，安得不先计及之乎！两军相临，变动相应，则在于将之所裁，非可以陋度也。'"

孙子曰：兵者，国之大事；死生之地，存亡之道，不可不察也！

（训义）王晳曰："兵举，则死生存亡系之。"张预曰："民之死生兆于此，则国之存亡见于彼。然死生曰地，存亡曰道者，以死生在胜负之地，而存亡系得失之道也。得不重慎审察乎！"郑友贤曰："或问死生之地，何以先存亡之道？曰：武意以兵事之大，在将得其人。将能，则兵胜而生；兵生于外，则国存于内。将不能，则兵败而死；兵死于外，则国亡于内。是外之生死，系内之存亡也；是故兵败长平而赵亡；师丧辽水而隋灭。太公曰：'无智略大谋，强勇轻战，败军散众以危社稷，王者慎勿使为将'；此其先后之序也。"

基博按：《计篇》开首，不曰"兵者大事"，而曰"兵者国之大事"；"国"字须着眼，此为《十三篇》命脉所寄。而德国之毛奇将军，自著《普法战史》，开章曰："往古之时，君主则有以其一人之好大喜功，张皇六师，侵一城，略一地，而遂结和平之局，此非足与论今日之战争也。今日之战争，国家之事；国民全体，皆从事之，无一人一族可以幸免者！"若可为此语作铁板注脚。而下文曰："死生之地，存亡之道"；死生者，人民之事；存亡者，国家之事；所以表明人民之国存与存，国亡与亡，而即以解释上文之"大"字。郑友贤论"死生之地，存亡之道"两语先后之序，是矣；顾特以死生属于兵言之，似不如张预称"民之死生"义为圆融。德国伯卢麦将军《战略论》曰："国民以欲达其国家之目的而所用之威力行为，名曰战争。"昔日之战争，以为军人之职，与民人无与。国际法，有交战者与非交战者之分；交战者，军人也；非交战者，民人也。大战之起，而交战国中之敌国侨民，依旧可以自由居住，亦可以自由回国。惟交战国虞其为间，防患未然，亦或驱逐可疑之敌侨以出境，然而未有予以扣留者！降而近世，一变而为全民战争；交战与非交战之分以泯！前敌之士兵，后方之民众，所以服劳于国者，孰与战争无关！军人之与民人，不过直接之异间接之异间接之已！一九一四年欧洲第一次大战之起，交战之国，不惟不许敌侨返国，以增加敌方之人力物力；抑且予以扣留，以不得自由行动！及今日之大战，而加甚焉！即以德国而论；人民八千万，而动员训练者四千万人；几乎举国皆兵；而以第五纵队之遍布世界；交战之国，咸有虞心；而敌侨之监视亦加严焉！故战争为国民之威力行为也。然战争之为胜为负，非民之所能为力也，而操其权于国。民可与之死，与之生，而所以与之死，与之生者，国必先有事焉；故不曰民之大事，而曰"国之大事"。一九一五年，欧洲大战之日以烈也；侯官严复尝论之曰："大抵德人之病，在能实力而不能虚心。故德、英皆骄国也；德人之骄，益以剽悍；英人之骄，济以沉鸷；然则胜负之数，不待著蔡矣。尝谓今日之战，动以国从。战事之起，于人国犹试金之石；不独军政兵谋，关乎胜负；乃至政令、人心、道德、风俗，皆倚为衡。俄广土众民，天下莫二；然以蚕食小弱有余；至与强对作战，则无往不败；昔之于日本，今之于德，皆其已事之明效也；此其故不在兵而在国之政俗。据今策之，纵横二系，非一仆不止。而德意志国力之强，固可谓生民以来所未有！

东西二面敌三最强国矣；而比、塞虽小，要未可轻。顾开战十阅月，民命则死伤以兆计；每日战费不在百万镑以下；来头勇猛，覆比入法，累败俄人；至今虽巴黎未破，喀来未通；东则瓦骚尚为俄守；海上无一国徽，殖民地十亡八九；然而一厚集兵力，则尽复奥所亡城；俄人退让，日忧战线之中绝！比境法北之间，联军动必以数千伤亡，易区区数基罗之地，所谓死眵不得入尺寸者也；不独直抵柏林，虽有圣者，不能计其期日；即此法北肃清，比地收复，正未易言！此真史传之所绝无，而又知人事之大可怖也！英人于初起时，除一二兵家如罗勒吉青纳外，大抵皆以为易与；及是始举国忧悚，念以全力注之；而于政治，则变政党之内阁，而为群策群力；于军械子药，则易榴弹以为高炸；取缔工党，向之以八时工作者，至今乃十一时；男子袨兵革，女子职厂工；国债三举，数逾千兆镑，而犹苦未充；由此观之，则英人心目之中，以条顿种民为何等强对，大可见矣！故尝谓国之实力，民之程度，必经苦战而后可知；设未经是役，则德之强盛，不独吾辈远东之民，不窥其实；即彼与接壤相摩者，舍三数公外，亦未必知其真际也！使其知之，则英人征兵之制，必且早行；法之政府，于平日军储，必不弛然怠缺而为之备，明矣！今夫德以地形言，则处中央散地四战之境，犹战国之韩、魏。顾菲烈德立大帝以来，即持强权主义；虽中经拿破仑之蹂躏，而民气愈益深沉；千百八十年累胜之余，一跃千丈，数十年磨厉以须，以有今日之盛强！由此而知国之强弱无定形，得能者为之，教训生聚；百年之中，由极强而可以为巨霸；观于德，可征已！德人之于英、法，文明程度相若，而政俗则大不同！德人虽有议院，然实尚武而专制，以战为国不可少之圣药，外交则尚夸诈，重诇侦；其教民以能刻苦，厉竞争为本；其所厉行，乃尽吾国申、商之长而去其短。日本窃其绪余，遂能于三十年之中，超为一等强国。而英、法两国则皆民主；民主于军谋最不便，故宣战后，其政府皆须改组；不然，败矣！日本以岛国而为君主立宪；然其经国训民，不取法同型之英，而纯以德为师资者，不仅察其国民程度为此；亦以一学英、法，则难以图强故也。年来英国屡经失败，其自救而即以救欧洲者，在幡然改用征兵制之一着；否则未知鹿死谁手耳！世变正在法轮大转之秋，凡古人百年数百年之经过，至今可以十年尽之。盖时间无异空间；古之行程，待数年而后达者，今人可以数日至也！故一切学说法理，今日视为金科玉律，转眼已为蓬庐刍狗，成不可重陈之物；譬如平等、自由、民权诸主义，百年以往，真如第二福音；乃至于今，其敝日见，不变计者且有乱亡之祸。今有一证在此：有如英国一九一四年军兴以来，内阁实用人才，不拘党系；足征政党，吾国历史所垂戒者，至于风雨漂摇之际，决不可行；一也。最后则设立战时内阁；而各部长不得到席；此即是前世中书、枢密两府之制，与夫前清之军机处矣；二也。英人动机之后，俄、义诸协商国靡然从焉。方战事勃发之初，以德人新兴之锐，乘英、法积弛之政，实操十全胜算；尔乃入巴黎不能，趋卡来不至，仅举比境与法北徼，而不得过雷池半步者，此其中殆有天焉！及至旷日持久而不得志，则今日之事，其决胜，不在战阵交绥之中，而必以财政、兵众之数为最后！德虽至强，而兵力亦固有限。试为约略计之，则一年中，其死伤，或云达三百万；即令少此，二百余万，当亦有之。而其东陲对俄之兵，报称三百五十万众，如此，则六百万矣。而西面比、法之间，至少亦不下二百万；是德之胜兵八百万也。方战之初起，德人自言兵有此数，群诧以为夸诞之言，而莫之信也！乃今此众已全出矣；英、法之海军未爝，而财力犹足以相持。军兴费重，日七八兆镑；久之德必不支！要而言之：德之霸权，终当屈于财权之下，又知此后战争，民众乃第一要义。吾国民众之繁庶如此，假有雄桀起而用，可以无对！"然民不能自为死，自为生也；而可以与之死，与之生，民不畏危者，政为之也。一九一六年八月，德国鲁登道夫将军，奉威廉二世之命以调任大本营作战参谋次长，建议谓："战争之时，无一人之力不属于国家！国家宜著为法令：凡德国人，自十五岁以至六十岁，有不可不服役之义务；而此义务，以一种限制之扩张，及于女子；可适用于军中之兵役义务，亦适用为国内之劳动义务；无一德国人，得在国家危急之时,而不为国家僇力!"此国之必先有事,而事之当务其大;盖战者,非一手一足之力,而生聚教训,亦非枝枝节节所能为也! 及一九一八年十月,德之既败,而鲁登道夫著大战回忆录,追论所以,以谓:"作战力量之基础在国内,而力量之表现在前线。国防之与国民,浑而为一者也;国民之力量,与国防军,不可离而为二者也! 人民适应战争之工作与生活,必在国内相副;而有责任之政府,必强有力以指导人民,而体验国民战争字样之真实意义。吾人与敌军队交战时,尤必摧毁敌国人民之精神及生活而萎靡之,而后敌军队失其支持以一蹶不振! 敌之于我也亦然! 国内之战争意志,必须巩固;使民心或摇,则士气亦衰! 顾谅解调停,甚嚣柏林,希望和平,尤过于希望胜利! 我之和平愈呼吁,敌之胜利愈接近! 一切理论,乃以堕军实而长寇仇;可为长太息也!"一九三三年,希特勒召见但泽会议主席罗许尼格博士,谓曰:"未来之战争,盖两民族全体之对抗而无一人能袖手者;固不仅两军之相见也;国家动员,不仅兵役,尤征力役!"而一九三九年九月,欧洲第二次大战肇衅,始于德人之侵波兰,浸淫以至英、法、义、苏、日、美,及于我国,先后宣战,而国不分君主民主,政不论极权自由,无不施行总动员;而我国民政府,亦以三十一年三月二十九日,制定"国家动员法"公布之;然后《孙子》所谓"兵者国之大事",乃以"总动员法"而义无余蕴! 所谓"总动员法"者,倾一国之人力、物力、智力以为战争用,尽个人之生命、财产、知能以为国家用,坚明约束,著之法令,而以明国家无上,胜利第一者也。用兵之道,心战为上;体力固宜动员,心力亦不除外。今日之战,资源尤急;人民固宜动员,物资尤所必需。美国参谋总长马克萨将军,于此次参战前,提议战时动员计划,条分缕悉,纲目毕张,而最其指要,不出七端:(一)国家之于战争,在求迅速决定之胜利;则必迅速运用国家所有之资源;而欲资源之迅速运用以无误于临战,尤在平日之设计有方,预备不虞。(二)战时之人力物力,不可不求均等之负担,而有公平之立法。(三)征兵之实施,应尽可能之力,以预防国民经济机构之混乱及停顿;勿以人民之兵役,而妨害国家之生产！（四）应以不重要生产之资源，而转用于战时必要之生产。（五）国家之于人民，不可不确保原料及劳动之公平分配。（六）粮食管理，不可不调节生产与消费两者之间，以剂其平；而强行统制粮食时，尤必激发人民之爱国心。（七）应以舆论之力量，推动战时之紧急政策；而舆论为战时之最大力，不可不利用以适应动员。言论自由、著作自由、出版自由以及集会结社自由，民主国家法律之所明定；然此以平日言之；若在战时，则无不加以限制！极权国家如此，民主国家莫不如此！我国抗日军兴，民国二十七年，国民党临时全国代表大会宣言，谓："自由与统一，相反而实相成。无自由，则人民无自发之情绪，以作同仇敌忾之气。无统一，则以意思之庞杂，而致行动之纷歧，抗战之力，将以消杀！"战端一开，举国人民之生命财产、思想言论，无不受国家之制裁，为统一之运用；然后动员不失其为"总"，有"事"先立乎其"大"；而"兵者国之大事"，固宜普及于国民；而不限于士兵也！抑于此又有一义，为用兵者所不可忽！既曰"兵者国之大事"，则用兵，非单纯将帅之职；而将帅之职，不过率兵以战争而已！德国兵家克老山维兹著书论兵，尝以战争为政治行为，为政治工具，而第一卷开宗明义，论战之性质，有曰："战争者，不过用其他方法以图政治之延长及其完成而已！"假使战争为政治之工具，而以图政治生命之延长，则战与不战之国是，非军人之所能决；而不得不取决于国家柄政之最高当局；易言之曰政治家！和平之时，未战而备战；开战以后，调兵而遣将；终之以议和而恢复政治之正常职务；皆政治家之事；而离政治亦不能进行战争！所以战争领导，为政治家之事；而军事统率，则将帅之职！将帅指挥军事以佐政治之成功；而以军事之成功为政治家之利用！然而毛奇之于宰相俾斯麦，讼阋时有；普法、普奥两役，数见不鲜！俾斯麦发愤于战况之无从检讨，而尤恨军事公报之不注意政治局势！惟以国家大体而言，宁可以将帅屈从政治当局！克老山维兹曰："何可以政治之考虑，迁就军事之考虑！盖主持战争者必以政治；政治为指挥之神经中枢；而战争只其工具而已!"鲁登道夫则以政治有俯就战争之责任,而著《全民战争论》,中谓:"克老山维兹之原理,必以废弃!战争也,政治也,皆以保国家;惟战争为国家生存意志之最高表示;所以政治不可不服从战争!"然历史之教训,必以政治为前提!吾人非谓政治当局之可以干涉军事指挥也!毛奇尝言:"政治不得干扰作战!"往古如此;来今无不如此;然只限于"干扰"二字之不得而已!

右第一节领起全文。"不可不察"之"不可不"三字,所以深明用兵之必先有事于计,故特郑重言之也。

故经之以五事,校之以计而索其情。

(训义)曹操曰:"谓下五事七计,求彼我之情也。"杜牧曰:"经者,经度也。五者,即下所谓五事也。校者,校量也。计者,计算也。索者,搜索也。情者,彼我之情也。此言先须经度五事之优劣,次复校量计算之得失,然后始可搜索彼我胜负之情状。"王晳曰:"经,常也;又经纬也。计者,谓下七计。索,尽也。兵之大经,不出道、天、地、将、法耳;就而校之以七计,然后能尽彼己胜负之情状也。"张预曰。"经,经纬也。上先经纬五事之次序,下乃用五事以校计彼我之优劣,探索胜负之情状。"

基博按:此句承上起下而为一篇之纲。"故"者,承上文之"不可不察",而欲申言其如何察。下文,一段论"经之以五事";一段论"校之以计而索其情"。"经",当依王晳、张预作"经纬"解。"经之以五事"者,我自经之以为不可胜也,"校之以计而索其情"者,所以察敌之可胜不可胜,而决兵之可用不可用也。

一曰道,二曰天,三曰地,四曰将,五曰法。

(训义)王晳曰:"此经之五事也。夫用兵之道,人和为本,天时与地利,则其助也。三者具,然后议举兵;兵举必须将能;将能然后法修。"张预曰:"夫将与法在五事之末者,凡举兵伐罪,庙堂之上,先察恩信之厚薄,后度天时之逆顺,次审地形之险易;三者已熟,然后命将征之。兵既出境,则法令一从于将,此其次序也。"

道者，令民与上同意；故可与之死，可与之生，而民不畏危。

（训义）孟氏曰："道谓道之以政令，齐之以礼教。"杜牧曰："道者，仁义也。李斯问兵于荀卿？对曰：'彼仁义者，所以修政者也；政修，则民亲其上，乐其君，轻为之死。'复对赵孝成王论兵曰：'百将一心，三军同力。臣之于君也，下之于上也，若子之事父，弟之事兄，若手臂之捍头目而覆胸臆也。'如此，始可令与上同意；死生同致，不畏于危疑也。"王晳曰："道，谓主有道，能得民心也。夫得民之心者，所以得死力也。得死力者，所以济危难也。易曰：'悦以犯难，民忘其死。'如是，则安畏危难之事乎！"张预曰："危，疑也。"

基博按：此句"令"字着眼；非民之能与上同意，乃上之有道以令民与同意也。"民"者，根第一节"国之大事"而言，乃全体之国民，非一部之士兵也。"令"者，有惟所欲为之意，政府之本领价值全在乎此；而"可与之死，可与之生"，乃是"令"之明效大验。诸家注多忽略"可与之生"四字。当举国民众抗战热烈之际，奋不虑难；非"与之死"之难，而"与之生"之难！惟"可与之死"而民不"畏"，"可与之生"而民不"危"；"死""生"惟上所"令"，乃见民之真"与上同意"，而征其有"道"耳！不然，当国者明知敌之未可轻，我之不堪战，而激于民气，不得不出一战，而以国为孤注者，岂少也哉！毛奇将军《普法战史》论普法战争之原因，曰："今日之战争，非一君主欲望之所能为也；国民之意志实左右之。顾内治之不修，党争之剧烈，实足以起破坏之端，而陷国家于危险之域。大凡君主之位置虽高，然欲决心宣战，则其难甚于国民会议！盖一人，则独居深念，心气常平，其决断未敢轻率。而群众会议，则不负责任，易于慷慨激昂。所贵乎政府者，非以其能战也；尤贵有至强之力，抑国民之虚荣而使之不战。"而《普奥战史》叙拿破仑之亡，普人日以统一德国为事，所恃以号召者民族主义。顾奥亦日尔曼民族也，故普奥之役，时人谓为兄弟战争，大不利于众口。一八六六年春夏之交，普政府于战略政略之间，乃大生困难；盖以军事之布置言，则普国着手愈早而利愈大。然以政治之关系言，则普若先奥而动员,微特为全欧所攻击,且为国人所不欲,普王于是乃迁延迟疑;而毛奇、俾斯麦用种种方法,卒能举不欲战之国民而使之战。凡此皆政府能"令"之效也。抑有无"道"以与民"死",而亦无"道"以与民"生"者,此次欧洲大战之法,是也!一九四〇年四月,德国希特勒挟其百万之师,运用闪电战以陷丹、挪,略荷、比,转而攻法,推锋直入。法人再战再北,土崩瓦解;法军之俘于德者,一百九十余万人;而八十二师配备之军械,以及德人诧未曾见之新型坦克车与重炮,未及一用而以委之于德,藉寇兵,赍盗粮,非希特勒之果能战必胜,攻必取也!美国新闻家有觇国者,论法之所以致败,而为希特勒所乘者有四端,而战败不与焉!曰:文武官吏之卖国也。军需制造,运输之怠工也。人民之怯战争而溺宴安,望和平也。爱自由而法令不行也。质言之曰人无斗志而已矣!夫希特勒挟必胜之心,以雷霆万钧之势,而乘法人之不戒,如摧枯拉朽,固其宜也!异哉,法国与德国战,而法国人,上自大僚,下逮齐民,乃无一人焉为法国效命以与德战,此何也?则政府之无"道"以令民与同意也!民之情,谁不畏死哉!然而法之为政也,无"道"以与民"死";而国降焉,民虏焉,究之何"道"与民以"生"!德之为政也,有"道"以令民"死";苟度德焉,量力焉,抑亦有"道"以令民"生"!此其善败得失之故,为国者可以监矣!

天者,阴阳,寒暑,时制也。

(训义)梅尧臣曰:"兵必参天道,顺气候,以时制之,所谓时制也。司马法曰:'冬夏不兴师,所以兼爱民也。'"王皙曰:"寒暑,若吴起云'疾风大寒,盛夏炎热'之类。时制,因时利害而制宜也。"张预曰:"汉征匈奴,士多堕指;马援征蛮,士多疫死,皆冬夏兴师故也。"

基博按:"制",限也。"时制"云者,谓用兵不能不受阴阳寒暑四时之制限,所以古者冬夏不兴师也!即如一八〇三年,法皇拿破仑以大兵六十余万侵俄,俄人坚壁清野,诱入莫斯科;值大雪,法军冻馁,丧亡殆尽,不能军。一九一五年,德大将兴登堡以无前之势,取俄波兰。俄人望风奔北,而兴登堡以冬令将届,气候严寒;设竟犯兵家之忌,深入俄境,俄人袭用其曩日之计,则不免蹈拿翁之覆辙,遂不敢深入。又如一九一四年,土耳其加入德奥同盟,以大将伊善德统十五万人,于十二月二十五日,侵入俄德兰西高加西亚,适其时天气严寒,积雪没胫,土军深入重地,饥寒交迫;遂于二十八日退归。而是年,土耳其海军大将尼马耳以六万五千人,于九月间进窥英之苏彝士运河,则又以天气酷热,沙漠无水,而挫败!武器益锐,战术日新,而"时制"如故也!日本之侵我也,亦既占武汉而据广州;连兵久不解,于民国二十九年一月,进犯粤北,以骑兵集团薄翁源,而大雾七日,对面不见人,日军前后左右,失其连系,自相戕杀,遂以大溃。至四月之末,以步兵十七联队,骑兵二联队,工兵七联队;大炮、坦克车、化学兵团,应有尽有,而导以飞机百余架;向湖北之钟祥、花园、信阳、确山,分道而进;不意夏历二三月,桃花雨季,大雨连十昼夜,飞机不得翱翔;而山水暴发,满坑满谷,骑不得聘,步失其伍,泥涂沮洳,大炮坦克,陷不得动,遂为我军所乘也!及三十年十二月,日军十五万人,大举以三犯长沙;不意三十一年元旦前后,大雨大雪,飞机既腾空不起;而道途泥泞,步骑炮空,咸拔足不得;亦几歼焉!希特勒悉力殚锐,倾所有之机械化部队与空军,以一九四一年六月,大举侵苏,欲用闪电战以摧之一击;一发不中,连兵久不解;及十一月而大雪纷飞,坚冰载道,飞机之空袭,坦克车之驰突,咸无所用,而以挫退。盖坦克车既以积雪载途,没辙埋轮,陷不得驶;而俄之纬度高,冬夜之长,可以十八小时,长夜漫漫,而空军之活动,更受限制。此皆所谓"时制"之例证也。新式武器,如无科学方法之天气预报,抑亦不能推行尽利以发挥效能!希特勒以一九三九年九月进攻波兰,而会当雨季;白鲁希兹将军不可,谓:"机械化部队,将为泥泞所困!"而德意志地理政治学院院长霍斯浩佛则曰:"无害!届时不雨!"已而果然,人以为神!而不知其得之学院之天气预报也!及一九四二年,德国被困于法国布勒斯特港之主力舰香化斯脱号、尼西纳号两艘突围而脱也,英人大哗以谴政府;而不知天气预报之有成功!于时,德国海军作战部长赖德尔欲图两舰之突围,而以咨其幕府之气象家,谓:"如浓云密布,云层以下不可见,既以妨碍敌机之侦察;而云层之中,霰结如冰,更不利敌机飞行,则两舰脱险矣!"其幕僚告以二月之中,必有如许之云霰,掠英吉利海峡之上空以过。于是一九四二年二月十二日之夜,两舰突围以通过英吉利海峡而返于德,则以云浓于雾,霰结成冰,而英之鱼雷及轰炸机,无法行动而受"时制"也!

地者,远近,险易,广狭,死生也。

(训义)曹操曰:"言以九地形势不同,因时制宜也;论在《九地篇》中。"梅尧臣曰:"凡用兵,贵先知地形。知远近,则能为迂直之计。知险易,则能审步骑之利。知广狭,则能度众寡之用。知死生,则能识胜败之势也。"

基博按:梅尧臣之注,妙尽兵家因地制宜之利,语辨以析!虽以今日空军之竞争,机械化部队之创新,闪电战之奇袭,化远为近,化险为易,化广为狭,而地之古今异形,似不可以一概论;然而用兵者,仍不可不致谨乎此!"知远近,则能为迂直之计"者:迂道远而直径近,用兵者,莫不舍迂而取直;然亦有以迂为直,不得不舍直取迂者。一九一四年,欧洲大战开始,法以大军东向而掠德边以取阿尔塞斯、罗林两州;此直径也。德以七军应战,以二军与法相持于阿、罗两州;而以五军袭比利时,推锋直入,绕出法之北疆,而拊其背,法人不虞,仓皇败退,几乎不国;则是德人以迂为直。何者?盖德之西境与法接;大山间之。法人之所申儆,无日不虞德之来犯,凭山作障,要塞如林,而又耀兵东指,精兵猛将之所萃也。如德人陈师西向,而法悉锐以拒,旷日持久,必有攻坚力屈之虞!兵法攻瑕不攻坚,不如迂道比利时,绕法之北疆,攻法之瑕,而乘其不虞;为道虽迂而收功则易!此所以舍直而取迂也。然而法人不戒,大战之后,悉力治马奇诺防线,以防德之东侵;而不虞希特勒之以迂为直,依然故智;为齐诺非防线以与法相持于西;而迂道荷兰、比利时,急转直下,以侵法之北境,蹈瑕抵隙,而拊马奇诺防线之背。法人覆辙重寻,而迫为城下之盟;则以希特勒之能以迂为直也。又如日、美必出于一战，日本政府无日不讨其国人而申儆之，而苦心焦虑以推美之攻日也，有三道焉：其一北道，自阿拉斯加，循太平洋之北极圈，经阿留地安群岛以袭日本；中间以西特加、科查克、乌拉那斯加，驻屯海空军；阿留地安群岛，亦有港湾以停泊舰队；而在群岛西端之阿兹兹岛，距日极近；陆军则在安加莱治、菲尔克斯两岛，筑飞机场以为协同作战之备；如能利用苏联堪察加岛之彼得罗巴夫斯克军港，则距日本不过七百浬，日本必受极猛烈之空袭。惟以北太平洋气象之变化颇剧，风向气压，时刻不同，则舰队之驶行，飞机之翔空，不能无妨。其二中道，自夏威夷，经中途岛、韦克岛、关岛，以至马尼剌，行程五千三百浬；其中南北亘一三〇〇浬，东西延二七〇〇浬之间，有日本委任统治之群岛，重关设险。如美以海军循行而西，非受日本多方之狙击，不能以达菲律宾；而达菲律宾以后，运输被截，接济不继，必有后顾之忧；此危道也。其三南道，自夏威夷，经巴尔迈拉、萨摩亚群岛、新喀里多尼亚岛、达尔文港、荷印诸岛而达新加坡，或菲律宾，行程七千浬以上，为道最远；然日本海军防御线之所不及，可以无中途狙击之虞；而航线所经之英荷属地，必可随时随地，予以接济。北道最近，而气象之剧变堪虑；中道次近，而日本之狙袭为患；不如此之万全无害。此美以利于行军，而不得不舍迂取直者也。然德之攻法也，以迂为直；盖兵谋之妙用而以为胜敌。美之攻日也，舍迂取直；则行军之安全而以为不可胜。此其不同者也。然而迂直之计，非仅以节远近，抑亦以相广狭。何者？现代战术，或用中央突破之法，此所谓直也。或用迂回包围之式，此所谓迂也。然而战线之广狭不同，战术之迂直亦异。大抵战线不广而兵有余众者可迂。战线太广而兵无余众者不得迂。德之攻法也，不引兵西指以推锋而进，而北出迂回以假道荷、比；此所谓迂也。而攻苏则不然。盖战线延三千哩，右凭黑海，左扼北冰洋；两翼不得展延，迂回困难；而战线太广，包围亦不易。于是直薄莫斯科以为中央突破之势焉。是广狭异形，而迂直异术也。"知险易，则能审步骑之利"者：

鼌错《言兵事书》引《兵法》曰:"丈五之沟,渐车之水,山林积石,经川邱阜,草木所生,此步兵之地也;车骑二不当一。土山丘陵,曼延相属,平原广野,此车骑之地也,步兵十不当一。"大抵山林川泽,步之利。平原广野,骑之利。方宋之未南渡也,金人崛起东北,尤善用骑,长驱而南。宋人患无以制之;于是宰相李纲奏:"河北塘泺,东距海,西抵广信、安肃,深不可以涉,浅不可以行舟,所以限隔胡骑,为险固之地。而安肃、广信、平凉等军,东有塘泺,西抵太行,中间坦途不过三百余里,塘泺既可增广,其他地势虽颇高仰,亦可因高就下,限以长堤,储蓄水柜以为阻固。"既而高宗不振,划江自保;而长、淮以南,亦时有金人马足焉!于是薛季宣奏请大田淮沔,方田塘泺以制戎马;以谓:"中朝之制,河北分高阳关、真定、中山府三路,而统于大名府;河东分麟府路,代州沿边,而统于太原府;陕西分鄜延、环庆、泾原、秦凤、熙河五路,而统于永兴军;有塘泺、方田、稻田、榆塞为之险。塘泺系卑下潴水所成。方田,系地形稍高,穿渠引水者。稻田,系地形平易,可以灌溉者。榆塞,系冈阜之地,植榆为阻者。是四者,皆所以限胡骑之冲突。况此辇毂之下,淮沔之塞,事切平世,将何道而为之?必也农田不失灌溉,运道不至艰阻,地险不失,民力无困,而公私享富实之效,岂无术耶!"则是欲因夷设险,而化路为田;丈五之沟,渐车之水,以夺骑兵之利,而为步兵之地也。然骑兵之用,利于驰突;古人制骑兵以辅步兵,今则创机械化部队以易骑兵,电击霆迅,其为驰突也大矣!而山林川泽,方田塘泺,骑兵不利于驰骋;机械化部队亦杀其威力。一八〇六年,法有一大将,随拿破仑征俄,而著书,谓:"泥泞,为在波兰作战时之特质。"及一九一四年,德大将兴登堡引兵攻俄,一涉足波兰,而叹其言之信;谓:"道路之泥泞,行军之艰阻,俄人得以备预不虞而从容应我矣!"至于一九一四年,德人之攻法也,假道比利时以战于佛兰德斯平原;而以多沼泽,土泥疏松,不能载重,重兵器猝无所施其技也,遂予法以残喘之延而连兵不解。日人之侵我也,我无机械化部队,而日本有之,纵横驰突,何以二十七年以前,攻城掠地,无坚不摧；二十七年以后，顿兵挫锐，所如辙阻？盖二十七年以前之战，在平原广野，机械化部队得以骋其威；及其引兵深入，而山林川泽，机械化部队无所用其长也。然冀、鲁、豫三省平原之地，虽为日军控制，而我敌后之游击队，以寡击众，卒制其机械化部队以不得逞者；亦以因夷设险，而掘坦直之广原，成纵横之壕沟也。冀南一带，错综如蛛网，延袤四万里；其沟深三尺，宽三尺六寸，而转沟四尺八寸；起沟之土，傅沟两旁，又高二尺；农民骡车，驱行沟内；而坦克车疾驰，无不挂陷焉！一九四一年九月，义大利之侵希腊也，大败于密赵峰；亦以风雪连天，山地行军，而林木丛杂，飞机、坦克不能自在运用也。今希特勒挟其纵横驰突之机械化部队，以袭苏联，风驰电迈，直攻莫斯科，势且不支；然而论者谓苏联如不得已而弃莫斯科，将迁都萨马拉，而据乌拉山以战；于是机械化部队，不能不受地形之限制而杀其威力；希特勒之攻势，亦成强弩之末矣！"知广狭，则能度众寡之用"者：如希特勒以陆军四十五师，机械化部队十师，飞机二千五百架，一举而亡波兰；及其攻法，而用陆军一百三十五师，机械化部队二十五师，飞机五千架，比之波兰，用众倍焉；及其攻苏联，而比之攻法，用众又加倍焉。盖知法之地，广于波兰；而苏联又广于法也。又如美国扩军，议东海岸，自缅因以至佛罗里达，延三千哩。非陆军一百师，不足以守。每师一万五千人，而辅以飞机一百架，分布沿海，以守三千哩之地。然而军事家之所估计，陆军一师之最高防御力，不过二十哩；而所谓二十哩者，仅限于沿河或沿海之边疆，有险可凭；如在内地，一师陆军之所能防御，不过二三哩而已。故三千哩之海岸，而守以陆军一百师，乃至少之数也。然而敌之进攻也，即不能东海登岸；而结连与国，出兵西岸太平洋登陆以拊我背。即不然，而由墨西哥或墨西哥湾循流而上，以攻密士失必河。又或不然，而由加拿大，下至圣劳伦河，又下至哈尔孙河，以达俄亥俄河、密士失必河，蹈瑕抵隙以为侧击。所以陆军一百师为犹未足；必有后备陆军五十师，以弥缝其阙而戒不虞。然而未能万全无害也！我以陆军一百师，分播三千哩之海岸；而敌集中十师之兵力，以攻我一师所守之三十哩地；彼众我寡，则以敌之十，攻我之一，推锋而入，必为突破；然后延展向左右席卷，以包围邻近防线之各师，亦无不为歼灭之理。此时非有十五师或二十师之增援，不足以阻敌之长驱而固吾圉。千哩设防，兵家所难，而况三倍之乎！三千哩之海岸，而守以陆军一百五十师，未为众也！尤必有游击之装甲军团，以备敌人之突破一线，而迅速调援，加以闪电之制止焉。大抵地广则用众，地狭则用寡，不论攻守一也。然而攻守异势，抑亦众寡异用。一九三九年九月，希特勒之攻波兰也，集中主力于南北两集团军，而为疑兵以分布广莫之沿边；于是波兰不知其意之所欲攻，而精兵良将悉萃波森以置无用；于是希特勒推锋直入以左右夹击，攻瑕则坚者瑕矣！盖攻者择瑕而蹈，专而为一；守则无所不备，分而为十；是以十攻其一也；守则不足而患其寡，攻则有余而形其众；故度众寡之用，尤不可不知攻守，而不仅广狭也。抑国土广者，敌人空袭之威胁小，如中国、苏联、美国，是也。国境狭者，敌人空袭之威胁大，如日本、英伦，是也。一九三六年，英国航空大臣伦敦特里勋爵及法国航空部长柯脱，先后宣言以大戒于国，谓："在现代科学之下，空军扩展，一旦而爆发弹雨，足以毁灭伦敦、巴黎，而无人力可以制置焉！"然柯脱言："只有俄国，以领土广大，而无虞！"国土广大，地形复杂，敌人即有优势之空军，而人民财产，可以疏散，可以隐蔽，不如小国寡民之易聚而歼旃也。故曰："空袭之威胁小。"特此所谓小大，亦仅限于国家之威胁，而非以语人民之损害。虽国境广莫，而空袭猛烈，则死伤众，都邑毁，个人之损害必亦大；特田野辟，生产足，国力之摧毁不易能。此知广狭之又一义也。"知死生，则能识胜败之势者"；特综远近、险易、广狭三者而言之。盖死生，乃远近、险易、广狭三者错综之所成，而不可以一端论也。

将者，智，信，仁，勇，严也。

（训义）杜牧曰："先生之道，以仁为首。兵家者流，用智为先。盖智者，能机权，识变通也。信者，使人不惑于刑赏也。仁者，爱人悯物,知勤劳也。勇者,决胜乘势,不逡巡也。严者,以威刑肃三军也。楚申包胥使于越,越王勾践将伐吴,问战焉? 曰:'战,智为始,仁次之,勇次之。不智,则不能知民之极,无以诠度天下之众寡。不仁,则不能与三军共饥劳之殃。不勇,则不能断疑,以发大计也。'"贾林曰:"专任智则贼。偏施仁则懦。固守信则愚。恃勇力则暴。令过严则残。五者兼备,各适其用,则可为将帅。"何延锡曰:"非智,不可以料敌应机,非信,不可以训人率下。非仁,不可以附众抚士。非勇,不可以决谋合战。非严,不可以服强齐众。"

基博按:克老山维兹论战之性质,有曰:"战之胜负,将之才不才系焉;而人才不易,将才尤难! 国家日进于文明,百度维新,然人才只有此数,则以社会相需之殷,而将才少。惟野蛮之国,事业不振,人才无所用之,而又日竞于武,故将才多。特是才有高下,将有智愚;而才之高者,所贵有明敏之睿知,则必随文明以俱进。惟文明之国,厥为名将之所孕育焉! 苟其国家文明,其人民好战,则其国之名将必多,远鉴古之罗马,近观拿破仑时代之法,名将蔚起,莫之与京,岂偶然哉! 无亦以好战之人民而擅有文明之国家,故能钟灵毓秀以有此盛也。将以智为本,以勇辅之。而勇之为验有二:一曰临大危而不挫其气。一曰当大任而不避其艰。一言以蔽之,曰:不畏艰险而已。夫不畏艰险,或起于轻生之习性,或激于爱国之热情;生轻则气锐,情热则多力,而意气陵厉,自无畏难苟安之心矣。战之为事,劳筋骨,苦心志,而将士之服战役者,必具有坚强之体魄,勇毅之精神,而济之以明敏之睿智,乃克有济;而尤莫重于智,莫难于智! 盖战无常法,兵无定势,瞬息万变,往往不可臆度;所贵相机应变,因利制权,而深有藉于思虑及推考。然则何道而可? 曰:必先之以敏锐之观测,而发之为果敢之动作,其亦庶乎其可也。夫惟有敏锐之观测者,乃能洞鉴幽渺莫测之情势,而深识其真;慎勿局于一时一隅,而目光四射熟权时间空间之错变,而运用繁赜之战略,出以心思之灵敏,发以动作之果敢。而果敢者,不疑而为之之谓。然为之不疑,必先知之不惑;知之明,故为之果,斯大勇矣。倘知之未明,而为之不疑,卤莽徒以偾事,盲动而已;岂得谓之果敢哉!故智谋者,果敢之本也;然智谋亦必济以果敢。而需者事之贼,多智者亦往往多疑多败;故智谋辅以果敢,而沉着胜于聪明,聪明或以自误,而沉着决不盲动也。两者相济为用,而必基之于识力之培养。抑为将之道,非杀敌之难,而御兵之难;尤非急战之难,而持久之难。方战之初,一鼓作气,人怀必胜,为将无难也。及其久而师老,信心渐失,暮气既深,怯死幸生,鼓之不知奋也,励之不知耻也,劳而欲休,阵而不整;其尤甚者,怨愤其上;使当此之时,而为之将者,抚众有度,镇扰以定;而以其自我之光明,焕发众心之迷盲;以其自我之热情,激励士气之萎靡;以静制乱,以勇振怯,发其信心,鼓其暮气,旗鼓重振,有死无二,此则为将之所难。然而为之有道,持之有故。曰:惟为将者视之以坚强之意志,发之以热烈之情感,持之以卓越之识力,而后为士众所仰赖,可与之死,可与之生,而不畏危也。三者相辅而以相成,不可或缺者也。爱名誉,重气节,此将士意志之所以坚强。特其百折不挠,久而不渝,则非持之以定识定力不为功!情热则多力;热情者,凡为将士之所不可少。然所贵者,不在一时之义勇愤发,而在激昂慷慨之中,能持之以镇静,仍无害于处变若定之智虑,此则所难也。大抵人有三品:其一情感阙乏之人,激之使奋,其道非易;然以其人沉着,奉令承教,无热情,亦无败事,用之于战,亦有可取之道。其二情感热烈之人,如炸药然,一触即发,而一发即熄,可激发而不可持久者也。此其人烈于情感,昧于智计,遇小忿则怒,而当大敌则挠,往往仓皇扰攘而不知所措,此其人非受高深之教育以发展其智虑,则不可以之为将;倘因材器使,可为裨将;以所任者不过冲锋陷阵,而一时之义勇奋发,足以集事矣。其三为刚毅木讷,不以小忿而气激,不以小挫而志馁,意思深长,其情感不易发,而一发则不可遏;其蓄之中者以深以厚,其措之事也可大可久;此则所谓激昂慷慨,而能持以镇静,无害于处变若定之智虑者也。持是道也以往,可以为帅矣!此其人禀乎天性,而要非有识力之涵养,不克臻此。博学多闻，不足以见识力；而所谓识力者，谓有主张，有自信，有文理密察之智虑，与发强刚毅之德性者也。夫战之为道，至无定也。凡兵家之言，极深研几；及其临阵，学说原理，杳无征验，何所用之；而纷纭之变，扰我灵台，死丧之哀，凄人心脾，茫茫前途，惟有猜想。是故战之为事，至变且乱也；非战之难；变而能持其常，乱而不失其定则难；此则识力之培养，必有以裕之于平日；而后临战之时，指挥若定，坚持我初衷，勿失其自信。然而自信之过，往往流为刚愎自用；情势既变，故我自封，执一无权，何能应变；此所以发强刚毅之德性，必本诸文理密察之智虑，而后自信不为刚愎，主张不同成见。动无失策，事无过举，斯则识力之明效大验已。所谓将才者，其性行大略具此矣。才有偏全，则位殊尊卑；然此可以为将，而未遽以为帅也。夫帅者，政治家而兼军事家者也；将才之外，必擅政事；战略之用，兼权政略焉。"细绎克氏之所以衡将才者五事：曰"智"，曰"勇"，曰"果敢"，曰"热情"，曰"识力"。而两言括之，曰"智"曰"勇"而已；"果敢"与"热情"，所以大其"勇"也；"识力"，所以充其"智"也；而要以"智"为本，以"勇"为辅。《孙子》论将有五才，若与克氏五者之数相当；其实克氏所论之五者，《孙子》"智""勇"两义足以尽之；而"信""仁""严"三义，则足以匡克氏之所未逮。独其称"智"以冠五才之首，亦犹克氏以"智"为本之指也。顾《孙子》所以论将之用"智"者有二：一曰智足以知战。二曰智足以愚士。则非参诸他篇不晓。智足以知战则奈何？曰：有三知焉："知吾卒之可以击"，"知敌之可击"，"知地形之可以战"，三者知而后胜乃可全。《孙子》曰："料敌制胜，计险厄远近，上将之道也。知此而用战者必胜，不知此而用战者必败。故战道必胜，主曰无战，必战可也；战道不胜，主曰必战，无战可也；故进不求名，退不避罪，惟民是保，而利合于主，国之宝也。视卒如婴儿，故可与之赴深溪；视卒如爱子，故可与之俱死。厚而不能使，爱而不能令，乱而不能治；譬如骄子，不可用也。知吾卒之可以击，而不知敌之可击，胜之半也。知敌之可击，而不知吾卒之可以击，胜之半也。知敌之可击，知吾卒之可以击,而不知地形之不可以战,胜之半也。故知兵者,动而不迷,举而不穷。"语见《地形篇》。谓智足以知战也。《孙子》又曰:"将军之事,静以幽,正以治。能愚士卒之耳目,使之无知;易其事,革其谋,使人无识;易其居,迂其途,使人不得虑。帅与之期,如登高而去其梯。帅与之深入诸侯之地而发其机,焚舟破釜,若驱群羊,驱而往,驱而来,莫知所之。聚三军之众,投之于险,此谓将军之事。"见《九地篇》。盖战者,所以聚三军之众,投之于险也。惟能愚士卒之耳目,使之无知者;斯聚三军之众,投之于险,惟命是听,无扞格之患矣。此智足以愚士也。《孙子》又论将有五危,曰:"必死可杀也,必生可虏也,忿速可侮也,廉洁可辱也,爱民可烦也。凡此五者,将之过也,用兵之灾也。覆军杀将,必以五危。"见《九变篇》。夫"必死",则不智;"必生",则无勇;"忿速可侮",则勇而愚;"廉洁可辱",则信而愚;"爱民可烦",则仁而愚;而要归于不"智"! 倪持克氏之论以为衡,所谓"知之未明而为之不疑",此其为不智之果敢,《孙子》所谓"必死可杀"者也。若其人"烈于情感,昧于智计",而触之即忿,激之易动,则所谓"忿速可侮"者也。至于"爱名誉,重气节",此将士之廉洁也;然而曰"廉洁可辱",梅尧臣注以为"徇名不顾",此亦将之一危,何可不察也!《吴子》曰:"夫总文武者,军之将也。兼刚柔者,兵之事也。凡人论将,常观于勇,勇之于将,乃数分之一尔;夫勇者必轻合,轻合而不知利,未可也。故将之所慎者五:一曰理,二曰备,三曰果,四曰戒,五曰约。理者,治众如治寡。备者,出门如见敌。果者,临敌不怀生。戒者,虽克如始战。约者,法令省而不烦。受命而不辞,敌破而后言返,将之礼也;故师出之日,有死之荣,无生之辱。"语见《论将》。其论将之所慎者,曰"理",曰"备",曰"戒",曰"约",皆"智"之事;所谓"文"也,"柔"也。独"果"则奋其"武""刚",而属于"勇"焉。顾《吴子》以为"勇之于将,乃数分之一尔;夫勇者必轻合,轻合而不知利,未可也";此则克氏所称"不智之果敢",卤莽徒以偾事,盲动而已!《孙子》曰:"必死可杀","忿速可侮"者也。至言"受命而不辞,敌破而后言返,将之礼也,故师出之日,有死之荣,无生之辱";得无嫌于"必死可杀"乎?而克氏论勇之为验,亦曰"轻生则气锐",又与《吴子》之言有合,何也?盖兵,凶器,战,危事也;"必死可杀","必生可虏",皆将之危也;惟兼权于"必死""必生"而善有以自处。然则如之何而可?昔夔州唐甄论将有利才一论。其言以为:"彼义激气愤,解带自决,暴虎冯河而不反,世皆壮之,称为烈士;是愚夫悍妇之行也,君子不为也。君子之当大任,立身于必不死,设心于必死。必不死,以善其用也。必死,以坚其志也。吾闻之,立功者,才也。卒功者,智也。审定者,心也。达险者,志也。天下重器,举之难举也;命数不常,测之难测也;苟以死存心,以死立志,谐妻泣之而不顾,爱女牵之而不顾,曒子随之而不顾;临事之时,处之必静,见之必明,思之必熟,行之必决,虽谋不及太公,亦可以成太公之功;虽才不及管仲,亦可以成管仲之功。今夫矢一也,以弱弓发之,或不能杀人;以强弓发之,则可以贯甲。志坚则才利,亦犹弓之发矢也。昔蜀大乱而食人肉,冉邻起兵;冉邻者,唐子未娶之女之父也。遣二人者为谍于寇,闻有猎人者于途,一人惧而欲返;其一人曰:'进死于釜,退死于法,等死耳!其行乎!第疾走,慎毋怯而反顾!'比肩而走,一人不反顾,一人数反顾;一反顾,逊不反顾者五步;再反顾,逊不反顾者十步;卒之追者及之,反顾者肉糜于釜,不反顾者,乌逝隼集而反命,得寇之形以战胜焉。由是观之,以死心处死地者成;以生心处死地者败;成败之间,勇怯之分也。"斯可以通孙、吴之邮而发其奥矣!唐甄,原名大陶,字铸万;清世祖顺治丁酉举人,官长子县知县,罢官,侨居昆山,著有《唐子潜书》。宁都魏禧见之,称为汉唐以来所未有;宣城梅文鼎则以谓秦而后仅见之作云。然而孙、吴之论将,尚未能通于神明也。战国之世,临武君与孙卿子议兵于赵孝成工前,请问为将? 孙卿子曰:"知莫大乎弃疑,行莫大乎无过,事莫大乎无悔;事至无悔而至矣,成不可必也。故制号政令,欲严以威;庆赏刑罚,欲必以信;处舍收藏,欲周以固;徙举进退,欲疾以速;(杨倞注:静则安重而不为轻举,动则疾速而不失机权)窥敌观变,欲潜以深;欲伍以参。(杨倞注:谓使间谍观敌,欲潜隐深入之也,伍参犹错杂也,使间谍或参之或伍之于敌之间,而尽知其事。《韩子》曰:省同异之言,以知朋党之分,偶参伍之验,以责陈言之实。又曰:参之以比物,伍之以合参也。)遇敌决战,必道吾所明,无道吾所疑;夫是之谓六术。无欲将而恶废,无急胜而忘败,无威内而轻外,无见利而不顾其害。凡虑事欲熟,而用财欲泰;夫是之谓五权。所以不受命于主有三:可杀而不可使处不完,可杀而不可使击不胜,可杀而不可使欺百姓;夫是之谓三至。凡受命于主而行三军,三军既定,百官得序,群物皆正,则主不能喜,敌不能怒;夫是之谓至臣。虑必先事而申之以敬,慎终如始,始终如一;夫是之谓大吉。凡百事之成也,必在敬之;其败也,必在慢之;故敬胜怠则吉,怠胜敬则灭,计胜欲则从,欲胜计则凶。战如守,行如战,有功如幸;敬谋无圹,敬事无圹,敬吏无圹,敬众无圹,敬敌无圹;(杨倞注:无圹言不敢须臾不敬也,圹与旷同。)夫是之谓五无圹。慎行此六术五权三至而处之以恭敬无圹,夫是之谓天下之将,则通于神明矣!"临武君曰:"善。"见荀子《议兵篇》。此则儒将风规,不竞不绿,历览史册,前有乐毅,后有诸葛亮,傥庶几焉;非克氏之所及知也。克氏论将,以"智"为本,以"勇"为辅;而以"识力"充其"智"。而孙卿子则以"先事"为虑,以"弃疑"为智;而以"恭敬"要其成。孙卿子之所谓"通于神明",傥克氏之所谓"识力"乎?然而"识力"不足以尽之矣!苏洵曰:"为将之道,当先治其心,泰山崩于前而色不变,麋鹿兴于左而目不顾,然后可以制利害,可以待敌。凡主将之道,知理而后可以举兵,知势而后可以加兵,知节而后可以用兵。知理,则不屈;知势,则不沮;知节,则不穷。见小利不动,见小患不避;小利小患,不足以辱吾技也;夫然后可以支大利大害!夫惟养技而自爱者,无敌于天下;故一忍可以支百勇,一静可以制百动。"见《权书·心术》。此则克氏之所谓"识力"矣。苏洵之所谓"治心",克氏谓之"识力之培养",辞趣不同,其揆一也。论将而至于"治心",深矣微矣!虽未通于神明,而神明之所由通乎!独我自抗战以来,义问昭宣,小大毕力,将军有死之心,士卒无生之气,莫不挥泣攘臂以殉国家之急;决命争首,奋不顾身,天下之勇孰尚焉!然而古人有言:"匪死之难,所以处其死者实难!"吾今则曰:"非勇之难,所以用其勇者实难!"三国夏侯渊为将,赴急疾,常出敌之不意;虽数战胜,魏武帝戒之曰:"为将当有怯弱时,不可但恃勇也。将当以勇为本,行之以智计。"况今强寇压境,乘胜深入;而我自战其地,抚民训士,匪一克之为烈,而来日之大难!所望深体苏洵治心之旨,兼权克氏识力之论,知彼知己,沉几观变,勿缮一时之武怒而养可久之大勇。史称魏武帝与虏对阵,意思安闲,如不欲战;然及至决机乘胜,气势盈溢,故每战必克,军无幸胜。广昌揭暄著有《兵法百言》一书,历观古今兵事利钝之故,而籀其会通;其中有"敛"之一言以为:"惟敛可以克刚强,惟敛难以刚强克;故将击不扬以养鸷,欲搏弭耳以伸威,小事隐忍以图大。我处其缩,以尽彼盈。既舒吾盈,还乘彼缩。"然非治心之有道,智勇互用,何知制胜之以"敛",盈缩尽利。而以此制敌,何敌不摧,国家攸赖,胜利可望矣。揭暄,字子宣,清初人;见阮元《畴人传》。

法者,曲制,官道,主用也。

(训义)梅尧臣曰:"曲制,部曲队伍,分划必有制也。官道,裨校首长,统率必有道也。"

基博按:"曲制"者,队伍编制之事;"官道"者,偏裨任用之道;梅氏之解是也。二者属于军政。而"主用",则属于军令,指中枢之指挥策动而言也。诸家注多依曹操说:"主用者,主军费用也。"梅氏则申言之曰:"主用,主军之资粮百物,必有用度也。"殊为失解。

凡此五者,将莫不闻;知之者胜,不知者不胜。

右第二节论经之以五事。

故校之以计而索其情。

(训义)王晳曰:"言虽周知五事,待七计以尽其情也。"张预曰:"上已陈五事;自此而下,方考校彼我之得失,探索胜负之情状也。"

曰:主孰有道?

（训义）张预曰："先校二国之道，谁有恩信之道；即上所谓'令民与上同意'之道也。"

将孰有能？

（训义）杜牧曰："将孰有能者，上所谓'智信仁勇严'；若汉高祖料魏将柏直，不能当韩信之类也。"

基博按：战之胜负，其枢在将。欧洲第一次大战，美国以一九一七年四月，对德宣战，而任潘兴大将为出征军总司令。既抵法，而整军，见所部诸将之老而无能者多也，乃与军政部长倍克尔书曰："军队之强弱，大半视兵心为转移；而将官之身心不健全者，其何以振发士气！择能而事，乃士兵应有之权利。法在大战之初，将多老耄，其致败也以此！方今英、法各统帅，咸主师旅宜选果敢敏捷、年富力壮者统之；各军师长，鲜有年逾四十五，旅长无逾四十岁者；今日之战，师、旅长无不身入壕沟，非壮年，不任艰辛也！吾国诸将之升擢，一以服务年限为标准。职所部诸将，无非契友；然军事、友谊，绝然两事！为将者，国家之安危系焉，士兵之生命托焉；非惟身心健全，富有阅历；尤必有毅力，有智力，有创造力！余见忠诚之将，失败者亦不少矣；徒以无创造力耳！"然而事过境迁，英人善忘！及一九三九年九月，欧洲第二次大战开始，英军师、旅长，皆宿将，循年资以跻高位。哈德上尉者，欧洲驰誉之英国兵家，而《泰晤士报》之记者也，倡议谓："非自动之战略，不能以制胜；而非易老朽之军官以青年将校，不能以创造自动之战略！"其言乃大为张伯伦所不快；而《泰晤士报》主者意亦怫然；遂迫以去也！陆军大臣倍立夏，意同哈德；亦为张伯伦邀求辞职；而倍立夏在议会演说，谓："陆军者，神圣之大业也！有学有为之青年，为国军而僇力，可以品德才能之优异而擢升；何资格身分之断断！余欲以民主化之陆军，为民主而战，岂过激之论哉！"听者鼓掌；然而张伯伦不之用，以死气陈陈之英国老将，而当发扬蹈厉之新德国军人，孰为能不能，而胜负可知也。特是将之能不能，有不系于将帅之自身，而关乎耳目之濡染，社会之薰习者！一九三九年九月，波兰之亡于德也，其因不一，而大将之于兵法无素养，率以政治关系而跻高位；亦其败军破国之一因。希特勒、斯丹林、伏罗希洛夫，皆非兵学专家；然德国兵学，自菲烈得立大王及克老山维兹而后，衣钵相传，名家不少；毛奇以之传史梯芬，史梯芬以之传鲁登道夫，鲁登道夫以之传塞克特、白鲁希兹；习熟见闻，兵法之薰陶，普及群僚。希特勒虽起自步兵，而耳濡目染，心领神会；如能持以坚强之意志，便能运其薰习之机智；以视苏联将帅之以工农出身，波兰将帅之以政治关系，而于兵法无传统之薰习者，孰为能不能而胜负可知也。然将有大将，有裨将。虽有英武之大将，而无干练之裨将，则亦不能收臂指相使之效以策成功。德之陆军，天下莫强焉；非徒以大将之善谋，士卒之敢战也；其中有职业兵三十五万人，旧隶国防军者，习征战，能指挥，其才足以任裨将；一旦受命而之民间，可以动员二百五十万人，指挥若定以驱之战；此所以兵强天下，而莫之与京也！苏联则有九十万至一百万之后备军官，出自军官干部，而散之民间，年富力强，有勇知方；国家有事，可以训练民众，而指挥作战。谚曰："千军易得，一将难求！"将才难，统帅尤难！然近代战争，机构日趋于复杂；纵统帅有天纵绝出之才，亦未易予智自雄，以个人指挥一切，而参谋部尚焉。参谋之在法国，不过将帅之幕僚；而德则不同！参谋长之荣誉，大于统帅；而德国此次大战之战必胜，攻必取，其国人归功于参谋总长赫尔德，而不归功于白鲁希兹之总司令！盖参谋制度，实视统帅一人负责指挥之制度，为周详而缜密也！是故论参谋之制者，必以德国为典型！德国之参谋本部，盖许多幕僚组织之综合也，组织之密，训练之严，世无其匹！自菲烈得立大王，始设军需参谋；而以拿破仑之战，规模渐扩，组织渐密；其后经历香化斯脱、格勒斯劳、罗恩，及老毛奇诸老将之改制，而为用益宏！惟论其近代史之军事价值，则自一八六七年设立铁道组始！于时，铁路为欧洲进步之交通利器；顾拿破仑第三不以为意；而老毛奇将军则利用铁路，而成其分进合击之战略；普奥之战，不过七星期而服奥；普法之战，不两月而抵巴黎；则以铁路之运兵捷也！老毛奇常手一纸欧洲铁道图以指挥战事；后方勤务之运输及给养，莫不以铁路为中心；而德国今日之陆军战略及后方勤务计划，则以摩托车辆为中心；此参谋本部之所不肯忽也！然老毛奇时代，德国惟一参谋本部之陆军参谋本部，今日不过为统帅部中四参谋部之一；盖以现代之战，陆而兼空；德之今日，尤非如普鲁士王国之限于欧洲大陆，而兼有海权；重以战争之范围日广，推而大之，至于无垠，机构日密，条而理之，务于无间，所以耗人民之经济、工业，及神经等力者尤不赀；非有最高之机构，以总绾其枢，节宣其力；不能协力以制胜而图终也！是故德国今日之参谋部有四；而所指挥系统之每一战斗单位，咸有参谋以分配而隶属焉。其（一）曰特别参谋部，盖直属于统帅部，以总绾其枢，而不限于军事者也。其主管长官曰基德，蓝眼，乃一典型之条顿人种，性情温和，身体强壮，所长行政，而非战略。所属有陆军、海军及空军将领，以及经济、交通、工业各专家，而不限于军事人才。其职任在综合、计划，而贡所见以告于希特勒，不负执行之责。由希特勒以分配政府各部，而指挥执行之；基德，盖希特勒之参谋长耳！其次为陆军参谋本部，则老毛奇以来一脉相承，而为德国军事之主干也。赫尔德将军实为之长；盖老毛奇之信徒，而奉毛奇战略思想为圭臬以持守勿失者也。所属部门甚多。每一部门有其负责人，率励专家，孜孜所职，殚毕生精力以从事。而其中最重要者有三：曰军令组。曰铁道运输组。曰军事经济组。军令组者，设计作战，以行军布阵，发号施令者也。铁道运输组，则司给养及运输之事者也。军事经济组，主持经济计划而为独立，亦称经济参谋部；惟与参谋本部，息息相通，而融为一体。此外尚有其他各组，自伪装以至军火制造，无不应有尽有。昔兴登堡将军，尝供职参谋本部，谓："参谋之训练，不遗细物，而能高瞻远瞩。"纤毫之末，无不全付精神贯注，而有其预计。其图进攻比利时也，列日炮台，制为模型；而德之步兵、伞兵，与突击部队，多方进攻，以事演习。英国皇家空军之轰炸布勒斯特港，所毁之香化斯脱与格勒斯劳两舰，意亦模型，而非实物也。德国参谋本部,设计攻人,而亦虞人之攻以为预防;已随地有伪装之火车站及兵工厂,而备英国机群之轰炸矣!任何一国之参谋人才,未有兼擅海陆空三军之用,而无不精通者也!盖此国防三臂之海陆空三军,各有其职能,各有其技术,非专家不能通;而现代之战,乃在三者之兼筹并顾,各尽其能,而相互为用。如有人焉,兼通三者,而调节其用,指挥若定;此则最理想之参谋人才矣!顾德国参谋本部,则有若而人者三十余焉!法之军事家,且畏且服,称之曰三精派,谓其于海陆空三者无不精也。大战之将发也,世论颇疑德国有神秘之武器,实则德国陆海空军三者惊人之协调与配合,各尽其能,而相互为用,厥为希特勒纵横欧陆之唯一武器;而此武器之发明人,厥为无所不知,无所不能之三精参谋三十余人耳!此三十余人者,其年龄自三十五岁以至五十岁;大抵皆帝德时代之陆军军官,历经鲁登道夫、塞克特及白鲁希兹之所严格训练,而任军职以富有经验者也。一九三三年,希特勒之得政也,整军经武,步骑炮兵,无不改制;而尤致力于建设空军;顾虑参谋之于空军非素习,令三十余人者,加入空军。其人既富有经验,而裕于学识,一入空军,自有神解!及一九三八年,赫尔德将军,告希特勒以所谓革命之军事计划;将三十余人从空军调入海军训练。此三十余人者,受命以分配各舰,与海军员兵起居食息,无不同;而与于航海之经历,水雷、潜水艇之演习;此后若而人者,不惟可以指挥陆军与空军;抑亦司令海军而胜任愉快矣!此三精参谋之所由成,而德国陆军参谋本部之精华也!此外尚有具体而微之海军参谋本部、空军参谋本部。凡希特勒有所征讨,则特别参谋部决其大计,以呈希特勒;而交陆海空三参谋本部,严密设计,规定执行,以发号施令也。鲁登道夫言:"参谋本部之职责,盖复杂者也,技术者也,多方者也;图大必于其细,而末节不慎,可以贻误于全局!盖战术愈臻于技巧,而所以任参谋者愈难!有各兵种之一般学识,而善其运用,明其关系,犹曰未足;尤必精通炮术;而空军运用,通信知识,后方给养,以及其他,形形色色,莫不有明了之判断,而必基于各别之精通!夫命令之出,辞求简要；而一参谋草拟之命令，不得不长！盖战争之技术愈复杂，而命令亦随之以复杂，而涉及多种之技能与知识；不长，不能指示周详也！"凡参谋本部之设计，往往编号；而预定情事之幻变，如第某号计划失败，则应以第某号计划；随计应变，以施无穷。古之战也，以将帅一人负责设计；今日之战，以参谋集团负责设计；集众思，广众益，参谋部计之以缜密，而统帅部出之以果敢；此希特勒所以战必胜，攻必取也！然联合参谋之制，苟不善其运用，往往不能收集思广益之效，而转以失当机立断之功！亦有人言：一九四二年，英美西南太平洋诸役，常有一事不得解决，而请问参谋人员委员会；委员会考虑，咨询，移转，几度周折而时效已失！兵贵神速；需者事之贼，亦不可不察也！

天地孰得？

（训义）杜牧曰："天者，上所谓'阴阳，寒暑，时制'也。地者，上所谓'远近，广狭，死生'也。"张预曰："观两军所举，谁得天时地利；若魏武帝盛冬伐吴，慕容超不据大岘，则失天时地利者也！"

基博按：此次大战，一九四一年九月，希腊参谋总长巴巴果斯将军，以寡御众，而大败义大利军于境上，实为"天地孰得"之适例。于时，义大利之动员作战者十师团，而加之以二十万人之辎重队及机械化部队；而将军只有步兵八师团，骑兵一师团；众寡既相悬殊！抑希腊人动员十三人，只十人足给武器；而所谓武器者，不过步枪、手榴弹、刺刀而已！所有大炮不足百尊；而义大利，则九百十九尊。飞机，则义大利以新式对旧式，而数量之超过希腊者五百架；希腊将何以御之！顾天不相于义，风雨晦冥，继之以雪，飞机不能翱翔；而雨雪日久，道路泥泞，坦克亦失驰骋；此天时之不得也！希腊之境，多重山叠岭；而义军有坦克，有大炮，武器笨重，兵员众多，浩浩荡荡，行军必缘大道；而大道所经，必通山峡以贯隘口；希腊山国之民，身长不过五呎五吋，短小精悍，善翻山越岭，直走峭壁，如猿如猱；轻霜雪而狎风雨，栈石星饭，习为故常，所有积雪之崇山，融雪之谷口，义大利数十万大兵,重炮、坦克之无所施其技,逞其威者,而轻身善走之希腊兵,三人一队,五人一队,持步枪、手榴弹、刺刀以相与周旋,搏之于险,人自为战,或翻山以袭其后队,或封谷以杜其归路,旁扰侧出,神出鬼没,伺间以狙击,而义大利兵不知枪弹之来自何方也!于是巴巴果斯将军用其山国之民,战于山国之地;得地得民,指挥若定,而数十万之义大利军,只有束手以待戮耳!此又得地之明效大验也!

法令执行?

(训义)梅尧臣曰:"齐众以法,一众以令。"王皙曰:"孰能用法明令,使人听从。"

基博按:一九三九年九月,欧洲第二次大战开始,希特勒之所以亡波兰,下丹、挪、徇荷、比、卢,而破法摧英;英、法之所以蓄缩不前,坐受宰割;其胜负之枢,盖在法令之执行也!德以希特勒之极权,令出惟行,而言莫予违,指挥若定。而英、法,则民主之国,而舆论有其自由,筑室道谋,权力分散,而党派尤歧;国家之法令,可以不行;党派之纷纭,只便私图;如一九三六年三月,希特勒破坏凡尔赛和约以进兵来因,于是法内阁总理里昂白伦,欲取消一九三三年之德法煤铁交换协定,而禁止法铁之输德,此乃法国自卫之所必然;而以巨商豪富之唯利是图,声言法铁如禁输德,欲解雇五万工人以使之失业,而恫愒白伦。于是法铁输德,向之每月四十万吨者,一跃而为六十万吨;至一九三七年而为每月八十万吨;以迄一九四〇年四月,两国交战已半年,而法铁之输德未制止,于是德人炼法国之铁,造大炮、坦克以歼法国之人民,制法国之死命,而法以一蹶不振;则以法之巨商豪富,唯利是图;而国家之法令,不能必行,有以阶之厉也!及一九三九年九月,希特勒悉力弹锐以攻波兰,未遑东顾;而法国欲出兵进攻摩塞尔河以抴其背,此制胜之机也!使发强刚毅,而以果敢出之,则波兰可以不亡,而法亦不至迫为城下之盟!乃以限期运输之重炮不到而中止;至十月中旬,而迄未输出,载之《巴黎时报》,读者为之骇叹!于是波兰亡,希特勒自诩闪电战之成功;而法国制胜之机失矣!则是法国非无制胜之机,制胜之谋;而无必行之法令,以遂其谋,乘其机为可愤叹也! 又如一九四〇年,限期四月一日竣工之飞机场,至四月二十日而未开工,玩时愒日,皆法令不行有以致之也! 然则法之败亡,非不幸也! 而原法令之所以不行,由于法人之爱其自由而不肯牺牲;法国之尊重人民自由而不敢专断。然而兵败国降,人民为俘,子女玉帛,惟德所欲;国家之声威,既已扫地;人民之自由,所存几何! 呜呼! 有国者可以监矣! 为国民者当知戒矣!

兵众孰强!

(训义)杜牧曰:"上下和同,勇于战,为强。卒众车多,为强。"

基博按:"兵众",指一国民众之堪执兵任战者言之;而所以衡其"孰强"者三端:一比例一国之土地人口,而能出兵多少。德国鲁登道夫著《全民战争论》,以谓:"交战国双方,兵力之人数,无时无刻,不为现代战争决胜之因素也!"春秋之世,每言千乘之国,即比例其国之土地人口而出兵十万人,车千乘;盖井田之法,地方一里为井,四井为邑,四邑为丘,四丘为甸,甸六十四井,出兵车一乘,甲士三人,步卒七十二人,此外炊子十人,守装五人,厩养五人,樵汲五人,凡百人;千乘,得十万人也。至战国,苏秦说六国,于燕,则曰"地方二千余里,带甲数十万,车六百乘,骑六千匹";于赵,则曰"地方二千余里,带甲数十万,车千乘,骑万匹";于韩,则曰"地方九百余里,带甲数十万";于魏,则曰"武士二十万,苍头二十万,奋击二十万,厮徒十万,车六百乘,骑五千匹";于齐,则曰:"地方,二千余里,带甲数十万,三军之良,五家之兵,进如锋矢,战如雷霆,解如风雨,临淄之中七万户,臣窃度之,不下户三男子,三七二十一万,不待发于远县,而临淄之卒,固已二十一万矣";于楚,则曰"地方五千余里,带甲百万,车千乘,骑万匹。"而张仪说楚,则曰:"秦地半天下,兵敌四国,虎贲之士百余万,车千乘,骑万匹。"皆比例于其国之土地人口,而计出兵多少也。盖出兵之多少,实最后之胜负所由决。欧洲第一次大战,一九一四年开始,延至一九一七年之终,德在西线各军,以英法联军之迭次袭击,死伤相继,而一百五十师之兵,只余六十师人可用,不得不征十八岁之青年五十万人,入伍以弥缝其阙。法人苦壮丁之无可征,而谴责英人之养兵不用!然英人则答称:"已征十八岁之青年十二万人,入伍训练。"盖殆哉岌岌乎!双方皆已无兵可用,无丁可征矣!于是美国以一百九十万人,援英、法参战,乘德人创残之余,而英、法厪乃胜也!或言:"兵器日新,则兵众可寡!"不知兵器日新,前线作战之人众可减,而后方供应之人众转增;运输子弹,整理机械,莫不资人!上次欧战,一辆战车之在前线,只用二人,而后方则以四十六人支持之。一架飞机之在空中,而有六十人之地面组织。则是机械之用于战阵,不过转前线广延之兵力,而为后方纵深之人力,不惟不减,抑且更多也!德人之所以战胜攻取而不能制胜,只由后方豫备队之不足耳!如以今日之列国而论,可得知者:苏联一万八千万人,可出兵二千五百万至三千万人。德则七千万人,可出兵三百五十万至四百二十二万五千人。苏联后备兵每年平均人数一百万;德只十二万。法国六千万人,可出兵二百五十万人。日本本部七千万人,可出兵三百万人。而英首相丘吉尔,声言英国拥有四百万之兵力。而美国,则以一九四一年六月,声称:"一年以前,陆军仅有二十三万零七百七十人,今则训练新兵一百四十一万八千人;海军则自十四万六千六百零三人,增至二十四万九千七百二十七人。"至一九四三年,而美国有陆军七百万,军官六十五万,海军二百万,空军一百万,派兵四出。大抵广土众民,国势虽暂绌,而兵源裕,可以持久而徐图其后;如中国、苏联、美国是也。小国寡民,兵锋虽极锐,而兵源绌;贵于速决,而难为虑终,如法、德、日是也。然而今日之德,有不同于往日者!美国加里福尼亚州斯丹佛大学粮食研究院教授卡尔布兰德者,尝为柏林大学农业经济学教授者也;以一九四二年十月刊布一文,署曰"德之人力疲耗矣乎?"其中以谓:"今之情势,与一九一四——一九一八年大异。今大战延四年,而德已控制大部之欧洲及其人力!荷兰、挪威、丹麦及其他上次大战之中立国,无不为德所占领;而比利时及法,曾不足以当德之一击！昔之义大利，与英、法协约比肩作战，而今则为德之兴！芬兰昔为俄属，今亦与德戮力！以德而兼并有奥大利、苏台德、麦墨尔、但泽、卢森堡，法之亚尔萨斯、洛伦二州，波兰之西部，斯洛伐克、波希米亚与麻拉菲亚，则抚有一万万零二百万人；而其与国义大利、罗马尼亚、匈牙利与芬兰，有八千万人；使除斯洛伐克、波希米亚与麻拉菲亚不计；则今日之德，尚有一万七千万人可以征调作战；此与上次大战之德，仅有一万三千六百万人者，势固悬殊！抑德得东方之日以为声援；而日抚有人口，近一万万；其足以牵制同盟国之兵力者固不在少；同盟之薄，德之厚也！如土耳其而有战争，则德可以得保加利亚之兵而用之。亦有其国家之土地，已被德人占领，而尚未兼并，如法，如荷兰等者，亦未始非德可以征兵征工之人力贮藏库也！战之初开，德之人力问题，不过为如何调整农工商、交通及其他文职以征调其一部分为军队作战而已。方其进攻波兰，不过用二百五十万军队；转而侵法，亦不过用六百五十万军队；而一九四一——一九四二年之间；德之军队总数，约为八百至九百万；然前一年之一九四〇年夏季，不过六百万而已！纵战之亟，而德国军队之士兵给假极宽，得请求复业以事生产；而俟政府欲用之时，再召归伍焉。至一九四一年六月，苏联之战端开，而德之人力问题，始感严重！则以顿兵挫锐，而遇数量相等或更多之敌军，非比从前增兵七百五十万，不足相持；而一九四二年之夏，德兵之攻苏联而死伤者，盖在百五十万人以上；而冻死病死者不与焉！所以德必将有九百万人民应征入伍；而高级学校毕业生之可征者，三百二十万人焉；其余六百八十万至七百万人，必征之工厂，而前线作战之兵器生产，将以不给于用！然德可以雇百万女工，一百五十万国外技工，而加之以一百五十万俘虏，替四百万壮丁以增加兵力。"尚有二百八十万至三百万人，征无可征；将资征服国之人民，驱迫以为用！而希特勒之在德，选拔新兵而宣布总动员，只有五十岁之餐馆侍者及十五岁之小学生，可以征役尔！于是乎师老力竭，见端于人力！此兵众孰强之一义也。其二众之孰为勇怯。战国之世，魏与赵攻韩，韩告急于齐。齐使田忌将而往，孙膑谓田忌曰："彼三晋之兵，素悍勇而轻齐；齐号为怯。"苏秦之说韩曰："天下之强弓劲弩，皆从韩出。溪子少府时力距来者，皆射六百步之外。韩卒超足而射，百发不暇止；远者括蔽洞胸，近者镝弇心。韩卒之剑戟，皆出于冥山；棠溪，墨阳，合赙，邓师，宛冯，龙渊，太阿，皆陆断牛马，水截鹄雁；当敌则斩。坚甲铁幕，革抉㕹芮，无不毕具。以韩卒之勇，被坚甲，跖劲弩，带利剑，一人当百，不足言也。"张仪之夸秦曰："虎贲之士，跿跔科头，贯颐奋戟者，至不可胜计。秦马之良，戎兵之众，探前趹后，蹄间三寻，腾者不可胜数。山东之士，被甲蒙胄以会战；秦人捐甲徒裼以趋敌，左挈人头，右挟生虏。夫秦卒与山东之卒，犹孟贲之与怯夫。"则是三晋之众，勇于齐；而秦人，又勇于三晋。《史记·商君列传》称"秦民勇于公战，怯于私斗。"此其故不在兵，而在国之政俗。一九〇〇年，义和团之役，德之大将瓦德西，奉威廉二世敕命，总各国联军以犯中国。中国大惧媾和之不得当；而瓦德西以一九〇一年二月三日上德皇一奏，乃曰："中国人民四万万，道一风同，不以宗教信仰之异而纷争；自负为神明华胄，生气郁勃而未发，勤生节用而富有知虑，又力田能服从，以视吾欧洲工业国之人民，为守法而易治。使有聪明天亶，首出庶物之人，作之君，作之使，而善用近代之文明，以启民智，作民气；其谁敢侮之！至其人民之好战，可于今之拳民运动见之；而山东、直隶两省之内，乃有十万以上之人习拳以愍不畏死，而所以败者，徒以军械之无枪炮耳！使余言而不谬，则所以为德计，为英计者，宜通商惠工，扶持中国，与之为友；而不宜与之为敌。"然则欧洲列强之所以惧我者为何如，而我乃妄自菲薄；我中国四万万人之自负神明华胄，勤生节用而力田能服从，习拳以愍不畏死；抑尤瓦德西之所为惧，而可用之以为强者也！一九一八年，欧洲大战将终，德参谋总长兴登堡言："法人敏于应战，然不能坚守。英人之战，不如法人之机巧；然坚忍不拔，则过之也！"夫以苏俄民性之钝重，而当轻锐之德人，最后胜负，虽未可知；而开战之初，节节挫退，亦岂偶然！至于法人爱自由，耽享乐，溺于宴安；而以遇德人之忿不虑难，剽悍敢战；孰胜孰负，固不待战而强弱分矣。其三丁之孰为壮老。三国时，吴大将军诸葛恪数出伐魏，欲以应蜀；而诸大臣谏以为劳民，恪乃著论以见意曰："昔秦但得关西耳，尚以并吞六国。今贼皆得秦、赵、韩、魏、燕、齐九州之地，地悉戎马之乡，士林之数。今以魏比古之秦，土地数倍；以吴与蜀，比古六国，不能半之。然今所以能敌之；但以操时兵众，于今适尽；而后生者未悉长大，正是贼衰少未盛之时；当今伐之，是其厄会。若顺众人之情，怀偷安之计，不论魏之终始，而以今日遂轻其后。今者贼民岁月繁滋，但以尚小，未可得用耳；若复十数年后，其众必倍于今。而国家劲兵之地，皆以空尽；惟有此见众，可以定事；若不早用之，端坐使老。复数十年，略当损半；而见子弟数不足言。若贼众一倍，而兵损半，虽使伊管图之，未可如何！"然则一国之丁，孰当老弱，孰及壮少；抑又"兵众孰强"之一义；不可不察也！

士卒孰练？

（训义）张预曰："离合聚散之法，坐作进退之令，谁素闲习？"

基博按："士卒"与"兵众"，不同。"兵众"，言一国民众之能任战执兵者。而"士卒"，则指战士言之。"练"者，谓未战以前之训练。如一九一八年，德国兴登堡以俄国已溃，东顾无虞，而图大举以事于西，私自计虑，以谓："先有事于英军乎？抑攻法军乎？英军之战斗，不如法人灵敏；不知随机应变，而失之板滞；此无他；盖仓猝成军以出，而平日无训练，故拘于成法，而未能纯熟以变化也；不如先英！"英军不支而退，得法军之援以解焉！既而美出兵百万人以渡海参战。兴登堡曰："我师老矣！然我将予合众国民以一教训！战之为技，岂数月所能成学；而以不教民战，当多流血以为偿耳！"亦以美人仓猝成军，而训练之日短也。然美国出征军总司令潘兴则自诩训练之成功，而尤自夸其步兵！方其率旧部步兵四团以将行也，谓："兵器之进步，固有裨于战术；然如机关枪、迫击炮以及速射重炮等之发明，咸为步兵之辅；而用之，所以迫近敌人也。彼其为步兵者，固当善用来福枪及锹镐,而长于突击者也!战之胜负,惟步兵是赖!欧洲大战,两军据壕对峙,延数百英里,相持而不下;凡前线之攻守部队,及后方之援队预备队,无不隐身壕沟以资掩护,于是一变而为阵地战矣!然欲决胜,势必薄敌军以出壕沟,而与野战;于时,为步兵者,持手中之来福枪,而借机关枪、坦克车、大炮、飞机以掩护,突驰而前,然后雌雄可分,而岂困守壕沟所能成功乎!凡吾士兵,已教以如何射击,如何突击,如何破壕,训练之有素矣!此一行也,必能迫敌出壕,应用所学而歼灭之!"及抵法,而参观英、法两军之训练,乃以书告军政部长倍克尔曰:"协约国将帅,咸称壕沟战,乃大战中独有之产物,遂使肉搏一变而为历史过去之名词。然自美人观之,壕沟在南北美大战时,已双方应用,不能视为新发明也!但最后还须肉搏;不然,西线战事,陷绝境矣!英人之壕沟战教授法,授以肉搏时所用枪刺、炸弹及短刀作战之术,盖为壕沟战所不可不知者;惟其素习乎此,而后士气以励,有以自信于临阵而不馁!法人则谓壕沟战之发展,而无事乎此矣!法人战术偏于防御;英则颇重攻取。世人咸谓法之战术胜于英,实未尽然!步枪及刺刀,仍为步兵应战重要之兵器。顾练兵仅授以壕沟战,而不致力于野战,短兵相接,沟必不守;抑亦无术冲锋,即幸而攻入敌军防线,手足无所挫;法军屡以挫败而不悟也!今欲力矫其弊,各项教练,必注意于猛力进攻,习惯成自然而后已!"及英军以一九一八年三月二十一日大败,则以德军肉搏以前,如潮而至;英人习壕沟战之既久,而被逼离壕,失所凭障,不知措手足也!于是潘兴益以自信,而美军以致最后之胜利焉!日本平田政策于一九三二年,著《赤军在极东作战》一文,盛言赤军之未易敌,以申儆于国;谓:"'接战,为步兵决战之战斗技术。'此赤军步兵操典之主旨也。而卒之以结论曰:'步兵而不事接战之训练,纵善射击,能勇往,终不能以杀敌致果,而贯彻其攻击之力。'是故赤军之步兵,可以不借炮兵射击之相掩护,而人自为战,推锋而前,直薄敌阵,以短兵相接。然法兰西之步兵,无炮兵掩护,即不能战;此不堪一击者也!欧罗巴军事家虽说:'步兵不能独立突破敌阵。'然在地形错杂之山地作战,则步兵纵无炮兵之掩护,亦未必无占领敌阵之机! 而山地之夜战,尤精练步兵之所长;躲在密林,伏于山腹,以潜近敌阵,而直薄之,迫敌人炮火以不得发;固不适于近代战术。然而惟有最原始之格斗,为永远不变之最后决胜手段。然则赤军之训练,未尝不积极机械化,而亦未尝不积极练接战,并行不悖,此所以伟大也! 如中国之步兵,武装不全,枪械未利,尤宜致力训练白兵战,格斗战;顾以不甚精妙之射击技术,自夸自豪;所以上海之战,一至短兵相接,几无格斗之能! 倘长此以往而不之悟,则中国之陆军无望也! 我故曰赤军之不可侮者以此! 然赤军胆勇有余,机敏不足! 一九三一年十一月,乌克兰军联队演习时,予尝参观焉;见二卒伏于水壑;余诏之曰:'衣服不其沾湿乎?'卒应曰:'无害! 我受命如此!'不恤以呢绒之军服,而沉浸于冰冷之水壑,平心静气,如若无事;不知从保持战斗力之原则以论,军服沾濡洗浸之既久,则手足转动不便,而减杀格斗之力矣! 此之不知,其愚不可及;安能为机敏之战斗乎! 然以机敏鸣于世界之日本军,则又坚忍不如赤军! 赤军忍饥耐苦,与蒙古人无异;方战之亟,虽不食野菜,亦不饥死;而炎暑祁寒,狂风疾雨,无不持以坚忍,而从事实力以上之战斗,处之泰然,神经不起变化;日本军不能耐也! 赤军之骑兵,天下无敌,风驰电击,而熟练于集团之袭击,日本骑将之所畏也! 至赤色空军之大,不过机数多,编制大,而非战斗之大! 盖空战之第一义,在制空权之把握,而后可以轰炸敌军。顾赤军不知此义,而不致力于战斗机队之训练,何能以握制空权乎! 危道也!"然日本之所以训练其士卒者,在忍饥耐苦之寒暑行军,在人自为战之短兵相接,以视赤军,殊无逊色! 英国观战员肯特上尉以一九三二年—三年冬,随日军行经满洲,其地则崇山峻岭,其时则冰天雪地,而著其事于日记曰:"从开通以至齐齐哈尔,且战且行,计十六日;其中不得食者三日,米团坚冻,硬不可啮,而水壶之水亦冰;然饥寒之交迫,冰雪之来侵,而士兵僵仆者,六人而已;未尝随属也! 行军之时,寒风砭骨,薄暮野宿,嚼雪戴星;而桥梁已毁，涉一冰渊，跣足以行，水深达腰。又有士兵一队六十人，负重裸体，而涉半冻之嫩江，亦未载胥及溺也！有进攻热河之羽志骑兵旅一军曹告予曰：'此一役也，从通辽以抵赤峰，行七日，每日行一百五十里，自晨四时，迄晚八时，身不离鞍。而露宿荒野，气候常在零下三十至四十度；熟睡，则僵冻不起，而窒息以死；所以夜不敢眠，而足寒不可忍，则踏雪奋蹶以取热。其间两日不得食，而马未尝不饱秣。'苟非耳闻目见，余几不以置信；因问曰：'不食不眠，如何能持？'军曹从容答曰：'士兵以其热忱，而目睹旅团长之同甘共苦，以身作则，而以自振厉，足以代食与息矣！'然非平日雪中行军之训练有素，不克臻此！"则其士卒之习于忍饥耐苦，可知也，及一九四一年十二月，日军猛袭马来半岛以窥新加坡，英人大败不支；而路透社随军记者，著论所以以晓其国人，谓："余观战马来，未尝睹固定之阵线，而仅以日夜从事于野蛮之肉搏战！日军尤善人自为战；其尤甚者，舍命不渝，潜入我军之后，或攀登橡树，而伺我军之过以猝掷手榴弹。日人行军，无部伍，无纪律；而以证其所重者，在个人之战斗力！"则其士卒之习于接战肉搏，可知也！日人习技击，擅短兵相接；而英人不习也！日人将有事于太平洋，先以一九四〇年夏秋之交，遣西尾寿造将军赴海南岛，本间正晴将军赴台湾，训练太平洋作战之部队。而台湾之部队，尤注重登陆作战之演习；择沿海一地之与菲律宾海岸相仿者，此攻彼守，试行登陆；登陆之后，随作工事，然后以渗透战突破敌阵，深入敌境；如是者十余次，无一次，不配合海陆空军以相与僇力。及一九四二年一月，而本间正晴以第十四军指挥，率所练十师团之兵二十万人以侵入菲律宾矣！西尾寿造之在海南也，知一旦与英启衅，英必布雷于香港以阻登陆；则延所谓小池者，一九三二年，在洛杉机亚林匹克运动大会获得游泳锦标之日本选手也，以米中国，招募广、潮沿海善泳之水鬼，教以射击，训练编组；大战猝发，而小池帅以没水潜游至香港口外，用步枪以射击浮雷，一一爆炸；然后日军得以强渡海峡，无虞于登陆矣！日人之练兵也，授以不同之战术，而以用于不同之战场，无不左宜右有。其在缅甸萨尔温江东也，化整为零以用森林战术；而渡江以后，则配备坦克大炮，成师以进，空军则以掩护作前茅，而仿德国闪电战之所为焉。至于服色之微，亦以因地制宜。日军之在中国中部，衣泥黄色之军服，以与土色相混而易隐匿也。及抵马来亚，则衣草绿色，以适应当地热带植物之颜色也；乃至面及两手，无不染成草绿色焉。所以破美摧英，处心积虑，非幸也！英之空军，不如德之机多而力雄；然飞行将士之闲习，则过之！一九四〇年八月，迄十一月，希特勒以几千架之飞机，不间昼夜，大举空袭英伦。英以数百架飞机应战，而以寡击众，交绥阅四月，而德机之被毁者，以视英机，为三与一之比。尝俘一德机之驾驶员，仅有十五小时之飞行练习；而俘一枪手，才十五岁。德之空军，往往仓皇接战，未计射程，而开枪扫射；不如英之沉着；则以英之空军将士，训练之日久而服习也。然亦有其国民之体性，不适于空军，而训练亦无补损毁率之高者，日本是也。我国抗战以来，四年之中，日本空军之损失，为飞机二千一百余架，将士二千七百余人；而民航飞机损毁率之高，尤为全球第一。而究其所以：一日本人病目者多；纵或不病，而目之运用，亦滞而不灵。二日本人如升入高空时，往往耳鸣及气窒。此其所以多败事，虽训练之久而无补者也！然自太平洋之战生，而英美之议论一变！一英国飞行员语《纽约论坛报》记者雷蒙德曰："君曩者不尝见我英国优良之编队飞行乎？我所见者，日机之编队飞行，乃与吾英人同一优良；而能于侧横转弯时，射击目标而中的焉！"则训练之非无补也！又如美国海军部长诺克斯宣言："海军入伍之难，视投考大学为过之；而一海军下士之训练，必更三年；初入伍，在海军学校完成初级训练之后，乃分发各舰，出海实习一年至二年，由舰上之官佐教督之。实习之后，假如证明其有适于某种专门技术之才性者，则选入相当之专门技术讲习所，予以深造；而海军有五十五种不同之专门技术，因材而笃，经六阅月之辛勤训练，而加以严格之考试，然后得为一下士。其后又出海一年至二年，更变既多，技能益以闲习，乃擢中士。然后又出海二年至三年,而高级之训练以竣;乃补上士。"则其海军士卒之精练,可知也。德国陆军之训练时间,不如苏联之长;然久经战阵,行军迅速,尤长闪击,灭国数十,而富有作战之经验。苏联陆军虽更十次以上之演习,而行军钝重,是则国民之习性使然,由于历史之因袭,不能如德之纵横挥斥;而亦有其不可及:一精射击,二善长途跋涉,有坚忍持久之作战精神。苏联之练兵,蕲因地以制胜!苏联之大敌,东则日本,西则德国;而地形复杂,气候严寒。其建军之技术与训练,乃以适应其国之天时地利,而以能于各种气候与环境作战;其技术设备,亦能应用于深水下,丛林中,沼泽区及其他各种地区。其部队无不训练于冰雪上作战,而暗轮雪车,为红军冬季之主要运输工具。其全部军队之运动配备,莫不为适应西亚东欧地域之特殊性而建立;然客军则无适应地域之素养与配备,斯以无虞敌人之进攻,而制胜之权在苏联矣!骑兵以苏联为最精;而步兵与机械化部队,则以德为最精!开战之初,苏联机械化部队之编制装备与其训练,远胜英法,然而未必与德侔也!观于苏联作战教令,犹以步兵协同坦克车战斗为原则;似仅注意于突破敌之阵地。而德军,则协同坦克车战斗者,为摩托化部队;尤注意速度之与协同动作,相应而毋相不及;其为战也,机械化部队之运用,不仅以突破敌阵为足;在欲突破之后,直趋敌后之交通要点而据之,断其归路,然后席卷而回以扑灭其辎重之给养机关,颠覆其指挥之司令部,而扫荡敌之炮兵;则敌之第一线部队,已成瓮中之鳖,而突围不得矣!此其战之所以为闪电也!然闪电战之声威既著,而德国之所以讨其军人而申儆之者,以一九四〇年九月,有《闪电战中之步兵》一文,载《德国军事周刊》,以谓:"闪电战之一新名词,盖英、法诸国人之所首称,而吾人采用之者也。今日各国人士震于闪电战之一名词,而未有真知灼见,几乎神秘!不知闪电战之成功,无丝毫之神秘作用;而以吾德国意志统一之坚强民族,平日之军事训练有素,而临阵之际,步、骑、炮、车、空各种兵,协同以相与僇力,各尽其能,而又并行不悖;所以杀敌致果,而有成功也。凡我士兵,毋炫于新战术之名词,而怠其职能,以贻德国羞! 姑以闪电战中之步兵言之:凡步、骑、炮、车、空联合兵种之战术,所不可不知,而以规定于各国军事操典者二事:(一)兵种不同,而目的则一;其惟一之职能,乃使步兵在吾军强大之火力与突击力掩护之下,迫近敌人,而得以施最后之决战。(二)敌人败退,须奋大无畏之精神,不顾一切,追击之,歼灭之,追奔逐北,此时人人务各竭力之所能,勿瞻前顾后以贻患于纵敌! 质言之,即步兵为主要兵种;而其他炮、空、车各兵种,必各尽其能以掩护步兵,勿为敌歼,而支持之以前进,与敌军短兵相接以决战。此一役也,我军之飞机与装甲部队,实能尽其天职以不乖此旨,而遗步兵以交绥者,常为溃不成军之敌,不足以当一击;是足以证我德各兵种之训练有方,而非可因此减轻步兵之责任也! 观于波兰之战,魏刚防线以及马奇诺防线之突破,我德之步兵与炮兵协同动作以迈往无前,甚至在迫近之数百呎内,步兵只持枪以斗,近身则搏刺,稍远则射击,徒以自信力,发挥其勇猛精进之职能,而决胜于最后;亦以证今日之步兵,一如往昔,乃用以摧破敌人之最后抵抗力者。则是步兵者,殆战之所以决胜,而不愧为战场之王! 此第一义也。敌之败也,稍纵即逝;而能使敌人罢于奔命,卒以一蹶不振者,莫如追击! 此时虽可用装甲部队与空军,突飞猛进以不予喘息;然步兵亦当一鼓作气,向前猛追;虽友军失其联络,后路或不继援,一切不顾,务于歼敌;如此,敌人乃不得立足以图再振,而贻纵敌之患。此第二义也。不论武器之进步如何;而人之价值,总有决定之作用。苟非平日训练之有素,安能胜任而愉快! 而吾德步兵之坚忍与毅力,舍命不渝,杀敌致果,则是训练有素之明效大验;而吾之所以战无不胜也!"然则士卒之练,安得不以步兵为先务之急乎! 波兰练兵,亦以流动之技能著名;而以道路泥泞,不利于机械化部队,及步兵之摩托化;而精练骑兵以为流动之步兵,但用马而不用车耳;亦因地制宜之道乎? 然而骑兵之流动,不足以当坦克车之机动! 一九三九年九月,希特勒以机械化部队,摧锋直入,锐不可当;波军大溃,纵横驰突,不二十日,而波兰不国矣！英国海军之精练，久为世界第一；惟美差能颉颃；而其训练空军，亦非德义所及也！然士卒之练，技能固贵熟闲，品节尤宜训齐！德国兴登堡尝言："近代战争，新武器之价值日高；然士兵之训练，道德之教育，未可以武器之精进，而被忽视；此无可疑者！盖行动果敢，实在明悟机巧之先；而临阵之际，意志之镇静，品行之坚定，尤比思想训练之精致为高！战之为事，不以武器之精致，而汩没原始之粗卤；不以技术之繁复，而改变形式之简单也！所以战之欲胜，尤贵陶冶人以具有意志坚强之人格！惟军队之训练，为能陶冶小己严肃之自律，而确信舍身为国之利，屈小己以服从全体，而逸乐偷惰，自私自利之习，刮磨以尽也！我德人之所以不屈不挠，而足以抵抗与我为敌之全世界者以此！"一九一六年，兴登堡欲调保加利亚之德军以赴西线。保王斐迪南曰："不可！我保人，倘不见德国兵士之盔尖，将无所恃以勇于战！"沙纶和斯特将军曰："文明人坚强之意志，尤有造于战胜，以视野蛮健硕之体力为多也！"鲁登道夫亦言："武器不能造成胜利；而惟一造成胜利之条件，只有精神而已！"方一九一九年，德人既迫而承凡尔赛之和约；于是德国兵家极深研儿，欲以明英国士气，屡败而不挫者，果何以乎？曰："英国士兵，富幽默性，以支持于屡挫之余；而幽默性，则德国人之所最缺也！"先是大战之殷，英国漫画家伯恩斯法塞有一著名之漫画，画一老兵，在弹痕累累之室，垂头而坐。一新兵至，指墙上之大圆孔曰："谁为此者！"老兵头亦不抬，漫应曰："耗子！"德人翻印此画，颁于士兵，而加注于孔傍曰："此非耗子所啮，乃一大炮弹之孔也！"用表示英国军人之忍耐性，而明其所以屡败而不挫焉！及今大战之起，德国陆海军情报部，先设一心理实验室；主之者，薛蒙尼脱博士，语于人曰："文化之精神，足以妨害步兵进攻之精神，何可不予以克服也！"此外又有中央国防军心理测验所、种族研究所，二者皆以指导士兵之如何死。死者，人之所畏也；若运用心理之有法，斯欣然以赴死矣！中央国防军心理测验与种族研究两所，合出杂志曰"士气"，中有一论，谓："临敌而逃，此人类求生之一反射作用，而不外于兽性之冲动也！非不可能以铲除者也！"然则何道而可以铲除欤？德国一大将言："在相当之时机，唱相当之歌曲，必能产生精神之奇异作用。如高唱曰：'吾人欲献身于死！快哉，怯而生，不如勇而死！死！死！死！'歌声一发，而听者唱者，莫不发扬踔厉，而冲锋直前矣！然士兵之不能无求生者，情也；顾必欲厉以死，而所以为厉者有三：一曰荣誉。耶苏之告人曰：'持刀之人，死在刀上！'而德之青年，所持以为金科玉律者，则曰：'人生光荣之归宿，莫如死在刀上！'轻死犯难，亦既相习成风。二曰宗教。宗教之安慰，亦可以厉人于死！德国军人，向不赞同纳粹主义之反宗教宣传，而恪遵普鲁士菲烈德立大王之言曰：'我不知上帝；然而我敬上帝！'三曰迷信。迷信者，今日科学世界之所羞称也；然而厉士兵以不怯死，则迷信乃大有用！在欧洲第一次大战时，第一号之齐柏林飞艇，横渡大西洋者三百次，空袭英伦者三十次，而上饰一木制之小燕，四受弹伤，而未被毁！于是驾驶员之乘此机以出战者，莫不谈笑从容，谓木燕足为护符，而上帝有以默相之也！心理实验室，踵事增华，而为飞机师设计类似之意像，如狗也，猫也，白马也，乃至破旧之纸牌也，附于机身，无不得呵护如木燕也！设有被神佑而不中一弹之一官一卒，皆足以鼓舞士兵之勇气，而发其幻想，以手加额曰：'此上帝之相德国也！'"呜呼！以科学发达之德国陆海军情报部心理实验室，而导扬迷信；不亦异闻乎！往者吾国揭暄著《兵法百言》三篇，下篇论术，其中有"辟"与"妄"之两言，以谓："兵家不可妄有所忌，忌则有利不乘！不可妄有所凭，凭则军气不激！以人事准进退，以时务决军机，人定有不胜天，志一有不动气者哉。"此"辟"之说也。顾又曰："善兵者，诡行反施，逆发诈取，天行时干，俗禁时犯，鬼神时假，梦寐时托，奇物时致，谣谶时倡，举错时异，语音时舛，鼓军心，沮敌气，使人不测，旋辟妄，旋用妄。盖幻妄之说，正恃之不足，诡托之则有余也。"然则德国陆海军情报部心理实验室之导扬迷信，恶足异乎！非导扬迷信也；盖以导扬士兵轻死犯难之精神，而鼓之舞之之谓作尔！

赏罚孰明?

(训义)王皙曰:"孰能赏必当功,罚必称情。"

基博按:"赏罚"与"法令"不同。"法令"者,悬法布令,申诰诫于未事之前,而诏以从违。"赏罚"者,论赏行罚,课责任于既事之后,而明其功罪。苟赏罚不明,则法令不行!

吾以此知胜负矣!

(训义)曹操曰:"以七事计之,知胜负矣!"

基博按:现代战争,孰为胜负,七事之外,尤有二计:(一)曰资用孰裕。(二)曰工业孰优。孙子屡以"兴师十万,日费千金"为虑。兵者,资用之所由耗也。然用无所资,则兵不得动!而今日之战争,尤资用之战争也;其胜负之分,必决于资用之孰裕。如一九一四年,欧洲第一次大战,德方挟其久蓄不用之锐,横厉无前;特以经济计划,生产与供应之集中统制,以及劳工之分配,战前未有缜密之考量,而临战乃失有效之控制,于是德之霸权卒以屈于财权之下!至一九一七年,财匮货竭,民不聊生;而兴登堡时为参谋总长,欲建议,以谓:"国家之财政动员,而社会之经济未动员!傥有一经济参谋部以罗致专家,高瞻远瞩,必能通盘筹划。"而议不果行。及此次大战,而希特勒乃有经济参谋部之设,以七年之准备,而完成流线型之战时经济;前方作战与后方民生,两者融而为一,而在军事与经济参谋本部完全控制之下焉。苏联军事家亦言:"今日之战,非如赛拳角力者好勇斗狠,可以乘人之猝,而仆之于一击也;非兵力物力,源源接济,而持之以久,待敌之耗,不克保大定功。"而资用之孰裕,乃与兵众之孰强,皆为最后胜利之所系焉!所谓资用者有三:(一)曰国家之货币。一九三九年,第二次大战开始,德国军费,每月约合美金十万万元;而英国,则每月五万万元。以迄一九四一年,连兵不解,而军费之继长增高,德国每月至少二十万万元;英则每月十五万万至十七万五千万元。逮一九四二年三月,英国财相伍德在下院宣言:"两年以前,英国每日支军费四百万镑,今则每日一千四百五十万镑,此后且有加无已!"美国一九四二年之战费,为四百万万美元;而日本则一百万万日元;以每一日元最高值估合美金两角三分半,则美国战费四百万万元,折合日元一千六百万万有奇,即日本战费之十六倍也。日本军事预算,于一九四一年得三十万二千一百八十七万六千美元;每月二万五千一百八十二万三千美元,而其中用于中国战争者,为每月八千三百九十四万一千美元。然日本之生活水准,视美为低;所以不能依汇兑价来折合美金,据权威人士估计,日金一元,其购买力约等美金汇价之两倍也! 日本能运用金融机构以集中国民之货币;而我国则以藏富于民,由来已久,而金融机构散漫;所以日本之军费增高,而增发公债易;中国之军费支绌,而销售公债难。盖中国之公债销售,由于人各探其私囊,而零星凑集;而日本人民之财富,聚于银行,可以银行承销也。日本人议中国金融以为如人之半身不遂。似乎日本以运用灵活而货币裕;我以金融滞钝而财政绌。然战争之日久,我金融机构之麻木不灵者,或较金融灵活而富有敏感之日本,为能持于不敝。如半身不遂之人,肢体小受创痛,而麻木不仁,处之泰然;其在神经锐敏者,必呼谍而痛楚不任矣。日本以财富集中,易于予取予求而消耗先尽;中国则以金融散漫,悉索敝赋,而民间能留其有余,时出以济国家之缓急;孰裕孰不裕,须观究竟如何。日本占有中国土地之半,而中国有二万万人民沦陷以受其统治,几两倍于希特勒在欧洲所有占领区之总人口。然希特勒以经济参谋部之设计有方,于一九四一年,每月从征服国所得货物价值,有四万二千万美元;当日本每月军费总数之一倍半,中国战费之五倍。而日本则以政治之不良,工业之落后,其于中国,虽占广土,统众民,不惟无得以济军,抑且养兵以驻防;占地愈广,养兵愈众;养兵愈众,军费愈高;而财赋无所征,物资无所得;予取予求,还资本国。希特勒能以战养战;而日本不能,屈力殚货,徒自敝尔! 然货币者,不过以平衡物价,交换物资;而用之所资,在物而不在货币;货殚尚非力屈,物竭只有待毙。军需之资源,民生之衣食,皆物也。更试得而进论之;(二)曰军需之资源。有兵无器,何恃以战！兵之杀敌致果，必资于器；而器之制造与运用，必资于物。近世科学愈发达，兵器愈复杂，而所资之物亦愈夥；列举其品，几至四五千种。而其尤不可少者，盖二十二品焉。如以需要之轻重为次：一曰煤；二曰铁；三曰汽油；四曰铜；五曰铅；六曰酸类；七曰硫磺；八曰棉花；九曰铝；十曰亚铅；十一曰橡皮；十二曰锰；十三曰镍；十四曰铬；十五曰钨；十六曰羊毛；十七曰加里；十八曰磷矿；十九曰锑；二十曰锡；二十一曰水银；二十二曰云母；是也。二十二品之中，尤以煤、铁与汽油三者为先务之急焉。盖无铁，则无所资以制造兵器。然无煤，则无发动力以运用制造兵器之机械；而军舰亦失其运用；故列之第一。无汽油，则空军之飞机，机械化部队之坦克车、装甲汽车，皆失其所以为用而成废物。此外橡皮，亦为兵器制造之所必需；盖飞机、坦克车、汽车、军舰内部之橡皮管及皮轮、皮带，皆用橡皮；而电信队所用之各种电气装置，尤非橡皮不可也。其次铜、锡、铅三者，则制造山炮、炮弹、枪弹之所不可少；而铝、铬、锰及镍，用以制造大炮、飞机及军舰所用之高度硬性钢。铝用以制造飞机。棉花及酸类，用以制造火药及军用被服。硫磺用以制造毒气。则又其次要者。然日本发愤为雄，以海陆军自豪；而制造兵器之所资，惟煤差能自给。铁则百分之七十，输自美。汽油百分之九十，输自美及荷兰东印度。锡百分之七十一，输自荷兰东印度及英属马来。铅百分之九十二，输自英属加拿大及澳洲。棉花百分之九十八，输自美及英属印度、埃及。铝百分之五十九，输自英属加拿大及瑞士。橡皮则全自荷兰东印度及英属马来输入。镍亦全自国外输入。而输入之国，若英，若美，若印度，埃及，若荷兰东印度，若加拿大及澳洲，其在今日，皆日本之敌也；如禁止输入，而日本海陆军兵器无所资以制造与运用，将何以战；只有束手以待毙尔！墨索里尼虽有好大喜功之心，而义大利之军需资源，不能自给。其中煤百分之九十，铁及汽油百分之八十，棉花百分之九十九，橡皮、铜及锡百分之一百，不得不仰给国外。战争之日久，而输入以渐减而至于告绝；张脉偾兴，外强中干；此所以一鼓作气，再而衰，三而竭也！方德苏交战之始，有人言：二十二品之主要军需资源，苏联只缺三品，而德则十九品也。苏联所有之汽油，盖五十又五倍于德；而德年产六十万吨也。未战以前，欧洲各国汽油之消费，每年四千二百万吨；而生产仅八百四十万吨，其中罗马尼亚七百万吨，德六十万吨，法六万七千吨，比利时四万五千吨，阿尔巴尼亚一万四千吨，仅当消费之五分一也。英国阿松爵士谈第一次欧洲大战之协约国胜利，每谓："协约国乃漂浮在油面上以获胜！"然第一次欧洲大战，一师陆军作战，只须四千马力；而当今之大战，军队配备，无不机械化；陆军一师，非有十八万七千马力，不能以作战；而马力，非汽油，不能发动！然美人言：德国及其控制地所生产汽油之总量，尚不逮美国十分之一；此实德国之致命伤！盖德之所以战必胜，攻必取者，闪电战也。闪电战之所以电发霆震，迈往无前者，空军也，机械化部队也；而空军之飞机，机械化部队之坦克车、装甲汽车，无汽油，则不能动。人亦有言："空军、机械化部队之战，非以人力战，而以汽油力战也。"今世界汽油生产之地，皆为英、美、苏之所控制；而德之汽油不富，顾不惮罄竭所有，悉力殚锐以用其空军与机械化部队；如连兵不解，旷日持久，汽油会有时竭，则空军与机械化部队之威力，渐灭以尽，无电可闪，势必不战而自屈！特空军之耗油少，而机械化部队之耗油多。方德未与苏开战之前，而所以用机械化部队者，盖矜重之至矣！波兰之战，才数星期；而徇荷、比以降法，亦不过数星期；然汽油消耗，远超占领国掠夺之所得。其余则用空袭以节汽油之消耗；亦欲留其有余也。及其对苏作战也，盖尽所有之机械化部队，前仆后继，连兵两年，而汽油之耗，必有不可以数字形容者！如不得苏联之高加索油田以为偿，必有情见势绌之一日，可断言者！现代战争之中，如以钢为不可少之军需资源，日本每年制钢七百万吨至七百五十万吨；德国每年二千六百万吨至三千万吨；而美则一年九千万吨，十二倍于日本，三倍于德国。德国在欧洲控制各国之所掠夺，约为钢一千五六百万吨；合以德之所自有，亦不过美国产钢之半尔！战争久而愈烈，兵器之损耗必不赀;而美国产钢多,补给易;日、德产钢少,补给难;孰胜孰负,亦可以此为衡也!然孔子论政,足食先于足兵。有兵而无食,不能责人民枵腹以执兵也!其三曰民生之衣食。兵出于民,而民以食为天。神农之教曰:"有石城十仞,汤池百步,带甲百万,而无粟,弗能守也!"今何必异于古所云耶!一九一四年,第一次欧洲大战,德之所以败,非战不胜,攻不敢也;由人民之困于饥不得食,而同仇敌忾之心日以杀;啼饥号寒,冻馁其妻子,而战士有内顾之忧;士气亦以沮丧;此所以屡胜而终蹶也!一九三七年春,希特勒日夜图所以逞志于奥大利及捷克,而其参谋本部则警告之曰:"若从面包票作战起,则此战争已败绩!"盖其时德国明令准许面包之搀玉蜀黍粉,而牛油、猪油,则非有票不得买,有票亦或无从买也。明年五月,捷克以苏德台人之谋叛而与德有违言。戈林请出兵以快心一决;而希特勒踌躇,亦以不知秋收如何?迨九月而岁大有,希特勒乃陈师鞠旅,而宣言不怕封锁也!今各国连兵不解,亦以战争之日久,人民以衣食不给而厌战。各国政府,无不晓口瘏音,以哀吁人民之节衣缩食;而无法以继粟继肉。计口给粮,风行各国。计口授衣,德亦厉行。然"大炮重于牛油",希特勒申为大诰,德人播为美谈;及其既也,其人民,以食之无油,而易饥,而倦于工;枵腹从公,人情难能!臣朔饥死,何国之爱!鲁登道夫言:"德人不怕战而怕饿!战不足以摧德国,而饿则以危德国之生存!"此次美国未参战,而先有事于农业政策,以为制裁纳粹之武器,曰:"喂饱英国,饿死德人。"其农林部长威克尔言:"食物孰裕,将以决最后之胜利。"大兵之后,必有凶年。其言可深长思也!斯三者,皆资用孰裕之计也。所谓工业孰优者:一曰工业生产之能否扩大。二曰兵器制造之是否适用。试先论兵器制造之是否适用:现代适用之兵器,必具三事:曰攻击之威力。曰机动之活力。曰防御之自卫力。而杀敌致果之所资,尤在攻击与机动。第一次欧洲大战,协约同盟,两军相对,深沟固垒,画地不能以进,而日竞于炮火之加猛以相轰击。德人以四二公分之大炮,攻比之凡尔登;以一二〇公里之长射程炮射击法之巴黎。而法则创五二公分之榴弹炮以为报焉。然炮身过巨，转动不易，非有铁道输运，即用数车牵引；攻击之威力虽猛，机动之活力绝滞！及今大战，而装配非兵器之飞机，汽车，以助长一切兵器之机动；以机动之活力愈敏，而攻击之威力益张！义大利杜黑将军以一九二一年，倡制空权之论，建伟大之空军，以谋集团之作战，而握无上之制空权，以制机先。墨索里尼用其言以成义空军，戈林用之以成德空军。一九三九年九月，德之侵波兰也，悉所有之空军，倾巢以出，而集团轰炸，集团使用，盖用杜黑之论而有成功者也。然义之空军，其飞机之数，远过英国；而以与英空军交绥，几乎无役不北；则以制造之不适用也！盖机身多以木质所造，易为炮火所毁，而又速度迟慢，操纵不良。其轰炸机之出动，不置伴送战斗机。而义之最精良战斗机，为玛奇及勃莱达式，每小时速度仅三百哩；英则飓风式之战斗机，每小时速度三百三十六哩；而新型战斗机之喷火式三号，至每小时四百哩。至义国速度最快之三发动机萨伏亚马奇蒂式，则又防御性能极小，以枪座在前，而发射线为三发动机所障；又无伴送战斗机以戒不虞；宜其动辄偾事也！然德用杜黑之论以摧波兰，而用之英伦三岛，则无成功。何者？则以英有适用之战斗机以自握制空权，而无虞于集团轰炸之德空军也！一九四〇年八月八日，迄于九月五日，凡二十九日，德机之在英空击落者，一千二百九十四架；而其中一千一百五十三架，为英战斗机所毁也。一九四一年三月中旬，德空军连四天夜袭英伦；而为英之夜间战斗机击落三十四架；至五月十日，竟以一夕而击落德机三十三架。盖开战之初，英之空军，主防御而注意于战斗机之鸷猛。德之空军，尚攻击而精心于轰炸机之制造；而越海以袭英，尤非载量多，航程大之重轰炸机不为功。然重轰炸机形体庞大，而升降不能灵敏，易为战斗机所乘。德国非无大队之战斗机以相夹辅；然有人以英战斗机之喷火式、飓风式两种，与德之米沙西米特一一〇式、亨克尔一一二式战斗机相较；则米沙西米特之直线机身，不如英机喷火式之流线型机头及椭圆形翼者为灵活。其时，英机喷火式之上升最高限度,为三万六千呎;飓风式三万五千呎;而德之亨克尔机,仅三万一千一百呎,亦远逊之! 惟德机之最大速度稍胜;然落地之速度亦必加大! 即以轰炸机而论:英之威灵顿式,盖用圆弧结构以增加结构之强度,减轻机身之重量;而航程之大,载量之多,皆德机所不如。则是德之飞机制造,不如英之尤适用,而迄以无成功也! 其后随大战之进行,而空中战术演进以注重低空攻击及高空飞行二者。高空低空,无往不宜,固所愿欲,而有不能;于是各种机型,分工合作,或长高空飞行;或擅低空攻击。低空攻击,包括俯冲轰炸,机关枪扫射及空中炮击以至攻击坦克及阻截运输而言。英国空军不甚喜俯冲轰炸机,以为战斗轰炸机,亦可胜任,而安全过之! 旋风式能以四炮或二五〇磅炸弹作低飞攻击;而敌机之追逐,则擅战斗以飞逸! 高空飞行,则可以伸延轰炸距程;而空中堡垒,扬威一时! 英空军用之初期空中堡垒,其保护装备较弱,而恃其飞行高度与速度以进行轰炸及安全返回;特最高不得过三万五千呎,为可瞄见目标之高度尔! 至以战术之演进,而图制造之改进,则马力尽量增大,而机器尽量缩小,以令之能载较大之重量,飞较大之速度。惟战斗机与轰炸机之翼载重日增,而转动之灵活以减! 盖翼载重增加,而旋转圆周之半径,随之增加也;然速度之猛进,足以抵偿转动之不灵! 而今日飞机之设计,注意其速度及上升,较转动为重也! 轰炸机之设计,有人以为首重速度;然那亚伐鲁·兰开斯特型之轰炸机,速度虽慢而载重量较大;有四炮座,可以发射上下四方。美国波音式之空中堡垒,火力亦甚猛,足以抗拒敌人;惟飞长距离以入敌境,而供应物之载重必增;则以飞行距程之长,而速度及上升之能力必减低! 然遇敌人驱逐机之拦击,当以速度高为佳也! 特轰炸机推美,而战斗机必称英! 其后英之喷火式,每小时飞行六百哩;而德之米沙西米特式,则五百六十哩。美新共和国之雷电式飞机,最大速度,每小时一千一百十哩,而日人零式机,最大速度,不过六百哩! 然以频年战斗之经验,而知飞机之火力配备,亦未可忽,或主小钢炮,或重机关枪。钢炮可以发一弹,毁一机;惟一分钟,只能五发;而机关枪,则一分钟,一千二百发!又以炮弹大,而一飞机,不能如机关枪弹之多备多用也!德、法两国之战斗机,皆配备钢炮一,机关枪二;普通钢炮为二十公分口径,机关枪为七·七公分口径。而美国与义大利,则取乎折衷,而配备以十三公分口径之机关枪两架。至于英国,远在一八三五年,众议金同,而配备八架机关枪以成一浓密之火网;非不知钢炮之威猛也;然所求者不在猛烈之爆破力,而在密集之火力!及大战之起,德国空军,以交绥败绩,而亦增强火力;于是英人采用钢炮之装备,而在喷火机之每一翼上,配备钢炮一,机关枪二;每分钟,炮弹一千二百发,机关枪弹四千四百发;两者合计,每分钟可四百十磅。至于有四座钢炮之飓风式飞机,每分钟火力,共为六百磅;有四座钢炮与六架机关枪之一种波式飞机,每分钟火力,共为七百六十五磅;火力日以加猛,而德国空军望风靡矣!又如海军之战舰,美国以远离本国作战为造舰目的;日本则以接近本国作战为造舰目的。美舰之所长,在航行半径之广大,与重装甲之厚;盖美人造舰设计时之所耿耿在心者,假如海战而有舰受伤,非航行千哩,不能回根据地以事缮修也!日人则无虑乎此,而早夜以图者,厥为在其三岛海岸线密接合作之海战计划;然扩张领海以臻无垠,而不知其战舰之远离根据地以臻不利!日本战舰之炮火密集,速度加强,无疑也;然而发动力不足!盖日人之造舰设计,多参德国;而德国战舰,有装载过重之倾向也!近年以来,日人造舰之注重装甲加厚,大炮加重,固也;美人何尝不如此;然而美人顾虑安全以牺牲速度!日人则不肯牺牲速度,而不知战舰之安全以及海上航行持续力之受牺牲!日本战舰,有高度之速力;英美海军之所望尘莫及!然义大利战舰之速力,尤超过于日本,为世界无敌之快舰;而以与英海军接,亦无役不北;何者?盖义以速率重于钢甲。故减薄钢甲以增速率。而英以钢甲重于速率,宁加厚钢甲以减速率。及其一旦交绥,则英舰以护钢坚厚,可以抵义机之轰炸,舰炮之射击,而无害;义舰以护甲薄脆,不能当英机之轰炸,舰炮之射击,而多毁;虽舰速有以相胜,而甲薄无以自保也。一九四一年三月,美国海军部长诺克斯宣言:"战舰之威力有三:曰火力。曰速率。曰钢甲。三者相互为用,而亦相反为比;增强其中之一,必减弱其他之二。在昔太平无事之日,各国海军部,无不增加战舰之速率,以为利进退,而减薄甲装;不知交绥时,敌炮贯甲直入之足以毁灭战舰而制我死命;义之殷监不远也!美则坚持钢甲重于速率;而每舰所装之钢甲,比世界列国加厚二吋至四吋;盖自开战以来,未见有装甲舰如许厚之钢,而敌机之炸弹,能贯甲以入者!英之主力舰罗特尼号,尝中一最重级之炸弹,仅受微伤,而无害于战争也!然德之新舰,则减弱火力以增强甲厚,只有十五吋大炮八门。美主力舰之古罗莱德级,则有十六吋炮九门。易言之:德舰之每一次遍排放,只射出一万六千磅炮弹;而美则二万七百磅。"傥以日本战舰,与美相衡:从火力言,美亦远优!日本主力舰十艘之每一次遍排放,只射出十三万八千磅炮弹;而美十二舰,则二十三万四千磅炮弹。日本主力舰之重炮,皆十四吋;而长门、陆奥两舰,则十六吋。然日舰所设置之次等武器,则比英美为多;如长门舰配备之五·五吋小炮,为二十门;美之同等战舰,则只有十二门之五吋径小炮;而英之同等战舰,亦只有十二门之六吋径炮。然日舰亦以装炮过多,上层过重,而影响于舰之稳固以易沉覆,虽最上级巡洋舰亦然,固不仅一千五百吨级之驱逐舰也!惟主力舰尚无虑此,而亦有以舰桥之庞大如塔,而失其稳者!美舰之速度不如日;美国主力舰之最速者,不过二十一浬;而日舰,则至迟者二十二浬半;通常二十三浬;至于长门、陆奥两舰改建以后,则自二十三浬以增为二十六浬;而日之战斗巡洋舰,速度尤高!惟日本驱逐舰之速度,则比英美迟二浬,而武器之配备较雄!日本所造之一千七百吨驱逐舰,设六门之五吋径炮与九鱼雷管;而英之新式驱逐舰,仅有四门之四吋径炮与十鱼雷管。美之新驱逐舰,不如日人装炮之多;而别置猛烈之鱼雷武器一枚,则日之所无也!日本新航空母舰,亦以美妙之线型,而得必要之速度!以日舰速度之强高,欲战则逆袭,不欲战则驶避,进退有余裕,而战不战之权,可以自操；一旦开战，尚有选择形势之便利，可以集中多舰之火力而攻一美舰。惟美舰之装甲，则远超于日；其主力舰之钢甲，自十四吋以至十八吋；而日舰则惟长门、陆奥两舰之主要部分，装甲十三吋，而炮塔十四吋。扶桑、山城两舰，装甲十二吋。金钢、榛名、雾岛、比睿四舰，装甲十吋。而战斗巡洋舰，不过装甲八吋；攻击力虽强，而自卫力则弱！一九四二年十一月，所罗门之海战，日本金刚级之主力舰，为美重巡洋舰旧金山号所击沉；而旧金山号，则竟受重创而竟未沉没，开世界海军战史上之新纪录；亦以装甲之厚薄不同！兵法："先为不可胜以待敌之可胜。"而战舰之不可胜在钢甲，可胜在火力。则是世界各国之战舰，钢甲之厚，火力之猛，以美制为最适用；义则减薄装甲以增速率而不适用，故败也！飞机亦资装甲以自卫。日本陆海军之战斗机，重量较轻，而无保护之装甲。德之驱逐机较重，威力较大，速率亦较高，而装甲足以自卫。义大利之战斗机，亦装甲也。日本之海军及空军，无不设计减轻装甲以提高速率；而启衅太平洋以与美交绥，迭遭挫败；而日本参谋部乃大戚，以证为不可偿之失计焉！坦克车之不可胜在装甲加厚，可胜在配炮加大，与战舰同。从前有人谓："坦克车速度加快，可以突进以迫敌人之防御炮火，使人不及发。"及佛朗哥将军之西班牙内战，而证其不然！观于西班牙内战，而以知平射炮之威力！顾德人漫未注意；其进攻法也，以一〇六型坦克及一一一型坦克为主；一〇六型最高速度，每小时六十公里；一一一型则七十公里；而一〇六型有七公厘至十五公厘厚之钢板装甲；一一一型有十六公厘至三十公厘厚之钢板装甲；然三十七至四十五公厘口径之炮弹，而在中长射程之内，可以摧破三十公厘之钢甲！特以德军坦克之多，与其最高速度之机动，法人仓皇失措，而德人泰然自得以为无敌也！及以一一一型坦克大举攻苏联，而为红军之平射炮及坦克枪摧灭无遗；乃大惊，而革新坦克以有老虎型，装甲加厚，机动加捷，而益配备长射程炮以制压红军之炮兵；盖德人以为在二千至二千五百公尺之距离发炮；可以先发制人而不受红军中级口径炮之射击也！默察新兵器之趋势,陆上贵猛而速;海战欲猛而坚;观兵器制造之孰适于是,可以知孰为能胜也!然兵器之制造,必有待于工业之发展;试进而论工业之能否扩展:现代一师建立之装备,必有四万件之兵器,而枪弹不在内;至炮兵及机械化部队,尤必加铁甲、装甲炮、平射炮等军用品二万件以上。而今用兵动数十百师,其有待于工业之扩展,为如何乎!日本维新以来,工业虽日趋于发达,然其所发达者,仅为轻工业之纺织、食品等类;而钢铁及机器之重工业,则不相副!无钢铁及机器,则所以制造兵器者无其具。日本机器,多自外国输入;而飞机及坦克车之主要机件,不能自制。今日之战争,亦工业之战争也;而工业之战争,尤以飞机及坦克车二者之制造孰优为衡。日本无近代之汽车制造厂;飞机之发动机,仿制外国而脆劣不坚久;方欧洲各国空军经营建造二千马力以上之发动机时,而日本则仅仿制其一千马力以上之原始发动机。日本之一飞机工厂,如接军部之定货单一纸,而以力之不能独造,不得不联合四百五六十小工厂,与之合作;而一小工厂,又必各联三五小制造所以图合力;虽同一定型,而质之坚脆不一,工之巧拙不齐,粗制滥造,亦其航空所以多败事之一因也。当一九三一年,日本军部以计划改组炮兵,而与炮兵工厂订制七十五公厘之野战炮;而炮兵工厂不能如期出品,所制亦不中程而脆劣!然七十五公厘之野战炮,苏德两国已用之步兵团;而日军之侵我也,仍以为炮兵之主炮!所用步枪及机关枪之口径,则为六·五公厘;然欧洲第一次大战,早已证明七公厘以下口径之枪为不合用;而日人故我依然者,则以日本钢铁工业、机器工业之重工业不发达,而兵器不能精制也!太平无事之日,尚不免于竭蹶,更何论战时之扩展!今而后,纵日本有三百万以上之军队,而无三百万人配备之兵器!徒手不能以搏战,亦何能长此相持,再衰三竭,不仅士气也!德国之钢铁工业、机器工业,为环球之冠;而兵器制造之精,自非日本可及!惟希特勒得政以来,无日不备战,倾国力以事军备,而尽所有之重工业以制造兵器,迄于今日,连兵两年,而兵器之制造,已臻其极;国内所有之重工业,不复有余地以为扩展。英之重工业,颉颃于德,而备战之日浅;承平之时,未尝尽所有之重工业,以制造兵器;虽仓猝为德所乘,而重工业留其有余,以为兵器制造之扩展,而德则不能扩展!一九四〇年,美国方开始擘划以汽车工业改为飞机工业,以其他重工业改为军火工业,而德则改无可改!如旷日持久,而德之兵器制造,将相形以见绌,而不能与英美等量!德之所以利速战速决,图孤注之一掷,而不欲长相持者,亦以此也!今英美之兵器制造可扩展;而德之兵器制造不能扩展,久必不支!总之兵器之制造,必植其基于重工业;而日本之兵器,不能精制,以重工业不发达也!德之重工业发达,而兵器能精制,不能扩展,则以兵器之制造太急激,而不为重工业留其有余不尽也!此工业孰优之计也。夫所以衡工业之孰优,固不出于二者:一曰工业生产之扩大。二曰兵器制造之新颖。而兵器制造之新颖,尤必与工业生产之扩大,相剂而不相害。试以飞机为例:开战之初,德国空军之强大,为其飞机生产之集中于若干卓越型飞机之制造;其种类不多,而无不有高水准之性能以适应战术之卓越!一九四〇年,法人之所以为希特勒所乘者,其道多端;而空军之不如德强大,亦其一也!空军之弱,由于飞机之少;而飞机之所以少,则由于航空部长拉湘伯者,达拉第之所信任也,与其所谓专家者,设计新型,人人异制,筑室道谋,式样时改,是用不规于成,而大量之生产无期;则是以制造之新颖,而妨生产之大量也!大抵设计打样之工程师,蕲于推陈出新,以制敌机之先。而负责制造之工程师,则欲以多胜寡,而增我机之数。然设计者,得一新型时,辄欲停制旧机,改造新型,而厂之机构与人事!非相应以改组,则无所措手;而生产停滞矣!此法之所以败也!美人有监于法,于是分全国之制造机构为二,其一制造旧机,其一设计新型;及新型之有成功,而大量生产时,然后停制旧机,改组旧厂,适当配备,而予设计者以第三种新型之试验;如是往复不已,递相循环,日新又新,抑亦日多又多!然非广土众民,工业发达之美,不能有此雄财大略也!英国则开战以来,轰炸战斗,新机日出,从未停滞于一型；则以美机为之消息，而以弥缝其阙也！然而德则如何！则飞机之造，已跻日多又多之极限；而不能日新以又新！如欲改弦更张以设计新型，则生产不得不减低，而大战方酣，供不应求！倘保持生产之大量，久而又久，两军相接，不能推陈出新，必以相形见绌，往日适用，今岁落伍。长此以往，德之飞机，不惟生产之量，不能扩而益大；抑亦制造之型，无从精以求进；此亦旷日持久，于德不利之又一义也。

将听吾计用之，必胜；留之。将不听吾计用之，必败；去之。

（训义）梅尧臣曰："武以《十三篇》干吴王阖闾，故首篇以此辞动之，谓：'王将听吾计而用战，必胜；吾当留此也。王将不听吾计而用战，必败；我当去此也。'"

计利以听，乃为之势，以佐其外。

（训义）曹操曰："常法之外也。"杜牧曰："计算利害，是军事根本。利害既见听用，然后于常法外，更求兵势以佐助其事也。"张预曰："孙子又谓'吾所计之利，若已听从；则我当复为兵势以佐助其事于外。'盖兵之常法，即可明言于人。兵之势利，须因敌而为。"郑友贤曰："或问计利之外，所佐者何势？曰：兵法之传有常，而其用之也有变。常者，法也。变者，势也。书者可以尽常之言，而言不能尽变之意。五事七计者，常法之利也。诡道不可先传者，权势之变也。常而求胜，如胶柱鼓瑟，以书御马，赵括所以能势而不能战，易言而不知变也。盖法在书之传，而势在人之用。武之意，初求用于吴，恐吴王得书听计而弃己也，故以此辞动之；乃谓书之外，尚有因利制权之势，在我能用耳！"

基博按：自此以上论"计"，以下论"势"；而两语束上开下。"外"者，非内也，"经之以五事"，内自治也，"校之以计而索其情"，外虑敌也。以上所论是也。而下文所论之势，则遇敌攻守之方，尤"外"之"佐"而已。故曰："乃为之势以佐其外也。""计"者，熟虑于未战以前；"势"者，善审于临战之时。

右第三节，论校之以计而索其情。

势者,因利而制权也。

(训义)杜牧曰:"自此便言常法之外势;夫势者,不可先见,或因敌之害,见我之利;或因敌之利,见我之害;然后始可制机权而取胜也。"张预曰:"所谓势者,须因事之利,制为权谋以胜敌耳;故不能先言也。自此而后,略言权变。"

兵者,诡道也。

(训义)王晳曰:"诡者,所以求胜敌;御众必以信也。"张预曰:"用兵虽本于仁义,然其取胜,必在诡诈。"

基博按:王氏之言,是也;然而非《孙子》之意也。观其《九地篇》曰:"将军之事,静以幽,正以治,能愚士卒之耳目,使之无知,易其事,革其谋,使人无识。易其居,迂其途,使人不得虑。"则是诡者,非徒以胜敌,抑亦以驭众也。惟此一句领起下文,自指胜敌之诡道而言。

故能而示之不能,用而示之不用。

(训义)李筌曰:"言己实能用师,外示之怯也。汉将陈豨反,连兵匈奴,高祖遣使十辈视之,皆言可击。复遣刘敬,报曰:'匈奴不可击!'上问其故? 对曰:'夫两国相制,宜矜夸其长;今臣往,徒见羸老;此必能而示之不能,臣以为不可击也。'高祖怒曰:'齐虏以口舌得官,今妄沮吾众!'械系敬广武;以三十万众至白登,高祖为匈奴所围,七日乏食。此外示之以怯之义也。"杜牧曰:"此乃诡诈藏形。夫形也者,不可使见于敌。敌人见形,必有应。《传》曰:'鸷鸟将击,必藏其形。'如匈奴示羸老于汉使之义也。"何氏曰:"能而示之不能者,如单于羸师诱高祖,围于平城,是也。用而示之不用者,李牧按兵于云中,大败匈奴,是也。"

基博按:"用而示之不用",如与"能而示之不能",上下互文见义,作"不用而示之用",如下文"近而示之远,远而示之近"之例;用意似更耐人味。

近而示之远,远而示之近。

(训义)李筌曰:"令敌失备也。汉将韩信虏魏王豹;初陈舟欲渡临晋,乃潜师浮木罂,从夏阳袭安邑而魏失备也。耿弇之征张步,亦先攻临淄;皆示远势也。"杜牧曰:"欲近袭敌,必示以远去之形。欲远袭敌,必示以近进之形。韩信盛兵临晋而渡于夏阳。此乃示以近形而远袭敌也。后汉末,曹公、袁绍相持官渡,绍遣将郭图、淳于琼、颜良等攻东郡太守刘延于白马。绍引兵至黎阳,将渡河。曹公北救延津。荀攸曰:'今兵少不敌,分兵势乃可。公致兵延津,将欲渡兵向其后,绍必西应之;然后轻兵袭白马,掩其不备,颜良可擒也。'公从之。绍闻兵渡,即留分兵西应之。公乃引趋白马,未至十余里,良大惊来战;使张辽、关羽前进击破,斩颜良,解白马围。此乃示以远形而近袭敌也。"

基博按:希特勒之得政也,所以号于德人,而得其拥护者,曰复仇于法以雪前败也。顾处心积虑,以反苏共为天下号;并奥吞捷,明示东向,而告于法人曰:"不西侵法境,不欲收复阿尔塞斯、劳伦二州!牺牲百万壮士以克复一地,而一地之所获,不足以养众百万也;于我何利!"于是法人大慰,而谢波兰之用兵。及希特勒大举以袭波兰,而法人出兵声援。顾法国统帅甘末林所用之间谍,以侦德者,为德之间谍所贿买,所利用,而以复于甘末林曰:"希特勒之大欲在巴尔干,方疲兵于东,而未遑西略。"于是甘末林命魏刚以精兵赴近东,欲与土耳其联合作战;而所以卫北疆者,皆老弱焉。及波兰既下,而希特勒乘胜远斗,回兵东向,不径走荷、比;而盘马弯弓以占丹麦,攻挪威,若无意于法,然后急转直下,徇荷、比,以袭法之北疆,而乘其不虞;是亦"近而示之远"之明效大验也。至希特勒之攻苏也,以一九四一年五月二日,与墨索里尼会于勃伦纳,早有成议;不动声色,而悉力殚锐以徇南斯拉夫,攻希腊,争克里地岛,而嗾使英伊与英叙之战,若欲进攻苏彝士以扼英人之吭;而示俄人以方鹜于西,未遑东顾。一旦宣战,而陆军三百万人,已阵苏边,机械化部队如潮而至;先人有夺人之心,而苏联猝为所乘,节节退却。亦"近而示之远"也。美之以艾森豪威尔将军突袭法属北非登陆也,实以一九四三年十一月八日,而先以八月十九日,英美盟军突袭法之西海岸第厄甫,虽交绥而即退,人以为将于此登陆以图开辟欧洲第二战场也!及艾森豪威尔登陆北非以有成功;而罗斯福宣言:"第厄甫之役,特为声东击西以疑误德人,若将有事西欧;而攻其不备以登陆北非。"则"远而示之近"也。

利而诱之。

(训义)杜牧曰:"赵将李牧大纵畜牧,人众满野,匈奴小入,佯北不胜,以数千人委之。单于闻之,大喜,率众大至;牧多为奇阵,左右夹击,大破杀匈奴万余骑也。"

乱而取之。

(训义)李筌曰:"敌贪利,必乱也。秦王姚兴征秃发傉檀。傉檀悉驱部内牛羊,散放于野,纵秦人虏掠。秦人得利,既无行列。傉檀阴分十将,掩而击之,大败秦人,斩首七千余级,乱而取之之义也。"杜牧曰:"敌有昏乱,可以乘而取之。《传》曰:'兼弱攻昧,取乱侮亡,武之善经也。'"张预曰:"诈为纷乱,诱而取之,若吴越相攻,吴以罪人三千,示不整而诱越;罪人或奔或止,越人争之,为吴所败,是也。"

基博按:三家之解不同,李筌连上句"利而诱之"读,谓利以诱之,乱而取之也。杜牧则引"取乱侮亡"之义,而乘敌之自乱也;然谓乱之在敌,则与李筌不同而同。至张预"诈为纷乱"之说,则以乱为我之诡道焉;虽似曲解,而亦有理也。

实而备之。

(训义)张预曰:"经曰:'角之而知有余不足之处。'有余,则实也;不足,则虚也。言敌人兵势既实,则我当为不可胜之计以待之,勿轻举也。李靖《军镜》曰:'观其虚则进,见其实则止。'"

强而避之。

(训义)李筌曰:"量力也。楚子伐随,随之臣季梁曰:'楚人上左,君必左;无与王遇,且攻其右;右无良焉,必败;偏败,众乃携矣',少师曰:'不当王,非敌也。'不从。随师败绩,随侯逸,攻强之败也。"梅尧臣曰:"彼强,则我当避其锐。"张预曰:"经曰:'无邀正正之旗,无击堂堂之阵。'言敌人行阵修整,节制严明,则我当避之,不可轻肆也。若秦晋相攻,交绥而退,盖各防其失败也。"

基博按:用兵以全军为上。"强而避之",所以为全军也。苟军全而不破,则敌强而无害;虽攻城掠地,而敌无法以终保;虽追奔逐北,而我有力以反攻;我之避不终避,敌之强不终强也。一八一二年,法皇拿破仑以三十六万人,挟其百战百胜之威,长驱入俄。而俄大将苦兹则夫移民清野,引兵不战。拿破仑所向无前,列城风靡,留兵置戍;得地虽广,兵力乃分;及至莫斯科,而麾下之众才十万矣!长途不得休而师以老;空城无所资而士以饥;顿兵挫锐,不战自屈,而莫斯科一炬,仓皇引退,溃不成军,而拿破仑之霸业以摧,则以俄人之能"强而避之"也。一九一四年,法大将霞飞之大败德人于玛尔纳河也,不作迎头之击,而先缓退以持;亦以德军之推锋直入,锐不可当,"强而避之"也。苟奋不虑难,而为孤注之一掷,覆军杀将,徒遗敌擒耳!军破而国亡随之矣!我国之抗日以战,坚舰快炮,不如日也;飞机坦克,不如日也;士卒之练,兵众之强,不如日也;然而日人战胜攻取,开疆千里,得我之地,而不能破我之军,再接再厉,以迄于今,连兵四年,而无如我何;亦以我之知"强而避之"也。然所谓"强而避之"者,非望风而逃,委土地人民以资于敌也;盖蓄锐养威,全军而退,诱敌以致之可击之时与地,相机而动,欲以歼于一战,如俄之于拿破仑,霞飞之于德也。其避之也,亦有所以避之法:必移民清野,焚积聚,毁庐舍,以毋赍盗粮,遗敌俘。必毁道路,阻交通,而无予敌以长驱直入。必沿途留兵,四散伏匿,伺敌之进而潜处其后,以策应他日之反攻。必且战且退,步步为营,而左右翼得所控扼,毋予敌人以迂回包围之余地。如敌炽张而势不可当,或疾退以据险而示敌以不可逼;或分兵以四散而炫敌以不知追。凡事有宜,不得尽言。如无程序,无计划,而不谨所以为避之术;我避而敌乘之,堕军实而长寇雠,则又莫如避也!然"强而避之",抑别有妙!我之抗日也,日人乘胜而去国远斗,其锋不可当;"强而避之",固也。然我之所以为避,不引兵向后退以为避,而转兵进敌后以为避;纵敌之前而随其后,敌尽前无坚壁,我却退有余地俟敌之深入而不继,占地既广,分兵渐单;然后转退为进,分途合击,以我之合,攻敌之分,无不围而歼之!此则避而不退,进以为避,而弱势亦有以歼强,强敌不保其终强,神而明之,用兵之妙也!六国时,秦以李信及蒙恬将二十万人伐楚,败楚军;楚人因随之,三日三夜不顿舍,大败秦师,亦用此术。徒以楚蹶不振,谈兵者成败论人,罕究其妙尔!

怒而挠之。

(训义)杜牧曰:"大将刚戾者,可激之令怒;则逞志快意,志气挠乱,不顾本谋也。"王晳曰:"敌持重,则激怒以挠之。"张预曰:"彼性刚忿,则辱之令怒;志气挠惑,则不谋而轻进;若晋人执宛春以怒楚,是也。《尉缭子》曰:'宽不可激而怒。'言惟宽者,则不可激怒而致之也。"

卑而骄之。

(训义)杜牧曰:"秦末,匈奴冒顿初立,东胡强,使使谓冒顿曰:'欲得头曼时千里马。'冒顿以问群臣?群臣皆曰:'千里马,国之宝,勿与。'冒顿曰:'奈何与人邻国,爱一马乎?'遂与之。居顷之,东胡使使来曰:'愿得单于一阏氏。'冒顿问群臣?皆怒曰:'东胡无道,乃求阏氏;请击之。'冒顿曰:'与人邻国,爱一女子乎?'与之。居顷之,东胡复曰:'匈奴有弃地千里,吾欲有之。'冒顿问群臣?群臣皆曰:'与之亦可,不与亦可。'冒顿大怒曰:'地者,国之本也,本何可与!'诸言与者皆斩之。冒顿上马,令国中有后者斩,东袭东胡。东胡轻冒顿,不为之备;冒顿击灭之;冒顿遂西击月氏,南并楼烦白羊河南,北侵燕、代,悉复收秦所使蒙恬所夺匈奴地也。"王晳曰:"示卑弱以骄之,彼不虞我而击其间。"张预曰:"或卑辞厚赂,或羸师佯北,皆所以令其骄怠。吴子伐齐,越子率众而朝,王及列士皆有赂。吴人皆喜,惟子胥惧曰:'是豢吴也!'后果为越所灭。楚伐庸,七遇皆北,庸人曰:'楚不足与战矣!'遂不设备。楚子乃为二队以伐之,遂灭庸。皆其义也。"

佚而劳之。

（训义）杜牧曰："吴公子光问伐楚于伍员？员曰：'可为三军以肄焉。我一师至，彼必尽出，彼出则归；彼归则出；亟肄以疲之，多方以误之，然后三师以继之，必大克。'从之。于是子重一岁七奔命，于是乎始病吴；终入郢。后汉末，曹公既破刘备，备奔袁绍。绍引兵欲与曹公战。别驾田丰曰：'操善用兵，未可轻举，不如以久持之。将军据山河之固，有四州之地，外结英豪，内修农战，然后拣其精锐，分为奇兵，乘虚迭出以扰河南；救右，则击其左；救左，则击其右；使敌疲于奔命，人不安业，我未劳而彼已困矣。不及三年，可坐克也。今释庙胜之策，而决成败于一战，悔无及也？'绍不从，故败。"

亲而离之。

（训义）张预曰："或间其君臣，或间其交援，使相离贰，然后图之。应侯间赵而退廉颇；陈平间楚而逐范增；是君臣相离也。秦晋相合以伐郑，烛之武夜出，说秦伯曰：'今得郑，则归于晋；无益于秦也。不如舍郑以为东道主。'秦伯悟而退师，是交援相离也。"

攻其无备，出其不意。

（训义）孟氏曰："击其空虚，袭其懈怠，使敌不知所以敌也。故曰：'兵者无形为妙。'太公曰：'动莫神于不意，谋莫善于不识。'"

基博按："能而示之不能"至"亲而离之"十二语，为目；而"攻其无备"二语，是纲；乃总束"能而示之不能"十二语而明其妙用，以见"能而示之不能"至"亲而离之"，诡道虽多，两言蔽之，不过曰"攻其无备，出其不意"云尔！而析言之，则先发制人之谓"攻"；曰"攻其无备"，则出以突击而为奇袭；曰"出其不意"，则不拘寻常而为机动；此孙子所以提示战略战术之原则也。欧洲兵家著书，无不实事求是；而罕有片言揭要以提示原则！及今日之大战，而美人尼古尔逊始发凡起例以揭九原则；而要其指归，不出《孙子》所谓"攻其无备，出其不意"两语；而特以为九原则必相互为用，乃能制胜而不为人所胜！其说曰："凡事,无不有基本原则。战争有战争之原则,犹之圬者必依圬之原则以为圬也。战争原则者,历来名将所以战胜攻取之战略工具也。近代战争之武器日新;然坦克车及飞机,未能改变战争原则以别出新裁也! 吾早岁从军,而探讨战争之原则,求之于军事学课本,求之于行军条例及所发操典,所得者,非散而无纪,则泛而无当也! 不得已而旁求之于军事历史,于名将自传。福煦将军所著书,仅提示三原则;而近在美国有尽人传诵之一书,则仅有一原则以相提示曰'攻'。福里斯德之言曰:'战术之要,莫如集中兵力以先发制人!'则以一言而说明福煦之三原则,可谓简而得要矣! 然而未也! 诚窃以为欲尽制胜之道,必据九原则以设计,我之说明九原则,不欲以先后为轻重;而运用之妙,必知以参互为用,而后能推行尽利;若知其一而不知其他,顾此失彼,未免于败也! 所谓九原则者:(一)曰攻,此胜之最后手段也。今日之大战,民主国家,不明乎此,而安安静静以取守势;我不攻人,人将攻我;无动为大,坐以待毙而已矣! 攻则制人而不制于人! 其(二)曰安全。攻而不策以安全,则攻亦或以覆败! 安全者,动态之守势,而以掩护攻势者也;未制胜,先虞败;而进攻之时,凡吾军之两翼,后路及上空,无不策安全以善掩护! 然人亦有言:'猛攻为最好之国防!'不善用兵者,往往留大兵以掩护后方,而进攻之力遂薄;则安全沦为守势矣! 善用兵者不然,则以下一原则而以决定进攻与安全所需兵力之正确比例。其(三)曰兵力之节约。此之云者,谓留少兵以置不重要之地,而集中大军于主要目标。善用兵者,往往以吾军利用内线,而迫敌军于外线作战以节约兵力;此固德军之所擅也,常用少兵以牵制敌人,掩护我军,而集中主力以进攻主要目标。其(四)曰主要目标之认识。主要目标,不必为第一目标也! 所谓第一目标者,非当前最危及我之敌人;即以我最短进攻线而可进攻之敌人;非然者,则吾人进攻主要目标时,不得不假途之地带也! 主要目标,则或距我辽远之敌人,非剪其羽翼,撤其前卫,不能以进攻征服;而置之第一目标之次! 德之未以全力攻英也,先灭波兰,徇丹麦、挪威,下荷兰、比利时，以次及法，而英之羽翼日削，前卫尽撤；德乃徐以肆志于英矣；顾移兵苏联以转移主要目标，此不可逭救之致命伤也！其（五）曰集中兵力。如不节约兵力，亦何能集中兵力！如不确定目标，抑何能节约兵力！倘指挥战事者，不由英明元帅之独断，而出于委员会之折衷群言，则必以目标之不易确定而分散兵力！今日民主国家之败局，在步步为营，处处设兵；而不知孰为要害之地以集中兵力！德人大举以攻法，而英人出兵以援法；法人则以其空军散布于地中海及义大利之阿尔卑斯山，而留百分之四十置于国境以抵抗德人；德人则集中其全国空军百分之八十，而以对法国空军百分之四十；众寡之不敌，已不言可喻！英人则以其空军分散战场辽远之地方服务，而留一部以自卫英伦三岛；遂授德人以制胜！而究其所以：一由于同盟国联军之意见纷歧，无人能负责决定孰为要害之地以集中兵力。一亦由于不知兵力节约，而置兵无用之地。然不能不要其归于同盟国联军之不易合作也！其（六）曰合作。拿破仑有言：'我不患人之有同盟！人有同盟，我即可以制胜！'何也？以联军作战，不易协力；而雄主独断，指挥在我也！一九四〇年，德军之侵荷兰、比利时以攻法也，比、荷拒英、法之举行联合参谋会议，可为联军不合作之证。同盟国之联军合作是一事；而一国军队之各部队合作又是一事。其（七）曰指挥统一。指挥不统一，何能言合作！合作必在统一指挥之下！同盟国之联军，不可不有统一之大参谋部以事联系；而一国之军队，亦必于元帅之下，有联系海陆空军之参谋总部。今日同盟国之联军以及吾军，各不相谋；非经挫败以证指挥之必统一，未能及早改图也！如指挥既不统一，而又无人当机立断，则不能以用突击矣！其（八）曰突击。日本之袭珍珠港，突击之适例也！一九四〇年，德之进攻亚尔丁也，亦为突击！能突击者，必能为非常之将材；其不然者，蠢材而已！其（九）曰机动。突击而不出以机动，抑亦不能成功！譬之力士之摔角也，双脚跳动，愈快愈得劲，则敌人不知措手足而为我胜矣！法人以大兵置于马奇诺防线之后，无动为大；不惟违反机动之原则，抑亦大乖攻之原则也!"综观所论,以攻为前提;而以突击与机动要其终;抑与《孙子》所谓"攻其无备,出其不意"同指。特《孙子》以"能而示之不能"至"亲而离之"十二势,设计于未攻之先,而多方误敌以不为备。尼古尔逊则以"安全"至"合作"六原则,匠心于欲攻之时,而万全设计以成突击。《孙子》为敌之可胜;而尼古尔逊先为不可胜,殊途同归,其事相成也!又有美人古柏著《敌人之战略类型》一文,而依据"奇袭"与"机动"两原则以明德日战略之善节约兵力,其说曰:"观于美国之南北战争,而以征参战之人,如研究战略而能实践,纵武器不如人,而亦未尝不可以制胜也!战略者,用兵之科学;薪以兵力之节约,用其兵力,而能达国家之总战略以有成功也。战略之至高无上者,莫如军事布置之本身,明示敌人以抵抗无用,不战而屈人之兵,善之善者也!战略之典范,不出历代名将之箴言集,而流传甚多,好尚不同!有人喜拿破仑之箴言;亦有人喜菲烈德立、克老山维兹、约米尼、毛奇、孙子以及其他兵家言;精义纷纶,莫探指归!二十年来,各国治兵学者,颇多折衷群言,旁搜战史,欲以观其会通而籀明战略之原则。堪萨斯州里温华士堡坖参谋指挥学校发凡起例,以一九三六年刊布专论,而揭七原则,最为得要!所谓七原则者:(一)攻;(二)战斗力之集中;(三)兵力节约;(四)机动;(五)奇袭;(六)警戒;(七)协同;是也。其中尤要者,莫如'兵力节约';有军事理论家,以为此战争之定律也!所谓'兵力节约'云者,谓以适当之兵力,用于预期之目标,而恰如分际;譬之工焉,毋以成人之所胜任,责之孩提;亦毋以孩提之所能为,托之成人!倘预期目标之牺牲过大,不妨慎重考量,顾而之他以不多耗兵力。而兵力所以节约之法,莫如'机动'与'奇袭'!'机动'以惊敌人而使之仓皇失措。而'奇袭',则以击破敌人之心理均衡,而将军夺心,三军夺气以致溃败!总而言之:'兵力节约',为战略之第一原则;而'机动'与'奇袭',则'兵力节约'之系论也!"战略与战略类型之应用,殆胜败之所由分;而吾人之大敌,曰德,曰日;试观吾敌人之作战,揆之战略类型为何如;吾人乃以知吾敌人今日之所以胜，异日之如何败；而为不可胜以待敌之可胜也！日人与德人相同，有活力，有创造力，有野心；又以地狭民稠，有人口之压迫；万戎讲武，以力图扩张生存空间。其用兵，皆采取约米尼之所谓"内线作战"，而以其国为中心地位，往外向四周之邻人进攻。菲烈德立、俾斯麦及威廉第二之德国战略计划，与希特勒德国之战略计划无二！神武皇帝与丰臣秀吉时代之日本战略计划，以视今日之日本，所不同者，武器而已！惟德立国于大陆，不如日本之为岛国！日本以岛国而在亚洲大陆之东北滨海地方，仿佛英国之在欧洲大陆西北海岸；日本政策，与一五八五年以前之英国政策相似！英国至一五八五年以后，始放弃统治欧洲之企图，而采取欧陆势力均衡以建海外帝国之论。今日本采用英国之前期政策，势之自然；而日本在亚洲之企图，无不为中国所扼；非征服中国，不能以称霸东亚！至一九三七年，而中日战争以爆发！日本陷入中国泥淖之论虽盛，然非军事专家之所许！美国陆军威鲁贝上将以一九三九年出版《战争中之机动》一书，于日人作战之勇，备极推崇，以谓："就战略而论：参谋工作以执行机动之概念；日本大本营，已建立高度之表演纪录！日本作战范围之庞大，堪与拿破仑媲烈也！"中日战争，与美国南北战争相似！华盛顿与南部纽奥连斯之位置，犹之上海与广州。而多内康达之战略，则封锁东部诸海港以窒息南部同盟诸州；而以大军向维克斯堡推进，截南部同盟诸州为二；于是南部同盟诸州不能自振矣！今日本占领中国沿海，而以向汉口推进；及一九四一年，而中国之沿海平原，无不为所占领！又乘法国之溃败以占越南，而控制泰国；于是中国运输供应之大门，惟滇缅一路而已！日本之占领越南以握南部亚洲之锁钥，正如往年之并朝鲜以把握亚洲北部之门户！越南，为进攻菲律宾、马来亚、苏门答腊、爪哇及缅甸之中心根据地；而以越南为支柱之台湾、广州、海南岛一线，比诸英美之香港、马尼拉线为强固多也！于是后顾无忧而以进攻太平洋之英美荷属地！日本用师三十万以组成特种部队，分布于几百万平方哩之海陆，战胜攻取，而兵力不形不足；不六月而占有次于英国属地之一殖民帝国；中国仅有之输入供应路线，亦以告断！吾人应知日本之不同于德国！日本不惟有强大之陆军及空军，抑亦有海军以占世界第二位！使德国亦有日本之海军，而加以固有之武力，抑何至顿兵以占加莱及克里地岛而不进！吾人从日本之战略，而以见海陆空三军之联合利用！日本借海陆空三军之联合利用，而未得占者，惟苏联之海参崴及印度之加尔各答耳！日本已尽占东亚之一切工业中心与原料中心；倘岁月之久，政权以固，则日本之强大，非举全世界团而为一以悉力相抗，未见其有幸也！今而后，可以攻日本者，惟有中国与西伯里亚！然中国以武器之配备不足，只以困扰日本而已！苏联则以在西欧与德国作殊死战，必不能有事西伯里亚以攻日本也！日军据要害以控制海陆，而敌人之势自瓦解！日本不必尽占所有英属各岛也，只占新加坡及香港，足以瓦解英国东方属地矣！不必占夏威夷也，只毁珍珠港，足矣！中国，则占工业区以妨其生产；封锁外国以断其供应；而中国困不得振矣！日军之战略，在据要害之地以控制敌人不得攻，而不必歼灭敌人以不反攻；在蹈敌人之瑕，而不蹈敌人之坚！兵力节约之一原则，实为日军所以制胜之定律。日人能以适如其量之兵力，而左宜右有，投之无不利！吾人往往估计其兵力过低；而不知其善运用，少而见多，善为机动，出以奇袭！奇袭为日人所喜之战略！一五九八年，丰臣秀吉用之；而一八九四年之对中国，一八〇五年之对俄国，无不以奇袭胜！今日之役，以奇袭珍珠港，而美国之海空军几烬；尤惊心动魄者也！美国克里尔中校尝著论《步兵杂志》，而以证明日本之士兵，能以七十二小时，而为一百二十二英里之机动行军！观其负步枪与一百五十发之子弹以及四十磅之背包，日夜不休，兼程而进；及其既也，休眠四小时，而疲劳以复！惟其善走与耐劳，此所以随地机动，能无虞山川之阻，而以出人不意也！然而德国则何如？十九世纪，普鲁士占据大陆中心位置之战略，菲烈德立用之于七年战争而有成功！观其以希特勒摧破波兰之姿势，突袭萨克逊，不数星期而亡之；遂以犯天下之不韪，而法、奥、俄与瑞典以及其他日尔曼诸小国，联军声讨；将以四面合围。顾菲烈德立则利用其中心地位，而各个击破之以不得协同作战。及今日之大战，而希特勒第三帝国有同一之中心地位，以及内线交通之便利；顾有鉴于上次欧洲大战，而以知二十世纪之大军团，有强大之防御力；殊有妨于菲烈德立迅速决胜之遗教！至一九一七年，协商同盟，苦战不休，欲以突破二十五哩之一防御地带，不可不集中七十师之兵力，计一百二十万人；易为守而难为攻，顿兵挫锐，相持不决，而师以老！南征北讨，各方受敌，而力以分！情见势绌，遂以溃败！盖一中心地位之作战，须不断进攻以保持主动；其为攻也，尤必在同一之时间，取同一之方向以集中绝大兵力，并心一向而进攻若干敌人之一以速决之！如不速决其一，则必两面作战，而一九一八年之覆辙重寻；此德国统帅部之所大患也！欲以恢复迅速决胜之传统，必先建立迅速决胜之战术；于是以西班牙参战之历练而有得焉！闪电战者，机动战术之极度也！第三帝国兵力，以极度机动而节约。大战之初，置少兵西线以牵制英法；而集中七十师人以闪击波兰，才十六日而波兰以溃！则留少兵以掩护东线，而转锋西向以厚集其力；法以世界最大之陆军国，一挫于爱登爱麦尔，再挫三挫于色当、敦刻尔克，而大败不支！法人慑于第三帝国兵力之雄厚，战术之机动，锐不可当，遂以解甲！一时声威所播，示人以抗必无幸！匈牙利、罗马尼亚、保加利亚，不战而屈；而希腊、南斯拉夫，一战而溃；则机动战术之明效大验也！然第三帝国乘胜远斗以掩有巴尔干半岛，兵锋所极，苏联不能无戒心；而英人狼顾于西，思湔前败；然英人以第三帝国之夜间空袭及潜艇攻击，疮痍之余，猝不自振，可以无虞也！于是摧锋而进以大举侵苏矣！第三帝国有军三百师，而侵法一役，只用七十六师；以视一九一七年之用七十师而以进攻二十五哩之一防御地带者，其兵力之节约为何如也！每一役之兵力，绝不超出所需；而曾未有一役使用其全部兵力四分之一以上者！及其大举以侵苏联也，最高估计用三百师；而希特勒宣言："此一战线，蜿蜒两千哩！"则是平均六十六哩有一师；而其闪击荷兰、比利时以侵法也，战线之长，未尝过四百哩；而用七十六师，则是平均五·三六哩有一师；而知第三帝国之侵苏联，以视侵法一役，兵力尤大节约；而所以失败，则由于低估苏联之力！比利时、荷兰之猝不足以当一击，实以其幅员褊狭，无地回旋，闪电战战术之奇袭，一变而为战略之奇袭，此第三帝国之所以成功也！至苏联则幅员数万哩，泱泱大国；而利用边区之深广以缓和闪电战之震动力；战术之奇袭，只成战术之奇袭而已！第三帝国为机动之怪物；亦以恪守机动之原则而战无不胜！然苏联之地形与气候，非机动之战术所能推行尽利！北部之沼泽森林，既以妨碍机械化战斗之不易进行；而一九四一年秋季，大雨连绵，尤以延缓德军之前进！德军机动之成功，只限于乌克兰及南俄；而苏联则避不交绥，一任德军之纵横驰突；顾再衰三竭，至史丹林格勒而势以蓄缩，顿兵挫锐，不能增援，只有退却；而以掩护退却之后卫，无不被红军包围而歼灭矣！战斗力之集中，抑以辅兵力之节约；然第三帝国侵法一役，能以战斗力之集中，而辅兵力之节约；而侵苏，则以兵力之节约，而妨战斗力之集中！第三帝国在苏联前线，每一哩之兵力，比之侵法一役，少百分之二十七！倘德军能闪击红军以迂回，亦或以寡胜众；顾红军则善用空间以避免德军之闪击与迂回！方德军以一鼓作气，推锋而前以抵伏尔加河与高加索，列城风靡；然史丹林格勒与巴库之不下，师老力竭，则其最初之胜利，何当最后之成功！有美国新闻记者，问红军第六十二军军长朱可夫将军，谓："德军战术之失败何在？"朱可夫将军曰："德军之失败，在战略，不在战术！所以战术之胜利，无补战略之成功也！"歼灭战，为德国战略类型之主旨；今希特勒第三帝国，不能占领莫斯科以歼灭红军，则以迅速决胜之战术，而不能以达迅速决胜之战略，左顾右盼，介于英、俄两大之间，而不能速决其一以陷于两面作战；仓皇失措，第三帝国无幸矣！观于《孙子》论势，而归之"攻其无备"，"出其不意"；尼古尔逊氏、古柏氏论战略战术，而特重"奇袭"，"机动"；异词同趣，所以为迅速决胜一也！然迅速决胜而不得，则如何？尼古尔逊氏、古柏氏之所不言矣!《孙子》则预虑于未发而先之曰"能而示之不能","用而示之不用";曰"实而备之","强而避之";先为不可胜以待敌之可胜;知柔知刚,其惟孙子乎!

此兵家之胜,不可先传也!

(训义)杜牧曰:"传,言也;此上言之所陈,悉用兵取胜之策,固非一定之制;见敌之形,始可施为;不可先事而言也。"

基博按:"计"者先事而虑。"势"者临敌以施。自"势者因利而制权"至此,而卒言之曰:"兵家之胜,不可先传";盖必临敌而制变,不可以此为先务之急;而先务之急,只在"计"尔。

右第四节,论势。

夫未战而庙算胜者,得算多也。未战而庙算不胜者,得算少也。多算胜,少算不胜;而况于无算乎! 吾以此观之,胜负见矣。

(训义)王晳曰:"此惧学者惑不可先传之说,故复言计篇义也。"郑友贤曰:"或问得算之多,得算之少,况于无算,何以是多少无之义?曰:武之文固不汗漫而无据也;盖经之以五事,校之以七计,彼我之算,尽于此矣。五事之经,得三四者为多,得一二者为少。七计之校,得四五者为多,得二三者为少。五七俱得者,为全胜;不得者,为无算。所谓冥冥而决事,先战而求胜,图乾没之利,出浪战之师者也。"

基博按:"算",即"计"也。上文所谓"经之以五事",知己也。"校之以计而索其情",知彼也。知己知彼,度德量力,乃所谓"多算";非指兵家诡道也。

右第五节,论多算少算以分胜负,为一篇结穴。

基博按:德国克老山维兹著《兵法》第二卷《论战之原理》,有曰:"兵之为法,作战之法;所以兵法之为学,作战之学也。惟战,有一时一地之交战;有不一时不一地,数次以至数十次数百次之交战,而成一大战。然战必为数十百次交战之所积累;而未有以一时一地之交战决胜负者。是故兵法有二:杀敌致果,用兵以为一时一地之交战者,谓之战术。而料敌制胜,计险厄远近,调节空间时间以运用各地之交战，而蕲以达最后之胜利者，谓之战略。易言之：盖用兵以求交战之胜利者，战术也。用交战以达征战之主旨者，战略也。"观其论兵有战略战术之分。而《汉书·艺文志》载：汉兴，张良、韩信序次兵法，凡百八十二家，删取要用，定著三十五家。诸吕用事而盗取之，武帝时，军政杨仆捃摭遗逸，纪奏兵录，犹未能备。至于孝成，诏步兵校尉任宏论次兵书为四种，曰权谋，形势，阴阳，伎巧。其称："权谋者，以正守国，以奇用兵，先计而后战，兼形势，包阴阳，用伎巧。"是则克氏之所谓"战略"。而谓"形势者，雷动风举，后发而先至，离合背乡，变化无常，以轻疾制敌。"则克氏之所谓"战术"也。《孙子》书以《计篇》挈十三篇之纲，而究其所以为论者，曰"计"曰"势"。"势"者，兵家之诡道；"计"者，庙算之先胜。必先校之以计而索其情，乃为之势以佐其外。"势"者，因利制权，施之临战。"计"者，量敌审己，虑于未战。自《计篇》以下《作战》、《谋攻》及《形篇》三篇，反复丁宁于"先胜而后求战"；"不尽知用兵之害，则不尽知用兵之利"；"知彼知己，百战不殆"；皆阐发《计篇》未尽之蕴。孙子之所谓"计"，任宏谓之"权谋"；而克氏之所谓"战略者"者也。《势篇》以下，《虚实》、《军争》、《九变》、《行军》、《地形》、《九地》、《火攻》八篇，皆论势；其大指不外言"战者以正合，以奇胜"；"后人发，先人至"；"以诈立，以利动，以分合为变"；"由不虞之道，攻其所不戒也"。此则任宏之所谓"形势"，而克氏谓之"战术"者矣。惟《孙子》之意，重"计"而不重"势"；则是战略重于战术。而欲为计，必先知彼；苟不知敌之情，安能校之以计而索其情乎？用间者，所以知敌之情也；故以用间要其终焉。

作战篇第二

（解题）李筌曰："先定计，然后修战具，是以战次计之篇也。"张预曰："计算已定，然后完车马，利器械，运粮草，约费用以作战备，故次计。"陈启天曰："作，有兴起造作之意。作战，谓发动侵略战争也；与现代所谓作战有别。"

基博按：《作战》以次《计》之后者，以必计定而后作战，作战不过以验计之得失耳。而作战之道，必速战速决，必在敌国境内。"兵贵胜不贵久"，所以不可不速战速决。而"务食于敌"，所以必在敌国境内。此为作战之两大原则，而德国兵家奉之为金科玉律者也；不意孙子著书于数千年以前，已先发其义于此！

孙子曰：凡用兵之法：驰车千驷，革车千乘，带甲十万。

（训义）曹操曰："驰车，轻车也；革车，重车也。"杜牧曰："轻车乃战车也；古者车战。革车，辎车，重车也；载货财器械衣装也。《司马法》曰：'一车甲士三人，步卒七十二人，炊家子十人，固守衣装五人，厩养五人，樵汲五人。'轻车七十五人，重车二十五人，故二乘兼一百人为一队。举十万之众，革车千乘，校其费用度计，则百万之众皆可知也。"王晳曰："井田之法：甸出兵车一乘，甲士三人，步卒七十二人，千乘总七万五千人。此言带甲十万，岂当时权制欤？"何氏曰："十万，举成数也。"张预曰："驰车，即攻车也。革车，即守车也。按曹公《新书》云：'攻车一乘，前拒一队，左右角二队，共七十五人。守车一乘，炊卒十人，守装五人，厩养五人，樵汲五人，共二十五人。攻守二乘，凡一百人。'兴师十万，则用车二千，轻重各半，与此同矣。"

千里馈粮；

（训义）李筌曰："道里县远，千里之外赢粮，则二十人奉一人也。"

则内外之费，宾客之用，胶漆之材，车甲之奉，日费千金，然后十万之师举矣。

（训义）贾林曰："计费不足，未可以兴师动众。故李太尉曰：'三军之门必论'，有宾客论议。"王晳曰："内，谓国中；外，谓军所也。宾客，若诸侯之使，及军中宴犒吏士也。胶漆，车甲，举细与大也。"张预曰："去国千里，即当因粮；若须供饷，则内外骚动，疲困于路，蠹耗无极也。宾客者，使命与游士也。胶漆者，修饰器械之物。车甲者，膏辖金革之类也。约其所费，日用千金，然后兴十万之师。千金言费重也。"

基博按：此以物力之消耗言之也。《用间篇》曰："凡兴师十万，出兵千里，百姓之费，公家之奉，日费千金，内外骚动，怠于道路，不得操事者七十万家。"则兼人力言之也。然今日之战，前线之一战士，一日之所消耗，必有十七人在后方一日之所生产，始能足给；而生产之范围，乃包工厂、农村及其他一切而言。前线一自动火器，后方必有七八人之合作，乃得。一辆两人驾之小型战车，必有四十六人于后方支持。一飞机，则必六十人。假如有二百万兵作战，至少非有二千万人在后方努力以事生产，不可也！然壮丁必征调以作战，惟有妇女及其他成年人事生产耳！顾战争之既烈，而生产之量，必须扩大；日夜开工以增多生产，则劳动力之需要，尤较太平无事之日为多！经济动员之范围，愈扩愈大，而战时生产之效率，乃愈提愈高；何止"日费千金"，"不得操事者七十万家"乎！

其用战也，胜久，则钝兵挫锐；攻城，则力屈；

（训义）贾林曰："战虽胜人，久则无利。兵贵全胜；钝兵挫锐，士伤马疲，则屈。"梅尧臣曰："攻城而久，则力必殚屈。"

久暴师，则国用不足。

（训义）张预曰："日费千金，师久暴，则国用岂能给？若汉武帝穷征深讨，久而不解，及其国用空虚，乃下哀痛之诏，是也。"

夫钝兵挫锐，屈力殚货，则诸侯乘其弊而起；虽有智者，不能善其后矣！

（训义）李筌曰："十万众举，日费千金，非惟顿挫于外，亦财殚于内；是以圣人无暴师也。隋大业初，炀帝重兵好征，力屈雁门之下，兵挫辽水之上，疏河引淮，转输弥广，出师万里，国用不足；于是杨玄感、李密乘其弊而起；纵苏威、高颖，岂能为之谋也！"张预曰："兵已疲矣，力已困矣，财已匮矣，邻国因其罢弊，起兵以袭之；则纵有智能之人，亦不能防其后患。若吴伐楚，入郢，久而不归，越兵遂入；当是时，虽有伍员、孙武之徒，何尝能为善谋于后乎！"

基博按：孙武《十三篇》，为列国交兵说法；而注释诸家，生秦汉以后，习于内战，多不得其解。如"钝兵挫锐，屈力殚货，则诸侯乘其弊而起"。张预之说，是也。而李筌乃以隋之杨玄感、李密为说，此叛徒耳，安得为诸侯！惟钝兵挫锐，屈力殚货之大患有二：诸侯乘其弊而起；如吴伐楚，入郢，久而不归，越遂入吴。一也。民穷财尽而起内乱；如隋炀帝久劳师于外，民不聊生，而群盗四起。即如一九一四年欧洲大战，联兵不解；而俄、德、奥三大帝国，先后革命，一时瓦解，尤为明效大验。二也。《孙子》仅以诸侯究其弊，未免漏义。

故兵闻拙速，未睹巧之久也！

（训义）曹操曰："虽拙，有以速胜。未睹者，言其无也。"杜牧曰："攻取之间虽拙于机智，然以神速为上。盖无老师费财钝兵之患，则为巧矣。"何氏曰："速虽拙，不费财力也。久虽巧，恐生后患也。"

基博按：战，非胜之难，胜而不久之难。德国克老山维兹著书论兵，每谓"战争之道，尤贵迅速决胜"；而毛奇将军以来，传授心法，奉以周旋。欧洲第一次大战，自一九一四年，奥、塞开衅，至一九一九年，巴黎议和，前后亘五年。大抵德人利在速战，英、法困以持久。然在德人开战之初，本确有迅速制胜之具，其计划有略可推见者。盖俄军动员之迟滞，远非德比；俄全军集于西境，须在二十日以上。德人当此期间,暂可无东顾之忧,则注全力以西征法。德、法境上,堡垒罗列,不易攻坚;而法、比境上,守备空焉,越比以袭法之不备,如是则不待旬日而巴黎可下。义大利同盟之国,如能守约勿渝,相与戮力,而掎法之南。以柔靡淫佚之法人,其非德敌也明矣。德则据法全境以因其资力,而与他敌国相持;其时俄军方始集中耳,然后回师东指以与俄角。英陆军之不武,天下所共闻,德人未尝以为意也,惟谋所以制其海军。而海军战略,则将主力要舰,皆蛰伏于北海军港及基罗大运河内,毋使致于敌;而惟用旧舰、小舰、鱼雷、潜水艇等以扰敌师,次第减少其战斗力,使与我等,然后一举而决战。夫既破法,则英人胆落矣!先声所夺,英之殖民地,必将纷纷叛乱;英之海军以捍卫各地,不能集中,则可以一击而殪之;海军殪,则不得不乞和;不乞和,则以德陆军入三岛,如虎入羊群耳;即英之海军未能遽歼,而既抚有法境,则可以复行拿破仑封锁大陆之政策,而英亦将坐困;如是,则所敌者惟一俄耳。德人固不肯蹈拿破仑覆辙,深入俄境以取败;而距俄军使不得入德境,其力自恢恢有余。然后转战于波兰、芬兰之野,徐俟俄之疲敝,或更以术煽其内乱,使之狼顾。夫德既抚有全法,而因法资以与俄相持,俄之不敌明矣。如是,则俄亦服。德人自始所以策战略者大略如此。顾自开战后形势观之,其海战计划,与东部陆战计划,皆未尝误也;独至西部陆战,则大反其所期。其一义大利宣告中立,法人无南顾之忧,得并力相拒;然义之同盟,本不足恃,德人固已料及,不必恃为援也。其二乃为德人所万不及料,则比利时抵抗力之强,足使全世界瞠目结舌!德人竭狮子搏兔之力,廑乃克之;所死伤已数万人,而坐此停顿军势十余日。一面则法人守备之具已完,英之援师亦至,非增加倍蓰之兵力,不能决胜。一面则俄军已集于东,不能不分军力以御之;巴黎屹不能下,而德人之奔命则已罢矣。夫德人而欲迅奏肤功,必以先服法为第一义;法既未服,则无先声以震悚英之殖民地,故彼等犹慑于英之积威以为之守;而海军最后制胜之数,未敢知矣。法既未服,则不能因其资以与俄相持;而陆军最后制胜之数,未敢知矣。夫"胜久,则钝兵挫锐;攻坚,则力屈;久暴师,则国用不足"。方其时,吾国严复与友人论,以为:"英、法之海军未熸,而财力犹足以相持。军兴费重,日七八兆镑,久之,德必不支。要而言之,德之霸权,终当屈于财权之下。"美乃徐起以承其弊而制全胜。故曰:"速虽拙,不费财力。巧虽久,恐生后患。"观于德而可知也!今希特勒挟其闪电战以纵横欧洲,灭国十四,雷击霆震,所当者破;然而西不能直捣英伦三岛以擒贼擒王;东又劳师以袭远而连兵苏联;武器渐耗,精卒尽丧,战胜而不能决胜,速战而不能速决,顿兵挫锐而师以老,屈力殚货而民多饥;久而无功,叛者四起;有承其弊,何以善后!覆辙重寻,殷监不远;"未睹巧之久",盖可断言!

夫兵久而国利者,未之有也;

(训义)贾林曰:"兵久无功,诸侯生心。"梅尧臣曰:"力屈货殚,何利之有!"

基博按:一九一四年欧洲大战,协约同盟,苦战不解,伏尸千万,交困俱弊;不惟俄与德、奥三大帝国,先后瓦解;而英、法亦屈力殚货。英为海军一等国,世界贸易一等国之地位,亦以低落。乃知"兵久而国利"为"未之有"之无与于胜负;"胜久则钝兵挫锐","屈力殚货",旷日持久,败固可危,胜亦不利,乃为"未之有"三字真实解诂,故以上专就胜为勘发以征"兵久"之不利,而"未之有"三字,兼该胜负而言。然而希特勒其知之矣!方其一举而歼波兰也,尝欲胁英、法媾和,以收速战速决之利,而保波兰之胜,与人言:"今西线战局之苦相持,我所未喻!苟其连兵不解,而德、法之间,必重分疆以划一新界线焉!然大兵之后,莽莽大地,岂复楼台庄严之世界,而为破瓦颓垣之一片焦土;是诚何心!从古历史,几见有战胜之事,而常两败以俱伤!"岂得谓之言不由衷也!然我欲保其胜,而人孰安于败!速战速决,我之愿然;再接再厉,人亦自卫;欲速之不达,必久相持。及相持之日久,则先发制人,而欲乘人于猝者,用之既暴,力亦先竭;而后起以应者,能留有余,以相周旋,情见势绌,岂有幸乎!然则我欲决而人不与我决,速战速决，有其略而不必有其事也！如其有之，不出二端：其（一）小国失援以遇大国，如摧枯拉朽之不足以当一击；如义之于阿比西亚、阿尔巴尼亚，德之于波兰，是也。其（二）见可而进，知难而退，速战速和；如一八六六年，普奥之战，普军一战而胜，而俾斯麦介法皇拿破仑第三以媾和于奥，不索偿，不割地。一九〇五年，日俄之战，日本海陆军大胜，而明治天皇介美总统罗斯福以媾和于俄，虽以和议之失败，而牺牲战胜之所欲得，以拂舆情，召众怒，而有不恤；然而胜则保矣！则是以速和胜，而非以速战胜也！一九一四年，德人之战英、法、俄，几乎无役不胜；而一九一五年以后，每胜之后，必示意欲和；而英、法莫之许也！今我国以二十六年抗战而迄于今，蹙地数万里，几乎无战不败；而每败之后，日人必示意欲和，而我国人亦莫之许！盖德与日欲以和而保战之胜；而英、法与我，何可以和而成德、日之胜也！而于是速战速决之志荒矣！然则希特勒之所为恫于西线战局之苦相持者，非诚悲天悯人而于心有戚戚焉；特以英、法之不即和以成其速决，而心所谓危以为呻吟焉尔！是故波兰灭而欲媾和于英、法，法国降而又欲媾和于英；盖非和不足以保战之胜也；乃欲和而人不之许，于是战胜而不得决胜，速战而不得速决，而于是希特勒之计穷矣！

故不尽知用兵之害者，则不能尽知用兵之利也。

（训义）张预曰："先知老师殚货之害，然后能知擒敌制胜之利。"

右第一节论兵久而国不利，在军则钝兵挫锐，在国则屈力殚货，盖深戒之也。

善用兵者，役不再籍，粮不三载。 一本作"再载"。

（训义）曹操曰："籍，犹赋也；言初赋民便取胜，不复归国发兵也。始载粮，后遂因食于敌，还兵入国，不复以粮近之也。"李筌曰："军出，度远近馈之；军入，载粮迎之；谓之再载。越境，则馆谷于敌，无三载之义也。"杜牧曰："审敌可攻，审我可战，然后起兵，便能胜敌而还。郑司农《周礼注》曰：'役，谓发兵起役；籍，乃伍籍也；比参为伍。'因内政，寄军令，以伍籍发军起役也。"张预曰："此言兵不可久暴也。"

基博按："粮不三载"，曹操注似作"再载"解。

取用于国，因粮于敌，故军食可足也。

（训义）曹操曰："兵甲战具，取用国中。粮食，因敌也。"何氏曰："因，谓兵出境，钞聚掠野，至于克敌拔城，得其储积也。"郑友贤曰："或问因粮于敌者，无远输之费也；取用必于国者，何也？曰：兵械之用，不可假人，亦不可假于人；器之于人，固在积习便熟而适其长短重轻之宜，与夫手足不相钮铻，而后可以济用而害敌矣。吾之器，敌不便于用；敌之器，吾不习其利。非国中自备而习惯于三军，则安可一旦仓卒假人之兵而给己之用哉。《易》曰：'萃，除戎器以戒不虞。'太公曰：'虑不先设，器械不备。'此皆言取用于国，不可因于人也。"

基博按：克老山维兹《兵法》第五卷《论战斗力》，有曰："凡军队，不论以攻人之国，抑或以自卫其国，无不依赖于供给！盖以军队之存亡，依于供给之有无也；供给充裕，则战斗力强！而军队供给之所需，不出二者：其一为凡属在农产之地，无不能供给者，则不必取用于国，而以粮食用品为主。其他则为本国以外，不能取得；如兵器、弹药、被服、装具等，谓之补充用品。"则亦与《孙子》"取用于国，因粮于敌"之说同。

国之贫于师者远输；远输，则百姓贫。

（训义）贾林曰："远输，则财耗于道路，弊于转运，百姓日贫。"张预曰："以七十万家之力，供饷十万之师于千里之外，则百姓不得不贫。"

近于师者贵卖；贵卖，则百姓财竭。

（训义）贾林曰："师徒所聚，物皆暴贵，人贪非常之利，竭财物以卖之；初虽获利殊多，终当力疲货竭。"又曰："既有非常之敛，故卖者求价无厌；百姓竭力买之，自然家国虚尽也。"王晢曰："夫远输，则人劳费；近市，则物腾贵；是故久师则为国患也。"张预曰："近师之民，必贪利而贵货其物于远来输饷之人，则财不得不竭。"

基博按：国之所以贫于师者有二：其一"远输，远输，则百姓贫"；

言远于军事区域之后方,以征集物资,远输以供军,而后方之物资缺乏,故百姓贫。其二"近于师者贵卖,贵卖,则百姓财竭";言近于军事区域,则大军云集,以消费者增多,而"物价腾贵,故百姓财竭"。物资缺乏,消费增多,两者互为因果,而"力屈财殚"之害,无救矣!

财竭,则急于丘役,力屈财殚,中原内虚于家;百姓之费,十去其七。

(训义)杜牧曰:"《司马法》曰:'六尺为步,步百为亩,亩百为夫,夫三为屋,屋三为井,井四为邑,四邑为丘,四丘为甸。'丘,盖十六井也。丘有戎马一匹,牛四头;甸有戎马四匹,牛十六头。丘,车一乘,甲士三人,步卒七十二人。"王晳曰:"急者,暴于常赋也。"张预曰:"丘役,谓如鲁成公作丘甲也;国用急迫乃使丘出甸赋,违常制也。运粮,则力屈;输饷,则财殚;原野之民,家产内虚,度其所费,十无其七也。"

公车之费,破车罢马,甲胄矢弩,戟楯蔽橹,丘牛大车,十去其六。

(训义)梅尧臣曰:"百姓以财粮力役奉军之费,其资十损乎七;公家以牛马器仗奉军之费,其资十损乎六;是以竭赋穷兵,百姓弊矣。役急民贫,国家虚矣。"王晳曰:"楯,干也。蔽,可以屏蔽。橹,大楯也。丘牛,古所谓匹马丘牛也。大车,牛车也;《易》曰:'大车以载。'"张预曰:"兵以车马为本,故先言车马疲敝也。蔽橹,楯也,今谓之彭排。丘牛,大牛也。大车必革车。始言破车疲马者,谓攻战之驰车也。次言丘牛大车者,即辎重之革车也。公家车马器械,亦十损其六。"

故智将务食于敌,食敌一钟,当吾二十钟;萁秆一石,当吾二十石。

(训义)曹操曰:"六斛四斗为钟,计千里转运,二十钟而致一钟于军中也。萁,豆稽也。秆,禾藁也。石者,一百二十斤也。转输之法,费二十石,得一石。一云:萁,音忌,豆也。七十斤为一石,当吾二十石,言远费也。"李筌曰:"远师转一钟之粟,费二十钟,方可达军。将之智也,务食于敌以省己之费也。"杜牧曰:"秦攻匈奴,使天下运粮,起于黄腄琅玡负海之郡,转输北河,率三十钟而致一石。汉武建元中,通西南夷,作者数万人,千里负担馈粮,率十钟余致一石。今校

《孙子》之言，食敌一钟，当吾二十钟，盖约平地千里转输之法，费二十石，得一石。不约道里，盖漏阙也。"张预曰："千里馈粮，则费二十钟石，而得一钟石到军所；若越险阻，则犹不啻。故秦征匈奴，率三十钟而致一石，此言能将必因粮于敌也。"

右第二节论因粮于敌，或以纾屈力殚货之害。

基博按：《孙子》之所谓"因粮于敌"，今日则谓之"以战养战"；如希特勒吞捷克，而因其军需工业以为资；占丹麦，而因其农产品以为资；降法国，而因其军械，因其生铁以为资；服罗马尼亚，而因其汽油以为资；其他物资，亦多因征服国之所有，予取予求。日本亦欲以战养战，而攫取我沦陷各地之物资。今日之战争，其大欲在经济之掠夺，物资之侵占。《孙子》言"因粮于敌"，今日则无所不因；所因者广，疑若战亦可以自养，而不必取用于国；此"以战养战"之说也。然希特勒以经济参谋部之计划，于一九四一年，每月得自征服国之物资，估值美金四万万元，而揆之其时德国每月军费二十万万元，才五分之一耳；仍无救于屈力殚货也！至一九四二年，日人既以奇袭挫英败美，陷香港、新加坡，取荷印，占缅甸，而逞志于南洋；然日本经济学者石滨知行著论以谓："日人虽占南洋之土地，而无法以取南洋之资源。其一战事方亟，日本现时仅有之生产力，不能集中以开发资源。其二以敌人之采焦土战术，生产工具，无不破坏，非技术建设，不能开发！其三新占之地，人民仇视，而富有敌性，非政治善其措施，则技术无从进行！"以战养战，谈何容易！

故杀敌者，怒也。

（训义）贾林曰："人而无怒，则不肯杀。"张预曰："激吾士卒，使上下同怒，则敌可杀。《尉缭子》曰：'民之所以战者，气也。'谓气怒，则人人自战。"

取敌之利者，货也。

（训义）杜牧曰："使士见取敌之利者，货财也；谓得敌之货财，必以赏之，使人皆有欲，各自为战。后汉荆州刺史度尚讨桂州贼帅卜阳、潘鸿等，入南海，破其三屯，多获珍宝；而鸿等党聚犹众。士卒骄富，莫有斗志。尚曰：'卜阳、潘鸿作贼十年，皆习于攻守，当须诸郡并力以攻之。'令军恣听射猎。兵士喜悦，大小相与从禽。尚乃密使人潜焚其营，珍积皆尽。猎者来还，莫不泣涕。尚曰：'卜阳等财货，足富数世，诸卿但不并力耳；所亡少少，何足介意！'众闻，咸愤踊愿战。尚令秣马蓐食，明晨，径赴贼屯，阳、鸿不设备，吏士乘锐，遂破之。此乃是也。"梅尧臣曰："杀敌，则激吾人以怒。取敌，则利吾人以货。"

故车战，得车十乘已上，赏其先得者，

（训义）杜牧曰："夫得车十乘已上，盖众人用命之所致也，若遍赏之，则力不足；与其所获之车，公家仍自以财货赏其唱谋先登者，此所以劝励士卒。故上文云：'取敌之利者，货也。'言十乘者，举其纲目也。"梅尧臣曰："遍赏则难周，故奖一而励百也。"张预曰："车一乘，凡七十五人，以车与敌战，吾士卒能获敌车十乘已上者，吾士卒必不下千余人也；以其人众，故不能遍赏，但以厚利赏其陷阵先获者，以劝余众。"

而更其旌旗。

（训义）贾林曰："令不识也。"张预曰："变敌之色，令与己同。"

车，杂而乘之；

（训义）梅尧臣曰："车许杂乘，旗无因故。"张预曰："己车与敌车参杂而用之，不可独任也。"

卒，善而养之；

（训义）王晳曰："得敌卒，则养之与吾卒同；善者，谓勿侵辱之也；若厚抚初附，或失人心。"张预曰："所获之卒，必以恩心抚养之，俾为我用。"

基博按：所获之卒，养之善，则为我用；养之不善，亦为我虞！然或虞其不我用而以阬降，则敌之降者可阬，而敌之未降者不能阬，必以坚其力战之心而致死于我，终难以得志于天下矣！战国之世，秦昭王使武安君白起为上将军，伐赵，而王自之河内，赐民爵各一级，发年十五以上，悉诣长平；大破赵军于长平，赵卒四十万人降武安君。武安君计曰:"赵卒反覆,非尽杀之恐为乱!"乃挟诈而尽阬杀之,遗其小者二百四十人归赵;赵人大震!其后秦复发兵攻赵邯郸,少利,秦王欲使武安君将。武安君言曰:"邯郸实未易攻也!且诸侯救日至;彼诸侯怨秦之日久矣!今秦虽破长平军,而秦卒死者过半,国内空,远绝河山,而争人国都;赵应其内,诸侯攻其外,破秦军必矣!不可!"秦王自命不行;遂称病。秦王怒,赐之剑自裁。武安君引剑曰:"我固当死!长平之战,赵卒降者数十万人,我诈而尽阬之,是足以死!"遂自杀!其后何晏论之曰:"白起之降赵卒,诈而阬其四十万,岂特酷暴之谓乎!后亦难以重得志矣!向使众人皆豫知降之必死,则张虚拳犹可畏也!况于四十万披坚执锐哉!天下见降秦之将,头颅似山;归秦之众,骸积似丘;则后日之战,死当死耳;何众肯服,何城肯下乎!是为虽能裁四十万之命而适足以强天下之战;欲以要一朝之功,而乃更坚诸侯之守;故兵进而自伐其势,军胜而还丧其计!何者?设使赵众复合,马服更生,则后日之战,必非前日之对也;况今皆使天下为后日乎!其所以终不敢复加兵于邯郸者,非但忧平原之补袒;患诸侯之救至也;徒讳之而不言耳!可谓善战而拙胜!长平之事,秦民之十五以上者,皆荷戟而向赵矣;秦王又亲自赐民爵于河内。夫以秦强而十五以上者死伤过半;此为破赵之功小,伤秦之败大;又何以称奇哉!若赵之降卒,善而养之者,则秦众多矣;降者可致也;必不可致者,本自当战杀,不当受降诈也!战杀虽难,降杀虽易;然降杀之为害,祸大于剧战也!"语见《史记集解》引。《孙子》言"卒善而养之,是谓胜敌而益强";今武安君不善而阬之,所以胜敌而转弱;可不熟图而审处之乎!一九四四年一月,美国陆、海军两部联合公布,称:"日军虐杀在菲律宾所俘之美国将士五千二百人。"全美人士无不震愤以矢必报!古之阬降,今之虐待敌俘,皆无裨于耗敌之力,而适以增敌之怒!敌知降与俘之无幸,则必之死靡他以致怒于我,人怀必死,我宁有幸乎!

是谓胜敌而益强。

(训义)杜牧曰:"因敌之资,益己之强。"张预曰:"胜其敌而获其车与卒,既为我用。则是增己之强。"

右第三节论胜敌益强,则可免钝兵挫锐之祸。

故兵贵胜不贵久。

(训义)梅尧臣曰:"上所言皆贵速也;速,则省财用,息民力也。"张预曰:"久,则师老财竭,易以生变。"

基博按:战无常法,兵无定势,"贵胜不贵久",固理之自然;能久乃能胜,亦势有相因。大抵小国而暴强,可以乘人于猝,而凭借不厚者,贵胜不贵久,久则师老而财竭;如德国、义国、日本,是也。大国而积弛,未虞受人之攻,而仓猝以应者,能久乃能胜,久乃力厚而气足;如中国、苏联、英、美,是也。贵胜不贵久,于是乎有歼灭战;而希特勒所呼之闪电战,乃歼灭战之极诣也。能久乃能胜,于是乎有消耗战,而委员长所倡之磁铁战,亦消耗战之大成也。歼灭战者,在厚蓄其力,乘人之不虞,而用之于最初之一击,及锋而试,速决战速胜。消耗战者,则厚蓄其力,待敌之既衰,而用之于最后之一击,相机以动,不决胜不战。歼灭战者,电发霆震,开战之初,亟求敌之主力以快心于一决。消耗战者,好整以暇,开战之初,强而避之,不与决战,使不得逞志于我,以保我之主力,而徐起以承其弊。《兵志》曰:"先人有夺人之心";此歼灭战之旨也。揭暄曰:"我处其缩,以尽彼盈;既舒吾盈,还乘彼缩";此消耗战之意也。惟胜负之分,必以决战;而决战之法,只有攻击。歼灭战以进攻为决战。消耗战以反攻为决战。而所以为决战者有三:曰备战,曰集团,曰突击。所谓备战者,未战之前,明耻教战,整军经武,缮完器械,鼓励士气,而精神之振奋,物质之充裕,皆属焉。所谓集团者,兵力宜集中,不宜分散;集中,则威力大;分散,则力量薄;宜厚蓄其力而集中之,悉力殚锐以用之于决战之时与地;至于地之非我所欲决战,则不宜置兵无用之地,而少置之以疑敌人而分其势,仅足自卫,可尔。所谓突击者,集我之兵,攻敌之瑕,彼竭我盈,而予以不可御之突击,以歼灭敌军,而溃其武力也。特消耗战之反攻,用之于最后之一刹那;然以消耗战始者,仍不得不以歼灭战终,而收功于攻击；反守为攻，乃能战败为胜；无攻击，则无决胜，固与歼灭战殊途而同归也！考之欧洲战史：普鲁士菲烈德立大王用消耗战；而法帝拿破仑，则以歼灭战。盖菲烈德立大王之战，以横队而用佣兵；横队，则兵势散而不能集中以突击；佣兵，则兵力耗而不易征募以继战；主力必求保持，攻击以伺时机；此所以为消耗战也。至拿破仑，则变横队为纵队以利突击；而其兵制，又为志愿兵与征兵，征募既易，补充不难，而又同仇敌忾，有爱国之热情，有决战之勇气，可以一鼓作气，而为歼灭战也。然普鲁士菲烈德立大王之消耗战，所谓"君以此始"，而不必以此终；包围歼灭之战术，由菲烈德立大王开其先河；而继继绳绳以有老毛奇将军，导扬神武；而迄史梯芬元帅搜集古今之歼灭战例，著为一书以申儆所部；而手定德军速战速决之作战计划，即所谓"史梯芬计划"以成典型，而集其大成者也。一九一四年，大战开始，小毛奇传授史梯芬之心法，迂回包围以入法之北疆，而用歼灭战；一击不中，而法大将霞飞、福煦，乃用消耗战以承其弊而制全胜。然而此一役也，德人创巨痛深，不以歼灭战之不可用，而用之不得其道也；于是焦心苦思，以求贯彻"兵贵胜不贵久"之旨；塞克特将军主其计，白鲁希兹将军措诸事，二人者，皆受学于鲁登道夫者也；一本史梯芬之传授心法，极深研几，而采义大利杜黑将军制空权之论，以建设空军；采英国飞勒将军坦克车集团军用之论，以创新机械化部队；而滕之以苏联所倡降落伞部队之运用，乘间抵巇，以配合陆军之步骑炮兵，相与僇力，然后可以为突击者，加猛加速，敌人不知所措手。此闪电战之术，所以盛倡于德国；而所以为闪电战之具，则非创自德人；所以试闪电战之用，亦非始于德人也！闪电战之具：曰飞机，曰坦克车，曰降落伞，坦克车之用于作战，起自英人，而坦克车之制造，英、法两国，早久开始；惟用之于战，则英、法两国兵家之议论，微有不同。法人以为坦克车者，不过一种随从之武器，可以辅步兵推进，而制压敌人之机关枪火力耳！非协步兵以俱进，不可也！英人则不然！谓"坦克车，可以利用所有之速度与火力，纵横驰突，不必偕步兵以协进。苟用坦克车群，而作集体之进攻，无坚不摧，理有可信，敌阵虽坚，亦复何用！"而首倡其说者，飞勒将军也！乃以一九一八年八月八日，用飞勒将军之说，而试之于西战场之佩纶。德军瞠目不知所为，大溃不止，而阵地丧失。鲁登道夫将军亦为太息曰："自开战以来，未有如此之黯淡丧气也！"士气大挫，一蹶不振！于是飞勒将军欣喜欲狂；益信坦克车者，不仅以辅步兵作战，抑亦可以独力作战者也！大战既终，而飞勒将军，孜孜矻矻，夙夜弗懈，以研求坦克车、装甲车及其他自动车辆协同猛进之法。二十年来，其思想之传播，而为塞克特将军之所采用者不少焉！此闪电战之具一也。顾飞勒将军欲以坦克车图集团之作战；而义大利杜黑将军，则倡以飞机为集团之作战，于一九二一年，刊行一书，曰《制空权》，其大旨谓："今后战争，如有一国焉，于开战之初，能以大队之飞机，乘敌军之未及集中，而深入敌境，握制空权，集团轰炸，以溃其军，耗其资者，必无不胜！"墨索里尼采其议，而德国空军统帅戈林将军，则尤杜黑之信徒云！此闪电战之具二也。然空军可以制空，而不能掠地；可横空以轰炸敌后，而无法落地以扼吭拊背；于是苏联训练降落伞部队，设计以飞机运载步兵及小炮、坦克；飞将军可以从天而下，批吭捣虚！此闪电战之具三也。有其具矣，墨索里尼初试新铡，以一九三五年十月，袭阿比西尼亚；此闪电战之破题儿第一次试用也！特闪电战之名未定耳！方其开战之初，列国兵家惩前毖后，而推测胜负以断言者有三：一曰："壕沟制度，不论发展如何，而强大之炮兵与步兵以联合之袭击战术，未尝无效；征之上次大战而可知也。"二曰："如用大队之坦克车，集中以猛攻敌阵之一点，必可摧坚以制胜！"三曰："制胜之要素为时间。纵实行征兵之国，一旦开战，动员之时间，必以十天；而集中之时间，尚在外。当今之世，未有国焉，太平无事之日，而动员集中一国之军队，以时时戒备于不虞者也！徒以一国之财力有限；未有和战未定之际，而遽动员以图集中者也！方敌国欲动员以图集中之时间，则是予我以袭击之机；而袭击之不可缺者，厥为汽油机械之武器，即飞机与坦克车，是也。"墨索里尼有其武器以袭击矣,而乘军备落后之阿比西尼亚,以攻其不备;固不足以当一击也!然兵家因以知飞勒将军坦克车独立作战,杜黑将军制空权之论,有未尽善,而待斟酌者四焉:(一)大炮射程以外之敌军后方,如以飞机空袭,而予以猛烈之轰炸;虽不能决胜,可以耗敌之物资,挫敌之士气。(二)陆军必以飞机佐战,乃可制胜。(三)坦克车如独力作战,而不得步兵护持以锐进,必为敌之步兵所围歼。(四)坦克车如参加步、骑、炮、空等军以协同作战,斯无不胜之战。此阿比西尼亚一役之所启示也。于是白鲁希兹将军究极利病,而不为拘虚,斟酌损益,以得结论者有三:其(一)空军之大用,可以炸袭敌后之军需工业与交通要道,而断其接济,阻其运输;然不能决胜;可以耗毁敌力,而无法占领敌土;可以暂时制空,而无法永久占空;如无陆军以相协力,虽猛烈之空袭,亦无成功;不如协同陆军以作战之威力为大;而追击尤猛迅!其(二)陆军之坦克车队,如以独立进攻,鲜不为敌之步兵包围而俘获,此危道也!如协同步、骑、炮兵及空军以进攻,则威力之发挥极大!而进攻敌之坚垒要塞,尤非飞机及炮兵之僇力,不能相与以有功也!其(三)敌人之飞机、坦克车及炮兵,不如我之猛而多;我进攻而敌败退,机械化部队如与空军协力,而急起直追,不予敌军以喘息之机,务歼灭之为快;斯可以一战而定,以贯彻"兵贵胜不贵久"之旨矣!顾犹未以自信,益遣诸将,赴西班牙,指导佛朗哥将军内战,助以空军与机械化部队,而为实地之演习;乃知用重轰炸机以轰炸敌之防御阵地,而以佛朗哥将军之证明,不如用炮兵集中射击之收效大;而用轻轰炸机以轻磅炸弹,与机关枪射击以向敌阵作俯冲攻击,则成功出于意外!当坦克车冲锋时,如不得炮兵与空军以掩护,则人员车辆之牺牲不可计!佛朗哥将军之步兵,每于临阵之际,以火焚其协同作战之坦克车;盖战之方酣,而汽油不继,无法以动;不焚,则为敌之战利品矣!益以证空军与机械化部队,不能以代步、炮兵之用;而惟与步兵、炮兵相辅以进,乃可摧坚破锐以制胜尔!墨索里尼亦以阿比西尼亚一役之有成功,而以再试于阿尔巴尼亚；战事将起，海陆空军，倾国以赴，予之猛袭；阿国之军未及动员；而已控制其要害焉！此闪电战之第二次试用以有成功也！然而闪电战之名犹未立；只称曰"时间之奇袭"而已！于是白鲁希兹将军，相观而善，变通以尽利，申儆于国，而务以为不宣而战，乘人之不虞，厚蓄其势于开战之初，悉力殚锐，予敌以当头之猛击；而不零星增援，与敌为动员竞赛于开战以后。其为战也，施之有序。大抵先集中所有之空军，以歼灭敌之空军及其根据地，而握制空权。其次则以大队之轰炸机，蜂起云集，而轰炸敌之兵营、弹药库及军需工业，以损耗敌人作战之资力；轰炸敌国之汽车路、铁路、桥梁、车站，及其运输车辆，阻绝交通，不予敌人以行军之利，于是敌人不得动员集中以增援前方。又其次以空军指导炮兵，集中火力，以猛烈轰炸敌要塞阵地之堡垒、壕堑，及一切防御工程，务尽摧毁之以毋为我障。又其次以飞机运输降落伞部队，降落敌后；据其要害，以阻其前线之增援；袭其司令部，以摧其中权之指挥，使之前后不能相顾，左右失其连系。又其次以坦克车队，在空军掩护之下，冲入敌阵，而继之以装甲车队、摩托脚踏车队组合之轻机械化部队，如潮之涌，汩汩而来，以猛烈之突击，而薄敌军以全线之崩溃。又其次以卡车运输大队之步兵与炮兵，占守敌人要塞；而以大队中型坦克车及机械步炮工兵组合之重机械化部队，与空军协力以猛迅追击，毋予敌以搜乘补卒，卷土重来之机。于是兵之"贵胜不贵久"，乃在机械工业发达之德国，实事求是，代有生动力以无生动力，而以猛锐无前之势，纵横驰突于一九三九年以后之欧洲大陆；一战而灭波兰，再战而歼英法联军，其间下丹、挪，徇荷、比，不出两月，所当者破，近古以来，未尝有也！于是英、法之人，震惊相告，曰："何其神也！此闪电矣！"而希特勒亦掠人之美，以为大言夸耀，喻如闪电之目不及瞬，疾雷之耳不及掩，言其猛而加疾，亦以疾而加猛也！然而闪电战，德行之而有功；而他国效之，未必有成功。同一德也，用之于波兰，于丹、挪，于荷、比，于法，乃至南斯拉夫、希腊，无不有功；而用之于苏联，亦无成功。此其故何也？盖闪电战，亦必知彼知己，而后可以推行尽利，左宜右有；非能战必胜，攻必取也，而所以行闪电战而有功者，有二端焉：一曰在我者有其能。二曰在敌者有其可。何谓在我者有其能？国家以工业立国，而机械工业日以精进；然后铜铁器材及发动机、摩托，于太平无事之日，制造日多；而可资以建设大队之空军及机械化部队。至于交通与农业，亦必机械化，然后人民日习于摩托；一旦有事，可以征役而为摩托之士兵。一也。战之所以为闪电，在空军与机械化部队之猛速运用；而空军与机械化部队，无汽油，则不能运用；尤必一国汽油之生产，足以自给。二也。国家之政治为极权；而社会之组织，敌涣散而我严整，令出惟行，可以猛速行动而制机先。三也。外交之运用，间谍之宣传，可以摇惑视听，扰乱人心，而莫知我之所欲攻；然后乘人之不虞。四也。四者具，而后在我者有其能也。何谓在敌者有其可？交战之国，壤土相接，而汽车之路，六通四辟，平原大野，而后机械化部队，可以纵横驰突；空中陆战队，便于降落集中。一也。敌之人民财产、物资、工业，皆集中于都市，而不能以疏散；可以一举而摧毁之，不能自振以无力再战。二也。敌之国小而力薄，可以摧之于一击。三也。三者具，而后在敌者有其可也。岂有无施不可之闪电战哉！惟德为能闪电战，以其工业发达，政制极权，而外交之运用灵活，间谍之发纵神秘也。然而汽油之生产，每年不过六十万吨，而空军及机械化部队之猛速运用，久必不继。惟波兰、丹麦、挪威、荷兰、比利时，及法国，乃至南斯拉夫、希腊，可以用德之闪电战而有功；以其与德接壤，交通便利，空军及机械化部队，运用自如；而又波兰、丹麦、挪威、荷兰、比利时，乃至南斯拉夫、希腊，小国不足当一击；法国之人心涣散，而为民主政体，不如德之社会严整，而统以极权也。然中国、苏联，不能以闪电战胜；而日本，则虽欲为闪电战而不能！何者？盖日本之机械工业不发达，不能自造飞机与坦克；又汽油百分之九十，不得不资之国外输入；则所以为闪电战者无其具。而日本之为君主立宪国，议会虽不必有力，而亦有权能，足以掣军阀之肘；军阀干政而未能柄政，意见亦极纷歧，而莫适为政；不如德之为极权国，则所以运用闪电者无其体。故曰："日本虽欲为闪电战而不能"也。至于中国，地大物博，人民财产，尚未集中都市；而山岭川泽，地形丛复，交通不便；闪电战纵横驰突以掠我边，而不能长驱直入，溃我腹心，及其再衰三竭，而我进退绰有余裕，徐起以承其敝。此日本之所以顿兵挫锐，而心所谓危者也！苏联则又大国而极权，社会有严整之组织，略同德国，而不如法之涣散；广土众民，而加之以高山叠岭，间以川泽，机械化部队之猛速运用，有其限度，则又同于中国；而机械工业之发达，飞机坦克之能自造，以有大队之空军与机械化部队，皆中国所不如，而力足以与希特勒之德国相周旋，德国闪电，苏联亦电闪，此僵彼仆，未知鹿死谁手？顾希特勒欲施故技以摧之一击，亦多见其不自量已！夫侵略者，贵于速战速决以宜歼灭战；而被侵者，则宜稳扎稳打以用消耗战。日本、德国，不能速决，已无胜算；而中国、苏联，苟能持久，即已不败。盖为歼灭战者，张脉偾兴而力先耗竭；而用消耗战者，故事蓄缩而力留剩余；彼竭我盈，而胜负可知也。然惟大国之如中国、苏联者，可以用消耗战，而持久于不弊；而小国则不能！盖欲消耗敌，亦必自消耗；小国寡民，敌未耗而我先消。惟广土众民，凭借既厚，强而避之，则退有余地；再接再厉，则兵有余众；待敌势之已衰，而我力之未尽，然后以我之盈，乘彼之竭，此所以胜也！夫歼灭战之衍变为闪电战，在加速，加猛，予敌以不可抗之攻击。而消耗战之衍变为磁铁战，尤贵忍，贵缓，予敌以不可耐之迟延。非敌势之已衰，不为反攻；而未反攻之前，我则故控其力。敌人长驱以来，大兵缓退以持其前，而散兵狙敌以伺于后，化整为零，侧击横袭，亟肄以疲之，多方以误之，且战且退，亦愈退愈战，与敌相战而不与会战，予敌以胜而不予以决胜；敌欲进则散兵后掣，欲退则大兵反追，决战不得，而又欲罢不能；如铁之为磁所吸，进退失据，此磁铁战之所由称也。然则闪电亦成虚语，而速战速决，岂能尽如人意！一九三八年，希特勒之将侵捷克也，其军部参谋部，固尝怀疑速战速决之未易，而以郑重相告矣！使速战速决之计不遂，然希特

勒亦预有以善其后乎？曰："有！用战求其速决；经济为其持久；两者
相反，而以相成。"盖用兵之道，在以最小限度之牺牲与消耗，而得最
大之胜利；莫如制人机先以破坏敌之胜利，而后成我之胜利；其最高
之效率，厥惟速决！如战而不能速决，旷日持久，而乖经济之原则，消
耗日多，必有"屈力殚货"之患；此用战之所以求速决也。然经济不预
为持久；万一速战而不能速决，则军未败而财先匮，必为敌人所乘，而
无以善其后！一七五六年，普鲁士菲烈德立大王与奥战，连兵七年。
奥联俄、法，而普势孤；大王以小敌大，以寡战众，而操胜算者，则以开
战之初，经济为其持久也。大王以普之国小而民寡也，人口只二百五
十万，而养兵八万；顾大王不欲普之人，舍生产以事于战；八万之兵，
佣自外国；而开仓济民，奖励生产；人皆知奋，力耕勤获，虽七年苦战，
而民不饥；此所以胜也。一九一四年，欧洲第一次大战开战之初，威
廉二世以德国精锐久练之陆军，而用老毛奇之速决战略，重以史梯芬
之计划缜密，何难一战而定！孰知速战而不能速决，及旷日之既久，
所失败者，不在军事而在经济；后方经济，不能支持，民不聊生，而士
亦投戈，前方以溃；则以过信速战之能速决，而经济未为持久之图也！
希特勒其知之矣；所以战略虽求速决，而经济预图持久；设经济参谋
部，以惩前败；而厉行菲烈德立促生产以利战争之策；所异者，不佣兵
于外国以事战争；而佣工于外国以督生产。外国之土地已被德所占
领而尚未兼并者，有人口一万四千八百万；其中荷兰、比利时与法，久
擅工业，尤多熟练之机械技工。此外尚有二千四百余万人，在德之势
力范围之内，而受其控制；其中亦有自由国家，如瑞典、瑞士；亦有国
家溃败而土地尚未占领者，如法之未沦陷区；莫不拥有近代之工业设
备。一九四一年，欧洲沦陷区，有三百五十万人，为德人所雇以作工；
其中一百五十万人，为战时俘虏；二百万人，为沦陷区政府所遣致。
而波兰军火工人之为德雇者，予以双薪。假使劳工之不给而为数量，
则以德所俘虏之众，何难取之左右逢其源耶！或者虑俘虏之怠工罢
工；苟管理之严，而证之上次大战，可以明其无虑！所困难者，不在俘

虏之怠工罢工,而在其技术太差,不谙近代工业之生产方法;抑以不习德语而谈话隔阂,训练亦难! 所以雇用俘虏,实不得已而非德人之所欲;观于一九四二年八月十一日,赖伐尔与德人秘密协定,载德人愿释放五万法国俘虏,以交换一万五千法国技术工人而服务于德之工厂,可以知其故已! 德之劳工部长苏克尔及其前任曼斯菲德博士无不知工作须出自愿,强征或以债事。自愿工人,无论外籍或本国,其效能比之工人征调或强迫而来者为佳也! 所以德之外籍自愿工人,备受优待,工资高,膳食高,而可汇款以济家用;尚有其他种种优待办法,以鼓励外籍工人之投效;而在其占领国内,则拒绝供给工人粮食券,拒绝发给工作证,强迫当地工厂主开除工人,不供给工厂原料以促工厂之倒闭;工人无工可作,无食可谋,不得不散而之四方;而德人劳来以优待;或推之,或挽之,而德之外籍自愿工人,予取予求,至一九四一年九月,而达二百万人矣;其中二万九千丹麦人,九万三千荷兰人,十二万二千比利时人,十四万九千法人,二十二万波希米亚、斯洛伐克与麻拉菲亚人,二十七万二千义大利人,三万五千匈牙利人,十万九千巨哥斯拉夫人;而来自荷兰、法之北部、义大利及捷克斯洛伐克之机械工人与矿冶工人,技术甚佳! 此外尚有俘虏一百五十万人以弥缝其缺。假使曼斯菲德征调百余万苏俄工人及增雇其他各国工人之计划而有成功,则德之外籍工人,可增至五百五十万而或过之;则德国工人二千五百万之中,百分之二十二为外国人。然而劳工问题之严重不解,所以然者,与其谓德缺不熟练半熟练之工人,不如谓德国今日工矿业之高级技术人员及其他各部门管理之专门人才需要益大! 盖德国国内人力之蓄备已竭,而不得不多雇国外之技工;苟非有相当之专门人才,而为有效之管理;则工作之效率与生产量必减! 然则如之何? 曰:其他利用外国劳力之有效方法,则为德人与国外工厂订约以代制造军事物质;使原料之供应无缺,而厂址隐藏以不受空袭,因利乘便,而厂屋、给养、工人之管理及军需之供应,咸得以解决焉! 此其有事于工业生产者也。一九四二年春,德国二百一十三万农民之中，有一百二十万为外国人；而一广大之农场，场长及其家庭，只雇一德人以为助手，而督七八外籍工人以事耕植。此国内劳农之不得不用外国人也。然而因利乘便之有效方法，亦如工业，莫如利用占领国之土地，使之农业德国化；而抚定占领国之劳农以事耕作，促进其生产。希特勒灭国者十四，奄有欧陆；而经济参谋部之设计，采德国工业及农业之计划，而施之于沦陷诸国，以促进其农业现代化；抚定农民，以安耕作。巴尔干农民，以其谷物、烟草及大豆，全部出卖，而按期予以贷款。荷兰之植果蔬者，庆其丰获，而祝以来岁。波兰之栽甜菜者，以德人之取求，而广其面积至一倍；马铃薯之收成，增加百分之十六以至二十；而油田之面积，亦被扩充。此其有事于农业生产者也。皆沦陷区人民也。盖沦陷区人民力穑勤工以事生产，而供德人之战；犹之七国之秦，以秦人战，而诱三晋之民以耕矣！至德国军费之匀摊于征服诸国者，大抵欧洲受德国保护或占领之国，岁缴德军之防费，占其全部支出百分之二十；而波兰与挪威，至三分之一。挪威每年每人缴德军防费三百七十五马克为最多。波兰每人三百马克。丹麦人一百二十马克。比利时人二百马克。荷兰人九十马克为最少矣！法则每月缴德国军费四万万法郎；其中一万二千万法郎，为德军维持之费；而其余则为企业维持费，以收买法国之股票。盖德国人民之军费负担，渐以不支，而转嫁于诸国也。昔商鞅教秦，耕战并重；而希特勒，则经济设计之持久，与战略之速决，双管齐下，而图有以善其后；所以虞歼灭战之穷也。然德之陆军，由歼灭战而演变为闪电战以加猛加速；而德之海军，则不得不纡徐为奸以用消耗战。盖消耗战者，弱之所以制强。一九一四年，第一次欧洲大战开始，德人自知海军之不足以抗英也，于是以主力舰蛰伏北海军港及基罗大运河内，而避不与英交绥；惟用小型舰之鱼雷、潜水艇等以为游击，巡弋英吉利海峡及爱尔兰海附近；截掠商船，封锁英伦，断其给养；而遇英之主力舰，则狙击而沉之，薪于渐消渐耗，而英之主力舰日减，及我之力足以相胜，然后一举而歼之。特以英之海军，远过于德，而德未获逞其志;然英之商船,损失一千一百万吨,英伦三岛,濒于饥饿:则德海军之消耗战,有以致之也!于时德潜艇只有一百四十艘,而协约国之船只被击沉者有二千艘!鲁登道夫在其大战回忆录中,言:"海军大臣,为帝国总理之友,而建议无限制潜艇战之策;预计半年之内,必可制胜;而船舶之损失,海上贸易之阻害,已断英国之命脉,而使之不能继续作战。"故以潜艇战而论,不得不谓德人之成功!迄于希特勒得政,德之海军,创制袖珍主力舰以游击英商船,广造大中小各型潜艇以狙沉英军舰,欲以消耗英之海军,而处心积虑,尤注意于潜艇闪击战!盖潜艇闪击战者,为海军以弱制强之惟一战法,德国海军,才当英百分之三十五;而以大战,寡不敌众,势必无幸!惟有以潜艇为游击;吾宁斗智,不能斗力;出没无常,潜行海底!乘间抵巇,予以突击,声东击西,莫可测识;英之海军,罢于奔命,时有狙沉,而以大困!然开战之初,德人只有潜艇六十五艘;特以制造之积极,每月可得新潜艇十五艘乃至三十艘,而倍于每月作战之所损失;至一九四三年春,而德有潜艇五百艘以上,以视上次大战之潜艇,乃为三倍半;而荷兰、比利时及法国之地,咸为德所占领,潜艇活动之范围亦广!上次大战之时,德人潜艇根据地,仅限于德、比两国海岸;而欲出海袭击,非绕道苏格兰北岸,而涉险以经英之封锁线不可;此危道也!而今何如?北起挪威之拿维克,南迄法国海岸之巴央纳,延亘之大西洋东岸,无不在德人控制之下;而挪威之德伦的英以及法之布勒斯特与罗利翁,皆潜艇活动之优良港湾也!方英美盟军未在西北非登陆以前,而达喀尔与卡萨布朗卡都,亦为德潜艇在南大西洋活动之根据地。从前威廉二世之潜艇队,出海袭击,需时四五日而今希特勒之潜艇队则仅一日或一日半可以驶入大西洋潜艇之活动既广而潜艇之制造亦改进,迥非威廉二世所用可比!第一,结构之强固。今日德国潜艇,可以悠闲自在,在六七百呎之水深下潜行;抑亦能在海底停泊以节省燃料;于是驱逐舰之深水爆炸弹,可以无虞!深水爆炸弹,诚为潜艇之大敌;然可以在水深三十六呎至三百呎深度爆发,而不能达三百呎以下！第二，航速之突进。每小时能行海面二十哩至二十四哩；盟国非改装驱逐之引擎，不能追踪！第三，武器之威猛。潜艇之主要武器，依旧鱼雷；然以视昔日，发射准确，而射程益远，爆力益大！英相丘吉尔以一九四三年一月二十六日，与美总统罗斯福会于西非卡萨布朗卡都，商讨作战计划；而回国以后，向下院报告，中谓："潜艇战之足以制我死命，无待深论；英、美政府之作战计划，莫急于战胜潜艇！惟潜艇为足以稽迟吾人之行动，而妨害吾人以全力作战！然吾人之反潜艇战已有进展，而潜艇之侦察力亦渐减！开战之第一年，每潜艇一艘，沉我船十九艘；第二年，减为十二艘；第三年，则七艘半；我沉没之船艘愈减，则我英、美两国之作战努力当必大增！惟希特勒必加紧潜艇战以阻害美国大量之供应品运抵所指定之目的地，而消耗吾作战之努力以不得开辟第二战场。"于是海军之消耗战，不妨与陆军之闪电战，双管齐下；亦实以海军之不足以与英度长挈短，自知之明，不得不出此也。是故德之建舰政策及其舰队设计，与英、美大海军国不同。英、美舰队之设计，在千浬远斗以渡洋作战，而有巨量之排水，有远伸之航力，有坚厚之护甲。德之舰队设计，则以袭击为主旨；其主力舰之特点，在速力大，火力猛，则以便于袭击之故；而辅以重潜艇之制造，欲以潜艇战术，扰敌之航运，截敌之物资，而以封锁制胜焉！义之建舰政策媲于德；而日则以攻为守，折衷二者之间；其造舰也，速力之大，火力之猛，同于德；而巨量之排水，远伸之航力，则比肩欧美！德之造舰，以小型为主，而日则大小兼骛，不以小型舰之匠心，而忽略大型之主力舰！然主力舰之造，费用不赀；虽以海军大国之美，亦重难用之，而不欲孤注一掷。一九四〇年，美海军少将施德霖尝论："美如与日战，将留驻主力舰队于日本海军力所不能及之夏威夷群岛；而用潜艇、驱逐舰及轻巡洋舰以游弋海洋，封锁日本舰队之运输与交通；而战斗舰则避不交绥。"日本伊藤正德亦言：美如以海军与日相角太平洋，必不以主力舰队，而出二策：一曰分散分击战；所谓分散分击战者，盖不以主力为决战，而以分队为游击，分散敌之兵力以不得集中，相机狙袭而逐一歼灭之；所歼灭者，不必敌主力之一部也；苟敌之军舰，狙袭而日以少；即我之海军，相形而日以强。白奈特提以此而创制空军巡洋舰。空军巡洋舰者，有六寸口径炮八门，有飞机二十四架，而后有甲板，以为机之起飞与降落，回翔绰有余地；盖以巡洋舰而兼有航空母舰之用者也；有八千吨至一万吨之排水量，速力三十五节，续航力一万二千浬，航程远而驶进速，可以侦察，可以狙袭，亦可以远航而单独作战，美人称之曰攻势母舰群；而以其敏于应战，亦可称之为海上闪电部队。盖为分散分击战之理想舰型，而知美国海战之必出乎此也。其次为封锁战。美人尝坦白而言曰："以美国一国，可以击败日本；然而日本一国，则不能封锁美国。"前说固失之夸；而后说则余日人不能不承！何者？太平、大西两洋，浩渺无际，而美人夹两大洋以立国，纵以英、日两国之连合舰队，亦不能全面封锁；纵能封锁，而以美之地大物博，闭关可以自给，则封锁亦有何用！况以日本一国之海军为封锁，则大西洋门户大开，运输自如；而东南太平洋，力亦有所未逮；此日本一国所以不能封锁美国也。然而美国之封锁日本，则异是矣！日本之所以不如美国者，壤土狭而资源薄，所产者寡，不能自给也。美如封锁日本，则可以大队之潜艇，航行一万八千浬，狙劫运输，断绝给养；而麻六甲海峡、中国海、对马海峡，皆为封锁之海面矣。曰分散分击，曰封锁，亦德之海军所以制英之战略，而欲收功于消耗者也。而究其所以匠心经营，而善消耗战之用者有三，而主力舰不与焉！其 曰空军巡洋舰。其一曰潜艇。而更益之以蚊式鱼雷艇。蚊式鱼雷艇之视主力舰，虽若渺小不足道；然能以小制大而出奇制胜！以其有远伸之航力，追风破浪，在我可用以远征！以其为神速之驶行，左萦右拂，在敌不易于瞄准！而尤以其舰身小，吃水浅，可以潜入敌人之海口，而不为觉察，不虞搁浅！纵或为敌人所觉察焉；则以其引擎之强有力，舰身之渺小，驶行固速，摆动尤大；不论空中之扫射，陆上之射击，瞄准皆难，命中不易！人莫之毒而能毒人，装有重鱼雷，以制大型舰之死命而无坚不摧；特以蚊形为标识,喻其小也!然则日人不以小型舰之匠心而忽略大型之主力舰;美人亦岂以主力舰之伟大,而漠视小型舰之运用;此美之所以备战也!然而日本海军则何如?日本海军之不敌美,犹之德之海军之不足以与英度长絜短也;于是广制驱逐舰、小型航空母舰、大型潜水艇以为游击狙袭之用。盖日本海军欲以称雄于太平洋者,不在主力舰,在小型舰;先是元世祖之征日本也,常造大舰,出雄师,以占对马群岛,而在九州登陆;方其交绥于海上,元舰大而日舰小,小固不可以敌大,屡以挫败!然元以舰大而运掉濡迟;而日以舰小而驶转轻疾,久之所以乘间抵峨而出奇制胜!此为日人小型舰之原始认识,而应用之于新海军建设者有二:一为驱逐舰之多与其炮力之强。一为潜水艇之多与其艇型之大。方太平洋未开战以前,日本最杰出之舰型,无过于驱逐舰!日本拥有百数十艘之驱逐舰与二十余艘之大鱼雷艇,虽在鱼雷管方面,不及美国,而速力亦少逊;然火力则远优于美国;盖日本之驱逐舰,装有多数之炮位,火力务求迅速,而利用直接统制以使一切炮火同时开放也。日本海战体系,在舰队动作之前,及其后,尤致力于强烈之鱼雷攻袭;日俄之役,尝以致胜;殆不欲以主力舰作孤注之掷,而图以小制大,先消耗敌之主力舰尔!然以鱼雷制人,则亦防人之以鱼雷制我;所以造舰不重装甲而重速度,然必力图舰艘之坚,足以耐鱼雷之射袭而无虞也!日本海军以侧向潜艇政策著。一九四一年五月二十四日,其退休海军中将和渡声称:"日本海军,不论时代及人事变迁如何,必坚持潜艇政策而不息!且以华盛顿海约之规定,日本之制造主力舰受限制;何可不以潜艇之优势,补其不足!"太平洋战争之未发生,已拥有潜艇七十余艘;其中二千吨者有二十艘,装有五·五吋之炮五门,而航距在一万六千英里以上,能横渡太平洋以进扰美领海。犹以为未足,而有超级运货潜艇之设计,其数为二十八艘;而海面航速每小时二十四浬,水底航速十浬,载有可以拆卸之飞机两架,六吋炮四门;能装大量之货物以运输。传者言尝有一艘试航于德,而越过英美之封锁线,运载德国之飞机及造船专家三百人以返三岛云？又设计一万五千吨之劫掠巡洋舰二艘，其速力超过德国袖珍舰之德意志号，而装有十二吋之大炮与二十余飞机。方其经营之始，美国海军专家莫测何用，以为糜费巨而效能小，疑为不可信？不知今日之海战，与昔日不同。第一次欧战之时，有白昼之海战；而英伦海军家，无不以夜战为冒险而出于不得已；且射击之效力不佳！今则以空军之发展，而舰队不能为昼战！盖昼战，则无不有空军以进行长距离之空中袭击，而为舰队之前茅；舰队，则以避免敌舰俯冲轰炸机及鱼雷之袭击，而不敢驶近敌舰以在我射程之内！惟有伺夜以乘敌不虞，乃能驶近敌舰以发炮射击。所以今日之争海权，不复如往古之以大舰队控制海面为战争；而声东击西，化整为零，不会战而狙袭，以小胜为大胜，德如此，日、美亦将如此！日本之创制劫掠巡洋舰，犹美之创制空军巡洋舰，皆原于德之袖珍主力舰而加改良，可以侦察，可以狙袭，亦可以远征而单独作战，以巡洋舰而兼资航空母舰之用者也。德、义两国，领海浅狭，而用如此之劫掠巡洋舰，易被搜捕！惟日本在水天相接之太平洋，可以纵横四出，用此一万五千吨之劫掠巡洋舰而无虞尔！日本虽不能封锁美国，而海战准备之为分队狙击，以蕲收功于消耗，而不为歼灭战；一也。苏联，大陆之国，出海无口，而海军无用武之地，则亦侧重潜艇战以夹辅陆军。一九〇四年，日俄之役，帝俄之海军歼焉；而潜艇则出没对马海峡以狙沉日本之运输舰，而消耗其人力物力以不得集中用于辽东战场；盖对马海峡之海水极深，潜行不易发见；而水温亦和，可以不设暖房，尤便丁潜艇之寒季也。上次欧洲大战，帝俄潜艇之狼号，尤予德国海上运输以惨烈之沉没。及希特勒肆志于苏，红色潜艇屡袭德沿海港口；一九四一年冬季，尝潜航冻结之芬兰湾冰面下，以至芬兰湾海岸，狙沉德舰，而潜航以归焉！德之攻苏以陆军，而军需供应，亦资海运，循挪威海滨以抵芬兰北端之贝柴摩港口而登陆。惟红色潜艇之狙击有成功，而德人大量用以进攻苏联之坦克车、大炮及军火燃料，无不沉没海底矣！苏联以潜艇狙袭海运，而消耗德之军资，以不得供应大陆战场；犹之德人以潜艇狙袭海运，而消耗英美之军资，以不得开辟欧陆第二战场。然则潜艇者，匪惟可以消耗敌人海军舰队之主力；抑亦可以消耗敌人陆军供应之物资；此潜艇战之又一作用也。自德人新主力舰俾斯麦号之沉没也，美记者阿本德著论以谓："近代空军发展，大军舰如无空军之保护，即无以自存！若驶入敌人陆上空军根据地之活动范围以内，尤无不为所摧毁！历史上大规模之舰队作战，将不可再见；而易以零星片段之战斗。惟潜水艇能潜入深海，以避空军之攻击，而成游击奇袭之功。"盖潜水艇之所以有利于海战之奇袭者，第（一）可以隐而不见。英国海军大学教官克雷上校称："攻潜水艇之法，研讨之成功极微！而最有效者，为施放水中爆雷；然潜水艇非发射鱼雷以袭我舰；我则无法以察识其所在，而予以反击也！"美国美捷尔将军亦谓："潜水艇虽在水上，亦非飞机所能侦伺而得！盖在今日所有之水陆战具，未有如潜水艇之不能以飞机发现者也！若深潜入海，则更无法以轰击矣！"其（次）无所往而不可。汪洋大海，随地潜伏，而敌人莫测！一九四一年，柔德兰之海战，以英国舰队之强大，而不敢追奔逐北，以歼灭德国舰队者，则以吉利珂提督虞德国潜水艇之袭击；而实无之，遂以纵敌也！然潜水艇之于海洋，亦非无往不利！何者？盖地中海海水澄清，潜水艇虽入水三十呎以下，亦或为飞机所发见！而北海，则以水之混浊，流之急涌；飞机侦伺，骤难发见矣！太平洋水流混浊，波涛汹涌，殆有甚焉；此利于潜水艇之伏航者也。然以太平洋之水深，而现代潜水艇之潜入深度，自一百呎以进展至六七百呎；但以海水之压力，尚不能超过七百呎；而潜水艇驶离根据地以后，不能定泊海底以休息也！地中海之深处亦然！而北海作战之潜水艇，则可以泊于浅水之沙底，悠然自在，以听音机听察敌舰之行动，伺其至，而徐起以袭击焉！至于袭击之法：阻挠运输，狙袭商船，以封锁敌海，断其接济；一也。潜水艇纵横海底，出没无常，或袭敌人海岸之渔村商港，或骚扰其偏僻航线，虽不足以制敌死命；而足以疑误敌人为警备，以牵制其舰艇，东西声援，罢于奔命；二也。潜水艇以配属主力舰，或为前进时搜索敌潜水艇之用;或为作战时奸袭敌主力舰之用;三也。单独潜驶,以狙袭敌人行进或巡逻之舰队;四也。潜伏敌人海军根据地附近,时时加以狙袭;五也。潜伏敌人海军根据地,或敌人舰队之航程附近,伺敌舰之行动以随时通报,如日人潜水艇之潜伏新加坡,而威尔斯基亲王号及却敌号两主力舰之行动,皆为探知,而以告其空军来轰炸,六也。惟驱逐舰搜索潜水艇,而以保护主力舰、运输舰,不受潜水艇之进攻!然一九四二年,美国输英之物资,百分之四十为德潜水艇所击沉;于是英海军横跨大西洋以联成驱逐舰带,十浬八浬,置一驱逐舰,巡视护航;而德潜水艇之肆暴如故!惟潜水艇亦有其短:潜行速度极低,而耐力亦不高!德潜水艇,在海面航行之时,用内燃引擎以推动,而潜行,则恃蓄电池之电力以发动引擎,而一天半之时间内,只能走三浬至四浬;倘潜行之速度超越,则蓄电池之电力不给;一也。潜水艇潜行几小时以后,而蓄电池之电力以罄;则不能不浮水面以装电,而亦须几小时之时间;于时,则轰炸机之最好目标也!潜水艇之潜望镜,不能瞭望天空;而一架轰炸机,则在几哩之外,可以见潜水艇之出浮,投以炸弹而使之不及避;二也。潜水艇如以出浮而中弹,则不能再潜入水底;使其离根据地太远,则必有沉没之虞;三也。英海军之驱逐舰带,既不能以戢德潜水艇之暴,于是以美之空军,辅英之海军,从天空侦视潜水艇之出没,而以革新护舰之组织;其组织,以飞机及小型航空母舰为主力,而配合驱逐舰及其他护送船艘,组成护航队。当护航时,将舰队组成轮形,而以所护之运输舰、军舰,置于核心,环以小型航空母舰,而以驱逐舰及其他护航舰组成外围,又分内外两层,包于航空母舰圈之外侧。其航行也,不时以母舰起飞之飞机,巡逻侦视;而德潜水艇,则以欲避飞机之侦视,而潜入水中,速率锐减,不能追踪;于是英国之运输人畅以无虞于德潜水艇,而美国则广播潜水艇于太平洋以狙袭日海运,消耗日海军矣!夫以潜水艇之制造,而消耗战之奇袭,必盛行于海,犹之坦克车之制造,而奸灭战之奇袭,必盛行于陆。惟坦克车以速力之猛,而能协同空军轰炸以为奇袭；潜水艇则以潜形之隐，而务避免空军轰炸以为奇袭。陆军以空军之轰炸，而以成大会战之歼灭；海军则以空军之轰炸，而以避大会战之歼灭。其间胜负得失之故，所贵好学深思，心知其意；固难为浅见寡闻道也！

故知兵之将，民之司命，国家安危之主也。

（训义）梅尧臣曰："此言任将之重。"

基博按："知兵之将"之"知"何知也？曰：知兵之"贵胜不贵久"也。不尽知用兵之害者，则不能尽知用兵之利。故曰："民之司命"，曰"国家安危之主"，盖反复丁宁而郑重言之也。正与上《计篇》起语"兵者国之大事，死生之地，存亡之道"云云，一脉相承，倘但知"胜"之利，而不睹"久"之害，屈力殚货，钝兵挫锐，则失于所以为计，而不可谓"知"；民以之死，国以之亡矣。可不慎其所为"知"哉！

右第四节归束到"贵胜不贵久"；郑重以丁宁之。

谋 攻 篇 第 三

（解题）曹操曰："欲攻敌，必先谋。"李筌曰："合阵为战，围城曰攻，故以次战之下。"

基博按："谋"与"计"不同："计"者兼政略而言，筹之于未战之先；"谋"者指战略而言，决之于临战之日。"谋攻"以次"作战"之后者，一以战胜而后攻取，攻乃继战而起。二以"伐兵"已非上兵，"攻城"又其下者。题曰"谋攻"，而旨在非攻；以"下政攻城，攻城之法为不得已"两语为结穴；蕲于"伐谋""伐交"，不以力征经营，而以谋制全胜，故以谋攻题篇。《三国志·马良传》裴松之注引《襄阳记》载：诸葛亮征南中，问计马谡？应曰："用兵之道，攻心为上，攻城为下；心战为上，兵战为下。"所谓"谋攻"，此物此志也。

孙子曰：凡用兵之法，全国为上，破国次之。

（训义）杜佑曰："敌国来服为上，以兵击破为次。"张预曰："《尉缭子》曰：'讲武料敌，使敌气丧失而师散，虽形全而不为之用，此道胜也；破军杀将，乘堙发机，会众夺地，此力胜也。'然则所谓道胜力胜者，即全国破国之谓也。夫吊民伐罪，全胜为上；为不得已而至于破，则其次也。"
全军为上，破军次之。全旅为上，破旅次之。全卒为上，破卒次之。全伍为上，破伍次之。

（训义）张预曰："周制：万二千五百人为军，五百人为旅，百人为卒，五人为伍，自军至伍，皆以不战而胜之为上。"
是故百战百胜，非善之善者也。

（训义）张预曰："战而能胜，必多杀伤；故曰'非善之善。'"

不战而屈人之兵，善之善者也。

（训义）孟氏曰："重庙胜也。"杜牧曰："以计胜敌。"王皙曰："兵贵伐谋，不务战也。"

基博按："不战而屈人之兵"，斯能"全国"；盖不欲"百战百胜"以破人之国也。而今希特勒之用兵，则"全国"与"破国"，肆其兼并以错综为用；有"百战百胜"之闪电战，亦有"不战而屈人之兵"之心理战、间谍战与外交战。灭波兰，下丹、挪，徇荷、比，降法，乃至摧南斯拉夫及希腊，皆用闪电战以"破国"而有成功者也。至于并奥，吞捷，而开战以来，亦既败英降法，而转兵东向，挟战胜之余威，利诱威胁，慑匈牙利、罗马尼亚、保加利亚三国以为之用；是则间谍战，外交战之成功，而有全国以不战屈者也。空军、机械化部队以及陆军之炮工步兵，乃至降落伞部队，皆所以为闪电战之具；而宣传部、情报部、外交部以及驻外使节领署，政治警察、第五纵队，乃至男女德侨，形形色色，则无不为间谍战外交战之具；而神明其用以心理战，发踪指示自参谋部。希特勒之下丹、挪，徇荷、比，而降法也，非惟为闪电战之成功，抑亦为间谍战之妙用！而间谍战与外交战亦有种种；其详不可得闻，而要不外宣传战、思想战、恫吓战、神经战之迭相为用，以变通尽利而已！夫闪电战，无坚不摧；而间谍战与外交战，则无孔不入。以间谍战与外交战为前茅，以闪电战为后盾，而以心理战缩中权。心理战、间谍战与外交战，已有效而不获竟全功，则继之以闪电战而要其终。闪电战有成功而声威赫奕，又继之以心理战、间谍战与外交战而大其用。盖在我战胜之威，先声可以夺；而人则惊弓之鸟，虚弦可以下，如匈、罗、保之于希特勒，其可见者也。以闪电战收间谍战与外交战之功，亦以心理战、间谍战与外交战而免闪电战之用。然则"全国"者，"破国"之余威；而"破国"者，"全国"之先声；参伍错综，而希特勒之所以遂其兼并者也。然希特勒之法，一本于克老山维兹，而自为神明变化。克氏之书，其指要可得而论者有三：一曰"战之为道，尤贵迅速决胜，而必以歼灭敌国之军队及其战斗力"。二曰"战略无妨政略，外交以辅军事，斯其战胜不忒；如恃胜好战，而外交因应无方，则未有能终保其胜！"三曰"操纵敌国之舆论，以煽诱敌国之人心，使之厌战而自为瓦解，夫如是其孰能御我！"要之以攻心为破国，以先发为制胜而已！斯希特勒之闪电战、心理战、间谍战与外交战，错综为用之所由昉也。前但泽议会主席罗许尼格博士言："闪电战之袭击，声东击西之佯攻，不过希特勒公开之战术；而潜以分散敌国之团结，消杀抗战之心理，所以攻心也！希特勒尝语我曰：'我欲摧败敌人于未战之前；而决不如一九一四年之役，用步兵死守壕沟以罢于相持也！开战之前，造谣暗杀，先用宣传以把握敌人之心理；及敌国之起而欲战，而敌国之民心已摇，敌军之士气早竭！当我之进兵敌国，有欢迎而无抵抗；军至如归，浩荡直入以占参谋部，占各部院；而其国之行政首长，负责官吏，或俘或遁，莫知所为计；其军队无人指挥，其政治无人领导，而与我素有默契之人，乃从中起而代之，组织政府以相僇力。我欲得其人而用之，亦复何国蔑有；而所得者，必为一国之秀；政治之野心，政争之失意，不得志于当国，而欲资我以为用，皆足以范我驰驱，而不必以贿致也！倘我无把握以使军心涣丧之敌人立即降服，我不揭开战幕也！我发踪指示以领导敌国人民之革命，斯可以不战而自服；盖得之苏俄共产党，而我行我法者也；世界最精之拳击，只有在敌手之下，可以学到耳！夫宣传世界革命，岂非苏俄之拿手好戏乎！我恨之，何恤学之，我之能策动法国革命，与把握德国之不革命，同一确定！法国之军队虽强大，而以国内之骚动，群众意志之纷歧，必不能发扬威力以僇力同仇，可断言者！总之敌人精神之混乱，情感之矛盾，意志之犹豫，与思想之麻痹，皆我不战而屈人之武器！当敌军之精神已摇动，敌国之革命已蕴酿，而社会不安，党派互哄，时乎时乎不可失，而董之以武师，有不战，战必胜矣！'"呜呼！此希特勒所欲以"不战而屈人之兵"者也！知此者，而后可与言希特勒之战胜攻取！

故上兵伐谋，

（训义）杜佑曰："敌方设计，欲举众师，伐而抑之，是其上。故太公云:'善除患者,理于未生,善胜敌者,胜于无形。'"张预曰:"伐谋者,用谋以伐人也;言以奇策秘算,取胜于不战,兵之上也。"

其次伐交,

(训义)王皙曰:"谓未能全屈敌谋,当且间其交,使之解散。彼交,则事巨敌坚;彼不交,则事小敌脆也。"张预曰:"或曰:'伐交者,用交以伐人也;言欲举兵伐敌,先结邻国为犄角之势,则我强而敌弱。'"郑友贤曰:"或问兵以伐谋为上者,以其有屈人之易,而无血刃之难;伐兵攻城为之次下,明矣。伐交之智,何异于伐谋之工而又次之?曰:破谋者,不费而胜;破交者,未胜而费。帷幄樽俎之间,而揣摩折冲,心战计胜其未形已成之策,不烦毫厘之费,而彼奔北降服之不暇者,伐谋之义也。或遣使介,约车乘聘币之奏;或使间谍,出土地金玉之资。张仪散六国之从,阴厚者数年;尉缭子破诸侯之援,出金三十万。如此之类,费已广而敌未服,非加以征伐之劳,则未见全胜之功;宜乎次于晏婴、子房、寇恂、荀彧之智也。"

基博按:"伐交"之策,盛于七国;一纵一横,抵巇捭阖,钩心斗角,具著《战国策》一书。昔康有为、梁启超论李鸿章之办外交,以谓:"不知万国公法,而徒袭战国纵横之余智,捭阖抵巇,卒无当焉而以速尤召侮!"一时以为名论!其实自轻家丘,而以成败论英雄耳!德国铁血宰相俾斯麦有言:"国际无公道;强权即公理也!"彼心目中何尝知有万国公法哉!观于上次欧洲大战,协约同盟,钩心斗角;以迄于今,同盟轴心,捭阖抵巇,彼之所谓外交家者,何尝不袭战国纵横之余智,而别有奇谋乎!所贵好学深思,心知其意!谓李鸿章不善承纵横之余智,可也,谓李鸿章承战国纵横之余智而以偾事,不可也!何谓纵?何谓横?纵亦作从。《韩非子·五蠹篇》言:"从者,合众弱以攻一强也。横者,事一强以攻众弱也。"吾则谓从有群从之义;横有横恣之意。恣一强以兼并曰横。群众弱以抵抗曰纵。观于七国,秦为横;齐、楚、燕、赵、韩、魏六国为纵;而按当今,德、日为横;中、苏、英、美为纵。秦之得肆其志,在六国之纵不合;而德、日之不免于败,在中、苏、英、美之纵不散也！何以言其然？夫秦之所以谋六国者，远交而近攻；而秦之所虞于六国者，畏秦而合纵；此何也？则以远交而近攻，斯可以各个击破而六国以次并；畏秦而合纵，则无法各个击破而六国难卒胜也！是故六国之所利者，合纵也；而秦之所为计，在离六国之纵以相与；挑六国之争以相弱；恫吓以胁之为与，离间以挑之使斗，然后乘间抵巇，而徐起以承其弊！然六国之弱而逼于秦，不敢不事秦者惟韩、魏；秦之所能以兵相加而无虞于败者亦惟韩、魏；此可以秦之下兵、下甲恫吓也！至燕弱而远于秦；齐强而远于秦；楚与赵，则强而接于秦；皆非可以秦之下兵、下甲恫吓也！观张仪说楚，则挟"韩、魏攻其北"以相胁；说齐，则云"驱韩、魏"，"悉赵"以相攻；说赵，则云"告齐"，"驱韩、魏"以相攻；说燕，则云"驱赵"以相攻；然则秦之所以残六国者，仍以六国之力而驱之相攻，胁以为用；非能以寡敌众也！盖以六国之力相为残，而善蓄我有余不用之力，以承其敝；彼竭我盈，必大克也！吾读《战国策·燕策》：秦召燕王；燕王欲往。苏代约燕王，论秦之于六国，虚声恫吓以胁相事；多方离间以绝其援；战不利，则以和为诳；稍利，则又以攻为取；曲尽情伪，如见肺肝！势异事迁，古今代易；然希特勒之所以纵横欧陆，亦岂能外于秦之所以谋六国，而别有锦囊妙计哉！吾恨张伯伦、史丹林之不读苏代此论耳！苟其读之，则张伯伦必不为慕尼黑协定；史丹林必不订苏德互不侵犯条约矣！张伯伦之为慕尼黑协定，希特勒之虚声恫吓以胁英为与也！史丹林之订苏德互不侵犯协定，希特勒之多方离间以绝英之援也！然六国不悟，而英、苏卒悟！丘吉尔不受赫斯之奔，而史丹林亦声明不与德为媾；德之和平攻势无效，则德不得以和为诳而图纾喘息；既罢于西，又骛于东，连兵不解，树敌日众，资源渐竭，锐卒以尽，情见势绌，而英、美徐起以承其敝，德无幸矣！是何也？则皆知德之无餍也；非尽亡环球之国而奴役世界之民，必不休也！秦人伐韩，而魏不救，朱已谓魏王曰："韩受兵三年矣；秦挠之以讲。韩知亡，犹弗听；投质于赵而请为天下雁行顿兵。以臣之观之，则楚赵必与之攻矣；此何也？则皆知秦之无穷也；非尽亡天下之兵而臣海内之民，必不休矣！"希特勒倾国殚锐以图逞志于苏；苏知亡而投质于英，请为世界雁行顿刃！英美固与之攻以为楚赵；而以德之顿兵挫锐，欲罢不能，其势必无幸为秦！是何也？盖秦之所以利于六国者，畏而受和；秦之所以虞于六国者，大畏而知亡；畏而受和，则可以休兵而再举；大畏而知亡，则必出合纵以僇力！今英、美、苏大畏而知亡矣，其交益亲，其约益固；而德张脉偾兴以日竟于战，挠苏以讲而不得；此固秦之所为虞，而希特勒之心为危也！希特勒之所畏者莫如苏，以其大国而接境；而秦之所畏者莫如楚，亦以大国而接境！秦人欲伐楚。楚人有黄歇者，游学博闻；襄王以为辩，故使于秦，说昭王，止毋伐楚；其辞以谓："善楚，则可以并韩、魏而接地于齐；伐楚，斯徒以肥韩、魏而归重于齐！"然暂为楚缓兵，而深为秦伐交！秦、楚合而为一以临韩、魏，韩、魏亡而楚岂有幸！此何也？盖秦无形格势禁之虑；楚有势孤失援之害；此犹一九三九年，苏、德订互不侵犯之约；而德无虞于苏，以东肆志于波兰，西逞兵于法国；波溃法亡而苏亦受兵；以德无形格势禁之虑也！呜呼！纾伐楚之患于一日，而贻亡国之祸于不复，谁则谓黄歇智足以谋国者乎！然后知罗斯福之援英，丘吉尔之援苏，皆智于谋国，而不予希特勒狡焉启疆以远交近攻也！盖苏屈，则希特勒可专志于英而无后顾之忧；犹之楚亲，则秦可以肆志于韩、魏而无后顾之忧。英亡，则希特勒可以移兵临美而亡屏障之限；犹之韩、魏亡，则秦可以移兵齐、赵而亡韩、魏之隔！黄歇告秦，谓："一善楚，而关内两万乘之韩、魏，注地于齐，是王之地一经两海，要绝天下也！是燕、赵无齐、楚，齐、楚无燕、赵也！然后危动燕、赵，直摇齐、楚！"使以今日之苏，而况当日之楚；秦一善楚，而戍韩得魏，注地于齐；德一与苏约不互犯，而溃波取法，注地于英！使希特勒得逞其狡而终善苏，如秦之善楚；是德之地一经两洋而要绝全球也！是英、美无苏联，苏联无英、美也！然后劫持苏联，直摇英、美；则六国兼并之势成，而希特勒为秦始皇矣！观范睢之所以说秦昭王，而为秦画兼并者，不出二端：外则远交而近攻。内则壹权以擅国。此何也？盖远交而近攻，则可以各个击破；而国际反抗之力，以分散而弱！壹权以擅国，斯可以政令出一；而国内涣散之势，以集中而强！然后以我之聚，乘人之散；以我之强，摧人之弱；斯秦之所以虏使其民而并六国；抑亦希特勒之专政于德而纵横欧陆者也！惟范睢以谓：“秦之国，四塞以为固，北有甘泉、谷口，南带泾、渭，右陇、蜀，左关、阪；奋击百万，战车千乘，利则出攻，不利则守；此王者之地也！民怯于私斗而勇于公战；此王者之民也！王并此二者而有之，以治诸侯，霸王之业可致也！”今德之人，怯私斗而勇于公战，希特勒有其民矣！然希特勒有王者之民，而无王者之地！德，四战之国，条达辐辏，其形势颇似六国之韩、魏，而不如秦之四塞以为固！顾德人则以韩、魏之形势，而欲为秦之兼并；利则出攻，而不利，则无所入以自守；此威廉二世之所以百战百胜而不振于一蹶；而希特勒亦必无幸于今日者也！方今之建国，四塞以为固；而能整齐其民人以怯私斗，勇公战者，其惟苏联乎！盖所谓“并此二者而有之”，而接境于中国，自西北而东迤，地形犬牙相错；而今而后，天下无变则已；天下有变，实逼处此，而为中国患者，盖莫大于苏联也！然英、美亦不能无虞心于苏联，交不待伐而其势孤！英、美亦非扶植中国，不能以维持世界之均势；亲仁善邻，国之宝也！夫伐交固以先于伐兵；而亟战亦不能废外交。国际战争之外交运用，新战国之与旧战国，一也！而验之当今，按于《国策》，籀为大例，可得而论者有六策焉：（一）战略可以运用外交，而不可以外交操纵战略！以和辅战，而毋以和妨战；以战得和，而毋以和为媾！《秦策》：张仪说秦王曰：“秦与荆人战，大破荆，袭郢，取洞庭五都江南；荆王亡，奔走东伏于陈。当是时，随荆以兵，则荆可举；举荆，则其民足贪也，地足利也；东以威齐、燕，中陵三晋；然则是一举而霸王之名可成也，四邻诸侯可朝也；而谋臣不为，引军而退，与荆人和；令荆人收亡国，聚散民，立社主，置宗庙，令帅天下西面以与秦为难；此固无霸王之道一矣！天下有比志而军华下；大王以诈破之，兵至梁郭，围梁数旬，则梁可拔；拔梁，则魏可举；举魏，则荆赵之志绝;荆赵之志绝,则赵危;赵危而荆孤,东以威齐、燕,中陵三晋;则是一举而霸王之名可成,四邻诸侯可朝,而谋臣不为,引军而退,与魏氏和;令魏氏收亡国,聚散民,立社主,置宗庙,此固已无霸王之道二矣!赵氏,中央之国,杂民之所居也;其民轻而难用,号令不治,赏罚不信,地形不便;上非能尽其民力!彼固亡国之形也,而不忧民氓,悉其士民,军于长平之下,以争韩之上党。大王以诈破之,拔武安。当是时,赵氏上下不相亲,贵贱不相信;然则是邯郸不守!拔邯郸,完河间,引军而去,西攻修武,逾羊肠,降代、上党;代三十六县,上党十七县,不用一领甲,不苦一民,皆秦之有也!然则是举赵,则韩必亡;韩亡则荆、魏不能独立;则是一举而坏韩,蠹魏,挟荆以东弱齐、燕,决白马之口以流魏氏,一举而三晋亡,纵者败!大王拱手以须,天下遍随而伏,霸王之名可成也!而谋臣不为,引军而退,与赵氏为和,乃取欺于亡国!赵当亡不亡,秦当霸不霸,天下固量秦之谋臣一矣!乃复悉兵以攻邯郸,不能拔也;弃甲兵,怒战栗而却,天下固量秦之力二矣!军乃引退,并于李下,大王又并军而致与战,非能厚胜之也,又交罢却,天下固量秦之力三矣!"此秦以和失胜,而荆、魏、赵则以和捄败;秦以和妨战,而荆、魏、赵以和备战也!《赵策》:秦攻赵于长平,大破之,引兵而归,因使人索六城于赵而讲;赵计未定,王以告虞卿。虞卿曰:"不如无媾!秦虽善攻,不能取六城!赵虽不守,而不至失六城!秦倦而归,兵必罢!秦索六城于王,王以五城赂齐!齐,秦之深仇也,得王五城,并力而西击秦!"赵王曰:"善!"因发虞卿东见齐王,与之谋秦。虞卿未反,秦之使者已在赵矣!秦亟胜而以媾赵和;赵不和而以来秦使;此赵以战得和,而秦以和为媾也。(二)勿有骤败而过估敌国之力,自馁以媾和;须知我败而兵固挫,敌胜而力亦罢;我苟不和,敌亦无力!《赵策》:秦之大破赵于长平以索六城而讲也,虞卿谓赵王曰:"秦之攻赵也,倦而归乎?王以其力尚能进,爱王而不攻乎?"王曰:"秦之攻我也,不遗余力矣!必以倦而归也!"虞卿曰:"秦以其力攻所不能取,倦而归;王又以其力之所不能攻以资之,是助秦自攻也！来年秦复攻王，王无以救矣！"《齐策》：苏秦说齐闵王曰："今世之所谓善用兵者，终战比胜，则非国之利也！臣闻战大胜者，其士多死而兵益弱！今夫鹄的，非咎罪于人也，便弓引弩而射之，中者则善，不中则愧；少长贵贱，则同心于贯之者；何也？恶其示人以难也！今穷战比胜，则是非徒人以难也；又且害人者也！然则天下仇之，必矣！"今之希特勒，亦世之所谓善用兵，终战比胜者也；然而无一大胜，不呼吁和！吾读《秦策》，张仪说秦王，以为六国赏罚不行而民不能死！秦则政令严而民断死；断死与断生也不同，一可以胜十，十可以胜百，百可以胜千，千可以胜万，万可以胜天下矣；然胜而无成功者，则以秦胜而不能乘胜以并力一决，与败者为和，而败者得以其间收亡国，聚散民以重振，与秦为难，秦失兼弱攻昧之道也！夫秦有胜而不知乘胜，则六国虽败而不终底败，转以量秦之谋，量秦之力，而缮甲兵，补卒乘，再接再厉以乘秦于计穷力竭之余；此吴之所以破赵而卒为赵破；齐之所以五战五胜而无救于亡也！仪为秦虑之熟矣！然秦有胜而不知乘胜以失计于和，此仪所以谓"谋臣之拙"也！希特勒则欲乘胜以无力乘而苦不得和，此谋臣之所无如何也！一九三九年以来，希特勒无战不胜，而每胜必媾言和；始也波兰亡而呼吁英、法和；法溃而胁法为和；将图苏而饵英以和；及破苏而又饵苏为和。然德之为胜，在速战速决，而无力以持久；盖势使然，史实具在，天下固量德之谋臣一矣！乃复殚锐以攻英伦，不能拔也；无所逞其怒，望洋兴叹，天下固量德之力二矣！既不得志于英，又肆其东封而欲逞兵于苏，非能厚胜之也，又交罢却，天下固量德之力三矣！内者量德为谋，外者极德兵力，由是观之；英、美、苏之合纵而图德，何所惮矣！内者德甲兵顿，士民病，蓄积索，田畴荒，困仓虚；外者英、苏、美比志甚固而以僇力相图；此仪之所以为秦虑，仰亦希特勒之心为危也！呜呼！希特勒不云乎："英国人自夸战必胜，何尝如此！然英人不战则已；战必到底，愈败愈战，则非虚语！"然则秦人之所以胜而卒无有成功者，则以秦人之战不到底，故胜不到底也！于荆然；于魏然；于赵无不然！

英人之所以败而无害为强国者,则以英人之战必到底,斯败不到底也!于法皇拿破仑然,于德帝威廉二世然;于希特勒亦将然!何可以骤败而过估敌国之力,自馁以媾和耶!顾目论者,徒拘拘于胜败之迹,强弱之势,气以骤败而递馁,势以相形而益绌;或一蹶以不振;或始奋而终踬;蓄缩自沮,非善于谋国者也;(三)列国兵争,不能先人以制人于猝,莫若后人以承人之敝!大国后起而重伐不义,则与多而兵劲;后起而承人之敝,则力少而获多;后起而扶弱于危,则恩深而德大!《齐策》:苏秦说齐闵王曰:"臣闻用兵而喜先天下者忧!大国之计,莫若后起而重伐不义!夫后起之藉,与多而兵劲,则是以众强敌罢寡也!语曰:'骐骥之衰,驽马先之!孟贲之倦也,女子胜之!'夫驽马女子,筋骨力劲,非贤于骐骥孟贲也;何则?后起之藉也!今天下之相与也不并灭;有能按兵而后起,寄怨而诛不直,微用兵而寄于义,则不约亲,不相质而固;不趋而疾;众事而不反,交割而不相憎,俱强而加以亲,何则?形同忧而兵趋利也!由此观之,后起,则诸侯可趋役也!"此大国后起而重伐不义,则与多而兵劲也!《齐策》:齐欲伐魏;淳于髡谓齐王曰:"韩子卢者,天下之疾犬也!东郭逡者,海内之狡兔也!韩子卢逐东郭逡,环山者三,腾山者五,兔极于前,犬废于后;犬兔俱罢,各死其处;田父见之,无劳倦之苦而擅其功!今齐、魏久相持以顿其兵,弊其众;臣恐强秦大楚承其后,有田父之功!"齐王惧,谢将休士也!《燕策》:赵且伐燕;苏代为燕谓惠王曰:"今者臣来过易水;蚌方出曝,而鹬啄其肉;蚌合而拑其喙。鹬曰:'今日不雨,明日不雨,即有死蚌!'蚌亦谓鹬曰:'今日不出,明日不出,即有死鹬!'两者不肯相舍;渔者得而并禽之!今赵且伐燕,燕赵久相攻以弊大众;臣恐强秦之为渔父也!"惠王曰:"善!"乃止。《秦策》:齐举兵伐楚。陈轸之秦;秦王谓曰:"齐楚相伐;或谓救之便;或谓不救便?"陈轸曰:有两虎争人而斗;卞庄子将刺之。管与止之曰:"两虎争人而斗,小者必死;大者必伤!子待伤虎而刺之;则是一举而兼两虎也;无刺一虎之劳,而有刺两虎之名!齐楚今战,战必败;王起兵救之,有救齐之利,而无伐楚之害!"此谓后起而承人之弊,则力少而获多也。

(四)两国交兵,而弱者乞援,不可不许而不可急救!不许,则弱者知无救,必折而入于强以致怨于我,兵必及我;则是结弱之怨于此日,而承强之兵于日后也!急救,则弱之力未罢,而强之势方张;弱者未罢而祸纾,则德我不深;强者方张而与战,则耗我必多;则是代人受兵,而大耗于我,无德于人也!不如急许救以系弱之望;缓出兵以伺强之弊!《齐策》:南梁之难,韩氏请救于齐。田侯召大臣而谋曰:"早救之孰与晚救之便!"张丐对曰:"晚救之,韩且折而入于魏,不如早救之!"田臣思曰:"不可!夫韩魏之兵未弊,而我救之;我代韩而受魏之兵,顾反听命于韩也!且夫魏有破韩之志;韩见且亡,必东愬于齐。我因阴结韩之亲,而晚承魏之弊,则国可重,利可得,名可尊矣!"田侯曰:"善!"乃阴告韩使者而遣之。韩自以专有齐国,五战五不胜,东愬于齐;齐因起兵击魏,大破之马陵;魏破韩弱!韩魏之君,因田婴北面而朝田侯。《楚策》:邯郸之难,昭奚恤谓楚王曰:"王不如无救赵而以强魏;魏强,其割赵必深矣!赵不能听,则必坚守,是两弊也!"景舍曰:"不然!魏之攻赵也,恐楚之攻其后!今不救赵;赵有亡形,而魏无楚忧,是楚魏共赵也,害必深矣!何以两弊也?且魏盛兵以深割赵;赵见亡形,而知楚之不救己也,必与魏合而以谋楚!故王不如少出兵以为赵援;赵恃楚劲,必与魏战。魏怒于赵之劲,而见楚救之不足畏也,必不释赵!赵魏相弊而齐秦应楚,则魏可破也!赵得救以不亡,赵之德我深矣!"故曰:"后起而扶弱于危,则恩深而德大"也。(五)救人者,毋代人受兵,而自蹈瑕以攻!《齐策》:邯郸之难,赵求救于齐,田侯召大臣而谋:"救赵孰与勿救?"段干纶曰:"魏氏兼邯郸,其于齐何利焉?"田侯乃起兵曰:"军于邯郸之郊!"段干纶曰:"救邯郸,军于其郊;是赵不拔而魏全也;故不如南攻襄陵以弊魏!邯郸拔而承魏之弊,是赵破而魏弱也!"田侯曰:"善!"乃引兵南攻襄陵。七月,邯郸拔;齐因承魏之弊,大破之桂陵。盖救邯郸,则与魏争锋而代赵战;攻襄陵,则冲魏之虚以承其弊!魏空国以争赵邯郸,而亦不得不亟自救；及邯郸拔而力亦弊，遂为齐所大破！（六）两国交兵，中立观变，而蓄锐养士以兼弱弊强而制其全胜！《齐策》：权之战，齐使魏冉之赵出兵助燕击齐。薛公使魏处之赵谓李向曰："君助燕击齐，齐必急；急必以地和于燕而身与赵战矣！则是君自为燕东兵，为燕取地也！故为君计者，不如按兵勿出；齐必缓，缓必复与燕战；战而胜，兵罢弊，赵可取燕唐曲逆；战而不胜，命悬于赵！然则吾中立而割穷齐与疲燕也！两国之权归于君矣！"《魏策》：徐州之役，犀首谓梁王曰："何不阳与齐而阴结于楚？二国恃王，齐楚必战！齐战胜楚而与乘之，必取方城之外！楚战胜齐而与乘之，是太子之仇报矣！"此中立以制全胜也。综上六策，而按之今日之大战：日之侵我，德之侵苏侵英，常欲以战媾和，以和辅战；而中、英、苏则不肯以和为媾，以和妨战；则明乎第一策也！日人屡胜而亟和；我亟败而勿许；日欲速战速和以保胜；我则愈败愈不和以图振；则明乎第二策也！反之而希特勒大败法人，遽以荣誉之和平为饵；而法人弃甲则那，遂为奴役以一蹶不振；则失乎第二策也！德人先有事于波兰以战英、法；苏联则与德订约互不侵犯以嗾之战英、法，而己按兵以徐图其后；则欲用第三策也！日之逞兵于我也，苏联显以兵械资我，又以航空军人参战，若欲与我为援；而我国人以为日、苏必不免于交绥也，则恃以与日战；而苏虚相委蛇！日人怒于我之劲，而见苏之救不足畏也，与我相持；而苏按兵以虎视，阴以罢日之力，而显以示我为援；则明乎第四策也！日与我连兵，德与苏亟战；而英、美亟声援以鼓中、苏之抗战；徐应战以罢日、德之兵力；则欲用第四策也！英、美不直以兵援苏，而亟辟欧洲第二第三战场以承德人之弊；则欲用第五策也，向者希特勒东出兵以攻波兰。而英、法为之声援，不亟出兵捣德人之虚而掎德人之背；则欲用第四策而失于第五策，希特勒遂反兵而不可制也！列国纷争，而十耳其坚持中立以西不失欢于德，东修睦于苏、北结盟于英；英供飞机，德亦资以大炮；则欲用第六策也！成败利钝，虽非逆睹，神而明之，存乎其人！凡今之人，必明乎此，而后生列国交兵之世，不震不慑，从戎者以再接再厉；宴处者以有识有力，败勿馁，胜勿矜也！书生而不能执兵以战，可也；书生而为庸人之自扰以不能策战，吾恨之，吾尤耻之！

其次伐兵，

（训义）梅尧臣曰："以战胜。"

基博按：之于史，列国兼并，伐兵必先伐交；交伐则兵亦伐。战国之世，秦欲伐齐，齐楚从亲，于是张仪往相楚，说楚王闭关绝约于齐，请献商于之地六百里。楚王大悦而许之。陈轸谏曰："秦之所以重楚者，以其有齐也；今闭关绝约于齐，则楚孤！秦奚贪夫孤国，而与之商於之地六百里？张仪至秦，必负王；是北绝齐交，西生息于秦也；而两国之兵必俱至！"楚王曰："陈子闭口！"于是遂闭关绝约于齐；而秦齐之交合，共攻楚，斩首八万，遂取丹阳、汉中之地。苏秦既一六国从亲以摈秦，要约曰："秦攻楚，齐、魏各出锐师以佐之，韩绝其粮道，赵涉河漳，燕守常水之北。秦攻韩魏，则楚绝其后，齐出锐师而佐之，赵涉河漳，燕守云中。秦攻齐，则楚绝其后，韩守成皋，魏塞其道，赵涉河博阙，燕出锐师以佐之。秦攻燕，则赵守常山，楚军武关，齐涉渤海，韩、魏各出锐师以佐之。秦攻赵，则韩军宜阳，楚军武关，魏军河外，齐涉清河，燕出锐师以佐之。"六国从亲以摈秦。秦兵不敢窥函谷关十五年；其后秦使犀首欺齐、魏，与共伐赵；从散约解以自相屠灭，至使秦人得伺其隙以取其国。秦欲攻安邑，恐齐救之，则以宋委于齐曰："宋王无道，为木人以为寡人，射其面。寡人地绝兵远，不能攻也。王苟能破宋有之，寡人如自得之！"已得安邑，塞女戟，因以破宋为齐罪。秦欲攻韩，恐天下救之，则以齐委于天下曰："齐王四与寡人约，四欺寡人；必率天下以攻寡人者三；有齐无秦，有秦无齐，必伐之，必亡之！"已得宜阳少曲，致蔺石，因以破齐为天下罪。秦欲攻魏，重楚，则以南阳委于楚曰："寡人固与韩且绝矣！残均陵，塞鄳厄，苟利于楚，寡人如自有之？"魏弃与国而入于秦，因以塞鄳厄为楚罪。齐东边海上；秦日夜攻三晋燕楚，五国各自救；以故齐王建立四十余年，不受兵。及后胜相齐，与宾客多受秦间金，观王朝秦，不修战备，不助五国攻秦。秦以故得灭五国；及灭燕而南攻齐，猝入临淄；民莫敢格者，遂降。则是先伐交以孤其势，继伐兵以破其国也。自古而然，于今为烈！方十九世纪之下半期，德意志大宰相俾斯麦纵横捭阖，睥睨欧陆，而意念之所经营，在德意志之统一也；如有国焉，而足以妨德意志之统一者，其势不得不战；然必伐交以使之孤立，而后动于兵。罗马人有古训曰："一时之间，勿战两面。"于是俾斯麦奉以周旋，安法联义以孤奥，而普奥之战胜；间英以孤法，而普法之战胜；岂徒毛奇伐兵之能以制胜；抑亦俾斯麦伐交之先有成功！然而胜败何常，无德不报，尤必伐交之善图后，而后伐兵之能保胜！普方新与奥战而大创之，夺德意志霸权于其手；奥人愤耻未蠲，而普旋结深仇于法；以新造之德，而法、奥二憾日伺乎其傍，欲求一夕高枕而卧，何可得者！俾斯麦知法仇之不可解，而奥恨之可以消也，则先释憾于奥，而徐以图法。普法和约之既画诺也，康必达集国人而申儆之曰："呜呼！愿我子孙勿忘今日！"复仇雪耻，固已铭心刻骨于法人，而誓之以世世；俾斯麦之所熟知也！《孙子》不云乎！"太上伐谋，其次伐交。"而俾斯麦则伐交以伐谋，孤法之援，而莫余毒！奥新败于普，义素亲于法，而俄亦惧德之逼，皆法之可以为援者也。初奥相贝士，常不慊于俾斯麦，虽德秋波频转，而奥终不为动。贝士去位，安德拉西继之；于是奥帝佛兰约瑟，以一八七二年与新相同朝于柏林，是为德、奥交欢之始。俾斯麦虑俄人之见猜也，以皇室姻娅为口实，劝俄帝来朝；俄相俄查哥夫从焉。三帝相会于柏林；遂以九月五日，缔结新神圣同盟；盖五十年以前，维也纳会议之后，俄、普、奥三国，尝缔神圣同盟；俾斯麦遂因之以温旧盟而敦新好焉。明年，德帝复率俾斯麦朝于俄、奥，所以报也。于是德得两强为与国，而稍即安矣！然俄查哥夫，尝嫉德之浡兴，忧俄之见逼，其与德常貌合神离，固俾斯麦之所稔知也。所谓新神圣同盟者，一旦有事，未可恃以为援，又俾斯麦所能预虑也；必图所以固奥之心。于是俄帝亚历山大第二，以援助塞尔维亚独立，会师以伐土耳其，而败之，胁之以成一八七八年三月圣士的夫之约，承认门的内哥、罗马尼亚、塞尔维亚独立；而割亚尔米尼亚州北部、德布的亚州全部及小亚细亚之一部以予俄。初俄人之将战也，尝以告于列国；而其首先宣言为善意之中立者，德人也。战之既起，奥人欲有所抗议，谋之于德。俾斯麦曰："东方之战，吾侪何与焉；幸毋以一弹加遗也！"奥人遂止。及土之败而俄以张，英人出舰队以蹶起执言；奥亦严兵从其后；而德若不闻也者，方假严镇无政府党以为名，日与俄、奥酬酢，而寻所谓新神圣同盟者。当此之时，俄人以为举一世之惠而好我者，莫德若也！圣士的夫之约之既缔也，英、奥大国，固不甘俄之高名厚实，一手把持；而巴尔干诸邦，亦以俄之分配不均，专断一切，啧有烦言；而俄之虚无党蠢动，势不能以再战。于是俾斯麦以为时乎时乎，投袂而起，合俄、奥、英、法、义、土以及巴尔干诸邦，大会于柏林，而为之平亭，矢言曰："吾为诸公作一最公平之经纪人而已！"盖自况于司市者为人谐价，而己无所利于其间也。俄人方以得德为强援，而厚于我者将无量！而孰知俾斯麦包藏祸心，一手遮天，阳示亲于俄，而阴市恩于奥，割罗马尼亚所欲得之伯沙比亚州以予俄；而割塞尔维亚、门的内哥两国所欲得之坡士尼亚、赫斯戈维纳二州以委统治于奥，慷他人之慨，在德为不费，而在奥为大获。于是奥之感刺骨，而俄之怨毒亦甚；遂以明年十月订立德奥同盟，相与约曰："两同盟国，无论何国，如为俄攻，必出兵以相援。若受攻于俄以外之国，则互为善意之中立。惟俄若出兵以援其国，两同盟国，亦必以军相援。"近世所谓攻守同盟条约者，此其嚆矢也。土以数百年世守之地，供人宰割，而以柏林会议，向之所失于圣士的夫之约者，得俾斯麦之力以收复不少；此又俾斯麦之所以市惠于土，而为威廉二世近东政策，下一闲着布一远势者也。然俄则圣士的夫之约之所获，剥夺殆尽；仅得小亚细亚之片土，既无当于欧洲大势之轻重；而割伯沙比亚州以市怨于罗马尼亚；罗马尼亚以非斯拉夫人，而不睦于俄，今殆甚焉；俄之得不偿失明矣！缁衣宰相俄查哥夫，俄之政雄也；不自意见卖于俾斯麦，而又与会各国，自英、俄、法、奥、意乃至巴尔干之塞尔维亚、门的内哥、罗马尼亚、保加利亚、希腊诸小邦，罔不有所获；而德无染指焉以明示大公；噤不得有所言；纵有言也，夫亦口众我寡，而丧气以归，则怨德甚至，乃通殷勤于法。法人颔之。俄募外债于巴黎，不数日而应募者三倍焉！俄帝亲致书于德帝，谓"德若长相厄，则两国之交将不保！"德帝忧之，躬诣圣彼得堡以朝俄皇，而有所协议；非俾斯麦意也！俾斯麦则以其间与奥订德奥同盟；方议之定，而德帝在巴典，俾斯麦遣人赍约稿驰奏；德帝以惮俄之故，沉吟久之；而俾斯麦以去就力争，始画诺焉。夫奥之所畏者俄也，而德之所患者法也；据此盟约，俄若攻奥，德即助之，奥人其可以即安矣！法以独力攻德，斯德足以御之，无虞也；只求奥人中立而已足；特俄如援法以攻德，则德之腹背受敌，国必不堪；必借援于奥焉，而后劫俄莫敢动；此德奥同盟之旨也。犹曰未已，而义者，法之所素亲也；俾斯麦必思有以间之，而后法之交真伐，法之势日孤。时则法在阿非利加洲之北部，有殖民地曰阿西里；而阿西里之接壤，有地曰突尼斯。突尼斯者，上古迦太基之国都也；当是时，其地属土耳其，而法人、意人移植其间者略相埒，两国皆欲乘间攫取而莫敢先发难也。俾斯麦因以间法、义之交而市惠焉。柏林会议之将开也，德外相彪罗与义全权哥忒言："将以突尼斯予义。"义相海罗士知其隐而使哥忒谢焉，曰："德人之言甘，何其殷勤导我以与法哄也！"奥国驻义公使海弥勒亦以此议告于义廷。海罗士曰："吾义人之赴会也，载名誉之自由以往；及其既也，将载名誉之廉洁以归！"于是俾斯麦之计不得逞，乃转而市之法。于是法人以一八八一年，派兵袭突尼斯，而据之以为保护国焉。夫突尼斯者，与义之西昔里岛，隔海相望，国之所以为屏也。建国三杰之一加里波的者，埋骨于兹焉！今法人掩而有之；义人大愤曰："吾谊不能忍与终古，不如联德、奥以摈法！"其年九月，义王朝奥，明年朝德；遂以一八八三年，德与义，义与奥，互为同盟。德人与义人约曰："两国之一，无论何国，为法所攻，必相为援。"义人与奥人约曰："义与法战，俄与奥战，则奥义各为善意之中立。"于是德、奥、义三国同盟以成，而法之势真孤，法之交真伐！夫法、义，本同种之国也；义之建国，法实助之；讲信修睦，于事为顺；而俾斯麦间之以使昵于我，惨淡经营，用心亦良苦矣！三国同盟既成，自南暨北，贯注一气，而德人坐中枢以绾毂之，莫余毒也已！然俾斯麦犹以为未足，复谋所以间英、法之好而温德、俄之交者。其时英人方投巨赀以收苏彝士运河股票，而英、法以埃及有违言。俾斯麦从而构煽之，说法之康必达，愿相与提携以共图拓境于非洲及太平洋群岛。德实未尝进取也；而法人所至，见厄于英；于是法之怨英，乃甚于德；俾斯麦之术售矣！前此俄查哥夫，恨俾斯麦刺骨，德、俄之交，斯为大梗！俄氏既以愤死；基罗继为俄外相，俾斯麦复好言诱之，以一八八四年，结一约曰："俄德两国，无论何国，为敌所攻时，彼此互守善意之中立。"世称为两重保险政策。一言蔽之，则操纵群雄，使皆昵我以陷法于孤立而已；则是伐交以继伐兵之后，而善图之以保其胜也。昊天不吊！一八八八年，德意志之开国大帝威廉一世，溘焉崩殂。储皇继之，而威廉二世以大孙绍统，年少气盛，不复能委国于元辅；于是佐命勋臣之俾斯麦，怏怏罢就第；实一八九〇年三月也。俾斯麦罢政之数月，德俄之一八八四年密约满期，渐冷之交，势难温续；而俄人正以其时两度募债于法。法人力为之援。一八九一年七月，法舰队聘于俄。俄人掬诚迎之。越八月二十二日，而所谓俄法同盟者遂成立。俾斯麦方栖隐家园，年七十有六矣，闻之搏床而呼曰："呜呼！今而往，吾德人其不安枕矣！"自俄法同盟之成，而法为之介，以合英于俄，而成三国协商之局者，是则法外相狄尔喀西之力也！英与法、俄，积不相能，匪伊朝夕，俄人所怀抱之远东近东政策，殆无不为英人所破坏；百年来，英人之外交方略，什九皆为防俄而设。而英、法之为世仇，亦既百年矣；逮十九世纪之末，法人为俾斯麦之奇计所中以驰骛于殖民政策，而贾怨于英也滋甚；其在东亚，在太平洋上之岛屿，在非洲之马达加斯加，无在不与英犯。一八九八年，法之马西耶将军，乃至在尼罗河上流之法梭达，逼英埃及统监吉青纳将军撤退；英、法国交，不绝如缕！至英、德人种相近，而又甥舅之邦也！柏林会议之际，德之所以助英者至厚，两国睦谊，自昔最称洽焉！然而间德以合英与法者，则狄尔喀西之为也！其时年少气盛之威廉二世，高掌远蹠，威震全欧。巴黎政家，畏其逼也，竞倡联德以冀苟安；而狄尔喀西独深非之，常以联英为法国百年大计，危言激论，指陈利害；值白里安内阁成，狄尔喀西入为外相。初法前外相阿耶特，排英尤力，尝倡言于众曰："吾法无论如何，终与英不共戴天！英之视法，当亦有然！"及狄尔喀西继之，而日俄之战将起；狄尔喀西私忧窃计，以谓："日之同盟，英也；而俄之同盟，法也；使日、俄哄于东，而延及同盟以哄于西；于英、法何利焉！"于是开心见诚，举凡积年与英纠纷之宿案，务一举而扫之；盖七阅月间，而所解决者，大小共三十有二案焉；而其尤要者，则为埃及、摩洛哥之权利交换。法人承认英人在埃及有最高主权；英人承认法人在摩洛哥得自由行动；质言之，则前此英、法两国，共有埃、摩，共争埃、摩；今则交易而退，各得其所焉；于是一九〇四年四月，英法协约成。然摩洛哥者，则固德人所久耽耽而视也；英法蹑足耳语而处分之，是蔑德也，德之见侮至矣！在常人犹不能忍，况霸气弥满如威廉二世者，乃以一九〇五年三月，轻身往朝于摩，谓摩王曰："朕认苏丹为独立国之主权者而来朝焉！朕望苏丹所统治之摩洛哥国，自由独立，勿为豪强所兼并，所独占；开放门户，万邦同休而利赖焉！"四月，倡议开列国会议公决摩洛哥问题。法人开阁议以决从违。狄尔喀西曰："拒之便！"首相罗威顾陆相曰："陆军何如？"对曰："未有备也！"顾海相曰："何如？"对亦如之。狄尔喀西以辞职，而徇德请。以一九〇六年，大会于地中海岸西班牙境内之阿支士拉；英、法、德、奥、俄、义、美、比、荷、瑞、班、葡及摩洛哥十三国，皆遣使焉。开议之前，德人之于列国，百计游说，而迄反其所期以失据败绩，惮于违众，隐忍而已！虽以德人同盟之义，犹祖英、法焉；则狄尔喀西之先有以得义之心也！狄尔喀西虽以此去位，然其用意，在联英也；英既联矣，特以威廉二世之抗议，而英法之交亲愈固；威廉二世所以成狄尔喀西之志者，其勤至矣！于是狄尔喀西退为议员以演说于议会曰："德固我友邦也，而比年频欲以我所难堪者加诸我！彼曷为尔尔？彼其自一八七一年以来所得之胜利，特以吾法人之力征经营，而凭借之基础已动摇，穷无复之，乃至以开战相恫喝。吾侪爱和平之法人，不忍言战也；姑徇其请以开会议；而今何如？益使彼孤立寡助之情状，暴白于天下耳！余之政策，在持欧洲之均势，以不受三国同盟之逼。然则如何而可？余先调和法、义两国之争以各偿所愿；次则巩固法、班两国之交以无或我虞；更进而与英结协约，以余所见英国之大陆政策，亦欲以保欧洲之均势也；英法协约之职志，亦即在此。吾望此协约巩固之后，更介绍吾新交，以与吾同盟之旧友握手，共言誓之！"所谓同盟之旧友者谁欤？盖俄也。日俄战役之将终也，俄外相槐忒衔全权大臣之命以议和于美之朴斯茅，归及巴黎，而俄驻英参赞哥缁儿突往访焉，出英皇爱德华亲翰，则招槐忒一游伦敦也。问所以？哥缁儿以欲解决两国悬案对。槐忒谢焉，以受命议和，他非所闻，不敢专也！槐忒归而执政；哥缁儿复以斯策进；卒不之许。槐忒之意，以谓："国军新败，疮痍未复，当务之急，莫如弭内乱，苏民生，未遑远略。"其时德亦以神圣同盟之旧谊，屡托微波，思与俄别结密约，以规复俾斯麦之二重保险政策；俄人亦莫应也！而当时执英政者，为巴尔福之统一党内阁；统一党数十年来，以排俄为职志；而于爱德华亲俄之策，盖微有所不慊焉！一九〇五年，巴拿门之自由内阁成，格黎人为外相，以谓："俄方汲汲于内治，且海军燖焉，已无力以扰英属地。而威廉二世即位之初，宣言：'德国之将来，在于海上。'咄咄逼人！而整军经武，海陆并进，异日必为英患，英陆军不足恃也，舍俄，无可与当德者！"以诏于国人，而昵俄之意渐切！时则俄之司徒列宾内阁成，伊士倭士奇人为外相。伊士倭士奇者，缁衣宰相俄查哥夫之记室也；俄查哥夫切齿于柏林会议之役，赍志以殁；伊士倭士奇传其衣钵，视德如仇，又有憾于德、奥相厄以阻俄人之近东发展；目挑心许，亦与英通秋波。而狄尔喀西之徒，窥其隐，殷斯勤斯以为之媒焉；于是一九〇七年八月三十一日，英俄协约成，而英、俄积年之纠纷胥泯！俄之昵英，其借以捍德者，不过十之一二,而借以控奥者乃十之七八;然德自兹乃益孤立矣!则狄尔喀西之以也!呜呼!狄尔喀西,其法兰西之俾斯麦乎!俾斯麦出全力以伐法交,而使法国孤立以不敢动。狄尔喀西还推其矛以陷之,亦出全力以伐德交而使德国孤立以莫之助。狄尔喀西之伐德交也,其最末一着,在特亲英而更牵俄以渐合于英;其最初一着,在特亲义而先间义使渐疏于德。故就任之第一事,即订法义协约,求义人承认法人在摩洛哥自由行动;而法人亦承认义人在德里波利及西里尼卡之自由行动以为代偿;于是法、义之民大和!及一九〇二年六月二十八日,德、奥、义三国同盟期满,赓续订约,而义人则以告于法曰:"吾同盟国之一国,而为他国所侵时,吾义大利人谊之所当援也!如其侵袭他国,吾义宁助虐焉;谊之所不敢出也!"夫义之与德、奥,本为防御同盟,而非攻击同盟,载在约章,其义人人所知;而义人独断断向法言之,所以慰借法人者至矣!义与法既日亲,而奥人以一九〇八年十月,宣布兼并坡士尼亚、赫斯戈维纳二州,而骎骎以与义人争长于爱琴海;奥、义之相猜乃日甚!故三国同盟之貌合神离,非一日矣!迄一九一四年六月二十八日,正三国同盟第四次续约期满之时也;奥皇储菲的南适以其日遇刺于坡士尼亚州,而滔天之战以起!三国同盟之约未续,本无效力之可言;然德人既向俄法宣战,奥亦向俄宣战;独法之与奥,则相持不发。奥使狄克森,泰然留于巴黎,如无事焉!既而法人借词奥军之进逼法境而宣战。盖奥人欲俟法人先发难,而因以解除义人防御同盟之职责也。然而义人遂袖手不起,既则倒戈以攻;于是奥为俄厄,又虞于义!盖三十余年之同盟,一旦有急,卒不可恃,而俾斯麦之志荒矣!是则狄尔喀西伐交之成功也!于是威廉二世,獶狡锋协,而东援奥以抗俄,西伐法以战英,既疲于西,又骛于东,罢于奔命,卒以不振,非战之罪也!然狄尔喀西伐德之交,而孤威廉二世以倾覆;亦以英人之自伐其交,而援希特勒以再雄。威廉二世之既蹶,而于是有一九一九年凡尔赛之和会,以英、美、法为主盟,而以祸首惩德。法人议分德为七十二小州,众建而分其力,以弱之无力再振；而英人不许也！然《凡尔赛和约》，四百四十余条，繁细苛刻，所以箝制德国，而羁其手足以不许动者，亦既无所不用其极；而法人一意孤德，环德境之列国，无不与法从亲为一以包围德国；四面环堵，而德孤立其间，欲动不得，亦何能为！然法人欲孤德以自保，而英人又虞法以扶德，德人之所以得脱重围如不羁之马者，则英人之以也！盖英人之于欧陆，常欲保持均势，而以己得为轻重；意在扶弱以锄强，岂欲树强以敌己！向援法以攻德者，盖德强欲以相图，而法弱不妨相援也。法则强矣，而德日削；法既无虞于德，而或逞志于英，则是树强以自为敌，非英之利也！及德既弱矣，又转虞法；虞法如何，又转扶德，狐埋狐扣，情岂得已！盖法既强而德又弱也；于是以一九二四年，援德财政。希特勒窥其隐也，凡不得志于法者，而以尝试于英，得寸进尺，至一九三三年，而退出裁军会议，公开扩军，一九三五年，宣布重行征兵制；而于是凡尔赛条约之所以箝德者，破坏无余！英人不惟不申明约束以禁制之，而又助长其势以与订海军协定。所以然者，英人之用心，不惟虞法以扶德，抑欲强德以抗苏。苏联以工农共产新造之邦，而日以倾覆资本主义为天下号；此英人之所大不安也！而机警之希特勒，高张反共之帜，以容说于英人；若曰："我之整军，为防共也；尔无我虞！"于是英人大悦，以谓："我扶一德，而可以制法之强，可以防苏之共，一举而两善备焉，夫何惮而不为也！"而于是希特勒得肆其计！然英虽恶苏以树德；法则抗德以联苏，而有法苏协定。苏联，天府之国，而史丹林得政以搏一民志，整军经武；缮完器甲，降低人民入伍年龄，眈眈虎视，足以拊德人之背，而制希特勒不敢动；此则法人之成功，而希特勒之所大惧！于是借口以申儆于国人，而改为两年服兵役；则是军额加倍！英人亦以德之浸不可制，而有戒心，于是有四年整军计划。而又倾心于法。顾德之孤自若也！不有帮凶，未敢肆志！而有一国焉，以一九一五年四月，参战以助英法，而不得志于凡尔赛和会以饮恨者，则义也！义首相墨索里尼恣肆咆哮之所以擅义政，束缚驰骤之所以用义民者，则尤希特勒之所师承，而亦步亦趋以用于德者也;同恶足以相济,借口防共,以一九三六年十月,与义结成轴心。既而与日亦成防共协定,则为一九三六年之十一月。而于是德有与国,东海西海,心同理同,沆瀣一气,而德不孤,羽翼已成,横绝四海矣!然德虽得义、日以为助,而英、法之与不少!苏联尤以德与义、日成防共协定,而四面楚歌,相煎太迫;于是李维诺夫主张参加国联,参加集体安全,以向英人送秋波,而图与之修好以敌德;然而英人不理也!及希特勒乘间抵巇以图并捷克;而法、苏咸与捷克有盟约,苏联欲合英、法以联中东欧小协约诸国,援捷克而制德。假令英人仗义执言,起而为之主盟,以声罪致讨于德;而法对捷,有条约之义务;小协约诸国对捷,有条约之义务;苏联对捷,有条约之义务;以此而战也,法助之,南斯拉夫助之,罗马尼亚助之,波兰助之,苏联亦助之;此外爱好和平之国家,当无不向风慕义,而从英人之后矣!义问昭宣,天下归心,高名厚实,孰有大于此者乎!顾英相张伯伦尸居余气,谓实力不足也。且曰:“捷克,乃远方不知谁何之小国耳!”于是协商于法,以有一九三九年慕尼黑之会议,而委捷克于德!然德之大欲未餍,而苏联之心大伤!英以此失列国之心,而背盟弃信以拆散集体安全,英之交尽伐,而德之势益张!苏联以捷克为西门,而英嗾法以卖同盟,此苏联之所以深怨极恫也!苏既伤心怨英,德遂乘机媾苏,而柏林报纸无不载威廉一世之遗言曰:“勿与俄失和!”所以为秋波之送也。未几而苏联大使至柏林。继之里宾特洛甫赴苏报聘,将行,希特勒送之曰:“此一行也,岂特公政治生命之荣替攸关,抑亦德意志国命之所系焉!”郑重诏告。而英、法亦悔祸于厥衷;苟德不得解于苏以纾东顾之忧,必不敢逞兵以肆志英、法;此英、法之所熟知也,亦遣使焉。苏亦有虞于德,而不能忘情英、法;乃英、法、苏谈判四十五日,而不得要领。莫洛托夫曰:“英、法之来,其果出于诚耶!事未可知!”迄七十日而依然如故;而求症结所在:一为波罗的海诸小国保障问题。一为远东问题。波罗的海诸小国之有系于苏联国防,犹荷兰、比利时之于英伦三岛。拿破仑尝言:“比利时者,针对英国之一利剑也。”则波罗的海诸小国与奥兰岛之形势,亦无异于针对苏联之两柄霜刃矣!米美尔港,已为德有;而但泽港,且暮归德;德之海军,如占奥兰岛,则波罗的海为德国之内湖;而苏联为所封锁,虽有雄伟之克隆斯达军港,将何所用之!德人之国际信义,久已扫地;虽与波罗的海小国,订互不侵犯之约,宁足以保障苏联西北之安全!苏联对于罗马尼亚、土耳其及波兰等东南欧国家之安全,既予英法以支援之诺言;则英法对于波罗的海之安全,独不予苏联以保障乎!然波罗的海小国及芬兰,亦自矜重其国家之独立;一九三四年,缔结波罗的海协约,虽无大效;而两大国之间,事齐事楚,煞费平章,小国亦图所以自全;德之兼并,固所寒心;而遽牺牲独立,以受苏联之保护,亦岂所甘!英如贸应苏联之求,制德之功未见,而先失诸国之心;此英人之所踌躇也!德之与日,协定防共,以为苏联也;今苏联合英法以有事于德,而不能无虞于日人之拊其背!德人之所大患,在英法与苏联携手,而西战英、法,东战苏联,以陷于两面夹攻;得日与协定,则苏联虞日人之拊其背,而不能有事于德。日人之所大患,在中国与苏联携手,而东侵中国,西防苏联,以陷于两面夹攻;与德为协定,则苏联虞德人之伺其后,而可以肆志于我。形格势禁,而苏联之所大患,则在德与日协定,而西抗德,东虞日,以陷于两面夹攻;声请与英订约:“如日人一旦开战,则英必出兵援苏。”英诺其请,惟不欲以明文订约。顾苏联则以口头之保证为不可恃!于是李维诺夫曰:“英、苏谈判之不得当而迟延,我不能无疑于英人之用心,果为保障和平来也,抑别有所图?”顾张伯伦之所以策苏者曰:“希特勒以反共焕然大号,而德、苏之仇隙已深;苟苏联不联英、法,抑亦无路可走;何患不得当也!”盖所以授使指者如此!使者奉以周旋,多方迟难。然苏联未得当于英,亦不遽绝德;而英人欲得苏以御德;顾不欲以重伤日人之心!谈判至百有四日而苏人大怒!十二年以前,史丹林尝言:“英国资产阶级,不爱出身犯难以与人战,往往假手于人!”及是而回忆一九一四年七月,英人尝告于德曰:“如不攻法,而移兵东向;英人愿守中立!”惧英之相卖也,于是进德使而订互不侵犯之约！英、法使者失色而归！希特勒亦既无虞于俄，则亦何惮英、法；进兵波兰，而欧洲第二次大战轩波起矣！则是希特勒之"伐交"有成功，而后动于"伐兵"；抑亦英、法之自伐其交，而后来希特勒之"伐兵"也！苟英人而不虞法以扶德，斯德亦无力以自振！使法苏协定而有效，形格势禁，而捷克不亡，斯希特勒亦不敢动于恶；何来此后之"伐兵"以偿军覆国乎！希特勒以间谍战"伐谋"，以外交战"伐交"，以闪电战"伐兵"，而以心理战弥缝其阙，神明其用，喑呜叱咤，求所大欲；是则慕尼黑德意志地理政治学院院长霍斯浩佛有以教之也！希特勒之有霍斯浩佛，犹汉高祖之有张良！史称良多病，未尝独将，常为画策臣，时时从汉王；而霍斯浩佛姓名不见于报纸，纽纶堡每年一次之国社党年会，亦未见其出席，从未公开演说，然而无一日不与希特勒以电话接谈，无一星期不赴希特勒勃许塔斯伽登山居别墅以盘桓作座上宾；希特勒所著之《我之奋斗》一书，无一言一行不根据霍斯浩佛之著书！史又称张良貌如妇人女子，不称其志气；而霍斯浩佛亦身长不逾中人，举止安详，皤然一老儒，发已斑白！霍斯浩佛为一退职之少将，三十余年前，任德国驻日使馆随从武官，尝建议联日以抗盎格罗撒逊民族，而力斥不可一世之威廉皇帝黄祸论；德国陆军参谋本部传为笑柄，使馆同寮目为疯人；而孰知希特勒身体力行，以传授心法于三十年后之今日也！希特勒之未得志也，尝以霍斯浩佛之介，而得见德之军阀财阀，资多金以支国社党。霍斯浩佛尝倡地理政治学，而阐论地理政治之演进，以谓："合小以成大，兼弱而为强，盖世界政治之加速度前进；而《凡尔赛和约》用民族自决以成立诸小国，只开倒车而已！诸小国之独立，只有求助于大国，屈服于大国；而在大国领导之下，以协约联盟，合而为一；何尝为世界政治之真实独立国！盖小国之所愿欲者有二，小国固欲保其独立；而尤愿得所依附；必觅取较强之国家，而依托所缺之力量，然后可以自保；其为独立也仅矣！民族自决之运动，其初不过造谣撒谎以瓦解德意志帝国；今则俨成真理，而英、法所属领土之民族，迅速宣传，洋洋盈耳，而摧毁其殖民地之统治权矣！英国之统治本能，已退化而成又老又钝之器官。一九二六年，英国规定帝国之与属地，以平等为基础；此不过统治者之降服，而以放弃世界权威之地位尔！世界莫不以极权巩固其领土及人口之时，而不列颠帝国之体制，日松日弛，而渐成联合之王国！年迈之帝国，老至耄及，而无力以自运其肢体矣！精疲力尽，而无法以自振其意志矣！英国之自动裁军，是则意志衰弱之表现！在新兴之强国方振军经武之时，而自动放弃其强国之具；则是愿甘伏输，而强国之意志已熄；尚望其发愤为雄以与我作殊死战乎！何难取而代也！法亦垂死之民族也！其人妖娆而颇得人欢；然好乐不事事，政弛民散，精神委靡，已无从前法国人之野心与庄严，闭户自守，亦何能为！吾人不可不坚强有统治外国领土及外国人民之意志！世界使命之神秘信仰，时断时续，而锻炼吾德人内在之力量，以臻空前之强劲，应运而起以建盖世之功！民主国家，如一盘散沙，无一定之信念，无真实之信念，可以使人民为国舍身！而无信念之人民，必为失败主义者，彼以抵抗为无用也！如欲在民主国家，而欲发展德国政治之运动，人才不难物色，而各阶层，各级教育程度之人，应有尽有；多多少少，惟吾所欲！东欧与西欧之别，只是西欧不能不多用钱而已！然所用之钱，真可谓一文不落虚空地；异日可以少派几军团之兵也，民主国家之破残，亦何待于用兵；苟引诱其官吏腐化，促成其政治分裂，而鼓动不逞，煽惑内战，众志既涣，其何能国！民主国家，于此无措！而欲抟壹其民以不分化，只有国家专制之一法；政制苟能独裁，人民何法分化！兵力可以威胁，而战端不可轻开；慎毋以所有争取前途之大计，孤注一掷！在各国和平斗争之中自政治运动以迄武力解决，吾德有崭新之方式；而扰乱民心之道德战，亦有崭新之武器与前人梦想不得之宣传方法；然后相机而动，出人不意以为袭击！"其论具见所著《地理政治学》、《德国之未来道路》、《太平洋之地理政治》、《世界列强以外解放之挣扎》等书；盖始于攻心，而终以"伐兵"，无不与希特勒之国际行动符合！然希特勒大放厥辞以诋共产主义，而骂苏联领袖为浸透血液之亚洲蛮人；霍斯浩佛著书，曾无片语只字以指斥苏联，而于希特勒之狂言丑诋，则亦任之！霍斯浩佛明知希特勒之衷心反苏，而意则别有作用，阳以斥苏联之悖，而阴以安英、美之心，若曰："德之扩军，为苏联耳"；而英、美可以不戒备！方希特勒咆哮谩骂之时，而霍斯浩佛则在地理政治学院，与其徒从容讲论，以计议德苏条约之签订；以谓："苏联共产主义足以倾覆世界之自由资本主义经济；而尤以英、美为甚；苟有可以覆灭盎格鲁撒逊之世界强国者，何惮不用也！"然而联苏，霍斯浩佛之意也；用兵波兰，非霍斯浩佛之意也！霍斯浩佛尝向希特勒建议，谓："波兰之施压力也以渐，刚柔迭用，必有低头之一日！可忍耐而不可暴躁！战争必须避免！"而希特勒则以一九三九年三月，向波兰提出条件时，波外长柏克不予考量，断然拒绝；以为蔑我甚矣！忿不思难，而滔天之战祸以起！然张伯伦误估苏联之必不合德，而不虞苏联之铤而走险！希特勒误估英法之必不用兵，而不图英法之穷而挺刃！阴差阳错，天开杀劫！希特勒之意，以谓："德既得苏，英、法失措，志沮气丧，必不敢战；而坐视德之进兵，充极其量，不过抗议而已；并奥吞捷，已成事实，无不承认；波兰如为德并，而得承认于英、法，亦何难焉！假令英、法今日，能于波兰问题而开战，曷不于捷克问题而开战！"此所以不惮倾国之师以东向，而无虞于西境之法，只留少兵以相持也！英、法宣战，已非所料；而苏联与德互约不犯；然不犯德而犯波兰以进兵，胁波罗的海诸国以订约互助；此亦希特勒之所不意！蝮蛇螫手，壮士断腕，不得不放弃波罗的海诸国，以安苏联之心；而波兰之攻，德人徒受首祸之名，苏联乃享分利之实，得不偿失，已以隐恫；而窥苏联之用心，又不止此！苏联当日必以为德军攻波，英、法将捣其后；英、法出兵以东，德必回师迎战；然后苏军乘虚以入波，不独囊括波兰以为己有；而何德人之不虞，以拊其背；德必不支，所获益大！幸也英、法仓卒宣战，而未成军，日望德军之东，以争波兰而与苏联冲突，冀收渔人之利，而按兵不动以观其后；于是希特勒得收波兰之功；而睹苏联之雄师乘边，虎视眈眈；乃有虞心而大不安！计西不得英、法之谅解，而东何以解苏联之威胁，于是思霍斯浩佛之言而呼吁和平！英、法不理；引为大恨，以为蔑我甚也；于是广播演讲，大放厥辞，抒其忿郁；然而不即肆毒于法以逞兵者，盖欲以心理战救其穷，而霍斯浩佛亦自有法教希特勒以"不战而屈人之兵"也！德国鲁许尼格博士，尝任但泽会议主席，而国社党要人之一也，既意有不慊，而脱党焉；尝著《德国之虚无主义革命》一书，而于一九四○年三月再版，重以弁言，中谓："波兰之亡，亦且半年；何以英、法不攻希特勒，而希特勒亦不进攻英、法欤？盖在不和平之和平状态，而出以心理战焉；何必堑濠战，而后为战乎！钩心斗角，破坏国内政治之团结，摧毁人民抵抗之意志，阴阳捭阖，所以为心理战也！战争已采取一种消耗战略之特殊形式，旧日之军事理论，不适于用；而封锁战，亦不如心理战之有效也！有人言：'大战方在准备之时，而大战之至，将出双方意料之外！现代之战争机械，极深研几，几乎倾一国所有之人材物质，以罢精竭力于此；苟无绝对胜利之把握，而贸然一战，危孰大焉！'然一战而胜，又将何如！战争之结局，非可以战争决之！盖审己而量敌，于我乎，于彼乎，曾无一焉以跻于绝对之优势；此希特勒之所知也！希特勒之意，假定以为我不进攻西欧；西欧列强，决不进而相攻；而在西线相持之下，继续进行全民动员，人力物力，予取予求。于是西欧列强，亦予取予求以动员其人力物力，广土众民，源源不竭，德固相形以或绌；然而不能跻绝对之优势，则亦无绝对胜利之把握，而不敢贸然以相攻；只有继续不断以扩张军备，迄至精疲力尽而止耳！然而德则何如？相持之日久，以物力言，或德更不给；而在心理论，则德为有利！夫以德意志帝国之统治，人民久习于铁之纪律，唯命是听，予言莫违；以视民主国人民，平日之安于社会自由，欲争政治自由，而不惯拘管者，孰能堪全民动员之负担，而以久不敝乎！人民不惯拘管而厌兵，谣言，煽动，恐吓，引诱，在此战而不战之日，而以施之习于太平佚乐之英法人民，岂不足以摇动斗志，而思家回乡乎！德国人民，如从西线归家，将何得哉！纪律，命令，拘管，不自由，岂有异于从军乎！不过由排长拘管，而易之以地方党部行政官而已！德国人可静守西线以至发白，而自由国家之人民则不能！自由，欢笑，只有在家；而以前线之生活相较，何能忍此终古，而不叛乱乎！抑自由国家以全民动员，而不得不放弃其以往之社会秩序与经济秩序，由自由而集体化。然集体化者，德国极权之政制也；徒以德国之全民动员，而迫使民主国家，亦步亦趋，以追随集体化之政制；向也反对集体化，仇视德国，而卒不得不集体化其机构，以自动摧毁其自由组织，狐埋狐扣，独立之工商业，无不隶中央统制之下，此尤自由人民之所不惯与不解者也！然则德国之物力，即或支绌；而英、法之心力，必先耗竭，久之又久，人民畔涣，然后大举而乘之以闪电战。"此希特勒之所处心积虑，而欲以不战而屈英、法之兵者也！然而可以溃自由国家之法，而不能以遽破自由国家之英；则亦有效有不效也！呜呼！"国必自伐，而后人伐"；孟子之论，岂欺我哉。

下政攻城。

（训义）李筌曰："若顿兵坚城之下，师老卒惰，攻守势殊，客主力倍，攻之为下也。"

基博按："攻城"者，求战而不得也；敌坚壁以老我师，顿兵挫锐，而力屈矣！故曰"下政"。古之"伐兵"者，以"攻城"为"下政"；今之为闪电战者，以阵地战为大戒！盖闪电战之所长，在速，在动；动则我之兵力得展而极其用；速则乘人之不备，而敌之兵力，不得施展；如遇阵地战，而相持不动，顿兵挫锐，以失闪电之用；斯敌之备御有所施，而予我以反攻矣！希特勒之攻苏联，亶不然乎！

攻城之法，为不得已！

（训义）张预曰："攻城，则力屈。所以必攻者，盖不获已耳！"

修橹轒辒，具器械，三月而后成；距闉，又三月而后已。

（训义）曹操曰："修，治也。橹，大楯也。轒辒者，轒床也；轒床，其下四轮，从中推之，至城下也。具，备也。器械者，机关攻守之总名，蜚楼云梯之属。距闉者，踊土积高而前，以附其城也。"杜佑曰：

"轒辒,上汾下温。修橹,长橹也。轒辒,四轮车,皆可推而往来,冒以攻城。器械,谓云梯、浮格冲、飞石、连弩之属,攻城总名;言修此攻具,经一时乃成也。距闉者,壅土积高而前,以附于城也。积土为山曰闉,以距敌城,观其虚实。《春秋传》曰:'楚司马子反,乘堙而窥宋城'也。"陈皞曰:"盖言候器械全具,须三月,距闉又三月,已计六月;将若不待此而生忿速,必须杀士卒;故下云'将不胜其忿而蚁附之,灾'也。"张预曰:"三月者,约经时成也。器械言成者,取其久而成就也。距闉言已者,以其经时而毕工也。皆不得已之谓。"

将不胜其忿而蚁附之,杀士三分之一,而城不拔者,此攻之灾。

(训义)曹操曰:"将忿不待攻城器械,而使士卒缘城而上,如蚁之缘墙,杀伤士卒也。"张预曰:"攻逾二时,敌犹不服,将心忿躁,不能持久,使战士蚁缘而登城,则其士卒为敌人所杀三分之一,而坚城终不可拔,兹攻城之害也已!或曰:'将心忿速,不俟六月之久,而亟攻之,则其害如此。'"

故善用兵者,屈人之兵而非战也;

(训义)杜佑曰:"言伐谋伐交,不至于战。故《司马法》曰:'上谋不斗。'"

拔人之城而非攻也;

(训义)张预曰:"或攻其所必救,使敌弃城而来援,则设伏取之;若耿弇攻临淄而挠西安,胁巨里而斩费邑,是也。或外绝其强援,以久持之,坐俟其毙;若楚师筑室反耕以服宋,是也。兹皆不攻而拔城之义也。"

毁人之国而非久也;

(训义)杜牧曰:"因敌有可乘之势,不失其机,如摧枯朽。"贾林曰:"兵不可久,久则生变。"

必以全争于天下,故兵不顿而利可全。此谋攻之法也。

(训义)梅尧臣曰:"全争者,兵不战,城不攻,毁不久,皆以谋而屈敌,是曰谋攻;故不顿兵,利自完。"张预曰:"不战,则士不伤;不攻,则力不屈;不久,则财不费;以完全立胜于天下,故无顿兵血刃之害,而有国富兵强之利,斯良将计攻之术也。"

右第一节论攻之不可不出以谋,而谋之不可不蕲以全为谋攻正文。

基博按:《孙子》之所谓"谋攻"者,非"谋攻"也,谋不攻也。攻城则力屈,斯"下政"矣!岂惟谋不攻,抑且谋不战!盖"全国为上";"不战而屈人之兵,善之善";"故上兵伐谋。"读近代战史,而知孙子老谋胜算之为不可及也!何以言之?(一)近代战役之决胜日以少!盖一战之为胜,而不必即以决胜;自十七世纪三十年战争以后,此义渐为人知;而迄一九一四年,第一次欧洲大战,而益以征信!试思德人之战,几乎无役不胜;此德军人之所自豪,而英大将海格亦以承认者也;然而无救于德之败!日本之攻我也,亦几无役不胜;然胜而未能决胜,连兵不解以有今日,我之力未屈而彼之师已老矣!(二)战术之胜利,转而变为战略之胜利,迄近代而日以难!此以法国革命战争之战线,变而为长方形始;而至第一次欧战之变战线为战面及战体,乃以大定!观于德奥同盟,与英、法协商,殚精竭锐以出奇制胜,不下数十百战;曾无有一焉战术之胜利,可以转而变为战略之胜利者也!况以战略之胜利,而欲成为政略之胜利,得乎!盖政略可以主持战略之胜利,而战略不能支配政略之成功;此"百战百胜",所以"非善之善",而"上兵"之为"伐谋"也!《孙子》之所谓"伐谋"者,盖欲善吾政略之运用,"不战而屈人之兵"以免于"伐兵"耳!然而德大将鲁登道夫,著《全民战争论》一书,乃谓:"政略不过战略之侍婢,而备战之外无政略。"其然,岂其然,抑亦异于《孙子》已!亦以见纠纠武夫之卤莽灭裂耳!近世之所谓"制空权"、"闪电战",皆战术之奇,可以为一战之烈,而无当于战略之决胜者也!

故用兵之法:十则围之;

(训义)曹操曰:"以十敌一,则围之,是将智勇等而兵利钝均也。若主弱客强,不用十也;操所以倍兵围下邳,生擒吕布也。"杜牧曰:

"围者,谓四面垒合,使敌不得逃逸。凡围四合,必须去敌城稍远,占地既广,守备须严;若非兵多,则有阙漏,故用兵有十倍也。吕布败,是上下相疑,侯成报陈宫,委布降,所以能擒,非曹公力能取之。若上下相疑,政令不一,设使不围,自当溃叛,何况围之,因须破灭。《孙子》所言'十则围之',是将勇智等而兵利钝均,不言敌人自有离叛。曹公称倍兵降布,盖非围之力穷也;此不可以训也。"王晳曰:"此以下,亦谓智勇利钝均耳。"

五则攻之;

(训义)曹操曰:"以五敌一,则三术为正,二术为奇。"杜牧曰:"术,犹道也。言以五敌一,则当取己之三,分为三道,以攻敌之一面;留己之二,候其无备之处,出奇而乘之。西魏末,梁州刺史宇文仲和据州不受代,魏将独孤信率兵讨之,仲和婴城固守;信夜令诸将以冲梯攻其城东北,信亲帅将士袭其西南,遂克之也。"张预曰:"吾之众五倍于敌,则当惊前掩后,声东击西,无五倍之众,则不能为此计。曹公谓'三术为正,二术为奇',不其然乎!若敌无外援,我有内应,则不须五倍,然后攻之。"

倍则分之;

(训义)曹操曰:"以二敌一,则一术为正,一术为奇。"李筌曰:"夫兵者,倍于敌,则分半为奇。我众彼寡,动而难制;苻坚至淝水,不分而败;王僧辩至张公洲,分而胜也。"杜牧曰:"此言非也,此言以二敌一,则当取己之一,或趣敌之要害,或攻敌之必救,使敌一分之中,复须分减相救,因以一分而击之。夫战法非论众寡,每阵皆有奇正;非待人众,然后能设奇。项羽于乌江,二十八骑,尚不聚之;犹设奇正,循环相救;况于其他哉!"张预曰:"吾之众,一倍于敌,则当分为二部,一以当其前,一以冲其后;彼应前,则后击之;应后,则前击之;兹所谓'一术为正,一术为奇'也。"

敌则能战之;

(训义)曹操曰:"己与敌人众等,善者犹当设伏,奇以胜之。"杜牧曰："此说非也,凡己与敌人兵众多少,智勇利钝,一旦相敌,则可以战。夫伏兵之设,或在敌前,或在敌后,或因深林丛薄,或因暮夜昏晦,或因隘厄山阪,击敌不备,自名伏兵,非奇兵也。"梅尧臣曰:"势力均则战。"王晢曰:"若设奇伏以取胜,是谓智优,不在兵敌也。"张预曰:"彼我相敌,则以正为奇,以奇为正,变化纷纭,使敌莫测,以与之战,兹所谓设奇伏以胜之也。杜氏不晓凡置阵皆有扬奇备伏,而云伏兵当在山林,非也。"

少则能逃之;不若则能避之。

(训义)杜牧曰:"兵不敌,且避其锋,当俟隙,便奋决求胜。"

基博按:"能"字须注意;不惟"战"不易,须有本领"能战";即"逃"与"避",亦须有本领"能逃""能避"也。然亦有不逃不避,而视敌人以不测,转败为胜者! 拿破仑大帝言:"我之进攻兰兹胡特也,道遇柏舍耳,方率兵退。我命之曰'进'! 柏不可,曰:'敌军甚盛!'我固命之曰'进'! 于是柏返兵以进。敌见其退而骤进,以为柏之兵必增强,未易以敌;乃遁也。战之为术,就是如此! 凡战之制胜,往往在刹那间一念之一闪! 方开战之初,聚精会神,无论何事,慎不可忽! 及临阵之时,因利乘便,如有机会,亟勿放失! 机会,即好运也;好运如好女,汝今日追逐而不见,慎毋以为来日有再见之缘也! 战之为术,在乎见之明,而审慎以自守;又必勇于决,而迅速以进攻!"运用之妙,在乎一心! 凡事有宜,不得尽言!

故小敌之坚,大敌之擒也!

(训义)曹操曰:"小不能当大也。"杜牧曰:"言坚者,将性坚忍,不能逃,不能避,故为大者之所擒也。"

基博按:汉李陵《答苏武书》,自称:"先帝授陵步卒五千,出征绝域,五将失道,陵独遇战,而裹万里之粮,帅徒步之师,出天汉之外,入强胡之域;以五千之众,对十万之军;策疲乏之兵,当新羁之马,然犹斩将搴旗,追奔逐北,灭迹扫尘,斩其枭帅,使三军之士,视死如归。陵也不才,希当大任,意谓此时功难堪矣! 匈奴既败,举国兴师,更练精兵,强逾十万,单于临阵,亲自合围,客主之形,既不相如;步马之势,又甚悬绝;疲兵再战,一以当千;然犹扶乘创痛,决命争首;死伤积野,余不满百,而皆扶病,不任干戈;然陵振臂一呼,创病皆起,举刃指虏,胡马奔走;兵尽矢穷,人无尺铁,犹复徒首奋呼,争为先登。"可谓"小敌之坚"矣;然而军歼身降,卒以不免,则"大敌之擒"也!一九一四年十月,德大将兴登堡以第九路军军长,率德军十八师以进攻波兰,欲渡外悉塞尔河。俄尼古拉夫大公方驻波兰之首都华沙,以俄兵六十师迎战,分为两军,以一军缘外悉塞尔河,与德人相持;而大兵从华沙侧出,突击以袭其后;欲图围而歼之也。兴登堡曰:"不如战也!我坐而待困,将先发制之!"于是乞奥匈同盟军以固守外悉塞尔河,而集中德军,欲乘俄之大军未集,歼集华沙南方之俄军以挫其锐。不意奥匈败退,外悉塞尔河不守,而俄军大至,向西延展,以包德之左翼。兴登堡曰:"彼众我寡,而我两翼,已为所扼,不退,必为所围!"引兵疾退,毁道路以阻俄兵之进;仅乃得免!不退,则"小敌之坚"矣!此所谓"少则能逃之,不若则能避之"也。然兴登堡之进兵波兰也,奉诏以解波匈之危;兴登堡退,而俄军四面至,长驱深入以攻细勒西亚;是则第九路军司令部之所在也。于是兴登堡曰:"惟反攻可以阻俄军之势。然俄军数倍于我;如推锋而进,以寡击众,徒为擒耳,不如蹈俄军之瑕以包其北翼,而横击以出其后;俄人势必反顾,则我无虞矣!"乃广布疑阵以与俄人相持,而引大军北出。俄人亦引兵北以御兴登堡;而细勒西亚之围以解!则知"少"与"不若",亦非"逃"与"避"之为能,杜牧所谓:"兵不敌,且避其锋,当俟隙,便奋决求胜";正谓此也。兴登堡善以寡击众,往往不"逃"不"避"而以"攻"。先是一九一四年八月,俄大将三索诺夫,驱八十万人,大炮一千七百尊以进攻东普鲁士;而兴登堡将德兵二十一万人,持炮六百尊以拒之;知寡之不可以敌众也,然而不"逃"不"避";则以疑兵当中坚,而厚集其势于两侧以抄俄军之左右翼,而直出其后,反击之。俄军不知所为,遂大败,俘虏者六万人;所谓泰伦堡之役也。一九一六年三月,德军之攻凡尔登也,方倾全力以猛攻掠取阵地。法军惟取"能逃""能避"之原则,决不耗其主力以求原阵线之维持;而故控其力,取攻势于敌人既得阵地以后,以我之力有余裕,乘彼之攻坚力屈,则是非以"逃"与"避"为"能";而暂"逃"暂"避","俟隙便奋"之为"能"。以"逃"与"避"始者,何可以"逃"与"避"终也!抑亦有"逃"与"避"不足以自全,而惟攻为能自全者,如兴登堡之在波兰退兵是也。兵无常势,惟不可为"小敌之坚"耳!坚者,只是蛮打而已;如李陵之于匈奴,是也,卒为"大敌之擒"耳!

右第二节,承上节谋攻,申言"五则攻之",而因详论众寡之用。

夫将者,国之辅也。辅周,则国必强;

(训义)李筌曰:"辅,犹助也。"何氏曰:"周,谓才智具也;得才智周备之将,国乃安强也。"

辅隙,则国必弱。

(训义)李筌曰:"隙,缺也。"杜牧曰:"才不周也。"何氏曰:"言其才不可不周用,事不可不周知也。故将在军,必先知五事六行五权之用,与夫九变四机之说,然后可以内御士众,外料战形。苟昧于兹,虽一日,不可居三军之上矣。"

故君之所以患于军者三:

(训义)张预曰:"下三事也。"

基博按:所患三事,只是一事,曰:"君从中御,将无专任。"盖"君"者,谓一国之最高政治当局;可以领导军事,而不可以干扰作战。作战者,将帅之职也。说具《计篇》按语。

不知军之不可以进,而谓之进;不知军之不可以退,而谓之退;是谓縻军。

(训义)曹操曰:"縻,御也。"李筌曰:"縻,绊也。如绊骥足,无驰骤也。"杜牧曰:"犹驾御縻绊,使不自由也。"贾林曰:"军之进退,将可临时制变,君命内御,患莫大焉!故太公曰:'国不可以从外治。军不可以从中御。'"

基博按：军之从中御者，无不覆！战国之世，秦使左庶长王龁攻韩取上党。上党民走赵。赵军长平以按据上党民。龁因攻赵。赵使廉颇将赵军，数战不利；廉颇坚壁以待秦；秦数挑战；赵兵不出。赵王数以为让，而使赵括代将。秦闻括将，乃阴起武安君白起为上将军；射杀赵括，前后斩首虏四十五万人；赵人大震！秦复发兵，使五大夫王陵攻赵邯郸，少利。秦王欲使武安君代陵将。武安君言曰："邯郸未易攻也；且诸侯救日至。彼诸侯怨秦之日久矣！今秦虽破长平军，而秦卒死者过半，国内空虚，绝河山而争人国都；赵应其内，诸侯攻其外，破秦军必矣！不可！"秦王自命；不行，遂称病。秦王使王龁代陵将，八九月围邯郸，不能拔。楚使春申君及魏公子将兵数十万攻秦军；秦军多失亡。武安君曰："不听臣，今如何矣！"其他如唐明皇时，安禄山反，长驱河洛；而哥舒翰以贼锐难与争锋，严兵守潼关。贼不得逞，而羸兵以诱其出战。哥舒翰不应也。明皇不察，亟令进兵，督战急；不得已涕泣而后出，一蹶不振，潼关失守，而长安陷矣！明崇祯帝时，李自成以剧寇纵横豫鄂，欲窥关中；而孙传庭力主固守潼关，控扼上流，缮器积粟以蓄士气，伺贼间而击之。崇祯亦屡诏趣战。传庭不得已率师东出，先胜而后败。自成遂入关以据长安，而势不可制矣！凡此皆"不知军之不可以进而谓之进"也。一九〇四年，日俄之战，俄皇尼古拉二世以陆军大臣苦鲁伯坚为满洲军总指挥。及苦鲁伯坚以四月一日至营口；而俄国驻在满洲之海陆军，一再挫败；旅顺势已坐困。苦鲁伯坚知日军之及锋而试，未可以犯其锐也；欲以旅顺委日本，而厚蓄其势以集大军数十万于辽沈，以俄兵之运调较迟，非更数月，不能大集；而数月之后，日兵必已再衰三竭，欲徐起而承其弊以转败为胜也，不肯浪战。而旅顺告急，朝议多主速援；其参谋部为所动，请俄皇电命出师。苦鲁伯坚不得已而出，再战再北，于是营口、海城、牛庄皆不守；辽阳亦陷。然苦鲁伯坚，良将也；度辽阳之不可守也，则下令进攻，而于攻势之中，下退却之令，严阵以退；日军不敢逼；虽挫退而主力未损也，抑亦可谓"能逃""能避"者矣！法大将霞飞之寓攻于守,苦鲁伯坚之以进为退,皆善用兵,而尽"逃"与"避"之能者也。然苦鲁伯坚自始不主战,方其为陆军大臣,据所估计,若满洲用兵,日本可调兵四十万人,以旬日之内,渡海作战;而俄国远东驻军,不过八万人;国内军队虽多,然以西伯利亚铁路未成,运兵远东,旷日持久,远水不救近火,必为日本所乘,而无以自振。卒如其言!是亦"縻军"之咎也!

不知三军之事,而同三军之政,则军士惑矣!

(训义)梅尧臣曰:"不知治军之务,而参其政,则众惑乱也。"

基博按:"同"与《墨子》"尚同"之"同"同,有统制之意焉;不仅如梅氏之所云"参其政"也。下仿此。

不知三军之权,而同三军之任,则军士疑矣。

(训义)陈皞曰:"将在军,权不专制,任不自由,三军之士,自然疑也。"梅尧臣曰:"不知权谋之道,而参其任用,其众疑贰也。"

基博按:"权"当作"权谋"解,非权柄也。"任"作"责任"解,非任用也。"三军之权",与"三军之政"不同。"三军之政",属于军政;"三军之权",属于战略战术。

三军既惑且疑,则诸侯之难至矣;是谓乱军引胜!

(训义)曹操曰:"引,夺也。"孟氏曰:"三军之众,疑其所任,惑其所为,则邻国诸侯因其乖错,作难而至也。太公曰:'疑志不可以应敌。'"杜牧曰:"言我军疑惑,自致扰乱,如引敌人使胜我也。"梅尧臣曰:"君徒知制其将,不能用其人,而乃同其政任,俾众疑惑,故诸侯之难作;是自乱其军,自去其胜。"

故知胜有五:

(训义)李筌曰:"谓下五事也。"

知可以战与不可以战者胜。

(训义)杜牧曰:"下文所谓'知彼知己'是也。"王晳曰:"可则进,否则止,保胜之道也。"

基博按:可以战与不可以战之所以知者有二:一曰知可以战与不可以战之计;《计篇》所云"校之以计而索其情",是也。一曰知可以战与不可以战之机。战之为事,须有计,尤须得机!苟得机以决战,斯力全而不耗!方当列国争雄之日,势已不能免于一战;得可以战之机而善为之计,斯可以不劳而定!盖欧陆之大患在德;而自第一次欧战以来,英、法有可以战之机者三,而不战,希特勒遂以坐大,而成滔天之祸!方一九三三年,希特勒挟国社党以篡政,然民未亲附,得政而未得势;于是为德人之所欲为而未敢为者以得其民而尝于英、法,退出裁军会议,宣告退出国联。而英、法瞠目相视;波兰执政毕苏资基向法建议,请联兵以伐德。使法人而从其言,波兰攻其东,法军其西。于时德之军备未实,而人民之操兵者寡,势必不支,而希特勒之政权必以仆,而国社党亦以瓦解!此可以战之机也;而法人不应!波兰疑其欲相卖;乃与德订十年友好协定;而希特勒公开扩军!及一九三六年三月,下令进兵莱因;德军人尝以警告希特勒曰:"如法亦进兵,则德亡无日!"然而希特勒不顾!使英、法果执《凡尔赛和约》以声罪致讨,予以当头之击;德亦必败!此可以战之机也;而英法不为!于是一九三六年,第二次世界大战必发之预言,居然无验!语曰:"为虺勿摧,为蛇奈何!"于是希特勒之雄心勃发,睥睨四海!及一九三八年而进军苏台以欲肆志于捷克,陆军总司令白鲁希兹告之曰:"元首!如欲用武,吾军人责无旁贷!而今尚非其时!军实未充,计划未就,不敢不告!"然希特勒一意孤行!于时,英、法亦知德之未可以再姑息,而苦于整军经武之落德后;然使英、法果联兵援捷以声罪致讨于希特勒;而苏联及其他中东小协约国,无不与捷有相援之约,义声所播,必起相应;四面楚歌,德势甚孤,既骛于东,又罢于西;而希特勒之德国,必蹈威廉二世之覆辙,而同其倾覆!此可以战之机也;而英、法又不为!于戏!方其初,德人无可以战之力而欲战,英、法有可以战之机而不战;及其既也,德人有可以战之机而亟战,英、法失可以战之机而亟败!时乎时乎不再来!可不为之大哀乎!然一九三九年九月,欧洲大战之既起也,法人犹有可以战之机者一,而不战;于是兵败焉,国降焉，蹶以不振！苏联有可以战之机者一，而不战，于是国破焉，民歼焉，危而仅存！方希特勒之攻波兰也，倾国殚锐以事东征；而守西境者，只三师耳！或曰十一师焉！而法大将甘末林以三十五师之兵，雄踞德边，使其推锋直入，批亢捣虚，以拊德军之背，而与东方之波兰军相应；东西夹攻，德何以支！此可以战之机也；而甘末林不为，波兰不救，法亦以败！此甘末林之失机也！希特勒虽与史丹林成互不侵犯之约，而不能无虞于苏。史丹林亦以申儆于国曰："吾人宜时戒备以防不虞！狡焉启疆，何国蔑有！毋俾逞志于我也！"弦外之音，人皆知其虞德！然当希特勒骋兵东南欧，进占罗马尼亚、保加利亚；殚锐竭力以攻英、希及南斯拉夫联军，而深入阿尔巴尼亚、马其顿，连兵不解之时；使史丹林挟其久蓄不用之威，而以雷霆万钧之势，进兵波兰，批亢捣虚以直趋柏林；则英、希两军，堵击正面；南斯拉夫及土耳其之军，夹攻两旁；而苏联之军，以拊其背；则丹、挪、荷、比、法、卢以及其他诸征服国，叛者四起，乘势响应，有可必胜之势！此可以战之机也；而史丹林不为！南、英、希联军溃败；希特勒反兵以东，乘胜远斗；而史丹林亦猝不知措手足，损军折将，蹙地数万里！此史丹林之失机也！夫失机者失势，而得机者得势。然希特勒独往独来，纵横欧陆，而能得机以得势者，皆英、法、苏三国之当国者，不能当机立断，而迟回周章以成之也！呜呼！《传》不云乎！"需者事之贼也！"昔唐甄论兵，尝妙设一喻；以谓："鼠之出也，左顾者三，右顾者再，进寸而反者三，进尺而反者再，吾笑拙兵之智类出穴之鼠也！人之情，始则惊，久则定；惊者可挠，定者不可犯。善用兵者，乘惊为先。敌之方惊，千里非远，重关非阻，百里非众；人怀干面，马囊蒸菽，倍道而进，兼夜而趋，如飘风，如疾雷。当是之时，敌之主臣失措，人民逃散，将士无固；乘其一而九自溃，乘其东而西自溃，乘其南而北自溃；兵刃未加，已坏裂而不可收矣！凡用兵之道，莫神于得机！离朱之未烛，孟贲之甘枕，此机之时也。伺射惊隼，伺射突兔，先后不容瞬，远近不容分，此机之形也。机者，一日不再，一月不再，一年不再，十年不再，百年不再；是故智者惜之！古之能者，阴谋十年，不十年也；转战千里，不千里也；时当食时，投箸而起，食毕则失；时当卧时，披衣而起，结袜则失；时当进时，弃家而进，反顾则失。不得机者，虽有智主良将，如利剑之击空；虽有累世之重，百万之众，如巨人之痿处；虽有屡战屡胜之利，如刺虎而伤其皮毛。机者，天人之会，成败之决也。唐子之少也，从舅饮酒，坐有壮士秦斯，力举千斤，战必陷阵，尝独行山泽间，手格执杖者数十人。舅指一客，戏之曰：'客虽羸也，然好拳技，尝欲胜君。君其较之！'斯笑曰：'来！'遂舍卮离席，方顾左右语而立未定也；客遽前击之，触手而倒。坐客皆大笑！夫以客之当斯，虽百不敌也；然能胜者，乘其未定也！善用兵者，如客之击秦斯，可谓智矣！"呜呼！希特勒其知之矣！而惜乎英、法、苏三国之当国者，周章瞻顾，不为击斯之客，而类出穴之鼠也！可不为大戒乎！特是日人之于我也，知可以战之机，而未尝为可以战之计！盖日人之所虞于我者，我之军备日以扩，军实日以充也；苏联与我为援以相犄角也；英美之仗义执言也！及一九三七年七月，而苏联史丹林清党肃军，自杜嘉契夫斯基元帅以下，大将诛戮者八人；方虞内难，奚暇外略！英相张伯伦有虞于德之希特勒，日事绥靖，又汲西忧，不遑东顾！我则军备甫扩而未充，军实亟筹而未足；失此不图，日且旰食，此可以战之机也；顾轻心以掉，欲以摧我于一击，而未能悉力以赴，知我之援寡力薄，可以亟胜；而未虞我之地广民众，能为持久；一发不中，兵顿锐挫，而又欲罢不能，师老财匮；此知可以战之机，而失之于可以战之计也！然而能制机者，必占先着。既失机先，而挽颓势，惟有相机，以争主动。苏联驻英大使迈斯基，以一九四二年三月，在伦敦呼吁，谓："应早取决定性之行动！吾人纵有预定之方略；然吾人非能得预期之情势以作战，而常迫我以不得不战之势；吾人亟宜变计，因时因地，而求所以决胜之方策。一九四二年，必可以见战局之转挽；而战局之转挽，在吾人有决定性之行动！凡我同盟，尤当深知：（一）今日之战，乃高速度之机器战，利于攻而不利于守。现代化坦克车之进攻，飞行绝迹，普通炮兵之力，固不足以制止;而其为守者,纵有多数之坦克车,亦无以御敌人之坦克车;苏德之役,亦有明证。(二)人口、土地、自然富源及工业资源之数字对比,未能以保胜利之必然!盖资源之雄厚,无预于胜负之数;而应以其实际动员之程度为准也。夫不动员,不能成力量;而制胜之诀,乃在决胜之时机,决胜之地点,而有决胜之力量,以压倒敌人也。(三)孰能掌握主动,孰即决胜!(四)时间为吾人之友,非真实也!今敌我两方之时间,莫非竞赛:惟勇决,惟迅速,乃可以胜!而今机已至矣,何可不急起直追!"失之东隅,而欲收之桑榆,亦以明无失可以战之机而已矣!

识众寡之用者胜。

(训义)梅尧臣曰:"量力而动。"王晳曰:"谓我对敌兵之众寡,围,攻,分,战,是也。"

上下同欲者胜。

(训义)张预曰:"百将一心,三军同力,人人欲战,则所向无前矣!"

以虞待不虞者胜。

(训义)孟氏曰:"虞,度也。《左传》曰:'不备不虞,不可以师!'待敌之胜可也。"陈皞曰:"谓先为不可胜之师,待敌之可胜也。"

基博按:备预不虞,军之善政;而"以虞待不虞者胜",征之甲午中日之战而可知也!方事之起,直隶总督兼北洋大臣李鸿章实主军事外交之全局;乃日本盛兵渡朝鲜;而我则始请英使调停,后请俄使劝阻,其间复邀英舰以制日,又虞英、俄之互忌,终且倚英、俄合力以言和,而专制于英;俄以外,更告法,告德,告美以求息肩;转以兵备为大忌。而日使之驻朝鲜者,亦时时示我以可和之情以愚我耳目。我乃一误再误,游移前却,入其彀中而不之觉也!我方以口舌文告,敝精神于英、俄、德、法、美五国之交,垂五十日,不得要领;而日本则乘其间以渡兵朝鲜,争我先着,欲以战乘我,而姑以和饵我。虽以牙山诸将之乞援,驻朝道员袁世凯之告急;而鸿章答之,辄曰:"静守勿动"

也,"已付各国公论"也,"英、法刻已出场"也;虽奉严旨备战,而鸿章仍固持和局,直于言款之外无措置。而日本遂攻我之无备,薄陆师于成欢,袭海军于丰岛。我始仓卒以应战;然而师徒不戒,士气已堕!太公曰:"疑志不可以应敌",我之所以大败也!《孙子》曰:"以虞待不虞者胜",日之所以制胜也!日本之攻俄也亦然!两国既绝交,其联合舰队司令东乡平八郎即率舰队出发,以一九〇四年二月八日,袭击俄舰于旅顺口外,败之;俄舰悉走港内,自是不敢出;明日,其所分遣之舰队又击败俄舰于仁川;日本之陆军,遂得安渡朝鲜以进兵满洲矣!是故日之制胜,在于神速;而俄则失于迟滞!宣战后七日,乃以马哥罗夫为东洋舰队司令;又四日,以苦鲁伯坚为满洲军总指挥。马哥罗夫以三月一日至旅顺;苦鲁伯坚以四月十一日至营口;而驻满洲之海陆军,一再挫败;旅顺势已坐困。方日军之陆续运朝鲜也,而俄之陆军在满洲者已四万五千人,何难先发制人,乘日军之未集,取平壤以与相持于朝鲜境内!乃日军从容尽渡,进兵义州;而鸭绿江西岸之俄军,尚未大集;而予日军以先发制人之机;正与我甲午之战,同一覆辙!《军志》曰:"先人有夺人之志,薄之也!"日人之善为薄,一施于我,再施于俄,无不争先着而以制胜!我与俄之不虞,乃以成日人之虞!今日人又以施之于英、美而争先着,阴备战以欲乘人于卒,阳媾和以姑饵之于先;野村来栖,连翩使美,虚与委蛇;赫尔之声明未复,罗斯福之书墨未干,而夏威夷之空袭,菲律宾、马来亚半岛之登陆,如晴天霹雳;英、美措手不及,毁舰折将,师徒挠败,堕军实而长寇仇;亦"以虞待不虞者胜",而与我甲午之战,同一覆辙也!呜呼!史例具在,殷监不远,而世多善忘,不知监观,故技不妨屡肆,覆辙依旧相仍!以美总统罗斯福、英相丘吉尔之高掌远蹠,而为日人所饵,所乘以不及措手,则与老至耄及之李鸿章同其不智,狡谋得逞,历史重演;使李鸿章地下有知,当掀髯而以自解嘲矣!推之而希特勒之纵横欧陆,败英降法,岂必闪电战之奏奇绩;毋亦以德之虞,而乘英法之不虞尔!有国者可不戒哉!

将能而君不御者胜。

（训义）张预曰："将有智勇之能，则当专任以责成功，不可从中御也。故曰：'阃外之事，将军裁之。'"郑友贤曰："或问将能而君不御者胜，后魏太武命将出师，从命者无不制胜，违教者率多败失。齐神武任用将帅出讨，奉行方便，罔不克捷；违失指教，多致奔亡。二者不几于御之而后胜哉？曰：知此而后可以用武之意。既曰：'将能而君不御者胜'，则其意固谓将不能而君御之，则胜也。夫将帅之列，才不一概，智愚勇怯，随器而任。能者，付之以阃寄。不能者，授之以成算。亦犹后世责曹公使诸将以《新书》从事；殊不识公之御将，因其才之大小而纵抑之。张辽乐进，守斗之偏才也；合淝之战，封以函书，节宣其用。夏侯惇兄弟，有大帅之略，假以节度，便宜从事，不拘科制，何尝一概而御之也耶！《传》曰：'将能而君御之，则为縻军。'将不能而君委之，则为覆军。惟公得武之法深，而后太武、神武，庶几公之英略耳！"

基博按：将能而君不御，则君之所以患于军者去矣。然所谓"君不御"者，不过政治不得干扰作战而已！非谓放弃一切军事领导之权任也！

此五者，知胜之道也。

（训义）曹操曰："此上五事也。"

故曰：知彼知己，百战不殆。

（训义）王晳曰："殆，危也；谓校尽彼我之情，知胜而后战，则百战不危。"

基博按：校之以计而索其情，"知彼知己"，则知可以战与可以不战。见可而进，则必胜。知难而退，夫何殆！

不知彼而知己，一胜一负。

（训义）梅尧臣曰："自知己者，胜负半也。"张预曰："唐太宗曰：'今之将臣，虽未能知彼；苟能知己，则安有不利乎！'所谓知己者，守吾气而有待焉者也。故知守而不知攻，则胜负之半。"

不知彼，不知己，每战必殆。

（训义）王晳曰："全昧于计也。"

基博按："知彼知己"云云，仍是推阐《计篇》之意，郑重以丁宁之。

右第三节承上节论众寡之用，申言"识众寡之用者胜"，而因详论任将制胜之宜。

形 篇 第 四

(解题)王晳曰:"形者,定形也;谓两敌强弱有定形也。善用兵者,能变化其形,因敌以制胜。"张预曰:"两军攻守之形也。隐于中,则人不可得而知;见于外,则敌乘隙而至。形因攻守而显,故次谋攻。"

基博按:形者,形敌之可胜不可胜,而无失敌之败;即《计篇》所谓"校之以计而索其情"也。蕲于先胜而后求战,与《计篇》"未战而庙算胜"之义相发。惟校之而索其情之谓"计";形之而著其验之谓"形"。《计篇》所以校之而索其情者,一曰"道",二曰"天",三曰"地",四曰"将",五曰"法";五者之中,以"道"为主。而此之所以形敌之可胜不可胜者,一曰"度",二曰"量",三曰"数",四曰"称",五曰"胜";五者所云,详"地"之计。然未形敌之可胜,先为己之不可胜,然后可以自立于不败,而不失敌之败;故曰:"胜可知而不可为。""可知"之"知",承上篇"知可以战与不可以战","知彼知己",一脉相生。

孙子曰: 昔之善战者,先为不可胜,以待敌之可胜。

(训义)杜牧曰:"自整军事,长有待敌之备;闭迹藏形,使敌人不能测度;因伺敌人有可乘之便,然后出而攻之。"

基博按:现代列强战略与战术之大别,德制"先"而英欲"待";英为守而德欲攻。"兵贵胜不贵久"者,此德国战略战术思想之原于历史者也。"昔之善战,先为不可胜以待敌之可胜",此英国战略战术思想之原于历史者也。顾自第一次欧战以来,法国兵家,多与英同。福煦将军尝在巴黎军官大学演说,谓:"自来名将,无不先取守势,俟敌军疲怠,然后反攻;以我之奋,乘彼之衰。"其说盖远原拿破仑,尝言:"战争之技术无他,不过先取合理审慎之守势,而后继以迅速大胆之突击。"福煦盖衍其绪论也;及以胜德,而先守后攻之论,几为典型。贝当将军曰:"守则立于不败之地;攻则以克敌致胜;必先防敌之能胜我,乃可攻敌以制胜。吾人不可不自审四境之国防,果能坚而无虞敌之我攻欤?然后乃能转而攻敌以致胜。"达拉第、甘末林咸同此论!独魏刚将军议以机械化部队,为运动战,施行攻击,以歼灭敌人。然亦言:"法国无侵略之图,而军事配备,只以防御为目的。"虽尼山尔极力抨击,谓:"若曰保护法国,吾人异日之战,必在敌国境内。"而众议院军事委员会主席盖拉香白言:"战之初起,如以陆战而论,只有坚决采取守势,此无可疑者!"几百口一辞! 此马奇诺防线之苦心经营也!不意一九四〇年,希特勒闪电战之推锋而前,遽以挫退,遂贻口实,此亦成败论人! 然希特勒蹈瑕抵隙,以袭法之北疆,而捣虚以入;则是法之败,仍是败于国防之不能无虞,而予希特勒以可乘。苏联史丹林防线,与魏刚防线,同一基本于纵深战术,而胜败异势! 苏联大将相语,谓:"德人突破马奇诺防线,特以迂回战略,避坚攻瑕而成功;而非正面之突破!"其他法人致败之端不一,而不必军事理论之有漏义也!至一九四二年十一月六日,波兰总理兼陆军总司令西考尔基之在英国利物浦大学波兰建筑学院之开学典礼,受名誉法学博士学位,而演说也,以谓:"时至今日,而谓法国人业已证明马奇诺防线不过虚诞之神话,固为大谬! 若谓法国人之防御,尚未经试验,而所设计经营全欧之大堡垒,不堪一击;亦未为当! 最近之战术,日进无疆。防御战之价值,虽曾损失;而已有恢复之势"云!

不可胜在己,可胜在敌;故善战者能为不可胜,不能使敌必可胜。

(训义)杜牧曰:"不可胜者,上文注解所谓修整军事,闭形藏迹,是也;此事在己,故曰'能为'。敌若无形可窥,无虚懈可乘;则我虽操可胜之具,亦安能取胜敌乎!"梅尧臣曰:"在己,故能为;在敌,故无必。"

　　基博按：第一次欧战，德人务欲倾全力以使法之必可胜；而法人则故控吾力以为德之不可胜；其间成败得失之故，固有可资法戒者！法人蒲哈德者，裨将也；久经行阵；与德人大小数十战，而知其情伪以著《德大将兴登堡欧战成败鉴》一书，以谓："兴登堡尝言：'作战之法，第一尚勇；果有刚毅强悍之气，一往无前；较诸老谋壮事者之成功为易！临战时，宜以威力驭其众于必死，不必以沉几观变为长！'不知刚毅强悍，当规其成；不当以刚毅强悍，用为孤注之一掷！兴登堡之意，则见敌必搏；至兵力之厚薄，形势之缓急，皆所不计！纵有机倪以明知不必胜，然亦进扑，为先发制人之计；虽尝以此成功；然而物极必反；席长胜之势，所往无前，一经挫败，士气即不可复振！平心论之；其计非不周也，其气非不锐也，顾耗其炮力以一鼓作气，及遇大敌而弹以不继，再衰三竭，此正其所短，无可讳者！夫殚锐竭力，而不图后继，一击不中，亦以一蹶不振！何如我福煦元帅老谋壮事，一九一七年，已为不可胜之术，而力故控其有余；以迄一九一八年，七月一日之役，法国后备军，可一百九十二师，其在前敌者，凡六十五师；七月十五日之役，后备军可一百九十四师，其在前敌者，凡七十师；十月十五日之役，后备军可二百零五师，其在前敌者，八十八师；十一月十一日，后备军之数如前，而在前敌者一百零三师。且以最新之战术迎敌，以轻兵列前线，为数至稀；至第二线，则厚集兵力，去前线不妨远；盖兵数密集，易为敌人之炮火聚歼；前线兵稀而散，则敌人之炮火虽密而无大伤害；而兵力厚集于第二线，以乘德军炮火之衰；疏密相间，纵德之炮火，其烈甲于全球；然为我军所胜！大凡用兵，有能守之力者，必再接再厉，而皆抵御不使之堕突，始为胜算！盖兵分前后两线，第一线作战，第二线为后备之援军；前线之军宜疏，用以老敌军之气，耗其炮火；然后后线之军，以全力卷阵而进，破之必矣！且第二线之后军，见前线之不振，亦不必尽师以出；而留半以观扑敌者之胜负；宜分为两队，第一队进扑，第二队听令而前。故善治兵者，不主前线之密集；而主后线之坚厚；果后线之军脆薄，则前线一衄，全军溃不可支！德人之用兵，如烈火扑人，一为水灭，则后扑无人，遂以不振！兴登堡非见不及此，顾合前后为一线以厚其力而直扑我军，自以为变通战法，不难一举而荡平我；不意前线一败，后难为继；而我长驱，势成破竹；其弊在顾前不留后；此所以一击不中，而无以善其后也！"岂非法能为不可胜，而德不能使法必可胜耶！孰为善战，亦可不言而喻已！

故曰：胜可知而不可为。

（训义）杜佑曰："己料敌，见敌形者，则胜负可知。若敌密而无形，亦不可强使为败。故范蠡曰：'时不至，不可强生，事不究，不可强成。'"梅尧臣曰："敌有阙，则可知；敌无阙，则不可为。"郑友贤曰："或问胜可知而不可为者，以其在彼者也；佚而劳之，亲而离之，佚与亲在敌，而吾能劳且离之。岂非可为欤？曰：《传》称用师，'观衅而动'；'敌有衅，不可失。'盖吾观敌人无可乘之衅，不能强使为吾可胜之资者，不可为之义也。敌人既有可乘之隙，吾能置术于其间，而不失敌之败者，可知之义也。使敌人主明而贤，将智而忠，不信小说而疑，不见小利而动，其佚也，安能劳之！其亲也，安能离之！有楚子之暗，与囊瓦之贪，而后吴人亟肆以疲之。有项王之暴，与范增之隙，而后陈平以反间疏之。夫衅隙之端，隐于佚亲之前；劳离之策，发于衅隙之后者，乃所谓可知也。则惟无衅隙者，乃不可为也。"

不可胜者，守也，

（训义）杜牧曰："言未见敌人有可胜之形，己则藏形，为不胜之备以自守也。"梅尧臣曰："且有待也。"

基博按：此句承上"不可胜在己"一气说下，当是说"我之不可胜者，我有以自守也。"意相贯注而义了当；诸家不免过求深解。

可胜者，攻也。

（训义）杜牧曰："敌人有可胜之形，则当出而攻之。"梅尧臣曰："见其阙也。"

基博按：德之兵家，不知胜之"可知而不可为"，而早夜以思，务为"可胜"以欲攻人之国，而不能自为"不可胜"；及其旷日持久，再衰三竭，势绌而情见，匪惟不能保其胜，抑且无以守其国；威廉二世既以一蹶不振矣！希特勒曾不之悛，覆辙相寻，而日本且效尤焉！然后知孙子郑重丁宁，以谓"不能使敌必可胜，故曰胜可知而不可为"，有旨哉！

守则不足，攻则有余。

（训义）曹操曰："吾所以守者，力不足也。所以攻者，力有余也。"李筌曰："力不足者，可以守。力有余者，可以攻也。"张预曰："吾所以守者，谓取胜之道，有所不足，故且待之；吾所以攻者，谓胜敌之事，已有其余，故出击之。言非百胜不战，非万全不斗也。后人谓不足为弱，有余为强者非也。"郑友贤曰："或问守则不足，攻则有余，其义安在？曰：谓'吾所以守者力不足，所以攻者力有余'者，曹操也；谓'力不足者可以守，力有余者可以攻'者，李筌也；谓'非强弱为辞'者，卫公也；谓'守之法，要在示敌以不足，攻之法，要在示敌以有余'者，太宗也。夫攻守之法，固非己实强弱，亦非虚形视敌也；盖正用其有余不足之形势以固己胜敌也。所谓不足者，吾隐形于微，而敌不能窥也。有余者，吾乘势于盛，而敌不能支也。不足者，微之称也；当吾之守也，灭迹于不可见，韬声于不可闻，藏形于微妙不足之际，而使敌不知其所攻矣；所谓藏于九地之下者是也。有余者，盛之称也；当吾之攻也，若迅雷惊电，坏山决塘，作势于盛强有余之极，而使敌不知其所守矣；所谓动于九天之上者是也。此有余不足之义也。"

基博按：诸家纷纭，未为得解，夫攻者先发制人，力见有余；而守者后发制于人，势处不及。又守则备多而力分，故曰"不足"；攻以力专而势猛，则形"有余"。两语盖以诫守者，观下《虚实篇》而义自明；以上文反复丁宁于"不可胜"之"先为"、"能为"，而明"不可胜"之亦"未易为"也；然德国克老山维兹著书论兵，力主进攻，以创德国兵学之体系；而谓："守御之目的虽消极，惟其战斗形态，则比攻击为有力，攻击之目的虽积极，惟其战斗形态，则比防御为无力！"则"有余"未能终保，而不足亦有可为！然小国常以"不足"之势，而为攻以视"有余"；大国则以有余之力，而坐守以成"不足"；如英、苏之为德所挫，中、美之为日所攻，是也。宋苏轼著《策断》，尝切论之，以谓："邹与鲁战，则天下莫不以为鲁胜，大小之势异也！然而势有所激，则大者失其所以为大，而小者忘其所以为小，故有以邹胜鲁者矣！夫大有所短，小有所长。地广而备多，备多而力分，小国聚而大国分，则强弱之势，将有所反！大国之人，譬如千金之子，自重而多疑；小国之人，计穷而无所恃，则致死而不顾；是以小国常勇，而大国常怯，恃大而不戒，则轻战而屡败；知小而自畏，则深谋而必克；此又其理然也！然而大国则固有所长矣；长于战而不长于守！夫守者，出于不足而已；譬之于物，大而不用，则易以腐败；故凡击搏进取，所以用大也！《孙武》之法：'十则围之，五则攻之，倍则分之，敌则能战之，少则能逃之，不若则能避之。'自敌以上者，未尝有不战也！自敌以上而不战，则是以有余而用不足之计，固已失其所长矣！凡大国之所恃，吾能分兵而彼不能分；吾能数出而彼不能应；譬如千金之家，日出其财以罔市利，而贩夫小民，终莫能与之竞者，非智不若，其财少也！是故贩夫小民，虽有桀黠之才，过人之智，而其势不得不折而入于千金之家；何则？其所长者，不可以与较也！"呜呼！此英、苏之所以为德攻，而转以攻德；日之所以先发制美，而卒为美制也！夫攻之有余，难于虑终！克老山维兹不云乎："凡攻击随其前进而力弱！"盖战线渐长，兵力渐弱；故攻击而前进，常深入以不继也！所以攻于人者，毋以敌之前进而气沮！而攻人者，勿以人之后退而债盈，第一次欧战，威廉二世惟不知此，所以战胜攻取而无成功！此次大战，希特勒亦昧于此，亦必战胜攻取而无成功！则德以陆军攻人，既有然矣；而日以海军攻美，又将何如？日本之海军，例不作闪电战之进击以渡洋作战；而惟邀敌舰于日本近海以采取稳扎稳打之防御主义。试以日俄之战为例：于时，舞鹤镇守府司令官东乡平八郎，以萨阀首领山本权兵卫之不次拔擢，超其先辈于柴田矢八、日高壮之丞等宿将，一跃而为联合舰队司令长官；然实未餍人望,而指挥对马一战,则资首席参谋秋山真之中佐之力!秋山留美多年,私淑美海军大佐麦罕之海军理论;归国以后,在海军大学特设战略战术讲座,而创立日本海军之兵学体系;就战略战术之研究与素养言,日本海军将领,无出其右者!而秋山之计划对俄作战,即为邀击于日本近海之稳扎稳打主义;先邀击俄大西洋舰队于朝鲜海峡之西,继之以夜袭,又次则在海峡中攻击。然稳扎稳打之日本舰队,竟不敢出朝鲜海峡一步;而对马之战,乃以第三着作第一着!方俄之大西洋舰队,万里长征,而道出印度洋以进入远东海面之际,日本舰队不能沿途截击,而静待其开入日本海。使俄之大西洋舰队,不入朝鲜海峡,而绕日本之东海以道海参崴,与其远东舰队联合;天下事未可知也!自第一次欧战以来,日本之海上假想敌为美;所有海军将校,二十余年之处心积虑,而以极深研几者,厥为对美战略,而要其归,不出守势之稳扎稳打主义!伊藤正德以著《对美作战论》有名,而其一九三七年秋季,将旅行利比亚之前,尝与义总督巴尔波讨论日本海军战略。巴尔波问:"闻日本造大战舰,可几万吨?"伊藤对:"二十年以前,即设计造四万二千吨;自今日言之,可以造四万四千吨左右。"巴尔波曰:"如吨数减半,造二万二千吨之快速战舰二艘,不视四万四千吨之一巨型舰,更有效能乎?"伊藤对:"太平洋作战,与地中海不同,系以远距离决战为主,非巨舰巨炮不可!"巴尔波曰:"然!惟鄙意以为日本似未将空军之轰炸力列算在内!"伊藤对:"否!空军实在考虑之中,因之防御力加重,舰型不大,而排水量则增大!"巴尔波曰:"日本战舰之在太平洋,将驶行千哩以作战乎?"伊藤对:"日本以防御作战为主,而进攻战略,非所置虑也!"语次,巴尔波拊伊藤肩,笑曰:"先生欺予哉!"而伊藤则坚持畅发日本之守势战略论。巴尔波终不谓可也!然伊藤于一九四〇年一月,刊布其《对美作战论》,中言:"日本海军,向不考虑越过东经百八十度,而尝试主力舰队之作战;日本之战略与造舰政策,在于截击来袭西太平洋日本近海之强大海军。"盖守势战略之传统则然也！然自太平洋之战起，联合舰队司令山本五十六指挥作战，则一反守势之传统战略，而以闪电之进击，渡洋作战，半年以内，不特席卷巽他海峡诸岛屿及菲律宾，而海军行动半径，且北至荷兰港，南至所罗门，西至安达曼，纵横轶荡，不仅强袭中渡岛，横渡珊瑚港也！于是平出英夫大佐发表谈话以阐明海军新战略，谓："山本司令长官以断然之决心与勇气，实行一舰一杀主义，以我一舰，对彼一舰，欲打击彼舰，则我舰亦预备损失；如畏损失而不敢出，危莫大焉！"然劳师以袭速，乘美之不备，始见为有余，终形其不足，而海军行动之半径愈广，一舰一杀之舰数日少！至一九四三年二月，《东洋经济新报》社论警告军事当局，"毋殚锐竭力以死守瓜达康纳尔而成为凡尔登第二，不如作战略之撤退！"而山本亦以是年五月战死；占领之岛屿，无法增援，不得不逐次撤退；而阿图岛之守军歼焉！一九四一年之日海军，无役不胜；而一九四三年之日海军，无战不北；亦既情见势绌，而美人则欲迫日海军以全力应战，而歼之于太平洋，然后长驱直入以攻日本本部，势成破竹！日本知其然也，则匿其主力，而伺美海军之前进，以图邀击美舰队于近海；于是以前之所占领，不得不逐岛撤退，而前功尽弃矣！岂非"攻击随前进而力弱"之征于日海军而益信者耶！"攻则有余"云乎哉！

善守者，藏于九地之下；善攻者，动于九天之上；故能自保而全胜也。

（训义）杜牧曰："守者，韬声灭迹，幽比鬼神，在于地下，不可得而见之。攻者，势迅声烈，疾若雷电，如来天上，不可得而备也。"梅尧臣曰："九地，言深不可知；九天，言高不可测；盖守备密而攻取迅也。"王晳曰："守者，为未见可攻之利，当潜藏其形，沉静幽默，不使敌人窥测之也。攻者，为见可攻之利，当高远神速，乘其不意，惧敌人觉我而为之备也。九者，极言之耳。"张预曰："藏于九地之下，喻幽而不可知也；动于九天之上，喻来而不可备也。"

基博按：敌之可胜不可胜，惟恐其不形；而我之可胜不可胜，则又惟恐其形,故以"九地""九天"为喻。"藏于九地",则敌不知所攻,而可以自保,所以为不可胜也。"动于九天",则敌不知所守,而可以全胜,所以为可胜也。

右第一节论胜可知而不可为。形者,所以为可知也。

见胜不过众人之所知,非善之善者也。

(训义)杜牧曰:"众人之所见,破军杀将,然后知胜。我之所见,庙堂之上,樽俎之间,已知胜负矣!"贾林曰:"胜见未然之胜,善知将然之败,谓实微妙通玄,非众人之所见也。"

战胜而天下曰善,非善之善者也。

(训义)陈皞曰:"潜运其智,专伐其谋,未战而屈人之兵,乃是善之善者也。"张预曰:"战而后能胜,众人称之曰善,是有智名勇功也;故云非善。若见微察隐,取胜于无形,则真善者也。"

故举秋毫,不为多力;见日月,不为明目;闻雷霆,不为聪耳。古之所谓善战者胜,胜于易胜者也。故善战者之胜也,无智名,无勇功。

(训义)曹操曰:"攻其可胜,不攻其不可胜也。"张预曰:"善战者常攻其易胜,而不攻其难胜也。"

基博按:"故举秋毫不为多力"云云三语,盖以喻"胜于易胜"之"易";若曰:"举秋毫,不为多力;见日月,不为明目;闻雷霆,不为聪耳。然则胜易胜,何有智名勇功!"此古之所谓"善战者胜"之所以异于"战胜而天下曰善"者也。乃诸家解多以"故举秋毫不为多力"云云三语,以喻"见胜不过众人之所知";殊未也。且"胜于易胜","无智名,无勇功",易言之曰:"战胜而天下不曰善"而已。正与"战胜而天下曰善,非善之善"上下文反正相生,一意贯注,无待深解;而诸家必以攻心伐谋,不战而屈人之兵为"非善之善"作深解,亦为失之;何也?以上文辞意扞格也。

故其战胜不忒;不忒者,其所措必胜,胜已败者也。

(训义)李筌曰:"置胜于已败之师,何忒焉!"杜牧曰:"措,措置也。忒,差忒也。我能置胜不忒者,何也?盖先见敌人已败之形,然后攻之,故能置必胜之功,不差忒也。"

故善战者,立于不败之地,而不失敌之败也。

（训义）杜牧曰:"不败之地者,为不可胜之计,使敌人必不能败我也。不失敌人之败者,言窥伺敌人可败之形,不失毫发也。"

是故胜兵先胜而后求战;败兵先战而后求胜。

（训义）李筌曰:"计与不计也。"杜牧曰:"《管子》曰:'天时地利,其数多少,其要领出于计数。故凡攻伐之道,计必先定于内,然后兵出乎境。不明敌人之政,不能加也;不明敌人之积,不能约也;不明敌人之将,不见先军;不明敌人之士,不见先阵。故以众击寡,以理击乱,以富击贫,以能击不能,以教士练卒击殴众百徒,故能百战百胜。'此则先胜而后求战之义也。卫公李靖曰:'夫将之上务,在于明察而众和,谋深而虑远,审于天时,稽乎人理。若不料其能,不达权变,及临机赴敌,方始趑趄,左顾右盼,计无所出,信任游说,一彼一此,进退狐疑,部伍狼藉,何异趣苍生而赴汤火,驱牛羊而陷虎狼者乎!'此则先战而后求胜之义也。"张预曰:"计谋先胜,然后兴师,故以战则克。《尉缭子》曰:'兵不必胜,不可以言战;攻不必拔,不可以言攻。'谓危事不可轻举也。又曰:'兵贵先胜于此,则胜于彼矣。弗胜于此,则弗胜于彼矣。'此之谓也。若赵充国常先计而后战,亦是也。不谋而进,欲幸其成功,故以战则败。"

善用兵者修道而保法,故能为胜败之政。

（训义）杜牧曰:"道者,仁义也;法者,法制也;善用兵者,先修理仁义,保守法制,自为不可胜之政,伺敌有可败之隙,则攻能胜之。"

基博按:"道,"即《计篇》所谓"令民与上同意"之道;"法"者,"曲制,官道,主用"也;"胜败之政"之"胜败"二字,非对举也,当串讲,上文所谓"胜已败"者也。

右第二节论先胜而后求战。夫未求战而先知胜,此"计"之后,所为重有事于"形"也。

兵法：一曰度，

（训义）贾林曰："度土地也。"

二曰量，

（训义）贾林曰："量人力多少，仓廪虚实。"

三曰数，

（训义）贾林曰："算数也，以数推之，则众寡可知，虚实可见。"

四曰称，

（训义）曹操曰："称量敌执愈也。"

五曰胜。

（训义）基博按：以上四者，有数可度，则有形可见；有形可见，而胜可知也；故终之以"五曰胜"焉。

地生度。度生量。量生数。

（训义）杜牧曰："度者，计也；言度我国土大小，人户多少，征赋所入，兵车所籍，山河险易，道里迂直，自度此事与敌人如何，然后起兵。夫小不能谋大，弱不能击强，近不能袭远，夷不能攻险，此皆生于地，故先度也。"何氏曰："地者，远近险易也；度，计也；然后兴师动众，可以成功。"张预曰："地有远近广狭之形，必先度知之，然后量其容人多少之数也。"

数生称。

（训义）王晳曰："称，所以知轻重，喻强弱之形势也。能尽知远近之计，大小之度，多少之数，以与敌相形，则知轻重所在。"张预曰："称，宜也；地形与人数相称，则疏密得宜。《尉缭子》曰：'无过在于度数。'度，谓尺寸；数，谓什伍；度以量地，数以量兵。"

称生胜。

（训义）杜牧曰："称校既熟，我胜敌败，分明见也。"何氏曰："上五事，未战先计，必胜之法，故《孙子》引古法，以疏胜败之要也。"

基博按：拿破仑曰："人欲为将，必知数学；而我之所以战必胜，由于我之数学概念。"所谓"数学概念"者，殆即"度生量，量生数，数生

称,称生胜"之意乎？然而德将鲁登道夫则曰:"世人往往信以为战之
为事,有一定数目之数学例题;凡事莫不如此,惟有作战不然! 作战
者,乃敌之与我,以一伟大而不可思议之物质与精神之力,相摩相荡,
纷纭万变,事乱如麻,情幻如鬼,而指挥官之意志,则如地球不动之两
极,持之以静,非有健全之神经不可也!"与拿破仑之说,相反而实
相成。

故胜兵若以镒称铢,

（训义）梅尧臣曰:"力易举也。"

败兵若以铢称镒。

（训义）曹操曰:"轻不能举重也。"张预曰:"二十两为镒,二十四
铢为两;此言有制之兵,对无制之兵,轻重不侔也。"

胜者之战民也,若决积水于千仞之溪者,形也。

（训义）曹操曰:"八尺曰仞;决水千仞,其势疾也。"王晳曰:"千仞
之溪,至峭绝也,喻不可胜对可胜之形,乘机攻之,决水是也。"

基博按:上文第二节言"胜于易胜",言"胜已败",而此言"胜者
之战民"云云,极喻"胜于易胜"之"易";而曰"形也"者,见敌有易胜之
形,而后战之,故若是其易也。盖以"度""量""数""称""胜"五者彼此
相形,确知敌之易胜,敌之已败,而后决胜一战,沛然莫之能御,若决
积水于千仞之溪耳!

右第三节论胜之可知在于形,以终于篇。

基博按:兵无常势,国有定"形"。《孙子》之所谓"形"者,盖度
国土之大小,而量人力多少,物产丰耗之数,称量以出而知敌之"可
胜""不可胜"。而近代国家之所为"形"者,则度国土之大小而量人
力多少,物产丰耗之数,称量以出而知战之可久不可久。大抵广土
众民而天府之国,可以久战。小国寡民而瘠土之国,不能久战。可
以久战者,常欲"先为不可胜,以待敌之可胜";而所惧"先"之未或
"能";苟"先"能有以自持,则"敌之可胜"可待矣;中、英、美、苏是
也。不可以久战者,"能使敌必可胜",而不"能为不可胜";然卒亦

未见其"可";苟"敌之可胜"失其"必",而我之覆亡随之矣;德、义、日是也。德为资源不足之国,而不能以久战;故其战略以速战速决为主;于是有史梯芬计划,而第一次欧战以后,陆军总司令白鲁希兹称:"史氏之所以遗吾人者,盖诏吾人以战略要点,而迅速决胜之途也。"所谓战略要点者,柏林大学教授爱尔兹为之诠释而申言之曰:(一)战争不可不速决。(二)西境须用奇袭以制胜,而包围以歼灭之。而苦尔将军者,第一次欧战马兰之役之军长也;更重言以申之,谓:"如速决之战略失其用,而连兵不解,必有覆亡之虞!盖以吾德人之敌众而援寡,苟旷日持久,必罢于奔命以不支。"则其所以"为不可胜"者,乃在"敌之可胜";及敌不可胜,而我无以自立,则为敌所胜矣!危孰大焉!然而无道以易之者,亦量其国之人力物力之无法以持久也!至英则海王之国,领土亘日所出入处,取精用宏,量其国之人力物力,足以持久;而第一次欧战,又以持久制德而承其弊,以为胜算之所在焉!英兵家哈德著有《第二次大战之英国战略与其战术》一书,谓:"观于第一次大战,而西战场之所谓会战,在攻者,徒以损兵折将而自贻毁灭耳!将来之战争,必以人力物力,孰能持久而制胜。人力物力,孰先耗以尽者,孰先毁灭。现代防御战术之远胜攻击,固已征而可信;而军队之攻坚,既以军火之消耗无度,而生产因以不继,原料亦以日乏!至士卒亦以牺牲太多,目击心伤而有厌战之心;士气沮丧。是故守御之坚,足以挫猛攻者之士气,而夺其心以不敢攻,不欲攻。自古迄今,吾英无不用海上堑壕与海军以限制消耗,而控其余力以持久取胜。盖战之所以败,由于人力物力之已尽;而攻者不得不倾全力以消耗;苟守者能限制消耗,而留其有余,用之于最后,彼竭我盈,无不克也!"苏联兵家亦不欲孤注一掷,而倾国力以快心于一决!以谓:"现代战术,非如赛拳家之可以乘人于猝,突击一拳而仆之地也!须防一击不中而图有以善其后,则必兵力物力,源源不绝以相接济,乃足以制胜而屈敌也。"此则"先为不可胜以待敌之可胜",《孙子》以为"昔之善战者"如此;今岂异于古所云!然非广土众民而天府之国,人力物力,安能以持久,源源接济乎!此则"地生度,度生量,量生数,数生称,称生胜"之今义也。

势 篇 第 五

（解题）曹操曰："用兵任势也。"王晳曰："势者，积势之变也；善战者，能任势以取胜，不劳力也。"

基博按："势"与"形"不同："形"者量敌而审己，筹之于未战之先。"势"者因利而制权；决于临敌之日。

孙子曰：凡治众如治寡，分数是也。

（训义）杜牧曰："分者，分别也；数者，人数也；言部曲行伍，皆分别人数多少各任偏裨长伍，训练升降，皆责成之，故我所治者寡也。"陈皞曰："若聚兵既众，即须多为部伍；部伍之内，各有小吏以主之，故分其人数，使之训齐决断，遇敌临阵，授以方略，则我统之虽众，治之益寡。"张预曰："统众既多，必先分偏裨之任，定行伍之数，使不相乱，然后可用。故治兵之法：一人曰独，二人曰比，三人曰参，比参为伍，五人为列，二列为火，五火为队，二队为官，二官为曲，二曲为部，二部为校，二校为裨，二裨为军；递相统属，各加训练，虽治百万之众，如治寡也。"

基博按：明戚继光撰《纪效新书》十八卷、《练兵实纪》九卷、《杂集》六卷，专明束伍练阵之法；以为："束伍之令，号令之宜，鼓舞之机，赏罚之信，不惟无南北水陆，更无古今；其节制，分数，形名，万世一道，南北可通也。若夫阵势之制，随敌转化。或曰：君用兵酷嗜节制，节制工夫从何下手？曰：束伍为始，教号令次之，器械次之；微权重焉，不能传也。"所著《纪效新书》十八卷，以一卷为一篇；曰束伍，曰操令，曰阵令，曰谕兵，曰法禁，曰比较，曰行营，曰操练，曰出征，曰长

191

兵,曰牌筅,曰短兵,曰射法,曰拳经,曰诸器,曰旌旗,曰守哨,曰水兵,各系以图而为之说;皆阅历有验之言。而《练兵实纪》,则在蓟门练兵之作;一练伍法,二练胆气,三练耳目,四练手足,五练营阵,六练将;以为:"教兵之法,美观则不实用,实用则不美观。"曰实纪者,徵实用也。至清代,上高李祖陶所著《迈堂文略》,中有《读戚武毅纪效新书练兵实纪有述》之作,称"采六经之腴,拔百家之萃,精微广大,兼而有之;而总归到节制上去。节制者何? 如竹之有节,节节制之,虽笋抽丈余而不倾欹。又如木之有干,干上报节,节上生枝,枝上生叶,节节固之,虽千花万蕊而不紊乱。无节制,则虽李广才气无双而战辄败北;有节制,则以孔明将略非所长,而司马仲达亦不敢与战。夫节制工夫,始于士鼓各有所用,音不相杂,旗麾各有所用,色不相杂;人人明习,人人恪守,宁使此身可弃,此令不可不守;此命可捐,此节不可不重;视死为易,视令为尊;如此,必收万人一心之效,必为堂堂无敌之师。而万人所以为一心,只是以一管十,以十管百,以百管千,以千管万。兵退走,则斩将;将败死,则斩兵;一节一节,互相瞻顾,有欲走而不能走,欲走而不敢走者! 孙子之书,形而上者也;戚氏之书,形而下者也;然形而上者之道,即寓于形而下者之器之中。倘兵无节制,则虽有权谋,无所可用,用亦不能成矣。"《孙子》之谓"分数",戚继光谓之"节制";以将校之统御言,曰"节制";以部伍之分编言,则曰"分数";既而洪秀全、杨秀清起于广西,走湘破鄂以抚有南京,号太平天国;清兵屡败而不可振,则有丹徒戴楫汝舟撰《算兵》一文,见所著《纯甫古文钞》;其辞曰:"古之善言兵者,莫如孙子;近世则推戚氏继光为最。《孙子》曰:'治众如治寡,分数是也。'戚氏本其意以治兵;其《纪效新书》首以束伍立说。其《操练篇》所言结队法,虽与所用鸳鸯阵法,人数不同,然会通全书之说而为之详其法;大约五人为伍,伍有伍长;五伍为队,队有队长;四队为哨,哨有哨长;四哨为一官,官有哨官;四哨官为一总,总有把总;五总以上有中军,为主将。其《军法》、《禁令》等篇所载军法,皆责成于其长,而治之以连坐之法。其临阵退缩也,令甲长管兵,队长管甲长,哨官哨长管队长,把总管哨官哨长;若故纵,罪坐其长。其当先不救也,一人当先,八人不救,致令阵亡,八人俱治罪;一甲当先,二甲不救,一队被围,本哨各队不救;一哨被围,别哨不救,失陷者,皆罪其哨队甲长。其对敌先退也,兵退,治甲长罪;甲长与各甲俱退,治队长罪;一哨各队长兵俱退,治哨长罪;一哨官之兵与哨官俱退,治哨官罪。其队长哨长哨官不退阵亡,而甲下之兵、队兵、哨长以下甲兵退者,皆罪其属下之甲长与各哨队长。其平时兵丁逃走,罪其同队兵。愚尝反覆其书而知其立法之善也!盖主将一人至寡,而三军至众,以主将将三军而无法,则无以制其众,而为众所制;无以制其众而为众所制,则兵不畏将而畏贼;兵不畏将而畏贼,则逃。今若如戚氏所言队伍之法,主帅所将,除中军未明言其数外,为兵者八千人,为把总者五人,为哨官者二十,为哨长者八十,为队长者三百有二十,为伍长者一千六百,凡把总,哨官,哨队伍长,共二千二十有五人。夫以八千人计之,则不如一千六百人之少而易治焉!以一千六百人计之,则又不如三百二十人之少而易治焉!八十人又少而易治焉!二十人比之八十人,又少不如五人之治二十人;一人治八十人,又不如二十人之治八十人;一人治三百二十人,又不如八十人之治三百二十人;一人治一千六百人,又不如三百二十人之治一千六百人;一人治八千人,又不如一千六百人之治八千人为治之者之多而易治焉!且使甲长治兵,其不治兵也,斯队长治之矣;使队长治甲长,其不治甲长也,斯哨长治之矣;使哨长治队长,其不治队长也,斯哨官治之矣,使哨官治哨长,其不治哨长也,斯把总治之矣。彼甲长焉得不治兵,队长焉得不治甲长,哨官哨长焉得不治哨长队长耶!且兵各有长,长各有属;犯法者各治其长与其属,则功罪不相及;功罪不相及,则赏罚行。何者?主将法令虽严,在下之兵,虽或有怨其主将者;而各有部伍统属而不能一,则军士之骄横者,无自而为变。且同队同伍,有连坐之法;同队同伍者,惧法之连及,则互相管束,不使一人恣行,得以累及于众人,而不容其犯法。此《周礼》所言伍两卒旅师军之遗制，而《孙子》之所谓'治众如治寡'也。由此而推，虽将十万之众，无难焉！乃今之制军则不然！各路调发之兵，领兵官或一人领数百人，多者或至千人；又或数人领之，而部伍不分，兵士众多，漫无统纪。且兵既未经选练，又自他处调发而至，与主将素不相习；各路之兵，勇怯不齐，心迹各异；是以兵勇虽多，有如乌合，数里之外，望气奔溃。嗟乎！兵无队伍，主将其能与士卒亲乎？士卒遂畏主将而奉其命令乎？且主将即欲赏罚其众而部伍不分，遂能行其赏罚乎？则兵众之卒然逃散，主将其遂能禁之乎？盖惟有制军之法，而后军法可以明；惟军法明，而后军法可以行；惟军法行，而后可以行军；可以行军，斯可以灭贼！可以守土地，保人民，安国家；成法具在，主将有欲杀贼立功名者，胡不讲求其法而行之也？"其后曾国藩、左宗棠、李鸿章治湘、淮军，皆用戚继光束伍之法以有成功；则信乎"分数"之以"治众如治寡"矣！然"分数"之用，不惟节制以治军，抑亦战斗以应敌！而《孙子》以治军之节制言，故谓之"分数"；克老山维兹兵法以应敌之战斗言，则谓之"战斗序列"。特克氏之言"战斗序列"，有足以补《孙子》之所未及者，不惟论列军、师、旅、团、营、各队级之节制；抑亦兼及步、骑、炮，各兵种之混成；见所著书第五卷《论战斗力》，中有专章论军队之战斗序列，其持论以谓："战斗序列者，乃将各兵种部分编制以为全体之一肢节，而配备于空间，以形成尔后战斗之基本形式者也。故战斗序列之涵义有二：一曰部分，以算术之要素而成立者也。一曰配备，以几何学之要素而成立者也。其以算术之要素而成立者，为由平时固定之军队所编成，以步兵营、骑兵连或团及炮兵连等一定之部分为单位；自此而上以形成更大之肢部，渐次成为全体配备，乃将军队为战斗而行之配备以预为规定者也。是故战斗序列，乃十七世纪以后战斗之所有！盖战线之广袤以无限延长，而军之全正面，无不为类似之肢节所成立，而可以分割为任意之断片；凡断片，不但互相类似，且有全军所缩小同一之组织；所以今日之军，非单一不可分离之全体，而为多肢节之一全体，有极大之伸缩性，因敌制胜，散全体以成部分,合部分以成全体,可分可合,而战斗序列不以紊乱;是故部分之为贵也!夫军之所以不可不有部分者,不论军之如何小,而欲为独立之全体以行动时,至少必三分其军;盖一置前方,一置后方,而其一为中央部队以成纵队;纵队者,由一路线而继续前进之兵团也。然以中央部队为军之主力,不可不较前军、后军为强大;则四分其军,而以全军四分之二为中央部队;以视三分其军者为实用;然尤不如八分其军;盖先以一队为前卫,而以三队为中央部队,横延左右成两翼以成军之主力;以二队为后卫;而其余两队,则分置于左右翼外若干之距离,以掩护纵队之侧面也!然总司令官之直接命令者,不过三四人,则指挥易;而经三四人以转达其下部队,其中亦有不利!第一,命令所经过之阶级愈长,则失去其迅速、力量与精确之程度愈大;如总司令官与师长之间,介有军长,是也。第二,总司令官直属各指挥官之活动圈愈大,则总司令官之威力与权势以减杀;盖各指挥官之于所属部队,皆有其自身之威望与权力;而至于脱离总司令官之指挥时,殆常有拒绝之倾向也!此部分之所以多阶段,不如多分支!然分支过多,亦以徒招混乱!吾人试思以一军司令部指挥所部之八分队,已为不易;何况欲指挥十以上之分队耶!今以二十万之军分为十师,一师分为五旅,则一旅之兵,得四千人,此一法也。然吾人亦可以二十万之军分为五军团,一军团分为四师,一师分为四旅,则一旅之兵为二千五百人;两者相衡,孰为得失?则分五团,不如分十师!何者?第一,以军团介于师与军之间,而总司令官命令传达之阶梯,有过长之缺陷!其次,二千五百人之一旅,兵力可谓劣弱;而一军之旅得八十,以视分十师之得五十旅者,又太烦复;则兵力以寡而见薄,指挥以多而不易!此分五军团之所以为失;而总司令官之所得者,不过直接命令指挥官之数减半耳!至一旅之兵,二千五百人,固形太少;而五千人,亦不可过!何者?第一,旅者,乃以一指挥官直接之口令所能指挥之部队,而视人声所能达之范围,为其兵数之最高限度。其次,步兵集团至五千人以上时,则必有炮兵附属,而混合有异种兵者,无不视为特别之一部队,未可漫以旅呼之也!战略上之所需以求各种兵之混成者,为军团;若无军团,则以师为限;师以下之肢节,则不过以应乎一时之必要,而得许可为一时之混成而已!是故部分之不可不知者有三焉:第一,全军之肢节少,则失去其伸缩性。其次,肢节失之过大,则最高意志之威力薄弱。其三,命令经过之阶梯复杂,则力量以杀,而失其精确与迅速。所以阶段不宜多,而分支不可少也!至战斗序列之必涉及各兵种之混成,则以近代之兵学,不以各部队全体集合为目标;而以肢分节解,为通力合作,蕲于互相隔离之行军,得为各自独立之战斗;顾非各兵种之混成,不能为独立之战斗!盖战斗,不外二者所构成;一为射击之歼灭;而一则为白兵战,即个人之战斗,是也。炮兵有效于射击之歼灭;骑兵特利于个人之战斗;步兵则两者兼有之!又防御以固着于阵地而抵抗;而攻击,则以敏捷活泼之运动为第一义。骑兵缺固着之性能,而运动,则保持有优秀之力;故骑兵可专为攻击之用。步兵能固着以行抵抗,而亦不缺运动之性能也。战斗以歼灭为主,而炮兵有效于射击之歼灭,厥为各兵种中之最可畏者!然缺乏运动之性能而固着于静止,以致军队之运动,亦因而迟钝;此其所短!倘炮兵无掩护之部队,往往有为敌军袭击而以委炮于敌手者,盖炮兵无个人战斗之能力也。然敌军得我之炮,而射击我以为歼灭,则害莫大焉!骑兵以增加军队之运动力;若骑兵过少,则失军事动作之迅速性!无炮兵,则以减杀军队之歼灭力;无骑兵,则以减杀军队之运动力!盖步兵虽能运动而不如骑兵之迅速;无骑兵,则不能以追奔逐北,杀敌致果,而胜利之收获不大矣!自十八世纪中叶,菲烈德立大王视运动为军事成功之惟一原理,而欲以出乎敌人意表之运动力,风发电迈以争胜利;所以拿破仑之用骑兵,比率大于寻常;盖骑兵以敏活运动而为决大胜之武器也!然以火器之进步,而骑兵失其重要性;抑亦自然之理也!然而骑兵无步兵,则不能掩护;步兵无炮兵,则不能歼灭!步兵为全军之主兵,其他骑炮二种兵,则从属之;大抵骑兵之于步兵,以比率五分之一为最适;而炮兵,则千人之兵，炮兵则为三门或四门，乃至五门之比率；过此以往，是否有害作战，而非委之于经验，无以知也！所以于全部无障害之炮兵最大数，与全部能满足之骑兵最小限，如何适当，不可不熟虑也！"然则克氏之所谓战斗序列，盖师以上之编制；而《孙子》之所谓"分数"，则相当于师以下之编制；众寡不同，而义相发也！

斗众如斗寡，形名是也。

（训义）曹操曰："旌旗曰形；金鼓曰名。"张预曰："《军政》曰：'言不相闻，故为鼓铎；视不相见，故为旌旗。'今用兵既众，相去必远，耳目之力所不闻见，故令士卒望旌旗之形而前却，听金鼓之号而行止；则勇者不得独进，怯者不得独退。故曰此用众之法也。"

基博按："形名"者，军队作战之所以指挥也。古人以旌旗为"形"，金鼓为"名"；而今军中所用之手旗、烟火、手电筒、信号弹、光号弹，皆以为"形"之指挥也；军号、口笛、锣、鼓，则以为"名"之指挥也。然古之战场小，军队之组织简单，故"形""名"足以指挥；而今之战场广，军队之组织烦复，仅"形""名"不足指挥；而指挥之权，操于将校；指挥之事，管以通信。德国军事家尝谓："通信部队，即指挥部队；无通信，即无指挥！"而世界各国，行军通信机构之最先进者，莫如德国；当一九一七年攻俄时，其通信机构，即从步兵连着手；而俄军之所以此进彼退，指挥无方者，只以通信之不灵活耳！及大战以后，英、法诸国之建军，无不扩充通信部队以至步兵连通信班为止！盖连为战斗单位，其指挥连络之灵活，往往决胜利于俄顷；其野战电话线，无不架至连；而背囊式无线电之使用，甚而下达第一线班及最小搜索单位者！诚以部队之指挥运用，非出以机动突击，不能制胜；而部队之协同连系，又非有赖于通信灵活，不能"斗众如斗寡"也！我国以科学不竞，而电气通信器材之缺乏，仅团以上有配属；而营连之指挥，不废"形""名"！"形""名"之用，在营以下，始特显著，多使用于近距离，小部队；盖耳力体力之范围，不能超过一千米也。然以兵器之进步，摧毁与破坏之力日大，电话通信，亦虞或断；而山地战斗之电话架拆，尤为困难;则以"形""名"之器材轻易,手续简单;而紧急之情报,无不以密约信号,灵活传递,抑亦以发挥最大效能也!形名之中,以手旗及军号、口笛为最普通使用而各有攸宜。盖手旗为前线部队之用;不论行军驻军战斗间小部队之指挥联络,船舶、铁道等运输间之连系,无不左宜右有;尤以搜索警戒部队与后方之隔离,或湖沼地敌前架桥作业之连络,最为有效。至于军号、口笛,不惟为军队作息时间及行动之信号;而临阵之际,尤可以预约之信号,达紧急之命令以指挥一切,实为营、连、排长指挥之利器也!惟我军之用手旗,多依据通范三部,用数字符号以行通信;特以军语繁复,记诵翻译困难;而通信勤务,尤多沿用电报收发规则办理,手续繁琐,费时太久,亦失手旗通信简单之初意;当以依据步兵操典,射击教范,而改用简明易记且易想像之记号通信为宜!至于军号、口笛,我军虽早使用;然亦固执一定之形式,拘泥旧法,而为敌人所熟知,往往模效以误我!除用之为各种警报外;尤应在平时加以特种训练,以适应临阵之实况,而规定各种简明易记之信号,随时变换以自由运用;此之不可不察也!

三军之众,可使必受敌而无败者,奇正是也。

(训义)曹操曰:"先出合战为正,后出为奇。"李筌曰:"当敌为正,傍出为奇。"何氏曰:"兵体万变,纷纭混沌,无不是正,无不是奇。若兵以义举者,正也。临敌合变者,奇也。我之正,使敌视之为奇;我之奇,使敌视之为正;正亦为奇,奇亦为正。大抵用兵皆有奇正,无奇正而胜者,幸胜也,浪战也。"张预曰:"三军虽众,使人人皆受敌而不败者,在乎奇正也。奇正之说,诸家不同。《尉缭子》则曰:'正兵贵先,奇兵贵后。'曹公则曰:'先出合战为正,后出为奇。'李卫公则曰:'兵以前向为正,后却为奇。'此皆以正为正,以奇为奇,曾不说相变循环之义。唯唐太宗则口:'以奇为正,使敌视以为正;则吾以奇击之。以正为奇,使敌视以为奇;则吾以正击之。'混为一法,使敌莫测,兹最详矣。"郑友贤曰:"或问:'三军之众,可使必受敌而无败者,奇正是也。'受敌,无败,二义也;其于奇正有所主乎?曰:武论分数、形名、奇正、

虚实四者,独于奇正云云者,知其法之深而二义所主之要也。复曰:
'凡战,以正合,以奇胜。'正合者,正主于受敌也;奇胜者,奇主于无败
也;以合为受敌,以胜为无败,不其明哉!"

　　基博按:郑氏之说,苦心分明而未得其指。夫"以奇胜",岂止
"无败";"以正合",不限"受敌"。"受敌而无败",一意相贯,非二义
也。其曰:"三军之众,可使必受敌而无败者,奇正是也。"盖意在为不
可胜,而自立于不败之地;所谓"奇正"者,不必指我之"以正合,以奇
胜";乃谓识奇正之用,而以测敌军之孰为正,孰为奇,而后可以"受敌
而无败"也!一九一七年,法国赴美军事委员奥维埃诏美人以取守势
之作战法曰:"总司令部参谋中人,知敌人之将大举也,聚而测以三
事:(一)敌军之真正意向。(二)敌军将在何处前敌之何段进攻。
(三)敌军人数。然而有未易者!盖敌人每出种种狡谋,以愚吾之耳
目。或则于前敌各处悉立有取攻势性质之建筑工程,以为疑兵之计。
或其可用之军,本在后方休息,突运往某处前敌;顾非自其地进攻;特
以处心积虑,欲愚其所占地内法、比居民及我军间谍。若同时由数地
进攻,必系疑兵之计以分吾军兵力。如敌人于攻击凡尔登前,先攻其
北诸地暨香槟、业罗拉纳二地。吾人虽知其志在凡尔登,然军队不能
集中。吾人又稔知敌人必先由数处进攻,然又不敢断其皆无重要关
系;我以备多而力分,疲于奔命,敌遂捣虚而入。"易言之,即必先测识
敌军之孰为奇正,而后可以受敌而无败也。既而又曰:"我既推测敌
军之意念所欲矣,苟我确知敌军将由前敌之某地进攻,必须厚集兵力
于后方;不独防误计敌军进攻地点,且以第一道防线濠沟为敌军炮弹
之点,势必全被毁坏,密集其中,反多所牺牲;宜择一适中地点,屯兵
策应;其地各道濠沟之联络,机关枪之炮位,炮垒之地点,皆须用掩饰
术种种方法,使敌人对于我军主力所在之地点,茫然不知,而长虑却
顾,如骨鲠在喉,不除不快;苟非尽毁地上各物,其顾虑之心,永不能
消灭,若全力攻未陷各段,转予我以反攻之机;盖其密集之点,既足引
我步军注目,又为我军炮队之的。"此又我军之奇正。故曰:"三军之

众,可使必受敌而无败者,奇正是也。"

兵之所加,如以碫击卵者,虚实是也。

(训义)曹操曰:"以至实击至虚。"李筌曰:"碫实卵虚。"梅尧臣曰:"碫,石也,音遐,以实击虚,犹以坚破脆也。"张预曰:"夫合军聚众,先定分数;分数明,然后习形名,形名正,然后分奇正;奇正审,然后虚实可见矣。四事,所以次序也。"

基博按:四事承上篇而备陈其目。分数、形名、奇正三者,所以自立于不败之地;而虚实,则所以不失敌之败也。虚实云者,谓避实击虚,避坚击瑕,不虚耗吾力以攻敌之坚;以碫投卵,喻其易耳!夫用兵之法,贵于明奇正,识虚实,而攻守相兼,奇正为用。甲午中日之战,我之所以败,兵力非甚薄也,军械非不足也,乃不为攻而为守,而守又不布远势而局一隅!方直隶提督叶志超、太原镇总兵聂士成之护诸将以自牙山败退也,日人迟回王京,未敢薄我,盖大兵未集,孤军无继也。叶志超护大同镇总兵卫汝贵、高州镇总兵左宝贵、奉天府都统丰升阿、提督马玉昆诸将兵三十五营以屯平壤;而聂士成与四川提督宋庆、黑龙江将军依克唐阿及其他诸将以所部七十余营联屯鸭绿江上,如荼如火,既不知分道争利,直趋王京以攻敌人之虚;又不能扼险屯兵,互为策应,而予敌人以瑕。叶志超在平壤置酒高会,而日军源源而至,遂成坐困。既而三战三北,日军渡鸭绿江,连陷九连、安东、凤凰诸城。而安东之敌,分兵西陷岫岩,入海城;且将东窥辽阳,西瞰营口、牛庄,于是关外宁远、锦州诸城大震!宋庆帅所部自盖平北援。然是时,海城之日军以孤军悬入;盖平既未失守,惟析木城一线为其后路;而日军之入海城者,仅六千人;大小炮才二十门,粮械不继;而宋庆所部倍之,苟以全力分布,绝其归路,固可聚而歼焉!乃以全军二十余营,屯距海城二十余里之缸瓦寨,逍遥容与;而海城之敌,从容布置,乃避实击虚以先发制我矣!于是聂士成大愤,以谓:"战事之起,止闻敌来,未闻我往,故敌得前进无忌!"乃电请于诸帅:"愿得精卒数千人,直出敌后,往来游击,截饷道,焚积聚,多方扰之,时聚时散，不予敌人以可测；及其罢于奔命，而后以大军蹙之，必大克之！"此蹈敌之瑕，以成我之奇，兵家之制胜也！然诸将尼之不果行焉！此不为攻而为守之失也！及其守也，则又不识奇正之用；敌布远势以攻我，我局一隅以应敌，而以我之株守，成敌之用奇。牙山之战，聂士成驻成欢，扼两山间之大道；战方酣，而不虞敌之出奇兵，绕登东山以袭我侧也；势不支，遂败，而就叶志超合军以趋平壤。既而日军分四道来攻，志超乃大严诸军，附郭而屯，只防东南一路以悉力当敌冲；而莫虞彼狡之自西北分道以议我后也！马玉昆方大捷于东南，而日军则袭城北以破玄武门矣！至于守旅顺，不固守金州；防威海，不兼防成山；我悉全力以当敌冲，敌出奇兵以议我后，屡败而不之悛！《孙子》曰："三军之众，可使必受敌而无败者，奇正是也。"然则三军之众，可使必受敌而败者，则以昧奇正之用，而不虞敌之出奇以制胜也。用兵者可以知所监矣！

凡战者，以正合，以奇胜。

（训义）曹操曰："正者，当敌；奇兵，从傍击不备也。"杜牧曰："以正道合战；以奇变取胜也。"张预曰："两军相临，先以正兵与之合战；徐发奇兵，或捣其旁，或击其后以胜之。若郑伯御燕师，以三军军其前，以潜军军其后，是也。"

基博按：战之为道，在歼灭敌之主力；而歼灭敌之主力，则必"以正合，以奇胜"；虽在今日，不能例外！然而议论纷纭，亦各不一：或主侧翼包围，则有当于"以正合，以奇胜"者也。或持中央突破，则不必"以奇胜"，而蕲决胜于"以正合"者也。在一九一四年，欧洲上次大战未起之前，法国兵家曾以此诤议甚烈。莱格里为包围论之领袖；朗格罗为突破论之领袖；而朗格罗以一九〇二年，著《最近二次战争之教训》一文，则以一八七八年之俄土战争，与一八九九——一九〇〇年之南非战争为论据，而发凡起例，以谓："作战者，必在敌人之战线，得其可突破之一点，而集中可用之兵力以为攻击，则战必胜！拿破仑之作战原则，至于今不废；然侧翼突破之战术，不得不受限制于现代武器之发展而无成功！"持之有故，为当日作战部长所赞许，而采用于军队！及大战之起以延一九一七年，法军未尝不以中央突破之战术，施之于德，而屡试无效！福煦元帅乃以证明杀敌致果之必假途于侧袭，而拿破仑为不可易也已！其后参谋次长罗亚楚广搜史例，而著《战略之成功与战术之成功》一书，其结论以谓："综世界战史以观，大战争之决胜，无不在敌人之后方或侧翼！拿破仑之用兵也，必尽力之所能及，而以猛攻敌军之侧翼及后方；一八〇五年之战奥于乌尔穆然，一八〇六年之战普于耶拿及澳尼斯特无不然。老毛奇则学拿破仑而未至！普奥之役，老毛奇以兵力三分之一，牵制正面；而用三分之二兵力以侧重右翼，迅速决胜；则固然矣！及一八七〇年之普法战争，初意亦欲猛攻法军之侧翼以前进，而以指挥之无力不彻底，以无成功；及其成功，则以法军指挥之更不如；所以学拿破仑而未至也！拿破仑亦有例外，而用中央突破以制胜！然侧翼作战之利，中央突破之不利，利害较然，可得而言：中央突破以正面作战而相持不决；侧翼作战以蹈瑕抵峨而迅速决胜；一也。中央突破，必遇敌人之强力抵抗；虽可以优势之兵力，压迫敌人以不得不退却，而决胜不易；两军相对，我胜而力亦疲；不如侧翼攻击之避去正面，而有自由活动之区域；假我以秘密而能迅速，彼以无备而出不虞，则彼不及增援以失连系，而我可以猛进而无抵抗；二也。"则是中央突破，"以正合"之未易以决胜；不如侧翼袭击，"以奇胜"之可以速决胜；孰为得失，罗亚楚论之甚析！然而谭何容易！"以奇胜"之未必胜，罗亚楚亦未尝不郑重中论！罗亚楚以谓："侧翼袭击之以迅速决胜，固矣！然而兵力之配备，殊费经营！不知吾人当以少数兵力配备正面以牵制敌人正面；而集中主力以迅向决战之侧翼耶？抑集中主力以对待敌人正面；而用兵力之一部分以抄其侧翼耶？抑侧翼之兵力，以与正面平均分配耶？三者之中，自以集中主力于侧翼袭击之为大胆而有效；惟施之于善运动战之敌人，而胜负利钝，在不可知之数矣！假令吾人集中主力以袭击敌人之侧翼，而预测敌人之所以应，不出四端：其（一） 敌人仓猝不及调大兵以延长正面，而对吾集中主力之袭击，无法抵抗，则吾之侧翼作战胜利，而此之胜利，不可不善利用！然则如何而可？曰：宜推锋而入以为无前之猛进，而包围敌后以绝其后方之增援与联络，与正面之吾军相应，前后击之，而敌军可聚而歼旃！其（二）　敌人有时间，有余力以调兵增援，则吾军之在正面者，宜尽力猛攻以牵制敌人，使不得移用兵力于侧翼。侧翼作战，不可不利用最大之速率以占敌人之先著，而尤不可不争先占领侧翼方面之重要地点；于是一彼一此以成竞翼运动，相互展一翼以外延，而争取包围之形势，延向敌后以收前后夹击之功；此德人之所惯用，而两面夹击之功，卒未见于上次欧洲大战者，其大因在双方联络之困难，一致行动之不易！如敌人以增援侧翼而减杀正面，则以我正面军之猛攻，而乘敌正面军之移动，推锋直入以成突破，则以侧翼之袭击而成中央之突破者，亦往往有之！其（三）　敌军之侧翼不增援以且战且退；于是我侧翼之袭击，乖于所之而不得一当；则以敌侧翼军退却之速，而成我侧翼军追击之迅；于是我侧翼军之前进方向，与我正面军之前进方向，相牾以自冲突！其（四）　敌人之兵力强大，不惟有力以固守正面，抑亦源源增援以加强其侧翼，而反攻我侧翼，以图迂回而包围我后！然则侧翼袭击，谭何容易！假如我无力以牵制敌人正面，则侧翼作战，万不能成功！虽侧翼作战，业已开始；而正面作战，仍须进行；如不进行，则敌人得移正面军以增援侧翼！然我即有力以牵制敌人正面军；而敌人未必不有后方之预备队以源源增援，加强侧翼；如欲牵制敌人之预备队，非猛攻不可；惟猛攻，而后可以迫敌人之预备队，不得不增援正面，而不能用于侧翼；是故我正面之兵力，亦非强大不可；而强大之度，必以能牵制敌人之主力，不得移动；然后悉我力之有余以加强侧翼之袭击；则是‘以奇胜’者，不得无借于‘以正合’；此‘以正合’之所以必与‘以奇胜’相辅而行也！”罗亚楚又言：“侧翼作战，非攻击敌人之翼端所能有功；盖敌人有纵长配备之预备队以为保护，可以延长正面之抵抗而图以反包围我军，此则可忧也！所以侧翼运动，非集中兵力以向敌人侧翼之后方攻击不可！惟我侧翼军之攻击方向，不可与正面军之攻击方向，过早会合而不布远势；所以侧翼军，不可不远离本军集中；如不布远势而过早会合，往往有自相冲突之虞！此侧翼军之集中，不可不知者一也。侧翼军之集中，尤必出其不意！所谓出其不意云者，即在敌人阵线之要点，骤有强大之我军出现；而敌人仓皇失措，不及调集相当之军队以为抵抗也！出其不意之前提，在全体军力之深广配备；配备之时，当即审慎考量，而预为之地以对敌人之侧翼或后方，得迅速集中必要之军力；尤以我军力配备之深广，而疑误敌人以不测我军何向而集中；拿破仑之用兵，无不如此，往往自宽广之集中，或行军之正面，突向决战之侧翼以袭击，而敌人不知所为焉！此侧翼军之集中，不可不知者二也。侧翼军之何向以集中，不可不慎图于其始！何者？近代战争，虽以一军之兵力，而已选定之攻击方向，欲骤改变，已不可能；况又加而上之！然又不可以改变方向为不可能，而局促一隅以自坐困！此侧翼军之集中，不可不知者三也。"由罗亚楚之言，而后措施之有方，"以奇胜"之可以胜；余故要删以著于篇。

故善出奇者，无穷如天地；不竭如江河；

（训义）杜佑曰："言应变出奇无穷竭。"郑友贤曰："或问武论奇正之变，二者相依而生，何独曰'善出奇者？'曰：阙文也；凡所谓如天地，江河，日月，四时，五色，五味，皆取无穷无竭，相生相变之义。故首论以正合奇胜，终之以奇正之变不可胜穷，相生如循环之无端；岂以一奇而能生变，交相无已哉！宜曰：'善出奇正者，无穷如天地'也。"

终而复始，日月是也；死而复生，四时是也。

（训义）张预曰："日月运行，入而复出；四时更互，盛而复衰；喻奇正相变，纷纭浑沌，终始无穷也。"

声不过五；五声之变，不可胜听也！

（训义）李筌曰："宫、商、角、徵、羽也。"

色不过五;五色之变,不可胜观也!

（训义）李筌曰:"青、黄、赤、白、黑也。"

味不过五;五味之变,不可胜尝也!

（训义）曹操曰:"自'无穷如天地'已下,皆以喻奇正之无穷也。"李筌曰:"酸、辛、咸、甘、苦,五味。"张预曰:"引五声、五色、五味之变,以喻奇正相生之无穷。"

战势不过奇正;奇正之变,不可胜穷也!

（训义）梅尧臣曰:"奇正之变,犹五声、五色、五味之变无尽也。"

奇正相生,如循环之无端,孰能穷之!

（训义）何氏曰:"奇正生而转相为变,如循历其环,求首尾之莫穷也。"张预曰:"奇亦为正,正亦为奇,变化相生,若循环之无本末,谁能穷诘!"

右第一节论奇正之变。

基博按:起历举分数、形名、奇正、虚实四者,而侧重奇正;以战势不过奇正;而奇正者,则势之所以因利而制权也。"奇正之变","变"字尤宜注意如。果执"以正合,以奇胜",而不知所为变,则敌有以测吾之奇正;而吾因利制权之势有所穷!唐太宗曰:"以奇为正,使敌视以为正,则吾以奇击之。以正为奇,使敌视以为奇,则吾以正击之。"张预曰:"奇亦为正,正亦为奇。""奇正相生,若循环之无端",斯以尽"奇正之变"。盖惟变乃能因利制权也。

激水之疾,至于漂石者,势也;

（训义）孟氏曰:"势峻,则巨石虽重,不能止。"

鸷鸟之击,至于毁折者,节也。

（训义）杜牧曰:"势者,自高注下,得险疾之势,故能漂石也。节者,节量远近,则攫之,故能毁折物也。"张预曰:"鹰鹯之擒鸟雀,必节量远近,伺候审而后击,故能折物。《尉缭子》曰:'便吾器用,养吾武勇,发之如鸟击。'李靖曰:'鸷鸟如击,卑飞敛翼。'皆言待之而后发也。"

是故善战者：其势险，

（训义）王晳曰："险者所以致其疾也，如水得险隘而成势。"

其节短；

（训义）曹操曰："短，近也。"杜佑曰："言以近节也；如鸷鸟之发，近则搏之，力全志专，则必获也。"梅尧臣曰："险则迅，短则劲，故战之势，当险疾而短近也。"郑友贤曰："或问其势险者，其义易明；其节短者，其旨安在？曰：力虽甚劲者，非节量短近而适其宜，则不能害物。鲁缟之脆也，强弩之末不能穿；毫末之轻也，冲风之衰不能起；鸷鸟虽疾也，高下而远来，至于竭羽翼之力，安能击搏而毁折哉！尝以远形为难战者，此也。是故麹义破公孙瓒也，发伏于数十步之内；周访败杜曾也，奔赴于三十步之外；得节短之义也。"

基博按：下《军争篇》称："卷甲而趋，日夜不处，倍道兼行，百里而争利"，其势非不险也；然而"劲者先，罢者后，其法十一而至"，"则擒三将军"者，失节短之义也。魏武逐刘备，一日一夜，行三百里；诸葛亮以为"强弩之末，不能穿鲁缟"；失节短之义也。即如一九一四年，欧洲大战开始，德皇以二十年之整军经武，挟其久蓄不用之威，飙发电征，如迅雷不及掩耳，席卷比利时而掩有焉，其势非不险也；浸淫而及于法之北疆，顾恧尺巴黎，经百日而不能破，东不能入俄境，南不能庇奥邻，卒以酿马兰之挫衄者，失节短之义也。法人蒲哈德著《德大将兴登堡欧战成败鉴》一书，其中盛称鲁登道夫，以谓："胸有成算，阵无虚设，分兵四出，所当者破；惟进而不已，不自敛戢，其战线日益延长，而力挫士疲，遂以大败！"失节短之义也。方吾抗战之初，日人挟其飞机、大炮，佐之坦克车，北则纵横河洛，南则驰骤京杭，挥霍如志；我以备多而力分，彼则"节短"而"势险"，我之所以败，彼之所以胜也！然而孟贲乌获，力有所底！敌之占地日广，敌之兵势渐分而见薄。我之壤土日蹙，我之兵力以集而益厚。敌之战线，愈延愈长；我之阵地，愈蹙愈短；及是时，"势险""节短"之效，将在我而不在彼！以希特勒闪电战之陵厉无前，而恧尺不得窥英伦；劳师以袭远，而东顿兵于墨斯科;失节短之义也!况日人乎!克老山维兹言:"凡攻击乃随其前进而力弱!"愈深入,愈阻滞,吾久知其顿兵不得进也!

势如弝弩,节如发机;

(训义)李筌曰:"弩不疾,则不远;矢不近,则不中。"梅尧臣曰:"弝,音霍,弝张也;如弩之张,势不逡巡;如机之发,节近易中也。"张预曰:"言趋利尚疾,奋击贵近也。"

右第二节论用奇宜乎势险而节短。

基博按:出奇制胜,攻其无备,出其不意,非势险节短不为功。势险,则敌不及虞;节短,则力无虚耗。激水、弝弩,皆以喻疾击之迅;鸷鸟、发机,皆以喻用力之迫。

纷纷纭纭,斗乱而不可乱也!浑浑沌沌,形圆而不可败也!

(训义)李筌曰:"纷纭而斗,示如可乱;旌旗有部,鸣金有节,是以不可乱也。浑沌,合杂也;形圆,无向背也。"杜牧曰:"此言阵法也。《风后握奇文》曰:'四为正,四为奇,余奇为握。'奇,音机,或总称之。先出游军定两端,此之是也。奇者,零也;阵数有九,中心有零者,大将握之不动,以制四面八阵,而取进则焉。其人之列,面面相向,背背相承也。《军志》曰:'阵间容阵,足曳白刃;队间容队,可与敌对。前御其前,后当其后。左防其左,右防其右。行必鱼贯,立必雁行。长以参短,短以参长。回军转阵,以前为后,以后为前。进无奔进,退无违走。四头八尾,触处为首。敌冲其中,两头俱救。'彼此相用,循环无穷也。"梅尧臣曰:"分数已定,形名已立,离合散聚,似乱而不能乱;形无首尾,应无前后,阳旋阴转,欲败而不能败。"何氏曰:"此言斗势也。善将兵者,进退纷纷似乱,然士马素习,旌旗有节,非乱也!浑沌,形势乍离乍合,人以为败;而号令素明,离合有势,非可败也!"

乱生于治。怯生于勇。弱生于强。

(训义)曹操曰:"皆毁形匿情也。"杜牧曰:"言欲伪为乱形以诱敌人,先须至治,然后能为伪乱也。欲伪为怯形以伺敌人,先须至勇,然后能为伪怯也。欲伪为弱形以骄敌人,先须至强,然后能为伪弱也。"

何氏曰:"言战时为奇正形势以破敌也。我兵素治矣,我士素勇矣,我势素强矣,若不匿治勇强之势,何以致敌! 须张似乱似怯似弱之形以诱敌人,彼惑我诱之之状,破之必矣!"

基博按:诸家解多主曹公"毁形匿情"之意,此乃不得其说而强为之辞也。"乱生于治",承上"斗乱而不可乱",申论之;若曰:"斗乱而不可乱者,以乱生于治也";"怯生于勇,弱生于强",则因"乱生于治"而连类及之。夫"生于勇"之怯,乃天下之大勇;而"生于强"之弱,乃天下之至强也! 苏轼《留侯论》曰:"古之所谓豪杰之士者,必有过人之节! 人情有所不能忍者;匹夫见辱,拔剑而起,挺身而斗,此不足为勇也! 天下有大勇者,卒然临之而不惊,无故加之而不怒;此其所挟持者甚大,而其志甚远也! 其能有所忍也,然后可以就大事。观夫高帝之所以胜,而项籍之所以败者,在能忍不能忍之间而已矣! 项籍惟不能忍,是以百战百胜而轻用其锋;高祖忍之,养其全锋而待其弊。"此所谓"生于勇"之怯,"生于强"之弱也。自来论兵者,惟益阳胡林翼最能畅发此意,每曰:"战,勇气也,当以节宣蓄养提振为先;又阴事也,当以固塞坚忍蛰伏为本。昔条侯之破七国,坚壁三月,以太后梁王之故而不受诏,故曰:'亚夫真可任使也。'秦王之破宋金刚,亦坚壁年余,俟其粮尽遁走,则一日夜追剿二百余里;秦王非天锡智勇者哉! 使今人当之,则疑其怯矣! 尝论孺子之戏猪脬,贯以气而缚以绳;当其盛时,千锤不破;一针之隙,全脬皆消。兵事以气为主,兵勇之气,殆如孺子猪脬之气;此中盈虚消息之故,及蓄养之法,节宣之法,提倡之法,忍耐之法,惟大将能知之! 彼营哨各官,贼未来,则欲攻,勇气不可遏;贼果来,则殊不能战,勇气又减去大半;此积年之通弊也。军事,何常之有! 以为兵力厚;而胜负之数,又不系乎厚薄! 以为将才勇;而胜负之事,又不尽系乎勇怯! 凡事当有远谋,有深识;坚忍于一时,则保全必多; 一惭之不忍,而终身惭乎! 为小将,须立功以争胜;为大将,戒一胜之功而误大局。盖侥幸而图难成之功,不如坚忍以规远大之谋。兵事不在性急于一时,惟在审察乎全局。全局得胜,譬之破竹,数节之后,迎刃而解。军事到紧要之时,静者

胜,躁者败;后动者易,先动者难;能忍者必利,不能忍者必钝。严密坚
忍以待之;盖本有破釜沉舟之志,却以揽辔安闲出之。王翦用六十万
人,日以美饮食抚循其士,而不遽战。李牧治边,日以市租椎牛飨士,而
不欲战。养之久,而气势之蓄,郁于中乃愈厚。不贪小利,不图近功,示
弱以懈贼之心,坚忍以养我之气;俟审察贼情,并力大战,则我军之气,
愈遏而愈盛;伺其瑕而蹈之,一发即破矣!兵事贵乎审机以待战,尤贵
蓄锐以待时!兵事以夸大矜张弩远为忌,收敛固啬切近为实。"语见《胡
文忠公集》中书牍。夫战,危事也,非勇不能战;然非"生乎勇"之怯,则
不能"收敛固啬","审机以待战","蓄锐以待时"也。胡林翼,字润之,于
清咸同间,累官湖北巡抚。方太平军之起粤西,长驱以北,无不破灭。
惟林翼率励诸将,勘定湘鄂以力扼太平军不得逞;卒谥文忠,刊有《胡文
忠公全集》。其论兵多出于动心忍性,体验有得;操心危,虑患深,语无
泛设,事皆亲历;每语人曰:"弟之军事,精神思虑,多注于往返书札之
中,其公牍不多见也。"一九一四年,欧洲大战开始,德人袭比以入法,长
驱而前,五道并进,以八月二十四、二十五、二十六三日,破英法联军第
一阵线;二十八、二十九、三十日三日,迭破第二阵线。当是时,德人气
吞巴黎,法人大震;而法统帅霞飞将军,知德之志在消灭我主力精锐也,
乘胜而去国远斗,其锋不可当;于是亲切体认兵法所谓"全军为上",所
谓"避其锐气,击其惰归",坚信而笃行之;力排群议,不战而退,率百余
万大军,连退九日。其将士不知所谓,方以为吾人四十余年之卧薪尝
胆,今日衅自敌开,人人同仇,何故不战而退?屡请战,然而霞飞不许
也,惟命曳退。至九月三日之夜,望见巴黎灯火,将士痛哭曰:"祖国已
矣!"方凄惶惨沮,无可如何;忽奉霞飞反攻之令,无不感极而泣,人愿致
死!而德人则以十日之乘胜追击,如入无人之境;以为今而后,法军无
能为役矣;乃调二军团东征以御俄,而右翼空虚,为法之第六军所乘;而
法全军转守为攻,遂以大败德师。乃知胡林翼所谓"示弱以懈贼之心,
坚忍以养我之气;俟审察贼情,进力大战,则我军之气,愈遏而愈盛;兵
事贵乎审机以待战,尤贵蓄锐以待时"。诚有味乎其言之也!则其退

也,乃其所以蓄锐也!其怯也,斯其所以为勇也!岂徒勇者而能之乎!
此之谓"怯生于勇,弱生于强"也。

治乱,数也。

(训义)杜牧曰:"言行伍各有分画,部曲皆有名数。"梅尧臣曰:
"以治为乱,存之乎分数。"王晳曰:"治乱,数之变。"

勇怯,势也。

(训义)李筌曰:"兵得其势,则怯者勇;夫其势,则勇者怯。"王晳
曰:"勇怯者,势之变。"

基博按:随势为勇怯者,三军之勇怯也;怯生于勇者,大将之权
谋也。明乎三军之勇怯,则贵任势以决胜;明乎生于勇之怯,则知蓄
锐以待战。三军之勇怯,决之于卒然者也;大将之权谋,豫之于素养
者也。此之不可不察!

强弱,形也。

(训义)王晳曰:"强弱者,形之变。"

基博按:强弱有定形,而勇怯无常势。勇怯者,随势而为变者
也;强弱者,予人以可形者也。

故善动敌者,形之,敌必从之;

(训义)曹操曰:"见羸形也。"杜牧曰:"非止于羸弱也;言我强敌
弱,则示以羸形,动之使来;我弱敌强,则示之以强形,动之使去。敌
之动作,皆须从我。孙膑曰'齐国号怯,三晋轻之'。令入魏境为十万
灶;明日,为五万灶。魏庞涓逐之曰:'齐虏何怯!入吾境,士亡者过
半。'因急追之,至马陵,道狭。膑乃斫木书之曰:'庞涓死此树下!'伏
弩于侧,令曰:'见火始发。'涓至,钻燧读之,万弩齐发,庞涓死。此乃
示以羸形,能动庞涓,遂来从我而杀之也。隋炀帝于雁门,为突厥始
毕可汗所围;太宗应募救援,隶将军云定兴营。将行,谓定兴曰:'必
多赍旗鼓以设疑兵;且始毕可汗敢围天子,必以我仓卒无援;我张吾
军容,令数十里,昼则旌旗相续,夜则钲鼓相应,虏必以为救兵云集,
惶惧而遁;不然,彼众我寡,不能久矣!'定兴从之,师次崞县,始毕遁

去。此乃我弱敌强，示之以强，动之令去。故敌之来去，一皆从我之形也。"张预曰："形之以羸弱，敌必来从。楚伐随，羸师以张之。季良曰：'楚之羸，诱我也！'"

基博按：杜牧解甚妙，足以补《孙子》之漏义。然就下文"予之，敌必取之"云云，自当依曹公、张预之解，上下文意思一贯。

予之，敌必取之；

（训义）张预曰："诱之以小利，敌必来取。"

以利动之，以卒待之。

（训义）张预曰："形之既从，予之又取，是能以利动之而来也。"陈启天曰："此卒字，当读如猝；急也，突也，谓急突之战势也。上文云：'其势险。其节短。'以卒待之，即谓以势险节短之战法待敌也。"

基博按：《计篇》"能而示之不能，用而示之不用，利而诱之，卑而骄之"；正与此"善动敌者形之"云云意相发；此之所谓"形之"，《计篇》则谓之"示之"尔。

故善战者，求之于势，不责于人，故能择人而任势。

（训义）李筌曰："得势而战，人怯者能勇。"贾林曰："所谓择人而任势，言示以必胜之势，使人从之；岂更外责于人，求其胜败。择勇怯之人，任进退之势。"梅尧臣曰："用人以势，则易；责人以力，则难；能者在择人而任势。"何氏曰："得势自胜，不专责人以力也。"

基博按：胡林翼尝谓："用兵之法，强弱均有用处。躁进之兵，可使诱贼，而以精骑伏于旁路，俟其站立不稳，横出截之，可大捷也！又难打之贼垒贼队，亦可使之猛攻，取其冒势有劲耳！"又曰："东安勇丁，恐其勇而无刚；然使用以尝寇，如公子突之谋，未必不可大捷。"此即"择人而任势"之意；所谓"择勇怯之人，任进退之势"者也。

任势者，其使人也，如转木石；木石之性，安则静，危则动；方则止，圆则行。

（训义）曹操曰："任自然势也。"杜佑曰："言投之安地则安，投之危地则危，不知有所回避也，任势自然也！"梅尧臣曰："木石，重物也！

易以势动，难以力移；三军，至众也，可以势转，不可以力使；自然之
道也！"

故善战人之势，如转圆石于千仞之山者，势也！

（训义）杜牧曰："转石于千仞之山，不可止遏者，在山不在石也。
战人有百胜之勇，强弱一贯者，在势不在人也。杜公元凯曰：'昔乐毅
借济西一战，能并强齐。今兵威已成，如破竹，数节之后，迎刃而解，
无复着手，此势也；势不可失！'乃东下建业，遂灭吴。此篇大抵言兵
贵任势，以险迅疾速为本；故能用力少而得功多也！"

右第三节论任势。

基博按：势者，因利制权，而欲以出敌之不意，攻敌之无备，必毁
形匿情，能而示之不能，用而示之不用，使敌人之不我虞，而后我可择
人任势以攻敌之无备；则以我之节短势险，而攻敌之不虞，如转圆石
于千仞之山，胜之易易耳！

虚实篇第六

(解题)李筌曰:"善用兵者,以虚为实。善破敌者,以实为虚。"杜牧曰:"夫兵者,避实击虚,先须识彼我之虚实也。"张预曰:"《形篇》言攻守;《势篇》说奇正。善用兵者,先知攻守两齐之法,然后知奇正;先知奇正相变之术,然后知虚实。盖奇正自攻守而用,虚实由奇正而见,故次势。"

基博按:《计篇》曰:"势者因利而制权也。"《势篇》曰:"三军之众,可使必受敌而无败者,奇正是也。兵之所加,如以碬投卵者,虚实是也。"虚实可以因利;奇正所以制权。而《虚实篇》者,所以尽《势篇》之用;欲因利而制权,则不可不知敌之虚实;而欲知敌之虚实,故"形人而我无形"。张预言:"虚实由奇正而见";吾则谓奇正由虚实而见;虚实所以立势之体;奇正所以妙势之用。"兵之形,避实而击虚",一语破的,可以揭近代战术运动战之要! 运动战之解释不一;而法国陆军总司令加曼林将军乃为明确之诠说,谓:"假定军队不足以控制战略正面,则地域之空间自由必大;而一语自由之空间,斯可以明运动战之定义。"篇中言"攻其所不守","守其所不攻","进而不可御","退而不可追",皆以明运动战之必善用空间,而毋局于一隅以自坐困也!《虚实篇》为运动战之说明;而以下《军争》、《九变》、《行军》、《地形》、《九地》五篇,则以明运动战不能不受兵情地势之制限! 惟明乎运动战之义,而后尽奇正之变,不可胜穷也!

孙子曰:凡先处战地而待敌者佚;

(训义)张预曰:"形势之地,我先据之以待敌人之来,则士马闲逸

213

而力有余。"

后处战地而趋战者劳；

（训义）梅尧臣曰："先至待敌，则力完；后至趋战，则力屈。"张预曰："便利之地，彼已据之；我方趋彼以战，则士马劳倦而力不足。"

故善战者致人而不致于人。

（训义）杜牧曰："致令敌来就我，我当蓄力待之；不就敌人，恐我劳也。"王晳曰："致人者，以逸乘其劳；致于人者，以劳乘其逸。"

基博按：《孙子》论兵，颇主主客之说，谓主致人，客致于人；客处劳而主处逸，守为主而攻为客；尤以攻为大戒，曰"攻城则力屈"；曰"下政攻城，攻城之法为不得已"！其说与英、法兵家之论同，而与德则异！德之兵略，原于菲烈德立大王，以谓："胜利者，前进也；使强有力而不乘人不虞以攻其无备者，其人则愚人也；为国则愚国也！"于是一脉相承，谓："非攻不足以制胜！苟失时机以坐待敌攻，不啻自杀！"《孙子》言"善战者致人而不致于人"；而德之兵家，则曰"善战者攻人而不攻于人也"！自希特勒炫其闪电战以来，环球耳目一新；进攻之胜利，昭然若揭！吾国谈兵者颇炫其说而论攻之为利；然言不要以若是其几也！德国克老山维兹论兵主攻，而读其著书，第六卷论守，未尝不言守之致人，攻之致于人，而足以发《孙子》之义；其持论以谓："守之为言拒敌之进攻也；而所以为拒，在待敌之进攻耳！不明乎待，不足以言守；而守易于攻者，则以攻者所徒费之时间，无不资守者以便利也！抑攻之所以不如守者，尤在守者得地利以为用也！夫战之所以为胜，不出三端：曰奇袭。曰地利。曰多面攻击。攻者可以奇袭，亦可以多面攻击，而地利，则为守者所擅有！所谓地利者，非断崖绝壁，广谷大川，足以阻攻者前进，河山之险之谓；而用以隐蔽军队配备之土地，亦无不与焉！惟守者为能利用土地以隐蔽军队配备，而攻者则不能！攻者之行军也，不得不循测识，意拟之道路前进；而守者则以熟知当地之形势，厄险阻，构阵地，不现其姿势以行配备，而待敌之进攻。攻者未至决战之时，则不知守者之如何利用地形以为配备焉！此地利之所以为守者所擅有也！至奇袭之有利攻者,惟以全军当敌之全军而限于战略之奇袭;如战略之奇袭无成功,而战术之奇袭,则守者因地制宜之所优为也！多面攻击,攻者亦仅能以全军行之;而就各个部队之袭击言;则多面攻击之利,不得不让于守者;以军之展开及配备,守者得预为之地也。当三十年战争及西班牙王位继承战争之时,军之展开及配备,已为会战计划之主题,而战术之利,遂以属于守者;盖以守者得预先展开其兵力以配备之也。其后军队之机动能力增加,而攻者以占优势！于是守者据大河、深谷乃至山岳以争优势之转归。顾攻者之运动益疾捷,而分割队伍以行迂回,则守者又失据矣！于是守者不得不伸张其战线;而攻者则集中兵力,择守线兵力稀薄之地,而攻其瑕以突破之;则守者不知所以为守矣！于是守者集中兵力而不为展开,以伺攻势之开朗,然后挥兵应之,所谓内线作战,是也。于是守之远心性,以与攻之集中性,相对相杀！夫守者以待敌之攻,止而不动;而运动之自由,不得不让于攻者！攻者之包围及迂回,随时随地,可集中兵力以为多面攻击,由圆周向圆心集中,而兵力随前进以渐结合,则为力益厚;此攻者之利也。然守者之结合兵力与运动而在内线行之;则所以强化兵力者,以视攻者之集中为大！而攻者之数面进攻以向一部队,大抵部队愈小,则愈有效;而推极以施于一人,则无不效！假有一军而受数方面之同时攻击,亦得以抵抗之;一师,则抵抗力稍减;一营,则惟在集团时,聊可抵抗;至于个人,则无能为力矣！然攻者集中之利,施之小部队而有效;而守者内线之利,扩之大空间而增加！何以言之？盖在数千步乃至半哩之内线而先敌所得之时间,未必较数日行程乃至二三十哩之内线上为大！狭隘之内线,为战术之问题;广大之内线,则战略之问题;而完成战略目的之时间,必较之达到战术目的之时间为大！抑又不仅此！战术运用之空间较小,方其会战,一方之派遣,无不在敌前行动;而立于外线者,无不即时警觉！若在战略,则以关系之空间较大,而一方之运动,至少一日之间,不为敌人所知;若以一部队而被派遣于远方往往亘数日而敌人不知之；则以大地之隐蔽，而运用之有方，则内线之利守者，不待言矣！"然则《孙子》所谓"先处战地而待敌者佚"，不以克氏之论，征而可信乎！夫战略战术，须因时以制宜，审势以求当。第一次欧洲大战，法人以守为战，寓战为守，以制德军之剽悍，而希特勒之闪电战，亦未尝不挫于攻苏，而德速战速决之计以堕！至在吾国言吾国，蔡锷将军有言："兵略之取攻势，固也；必须兵力雄厚，士马精练，军资完善，交通利便，四者均有可恃，乃足以操胜算。普法战役，法人国境之师，动员颇为迅速，而以兵力未能集中，军资亦虞缺乏，遂致着着落陷于防守之地位。日俄之役，俄军以交通线仅一单轨铁道，运输不继，遂屡为优势之日军所制，虽迭取攻势，终归无效。吾国兵力决难如列强兵力之雄厚，能否说到'精练'二字，此稍知军事者能辨之；至于军资交通两端，更瞪乎人后；如此而曰吾将取战略战术上最有利益之攻势，乌可得耶！若与他邦以兵戎相见，与其为孤注一掷之举，不如据险以守，节节为防，以全军而老敌师为主；俟其深入无继，乃一举而歼除之。昔俄人之蹴拿皇于境外，可师也！"诚哉是言，若为今日之抗战，烛照而数计也！日人之为国也，固好大而喜功，善兼弱以攻昧；夷考其兵略，陆军攻人而不攻于人；而海军则致人而不致于人，往往以逸待劳，而邀击敌舰于日本近海；观于日俄之战，不截击俄大西洋舰队于沿途，而伺之对马海峡，可知也！及其有事太平洋以逞志于美，始为劳师以袭远；而以一九四三年大举以进攻美之中途岛而大败！美国舰队总司令金氏声言："此之大捷，中途岛陆上基地之飞机，歼敌炸舰之功为大！于是知敌国领海之有陆上飞机基地者，我海军亦不宜轻进以投死地！然美国一万三千万之业余战略家，持论以海军直捣三岛者，大有人在也！"既而日海军避不交绥，而美人则欲求一战而不得！美国海军观察家，则以谓："日海军非怯也！将俟我海军深入，以运用陆上强大空军，而支援其舰队以歼我于一击也！"日人欲致美海军深入以歼之于日本海，而美人则欲致日海军出战以歼之于太平洋。盖致人，则势险而节短，而力有余；致于人，则长驱而远驭，以势处不足;孰为得失,必有能辨之者矣!

能使敌人自至者,利之也。

(训义)曹操曰:"诱之以利也。"梅尧臣曰:"何能自来,示之以利。"张预曰:"所以能致敌人之来者,诱之以利耳。"

能使敌人不得至者,害之也。

(训义)王晳曰:"以害形之,敌患之而不至。"

故敌佚,能劳之。

(训义)何氏曰:"春秋时,吴王阖闾问于伍员曰:'伐楚如何?'对曰:'楚执政众,莫适任患。若为三师以肆焉;一师至,彼必皆出;彼出则归,彼归则出;彼必道弊。亟肆以疲之,多方以误之,既罢而后以三军继之;必大克之!'阖闾从之,楚于是乎始病,吴遂入郢。"张预曰:"为多方以误之之术,使其不得休息。或曰:'彼若先处战地以待我,则是彼佚也,我不可趋而与之战;我既不往,彼必自来,即是变佚为劳也。'"

饱,能饥之;

(训义)李筌曰:"焚其积聚,芟其禾苗,绝其粮道,俱能饥之。"杜牧曰:"我为主,敌为客,则可以绝粮道而饥之。如我为客,敌为主,则如之何? 答曰:饥敌之术,非止绝粮道,但能饥之即是。隋高颎平陈之策曰:'江南土薄,舍多茅屋,有积蓄,皆非地窖,密遣人因风纵火;待敌修立,更复烧之;不出数年,自可财力俱尽。'又曰:'江北寒地,收差晚;江南土热,水田早熟;量彼收获之际,征兵上马,声言掩袭;彼必屯兵御守,足得废其农时。彼既聚兵,我便解甲。'于是陈人始病。"张预曰:"我先举兵,则我为客,彼为主;为客,则食不足;为主,则饱有余;若夺其蓄积,因粮于彼,馆谷于敌,则我反饱,彼反饥矣,则是变客为主也;不必焚其积聚,废其农时,然后能饥敌矣;或彼为客,则绝其粮道。"

安,能动之。

(训义)曹操曰:"攻其所必爱,出其所必趋,则使敌不得不相救也。"杜牧曰:"司马宣王攻公孙文懿于辽东。文懿阻辽水以拒魏军。

宣王曰：'贼坚营高垒以老我师，攻之正入其计。古人云：敌虽高垒，不得不与我战者，攻其所必救也。我直指襄平，则人怀内惧；惧而求战，破之必矣！'遂整阵而过。贼见兵出其后，果来邀之，乃纵击，大破之，竟平辽东。"张预曰："彼方安守以为自固之术，不欲速战；则当攻其所必救，使不得已而须出。"

右第一节论致人而不致于人。

出其所必趋，趋其所不意。

（训义）基博按：两句承上开下。"出其所必趋"，承上致人；"趋共所不意"，开下击虚。

行千里而不劳者，行于无人之地也。

（训义）曹操曰："出空击虚，避其所守，击其不意。"张预曰："掩其空虚，攻其无备；虽千里之征，人不疲劳。"

攻而必取者，攻其所不守也。

（训义）王晳曰："攻其虚也。"张预曰："善攻者，动于九天之上，使敌人莫之能备；莫之能备，则吾之所攻，乃敌之所不守也。"

守而必固者，守其所不攻也。

（训义）杜牧曰："不攻尚守，何况其所攻乎！汉太尉周亚夫击七国于昌邑也，贼奔壁东南隅，亚夫使备其西北；俄而贼精锐攻西北，不得入，因遁走；追破之。"梅尧臣曰："贼击我西，亦备乎东。"张预曰："善守者藏于九地之下，使敌人莫之能测；莫之能测，则吾之所守者，乃敌之所不攻也。"

基博按：我攻敌之所不守以乘其虚，亦必防敌之攻我所不守以乘我虚也；守其所不攻，则守固矣！

故善攻者，敌不知其所守；善守者，敌不知其所攻。

（训义）曹操曰："情不泄也。"梅尧臣曰："善攻者机密不泄；善守者周备不隙。"王晳曰："云不知者，攻守之计，不知所出耳。"

微乎微乎，至于无形；神乎神乎，至于无声；故能为敌之司命！

（训义）王晳曰："微密则难窥；神速则难应。"何氏曰："武论虚实之法，至于神微，而后见成功之极也。吾之实，使敌视之为虚；吾之虚，使敌视之为实。敌之实，吾能使之为虚；敌之虚，吾能知其非实。盖敌不识吾虚实，而吾审敌之虚实也。吾欲攻敌也，知彼所守者为实，而所不守者为虚；吾将避其坚而攻其脆，批其亢而捣其虚。敌欲攻我也，知彼所攻者为不急，而所不攻者为要；吾将示敌之虚而斗吾之实；彼示形在东，而吾设备于西；是故吾之攻也，彼不知其所当守；吾之守也，敌不料其所当攻。攻守之变，出于虚实之法；或藏九地之下以喻吾之守，或动九天之上以比吾之攻；灭迹而不可见，韬声而不可闻，若从地出天下，倏入间出，星耀鬼行，入于无间之域，旋乎九泉之渊。微之微者，神之神者，至于天下之明目，不能窥其行之微；天下之聪耳，不能听其声之神；有形者至于无形，有声者至于无声；非无形也，敌人不能窥也；非无声也，敌人不能听也；虚实之变极也！善用兵者，通于虚实之变，遂可以入于神微之奥。不善者，虽欲寻微穷神，而泥其用兵之迹，不能泯其形声，而至于闻见者，是不知神微之妙，固在虚实之变也。三军之众，百万之师，安得无形与声哉？但敌人不能窥听耳！”

进而不可御者冲其虚也；退而不可追者，速而不可及也。

（训义）曹操曰：“卒往进攻其虚懈，退又疾也。”何氏曰：“兵进则冲虚，兵退则利速；我能制敌，而敌不能制我也。”张预曰：“对垒相持之际，见彼之虚隙，则急进而捣之；敌若能御我也！获利而退，则速还壁以自守；敌岂能追我也！兵之情主速，风来电往，敌不能制。”

基博按：法人蒲哈德著《德大将兴登堡欧战成败鉴》一书，以谓：“一九一四年，兴登堡攻俄之役，而有成功者，皆鲁登道夫之力；其不同于兴登堡者，兴登堡好攻坚；而鲁登道夫势取攻瑕而冲其虚，乘俄军运输应援之所不及而覆之；凡行军之地，不惟无铁道可通，亦无马路足以并骑而进；以故俄军不知其所守，而鲁登道夫之出兵，往往在俄人所备之外！至于炮兵、步兵为梯队之式，尤极精练，谓：‘欲战之胜，当先发制人，以轻骑疾进，继之以短径之炮，而后步兵大队继之，如是,必无不胜!而他人所以不能制胜,在不能轻骑突阵,出人不意,乃以炮步兼行,臃肿不灵,恶能不败!然轻骑疾进而或有阻,即须疾退;万勿攻坚以顿兵挫锐,不如退后分散其队,疾绕出敌后,掩不备以攻不虞,最为胜着!盖轻骑一出,势无反顾,不能待炮队之援,只有直突而前,死里求生;若果止于半道,以待炮队之援,而为敌人所见,集中炮火,无不聚歼!'然鲁登道夫知用轻骑之有资于炮队;而轻骑时时后顾炮队之来,以次且不前,亦往往为敌所乘。鲁登道夫渐悟其非,则布阵为前稀后密,以轻疏列为第一线,屯重兵于第二线,而力控其有余,法人三为所败!既而法人知之,于是鲁登道夫亦败!"然鲁登道夫之所以进而不可御者,固以"冲其虚"也!

故我欲战,敌虽高垒深沟,不得不与我战者,攻其所必救也。

(训义)何氏曰:"如魏将司马宣王攻公孙懿,泛舟潜济辽水作长围,忽弃贼而向襄平。诸将言:'不攻贼而作长围,非所以示众也。'宣王曰:'贼坚营高垒,欲以老吾兵也。古人有言曰:敌虽高垒,不得不与我战者,攻其所必救也。贼大众在此,则窟穴虚矣!我直指襄平,必人怀内惧,惧而求战,破之必矣!'遂整阵而过,贼见兵出其后,果邀之,宣王谓诸将曰:'所以不攻其营,正欲致此,不可失也!'乃纵兵逆击,大破之,三战皆捷。"

我不欲战,画地而守之;敌不得与我战者,乖其所之也。

(训义)曹操曰:"乖,戾也,戾其道,示以利害,使敌疑也。"梅尧臣曰:"画地,喻易也;乖其道而示以利,使其疑而不敢进也。"

故人形而我无形,则我专而敌分。

(训义)张预曰:"吾之正,使敌视以为奇;吾之奇,使敌视以为正;形人者也。以奇为正,以正为奇,变化纷纭,使敌莫测,无形者也!敌形既见,我乃合众以临之;我形不彰,彼必分势以防备。"

我专为一,敌分为十,是以十共其一也,则我众而敌寡;

(训义)杜佑曰:"我料见敌形,审其虚实,故所备者少,专为一屯;以我之专,击彼之散,卒为十共击一也。我专为一,故众;敌分为十,故寡。"张预曰："见敌虚实,不劳多备,故专为一屯。彼则不然,不见我形,故分为十处;是以我之十分,击敌之一分也;故我不得不众,敌不得不寡。"陈启天曰："共,如《左传》'以什共车必克'之共,当也。'以十共其一',谓以十当其一也。"

能以众击寡者,则吾之所与战者约矣!

(训义)杜牧曰："约,犹少也。"张预曰："夫势聚则强,兵散则弱,以众强之势,击寡弱之兵,则用力少而成功多矣!"

基博按:《孙子》之所谓"专"者,近世战术之所谓"集中"也。拿破仑大帝有言："欧洲名将尽有,然注意之端不一,而思虑以纷!我独注意一事,曰敌人之集中。"苟敌人集中,而我不及集中,以为所乘;则敌专而我分,敌众而我寡,而我败矣!倘我集中,而敌人未集中,则我专而敌分,以众击寡,而吾之所与战者约矣!法国卓莱少校者,欧洲第一次大战时霞飞大将之神将也,以凡尔登之役,断腿而退休焉;及大战之终,而卓莱独居深念,以为法之胜,幸也!德法之世仇永不解,德法之恶战必再见。于是博学审问,请益宿将,以著一书曰《新军论》。中引名将叶福德之言以论拿破仑曰:"拿破仑之战略战术,常不为守而为攻;其为攻也,必攻敌人之主力以擒贼擒王;而出以迅雷不及掩耳之行动,攻其不备。其行军也,无论何时何地,必以迅速集合而集中吾之兵力以施突击。而所以善其运用者,则恃乎意志之自由,独来独往,不泥成例。菲烈德立大王,亦古之善用兵者,然其惯用迂回侧击背击之法,犹有一定之迹象可寻!若拿破仑者,变化不测,因敌制胜;其意志虽至刚;而战略战术则无伸缩不自如之硬性;而敌不知其所攻也!"然则拿破仑之用兵也,运用我之集中,而不忽人之集中;形人而我无形,所以我专而敌分也!一九〇四年,日俄之战,日之所以胜,俄之所以败,其因不一;而日海军之集中,俄海军之不集中,亦其一端!俄在东洋海军之力,固较日本为薄;然合东西洋海军力之全体,则较日本为优!方其先之胁日本以还我辽东,日之所以慑俄而降心相从者,海军也!日俄之将战也,俄之兵家,谓:"调陆军于远东,不如日本之易！如日军不绝增援，俄军即不得不退；惟有增派东洋舰队，阻日军不得登岸；即登岸，亦可绝其后援。"日人亦惴惴焉！使俄能集中全国之海军，游弋太平洋；日海军寡不敌众，殊无用武之地；纵出奇制胜，而俄海军力雄，必不致一蹶不振；则日本陆军必不能源源济师以增援辽东，而运用不能自如，胜负未可知矣！乃计不出此；而日人得集中其海军以对旅顺、海参崴及波罗的海之俄舰队，各个击破；于是陆军之势遂破！日济师，而俄不能继师，再战再北！苦鲁伯坚尝太息于海军之败绩，以为最痛心之举也！今英、美之于辽东，未易以陆师增援；亦如当年日俄战争之俄，未易以陆师增援辽东。而日本乘英、美之不虞，先发制人，集中空军海军，以袭美之夏威夷群岛，英之马来亚半岛，歼灭英、美海军之一部，而握太平洋之制海权；然后从容济师以攻马来亚，围香港，掠荷兰东印度；亦如日俄战争之时，日本不待宣战，而海军司令东乡平八郎即集中舰队，袭击俄舰队于旅顺，于仁川；毁其海军力，以握东洋之制海权；而后从容济师以渡辽增援也。盖其战略之史例如此，无足怪也！如必执狙诈无信以为谴责，只可以为外交之词令耳！倘实信其然，不几于痴人说梦乎！然吾知其无能为也！日本有数千哩之海岸，已虞备多力分；而陆地战线之延长，三倍于苏联西境之战线；而又威胁苏联以远东赤军不许西移，而牵制日军数十万人以与相持；树敌愈众，兵力愈分，无法集中，予敌人以各个击破耳！今而后，莫余毒也已！

吾所与战之地不可知；不可知，则敌所备者多；敌所备者多，则吾所与战者寡矣！

（训义）曹操曰："形藏敌疑，则分离其众备我也！言少而易击也。"杜佑曰："言举动微密，情不可见，使彼知所出而不知吾所举；知所举而不知吾所集。"梅尧臣曰："敌不知，则处处为备。"王晳口："与敌必战之地，不可使敌知之，知则并力得拒于我；曹公曰：'形藏敌疑。'"

基博按：此近世战术之所谓机动也。拿破仑之集中，无不以机动;而注意敌人之集中,即虞敌人之机动。法国步兵操典曾有明析之指示曰:"机动者,盖运用应有之方法,而出其不意以对敌人集中之谓也。"使集中而不出以机动,则我集中,敌亦集中,而为主力之对抗,安能"吾所与战者寡"乎!惟出其不意而为机动之集中,然后"吾所与战之地不可知","敌所备者多",而吾所与战者寡耳!

故备前则后寡,备后则前寡;备左则右寡,备右则左寡;无所不备,则无所不寡。

(训义)杜佑曰:"言敌之所备者多,则士卒无不分散而少。"

寡者,备人者也;众者,使人备己者也。

(训义)孟氏曰:"备人,则我散;备我,则彼分。"杜牧曰:"所战之地,不可令敌人知之。我形不可测,左右前后,远近险易,敌人不知;亦不知我何处来攻,何地会战;故分兵彻卫,处处防备。形藏者众,分多者寡,故众者必胜,寡者必败也。"张预曰:"左右前后,无处不备,则无处不兵寡也。所以寡者,为分兵而广备于人也;所以众者,为势专而使人备己也。"

基博按:善攻者,敌不知其所守,善守者,敌不知其所攻,反覆推勘,其神微在"形人而我无形";而其机括在虚实。明于虚实,则我可以专而攻敌之分;不明虚实,则敌得以专而攻我之分。就近代战术而论,试仍以一九一七年法国赴美军事委员奥维埃所陈取守势之作战法为证,其说以谓:"敌人狡诈异常,每于将进攻前出种种奸谋以愚吾军,或则于前敌各处,悉立有取攻势性质之建筑工程以为疑兵之计。或其可用之军,本在后方休息,突运往某处前敌,顾非自其地进攻,特以处心积虑,欲愚其所占地内法、比居民及我军间谍。至其果自何处进攻,主力军何在,实不易捉摹;若同时数处进攻,则必系疑兵之计,以分吾军兵力。如敌人于攻击凡尔登前,先攻其北诸地暨香槟、业罗拉纳二地;吾人虽明知其志在凡尔登,然军队不能集中。吾人又稔知敌人必先声东击西,多方以误我;然又不敢断其皆无重要关系。我以备多力分,敌遂捣虚而入。"则是攻者得以专而乘守者之分也。夫攻者易为专,而守者难为专;然则如之何而可也?曰:我无形而以形人而已。形人,则我知所为守而易专矣!形人则如何?依取守势之作战法:"吾人如知敌人之将大举进攻,参谋部中人聚而测以三事:(一)敌军之真正意向。(二)敌军将在何处前敌之某段进攻。(三)敌军人数。然推测,必以事实为根据。我军各军各处间谍,奉命分道侦察;飞机亦出动伺察,摄影参考,以证敌军屯扎地点之变迁;并命前敌各段步军前进挑战,以试其主力何在,某地驻某师。而以所俘德国俘虏,隔别研诘。综合各方报告,从事推测;审知敌军确在前敌之某段,集中兵力,后方复有大军接近进攻地点,或有铁路相通,虽远,瞬息可至,将由之进攻,即命其地之防守军官警备。于是防守军官复聚而推测,敌人如由某段进攻,必先占某地,而于某地设种种障碍物以阻大队敌军之全面攻击;于是敌军以障碍而不能用众,不能不化整为零以分队进攻;吾人又预筑炮垒若干于其间,使分队进攻之敌军,不得互相顾助。我乃厚集兵力于后方,伺其深入无继援,而突加反攻。"则守者又得以其专而反攻敌之分矣!方其未战也,敌多为形以乱我之耳目;我必形敌以窥敌之虚实。"形人而我无形",则我之虚实不见,而敌之虚实尽知;守则运实于虚以守所不攻,攻则避实击虚以攻所不守。此曰"趋其所不意",又曰"攻其所不守",是即《计篇》所谓"攻其无备,出其不意"也。倘敌已戒备于我,惟有形人而我无形,多方以误,使敌不知所为备,备多则力分,而后以我之专,乘彼之分。此则一九一四年欧洲大战,德人之惯技,而法人之所虞者也!

故知战之地,知战之日,则可千里而会战。

(训义)杜佑曰:"夫善战者,必知战之日,知战之地,度道设期,分军杂卒,远者先进,近者后发,千里之会,同时而合,若会都市。其会地之日,无令敌知;知之则所备处少;不知,则所备处多;备寡则专,备多则分;分则力散,专则力全。"张预曰:"凡举兵伐敌,所战之地,必先知之。师至之日,能使人人如期而来以与我战。知战地日,则所备者专,所守者固,虽千里之远,可以赴战。"

基博按："知战之地"，"知战之日"，两"知"字，承上文"吾所与战之地不可知，不可知，则敌所备者多"之"知"，乃指敌人知；谓未能"形人而我无形"也。正与下文"不知战地"，"不知战日"，两"不知"语意反正相生。诸家注未能融贯上下文，殊穿凿失其指也！

不知战地，不知战日，则左不能救右，右不能救左；前不能救后，后不能救前；而况远者数十里，近者数里乎！

（训义）张预曰："不知敌人何地会兵，何日接战，则所备者不专，所守者不固；忽遇勍敌，则仓遽而与之战，左右前后，犹不相接；又况首尾相去之辽乎！"

基博按："不知"，乃敌人不知，非张氏之谓也；说前见。

以吾度之，越人之兵虽多，亦奚益于胜败哉！

（训义）陈皞曰："孙子为吴王阖闾论兵，吴与越雠，故言越。"张预曰："吴越邻国，数相侵伐，故下文云'吴人与越人相恶'也；言越国之兵，虽曰众多，但不知战地战日，当分其势而弱也。"

故曰胜可为也。

（训义）张预曰："《形篇》云：'胜可知而不可为'；今言'胜可为'者，何也？盖《形篇》论攻守之势，言敌若有备，则不可必为也。今则主以越兵而言，度越人必不能知所战之地日，故云可为也。"

基博按：战略之胜不可为；而战术之胜可为！《形篇》所谓胜，知之于未战之先；知彼知己，敌未有隙，则不可胜；见可而进，知难则退，故曰："胜可知而不可为"也。此之曰胜，为之于交战之日；形人而我无形，虚虚实实，敌不知所为备，而我得窥其隙，避实击虚，则胜可为矣！然则战略之胜，可知而不可为；战术之胜，则可知而可为也！

敌虽众，可使无斗。

（训义）贾林曰："敌虽众多，不知己之兵情，常使急自备，不暇谋斗。"张预曰："分散其势，不得齐力同进，则焉能与我争！"

故策之而知得失之计；

（训义）张预曰："筹策敌情，知其计之得失。"

候之而知动静之理；

（训义）陈启天曰："候，谓斥堠，侦察敌情也。或作'作'，则与下文'形之'或'角之'之义相近矣。《通典》、《御览》并作候，郑友贤《遗说》亦作候。"

形之而知死生之地；

（训义）杜牧曰："死生之地，盖战地也。投之死地，必生；置之生地，必死。言我多方误挠敌人以观其应我之形，然后随而知之；则死生之地可知也。"张预曰："形之以弱，则彼必进；形之以强，则彼必退；因其进退之际，则知彼据之地，死与生也。上文云：'善动敌者，形之，敌必从之，'是也。死地，谓倾覆之地；生地，谓便利之地。"

角之而知有余不足之处；

（训义）梅尧臣曰："彼有余不足之处，我以角量而审。"王皙曰："角，谓相角也；角彼我之力，则知有余不足之处，然后可以谋攻守之利也。此而上亦所以为量敌知战。"张预曰："有余，强也；不足，弱也；角量敌形，知彼强弱之所。唐太宗曰：'凡临阵，常以吾强对敌弱，常以吾弱对敌强。'苟非角量，安得知之！"

基博按："策之"、"候之"、"形之"、"角之"四者，所以形人之法也。前引取守势之作战法所称："吾人如知敌人大举进攻，总司令参谋部中人聚而测以三事云云，'策之'之事也；'间谍分道侦察，飞机亦出动伺察'，'候之'之事也；'并命前敌各段步军前进挑战以试其主力何在，某地驻某师'，则'形之'、'角之'之事也。"

故形兵之极，至于无形；无形，则深间不能窥，知者不能谋！

（训义）李筌曰："形敌之妙，入于无形。"梅尧臣曰："兵本有形，虚实不测，是以无形，此极致也；虽使间者以情伪，智者以谋料，可得乎！"张预曰："始以虚实形敌，敌不能测，故其极致卒归于无形，既无形可睹，无迹可求，则间者不能窥其隙，智者无以运其计。"

基博按："形兵"之"兵"，指敌兵而言；上文所云"候之"、"形之"、"角之"而知敌兵动静之理，死生之地，有余不足之处；此之谓"形兵"也。所谓"形兵之极,至于无形",是也。"无形,则深间不能窥,知者不能谋";谓敌之虚虚实实,不示我以形,而非间谍之所能窥,知者之所能谋;此"形兵"之"至于无形",而能以窥深间之所不窥,知知者之所不谋;所以为"形兵之极"也。梅、张二氏未能融贯上下文,殊为失解。

因形而错胜于众,众不能知。

(训义)李筌曰:"错,置也。"杜牧曰:"窥形可置胜,是非智者不能;固非众人所能知也。"

人皆知我所以胜之形,而莫知吾所以制胜之形!

(训义)张预曰:"立胜之迹,人皆知之;但莫测吾因敌形而制此胜也。"

基博按:"因形而错胜于众","莫知吾之所以制胜之形",承上文"形人"、"形兵",一意相生,"人知我所以胜之形,而莫知吾之所以制胜之形"者;以"形兵之极,至于无形;无形,则深间不能窥,知者不能谋"也;而岂众人之所能知耶!

故其战胜不复而应形于无穷。

(训义)李筌曰:"不复前谋以取胜,随宜制变也。"张预曰:"已胜之后,不复更用前谋;但随敌之形而应之,出奇无穷也。"

右第二节论形人而我无形,则我可以乘敌之虚,而敌不得窥我之间矣!

夫兵形象水,水之形,避高而趋下;兵之形,避实而击虚。

(训义)张预曰:"水趋下而顺;兵击虚则利。"

水因地而制流;兵因敌而制胜。

(训义)杜佑曰:"言水因地之倾侧,而制其流;兵因敌之亏阙,而取其胜者也。"

兵无常势,

(训义)梅尧臣曰:"应敌为势。"张预曰:"敌有变动,故无常势。"

水无常形;

(训义)梅尧臣曰:"因地为形",张预曰:"地有高下,故无常形。"

能因敌变化而取胜者谓之神。

（训义）杜牧曰："兵之势，因敌乃见，势不在我，故无常势；如水之形，因地乃有，形不在水，故无常形。水因地之下，则可漂石；兵因敌而应，则可变化如神也。"王晳曰："兵有常理而无常势；水有常性而无常形。兵有常理者，击虚是也；无常势者，因敌以应之也。水有常性者，就下是也；无常形者，因地以制之也。夫兵势有变，则虽败卒，尚复可使击胜兵；况精锐乎！"

基博按：此易"形"，言"势"。"势"者，因利而制权，其制在我；"形"者，避实而击虚，其虚在敌。敌之虚虚实实，变化莫定其形，而"能因敌变化以取胜者谓之神"；则以"形兵之极，至于无形"也。德国之陆军，天下莫强焉！然而希特勒以一九四一年六月，殚锐竭力，大举以侵苏联，再进攻，再挫败；而究其所以，则由于德人工于设计以取胜，而不"能因敌变化而取胜！"史丹林以一九四三年二月二十三日，大戒将士，中谓："希特勒之侵苏联也，方其初驱百战百胜，能征惯战之德军，乘胜远斗，其锋不可当；而我红军未经战阵，更事既少，战术自疏，此所以败也！然两年以来，再接再厉，德军之情伪，尽知之矣！校量彼我，孰为短长，蹈瑕抵巇，以用吾长；始之以认识，而终之于实施，此现代军事科学之第一义谛也。今我几十百万之红军，善用其械，不论其为手枪、步枪、佩刀、机关枪、大炮、坦克、飞机，所凭借者不同，而人自为战以因利乘便，则一也；更战既多，战术自精，无不知昔日之直线形战术为愚不可及；而神明变化以从事机动战术矣！顾德军则何如？德人工于设计，事有定程；虽以行军临阵之随地异势，而预为条规以事为之制；苟其情势无变，指挥若定，以德军之有勇知方，各司其局，精密而正确，如山不摇，其孰能御之！然或情随事迁，出于度外，因应无方，只有人自为战，则德军束手无策，而为我制矣！"然则红军之所以胜，抑即德人之所为败；一能"因敌变化"以为机动，一不"因敌变化"以拘常势也。

故五行无常胜；

（训义）杜佑曰："五行更王。"

四时无常位。

（训义）杜佑曰："四时迭用。"

日有长短，月有死生。

（训义）曹操曰："兵无常势，盈缩随敌。"王晳曰："皆喻兵之变化，非一道也。"张预曰："言五行之休王，四时之代谢，日月之盈昃，皆如兵势之无定也。"

基博按：拿破仑大帝言："无十年不变之战术。"而福煦将军则曰："执旧有之智识，昧当前之事实，兵家之所大忌也！"昔日所以制胜，异日或以偾军，此"战胜"之所以"不复"，而非"应形于无穷"，不能以"因敌变化而取胜"也。夫昔日之胜，不能演为后日之胜者，以后日之敌，不复同于昔日之敌也。后日之敌，不复同于昔日之敌者，其因不一；而兵器之演而日进，其大者也。所以因兵器变化而取胜者，亦为"因敌变化而取胜"之一义。试思民生之初，徒手相搏，以人战而不以器战，人多为王，力大者胜。既而削木以刺，拾石以投，则有持者之寡，可以胜徒手者之众，徒手者之强，或毙于有持者之弱；知用器之利矣，而尚不成其为兵器也！又进而弓矢戈矛，长短杂用，而兵器具焉。然而可以刺击，而不能不图所以防御人之刺击，于是乎披甲戴胄而乘车焉，其陈兵也，用一字式之横队，什伍俱前，以便于展布。然适于防御，滞于活动，而不能利冲击！降而中古，骑兵以兴，纵横驰骤，于是变横队而为纵队，以尽冲击之用。近代火器倡而枪炮兴，摧坚破锐；于是由纵队之战术变而为散开，为纵深配备之战术；第一次欧战，其大成也！及飞机出而空军兴，遂成立体之战；于是由散开，由纵深配备之战术，而变平面为立体配备之战术。然则战术之变化，应于兵器演进之形，以递嬗于无穷也。今日之兵器，方以演进；昔日之战胜，恶可复乎！惟有"应形于无穷"。以演进战术尔！战术之制胜有三：曰活动。曰冲击。曰防御。三者具，然后可以杀敌致果而无虞也！然兵器之为用，则不能三者兼具；或有其二而无其一；甚且具其一而缺其二焉！方其初也，戈矛以刺击，弓矢以射击，徒恃人力以为用者也；

虽活动而力有限,虽冲击而用不猛;抑我击人,而人亦击我,不知所以自防御;于是车战兴焉,可以防御,亦可以冲突;而又滞于活动。春秋时,北戎侵郑。郑伯御之,患戎师,曰:"彼徒我车,惧其侵轶我也!"徒,谓步兵;盖车之活动不如步,而惧为侵轶也! 及以骑兵代车战,而运动加速,冲击加猛。然制锐以坚,以守为攻,未尝无方! 后汉护羌校尉段颎以兵万人讨东羌先零诸种,以羌骑驰突,汉兵披靡,而令军士长镞、利刀、长矛三重,挟以强弩,列轻骑为左右翼,始制叠阵以御突骑,俟敌驰突不入,而大呼驰骑突击,遂大破之;在事灵帝建宁二年。至宋徽钦之世,金人起于东北,尤善用骑;而兀尤最称骁将,以集团驰突之威猛远胜于军骑也;又以骑兵之利冲击而不利防御也;于是披马以甲,而兵皆重铠,号铁浮图,戴铁兜鍪,周帀缀长檐,三人为伍,贯以韦索,每进一步,即以拒马拥之,进一步,拒马亦进,退不可却,而寓坚重于轻锐,分左右翼,号拐子马,皆女真为之,号长胜军,专以攻坚,战酣然后用之,自用兵以来,破军杀将,所向无前! 于是宰相李纲奏教车战,谓:"以步兵战者,不足以胜骑,以其善驰突也,以骑兵战者。不足以胜车,以其善捍御也。金人以铁骑胜中国,其说有三;而非车不足以制之也! 步兵不足以当其驰突,一也;用车,则驰突可御。骑兵、马弗如之,二也;用车,则骑兵在后,度便乃出。战卒多怯,见敌辄溃,虽有长技,不得而施,三也;用车,则人有所依,可施其力,部伍有束,不得而逃。然则车之可以制铁骑也审矣!"既而高宗南渡以立国,东扼荆襄,西守岷蜀,江淮千里,地多沼泽,丈五之沟,渐车之水,山林积石,经川丘阜,草木所生,此步兵之地,而车战非所施也! 于是吴璘变通车战之意以用步兵而为叠阵,略如段颎之战先零而变通其意。每战,以长枪居前,坐不得起;次最强弓,次轻弩,跪膝以俟;次神臂弓;约贼相搏至百步内,则神臂先发;七十步,强弓并发;次阵如之,而欲以静制动,以坚制锐;其阵以拒马为限,铁钩相连,俟其伤,则更代;代则以鼓为节;骑两翼以蔽于前,阵成而骑退。谓之叠阵。诸将疑焉,曰:"吾军其歼于此乎!"璘晓之曰:"此古束伍令也,军法有之,诸君不识耳！得车战余意，无出于此！战士心定，则能持满；敌虽锐，不能当也！"遂大破金人于秦州。盖以铁骑之集团驰突，锐不可当；而非创叠阵以为平面纵深之配备，不足以当其锋也！然吴璘为叠阵以用步兵而善于御；元成吉思汗则又为叠阵以用骑兵而猛于攻。其人其马，亦披铁甲以寓坚于锐，而运骥足以驰骤，挥矛剑以冲击；以百二十五骑为一中队，三中队为一大队，三大队为一纵队；每战，左右以数纵队骈列，前后相重，纵横驰突，如层波叠浪，衍溢漂疾，波涌而涛起，奋猛陵厉，遇者死，当者坏，而欧、亚两洲，皆骋马足焉！迨明中叶，而戚继光称名将，制鸳鸯阵，队长执牌居前，军士十人分翼于后，五兵长短相杂，略似吴璘叠阵之意，而变化之；璘则以守待攻，而继光欲攻守兼施。既而总理蓟昌保定练兵，更欲兼车步骑三者以叠相为用，御冲以车，卫车以步，车以步卒为用，步卒以车而强；敌以数万骑，势如山崩河决，径突我军；我有车营，车有火器，发以击敌，无不僵仆；其有不仆，冒死而前；然后步兵出战以击刺，依车为卫，其远者不离五步，倦则少休车内，而火器继放，更番迭出，而骑为奇兵，随时策应，犹是吴璘叠阵之法，而少变焉！则是战术之不能不"因敌变化而取胜"，自古而然也！近代兵器，演进而日新，然必相兼以为用，不能独用，则与古无异！如大炮之攻击，猛烈无比；然滞于活动；及其短兵相接，又无以自防御。坦克车之活动捷，防御坚，然非装置大炮，则无以为攻击。又如步兵便于占领，而活动不如骑兵，攻击不如炮兵。骑兵敏于活动，而攻击不如炮兵，占领不如步兵。炮兵猛于攻击，而占领不如步兵，活动不如骑兵。兵器之为用攸别，而不可不错综以相辅，兼资以为用也。欧洲战争之用火枪，盖在十七世纪之末。迄十八世纪之初，普鲁士菲烈德立大王作新战术，略如吴璘叠阵之制；而以大炮代阵后之神臂弓。其法，横列步兵以置阵，凭险为固，寓攻于防，而布精骑以张两翼；步兵之后，则以大炮之炮兵，集团射击，以为猛烈之攻，无不摧破；战胜攻取，莫之当也！降而十九世纪，法国拿破仑大帝出，则尤以攻为战，而不如菲烈德立之寓攻于防；以动为进，而不如菲烈德立之以静待动;其战,以步骑炮并用,直捣中坚以突破敌阵;而尤致力于炮火之猛烈运用;以炮六门乃至八门为一中队,而合数中队之炮以成一大队,而隶于师或军团焉。又以百四十门乃至百八十门大炮隶所部为预备队;而集中炮火以猛攻敌阵,使不得立足;然后步骑并进,所向披靡。而与菲烈德立有异者,盖由阵地战之以静待动,一变而为非阵地战之以动为进也。以至第一次欧洲大战,德人喑呜叱咤,以攻为战,而承拿破仑之雄略;法人发强刚毅,寓攻于守,以衍菲烈德立之余绪。及其旷日持久,德人攻坚之力屈,以陷于堑壕之阵地战,顿兵挫锐,卒以不振! 于是寓攻于守之战术,极盛于英、法兵家;而德人仍持其以攻为战,以动为进,而专心致知以务为可胜。一九一五年,范马康参之突破俄国敦纳河防线也,则用排炮连击,以掩护步兵之进攻;厥为大战用排炮猛轰之权舆,而昔日拿破仑之所以摧坚破锐也! 其后德军攻俄之里卡防线,亦有成功;则不先以炮攻,而于步兵推进之时,炮兵作有力之支持;步兵之推进也,不限以严格之时间,只尽其所能,以可知之速率,疾驰而前;而炮兵则不可不严守时间,紧随其后,以作掩护;火力尤不可不集中,以大量之重炮、小炮,轰击敌阵最厚最坚之处,使之驻足不得;而步兵则推锋直入以抵其巇,贯阵而出,侧面包抄,以截其后。既以收功于东线,乃更转用之西线!鲁登道夫一九一八年三四月之进攻英军,五月之进攻法军,皆用炮兵协进以作战,如里卡之役而有成功。惟七月香宾之役,法人惩于前败,仅置少兵前线以相持,而厚集步兵炮兵,深沟坚垒,以故控其力于阵后。德军虚耗炮火而后以不继,深入之步兵歼焉;遂以挫而不振! 然而德人曰:"此非以攻为战之不可能,而以动为进之未疾捷也!"搜卒补乘,积二十年之征缮,而闪电战以兴! 其器,则以汽车、飞机之机动,助长枪炮攻击之威力,配合为用,突飞猛进;其法,发挥拿破仑炮火集中之雄略,融合成吉思汗骑兵攻势之叠波,而以机械化部队代骑兵之冲击,以空军为机械化部队之前茅。骑兵虽以驰突,然力有所限! 而机械化部队之一辆重型坦克军,时速为四十哩,重八十吨,厚装钢甲,而配以小口径炮、重机关枪以及火焰喷射器，则向所谓活动、冲击、防御之三者无不毕具！二架重型机，可以戴数吨重之炸弹；而飞行时速为四百五十哩，活动半径为二千哩；可以戴小口径炮及轻型坦克车而起飞；一旅步兵，只用百二十架重型机，可以一次载运，而降落敌人之后以为袭击。一尊大炮，可以一次发射八百吨之弹丸；射程为五十哩以至八十哩；而炮火之猛，尤非拿破仑时代可比！于是塞克特、白鲁希兹两将军得所凭借以作新战术，而贯彻以攻为战，以动为进之旨；先握制空权，以大队飞机，集团轰炸敌人之交通要道及据点，阻敌军以不得增援而集中；又轰炸敌军之阵地，以摧毁其防御工程；然后以轻坦克车任侦察，以大队之重坦克车，推锋而前，踏平敌军之防御阵地；而以大队之中型战车追随扫荡；以摩托化部队之步兵，占领阵地；如佐以降落伞部队，袭敌阵之后，而占其司令部，擒贼擒王，尤足以张军威，丧敌胆；又次则以机械化部队组成战斗纵队；在第一线部队占领阵地之后，止不复进；而追奔逐北，则以委之第三线部队；亦如层波叠浪，前后相重，此涌彼伏，更休叠进，然后气锐而势猛，纵横欧陆，所当者破！而法人寓攻于防，欲以坚制锐，而魏刚防线出焉，欲以阵厚而势坚御之，亦略如吴璘叠阵之意，而加厚，加深，阵地愈深入，兵力愈增强。不殚锐竭力以坚持前哨防线；而前茅虑无，中权后劲，故控其大军主力于后卫，以伺敌军深入，而欲乘之于再衰三竭之余，聚而歼游！其阵线分为四层：第一线为斥候，其地势，宜便瞭望，利联络；专任侦伺，而通讯联络以告警者也。第二线为前茅，在斥候之后，十五哩以至二十哩，其间散布无数之地雷及陷阱；而广筑堡垒，置兵以守；如遇敌兵之选锋，而立予以歼灭焉。第三线为中坚，前置鹿角及铁丝网，延深至二哩；稍后为堑壕，广八十呎以至百呎，深五呎以至八呎；而堑壕之后一哩，为三角锥体之钢骨水泥堡垒，高广各一呎半，重重叠叠，前后相距各三呎，所以御坦克车者也；其后又布电网；而后渐进以为中坚阵地，乃以高十呎而深藏地下三层之多线式战壕所构成。中坚阵地前之钢骨水泥堡垒，星罗棋布，堡垒与堡垒之间，可以火力封锁;而中坚阵地之后,则为活动钢塔,所以掩护野炮者也。凡一中坚阵地所控制之距离,为十五哩以至二十哩,而有步兵一团、炮兵一团以上,工兵一营或一连以置守焉。第四线为后劲,控制大队之步兵及机械化部队,以为增援出击及掩护退却之用,而亦构筑坚强之后备阵地焉。凡中坚阵地与后备阵地之间,以及后方之交通壕,完全隐蔽,而不予敌人以可侦。自第一线阵地以迄第四线,深八十哩以至百哩。德人布垒阵以攻,而法人置垒阵以守,宜若旗鼓可以相当!假如德人用机械化部队以进攻,方及斥候,而司令部已得警信。发号施令以备预不虞矣!渐进而犯前茅,不投陷阱,即触地雷,而重以大队之重轰炸机出动,予以猛烈之炸击,必无幸焉!万一前茅不戒而为所突破;而中坚阵地之堑壕,及三角锥体之钢骨水泥堡垒,重门设险,必未易以超越;而予坦克车防御炮以扬威轰击之机;以坚制锐,以静待动。不意阵地构制,虽隐蔽深固;而德军用飞机侦察以得!地雷之散布,虽广虽多;而德军用无线电以击发于先而不为患!堡垒虽坚;战壕虽深;而德军以飞机自空轰炸,以长射程炮自远猛击!堑壕虽广,而德军用八十吨之坦克车以超越!空军虽可出动以轰炸坦克车;而制空权先为德军所握!炮塔虽钢制;坦克车防御炮虽多;而德军用喷火器以高热熔毁!于是寓攻于守之战术以大败;而德人之闪电战,遂以震耀一世焉!或曰:"寓攻于防,非不可为;然人工之设险,不如天险之足恃!"于是希腊之役,英希联军凭借希腊北境之高山,以亘延中部之班都斯山,而加强纵深之配备,天人相与,宜若可以无虞于德矣?然而闪电战之纵横跳荡如故也!英希联军之溃败如故也!然而英之兵家,则曰:"此非寓攻于防,以静待动之罪;盖所以为防者未极强,斯所以制锐者不坚也!苟防御之力,能增强以臻最高,而配备,由多线以臻全面;未尝不可以持久耗敌人之兵力,消敌人之士气,而乘之于再衰三竭之后也!"然微大国有众多精强之兵力,凭借深广阻险之地势,而用卓越之防御武器,不足以语之;微苏联其谁与归也!苏联睹闪电战之纵横驰突,而希特勒逞兵东南欧之咄咄逼人,大戒于国,虞德人

也旧矣！而苏联兵家之所以论战术者有二：一曰集中猛攻之歼灭
战。二曰民众散战之消耗战。集中猛攻之歼灭战，乃前红军领袖希
诺瓦斯及空军参谋克瓦特所主张；其意在以动制动，谓："现代战术，
以坦克车装甲代坚城，以机械化摩托化代驷马，以飞机轰炸代远射程
之大炮，陵厉无前；虽以魏刚防线之深且固，而不足以当一击，如中古
时代，弓矢戈矛之步兵，不足以当蒙古之装甲铁骑；而欲求制胜之方，
亦惟有如中古时代之练铁骑以御铁骑，而以坦克车战坦克车，以飞机
战飞机。"而其作战之程序，亦先以空军握制空权，轰炸敌之空军根据
地，轰炸敌军，而掩护我军之进展；次则以大队炮兵歼灭敌之炮兵，而
后集中炮火以猛烈射击敌之前线部队，然后驱坦克兵团以叠波进展，
第一波为远距离之搜索坦克队，第二波为远距离之支援坦克队，第三
波为直接支援坦克队，番战迭进，络绎而前，追奔逐北，歼灭乃止；虽
与德人闪电战之程序，微有不同；而以攻为战，以动为进，则一也！如
德人闪电战之来势太猛，而集中猛攻之歼灭战以败；则继之以民众散
战，而苏联陆军大学教官鲁伊次之所主张者也，以谓"武装民众，人自
为战，先分散敌势，而消耗其兵力然后集中大军，承其衰弊，而予以猛
攻"。二者必有一当。究其极，情势演变，而寓歼灭于防御，以制希特
勒之闪电战而有成功！先是苏联之未为希特勒所攻也，西欧则有史
丹林防线以御德，东亚则有远东防线以御日，亦如魏刚防线以复杂之
兵器，布层叠之阵线；少者自第一线，第二线，以至预备线，三叠为一
阵线；多者自第一线，第二线，第三线，以至预备线，四叠为一阵线；而
第一阵线之后，又或有第二阵线，叠之外又有叠焉！法之未破也，希
特勒亦于西境布齐格菲防线，自第一线，第二线，第三线以至最后一
线，亦为四叠。则知作战谋攻之国，亦不能不经营设防以布阵线，而
阵线必纵深。顾同一纵深也，而异于第一次欧战者，则亦叠而成波，
由定型以成不定型，由横方而散乱，由整齐而参差。盖横方而整齐
者，易示敌人以所攻；而参差而散乱者，则疑敌人以不知攻，伪装以播
疑，错列以乱形。"因敌变化而取胜"，凡事有宜，不得逆料！以迄一

九四二年，而德军情见势绌以无法猛攻，苏联推陈出新以制胜防御！其年七月，库尔兹克之战，德人顿兵挫锐以挠败！其明年十二月，德人卷土重来，重整旗鼓以反攻基辅。德军司令曼因斯坦将十二坦克师团（每师有坦克二百辆）、两摩托步兵师，而辅以强大之步兵；而苏联则应以步、骑、炮兵十七师团，而辅以两坦克军团。德人以攻为战；而苏联则寓攻于防。德人以坦克师团为前锋，以步兵为后卫；而苏联则以步、炮相间为前卫，以坦克为后劲。开战之始，德人以坦克师团，方阵而进；而方阵之前卫及两翼，则为六十吨重之老虎坦克；方阵之中，则为中型坦克、轻型坦克，及七门一组之自动推进炮，而佐之以八十粍之加农炮一门，雁行以前，德人之攻库尔兹克以此，而德人之反攻基辅仍以此！方阵之后，步兵继之，持来福枪、刺刀与手榴弹，保持四百码之距离，而卫坦克师团以前进。春秋之世，郑庄公为鱼丽之阵，先偏后伍，伍承弥缝；盖车战二十五乘为偏，徒卒五人为伍；以车居前，以伍次之，承偏之阙而弥缝其不及也；正与德人之以坦克车为前锋，而以步兵为后卫同。步兵之后，则为后备队，按而不动，而炮兵、步兵及坦克，无不配备，厚集其力；以承攻势之竭，而为防敌人反攻之用焉！此德人之所为攻也；而苏联之御则何如？苏联则布置深隐之防御地带以为叠阵：其第一线为步兵，伏匿于深而长之堑壕以为隐蔽。次则一五二粍口径之大炮三门，必据高地以控制敌人前进；又必伪装阵地以隐匿不使敌人见；而三门之中，以二门相距一百码而并力以对敌人之来路；其第三门，则置在二百码之后；则三炮之地点，延线相结以成一三角形；而三角形之内，可以交叉火力而直射；而散布步兵小队，从距离不及一百码之阵地，以卫大炮而为纵深之排列；各队之间，以相距百码为度。最后，则自动推进炮与坦克车列阵以待；其中有伪装之后，而藏在地穴以迎敌作当头之击者；亦有隐匿以伺敌军之突进而迂回出击者。及德军之装甲师团，如墙而进，炮声隆隆，电击霆震以穿苏军第一线之堑壕；而苏军步兵，则坚伏不动，任德军之坦克师团推锋以前，而不之阻也！德军之坦克师团前进之时，分成三列；而坦克之在两翼者，则循曲线型以探防线之弱点而为突破；
自动推进炮则随坦克以为后卫。于是苏军炮兵伺德军坦克之相距五
百码也，乃瞄准老虎坦克装甲脆薄之炮塔及侧缘以射击；而猛烈之炮
战以起！德军之自动推进炮则射击苏军炮兵而欲歼灭之，以支持坦
克之前进；苏军炮兵，原以毁灭坦克为先务，而见德军之自动推进炮
一门两侧齐露时，则三角点之前二炮，齐向射击；其后之一炮，则默不
应以不予德炮射击之目标，而伺德炮之转身以回击射击之炮也，然后
发炮射击以攻其后也；而被回击之前二炮，则停止射击；及德炮又掉
头以瞄准后之一炮时，则后之一炮，停止射击；而前之二炮，又齐射击
以攻其后。惟以德国自动推进炮护甲之厚，而以能深入苏军之三角
炮组；坦克则借之为卫以前进，而步兵则保持四百码之距离以循行而
随坦克方阵之后。然苏军伏匿战壕之步兵，可以任坦克之突驰而过，
而决不许步兵之随护以进；伺其趋近战壕，虎跃而出，蜂拥以前，短兵
相接，持步枪、刺刀及手榴弹而与之肉搏，胜负之分，将自此决！于是
德军步兵，不能循随坦克以巩固突进之阵地；而坦克方阵无步兵以为
后卫，虽突进而深入无援以陷苏军之重围，欲退，则为苏军之三角炮
火所阻；而苏军最后防线之自动推进炮及坦克车，风起云涌，乘之于
再衰三竭而一举歼之！于是德人以动为进之闪电战败，而攻坚之力
屈；大惧苏与英美联军之反攻也，而寓攻于防之堑壕战，又为德人之
所极深研几！其守南意大利也，阵线亘九十哩，而凯塞林元帅以十六
万五千人守之；其阵线中坚，为重叠而连绵之堑壕线；其堑壕以四枚
锯齿形为一线，而由交通壕前后联系，如环之无端。堑壕之前，为铁
丝网，而成千之地雷及陷阱，密布如织；大炮则可以直射火力，交织于
敌军步兵必攻之处；而尤注重于铁丝网之外缘，以控制敌人不得越雷
池一步。堑壕之周围，则为钢骨水泥之棱堡，而配备以各种自动之武
器；每一棱堡，为岛屿式之十座，可以炮火支援邻近之棱堡。惟堑壕
之阵地，不以连续不断，而以错落相间，此所以与上次欧战异；而控制
堑壕及其要害，只以小群之战斗部队；其他守兵，则散伏山洞及深蔽

之堑壕内。纵英美联军以强大之炮队及空军，猛力攻击，可以毁灭一堑壕、一棱堡；然死伤不多，而无当于胜负之数；于是联军顿兵久不进，而寓攻于防之堑壕战，又以制胜！胜负之异宜，攻守之异势，而相应无穷，姑以觇后也！凡事有宜，难以逆料！然而兵器万变，原则不变；兼资为用，配合以战。《司马法》曰："兵不杂，则不利！长兵以卫，短兵以守；太长则难犯，太短则不及。长以卫短，短以救长，迭战则久，皆战则强。"古之所谓长兵，弓矢也；短兵，刀矛也。今之所谓长兵，空军也，炮兵也；短兵，坦克车也，步兵也。观之上古，验之当世，不过由刀矛、弓矢之兼资，扩展而为近代步兵、炮兵之兼资，又扩展而为现代步兵、炮兵、坦克车及空军之兼资。苏联《红星报》以一九四〇年五月，载有《协力之制胜》一文，谓："战之胜，非一种军队所能为力也；必步骑炮空车各军，同心僇力以调和时空，而后能决胜！"然则"长以卫短，短以救长，迭战则久，皆战则强"；古今之兵器虽变，而所以用器，岂有异乎！不可不察也！

右第三节论因敌而制胜，然后能避实击虚，以卒于篇。

郑友贤曰："或问《十三篇》之法，各本于篇名乎？曰：其义各主于题篇之名，未曾泛滥而为言也。如虚实者一篇之义，首尾次序，皆不离虚实之用，但文辞差异耳；其意所主，非实即虚，非虚即实；非我实而彼虚，则我虚而彼实；不然，则虚实在于彼此，而善者变实而为虚，变虚而为实也。虽周流万变，而其要不出此二端而已。凡所谓'待敌者佚'者，力实也。'趋敌者劳'者，力虚也。'致人'者，虚在彼也。'不致于人'者，实在我也。'利之也'者，役彼于虚也。'实之也'者，养我之实也。'佚能劳之'，'饱能饥之'，'安能动之'者，'佚''饱''安'，实也；'劳''饥''动'，虚也。彼实而我能虚之也。'行于无人之地'者，趋彼之虚，而资我之实也。'攻其所不守'者，避实而击虚也。'守其所不攻'者，措实而备虚也。'敌不知所守'者，斗敌之虚也。'敌不知所攻'者，犯我之实也。'无形''无声'者，虚实之极而入神微也。'不可御'者，乘敌备之虚。'不可追'者，畜我力之实也。'攻所必救'者,乘虚则实者虚也。'乖其所之'者,能实则虚者实也。'形人'而敌分者,见彼虚实之审也。'无形'而我专者,示吾虚实之妙也。'所与战约'者,彼虚,无以当吾之实也。'寡而备人'者,不识虚实之形也。'众而备己'者,能料虚实之情也。'千里会战'者,预见虚实也。'左右不能救'者,信人之虚实也。'越人无益于胜'者,越将不识吴之虚实也。'策之''候之''形之''角之'者,辨虚实之术也。'得也''动也''生也''有余也'者,实也。'失也''静也''死也''不足也'者,虚也。'不能窥''不能谋'者,外以虚实之变惑敌人也。'莫知吾制胜之形'者,内以虚实之法愚士众也。'水因地制流,兵因敌制胜'者,以水之高下,喻吾虚实变化不常之神也。五行胜者,实也;克者,虚也。四时来者,实也;往者,虚也。日长者,实也;短者,虚也。月生者,实也;死者,虚也。皆虚实之类,不可拘也。以此推之,余十二篇之义,皆仿此;但说者不能详之耳!"

军争篇第七

（解题）曹操曰："两军争胜。"李筌曰："争者，趋利也，虚实定，乃可与人争利。"张预曰："以军争为名者，谓两军相对而争利也；先知彼我之虚实，然后能与人争胜，故次虚实。"

基博按：形之而知虚实，则可举军可争利；故以军争次虚实焉。

孙子曰：凡用兵之法：将受命于君，合军聚众，

（训义）梅尧臣曰："聚国之众，合以为军。"张预曰："合国人以为军；聚兵众以为陈。"

交和而舍，莫难于军争！

（训义）杜牧曰："《周礼》以旌为左右和门。郑司农曰：'军门曰和，今谓之垒门，立两旌旗表之，以叙和出入，明次第也。'交者，言与敌人对垒而舍，和门相交对也。"张预曰："军门为和门，言与敌对垒而舍，其门相交对也。或曰：与上下交相和睦，然后可以出兵为营舍。故《吴子》曰：'不和于国，不可以出军。不和于军，不可以出陈。'陈皞曰：'言合军聚众，交和而舍，皆有旧制；惟军争最难也！'"

基博按："军争"非难；"交和"而舍于军争之难！故曰："交和而舍，莫难于军争！"诸家未为得解也！下文言"军争之难者，以迂为直，以患为利"；乃至云"倍道兼行，百里而争利"；安有如所谓"敌人对垒，和门相交"之逼处者耶！或以"交相和睦"为说；似矣，而未尽也！"交和"之谓协同。"舍"非营舍之舍；当读如《文选》张衡《西京赋》"矢不虚舍"之舍，"谓弃也。将受命于君，合军聚众"，所谓"兵者国之大事，死生之地，存亡之道"；苟不图其"交和"而协同作战，未可以舍之于军争也！此进彼退，人自为战，不能不谓之"军争"；然而不能谓之"交和而舍"！胜不相让，败不相救，人心不同，各如其面；军争之难，莫难于此！《孙子》言："勇者不得独进，怯者不得独退；齐勇若一，政之道也。"亦此之谓"交和"矣！下文言"军争之难者，以迂为直，以患为利"，盖筹可胜于军争之际，而此云"交和而舍，莫难于军争"，则为不可胜于军争之先。有一兵种之军争，有多兵种之军争，有一国一军之军争，有联盟国联盟军之军争，皆非"交和"而协同，不能军争以有功！今日之大战，以空军主宰战场；然机之与机，"交和"为难；而非"交和"，必以偾事！何以言之？欧洲上次大战之空战，不过为单机之个别作战；及大队之飞机相遇，则立分散以互追逐；及今之大战开始而有然！彼此机群相遇，无不分散作战；而各自为谋，各逞其能。至一九四二年而战术以革新；始有组织以计划作战而交相协力；不许任何之一机以单独行动也！顾日人则不如此，依然故我，而以一九四三年，大创于太平洋之所罗门！日人毁飞机一百六十五架，而美则仅二十五架；美国空军上尉多玛斯实与于役，而申言所以，谓："日人零式机以一机一机自为战；而我美空军则以一机一机协同作战！如见我同队之机为敌机所攻；我之第一任务，在救同队之机以突击敌机！我救人，人亦救我！僇力同仇，勿自逞能；不惟空军之基本原则，抑亦飞行员之救命要诀！好大喜功之飞行员，而欲以自显好身手者，无不自误以陷死亡！"此"交和"之难，征于一兵种之军争者也。方大战之未起，空军之"独立论"，甚嚣尘上；始倡于英国皇家空军元帅托兰查特；而义大利杜黑将军，遂以"制空权"一论擅大名！使其说而信，则只用空袭而无事乎海、陆军，可以溃人之国！然一九四〇年六月以后，英之所以未步法之后尘，而为希特勒所溃者；则以希特勒之过信空中轰炸之足以溃英伦，而未以海、陆军协同进攻之故！军事家有一格言，谓："在严重之地，在严重之时，必集中全力！"以此空中轰炸，亦必得海、陆军协同。反之而海、陆军不得空军协同，则以制空权之为敌有，鲜不摧破！观于今日之大战，而以征空军之不能独立；惟与海、陆军协同,乃以制胜;征之一九三九年,希特勒之摧破波兰然;一九四〇年之摧荷兰,摧比利时,以次摧法,无不然!于时德军所到,战胜攻取;世人每疑德军之有神秘武器!而不知德军陆、海、空三者惊人之协同;所难在各司其局,而不乖于"交和"以相为用;则希特勒纵横欧陆之唯一武器!其他如炮兵之必以步兵协同,步兵之必以炮兵掩护;坦克车亦以不得步兵协同,而为敌人所俘,往往有之!此"交和"之难,见于多兵种之军争者也。抑吾人患日军之空袭,而以无高射炮,无驱逐机之防空武器为大恨!然苏联之御德军空袭也,有高射炮,有驱逐机,而苦于两者之难以协同!盖防空指挥部,分配空中区域以各有责成;驱逐机利用其活动半径,而阻敌机于向目标飞行之时;待敌机窜入高射炮之射程内,则由高射炮轰击。亦或按高度以分区域;敌机在七千呎以上,责之驱逐机之攻袭;至七千呎以下,则以委高射炮之轰击。惟驱逐机追踪敌机以迫近高射炮之射程内,时与敌机同被击落;而敌机则以窜入高射炮之射程内,而无虞驱逐机之追踪,往往集中轰炸以毁高射炮阵地!于是防空指挥部严令驱逐机应不恤冒高射炮火,追踪敌机以协同攻击;宁偕敌机以俱毁,勿纵敌机以遗患!犹之步兵冲锋时,应不恤冒自己炮火以勇往无前也!抑为无办法之办法!此"交和"之难见于防空之军争者也。至于欧洲上次大战,英、法、俄协约,德、奥同盟,角力争雄以延五年,而苦战久不解者,亦以英、法、俄联军之未能"交和而舍"也!大战之起,英、法、俄联军作战,而未有共同之作战目标!德为同盟之领袖,而协约国之敌对主体也;协约国不败德国,不能以结束战争!法国最初之主力指向德国,而进攻亚尔萨斯、罗林两州,势所当然!然西线之法国,既以主力指向德国;而东线之俄国,胡为不急起直追,而以主力相应耶?俄国之用兵德、奥两军,同时进攻;而以主力七军进攻奥国;进攻东普者,仅有那流、尼门两军;虽一战而胜奥,顾无补于战局!而东普之那流一军先歼,尼门一军亦败,士气以丧而影响甚大!假使俄人反其道而施之,以少兵支拒奥军之进攻,而倾国殚锐,以主力指向德国。兴登堡、鲁登道夫虽善用兵；而众寡之殊过悬，又承丧败之余，抑亦何能为役，亦有望风而靡已耳！俄军以乘胜远斗，推锋而前，直走柏林，溃其腹心；而与法军之攻势，东西相应；德人无所措手而一蹶不振矣！德败，而奥之势孤，亦奚以为！然则俄人何为而不然乎？说者曰："俄之敌，以奥为主，以德为次；政略使然，不得不尔；亦犹奥之敌，俄为主，英、法为次！俄主力不出于东普，亦犹奥主力不出于西线，揆情度势，抑何足怪！"但就战略而论：擒贼先擒王！对同盟军作战，必先击破同盟国之主体；主体一破，而群龙无首，其他自随瓦解！当日之战局，谁为主体？而同盟为德；协约则陆上为法，海上为英。陆上决战，德、法有一溃灭，而战局结束矣！所以协同作战，必先认识作战之共同目标；而惜乎协约三国之昧于此也！旷日持久，而师以老，至一九一七年而协约联军势不支！有人昌言："联军作战，非有统一之措置，无望于胜利也！"于是英国政府力图"交和"，以英军总司令海格爵士所部军队，交法国倪维尔将军指挥以为康边之总攻击；而两国将士意见横生，不相僇力，以致大败！英国将士则归咎于倪将军之指挥无方，而益以不"交和"！法军创败之余，而叛变屡起；士无斗志！贝当收拾残局以图再振，而虞德人之取乱侮亡以承其敝也，嗾英军大举进攻佛兰德斯以分其势，而亦大败；死伤三十万人！英军总司令海格爵士声言："所部一年以内，不能再战！"而贝当则以静待美之援兵！俄国则革命起而皇室倾仆；克伦斯基临时政府亦欲奋起以与英、法携手；顾一出兵而大败！然所以大败，则由于俄之缺乏军火与配备，而英、法之接济无路！尝图突破他达尼尔海峡以与俄通道，供应军火；顾无成功！又欲别出一道以通俄，屡为之濒成以屡败；亦以英、法政府及参谋部之筑室道谋，不下决心，不派大兵，是用不规于成也！于是托洛斯基之军事革命委员会，得彼得格勒防卫军之拥护，以倾克伦斯基而与德、奥媾和！德、奥军亦既东顾无虞，而转兵西向以攻义大利；义几不支！作战不力，将士固不能辞其咎；而要由于无共同之作战目标以知所僇力！英国首相劳合乔治以征询英国东线指挥威尔生将军，问："协约国何以不竞?"威尔生则以书告曰:"无他,无最高指挥也!吾协约国之总司令、参谋长,只专心致知于各自之战区;推而大之,亦只专心致知于本国之得失,而忘其为协约国之一国,遂以七零八落而为局部之战;所谓联盟,其实不过各自为战以对各自之敌人交绥而已!如英国战场之战,法国战场之战,义国战场之战,而非全局通筹之战!其将帅愈有才,其作战愈独立,而愈不喜与联军协同;此实由于吾人不能高瞻远瞩,目光短浅之所致也!吾人之人员、军火、大炮、飞机、粮食、金钱及海上运输,无不超绝德奥以占优势;今日之难,乃在如何及何时集中协约国之所有,用之于当以通力合作;诚窃以为非建立最高指挥,不能以通筹全局也!"劳合乔治大以为然,乃以其年十月三十日,贻法国总理庞雷夫书曰:"三年以来,军事成功之属于德,无可疑者!吾协约国则败不一败,而究其所以,则由于协约国之未能协同作战也!吾协约国之所以为德人所败者,由于指挥作战之无法统一!方战之起也,德人于其盟邦,有绝对之统制权!德人不仅统治其盟邦之军队,有军略上之指挥权;抑亦控制其盟邦之经济与资源;所以德奥同盟之与土耳其,就其作战之僇力同仇言,几成整体之一军事帝国;而诸盟邦之战场如一战场,诸盟邦之指挥为一指挥!吾协约国则不然;作战之指挥权,分掌于英、法、俄、义四国政府,四国参谋机构之手;而四国政府、四国参谋机构之所知者,只有其各自之战场,个别之国力;于是作战计划之所匠心经营,不过一国一战场之成功,而无与于大局!亦有人倡协约国国际会议以欲补救人自为战,力量分散之弊;然会议虽然多次,而全局仍未通筹;充其量,不过求四国不同战略之互相呼应而已!吾协约国无一机构能周知所有协约国之整个实力,而有全局通筹之战略,着眼吾敌人之政治、经济以及其军事之弱点,而集中力量以为决胜之猛攻;此进彼退,各不相谋,所以无成也!吾人试观每年冬季,敌人必厚集其力以猛攻吾协约国中最弱之一国,而予以击溃,剪我羽翼!顾吾协约国各不相顾以坐视德人之兼弱攻昧而不为之所;抑亦不思厚集吾力以猛攻德奥同盟中较弱之一环,而剪其羽翼,长我声势,则是敌人处心积虑以渐剥吾协约国人力物力之优势;而吾协约国一任所为以同归于败,其弊不过各自为谋以不顾大局!吾人如欲转败为胜,惟有协约国家悬一最高之目标,而集中所有之力量,为此最高之目标而合作!诚窃以为协约国不可不有参谋本部性质之联合会议,视协约国为一体,通筹全局;然后集中协约国最大之军事,经济及政治力量,以最有效之方法,猛攻敌人,乃克有济!"庞雷夫极赞其议。及是年十二月四日,劳合乔治、庞雷夫与义大利首相,会于义国列维耶拉区之一小城曰拉普罗,检讨战局。法、义两相,蹙额相对;独劳合乔治把握战胜之决心,而建议协约国之指挥统一!几经商讨,而以决定成立最高作战会议;由英、法、义三国首相或国务总理及其他重要阁员各一人组织之;各国并派军事代表一人以提供专门军事问题之意见。其后美国加入,而以霍荷斯上校代表威尔逊总统;以白立斯将军为美国军事代表。然而最高指挥机构之成立,尚有待也!至一九一八年春,协约国在杜宁召开最高作战会议以成立盟军最高统帅部,而胜负之机以转!法国雷光将军尝以著论,谓:"联盟国之联合作战,有两基本原则:(一)统一指挥,即联盟国须有总司号令之人,而在战略上及政治上,须有统一之措置。(二)联盟国如何抟而为一集中所有之经济资源,以发挥最高效率。"此"交和"之难,见于联盟国联盟军之军争者也。故曰:"交和而舍,莫难于军争!"昔胡林翼尝论:"军旅之事,以一而成,以二三而败!唐代九节度之师,溃于相州;其时名将如郭子仪、李光弼,亦所不免!盖谋议可资于众人,而决断须归于一将,此又军事之大较矣!古来将帅不和,事权不一,以众致败者,不仅九节度相州一役!是故军中之事,不患兵力之不雄,而患兵心之不齐;不患军势之不盛,而患军令之不一!"呜呼!自古以来,未有"交和而舍"而以军争无功者也!及挽近世,战局日以扩大,兵种日以复杂,益以征"交和而舍"之莫难于军争矣!

军争之难,以迂为直,以患为利。

(训义)杜牧曰:"言欲争夺,先以迂远为近,以患为利,诳给敌人,使其慢易，然后急趋也。"张预曰："变迂曲为近直，转患害为便利，此军争之难也。"

故迂其途而诱之以利，后人发，先人至，此知迂直之计者也。

（训义）杜牧曰："上解曰'以迂为直'，是示敌人以迂远；敌意已怠，复诱敌以利，使敌心不专；然后倍道兼行，出其不意，故能后发先至，而得所争之要也。秦伐韩，军于阏与。赵王令赵奢往救之，去邯郸三十里，而令军中曰：'有以军事谏者死。'秦军武安西；秦军鼓噪勒兵，武安屋瓦皆震。军中候有一人言救武安；奢立斩之，坚壁留二十八日不行，复益增垒。秦间来，奢善食而遣之。间以报秦。秦将大喜曰：'夫去国三十里而军不行，乃增垒；阏与非赵地也！'奢既遣秦间，乃卷甲而趋，二日一夜至，令善射者去阏与五十里而军。秦人闻之，悉甲而至。有一卒曰：'先据北山者胜！'奢使万人据之，秦人来争不得；奢因纵击，大破之，阏与遂得解。"梅尧臣曰："远其途，诱以利，款之也。后其发，先其至，争之也。能知此者，变迂转害之谋也。"

故军争为利，军争为危。

（训义）曹操曰："善者则以利；不善者则以危。"杜牧曰："善者，计度审也。"张预曰："智者争之则为利，庸人争之则为危；明者知迂直，愚者昧之故也。"郑友贤曰："或问'军争为利，众争为危'；军之与众也，利之与危也，义果异乎？曰：武之辞未尝妄发而无谓也！'军争为利'者，下所谓'军争之法'也。夫惟所争而得此军争之法，然后获胜敌之利矣。'众争为危'者，下所谓'举军而争利'也。夫惟全举三军之众而争，则不及于利，而反受其危矣！盖军争者，案法而争也；众争者，举军而趋也。为利者，后发而先至也；为危者，擒三将军也。"

基博按："军争为危"之"军"，郑友贤作"众"。

举军而争利，则不及；

（训义）曹操曰："迟不及也。"贾林曰："举军往争其利，难以速至。"

基博按：自此以下承上"军争为危"，而专论军争之危。

委军而争利,则辎重捐。

（训义）杜牧曰:"举一军之物行,则重滞迟缓,不及于利;委弃辎重,轻兵前追,则恐辎重因此弃捐也。"张预曰:"委置重滞,轻兵独进,则恐辎重为敌所掠。"

是故卷甲而趋,日夜不处,倍道兼行,百里而争利,则擒三将军;劲者先,罢者后,其法十一而至。

（训义）杜佑曰:"强弱不复相持,率十有一人至军也。罢,音疲。"杜牧曰:"此说未尽也!凡军一日行三十里,为一舍;倍道兼行者再舍;昼夜不息,乃得百里,若如此争利;凡十人中,择一人最劲者先往,其余者则令继后而往;万人中先择千人,平旦先至;其余继至,有已午时至者,有未申时至者,各得不竭其力,相续而至;与先往者足得声响相接。凡争利必是争要害。虽千人守之,亦足以拒抗敌人,以待继至者。太宗以三千五百骑先据武牢,窦建德十八万众而不能前,此可知也。"陈皞曰:"杜说别是用兵一途,非十一而至之义也;盖言百里争利,劲者先,疲者后,十中得一而至;九者疲困,一则劲者也。"王皙曰:"罢,羸也;此言争利之道,宜近不宜远耳。夫冲风之衰,不能起毛羽;强弩之末,不能穿鲁缟。苟日夜兼行,百里趋利;纵使一分劲者能至,固已困乏矣;即敌人以逸击我之劳,自当不战而败。故司马宣王曰:'吾倍道兼行,此晓兵者之所忌也。'或曰:赵奢亦卷甲而趋,二日一夜,卒胜秦者,何也。曰:奢久并气积力,增垒遣间,示怯以骄之,使秦不意其至,兵又坚。奢去阏与五十里而军,比秦闻之,及发兵至,非二三日不能也;能来,是彼有五十里趋敌之劳,而我固已二三日休息士卒,不胜其佚,且又投之险难,先据高阳,奇正相因,曷为不胜哉!"张预曰:"卷甲,犹悉甲也,悉甲而进,谓轻重俱行也。凡军日行三十里,则止;过六十里已上,为倍道;昼夜不息,为兼行;言百里之远,与人争利,轻兵在前,辎重在后,人罢马倦,渴者不得饮,饥者不得食;忽遇敌,则以劳对佚,以饥敌饱,又复首尾不相及;故三军之帅,必皆为敌所擒;若晋人获秦三帅,是也。轻兵之中,十人得一人劲捷者先至,下九人,悉疲困而在后,况重兵乎! 何以知轻重俱行? 下文云'五十里而争利,则半至';若止是轻兵,则一日行五十里,不为远也;焉有半至之理! 是必重兵偕行也。"

基博按:"倍道兼行,百里而争利";近代战术之所谓强行军也;《孙子》以"擒三将军"明其为军争之危;而近代则以强行军争战术之机动,实自拿破仑创之! 拿破仑之用兵也,编制之改革,军队之运动,无不创一新纪元;而多本于普鲁士菲列德立大王;由军至师以下逐次分为小部队以增纵队之数,而四面八方,利用多数之道路以向战场集中;欲增大军队之机动及行军力,而以减少军队附属之车辆;是即《孙子》所谓"委军而争利,则辎重捐";而采用菲列德立编合战术之大团队,以及因粮于敌之法也。于时,英、普、奥诸大将颇以法军之驱市人而战,未经训练,而致疑于其行军力! 不意一七九六年九月,芒德之役,法军由德朗蒂以九月五日夜首途,行经丛山叠岭,人马不通之地,中途经勒里古及杰里梅落恼两地,遇敌激战;至八日午前,抵巴撒恼,午后大战,至十日而敌溃追击,十一日,渡耶休河,直薄芒德要塞;凡六日而行军一百八十公里,且战且前;敌人震惊;所以然者,固由拿破仑之责成下级指挥官以人自为战;抑亦下级指挥官之信赖拿破仑而绝对服从也! 一七九七年之义大利战役,拿破仑未尝责将士以强行军;然麦色纳将军率所部追敌,以三月十日至四月七日,四星期之间,而行军五百公里;其一部竟超越积雪没胫之阿尔卑斯山。至一八〇五年乌尔穆大战,拿破仑以久练之师,而为强行军,叹曰:"吾未见行军之锐有如此也!"盖其一路,以四军团及骑兵团,行五至六百公里以集中于莱因河畔,而为日二十五乃至二十八,平均每日行程为二十乃至二十五公里。又一路,以六军团及骑兵团,行十三日而集中于多恼河畔;每日行程十六至二十公里。奥将麦克措手不及而被围于乌尔穆,乃率六万余人以降;而法军死伤数百人耳;则以拿破仑之能强行军也! 顾拿破仑以为未足! 至一八〇六年,普鲁士之役,而以强行军之失之过大,军中谤讟烦兴! 及其大战于耶拿也,自十月八日至十三日,而普军大败!方其时,拿破仑所将诸军之强行军,最大者近卫军团,每日三十公里;最少者第一军团,每日十六公里;其间第三军团,每日二十二公里;第四军团,二十三公里;第五军团,第六军团,每日皆平均二十四公里;而第七军团,则每日二十五公里,次于近卫军团。顾拿破仑意犹未慊;而第六军团长奈将军乃选拔锐卒以编特别师;而于通过山地之时,则控置步兵于后方;而骑兵师推锋直前,以二十四小时行军六十公里,而赴耶拿之会战。及普军大败而法军追击,拿破仑之以垂训于吾人者,则曰:"所谓追击者,使敌无休食之暇,而陷之于溃乱!"益以发挥无上之强行军力,追奔逐北,而普军逃死不遑,全数乞降!于时,第一军团及第五军团士兵,落伍者五分之三;骑兵师之马匹落伍者殆半!而第五军团以三日行军一百五十公里;米友拉骑兵团以四十二日行军一千五百公里!第五军团长兰内司将军叹曰:普人欲以一日行军二十五公里至三十公里制我机先;而不能者;盖我军团一日行军五十至五十五公里,殆倍于普军矣!然"劲者先,罢者后"之兆已形!其后连兵不解,而精练之军以耗,不能强行军以逞拿破仑之大欲;拿破仑叹曰:"军纪日弛,落伍者多,犯法扰民之事百出;而行军之时,不得不集结大兵力于指挥官监视之下;故其行军力,仅及一八〇六年之半,而作战不能应机以疾赴;可恨也!"然一八一三年八月中旬,拿破仑方追击勃里慈尔将军指挥之休勒金军,而骤闻奥俄联军由白门以进逼萨克逊;乃以追击委之大将,而亲率近卫军团及新编各军团,向萨克逊之都城德勒斯登退却,以图邀击俄奥联军于德勒斯登之南;此日之强行军,实拿破仑鼓最后之勇也!盖洛温伯耳以至司德盆,为百五十三公里;而拿破仑将十万众以行三日;其尤出人意表者,司德盆之至德勒司登,为二十六公里;又暴风烈雨,道路泥泞,而拿破仑行以半日;俄奥联军不虞其至而以大败;然辎重捐弃,给养困难;联军虽败,而法亦疲于奔命矣!其裨将杰古宁著书称之曰:"皇帝之战胜在于脚;一日行军三十六公里,不惟接战,而且宿营!"可谓有味乎其言之!杰古宁者,有名之军事著述家也，以一八六八年卒于巴黎；而生于一七七九年，历任奈将军之副官参谋；以一八一一年进级少将；及拿破仑之败，而俄皇亚力山大一世聘任为俄军将军，以参加一八二八年土耳其之役；后为圣彼得堡陆军大学之创设者；于拿破仑之战略战术，耳目濡染，洞明得失，而言："用兵之法，何害于全战役间实施强行军；然强行军而不审慎，无不陷于全军覆灭；故战之胜，不在脚，而在指挥脚之脑力也！"及上次欧战之初，德人亦以擅强行军而为运动战，法军俄军，屡为所乘！如一九一四年八月，东战场坦能堡之战，其预备第一军及第十七军团，由盎格拉堡转移奥伦斯登以攻击俄军，而四日之间，行二百余公里；计一日平均行五十五公里也。其九月，驻巴黎北之德国第一军，以法国第六军之出击，而转用其兵力于巴黎东北；其第九军团以七日之晨至八日夜半而行百二十公里；则一日行六十公里也。亦为军事家所惊叹！所以欧陆各国步兵，无不训练强行军于平日；而新兵入伍，必先荷枪负囊以习跑步；然后作战无误于应机也！

五十里而争利，则蹶上将军；其法半至。

（训义）曹操曰："蹶，犹挫也。"李筌曰："百里，则十人一人至；五十里，十人五人至，挫军之威，不至擒也！"张预曰："路不甚远，十中五至，犹挫军威，况百里乎！蹶上将，谓前军先行也。或问曰：唐太宗征宋金刚，一日一夜，行二百余里，亦能克胜者，何也？答曰：此形同而势异也。且金刚既败，众心已沮，迫而灭之，则河东立平；若其缓之，贼必生计；此太宗所以不计疲顿而力逐也！《孙子》所陈争利之法，盖与此异矣！"

三十里而争利，则三分之二至。

（训义）杜佑曰："道近，则至者多，故不言死败；胜负未可知也。古者用师，日行三十里，步骑相须；今徒而趋利，三分之二至。"张预曰："路近不疲，至者大半，不失行列之政，不绝人马之力，庶几可以争胜。上三事，皆谓举军而争利也。"

是故军无辎重,则亡;无粮食,则亡;无委积,则亡。

(训义)杜牧曰:"辎重者,器械及军士衣装;委积者,财货也。"张预曰:"无辎重,则器用不供;无粮食,则军饷不足;无委积,则财货不充;皆亡覆之道。此三者,谓委军而争利也。"

基博按:以上言军争之危;以下言军争之法;军争而有法,则"军争为利"矣。

故不知诸侯之谋者,不能豫交;

(训义)曹操曰:"不知敌情谋者,不能结交也。"杜牧曰:"非也!豫,先也;交,交兵也;言诸侯之谋,先须知之,然后可交兵合战。若不知其谋,固不可与交兵也。"陈皞曰:"曹说以为不先知敌人之作谋,即不能豫结外援;二说并通。"

基博按:此论军争,上说军争之危,下言军争之法,何缘讲到交邻!当以杜说为是。既知军争之危,何可不出以审慎;非知敌谋,不与交兵耳。

不知山林险阻沮泽之形者,不能行军;

(训义)曹操曰:"高而崇者为山,众树所聚者为林,坑堑者为险,一高一下者为阻,水草渐洳者为沮,众水所归而不流者为泽。"张预曰:"凡此地形,悉能知之,然后可与人争利而行军。"

不用乡导者,不能得地利。

(训义)杜佑曰:"不任彼乡人而导军者,则不能得道路之便利也。"何氏曰:"凡用乡导,或军行虏获其人,须防贼谋,阴持奸计,为其诱误;必在鉴其色,宜其情,参验数人之言,始终如一,乃可为准;厚其颁赏,使之怀恩;丰其室家,使之系心;即为吾人,当无翻覆。然不如素畜堪用者,但能谙练行途,不必土人,亦可任也。"张预曰:"山川之夷险,道路之迂直,必用乡人引而导之,乃可知其所利而争胜。吴伐鲁,鄅人导之以克武城,是也。"

基博按:"地利"者,地之利于我行军者也。上文所称"山林险阻沮泽之形",不利于行军而利于阻隘。或我之所必争,而不必利我之行军。"知山林险阻沮泽之形"之"知","知"之于行军之前者也。"得地利"之"利","利"之于行军之日者也。杜氏所谓"道路之便利",而非"山林险阻沮泽之形"也。夫知敌谋以备交兵,知险阻以审行军,用乡导以得"地理",三者皆军争之必先有事;苟其不知不用,何能为军争!故论军争之法以前,历举之以明先务之急云。

故兵以诈立;

(训义)杜牧曰:"诈敌人使不知我本情,然后能立胜也。"王晳曰:"谓以迂为直,以患为利也。"

以利动;

(训义)张预曰:"见利乃动,不妄发也。传曰:'三军以利动。'"

以分合为变者也。

(训义)杜牧曰:"分合者,或分或合以惑敌人,观其应我之形,然后能变化以取胜也。"张预曰:"或分散其形,或合聚其势,皆因敌动静而为变化也。或曰:变,谓奇正相变,使敌莫测;故《卫公兵法》云:'兵散,则以合为奇;兵合,则以散为奇。'三令五申,三散五合,复归于正焉。"郑友贤曰:"或问:'兵以诈立,以利动,以分合为变';立也,动也,变也,三者先后而用乎?曰:先王之道,兵家者流,所用皆有本末先后之次,而所尚不同耳。盖先王之道,尚仁义而济之以权;兵家者流,贵诈利而终之以变。《司马法》以仁为本,孙武以诈立;《司马法》以义治之,孙武以利动;《司马法》以正不获意则权,孙武以分合为变。盖本仁者,治必为义;立诈者,动必为利。在圣人谓之权;在兵家名曰变。非本与立,无以自修;非治与动,无以趋时。非权与变,无以胜敌。有本立而后能治动;能治动而后可以权变。权变所以济治动;治动所以辅本立;此本末先后之次略同耳。"

基博按:"以诈立"、"以利动"、"以分合为变"三者,军争之原则也;以下论军争之动作。

故其疾如风,

(训义)王晳曰:"速乘虚也。"张预曰:"其来疾暴,所向皆靡。"

其徐如林，

（训义）曹操曰："不见利也。"杜佑曰："不见利不前。"杜牧曰："徐，缓也；言缓行之时，须有行列如林木也，恐为敌人之掩袭也。"

侵掠如火，

（训义）杜牧曰："猛烈不可向也。"

不动如山，

（训义）贾林曰："未见便利，敌诱诳我，我固不动，如山之安。"张预曰："所以持重也。"

难知如阴，

（训义）梅尧臣曰："幽隐莫测。"王晳曰："形藏也。"

动如雷霆；

（训义）王晳曰："不虞而至。"何氏曰："藏谋以奋如此。"张预曰："如迅雷忽击，不知所避；故太公曰：'疾雷不及掩耳，迅电不及瞬目。'"

掠乡分众，

（训义）杜牧曰："敌之乡邑聚落，无有守兵，六畜财谷，易于剽掠，则须分番次第，使众人皆得往也，不可独有所往；如此，则大小强弱，皆欲与敌争利也。"张预曰："用兵之道，大率务因粮于敌；然而乡邑之民，所积不多，必分兵随处掠之，乃可足用。"

廓地分利；

（训义）杜牧曰："廓，开也；开土拓境，则分割与有功者。韩信言于汉王曰：'项王使人，有功当封爵者，刻印刓，忍不能与。今大王诚能反其道，以天下城邑封功臣，天下不足取也！'《三略》曰：'获地裂之。'"张预曰："开廓平易之地，必分兵守利，不使敌人得之。或云：得地则分赏有功者；今观上下之文，恐非谓此也。"

悬权而动，

（训义）曹操曰："量敌而动也。"张预曰："如悬权于衡，量知轻重，然后动也。《尉缭子》曰：'权敌审将而后举'；言权量敌之轻重，审察将之贤愚，然后举也。"

先知迂直之计者胜；此军争之法也。

（训义）张预曰："凡与人争利，必先量道路之迂直，审察而后动，则无劳顿寒馁之患，而且进退迟速，不失其机，故胜也。"

基博按："先知迂直之计者胜"，自承上文"先知迂直之计者也"句来；明为"计"，而非"道路之迂直"。"迂直之计"，即"军争之法"；所谓"以迂为直"，"以患为利"；"后人发，先人至"；此之谓"迂直之计"也。

右第一节，论军争之法。

基博按：《孙子》论军争之法，不外二端：敌疑以诈。我动以决。"以迂为直，以患以利"，敌疑以诈也。"后人发，先人至"，我动以决也。"后人发"，所以"其徐如林"，"不动如山"。"先人至"，所以"其疾如风"，"侵掠如火"。我动以决，所以"动如雷霆"。敌疑以诈，所以"难知如阴"。而卒之曰："悬权而动，先知迂直之计者胜，此军争之法也。"盖谓"军争之法"，不出"迂直之计"；曰"悬权而动"，曰"先知"，运用之妙，存乎一心也。然《孙子》所谓"迂直之计"者，盖"以迂为直"，"迂"与"直"一气贯注，《计篇》所谓"近而示之以远，远而示之以近"也。近代"军争之法"，亦不出"迂直之计"；特所谓"迂直之计"者，"迂"与"直"为两事："迂回包围"之谓"迂"。"中央突破"之谓"直"。从前普鲁士菲烈德立大王多用围；而法国拿破仑大帝不废直。迄于第一次欧洲大战，兴登堡与麦耿生，皆德名将；而为"迂"为"直"，韬略不同。兴登堡取胜多用围，而张两翼以困敌人于垓心者也。麦耿生则以精兵猛将，厚集其力，推锋而入以直捣中坚，横截敌军为两，首尾不相顾，而后席卷左右向以包围；论者咸谓其奇变驾兴登堡之上焉！特是摧其中坚，虽亦可以席卷包围两翼，而未易合围，特如围棋之角与边；不如包围之可以聚而歼旃也！法国兵家，亦主用围。一九三七年，法参谋次长罗亚楚刊布所著《战略之成功与战术之成功》一书，其大指以谓："用兵之道，在于可战之时，选决战之地，因利制权，以分散敌人兵力，而集中我优势之军队以为攻击；或用中央突破，或为包翼战斗；而历史所启示，包翼战斗，胜利为多；或侧翼以作战，或两翼以并进，运用之妙，成功一也！侧翼之战，创于拿破仑；而施之今日，亦操胜算；所当注意者，今日武器之发展与猛烈耳！"然法人所以为包围者，与德不同。德人之为包围也，以中坚与敌军相持，而张左右翼，迂回敌后，前后合围以相夹击；此攻势之包围，而日人亦仿之者也。法人之为包围也，中路退却以消杀敌势；而左右两翼，则力固防地，扼敌军左右两翼，使不得展；而我中路乃突反攻，与左右翼相应，以围深入之敌军，而聚歼之；此守势之包围，而苏联亦以之者也。顾苏联兵家普力特孟，则颇致疑于包围之已成过去战术，以谓："包围者，谓向敌军一翼或两翼之侧面攻击也；必始之以行军之秘密，继之以袭击之神速，而后能有功！然以敌人之空军侦索，而我行军之秘密不易保；以敌人之交通机关发达，而我神速之急袭，亦不能制机先！百万军与百万军之战，包围行军，最易暴露，而为敌人所制止！如敌人用疾捷之交通机关，而运大兵以输于我军包围之地；于是乎包围攻击，一变而为正面攻击，势成相持，而我军且殆！如一九一四年，德法大战于马兰；而德军为包围，徒以忽于机械力，遂以偾事焉！是故百万大军之作战，包围战术，殆成过去之历史；而正面攻击之中央突破，乃为新战场之战术尔！"闪电战兴，而疾于用直；苟平原大野，地势便利；而空军之翱翔，机械化部队之冲击，纵横驰骤，得以极度发展，纵贯敌阵，不难包围，何须汲汲求翼侧也！于是中央突破之法，随闪电战以盛行！《孙子》之意，以"迂"为"直"；而闪电之战，先"直"后"迂"。其法，先以纵队直贯敌阵而突破一孔；然后以雷霆万钧之势，推锋而进，以急占敌后之交通辐辏点；由交通辐辏点之占据，而纵横驰突，以延伸各交通线；由各交通线之纵横驰突，而六通四辟，以扩展成面。约而言之：由据点而延线。由延线而扩面。而详论之，其程序亦有可得而言者四焉：（一）曰锥形突击；由纵队之锥形，突破敌阵，而以进占敌后之交通辐辏点；如希特勒以一九四〇年四月进攻荷、比，引英、法联军以北向，而集中兵力以突破法、比防御阵线；一九四一年四月进兵南、希,而由保加利亚分兵两路,一路突破希腊之塞罗尼加,一路突破南斯拉夫之交通辐辏点斯科普里,是也。(二)曰纵截敌阵;由锥形突击之部队,纵截敌阵,断其连络,彼此不得相援应,而迫之瓦解;如希特勒突破法、比之防御阵线,失其连络,而比即降服;由占领塞罗尼加,而截断希腊军西色雷斯军之连络及希、土两国之连络;由占领斯科普里,截断南斯拉夫军南北之连络及南、土、希三国之连络;是也。(三)曰旋回横扫;既截敌阵为二,而向右回旋,或向左回旋以横扫敌军;如法、比阵线之连络既断,而德军右旋,横扫法国之北境,以直趋海岸,于是英、法、比三国联军百余万人,如鼠入囊,局天蹐地而不得脱,卒之比军告降,英军登舰,而法一蹶不振;是也。(四)曰钳形夹攻;由两路之锥形部队,突破敌阵以会师,而如两翼之合以成钳形,如斯科普里之德军,与塞罗尼加之德军,相合以为夹攻;是也。其战术,不外锥形之一点突破,扇形之横拓展开,不求前进步武之一致,只求展开阵线之延张,而要基于欧洲第一次大战之经验,有以得之!先是一九一四年,马兰之役,德军既挫,转攻为守。两军相持,而进攻反攻,不过步兵出入转战于两阵之间,一彼一此,叠进互退;而以机关枪之日以多,大炮火力之日以烈,于是守者前敌仅置少兵以御进攻,而常集中主力于大炮射程以外,俟其深入,然后一鼓而擒之。攻者以一字长蛇阵,横队并进,而守者以一字长蛇阵,横队相抵;然守者之前线,置兵不厚;何难蹈瑕抵峨,推锋直入以突破一二处;而攻者惧阵线之突出,所以冲锋前进之队伍,常被主将制止,以待全线抵抗之击溃;然而全线抵抗之被击破以尽溃,乃事实之所罕见;此所以连兵不解,而成西线相持之局也!迄于一九一八年,德军参谋格耶尔大尉建议以谓:"攻敌之法,不可用一字长蛇阵之横队以并进,而当用挺进军。苟得突破敌阵之一处,当即不顾其他各线之抵抗,而推锋直入;然后横扫侧击,以旁延其他各线,岂有敌阵不摇动者乎!所以搜索之先锋队伍,苟以探攻而得敌阵之弱点所在,当即导进攻之主力以前进,而并力以贯之,由点以延展成线。"鲁登道夫用其议以发动春季攻势,而法军果大溃不支;德人追奔逐北,距巴黎只五十五哩,而不遽进者,非法军之有力抵抗,而德人之无力再进也!今之闪电战者,盖依据格耶尔之"挺进论",而推行尽利以运用机械化部队,纵贯敌阵,翼以空军,纵横轶荡,先直后迂;虽所谓"迂直之计",若与《孙子》异,而"以诈立,以利动,以分合为变",则殊无二致也!两言以蔽之曰:敌疑以诈,我动以决而已。

《军政》曰:

(训义)梅尧臣曰:"军之旧典。"

"言不相闻,故为鼓铎。"

(训义)杜佑曰:"铎,金铖也;听其音声,以为耳候。"王晳曰:"鼓鼙钲铎之属,坐作进退,疾徐疏数,皆有其节。"

"视不相见,故为旌旗。"

(训义)杜佑曰:"瞻其指麾,以为目候。"王晳曰:"表部曲行列齐整也。"

基博按:"言不相闻"至"故为旌旗",乃引军政语。

夫金鼓旌旗者,所以一民之耳目也。

(训义)张预曰:"夫用兵既众,占地必广;首尾相辽,耳目不接;故设金鼓之声,使之相闻;立旌旗之形,使之相见;视听均齐,则虽百万之众,进退如一矣。故曰:'斗众如斗寡,形名是也。'"

民既专一,则勇者不得独进,怯者不得独退;此用众之法也。

(训义)张预曰:"士卒专心一意,惟在于金鼓旌旗之号令,当进则进,当退则退;一有违者,必戮。故曰:'令不进而进,与令不退而退,厥罪惟均。'《尉缭子》曰:'鼓鸣旗麾,先登者,未尝非多力国士也,将者之过也';言不可赏先登获隽者,恐进退不一耳。"郑友贤曰:"或问武所论举军动众,皆法也,独称'此用众之法'者,何也?曰:武之法,奇正贵乎相生;节制权变两用而无穷;既以正兵节制自治其军,未尝不以奇兵权变而胜敌。其于论势也,以分数形名居前者,自治之节制也;以奇正虚实居后者,胜敌之权变也;是先节制而后权变也。凡所谓'立于不败之地而不失敌之败','修道而保法','自保而全胜'者，皆相生两用先后之术也。盖鼓铎旌旗，所以一人之耳目。人既专一，勇者不得独进，怯者不得独退，此何法也？是节制自治之正法也；止能用吾三军之众而已；其法也，固未及于胜人之奇也。谈法之流，往往至此而止矣！武则不然，曰：'此用吾众之法也。'凡所谓变人之耳目而夺敌之心气，是权谋胜敌之奇法也。"

右第二节引军政而论用众之法。

基博按："用众之法"，自立于不败之地也。"军争"者，不失敌之败也。先为不可胜以待敌之可胜，必先有用众之法，而后可与言军争。

故夜战多火鼓，昼战多旌旗，所以变人之耳目也。

（训义）梅尧臣曰："多者，欲以变惑敌人之耳目。"王晳曰："多者，所以震骇视听，使慑我之威武声气也。传曰：'多鼓钧声，以夜军之。'"张预曰："凡与敌战，夜则火鼓不息，昼则旌旗相续，所以变乱敌人之耳目，使不知其所以备我之计。越伐吴，夹水而陈；越为左右句卒，使夜或左或右，鼓噪而进；吴师分以御之，遂为越所败。是惑以火鼓也。晋伐齐，使司马斥山泽之险，虽所不至，必旆而疏陈之；齐侯畏而脱归。是惑以旌旗也。"

故三军可夺气；

（训义）杜牧曰："《司马法》：'战，以力久，以气胜。'齐伐晋，庄公将战于长勺，公将鼓之。曹刿曰：'未可！'齐人三鼓。刿曰：'可矣！'齐师败绩。公问其故？对曰：'夫战，勇气也；一鼓作气，再而衰，三而竭；彼竭我盈，故克之。'"王晳曰："震慑衰惰，则军气夺矣！"何氏曰："《淮南子》曰：'将充勇而轻敌，卒果敢而乐战，三军之众，百万之师，志厉青云，气如飘风，声如雷霆，诚积逾而威加敌人；此谓气势。'《吴子》曰：'三军之众，百万之师，张设轻重，在于一人；是谓气机。'故夺气者，有所待，有所乘，则可矣！"张预曰："气者，战之所恃也。夫含生禀血，鼓作斗争，虽死不省者，气使然也。故用兵之法，若激其士卒，令上下同怒,则其锋不可当。故敌人新来而气锐,则且以不战挫之,伺其衰倦而后击,故彼之锐气可以夺也。《尉缭子》谓'气实则斗,气夺则走'者,此之谓也。曹刿曰'一鼓作气'者,谓初来之气盛也。'再而衰,三而竭',谓陈久而人倦也。又李靖曰:'守者,不止完其壁,坚其陈而已;必也守吾气而有待焉。'所谓守其气者,常养吾之气,使锐盛而不衰;然后彼之气可得而夺也。"

基博按:杜牧、何氏、张预三家之说,可谓阐兵家权谋形势之奥;而多引曹刿再衰三竭之说,则徒以俟敌人之气衰耳;何得谓"三军可夺气"也? 如就上下文融贯而言,当以王晳顺理成章为得解。

将军可夺心。

(训义)梅尧臣曰:"以鼓旗之变,惑夺其气,军既夺气,将亦夺心。"王晳曰:"纷乱喧哗,则将心夺矣!"何氏曰:"先须己心能固,然后可以夺敌将之心。故《传》曰:'先人有夺人之心';《司马法》曰:'本心固,新气胜'者是也。"张预曰:"心者,将之所主也;夫治乱勇怯,皆主于心。故善制敌者,挠之而使乱,激之而使惑,迫之而使惧;故彼之心谋,可以夺也。《传》曰:'先人有夺人之心。'谓夺其本心之计也。又李靖曰:'攻者,不止攻其城击其陈而已,必有攻其心之术焉。'所谓攻其心者,常养吾之心,使安闲而不乱,然后彼之心,可得而夺也。"郑友贤曰:"或问夺气者必曰三军,夺心者必曰将军,何也? 曰:三军主于斗,将军主于谋;斗者乘于气,谋者运于心。夫鼓作斗争,不顾万死者,气使之也。深思远虑,以应万变者,心生之也。气夺,则怯于斗;心夺,则乱于谋;下者不能斗,上者不能谋,敌人上下怯乱,则吾一举而乘之矣!《传》曰:'一鼓作气,三而竭'者,夺斗气也。'先人有夺人之心'者,夺谋心也。三军将军之事异矣。"

基博按:郑氏辨三军将军之异,是矣。至于夺气夺心,梅尧臣、王晳两家,于上下文语气为融贯。而何氏、张预之说,于兵家别是一义。然"夺气""夺心",亦有多术:有乘人于猝,出其不意,而"三军夺气","将军夺心"者。三国时,魏新城太守孟达图叛魏,而与诸葛亮书曰:"宛去洛八百里,去吾一千一百里,闻吾举事,当表上天子,比相反覆,一月间也;则吾城已固,诸军足办。所在深险,司马公必不自来!"而司马懿乃潜军进讨,倍道兼行,八日到其城下。达又告亮曰:"吾举事八日,而兵至城下,何神速也!"慌不知措,遂为懿诛。《传》所谓"先人有夺人之心"也。顾亦有延之以缓,消其斗志,而"三军夺气","将军夺心"者。希特勒先人夺人,用兵如神,人知之矣!顾一九三九年九月,一举而灭波兰;不转兵西向以亟攻法。而法国达拉第得情报机关之报告,深信希特勒之无意攻法,而欲先有事于英。迨一九四〇年五月,希特勒乃移兵攻法。盖距波兰之亡,半年有余矣;呜呼!此希特勒用兵之妙也!于时,法国里昂及勒哈佛尔所驻之英军,闲居苦闷;而英之将校,乃至演影戏,购留声机,娱悦其意,以慰羁旅。一军官叹曰:"力战不怕,待战难耐!"英兵又以买肉不得,时与法国市民龃龉。而一法兵语英兵曰:"此次战争之祸,惟伦敦之银行界实尸之!"英兵不服,遂以大哄!勒哈佛尔之英军,驻兵仓库,而前驻法军,中有通道,以两国士兵之不免于哄也!遂堵以墙,而于是英、法同仇之志荒矣!军情日涣,士无斗志,一法军官叹曰:"今日之役,我不攻希特勒,希特勒亦不攻我,果何为者?吾侪不如回家以事所事,任外交家折冲尊俎,可耳!"乃至一九四〇年四五月之间,有法军数十万,暂遣归农。然后希特勒大举而乘之!人徒见其闪电战之先人夺人,为功烈耳!孰知次且半年,延不进兵,亦以消英法联军之斗志,而"夺气""夺心"也!呜呼!此千古珍罕之史例也!然后知士之所以为厉,心之所以不夺,岂惟亟战之难,抑亦不战之难,李牧备匈奴,日击数牛飨士,习骑射,士卒皆愿一战;王翦伐楚,坚壁不战,日休士洗沐,而善饮食抚循,士卒方投石超距;此中大有事也!用兵者可深思其故矣!

是故朝气锐,昼气惰,暮气归;故善用兵者,避其锐气,击其惰归,此治气者也。

(训义)杜佑曰:"避其精锐之气,击其懈惰欲归,此理气者也;曹刿之说,是也。"杜牧曰:"武德中,太宗与窦建德战于汜水东,建德列阵,弥亘数里。太宗将数骑登高观之,谓诸将曰:'贼度险而嚣,是军无政令;逼城而陈,有轻我心;按兵不出,待敌气衰,陈久辛饥,必将自退;退而击之,何往不克。'建德列陈,自卯至午,兵士饥倦,悉列坐石,又争饮水。太宗曰:'可击矣!'遂战,生擒建德。"梅尧臣曰:"朝,言其始也;昼,言其中也;暮,言其终也;谓兵始而锐,久则惰而思归,故可击。"张预曰:"朝喻始,昼喻中,暮喻末,非以早晚为辞也。凡人之气,初来新至,则勇锐;陈久人倦,则衰;故善用兵者,当其锐盛,则坚守以避之;待其惰归,则出兵以击之。此所谓善治己之气,以夺人之气者也。"

基博按:一九一七年,欧洲大战,法人所倡取守势之作战法,每厚集兵力于后方;而第一道防线之战壕内,则置兵不多;盖德军以剧烈炮火,猛攻法军阵地,第一道防线之前线所有一切建筑,势必尽被炸毁,而多置兵多牺牲,不如聚大军以屯第二防线之后,而伏居掩蔽完固之壕沟内;德军炮火虽极猛烈以尽毁第一道防线,而法军之损折不多,代价悬殊;及炮火渐稀,德之步兵迈进,法军乃从容出自后方,悉力蓄锐以与交战,坚持第一道防线之最后一线及紧要炮垒,力阻其染指第二道防线。依法人经验所得,俟德军占第一道防线,而后反攻以逐之;较之坚守第一道防线以损兵挫锐者为事半功倍;亦以避敌之锐,蓄我之力。及一九三九年,欧洲第二次大战起,希特勒创闪电战,不恤殚锐竭力以用坦克车队,纵横欧陆,溃法败英,摧南斯拉夫、希腊,转锋而向苏联,乘势远斗,其势不可当也!然一九四二年五月,苏联大败德人于卡尔科夫。德人之坦克车队,风驰而前;而苏联,则集中平射炮及坦克步枪之火力以击之;俟其坦克车摧毁之垂尽,而后苏联之坦克车,雷轰霆逐,以歼其步兵,薄其阵地。德人大败。是年十一月,英蒙哥马利将军之大败德隆美尔将军于北非也,亦先以猛烈炮火摧德之坦克车队,而后出坦克车队以追奔逐北,隆美尔之军几歼焉!同一坦克车队也,而德人悉锐以制先;苏、英蓄力以承敝。然英、法得治气之要也。

以治代乱，以静代哗，此治心者也。

（训义）何氏曰："夫将以一身之寡，一心之微，连百万之众，对虎狼之敌，利害之相杂，胜负之纷揉，权智万变而措置之胸臆之中；非其中廓然，方寸不乱，岂能应变而不穷，处事而不迷，卒然遇大难而不惊，案然接万物而不惑。吾之治，足以待乱；吾之静，足以待哗；前有百万之敌，而吾视之则如遇小寇。亚夫之遇寇也，坚卧而不起；栾箴之临敌也，好以整，又好以暇。夫审此二人者，蕴以何术哉？盖其心治之有定，养之有余也。"张预曰："治以待乱，静以待哗，安以待躁，忍以待忿，严以待懈，此所谓善治己之心似夺人之心者也。"

基博按：此德国兵家克老山维兹氏论将之所以称"识力之培养"也。其论以为："战之为道，至无定也。凡兵家之言，极深研几；及其临阵，学说原理，杳无征验，何所用之！而纷纭之变，扰我灵台；死丧之哀，凄人心脾；茫茫前途，惟有猜想。是故战之为事至变且乱也；非战之难；变而能持其常，乱而不失其定则难。此则识力之培养，必有以裕之于平日，而后临战之时，指挥若定，坚持我初衷，勿失其自信。"亦既说《计篇》备引之矣；克氏所谓"识力之培养"，《孙子》谓之"治心"也。遵义黎庶昌撰《曾文正公年谱》，称："公在军终日凝然，奏牍书札，躬亲经理，不假手于人，益治书史，不废吟诵。尝谓：'军事变幻无常，每当危疑震撼之际，愈当澄心定虑，不可发之太骤。'盖其数年所得力者在此；所以能从容补救，办危为安也。"合肥李瀚章称："曾国藩初入翰林，讲明程朱之学，克己省身，得力有自。遭值时艰，毅然以天下为己任，忘身忘家，置死生祸福于度外；其过人之识力，在能坚持定见，不为浮议所摇。"德国大将兴登堡尝言："临战尤当镇定；纵使敌情之未谙，而镇静则立时生其趋吉避凶之术。果临战而葸，不如不战，见危而退，不惟自堕其气，抑必为敌所乘，此之谓避危而自即于危！"然此次大战，英国主持太平洋战局之独眼将军魏菲尔，尝于一九三四年在剑桥大学演讲，论为将之道，以为幽默亦大将之所必不可缺者！盖幽默，则动心忍性，而以谐谑出之，如不经意；不幽默，则张脉偾兴，此心欲静而不得！然而幽默，则德人之所最缺也；以故一九一八年上次大战之终，虽以兴登堡之强毅，而不免仓皇失措，法人蒲哈德著《兴登堡欧战成败鉴》一书备论之！盖乱与哗，有不仅在敌，而出于国是之未定，士心之惶扰者；是在大将之善治其心而镇以静，待以治耳！特余观欧洲战术，拿破仑之排炮集中猛轰，山动地摇；希特勒之坦克车集团猛冲，风驰雨骤；岂诚有摧坚破锐之功，抑先振"夺气""夺心"之威；其法远原于蒙古，而神明其用！欧洲古史，载蒙古之西侵也，以游牧之族，擅骑射之精；每临阵，未及交绥，而蒙古甲士驰大马，张强弓，疾骋而前，排墙以进，箭如雨集，骑如蜂拥；基督军猝不知措，阵脚摇动；遂为所乘以溃不能军，则以基督军之"夺心"以"夺气"也！蒙古所以败基督军者如此；所以摧女真，破南宋者，无不如此；抑亦拿破仑、希特勒之所以战必胜，攻必取者也！特拿破仑以排炮猛轰，蒙古以万弩齐发；希特勒以坦克猛冲，蒙古以甲骑驰突；为资不同，而胜则一，岂有他谬巧，不过"夺心"以"夺气"而已！然则"以治待乱"，"以静待哗"之"心"，岂特将军之宜亟治，抑亦三军之所当同！新兵初临阵，骤闻大炮隆隆，飞机轧轧，神智已昏；而坦克车疾驰以来，更无所措手足！顾久经战阵之老兵，经验已惯，沉着接战，不震不慴；亦以心不夺，气不慑也！一九四一年九月，苏联之骤为希特勒所袭也，势几不支，顾非无大队之坦克车以与希特勒相持也！欧美军事家声言："现代化之坦克车，疾于攻而不利于守；炮兵之射击，既以缓不济急；而守势之坦克车，亦难阻敌前进，观于苏德之战而可知也！惟有高速度之飞机而装置三十七粍以上口径之速射炮，乃可御坦克车之进攻耳！然而生产不易，美国制造亦少也！"然则苏联将任德坦克之纵横跳荡，而坐以待毙欤？是不然！一九四二年五月，希特勒悉力殚锐以攻卡尔科夫也，而苏联以抵御坦克车战术试验成功叵！是役也，德军损坦克车二百五十辆。问其术，则集中炮火以协同配备完整之步兵，而歼灭德军坦克车队也。方德军坦克车队以步兵及空军掩护，卷土而来之际，红军严阵以待，寂不之应，伺德军疾入二百五十码地带，驰以益速,与其后之步兵失其连络,而达红军炮火射程以内;然后集中平射炮与平射来福枪之火力,发无不中,所当者摧。步兵则徐起而断其后,以遮德之步兵,不得支援;然后红军坦克,亦出应战,相摩相荡,主客不分;而德之空军,恐轰炸之中本国坦克,将翱将翔,徒唤奈何! 苏联随军记者言:"未有如寂静之足以使纳粹坦克驾驶员伤心夺气者!方其风驰而前,以突破我之防线,以期待我恐慌骚乱,无纪律之射击;然而不然! 红军之步兵,不射击,亦不逃跑,只沉默以坐于战壕内;以未有射击之命令也! 于是德军坦克车不得不继续深入;及其入之深也,以为必遭红军炮火之射击矣! 然而红军之炮火受命,则'纵战车之深入,然后切离其主力,以为歼灭';亦不射击也! 而德人失措矣,心口相问,若曰:'异哉! 何以红军不射击也,何以若是之寂静也!'红军则处以镇静,持以忍耐,默睹德坦克车之如潮而过,而无一人惧后路之断,以欲归不得者;只自计曰:'吾人此时留在德军坦克车队之后方,将截之以毋使只轮返也!'德军坦克车队不能长此寂静以忍与终古,不欲红军之截其后以欲归不得,于是疾变方向,减低速度,然而其进也锐,为计已迟! 红军之步兵、炮兵及坦克,纷纷而出,相与僇力,以聚而歼旃! 不过临阵之寂静,以成空前之胜利! 德之攻苏也,不惟增进红军战时之资源,抑亦磨炼我同仇敌忾之精神,而予以'镇静,勇敢,坚韧!'呜呼! 此则"以治待乱"、"以静待哗"、"治心"之成功;而"避其锐气,击其惰归"者也! 岂必高速度之飞机,装置三十七糎之速射炮,而后可以抵坦克车之进攻耶! 鲁登道夫言:"武器不能造成胜利;而惟一造成胜利之条件,只有精神而已!"观于苏联,亶不然乎!"治心"者,所以造成胜利之精神者也!

以近待远,以佚待劳,以饱待饥,此治力者也。

(训义)李筌曰:"客主之势。"杜牧曰:"'致人而不致于人'是也。"

无要正正之旗,勿击堂堂之阵,此治变者也。

(训义)何氏曰:"所谓'强则避之。'"张预曰:"正正,谓形名齐整也;堂堂,谓行陈广大也。敌人如此,岂可轻战。《军政》曰:'见可而进,知难而退。'又曰:'强而避之',言须识变通。此所谓善治变化之道以应敌人者也。"

基博按:"无要正正之旗,勿击堂堂之阵",何、张两氏以"强而避之"为解,是已。然我避敌之强,敌乘我之弱,有时正正之旗,不能无要;堂堂之阵,不能勿击;则如何?曰:兵法"以诈立,以利动,以分合为变"。而所以"治变",有化会战为袭击,化大兵为小队之法。用以突击而进攻,谓之渗透战。用以捍御而自卫,谓之游击战。游击战者,始西班牙。一八〇七年,法皇拿破仑以大兵拥其弟若瑟夫入西班牙称帝;而西班牙人叛者四起,此剿彼窜;而拿破仑之兵力,遂为所牵制,顿兵挫锐,久而消耗;此游击战之所昉也。然而中国自古有之!曾国藩言:"小队出奇之师,贵少不贵多,贵变不贵常;古人谓之狙击,明人谓之雕剿。雕剿者,如鸷鸟之击物,破空而来,倏忽而去,无论有获无获,皆立即扬去。用兵者师其意,探明贼之所在,前往狙击,无论或胜或否,皆立即退归;总以'出其不意'四字为主。兵法最忌'情见势绌'四字,常宜隐隐约约,虚虚实实,使贼不能窥我之底蕴;若人数单薄,尤宜知此诀!若常扎一处,人力太单,日久,则形见矣!我之形既尽被贼党觑破,则势绌矣!此大忌也;必须变动不测,时进时退,时虚时实,时示怯弱,时示强壮,有神龙矫变之状。老湘营昔日之妙,全在乎此!"则是今之所谓游击,疑若古之所谓雕剿也。然而有不同。雕剿之战,盛于有明。鸟之鸷者曰雕;雕剿云者,喻其为剿之猛且速也。兵无选锋,不能雕剿;明代边将,多养亲丁。赵翼为《二十二史札记》,曾盛称之,以谓:"两军相接,全恃将勇;将勇,则兵亦作气随之。然将亦非恃一人之勇也,必有左右心膂之骁悍者,协心并力,始气壮而敢进;将既进,则兵亦鼓勇争先;此将帅所贵有家丁亲兵也。前代如韩岳之背嵬军,固有明效。即《明史》所载,如成化中,王越多荡跳士为腹心,与寇搏战,数有功。马永为将,蓄家丁百余,皆西北健儿,骁勇敢战。帝问将于李时。时以永对,且曰:'其家众可用也。'马芳蓄健儿,尝令三十人,出塞四百里,多所斩获。万历中,李成梁帅辽东,收四方健儿,给以厚饩,用为军锋,所至有功。此将帅亲丁之成效也。"将帅亲丁,多选骁锐,既用雕剿,亦备缓急。然戚继光《练兵实纪》又极论其害,以谓:"宣大山陕,地平无险可据,敌马入犯无时,数千亦入,数百亦入,甚至数十亦入。将官随有警报,便就出去追剿;缓急之际,迅雷不及掩耳,那得齐兵,那得齐众;故特有家丁之设,所谓在精不在多,与将官厮守一处,人不离营,马不离鞍;一声炮响,早已出门,方才追得贼及;又有偷马打帐房之类,平日边徼得此功劳以为根基;及遇大敌,却称众寡不敌,厚颜无耻!今诸将每人统兵一枝二三千不等,原要各将将此二三千众,教练精强;又召家丁二三百厚养以充先锋;今却顾此遗彼,爱小失大;就以军士之马供家丁骑乘,以军士之身供家丁役使,以军士之粮作家丁养赡;是得二三百人之心,尽失部下二三千军士之心;以有用之粮,置之不用之地!是费朝廷二三千军士之粮饷,而仅得二三百家丁之力;本为求精,适致冗费,本为求多,反以致寡;既视二三千人为冗数,又视之为必不可练用;如是而厮役益多,益快其欲;诸将又且利于此,习于此,偷马打帐房得功,视此为制敌之长策;及至大举而入,便谓敌必不可交锋,必不可堂堂相对;凡能神出鬼没,偷窃零骑,挑壕自固,便是好汉;此牢不可破之习也!"盖敌以雕剿来,而将帅有家丁以赴急;我以雕剿去,而将帅借家丁以邀功。特是家丁,耗兵力,无补兵威;雕剿,幸小胜,不可大胜;此戚继光之所为讥切也!而今之所谓游击战者,则欲积小胜以为大胜,耗敌力以老敌师其故由于我军集中之兵力,不足以当敌人集中之兵力;小敌之坚,大敌之擒;惟有化整为零,斯可以弱制强;敌集团以为强,我分兵以出奇;敌专为一,我分为十;会战之所以胜,在"我专而敌分"。游击之所谓战,则敌专而我分;其战略,为不成军之散开战略;其战术,为无定型之流动战术;出入无时,莫知所向;不击则游,不游则击。敌挟大炮、坦克车以纵横驰突于平原大野;而我以短枪白刃,迫之于山林沼泽,大炮、坦克无所用之地。敌据雄都大邑以控制要害;而我以风晨月夕,乘之于不及防之时。猛之攻击,而继以速之退却;速之集中,而辅以隐之分散;声东击西,此出彼没,不嫌鬼鬼祟祟,以击堂堂正正;有袭击,无会战;有隐避,无防御;敌欲战则避;敌欲休则扰,亟肆以疲之,多方以误之。敌之兵力,积小耗以致大耗;我之兵略,先小战而后大战;俟敌之兵力,耗而以竭,敌之士气,沮而以丧;然后以大军继之,蔑不克矣!渗透战之化整为零,以分出奇,与游击战同;特是用之猛攻,而不许以退却!一九一五年,法国步兵上尉拉法尔格始倡渗透战,以谓:"当进攻敌阵之时,如坚不可破,与其顿兵而挫锐,不如抵峨以蹈瑕,如怒潮之决堤然,苟有纤介之孔,无不渗透以入,渐扩而大,以成决口,狂澜澎湃,莫之能挽矣!"此渗透战之所由名也。顾莫之省而德国兴登堡用之以有成功!方一九一八年之初,英法之联军日增,而德之兵源渐竭;然英、法报纸,佥谓:"德军将以大队密集冲锋,而快心于一决以挽颓势也。"兴登堡见之,蹙额曰:"吾德何来如许兵众以行此密集之战术,而容我如许密集牺牲乎!然我有以处之矣!"于是申儆于军,颁之教范,乃变密集队之冲锋,而为散兵线之冲锋;选锐卒,组小队,各携轻便曰炮与机关枪,曰炮用以击毁壕堑,机关枪用以突阵,数十百队,如蜂之拥,推锋而前,得间以入,以三月二十一日,进攻英军,几不支;因名其战术曰渗透,意谓无孔不入也!及一九四〇年,希特勒之攻法也,则以无坚不摧之闪电战,为之后劲;而以无孔不入之渗透战,任其前哨。然而耳食者,徒知闪电战之有坚必摧,而不知渗透战之无孔不入也!渗透战,常在闪电战之前夜;先之以空军之地面侦察,而侦察所用之新武器,则为大胆果敢之听音哨,窃听法军之电话,得以审知敌阵防御配备之疏密,而求可以渗透之间道;其次则搜索以斥候兵,每三人为一组,携轻机关枪,而循所知之间道,乘夜以穿过法军之步哨,拂晓乃开始射击,数小时续续不已,予以猛烈之破坏;然后数千队之渗透战士,蹈瑕抵隙以人自为战,如水银泻地之无孔不入,深入敌阵而纵贯之,断其后方联络之电话,占其后方防御之支点,而用机关枪以猛烈射击侧近之法方守军;于是守军见四面八方,枪弹横飞,以为左右前后皆敌,惟惧不得突围,而迅速退却;追奔逐北,必尽歼之,毋俾残喘苟延以与我再接再厉也!倘守军坚持不退以与我相抗;而我之渗透战士,昼以白炬,夜纵烽火,用信号以呼应我之炮兵及机械化部队,告以所在,视之标识,而后雷击霆震之闪电战继之推锋而前,使敌人不及弥缝其阙,匡救其失。游击战不占据支点,而渗透战必坚据支点。游击战有进有退,而渗透战有进无退。游击战为消耗战之支队,而渗透战为歼灭战之前锋。两者攸异;而其化整为零,以分出奇,不嫌鬼鬼祟祟,以击堂堂正正,则又无乎不同。特游击战,我国人耳熟能详,而渗透战,则罕有及者;余故连类而及之以俟考论焉。夫战之为术,不外四端:一曰"虚实之形"。二曰"迂直之计"。三曰"奇正相生"。四曰"分合为变"。正正之旗,堂堂之阵,我专而敌分,合以集中我之兵力也。游击之战,渗透之战,敌专而我分,分以耗散敌之兵势也。凡事有宜,知彼知己,因利制权,不得尽言。

故用兵之法:高陵勿向;背丘勿逆;

(训义)杜牧曰:"向者仰也;背者倚也;逆者迎也;言敌在高处,不可仰攻;敌倚丘山,下来求战,不可逆之;此言自下趋高者力乏,自高趋下者势顺也;故不可向迎。"梅尧臣曰:"高陵勿向者,敌处其高,不可仰击;背丘勿逆者,敌自高而来,不可逆战,势不便也。"王晳曰:"如此不便,则当严阵以待变也。"张预曰:"敌处高为陈,不可仰攻;人马之驰逐,弧矢之施发,皆不便也;故诸葛亮曰:'山陵之战,不仰其高。'敌从高而来,不可迎之,势不顺也;引至平地,然后合战。"

佯北勿从,

(训义)杜佑曰:"北,奔走也;敌方战,气势未衰,便奔走而陈却者,必有奇伏,勿深入从之。故太公曰:'夫出甲陈兵,纵卒乱行者,欲以为变也。'"

锐卒勿攻;

(训义)张预曰:"敌若乘锐而来,其锋不可当,宜少避之以伺疲挫。晋楚相持,楚晨压晋军而陈,军吏患之。栾书曰:'楚师轻窕,固垒以待之；三日必退，退而击之，必获胜焉。'又唐太宗征薛仁杲，贼兵锋甚锐，数来挑战；诸将咸请战。太宗曰：'当且闭垒以折之；待其气衰，可一战而破也。'果然。"

饵兵勿食；

（训义）杜牧曰："敌忽弃饮食而去，先须尝试，不可便食，虑毒也。后魏文帝时，库莫奚侵扰，诏济阴王新成率众讨之；王乃多为毒酒，贼既渐逼，使弃营而去；贼至。喜，竞饮；酒酣，毒作；王简轻骑纵击，俘获万计。"陈皞曰："此之获胜，盖出偶然，固非为将之道，垂后世法也。《孙子》岂以他人不能致毒于人腹中哉！此言喻鱼若见饵，不可食也；敌若悬利，不可贪也。曹公与袁绍将文丑等战，诸将以为敌骑多，不如还营。荀攸曰：'此所以饵敌也，安可去之。'即知饵兵非止谓置毒也。食字，疑或贪字也。"张预曰："《三略》曰：'香饵之下，必有悬鱼'，言鱼贪饵，则为钓者所得；兵贪利，则为敌人所败。夫饵兵，非止谓置毒于饮食，但以利留敌，皆为饵也。"

归师勿遏，

（训义）孟氏曰："人怀归心，必能死战，则不可止而击也。"张预曰："兵之在外，人人思归，当路邀之，必致死战。韩信曰：'从思东归之士，何所不克。'"

围师必阙，

（训义）曹操曰："《司马法》曰：'围其三面，阙其一面，所以示生路也。'"杜佑曰："若围敌平陆之地，必空一面以示其虚，欲使战守不固而有去留之心。若敌临危据险，强救在表，当坚固守之，非必阙也。此用兵之法。"李筌曰："夫围敌，必空其一面，示不固也；若四面围之，敌必坚守，不拔也。"张预曰："围其三面，开其一角，示以生路，使不坚战。后汉朱隽讨贼帅韩忠于宛，急攻不克，因谓军吏曰：'贼今外围周固，所以死战。若我解围，势必自出；出则意散，易破之道也。'果如其言。"

穷寇勿迫，

（训义）杜牧曰："春秋时，吴伐楚，楚师败走，及清发，阖闾复将击之。夫概王曰：'困兽犹斗，况人乎！若知不免而致死，必败我；若使半济，而后可击也。'从之，又败之。汉宣帝时，赵充国讨先零羌，羌睹大军，弃辎重，欲渡湟水，道厄狭。充国徐行驱之。或曰：'逐利行迟。'充国曰：'穷寇也，不可迫；缓之则走不顾，急之则还致死。'诸将曰：'善！'虏果赴水溺死者数万；于是大破之也。"

基博按：近代战术，务于歼灭；围师不阙，穷寇必迫；稍纵即逝，未可拘虚也！

此用兵之法妙也。

（训义）郑友贤曰："或问自'计'及'间'，上下之法，皆要妙也；独云'此用兵之法妙'者，何也？曰：夫事至于可疑，而后知不疑者为明；机至于难决，而后知能决者为智。用兵之法，出于众人之所不可必者，而吾之明智了然，不至于犹豫者，其所得固过于众人，而通于法之至妙也。所谓'高陵勿向，背丘勿逆'，盖亦有可向可逆之机；'佯北勿从，锐卒勿攻'，亦有可从可攻之利；'饵兵勿食，归师勿遏'，亦有可食可遏之理；'围师必阙，穷寇勿追'，亦有不阙可追之胜。此兵家常法之外，尚有反覆微妙之术，智者不疑而能决，所谓'用兵之法妙'也。"

右第三节论军争，宜为不可胜而无犯用兵之所忌。

基博按："夺气"、"夺心"、"治气"、"治心"、"治力"、"治变"，所以为军争而不失敌之败；"勿向"、"勿逆"、"勿从"、"勿攻"、"勿食"、"勿遏"、"必阙"、"勿迫"，所以慎军争而自立于不败也。《孙子十三篇》，《形篇》《势篇》《虚实篇》皆言因敌而制胜，而《计篇》以挈其纲；盖昔之善战者，先为不可胜以待敌之可胜，此为军争之所有事也。《行军》、《地形》、《九地》三篇，皆言因地而制宜，而《九变篇》以发其凡；盖智者之虑，必杂于利害，杂于利而务可信，杂于害而危可解，此慎军争之所有事也。因敌乃能不失敌之败；因地而后自立于不败；然因敌必用五间，而莫重于反间；故曰："明君贤将，所以动而胜人，成功出于众者，先知也；先知者，不可取于鬼神，不可象于事，不可验于度，必取于人，知敌之情者也"；而卒要其成于反间。因地必辨九地，而借资于乡导；故曰："不知山林险阻沮泽之形者，不能行军；不用乡导者，不能得地利"；而先著其义于此篇。至此篇所论军争，不过作战之术，而以补《作战篇》之所未逮。谋攻不如作战，作战又不如不战；不得已而战，则贵胜不贵久，故曰："百战百胜，非善之善者也；不战而屈人之兵，善之善者也。故上兵伐谋；其次伐交；其次伐兵；下政攻城。"伐兵者，军争之事也，作战之事也。《作战篇》言伐兵之贵胜不贵久；《军争篇》言伐兵之为利毋为危；然不如伐谋伐交之为不战而屈人之兵。而伐谋、伐交，则皆计之事也，故以"计"冠于篇云。

九变篇第八

(解题)王晳曰："晳谓九者,数之极;用兵之法,当极其变耳。或曰九地之变也。"张预曰："变者,不拘常法,临事适变,从宜而行之之谓也。凡与人争利,必知九地之变;故次军争。"

基博按:世之为军争者,往往知进而不知退,见可而不见不可,勇于敢而不勇于不敢;此军争所以为危,而覆军杀将之必以"必死""必生""忿速""廉洁""爱民"五危也!如审知其不可,而变通以尽利,圮地无舍,衢地无闭,绝地无留,围地无守,死地无困;涂有不由,军有不击;城有不攻,地有不争;则通于九变之利,而军争为利矣。故以《九变》次《军争》。变者,谓杂于利害,而无意必固我,审知其不可以为变通尽利也。

孙子曰:凡用兵之法,将受命于君,合军聚众。圮地无舍。

(训义)李筌曰："地下曰圮,行必水淹也。"陈皞曰:"圮,低下也;孔明谓之地狱。狱者,中下,四面高也。"何氏曰:"下篇言'圮地吾将进其涂',谓必固之地,宜速去之也。"

衢地合交。

(训义)李筌曰:"四通曰衢。"梅尧臣曰:"夫四通之地,与旁国相通,当结其交也。"何氏曰:"下篇云:'衢地吾将固其结',言交结诸侯,使牢固也。"

基博按:交邻结援,当讲之于平日,岂暇合之于临敌。"合交"二字,或系合兵交战之谓;盖衢地,四战之地,宜于合兵交战也。下篇云"衢地吾将固其结","结"者,或指结阵而言;盖四战之地,防敌人四方

273

而至,将结阵以自固耳。

绝地无留。

(训义)贾林曰:"溪谷坎险,前无通路曰绝;当速去无留。"郑友贤曰:"'绝'当作'轻';盖轻有无止之辞。"

围地则谋。

(训义)贾林曰:"居四险之中曰围地;敌可往来,我难出入;居此地者,可预设奇谋,使敌不为我患乃可济也。"何氏曰:"下篇亦云'围地则谋',言在艰险之地,与敌相持,须用奇险诡谲之谋,不至于害也。"

死地则战。

(训义)梅尧臣曰:"此而上,举九地之大约也。"何氏曰:"下篇亦云'死地则战'者,此地速为死战,则生;若缓而不战,气衰粮绝,不死何待也。"张预曰:"走无所往,当殊死战;淮阴背水陈,是也。从'圮地无舍'至此,为九变;止陈五事者,举其大略也。《九地篇》中说九地之变,唯言六事,亦陈其大略也。凡地有势有变,《九地篇》上所陈者,是其势也;下所叙者,是其变也。何以知九变为九地之变?下文云:'将不通九变,虽知地形,不能得地利';又《九地篇》云:'九地之变,屈伸之利,不可不察';以此观之,义可见也。下既说九地,此复言九变者,《孙子》欲叙五利,故先陈九变;盖九变五利,相须而用,故为言之。"郑友贤曰:"或问九变之法,所陈五事者,何也?曰:九变者,九地之变也。'散'、'轻'、'争'、'交'、'衢'、'重'、'圮'、'围'、'死',此九地之名也;'一其志','使之属','趋其后','谨其守','固其结','继其食','进其涂','塞其阙','示不活',此九地之变也。九而言五者,阙而失次也。下文曰:'将通于九变之利者,知用兵矣;将不通于九变之利者,虽知地形,不能得地之利矣。'是九变主于九地,明矣。故特于《九地篇》曰:'九地之变,人情之利,不可不察也。'然则既有九地,何用九变之文乎?曰:武所论'将不通九变之利',又曰:'治兵不知九变之术。'盖九地者,陈变之利;故曰:'不知变,不得地之利。'九变者,言术之用；故曰：'不知术，不得人之用。'是故六地有形，九地有名，九名有变，九变有术。知形而不知名，决事于冥冥；知名而不知变，驱众而浪战；知变而不知术，临用而事屈；此所以六地、九地、九变皆论地利，而为篇异也。李筌以'涂有所不由'而下五利，兼之为十变者，误也。复指下文为五利，何尝有五利之义也？"

涂有所不由。

（训义）杜佑曰："厄难之地，所不当从也；不得已从之，故为变也；道虽近而中不利，则不从也。"王晳曰："途虽可从而有所不从，虑奇伏也。若赵涉说周亚夫，避殽黾厄陕之间，虑置伏兵，请走蓝田，出武关，抵洛阳，间不过差一二日，是也。"

军有所不击。

（训义）杜牧曰："盖以锐卒勿攻，归师勿遏，穷寇勿迫，死地不可攻。或我强敌弱，敌前军先至，亦不可击，恐惊之退走也。言有如此之军，皆不可击。斯统言为将须知有此不可击之军，即须不击，益为知变也；故列于《九变篇》中。"张预曰："纵之而无所损，克之而无所利，则不须击也。又若我弱彼强，我曲彼直，亦不可击。如晋楚相持，士会曰：'楚人德刑政事典礼不易，不可敌也，不为是征。'义相近也。"

城有所不攻。

（训义）杜牧曰："盖言敌于要害之地，深浚城隍，多积粮食，欲留我师，若攻拔之，未足为利；不拔，则挫我兵势，故不可攻也。宋顺帝时，荆州守沈攸之反，素蓄士马，资用丰积，战士十万，甲马二千，军至郢城。功曹臧寅以为：攻守异势，非旬日所拔，若不时举，挫锐损威；今顺流长驱，计日可捷，既倾根本，则郢城岂能自固！故《兵法》曰：'城有所不攻'，是也。攸之不从。郢郡守柳世隆拒攸之，攸之尽锐攻之，不克，众溃，走入林，自缢。后周武帝欲出兵于河阳以伐齐，吏部宇文弼进曰：'今用兵，须择地；河阳要冲，精兵所聚，尽力攻之，恐难得志。如臣所见，彼汾之曲，戍小山平，攻之易拔，用武之地，莫过于此！'帝不纳，师竟无功；复大举伐齐，卒用弼计以灭齐。"张预曰："拔之而不能守,委之而不为患,则不须攻也。又若深沟高垒,卒不能下,亦不可攻。如士匄请伐偪阳。荀罃曰:'城小而固,胜之不武,弗胜为笑',是也。"

地有所不争。

(训义)张预曰:"得之不便于战,失之无害于己,则不须争也。又若辽远之地,虽得之,终非己有,亦不可争。如吴子伐齐,伍员谏曰:'得地于齐,犹获石田也。'"

君命有所不受。

(训义)曹操曰:"苟便于事,不拘于君命也;故曰:'不从中御。'"张预曰:"自'涂有所不由'至此,为五利。或曰:自'圮地无舍'至'地有所不争'为九变;谓此九事皆不从中覆,故统之以'君命有所不受'。"

故将通于九变之利者,知用兵矣!

(训义)贾林曰:"九变,上九事。将帅之任,机权遇势则变,因利则制,不拘常道,然后得其通变之利;变之则九,数之则十,故君命不在常变例也。"梅尧臣曰:"达九地之势,变而为利也。"何氏曰:"《孙子》以'九变'名篇,解者十有余家,皆不条其九变之目者,何也?盖自'圮地无舍'而下至'君命有所不受',其数十矣,使人不得不惑。愚熟观文意上下,止述其地之利害耳,且十事之中,'君命有所不受',且非地事,昭然不类矣。盖《孙子》之意,言凡受命之将,合聚军众,如经此九地,有害而无利,则当变之,虽君命使之舍留攻争,亦不受也。况下文言'将不通于九变之利者,虽知地形,不能得地之利矣';其君命岂得与地形而同算也?况下之《地形篇》云:'战道必胜,主曰无战,必战可也;战道不胜,主曰必战,无战可也';厥旨尽在此矣。"

将不通于九变之利者,虽知地形,不能得地之利矣!

(训义)张预曰:"凡地,有形有变;知形而不晓变,岂能得地之利。"

治兵不知九变之术,虽知五利,不能得人之用矣!

(训义)曹操曰:"谓下五事也。"张预曰:"凡兵有利有变,知利而不识变，岂能得人之用。曹公言下五事为五利者，谓九变之下五事也；非谓杂于利害已下五事也。"

基博按：上云"九变之利"者，谓相地而通变也；此云"九变之术"者，言因利而制权也。"利"者，地之自然；"术"者，人之权谋。上下文递承而下，若曰："通于九变之利而不知九变之术，虽知五利，而不能通变以尽利者，人谋之不臧也。"张预曰："知利而不识变"，未是；宜曰"通变而不知术"。

右第一节，论九变之利。

是故智者之虑，必杂于利害；

（训义）王晳曰："将通九变，则利害尽矣。"张预曰："智者虑事，虽处利地，必思所以害；虽处害地，必思所以利；此亦通变之谓也。"

杂于利而务可信也，

（训义）杜牧曰："信，申也；言我欲取利于敌人，不可但见取敌人之利，先须以敌人害我之事，参杂而计量之；然后我所务之利，乃可申行也。"

杂于害而患可解也。

（训义）曹操曰："既参于利，则亦计于害；虽有患，可解也。"王晳曰："周知其害，则不败矣。"

是故屈诸侯者以害，

（训义）曹操曰："害，其所恶也。"张预曰："致之于受害之地，则自屈服。或曰：间之使君臣相疑，劳之使民失业，所以害之也。"

役诸侯者以业，

（训义）曹操曰："业，事也；使其烦劳，若彼入我出，彼出我入也。"杜佑曰："能以事劳役诸侯之人，令不得安佚；韩人令秦凿渠之类，是也。"张预曰："以事劳之，使不得休。或曰：压之以富强之业，则可役使；若晋、楚国强，郑人以牺牲玉帛奔走以事之，是也。"

趋诸侯者以利。

（训义）杜牧曰："言以利诱之，使自来趋我也，堕吾画中。"

故用兵之法，无恃其不来，恃吾有以待也；无恃其不攻，恃吾有所不可攻也！

（训义）曹操曰："安不忘危，常设备也。"张预曰："言须思患而预防之；传曰：'不备不虞，不可以师。'"

右第二节，承上九变之利，而论虑之离于利害以思患预防。

故将有五危；

（训义）李筌曰："下五事也。"

必死，可杀也。

（训义）杜牧曰："将愚而勇者，患也。黄石公曰：'勇者好行其志；愚者不顾其死。'《吴子》曰：'凡人之论将，常观于勇；勇之于将，乃数分之一耳！夫勇者必轻合，轻合而不知利，未可将也！'"

基博按：一九〇四年，日俄之战，俄国远东之陆军，兵力不厚。苦鲁伯坚以满洲军总指挥，训令东路司令官，谓："敌众我寡，不可当也！不如集中兵力，且战且退，既以阻日军之猛进，而以渐与在后之大军会合，毋陷于孤危以逞敌志！"顾司令查苏立声言："尝受圣乔治勋章之武士，只知杀敌致果尔！不惯作逃将军也！"苦鲁伯坚亦无如何；遂为日军所歼，而陷于大败！此"必死可杀"之适例也。

必生，可虏也。

（训义）孟氏曰："将之怯弱，志必生返，意不亲战，士卒不精，上下犹豫，可急击而取之！"新训曰："为将怯懦，见利而不能进。"太公曰："失利后时，反受其殃。"

基博按：一九三九年九月，希特勒之进攻波兰也，德军之在西境齐格菲防线者，仅三师以至十一师耳；而法军总司令甘末林以三十五师之兵力，不能疾捣其虚，而顿兵犹豫；以谓："法为人口生殖低落之国，而第一次欧战之牺牲尤巨；吾法人宁堪如此流血之战争乎！我不能于大战之方始，而遽用凡尔登决战之战略也！"英伦《太晤士报》著论誉之曰："法国之军事思想，在以攻为守；而甘氏则守而不攻，似相刺谬！顾有其不可及者，待机而动，慎重民命；自开战以迄于今，曾无有一卒焉而作无为之牺牲者！如甘氏为将，必坚持此重民命，节流血之策略，以待可胜，而保持法国之国力以不堕矣！"然失利后时，卒为德乘，而马奇诺防线以溃！法军之为希特勒所俘者一百九十万人；而所缴之军械，可以装备八十二师。呜呼！甘末林以国家久经训练，历年储备之精兵利器，身为统帅，成师以出，不用以杀敌致果，争机先而制胜；而节流血，慎民命，俾之束手就缚，堕军实而长寇雠，亡无日矣！岂非"必生可虏"之大戒乎！拿破仑大帝言："我之战术，所以无不胜者有三：一集中兵力。二活泼。三活泼之中，持以坚定，扎硬寨，打死仗。死而英雄，何惜一死！生而战败，不如无生！"呜呼！甘末林独不闻之乎！

忿速，可侮也。

（训义）杜牧曰："忿者，刚怒也；速者，褊急也；性不厚重也。若敌人如此，可以凌侮，使之轻进而败之也。十六国，姚襄攻黄落，前秦苻生遣苻黄眉、邓羌讨之，襄深沟高垒，固守不战。邓羌说黄眉曰：'襄性刚狠，易以刚动。若长驱鼓行，直压其垒，必忿而出师，可一战而擒也。'黄眉从之；襄怒出战，黄眉等斩之。"

廉洁，可辱也。

（训义）梅尧臣曰："徇名不顾。"

爱民，可烦也。

（训义）杜牧曰："言仁人爱民者，惟恐杀伤，不能舍短从长，弃彼取此，不度远近，不量事力，凡为我攻，则必来救，如此可以烦之，令其劳顿而后取之也。"张预曰："民虽可爱，当审利害。若无微不救，无远不援，则出其所必趋，使烦而困也。"

凡此五者，将之过也，用兵之灾也！

（训义）何氏曰："将材古今难之，其性往往失于一偏尔！故《孙子》首篇，言'将者智信仁勇严'，贵其全也"，张预曰："庸常之将，守一而不知变，故取则于己，为凶于兵；智者则不然，虽勇而不必死，虽怯而不必生，虽刚而不可侮，虽廉而不可辱，虽仁而不可烦也。"

覆军杀将，必以五危，不可不察也！

（训义）张预曰："言须识权变，不可执一道也。"

右第三节，论将有五危；而究其所以为危，以执一而不通变也。

行军篇第九

（解题）张预曰："知九地之变，然后可以择利而行军，故次九变。"

基博按：《孙子》以为通于九变之利者，乃可以择利而行军，故以《行军》次《九变》。然行军而不知处军，则何以自立于不败而为不可胜；不能相敌，则何以不失敌之败；故以"处军相敌"立论。得地利之以"处军"，审敌情之谓"相敌"，起总冒一句，以下"处军"凡有四，"相敌"三十有一。惟今古异宜，其所列举"处军相敌"之条件，于现今多不适用；而行军之必以"处军相敌"为先务之急，其意固不可废也。

孙子曰：凡处军相敌：

（训义）李筌曰："军，我；敌，彼也；相其依止，则胜败之数，彼我之势，可知也。"王皙曰："行军当据地便，察敌情也；处军凡有四，相敌凡三十有一。"张预曰："'自绝山依谷'至'伏奸之所处'，则处军之事也；自'敌近而静'至'必谨察之'，则相敌之事也。相，犹察也，料也。"

绝山依谷，

（训义）李筌曰："绝山，守险也；谷近水草。"杜牧曰："绝，过也；依，近也；言行军经过山险，须近谷而有水草之利也。《吴子》曰：'无当天灶大谷之口'；言不可当谷，但近谷而处，可也。"贾林曰："绝山，跨山；依谷，傍谷也。跨山，无后患；依谷，有水草也。"梅尧臣曰："前为山所隔，则依谷以为固。"张预曰："绝，犹越也，凡行军越过山险。必依附溪谷而居；一则利水草，一则负险固。后汉武都羌为寇，马援讨之，羌在山上，援据便地，夺其水草，不与战，羌穷困悉降；羌不知依谷之利也。"

基博按：张预谓"羌不知依谷之利"；然亦有我依谷而敌绝山，遂以挫败者，胜负亦何常之有！甲午之战，我之以兵援朝鲜也，聂士成驻成欢，扼两山间之大道，岂非所谓依谷乎？战方酣，而不虞日人之以炮兵绕登东山，乘高以射我也，势不支，遂败，则是我依谷而敌绝山，遂以挫败也。"绝山"，当以李筌"守险"，贾林"跨山无后患"之说为是。

视生处高，

（训义）李筌曰："向阳曰生；在山曰高。"杜牧曰："言须处高而面南也。"陈皞曰："若地有东西，其法如何？答曰：然则面东也。"

基博按：现代战术，以飞机、大炮为利器，而处军以得掩护为有利；"视生处高"，则予敌人以攻击之目标，未为有利也！

战隆无登，

（训义）杜牧曰："隆，高也；言敌人在高，我不可自下往高，迎敌人而接战也。一作'战降无登'；降，下也。"张预曰："敌处隆高之地，不可登迎与战。一作'战降无登迎'，谓敌下山来战，引我上山，则不可登迎。"

此处山之军也。

（训义）张预曰："凡高而崇者皆谓之山；处山拒敌，以上三事为法。"

基博按：克老山维兹亦论山地之处军相敌，与平地全异；其书第五卷《论战斗力》，中有"地形"一章；第六卷《论守》，中有"山岳之守"三章；第七卷《论攻》，中有"山岳之攻"一章；皆论"处山之军"，而详哉言之，有足以补《孙子》所未逮者；其持论以谓："处山之军，运动障害，利守不利攻！大抵强者攻而弱者守；守则不足，攻则有余；如处平原而为守，只以相当强力之若干支队进攻，即不得不委而去之，众寡之势异也；若以处之山，则以寡弱之兵力，保广大之地域，而为坚强持久之抵抗者，往往有之！然未必其力与兵数之增加成为正比例；此山岳之在弱者，所以为避难所也！然可以用寡而不可以用众；可用小部队以为受动之抵抗，而不能用主力以为主动之反攻！山岳者，与大河相同，可视之为不易通过之栅墙，以障害敌军之进攻，而制止之于仅有之通道；然后守者在山岳之后方，以集中配备之兵力，袭击敌军之各个部队，而断其交通线，阻其归路。当攻者之由山中前进也，所尤患者，不能维持其纵队，若欲强维持之，仅有一条退路，而不无后顾之虞！然在山岳，亦有在其他地形所无之一特性，即能由一地点，瞰制他地点，是也。倘守者依谷以为阻，而攻者绝山以处高，则守者为所俯瞰，而暴露以受监视矣！则是利于守而不必利于守！山岳之不利攻，以运动障害；而山岳之不利守，亦以运动障害！设守山岳者，以坚固不可攻之排哨，配置于各地，而全军散布，如铁钉之屹不动，则因之而反予攻者以大胆迂回之余地；盖以其时攻者已不必悬念自军之两翼也！于是守者以制止攻者之迂回，而阵地之线益伸张；以阵地之线益伸张，而正面薄弱；攻者乃集中兵力以突击正面，而不向守者之两翼迂回；于时，守者若非以迅速之运动力，转移兵力于正面以为抵抗，则不能以救败；然运动力之与山岳不相容，则兵力之转移不易，而鲜不为攻者所突破！所以运动为攻者之事，则山岳为守者之利；苟守者而亦有事于运动，则山岳之为不利亦同！所以山岳可用小部队以为受动之抵抗；而不能用主力以为主动之决胜也！夫守者之所以为守而决胜者，非惟正面为受动之抵抗；亦必同时在后方为强有力之能动抵抗；然后方之能动抵抗，为山岳之所不许！第一，由后方以向前方，无可迅速行军之道路；而战术之奇袭，亦以土地不平坦而有妨！第二，以地形之障害，而成视线之障害，山地若由其缘端以望平原，则可俯瞰甚广大之地域；而山地自身，则常如被蔽于黑暗之帐中，对地势及敌人运动之展望不自由！第三，亦不无切断退路之虞！虽在正面对敌之全压力，由山地之荫蔽，而颇有可为退路之保护者；又敌欲迂回之时，亦以运动之障害，而多予以时间之损失；然守者在山中为集中配备之时，则迂回为攻者之唯一法！何也？盖攻正面，则必与守者最坚强之主力相冲突也！然迂回，亦非攻守者之侧及背，而以切断退路为尤有效；盖足有守兵之山中阵地，则背后之抵抗力更大也！使守兵有退路丧失之虞，则易以迅速收功；而退路丧失，乃山中守兵之所大惧；盖一丧失而地阻隘，不能以兵力开拓血路而突围也！然则山地，既以妨害守者之俯瞰敌人；又以运动障害而不能应敌以转移兵力，不得不为受动之抵抗；抑亦以不得不阻扼所有之道路，而不能无单线式战争之倾向；纵攻者无力包围以切断守者之退路；抑亦可集中兵力以突击，而破碎守者之防御线也！然守山者，不能不倾向单线配备！所谓单线配备者，盖由互相依赖之一系列哨兵，而以掩护某地带之谓也。欲直接掩护广大之地带，则其防御线必无限延长以成一系列；而一系列之无后继以不能持久抵抗，则其为攻者之易集中突破，可知也！特守山者，能以全军配备于山背广大高原之时，则可以消灭此等不利之大半而瞰制敌军；正面既颇坚固，两翼又难接近，而阵地之内部及背面，可保有运动之自由；此可谓理想之最坚强阵地也；抑亦不过理想而已！大抵山岳，自中腹倾斜地以至山顶，必有数处以易接近者；而山顶之高原，往往狭小不足以配备大兵！观奥国帝位继承战争，七年战争，革命战争，处山之军，其配备未有包括全山脉体系！当时之军队，未有位置于山之背者，常沿斜面或高或低以为位置，而方向亦不一，或彼或此，或直角，或平行，或斜出，或顺沿水流，或横断水流。至于一七九九年及一八〇〇年之诸役，法军及奥军，皆以其主要哨兵配备于溪谷，有遮断溪谷以与为直谷配备者；亦有顺溪谷之势以为配备者；而山背不配备兵力，不过置少数之孤立哨兵而占领之以为觇望耳！盖阿尔卑斯山脉之山背，无法以配备兵力，而舍溪谷配备以外无他道！或有疑而言者曰：'山背之高地瞰制溪谷也！'然而不然！盖山背之小径仅有，而得攀缘以上者，惟步兵；至于车骑之通路，无不沿溪谷以行也！所可虑者，或敌之步兵，出没山背以射击溪谷耳！特以阿尔卑斯山山脉之大，则山背与溪谷之距离过远，而欲凭山背以为有效之射击，虽在溪谷，亦不如想像之可虞！然此非谓溪谷之守,可以一无所虞也;乃别有虞,即虞退路之切断,是也!然攻者之切断退路,亦剧不易;仅能以步兵由数处无连络之地点,徐徐而下溪谷耳!凡守者之配备,可于敌之所易接近,而择全线中央之阵地以置主军;然后派遣部队以占领溪谷之出口,而置三人,四人,五六人乃至以上之哨兵,略成一线;此线之延长,以一两日间行程,即六德里至八德里之距离为普通;然因地制宜,亦有延长至二三十德里者。惟在相隔一二小时间行程距离之大哨间,往往有可通之出口,而于军队配备以后,始发见之者;亦有发见可置一二营之哨所,而不得不弥缝其阙,以与大哨连系作配备者;当是时,支队之占领兵力,其区分有可小至一步兵连乃至一骑兵连者!但在溪谷之阵地,曾无有能尽杜僻路仄径以一一阻扼不得入者;而敌蹈瑕抵峨,渐以优势之兵力下降而展开之,则守军势力衰弱,分布稀薄之哨兵线,无不突破矣!然退却而不得山地向平原之出口,则各支队不得不循溪谷之走,而在哨兵较多之支队,往往不能以自脱;此奥军之在瑞士作战,所为不得不以其军三分之一乃至半被捕虏也!夫山岳之守,以局部观,似坚;而以全体衡,则弱!何者?山岳愈高,愈不易接近,而兵力之分散愈大,且不得不愈大;盖不能以运动为作战计划,而有直接掩护之必要也!大哨,仅第一线有步兵,第二线有数连之骑兵;惟中央所配备之主力,在第二线有二三营耳!然欲增援被攻击之哨所,而置后方之战略预备军,罕有能维持以至最后者!盖以正面延长之加大,而无所不备,则无所不寡!若哨所一度为攻者所占有,纵以几多之援兵,而末如之何矣!"苟非细籀克氏之论,则不知《孙子》"绝山依谷,视生处高,战隆无登"诸语之作何解!盖"依谷"而"绝山"以"视生处高"者,以争地形之瞰制也。"战隆无登"者,以避地形之瞰制也。至于攻守之宜,利钝之势,往复深切,克氏之论尽矣!

绝水,必远水;

　　(训义)曹操曰:"引敌使渡。"张预曰:"凡行军过水,欲舍止者,必去水稍远;一则引敌使渡,一则进退无碍。"

客绝水而来,勿迎之于水内,令半济而击之,利。

（训义）梅尧臣曰:"敌之方来,迎于水滨,则不渡。"王晳曰:"内当作汭,迎于水汭,则敌不敢济,远则趋利不及,当得其宜也。"何氏曰:"如春秋时,宋公及楚人战于泓,宋人既成列,楚人未既济,司马曰:'彼众我寡,及其未既济也,请击之!'公曰:'不可!'既济而未成列,又以告。公曰:'未可!'既陈而后击之,宋师败绩,公伤股,门官歼焉。宋公违之,故败也。吴伐楚,楚师败,及清发,将击之。夫概王曰:'困兽犹斗,况人乎!若知不免而致死,必败我!若先济者知免,后者慕之,蔑有斗心矣!半济而后可击也!'从之,又败之。魏将郭淮在汉中,蜀主刘备欲渡汉水,来攻,诸将议曰:'众寡不敌,欲依水为陈以拒之。'淮曰:'此则示弱而不足以挫敌,非算也;不如远水为陈,引而致之,半济而后击,备可破也。'既陈,备疑,不敢渡。"张预曰:"敌若引兵渡水来战,不可迎之于水边;俟其半济,行列未定,首尾不接,击之必胜。"

欲战者,无附于水而迎客。

（训义）李筌曰:"附水迎客,敌必不得渡而与我战。"张预曰:"我欲必战,勿近水迎敌,恐其不得渡;我不欲战,则阻水拒之,使不能济。晋将阳处父与楚将子上夹泜水而军,阳子退舍,欲使楚人渡;子上亦退舍,欲令晋使渡;遂皆不战而归。"

视生处高,

（训义）梅尧臣曰:"水上亦据高而向阳。"何氏曰:"视生,向阳远视也。军处高远,见敌势,则敌人不得潜来,出我不意也。"

无迎水流,

（训义）杜牧曰:"水流就下,不可于卑下处军也,恐敌人开堤灌浸我也,上文云'视生处高'也。诸葛武侯曰:'水上之陈,不逆其流。'此言我军舟船,亦不可泊于下流,恐敌人得以乘流而薄我也。"贾林曰:"水流之地,可以溉吾军,可以流毒药。迎,逆也。"张预曰:"卑地勿居,恐决水灌我;舟战亦不可处下流,以彼沿我泝,战不便也;兼虑敌人投毒于上流。楚令尹拒吴，卜战，不吉。司马子鱼曰："我得上流，何故不吉！"遂决战，果胜。是军须居上流也。"

此处水上之军也。

（训义）张预曰："凡近水为陈皆谓水上之军；水上拒敌，以上五事为法。"

基博按：水之为流，有与行军为同向者，有与行军为直角者。与行军为直角者，所谓"绝水必远水"也；"客绝水而来"，则利于主，依水为阻而以御敌之进攻。德之攻苏联也，为由西向东；而苏联之河流，则由北向南；德军每过一河，无不受阻，士兵耗丧，则以河流与为直角也。与行军为同向者，处上流，勿处下流；所谓"视生处高，无迎水流"也。克老山维兹著书，第六卷《论守》，中有"大小河川之守"两章；第七卷《论攻》，中有"渡河"一章；皆论水上之军；其说以谓："大河为战略之栅墙，可资以守，与山岳同。惟山岳节节可守，一处突破，未必全体崩溃；而大河处处可渡，一处强渡，遂以全河放弃；此则异也。凡处水上之军，而图所以为守者，不出三途：第一，扼河为守而以阻敌不得渡者。其河，必为水量丰富之广河大川；而其兵力，必集中配备以在水之近傍也。何为而在河之近傍也？盖置兵在河之后方，徒以延长赴敌渡河点之路程耳！且沿河之路，以较路之由后方而向河畔者，必多平直而易通行；所以兵力之运动，与河成直角者难，而与河为平行者易；此兵力配备，所以在河之近傍。何以不置预备队于后方，而必集于沿河以为守也？当知守河者，猝不易测攻者之果从何处渡，不得不沿河流以无限延长防御线而倾向于单线式战争；何能再余大兵团以配备河之后方！抑军之集合，必费不少之时间；而守军之强有力以阻攻者，无不在集中之配备也！倘配备哨兵线以守河，而置若干哨兵于各处；则攻者以优势之火力，击退此哨兵而事强渡，一处得渡，则三军夺气矣！惟守河者，无绝对之据点，无不虞攻之迂回；而攻之迂回，则攻者之兵力愈大，愈易；不可不察也！凡攻者，无不强渡一处以吸集守军之抵抗；而别出兵迂回他处以得渡，此诚数见不鲜之例？

然攻者之大忌，在数地分渡；而分渡之数地，又势悬绝而不呼应；则攻者以兵分力薄而为守者所乘；盖守者沿河行军，而兵力易运动以集中；而攻者隔河行军，则兵力难运动以集中也！惟沿河而以大军分成数部队以置守者，则不能无各部队各个击破之危险耳！其次，远河岸以置兵而予敌渡河者，则以小河为限。于时，守者必在远河相当之距离内，占领阵地；而其距离不得过远！如攻者分数处渡河，而我军之距河，必得乘敌军之渡河而未及集合，可迎击之！倘攻者渡河只一处；则伺其行军之为一桥，一路所限制而不得展布；而我得及时以迎击之于河畔。以此为衡，而距离之如何为相当，可知已！然攻者亦或以数处或一处渡河，故布疑阵以吸集我兵力；而实则别出兵迂回以拟我后。苟守者反兵以击迂回军，则为当面渡河之敌军所乘！然则如何而可？曰：当乘迂回军未及薄我之时，而以迅速之强力，迎头痛击当面之敌军；如当面渡河之敌军摧破，而迂回我后之敌军，深入而援不接，抑亦何能为役也！惟守者之阵地，不宜分散，宜厚集其力以图决胜；而尤宜有最高度之猛烈！凡战争，不能以猛烈之意志，而为坚确之企图者，无不归于失败也！如在平原，无战斗之勇气，而欲凭广河深谷，阻敌以自全，亦几见能幸全乎！盖以其于自己之阵地，不必有真实之信赖，而将帅以下，皆充满不安之意念；夫有此不安之意念者，往往震眩于当前之情实，而不知所以为计焉！然则守者，若不知利用守势之凭借，迅速之行进，地理之通晓以及运动之自由，而相机应变；虽凭有利之河川而以资敌，未见其为利也！其三，进占河之对岸以为守者，其阵地必非常坚固；否则守者背水而阵，予敌以可乘！若阵地坚固而敌不敢犯，则敌以此不得渡河而为我紧缚！使敌不相攻而径渡河，则其交通线，必被守军遮断；然当知此时守军之交通线，亦被威胁；于是两军一彼一此，往往互为迂回，而处水上之军，实则用此法者甚少，不过姑备一说，而为以前两法之补助耳！凡河，无不为天然之障害，而有利于守。然言守者，不可不辨河流之与国境，将平行而流乎？抑与之为直角乎？使其平行而流，将在守军之后乎？抑在敌军之后乎？方敌军前进，而有大河横亘在其后；则行军不能无后顾之虞；盖以其交通线仅限于数处之渡河点，而有退路被断之虞也。若河流在守军之后，相距一日之程，而占有多数安全之渡河点，以在国境，而易掩护以维交通线之安全；彼此相形，利可知矣！倘河流而为直角，亦多有利于守！第一，守者以河为据点，而得利用河流直角注入之溪谷，以占领许多良好之阵地。其次，攻者不得不放置两岸之一而前进；或以兵分为二以前进。然敌分兵为二之时，其利无不归于守者之主，以其较有多数安全之渡河点，而兵力之运动为易也！使攻者放置两岸之一而前进，则守者得以兵瞰制其侧面；此所以亦利于守也！惟直角之河流而作为输送路时，则又利属于攻；盖攻者之交通线，必比之守者为长大而困于输送；今得直角之河流，而泛舟以顺流上下，不亦大利乎！"今按《孙子》曰："欲战者，无附于水而迎客"；则克氏所论之第一法，扼河为守而阻敌以不得渡，乃《孙子》之所不欲也！《孙子》曰："绝水必远水；客绝水而来，勿迎之于水内；令半济而击之，利！"则克氏之第二法，所谓"远河岸以置兵而予敌渡河"也；特克氏以小河为限耳！凡事有宜，不得尽言！

绝斥泽，惟亟去无留。

（训义）陈皞曰："斥，咸卤之地；水草恶，渐洳，不可处军。"梅尧臣曰："斥，远也；旷荡难守，故不可留。"张预曰："斥泽，谓瘠卤渐洳之所也；以其地气湿润，水草薄恶，故宜急过。"

若交军于斥泽之中，必依水草而背众树。

（训义）李筌曰："急过不得，战必依山背树；夫有水树，其地无陷溺也。"

此处斥泽之军也。

（训义）张预曰："处斥泽之地，以上二事为法。"

基博按："斥泽"之"斥"，不必作"咸卤之地"解；当依梅尧臣训"远"。盖咸卤之地，中国惟西北山陕一带有之；而孙子生长于齐，用事于吴，沼泽固所在多有；何来咸卤之地也！所谓"斥泽"者，自系沼泽之广者耳！克老山维兹著书，第六卷《论守》，中有"沼泽"一章；第七卷《论攻》，中有"沼泽"、"泛滥"、"森林之攻"一章；皆论处斥泽之军，其说以谓："沼泽之形成切断地部，而利于守，颇与河相似，而有不同。盖守河者，凭河以为守；而守沼泽者，扼堤以为守。一线长堤，四望沼泽，而攻者之渡沼泽，不如渡河之易，则以造堤不如造桥之易！盖渡河，则先用舟船以渡前卫于对岸，然后从事于造桥；而沼泽，则以一片渐洳，步兵拔涉，常以板渡；顾沼泽之幅员，视河为广；而以板渡沼泽，比之以舟渡对河者，劳费与时间什伯之也！如沼泽之中，有非桥不渡之河，则先头部队之渡对岸更难；盖单板可以渡个人，而不任运载架桥所须之重材料；此攻者之所以力避沼泽而必出以迂回也！如攻者径犯守军所扼之堤，则以堤道之细而长，而守军之射击倍准，火力倍猛！夫冒守军之火力，而以渡全长四分之一至二分之一德哩之堤道，其死伤之烈，岂渡河以涉一桥者所可比喻乎！是故守者只坚扼所占之堤道，即可以火力控制敌人而不得进矣！惟堤道以外，无绝对不能迂回之理；如有可以迂回而通过之一处，斯可以破坏其防御线矣！然有举国泛滥以可成一大沼泽，而不予攻之迂回者，则惟一国家之荷兰，是也。盖荷兰国土，为干燥之牧场或耕地，而有深广无定之千沟万浍，纵横罥画，转相灌注以汇流入航行之大运河。大运河之流行，亦四面八方；而大运河之两岸，设堤为防，非有桥，不能以渡，盖全国之地面，不惟低于海面，而亦低于运河之水面，故非夹岸为堤，不足以防水之泛滥也！如决堤放闸，则全国泛滥；而仅有高堤以出水面，通行道；虽泛滥之深，不过三四英尺，而四望汪洋；亦有可以徒涉之处，然有千沟万浍之深没水底，苟一涉足其中，无不灭顶有凶！其国每当寇深国危之日，其人即为决闸放水之策，则攻者前进之路无几，而行军必循狭堤，堤之两侧，无不有沟，而兵力之运用不自由；守者只集中兵力，扼仅有之高堤以拒敌；敌军所在之处，无不为泛滥所障害以妨其展开；其利于守，为何如乎！特以泛滥为设险，不能不受冬季之时制，一七九四年及一七九五年，法军进攻之有成功者以此；然亦以严寒之冬季为限耳!"则沼泽之不利于攻可知;而《孙子》言"绝斥泽,惟亟去无留"者,倘为攻之力避沼泽以必出于迂回者言之;而不必如梅尧臣所云"旷荡难守,故不可留"也!

平陆,处易;

(训义)张预曰:"平陆广野,车骑之地,必择其坦易无坎陷之处以居军,所以利于驰突也。"

而右背高,前死后生;

(训义)杜牧曰:"太公曰:'军必左川泽而右丘。'死者,下也。生者,高也;下不可以御高,故战便于车马也。"贾林曰:"冈阜曰生;战生曰死。冈阜处军,稳前临地,用兵便。高后在右,回转顺也。"梅尧臣曰:"择其坦易,车骑便利。右背丘陵,势则有凭。前低后隆,战者所便。"张预曰:"虽是平陆,须有高阜,必右背之,所以恃为形势者也。前低后高,所以便乎奔击也。"

此处平陆之军也。

(训义)张预曰:"居平陆之地,以上二事为法。"

凡此四军之利,

(训义)李筌曰:"四者,山,水,斥泽,平陆也。"

黄帝之所以胜四帝也。

(训义)曹操曰:"黄帝始立,四方诸侯,无不称帝。"李筌曰:"黄帝始受兵法于风后,而灭四方,故曰胜四帝也。"梅尧臣曰:"四帝当为四军字之误欤?言黄帝得四者之利,处山则胜山,处水上则胜水上,处斥泽则胜斥泽,处平陆则胜平陆也。"张预曰:"兵家之法,皆始于黄帝,故云然也。"

凡军,喜高而恶下;

(训义)张预曰:"居高,则便于觇望,利于驰逐。处下,则难以为固,易以生疾。"

基博按:克老山维兹著书,第五卷《论战斗力》,中有"瞰制"一章,申论军之所以"喜高而恶下",其说以谓:"兵学瞰制之一语,有独特之魔力;而土地之影响于兵力,无不以此语之想像;例如瞰制阵地,锁钥阵地,及战略之机动等,亦源于瞰制之想像而生魔力也! 凡力之运用,由下向上难;由上向下易;物理如此,兵法亦然! 盖行军之自下而上,则以高地之难接近,而运动障碍;一也。射击之自上而下,以视自下而上,射击之距离相同,而自上而下之命中率大;二也。至于展望,则以俯瞰而所见者远,历历在目;三也。是故置阵山岳之缘,俯瞰敌军而泰然自得;以视敌军之处下者,仰瞻我军而懔然有失;其士气之沮丧,较诸地形之劣弱为尤甚! 此军之所以喜高而恶下也。顾究其实,瞰制亦不能不受地形之制限! 设我置阵于山岳,而山岳之下,森林繁茂,冈岭起伏,则展望即以障碍,而不能俯视一切以尽览无余;一也。凡军之处下者,固以高地之难接近而运动障碍;然亦仅以自下而上之前进时为限;若自上而下之前进,亦未见运动之易! 倘两军为大溪谷所隔截时,几见居高而临下者,遽能接近以相薄耶! 若处下者欲致高地军于平地以为战时;则接近之难,在高地军;而运动之易,则为处下者所擅有矣! 二也。至射击之瞰制,独为居高而临下者所擅有;然接近之不易,与射击之瞰制,皆仅资居高而临下者以利于为守;盖在阵地静止者之得资以为用;而在运动者,则不能资以为用;三也。所以瞰制利于守,而可发生之瞰制,仅限于山岳阵地之能坚持;而山岳阵地之不易坚持,已具论之! 然行军者未占领溪谷相接之山岳,要不可驻军溪谷而为敌人所瞰制耳!”则克氏之论瞰制,亦不如想像之有利,故称之曰“魔力”;要不过魔力之想像而已! 顾《孙子》以“视生处高”致儆于处山处水之军,以“处易而右背高”致儆于处平陆之军;不过见军之“喜高而恶下”,而以擅瞰制之利耳!

贵阳而贱阴;

(训义)王晳曰:“久处阴湿之地,则生忧疾,且弊军器也。”张预曰:“东南为阳;西北为阴。”

养生而处实;

(训义)梅尧臣曰:“养生,便水草;处实,利粮道。”王晳曰:“养生,谓水草粮备之属;处实者,倚固之谓。"张预曰:"养生,谓就善水草放牧也;处实,谓倚隆高之地以居也。"

军无百疾,是谓必胜!

(训义)张预曰:"居高面阳,养生处高,可以必胜;地气干燥,故疾疠不作。"

丘陵堤防,必处其阳而右背之,

(训义)杜佑曰:"堤者,积土所作,皆当处其阳而右背之,战之便也。"王晳曰:"处阳则入舒以和,器健以利也。"张预曰:"背高所以为险固也。"

此兵之利,地之助也。

(训义)张预曰:"用兵之利,得地之助。"

上雨,水沫至;欲涉者,待其定也。

(训义)曹操曰:"恐半涉而水遽涨也。"杜佑曰:"上雨,水当清;而反浊沫至,此敌人权遏水之占也。"王晳曰:"水涨则沫;涉,步济也。"张预曰:"沫,谓水土泡沤。"陈启天曰:"此句亦言处水上军之法,想系错简在此;宜移于上文'令半济而击之利'句下。"

凡地,有绝涧、天井、天牢、天罗、天陷、天隙;必亟去之,勿近也!

(训义)王晳曰:"'绝涧',当作'绝天涧',脱天字耳。"张预曰:"溪谷深峻,莫可过者,为绝涧。外高中下,众水所归者,为天井。山险环绕,所入者隘,为天牢。林木纵横,葭苇隐蔽者,为天罗。陂池泥泞,渐车凝骑者,为天陷。道路迫隘,地多坑坎者,为天隙。凡遇此地,宜远避,不可近之!"

基博按:张预曰:"林木纵横,葭苇隐蔽者,为天罗。"则"天罗"者,森林之地也。森林,亦利于守而不利于攻;则"亟去之,勿近"者,当为客而不为主!克老山维兹著书,第六卷《论守》,中有"森林之守"一章;第七卷《论攻》,亦有章涉及森林;皆论处森林之军,其说以谓:"林,有茂密深阻之森林;有面积广阔之植林;两者之资以为守不同。盖植林者,树木稀,不如森林之茂密;通路多,不如森林之深阻;而守

293

者得之，不可不置之阵地之后！盖守者眼前之展望，不可不视攻者为广大！何者？则以守者之兵力，自视攻者为寡弱；而凭阻恃深，不得不视攻者以迟缓展开作战计划为有利；若有林在前以布置防御正面；则瞻望弗及，而以运用兵力，如盲者之与行人相撞矣！倘置于后以布防御线，则防御线内之所得为者，不独以遮蔽敌眼；抑亦可掩护退却；此之为利，不亦大乎！惟植林多限于平地；而茂密深阻之森林，则有山岳之特质；倘守者于森林后方，为可多可少之集中以待敌军，而由森林之隘路，猝出以袭击之；则攻者之前进受阻可知！倘攻者猛进而守军后退，则以森林之通路，无不长大而深阻，羊肠索曲，足以掩护退却；其为守者之利又可知！惟森林虽以深阻，无不有若干间道以利小支队之侵入；而小支队之侵入，亦如滴水之渗浸大堤，而千里之堤，无不溃于蚁穴之微以扩大成泛滥也！抑亦有其例外；如俄国与波兰之广大地带，几为森林所蔽；而攻者如无足以突破之力，迷路以不知所出，而在森林之黑暗中，敌人变幻出没，左右前后，不知袭击之自何来，旁皇无主，危莫大焉！"岂非《孙子》之所谓"天罗"乎！至于"绝涧"、"天牢"、"天隙"，殆不离乎所谓"溪谷"也。"天井"、"天陷"，则不外乎所谓"沼泽"也。特多为之辞以见地形之复杂，而不可以一概论耳！

吾远之，敌近之。吾迎之，敌背之。

（训义）李筌曰："善用兵者，致敌至受害之地也。"杜牧曰："迎，向也。背，倚也。"梅尧臣曰："言六害当使我远而敌附，我向而敌倚，则我利敌凶。"

军旁，有险、阻、蒋、潢，井生葭苇，山林蘙荟，必谨覆索之；此伏奸之所藏处也。

（训义）杜佑曰："此言伏奸之地；当覆索也。险者，一高一下之地。阻者，多水地也。蒋者，水草之蕞生也。潢者，池也。井者，下也。葭苇者，众草所聚也。山林者，众木所居也。蘙荟者，可以屏蔽之处也。此以上，相地形也；此以下，察敌情也。"张预曰："险阻，丘阜之地,多生山林;潢井,卑下之处,多产蕵苇;可以蒙蔽,必降索之,恐兵伏其中;又虑奸细潜隐,觇我虚实,听我号令。伏,奸,当为两事。"陈启天曰:"井字当为并字,因形近而误;并生,犹言丛生也。"

右第一节,论处军。

基博按:《孙子》以兵之利为得地之助;是以处军,必相地形。而克老山维兹著书,第五卷《论战斗力》,中有"地形"一章,亦论相地以处军,其说以谓:"完全之平原,不过以展开兵数甚少之部队,而战斗于一定之时间耳!若用兵数较多之部队,而为时间较长之战斗,则战斗不限于平原;而山地之战斗,与平原绝异!夫平原,无障碍,无掩护;然离平原以言地形,则不能无障碍与掩护!而所谓障碍与掩护者:运动之障碍,一也。俯瞰之障碍,二也。炮火枪火之掩护,三也。及进而究其所以成障碍与掩护者:或以土地起伏之势。或依森林、沼泽及湖沼等之自然状态。或则依耕耘而生地面之变态。皆不得以平原为衡者也。是故平原以外之地形有三:其一为山地。其二为耕耘不得施,而为森林与沼泽之地。其三则耕耘之地,是也。然地之耕耘,亦随地随国而浅深异施,不能一律;独佛兰特、好斯敦及其他地方之耕耘,则大有资于障碍与掩护;盖以其地为无数之壕沟、墙垣、生篱及堤所切断;而有孤立之村庄与小丛林,星罗棋布以点缀其间也。然则地形之利于战争者,惟平坦而耕耘不盛之土地耳!特守者不得不资土地之障碍以为用时,则非所论!森林以障碍俯瞰;山地以障碍运动;而耕耘盛之地,则可以障碍俯瞰,而不如森林之甚;亦以障碍运动,而不如山地之甚!山地固以运动障碍为主;然非不能运动;不过在山地,不过不能随地以自由前进行动;纵其能之,而不能不须多数之时间无劳力也!至于森林,则不惟俯瞰展望之难;而运动亦难;盖以展望之难,不知何途之从而进出也!然运动愈障碍,俯瞰愈障碍,地形愈复杂;则总司令官之展望愈小,指挥愈失;而将校之名级愈低,指挥愈有效;士兵之部队愈小,威力愈发扬;于此时也,惟有人自为战之胆勇,技能与睿智以决定一切耳;而总司令官之权威无与也!纵以国民战争之民众叛乱,虽各人之技能与睿智无可称;特以各人意气之激昂,一往无前,而运动兵力之分散,因地形之复杂;以寡击众,而成卓越之战功者,岂无其人其事乎! 特不能离障碍多、掩护多之山地、森林地以从事耳! 山地、森林地以及耕耘盛之地,凡运动障碍之地,骑兵之不能用,已无待言! 而在森林繁茂之地,则炮兵亦不能用;盖无有效使用之展望,与可以运搬之道路也! 然在山地以及耕耘盛之地,则炮火之掩护物多有,而炮兵之不利不甚大! 抑敌人亦以掩护多而袭击易,往往出步兵以猝袭我炮兵阵地;则以火炮之运搬笨重,而炮兵惊扰,往往委而去之以为敌有! 特山地,则以敌人之运动障碍而接近不易,可以增加炮兵之效力焉! 然凡因难险阻之地形,他种兵之运动障碍者,惟步兵有决定之卓越耳!"今以克氏之说而证诸《孙子》所论处山、处水、处斥泽以及绝涧、天牢、天陷、天隙,皆运动之障碍也;天井、天罗以及险、阻、蒋、潢,井生葭苇,山林翳荟,皆俯瞰之障碍也;即如《九变篇》所言"圮地无舍","绝地无留","围地则谋",亦皆运动有障碍也。至云"衢地合交",则以运动无障碍也。可以处平陆之军处之!

敌近而静者,恃其险也。远而挑战者,欲人之进也。

(训义)陈皞曰:"敌人相近而不挑战,恃其守险也;若远而挑战者,欲诱我使进,然后乘利而奋击也。"

其所居易者,利也。

(训义)杜牧曰:"言敌不居险阻而居平易,必有以便利于事也。一本云:'十争其所居者,易利也。'"贾林曰:"敌之所居,地多便利,故挑我使前,就己之便,战则易获其利,慎勿从之也。"张预曰:"敌人舍险而居易者,必有利也。或曰:敌欲人之进,故处于平易以示利,而诱我也。"

基博按:贾林注所据本,作"其所居者易利也",与杜牧、张预不同。

众树动者,来也。

(训义)张预曰:"凡军必遣善视者登高觇敌,若见林木动摇者,是斩木除道而来也。或曰：不止除道，亦将为兵器；若晋人伐木益兵，是也。"

众草多障者，疑也。

（训义）曹操曰："结草为障，欲使我疑也。"杜牧曰："言敌人或营垒未成，或拔军潜去，恐我来追，或为掩袭，故结草使往往相聚，如有人伏藏之状，使我疑而不敢进也。"张预曰："或敌欲追我，多为障蔽，设留形而遁，以避其追；或欲袭我，丛聚草木以为人屯，使我备东而击西；皆所以为疑也。"

鸟起者，伏也。

（训义）杜佑曰："下有伏兵，往藏，触鸟而惊起也。"李筌曰："藏兵曰伏。"张预曰："鸟适平飞，至彼忽高起者，下有伏兵也。"

兽骇者，覆也。

（训义）陈皞曰："覆者，谓隐于林木之内，潜来掩我，候两军战酣，或出其左右，或出其前后，若惊骇伏兽也。"梅尧臣曰："兽惊而奔，旁有覆。"张预曰："凡欲掩覆人者，必由险阻草木中来，故惊起伏兽奔骇也。"

尘高而锐者，车来也。

（训义）张预曰："车马行疾而势重，又辙迹相次而进，故尘高起而锐直也。凡军行，须有探候之人在前，若见敌尘，必驰报主将，如潘党望晋尘，使骋而告，是也。"

卑而广者，徒来也。

（训义）王晢曰："车马起尘猛，步人则差缓也。"张预曰："徒步行缓而迹轻，又行列疏远，故尘低而广。"

散而条达者，樵采也。

（训义）李筌曰："烟尘之候。晋师伐齐，曳柴从之。齐人登山，望而畏其众，乃夜遁。薪采，即其义也。"杜牧曰："樵采者各随所向，故尘埃散衍条达。"王晢曰："条达，纤微断续之貌。"

基博按：筌以"樵采"字为"薪采"。

少而往来者,营军也。

(训义)杜牧曰:"欲立营垒,以轻兵往来为斥候,故尘少也。"

辞卑而益备者,进也。

(训义)杜牧曰:"言敌人使来,言辞卑逊,复增垒坚壁,若惧我者,是欲骄我使懈怠必来攻我也。赵奢救阏与,去邯郸三十里,增垒不进,秦闲来,必善食遣之;闲以报秦将。秦将果大喜曰:'阏与非赵所有矣!'奢既遣秦闲,乃倍道兼行,掩秦不备,击之,遂大破秦军也。"

辞诡而强进驱者,退也。

(训义)杜佑曰:"诡,诈也;驱驰,示无所畏,是知欲退也。"王晳曰:"辞强,示进形,欲我不虞其去也。"张预曰:"使来辞壮,军又前进,欲胁我而求退。秦行人夜戒晋师曰:'两军之士,皆未慭也,来日,请相见。'晋臾骈曰:'使者目动而言肆,惧我也。'秦果宵遁。"

轻车先出,居其侧者,陈也。

(训义)杜牧曰:"出轻车,先定战阵疆界也。"张预曰:"轻车,战车也;出车其旁,陈兵欲战也。按鱼丽之阵,先偏后伍,言以车居前,以伍次之;然则欲战者,车先出其侧也。"

无约而请和者,谋也。

(训义)陈皞曰:"言无约而请和,盖总论两国之师,或侵或伐,彼我皆未屈弱,而无故请好和者,此必敌人国内有忧危之事,欲为苟且暂安之计;不然,则知我有可图之势,欲使不疑,先求和好,然后乘我不备而来取也。石勒之破王浚也,先密为和好,又臣服于浚,知浚不疑,乃请修朝觐之礼;浚许之;及入,因诛浚而灭之。"

奔走而陈兵车者,期也。

(训义)李筌曰:"战有期及,将用是以奔走之。"贾林曰:"寻常之期,不合奔走,必有远兵相应,有晷刻之期,必欲合势,同来攻我,宜速备之。"

半进半退者,诱也。

(训义)杜牧曰:"伪为杂乱不整之状。"梅尧臣曰:"进退不一,欲以诱我。"

倚仗而立者,饥也。

(训义)杜佑曰:"倚仗矛戟而立者,饥之意。"张预曰:"凡人不食则困,故倚兵器而立。三军饮食,上下同时;故一人饥,则三军皆然。"

汲而先饮者,渴也。

(训义)杜牧曰:"命之汲水,示汲而先饮者渴也;睹一人,三军可知也。"

见利而不进者,劳也。

(训义)杜佑曰:"士疲劳也;敌人来,见我利而不能进击者,疲劳也。"张预曰:"士卒疲劳,不可使战,故虽见利,将不敢进也。"

乌集者,虚也。

(训义)杜佑曰:"敌大作营垒示我众,而乌集止其上者,其中虚也。"张预曰:"凡敌潜退,必弃营幕,禽鸟见空,鸣集其上。楚伐郑,郑人将奔。谍告曰:'楚幕有乌。'乃止。又晋伐齐。叔向曰:'城上有乌,齐师其遁?'此乃设留形而遁也。"

夜呼者,恐也。

(训义)杜牧曰:"恐惧不安,故夜呼以自壮也。"张预曰:"三军以将为主;将无胆勇,不能安众,故士卒恐惧而夜呼;若晋军终夜有声,是也。"

军扰者,将无不重也。

(训义)陈皞曰:"将法令不严,威容不重,士因以扰乱也。"张预曰:"军中多惊扰者,将不持重也。张辽屯长社,夜,军中忽乱,一军尽扰。辽谓左右勿动,'是必有造变者,欲以动乱人耳!'乃令军士安坐,辽中陈而立,有顷即定。此则能持重也。"

旌旗动者,乱也。

(训义)张预曰:"旌旗,所以齐众也;而动摇无定,是部伍杂乱也。"

吏怒者,倦也。

(训义)杜牧曰:"众悉倦弊,故吏不畏而忿怒也。"贾林曰:"人困则多怒。"

粟马肉食,军无悬缻,不返其舍者,穷寇也。

（训义）梅尧臣曰："给粮以秣乎马,杀畜以飨乎士,弃缻不复炊,暴露不返舍,是欲决战而求胜也。"王皙曰："粟马肉食,所以为力且久也;军所缻,不复饮食也;不返舍,无回心也;皆谓以死决战耳。敌如此者,当坚守以待其弊也。"

谆谆翕翕,徐与人言者,失众也。

（训义）李筌曰："谆谆,翕翕,窃语貌;士卒之心恐上,则私语而言,是失众也。"贾林曰："谆谆,窃语貌;翕翕,不安貌;徐与人言,递相问貌;如此者,必散失部曲也。"张预曰："谆谆,语也;翕翕,聚也;徐,缓也;言士卒相聚私语,低缓而言,以非其上;是不得众心也。"

数赏者,窘也。

（训义）杜牧曰："势穷力窘,恐众为叛,数赏以悦之。"

数罚者,困也。

（训义）杜牧曰："人力困弊,不畏刑罚,故数罚以惧之。"

先暴而后畏其众者,不精之至也。

（训义）曹操曰："先轻敌,后闻其众,则心恶之也。"张预曰："先轻敌,后畏人。或曰:先刻暴御下,后畏众叛,是用畏行爱,不精之甚;故上文以数赏数罚而言也。"

来委谢者,欲休息也。

（训义）贾林曰："气委而言谢者,欲求两解。"梅尧臣曰："力屈欲休兵,委质以来谢。"

兵怒而相迎,久而不合,又不相去,必谨察之。

（训义）张预曰："勇怒而来,既不合战,又不引退,当密伺之,必有奇伏也。"

兵非益多也,惟无武进,足以并力,料敌取人而已。

（训义）王皙曰："不可但恃武也,当以计智料敌而行。"

夫惟无虑而易敌者,必擒于人。

（训义）王皙曰："惟不能料敌,但以武进,则必为敌所擒,明患不在于不多也。"

基博按:"足以并力"承"兵非益多",言兵不以多为益,而以并力为足;"料敌取人"承"惟无武进",言兵不徒以进为武,而以料敌能取人;卒乃重言以申之曰:"夫惟无虑而易敌者,必擒于人";所以深致戒于武进也。

右第二节,论相敌。

卒未亲附而罚之,则不服;不服,则难用也。

(训义)杜牧曰:"恩信未洽不可以刑罚齐之。"

卒已亲附而罚不行,则不可用也。

(训义)曹操曰:"恩信已洽,若无刑罚,则骄惰难用也。"

故令之以文,齐之以武,是谓必取。

(训义)李筌曰:"文,仁恩;武,威罚。"张预曰:"文恩以悦之,武威以肃之,畏爱相兼,故战必胜,攻必取。或问曰:《书》云:'威克厥爱,允济;爱克厥威,允罔功';言先威也;孙武先爱,何也?曰:《书》之所称,仁人之兵也;王者之于民,恩德素厚,人心已附,及其用之,惟患乎寡威也。武之所陈,战国之兵也;霸者之于民,法令素酷,人心易离,及其用之,惟患乎少恩也。"

令素行,以教其民,则民服;令不素行,以教其民,则民不服;

(训义)梅尧臣曰:"素,旧也;威令旧立,教乃听服。"

令素行者,与众相得也。

(训义)梅尧臣曰:"信服已久,何事不从!"王晳曰:"知此者,始可言其并力胜敌矣。"

基博按:此曰"令素行者,与众相得也";所以明令行之不徒恃威立,而尤贵亲附也;乃与上文"卒未亲附而罚之,则不服"句,反正相映,非威令之谓也。

右第三节,论得众,盖承上并力而申论之也。欲求并力,必先得众;卒亲附,令素行,而后可以言得众。处军相敌,而终之以得众,此行军之本也。卒不亲附,令不素行,则何以并力而收料敌取人之功哉!

地形篇第十

（解题）王晳曰："地利,当周知险、隘、支、挂之形也。"张预曰："凡军有所行,先五十里内山川形势,使军士伺其伏兵;将乃自行视地之势,因而图之,知其险易。故行师越境,审地形而立胜,故次行军。"

基博按：行军必明地形,故次行军。惟《行军篇》所论处军,亦属地形,与此少异者,盖《行军篇》之论,所以自处;而此所论,则旨在应敌也。

孙子曰：地形有通者,有挂者,有支者,有隘者,有险者,有远者。

（训义）张预曰："地形有此六者之别也。"

我可以往,彼可以来,曰通;通形者,先居高阳,利粮道以战,则利。

（训义）杜佑曰："谓俱在平陆,往来通也。"杜牧曰："通者,四战之地;须先据高阳之处,勿使敌人先得,而我后至也。利粮道者,每于津厄,或敌人要冲,则筑垒,或作甬道以护之。"贾林曰："处高,易于望候;向阳,视生;通粮道,便易转运。"张预曰："先处战地以待敌,则致人而不致于人;我虽高居面阳,坐以致敌,亦虑敌人不来赴战,故须使粮饷不绝,然后为利。"

可以往,难以返,曰挂;挂形者,敌无备,出而胜之;敌若有备,出而不胜,难以返,不利。

（训义）杜牧曰："挂者,险阻之地,与敌共有,犬牙相错,动有挂碍也。往攻敌,敌若无备,攻之必胜,则虽与险阻相错,敌人已败,不得复邀我归路矣;若往攻敌人,敌人有备,不能胜之,则为敌人守险阻,邀我归路,难以返也。"陈皞曰:"不得已陷在此,则须为持久之计,掠取敌人之粮,以伺利便而击之。"

我出而不利,彼出而不利,曰支;支形者,敌虽利我,我无出也,引而去之,令敌半出而击之,利。

(训义)贾林曰:"支者,隔险阻,可以相要截,足得相支持,故不利先出也。"梅尧臣曰:"各居所险,先出必败,利而诱我,我不可爱;伪去引敌,半出而击。"张预曰:"利我,谓佯背我去,不可出攻,我舍险,则反为所乘,当自引去;敌若来追,伺其半出,行列未定,锐卒攻之,必获利焉。《李靖兵法》曰:'彼此不利之地,引而佯去,待其半出而邀击之。'"

隘形者,我先居之,必盈之以待敌;若敌先居之,盈而勿从,不盈而从之。

(训义)曹操曰:"隘形者,两山间通谷也。"杜佑曰:"盈,满也;以兵陈满隘形,欲使敌不得进退也,如水之满器,与口齐也。若我居之,平易险阻,皆制在我,然后出奇以制敌;若敌人据隘之半,不知齐口满盈之道,我则入隘以从之,盖敌亦在隘,我亦在隘,俱得地形,胜败在我,不在地形也。夫齐口盈满之术,非惟隘形独解有口,譬如平坡迥泽,车马不通,舟楫不胜,中有一径,亦须据其路口,使敌不得进也。诸可知矣。"张预曰:"敌若先居此地,盈塞隘口而陈者,不可从也;若虽守隘口,俱不满齐者,入而从之,与敌共此险阻之利。吴起曰:'无当天灶;天灶者,大谷之口',言不可迎隘口而居之也。"

险形者,我先居之,必居高阳以待敌;若敌先居之,引而去之,勿从也!

(训义)杜牧曰:"险者,山峻谷深,非人力所能作为,必居高阳以待敌;若敌人先据之,必不可以争,则当引去。阳者,南面之地;恐敌人持久,我居阴而生疾也。今若于崤渑遇敌,则先据北山,此乃是面阴而背阳也。高阳二者,止可舍阳而就高,不可舍高而就阳。《孙子》乃统而言之也。"梅尧臣曰:"先得险固,居高就阳,待敌则强;敌苟先之,就战则殆,引去勿疑。"

基博按：此即《行军篇》论处山之军之所谓"绝山依谷"；而克老山维兹著书论山岳之攻与守孰能配备全军于山背之广大高原者，孰则瞰制敌军以有利；此所为"必居高阳以待敌"也！

远形者，势均，难以挑战，战而不利。

（训义）曹操曰："挑战者，延敌也。"杜牧曰："譬如我与敌垒，相去三十里，若我来就敌垒，而延敌欲战者，是我困敌锐，故战者不利；若敌来就我垒，延我欲战者，是我佚敌劳，敌亦不利；故延势均。然则如何？曰：欲必战者，则移相近也。"张预曰："营垒相远，势力又均，止可坐以待敌，不宜挑人而求战也。"

凡此六者，地之道也，将之至任，不可不察也。

（训义）张预曰："六地之形，将不可不知。"

基博按："通形"，谓运动之无障碍者也。其他"挂形"、"支形"、"隘形"、"险形"，皆运动之有障碍者也。至于"远形"则运动之无障碍，而处战地以待敌，蕲致人而致于人也。六地之外，有突形者，可以攻，难于守。希特勒以一九三九年九月进攻波兰也，波兰之波森突入德境，北有东普鲁士，南有斯洛伐克，三面为德所围以成一突角；如不以攻，则形势孤悬而无法守。希特勒以南北两集团军，各自为钳，而后合两集团军南北夹击以成一大钳形。波兰仓皇应战，而欲以波森军反攻，挽此颓势；不意反攻以深入，能进而不能退；遂为德军歼焉！此突形之危也。今日本狯焉启疆以劳师袭远，不期而成突形者三，深入危地以不得自拔矣！欧美兵家亦有论者，以谓："日人开疆拓土，分兵四出，而在中国东北以及中国与泰、越，成突出之三楔形，而可以利敌人之钳形夹击者也！北部楔形，在中国之东北，其东北两面，为苏联所包围；而西北则受蒙古之包围，其势如波兰西部之凸角。中部楔形，为中国沦陷各省，则北受蒙古之威胁，而西有中国之大军，南则中、英、荷、奥同盟之联军。南部楔形为泰、越，与日本三岛，壤土相隔，只一孤岛而已；而中国缅甸所包围者也。此三突角者，殆日人历年战胜攻取之所获；然壤土辽阔，声势不接，而隔离之三大战场，连兵久不解,当得几许兵力以能维持耶!如敌人分道以进,如以海上而论:日本全部岛屿,无不在敌人控制之下!而委任统治群岛,则分布于美国所控制之太平洋上。如美国海军得利用英、荷及苏联在远东之海军根据地,岂惟可以控制东京之外围各小岛,抑亦以控制日本本部!日本本部之外围小岛,虽亦足资拥卫;然星罗棋布,兵势亦分!以十军舰占十岛,不如五岛而有十五军舰者之力为雄,进攻退守,此理易明!所以海军国日本之弱点,即在海上,而日本海军之所欲敌者有三:以海参崴为根据地之苏联潜水艇及军舰,一也。太平洋上之美国海军,二也。南太平洋之英、美、荷联盟军舰,三也。然则战场之成三楔形,岂惟陆上,抑亦海战!日本军舰之于三者,不论其在任何之一海上集中,必以成其他海上之空虚,而予敌以进攻之机矣!日本海军,岂特无胜利之望;抑欲以断敌人海上之交通,而亦不能也!日本有驱逐舰百艘,倘以集中于面积有限之一海上,而攻击一敌人,威力自不可侮!今则以百艘驱逐舰,零星分散,从库页岛以至西贡,又自泰国以至甲卢特岛,汪洋浩渺,亦何能为!反轴心之英、美、荷、澳诸国,可以其军舰与商船,驶行于几多不同之航线,而以接济其攻击各楔形之军队;每一舰船,护以巨型巡逻轰炸机;如此,则日本有八十艘之潜水艇,而出没于大海之汪洋;何足算也!安能以阻绝海上之交通耶!然日军之在陆地,亦不能以阻绝交通,而挠敌人之进攻也!日军之前进,不过以迫反轴心国之军队,退驻便利之地,而得源源之接济。中国陆军,以重庆为根据地,比在武汉更坚强。英美联军在印度、澳洲作战,比之泰国华南,更易增援!然反轴心国之军队,可以后退部署进攻,于军心士气无伤也!日军则可进而不可退;一退,则人民失其胜利之信心,士兵丧其战斗之勇气,国势瓦解,不仅敌军之进迫东京而已!日本既不能退出任何战场之 楔形,以沮士气,堕民志;则亦不能在任何之一凸角,集中兵力!今日军之在海陆各战场,战胜攻取,无不占优势;一至兵力分散,优势亦何能保!然日本欲以保战胜攻取之所获,而持守于勿失,兵力不得不分散!于时,反轴心国之军队，倘海陆并进，一时并力，如德军之于波兰，每一楔形，各施以钳形之夹击，日其殆哉！"

右第一节，论地形。

故兵有走者，有弛者，有陷者，有崩者，有乱者，有北者。凡此六者，非天之灾，将之过也。

（训义）张预曰："凡此六败，咎在人事。"

夫势均，以一击十，曰走。

（训义）曹操曰："不料力"，张预曰："势均，谓将之智勇，兵之利钝，一切相敌也；夫体敌势等，自不可轻战；况奋寡以击众，能无走乎！"

卒强吏弱，曰弛。

（训义）张预曰："士卒豪悍，将吏懦弱，不能统辖约束，故军政弛坏也。吴、楚相攻，吴公子光曰：'楚军多宠，政令不一，帅贱而不能整，无大威命，楚可败。'果大败楚师也。"

吏强卒弱，曰陷。

（训义）贾林曰："士卒皆羸，鼓之不进，吏强独战，徒陷其身也。"梅尧臣曰："吏虽强进，不能激之以勇，故陷于死。"张预曰："将吏刚勇欲战，而士卒素乏训练，不能齐勇同奋，苟用之，必陷于亡败。"

大吏怒而不服，遇敌怼而自战，将不知其能，曰崩。

（训义）曹操曰："大吏，小将也。"梅尧臣曰："小将心怒而不服，遇敌怨怼而不顾，自取崩败者，盖将不知其能也。"张预曰："大凡百将一心，三军同力，则能胜敌；今小将恚怒而不服于大将之令，意欲俱败，逢敌便战，不量能否，故必崩覆。"

将弱不严，教道不明，吏卒无常，陈兵纵横，曰乱。

（训义）梅尧臣曰："懦而不严，则士无常检；教而不明，则出陈纵横不整；乱之道也。"张预曰："将弱不严，谓将帅无威德也；教道不明，谓教阅无古法也；吏卒无常，谓将臣无久任也；陈兵纵横，谓士卒无节制也。为将若此，自乱之道。"

基博按：军队之不可以平等，军人之不可以自由，不论专制与共和，民治与君主，一也。然军纪之弛，必由革命；革命之后，又振军纪；而军纪之弛，由于"将弱不严"，由于无赏罚！法之革命也，拿破仑为将，以告于执政曰："吾法之人，几曾知所谓自由平等；而惟一之情操，在尊荣！自古迄今，几曾有共和国，而废止荣誉徽章之颁奖者乎？我未之见也！诸君以为理论之分析，可以鼓士气，而使之奋勇打仗乎？诸君过矣！诸君理论之分析，只可以资科学家用之于书斋；而军人之所欲者，荣誉也，显耀也，重赏也！"一九一七年，苏联革命之日，布尔什维克尝以革命之精神，措而施之治军；即军人互称同志，上下平等，而废止上官之敬礼，是也。军队平等，军人自由，而司令官及各级指挥官，失其权威。上官有命，亦不能责以服从；而士兵肆言以讥评上官，无所忌惮；人杂言庞，而士兵之权力，乃陵驾司令官及各级指挥官而出其上焉；此《孙子》所谓"将弱不严，教道不明，吏卒无常，陈兵纵横曰乱"者也。虽革命可以成功，而御外亟待整军；迄一九三九年苏、芬之战，而益以征红军之必革新！先是提摩盛科以一九三九年五月，受命为国防委员长，所以革新红军军纪者有六：（一）制定红军高级指挥官之称号。（二）订红军惩罚令。（三）废止红军之政治部员制。（四）实施青年之军事训练。（五）制定下级士官及兵卒之称号。（六）对上官之敬礼。质言之，即规复军队阶级，力矫平等自由，是也。上官有命，绝对服从；如或抗违，必加严刑；虽用暴力，亦所不禁！倘上官而煦煦为仁以宽贷不从命者，则军法会议必予上官以惩戒之裁判；盖以捄"将弱不严，教道不明"之失也！其宗旨，在提高上官之权威；而其枢机，则在励行红军之礼仪。自司令官以迄下级士官，相呼以官。士官之于上官，兵卒之于士官，无论军中或道旁，相遇必致敬；否则罚无贷！所以然者，亦以军队平等，军人自由，而不免于"陈兵纵横"以"致乱"也！

将不能料敌，以少合众，以弱击强；兵无选锋，曰北。

（训义）李筌曰："军败曰北。"梅尧臣曰："不能量敌情，以少当众；

不能选精锐，以弱击强；皆奔北之理也。"何氏曰："夫士卒疲勇，不可混同为一；一则勇士不劝，疲兵因有所容，出而不战，自败也。故兵法曰：'兵无选锋曰北。'昔齐以技击强，魏以武卒奋，秦以锐士胜，汉有三河侠士剑客奇材；吴谓之解烦，齐谓之决命，唐谓之跳荡，是皆选锋之别名也；兵之胜术，无先于此。凡军众既具，则大将勒诸营各选精锐之士，须趫健出众，武艺轶格者，部为别队。大约十人选一人，万人选千人，所选务寡，要在必当，择腹心健将统率。自大将亲兵前锋奇伏之类，皆品量配之也。"张预曰："设若奋寡以击众，驱弱以敌强，又不选骁勇之士，使为先锋，兵必败北也。凡战必用精锐为前锋者，一则壮吾志，一则挫敌威也。故《尉缭子》曰：'武士不选，则众不强。'"

凡此六者，败之道也；将之至任，不可不察也！

（训义）张预曰："以上六事，必败之道。"

基博按："将之至任"凡两见：一曰相地之道以料敌制胜，"将之至任"一也；一曰审败之道以整军经武，"将之至任"二也。善用兵者，先为不可胜以待敌之可胜，自立于不败而不失敌之败；是故审败之道以整军经武，视相地之道以料敌制胜，尤为先务之急。故下曰"地形者兵之助也"；以见兵之先务，不在地形而别有在也。

右第二节，论六败。

夫地形者，兵之助也。

（训义）杜牧曰："夫兵之主，在于仁义节制而已；若此，地形可以为兵之助。"张预曰："能审地形者，兵之助耳，乃末也；料敌制胜者，兵之本也。"

基博按：此语为一篇之眼，而以承上起下。所谓"兵之助"者，有二义：一曰知地而不知败，虽知地，而不免于败，此承上文言之也；一曰知地而不知彼知己，虽知地，而未能制胜，此炤下文言之也。诸家注于上下文义未融贯。

料敌制胜，计险厄远近，上将之道也。

（训义）何氏曰："知敌知地，将军之职。"张预曰："既能料敌虚实强弱之情,又能度地险厄远近之形,本末皆知,为将之道毕矣!"

基博按:"料敌制胜"者,下文知彼知己之事;"计险厄远近"者,上文地形之事;上将之道,必兼二者。而"计险厄远近",不过其一端,总以见地形者,不过兵之助耳。

知此而用战者必胜,不知此而用战者必败!

(训义)张预曰:"既知敌情,又知地利,以战则胜;俱不知之,以战即败。"

基博按:"此"字义不兼指,盖指"地形者兵之助"之一义尔。

故战道必胜,主曰无战,必战可也。战道不胜,主曰必战,无战可也。

(训义)杜牧曰:"主者,君也。黄石公曰:'出军行师,将在自专,进退内御,则功难成。'故圣主明王跪而推毂曰:'阃外之事,将军裁之。'"张预曰:"与其从令而败事,不若违制而成功;故曰:'军中不闻天子之诏。'"

故进不求名,退不避罪,

(训义)何氏曰:"进岂求名也,见利于国家士民,则进也;退岂避罪也,见其蠹国残民之害,虽君命使进而不进,罪及其身,不悔也。"

唯民是保而利合于主,国之宝也。

(训义)张预曰:"进退违命,非为己也,皆所以保民命而合主利,此忠臣国家之宝也。"

视卒如婴儿,故可与之赴深溪;视卒如爱子,故可与之俱死。

(训义)李筌曰:"若抚之如此,得其死力也。故楚子一言,三军之士,皆如挟纩也。"张预曰:"将视卒如子,则卒视将如父,未有父在危难,而子不致死!故荀卿曰:'臣之于君也,下之于上也,如子弟之事父兄,手足之捍头目也。'夫美酒泛流,三军皆醉;温言一抚,士同挟纩;信乎以恩遇下,古人所重也。"

厚而不能使,爱而不能令,乱而不能治,譬如骄子,不可用也。

(训义)杜牧曰:"黄石公曰:'士卒可下而不可骄',夫恩以养士,谦以接之,故曰'可下';制之以法,故曰:'不可骄。'"何氏曰:"言恩不可纯任;纯任,则还为己害!"

知吾卒之可以击,而不知敌之不可击胜之半也;知敌之可击,而不知吾卒之不可以击,胜之半也;

（训义）陈皞曰:"可击不可击者,所谓'兵众孰强,士卒孰练,赏罚孰明'也。"张预曰:"或知己而不知彼,或知彼而不知己,则有胜有负也。"

知敌之可击,知吾卒之可以击,而不知地形之不可以战,胜之半也。

（训义）张预曰:"既知己,而又知彼,但不得地形之助,亦不可全胜。"

故知兵者,动而不迷,举而不穷。

（训义）张预曰:"不妄动,故动则不误;不轻举,故举则不困;识彼我之虚实,得地形之便利,而后战也。"

基博按:"知吾卒之可以击","知敌之可击","知地形之可以战",三者具而后为"知兵!"然所以"动而不迷,举而不穷"者,岂惟学理之深知,抑亦有借于经历! 美国出征总司令潘兴以一九一七年出兵援英法协约,既抵巴黎,而所以诏部属者则曰:"凡司令官之指挥作战,及处理运输给养,其成功端赖实际之研究! 所谓军事学者,原不外应用常识于军事行动而已! 深奥之名词,理论之探讨,虽能使战术神秘化;实则军事天才,终不外根据经验及理解,以求简易原则之实施而已!"诚哉是言! 今观《十三篇》书,孰非根据经验之理解,以求简易原则之实施乎! 苟骋玄谈,必入歧途! 欲知兵者,不可不先知乎此!

故曰:"知彼知己,胜乃不殆;知地知天,胜乃可全。"

（训义）李筌曰:"人事天时地利,三者同知,则百战百胜。"孙星衍曰:"上文云'知敌之可击','知吾卒之可以击',故此云'知彼知己'也。上文又云'不知地形之不可以战',故此云'知地';盖地形者,兵之助,故《孙子》重言之也。上文诸言'胜之半也',故此云'可全'以足其义,所谓全胜。"

右第三节,论地形者兵之助。

郑友贤曰："或问六地者，地形也；复论将有六败者，何也？曰：惧后世学兵法者泥胜负之理于地形也，故曰：'地形者兵之助'；非上将之道也。太公论主帅之道，择善地利者三人而委之，则地形，固非将军之事也。所谓'料敌制胜'者，上将之道也。知此为将之道者，战则必胜；不知此为将之道者，战则必败。凡所言曰走、曰弛、曰崩、曰陷、曰乱、曰北，此六者，败之道；将之至任，不可不察也。是胜败之理，不可泥于地形，而系于将之工拙也。至于九地亦然，曰：'刚柔皆得，地之理也。将军之事，静以幽，正以治；驱三军之众，如群羊往来，不知其所之者，将军之事也。'特垂诫于六地、九地者，孙武之深旨也。"

九地篇第十一

（解题）张预曰："用兵之地，其势有九；此论地势，故次地形。"

基博按：此篇勘《地形篇》未发之蕴而补其义。

孙子曰：用兵之法，有散地，有轻地，有争地，有交地，有衢地，有重地，有圮地，有围地，有死地。

（训义）曹操曰："此九地之名也。"

诸侯自战其地者，为散地。

（训义）杜牧曰："士卒近家，进无必死之心，退有归投之处。"何氏曰："散地，士卒恃土，怀恋妻子，急则散走，是为散地。"张预曰："战于境内，士卒顾家，是易散之地也。郧人将伐楚师，楚斗廉曰：'郧人军其郊，必不诫，恃近其城，莫有斗志。'果为楚所败，是也。"

基博按：《孙子》之说，可以备一义，而未窥其全！人君自私其国，人民不爱其国，而大敌猝至，谁则肯冒九死以为独夫保私产者！故曰"诸侯自战其地者为散地"也。然国者，民之所托命也；庐墓之所在，财产之所寄，生于斯，长于斯，聚骨肉于斯，一旦强敌凭陵，国破，则家亦亡；"自战其地"，则人怀必死，守望相助，何"散地"之有！春秋之世，管仲相齐桓公，而作内政以寄军令；制五家为轨，轨为之长；十轨为里，里置有司；四里为连，连为之长；十连为乡，乡有良人焉。以为军令；五家为轨，故五人为伍，轨长帅之；十轨为里，故五十人为小戎，里有司帅之；四里为连，故二百人为卒，连长帅之；十连为乡，故二千人为旅，乡良人帅之；五乡一帅，故万人为一军，五乡之帅帅之。伍之人，世同居，少同游，故夜战，声相闻，足以不乖；昼战，目相视，足以相识；其欢欣足以相死；居同乐，行同和，死同哀；是故守则同固，战则同强。则是因百姓爱乡之心，作三军同仇之气，而抟壹其志，"自战其地"，何"散"之有！一九一四年八月，第一次欧战开始，俄遣大将勒嫩坎夫与三索诺夫以陆军八十万人，大炮一千七百尊，分两路侵入东普鲁士，锐不可当！于是威廉二世起兴登堡为东方第八路军总指挥。而兴登堡以第二十军团为中坚，当三索诺夫，曰："以寡敌众，兵力已薄；然薄则有之，弱则未也！其士兵皆籍东普鲁士，不力战，无以保其乡里；父母兄弟，妻子姊妹，无不为俄俘！我知同仇敌忾，必能僇力御侮，如钢之坚，不可挠也！"果以大挫俄军。此非"自战其地"乎？然而僇力御侮，众志成城；何"散"之有焉！

入人之地而不深者，为轻地。

（训义）王晳曰："初涉敌境，势轻，未有斗志也。"何氏曰："轻地者，轻于退也；入敌境未深，往轻返易。"张预曰："始入敌境，士卒思还，是轻返之地也。"

我得则利，彼得亦利者，为争地。

（训义）杜牧曰："必争之地，乃险要也。"张预曰："险固之利，彼我得之，皆可以少胜众，弱胜强者，是必争之地也。唐太宗以三千人守成皋之险，坐困窦建德十万之众，是也。"

我可以往，彼可以来者，为交地。

（训义）杜牧曰："川广地平，可来可往，足以交战对垒。"陈皡曰："言其道路交横，彼我可以来往。"何氏曰："交地，平原交通也。"

诸侯之地参属，先至而得天下之众者，为衢地。

（训义）何氏曰："衢地者，地要冲，控带数道。"张预曰："衢者，四通之地。"

基博按：衢地者，道路四通，不可不先据之以控制要害，示天下形势，而莫敢不服，此所谓"先至而得天下之众。"如春秋时，晋、楚之争郑；秦汉之际，刘、项之争荥阳、成皋；是也。诸家以先遣使至其地，约和旁国，交亲结恩为说，未免迂曲失解。

入人之地深，背城邑多者，为重地。

（训义）曹操曰："难返之地。"杜牧曰："入人之境已深，过人之城已多，津梁皆为所恃，要冲皆为所据，还返师旋，不可得也。"张预曰："深入敌境，多过敌城，士卒心专，无有归志，此难退之地也。"

行山林险阻沮泽，凡难行之道者，为圮地。

（训义）张预曰："险阻沮洳之地，进退艰难而无所依。"

所由入者隘，所从归者迂，彼寡可以击吾之众者，为围地。

（训义）杜佑曰："所从入厄险，归道远也；持久则粮乏，故敌可以少击吾众者，为围地也。"梅尧臣曰："山川围绕，入则隘，归则迂也。"

疾战则存，不疾战则亡者，为死地。

（训义）贾林曰："左右高山，前后绝涧，外来则易，内出则难，误居此地，速为死战则生；若待士卒气挫，粮储又无，而持久，不死何待！"张预曰："山川险隘，进退不能，粮绝于中，敌临于外；当此之际，励士激战而不可缓也。"

是故散地则无战，

（训义）梅尧臣曰："我兵在国，安土怀生，陈则不坚，斗则不胜，是不可以战。"王晳曰："决于战，则惧散。"

轻地则无止。

（训义）梅尧臣曰："始入敌境，未背险阻，士心不专，无以战为？勿近名城，勿由通路，以速进为利。"

争地则无攻，

（训义）曹操曰："不当攻，当先至为利也。"杜牧曰："无攻者，谓敌人若已先得其地，则不可攻。"王晳曰："敌居形胜之地，先据乎利，而我不得其处，则不可攻。"

交地则无绝，

（训义）杜牧曰："川广地平，四面交战，须车骑部伍，首尾联属，不可使断绝，恐敌人因而乘我。"

衢地则合交，

（训义）曹操曰："结诸侯也。"张预曰："四通之地，先结交旁国。"

基博按："合交"者，谓合兵交战也。诸家解未的，详见《九变篇》。

重地则掠，

（训义）孟氏曰："因粮于敌也。"梅尧臣曰："去国既远，多背城邑，粮道必绝，则掠畜积以继食。"

圮地则行，

（训义）曹操曰："无稽留也。"梅尧臣曰："当速行。"

围地则谋，

（训义）梅尧臣曰："前有隘，后有险，归道又迂，则发谋虑以取胜。"

死地则战。

（训义）陈皞曰："陷在死地，则军中人人自战；故曰'置之死地而后生'也。"贾林曰："力战或生，守隅则死。"梅尧臣曰："前后左右，无所之，示必死，人人自战也。"

右第一节论九地之变，屈伸之利。

所谓古之善用兵者，能使敌人前后不相及，众寡不相恃，贵贱不相救，上下不相收，卒离而不集，兵合而不齐。

（训义）杜牧曰："多设变诈以乱敌人，或冲前掩后，或惊东击西，或立伪形，或张奇势，或则无形以合战，敌则必备而众分，使其意慑离散，上下惊扰，不能和合，不得齐集，此善用兵也。"张预曰："出其不意，掩其无备，骁兵锐卒，猝然突击；彼救前则后虑，应左则右隙，使仓皇散乱，不知所御，将吏士卒，不能相赴，其卒已散而不复聚，其兵虽合而不能一。"

合于利而动，不合于利而止。

（训义）张预曰："彼虽惊扰，亦当有利则动，无利则止。"

敢问敌众整而将来，待之若何？

（训义）梅尧臣曰："此设疑以自问，言敌人甚众，将又严整，我何以待之耶?"

曰：先夺其所爱，则听矣；

（训义）曹操曰："夺其所恃之利。"李筌曰："《孙子》故立此问者，以此为秘要也。所谓爱，谓敌所便爱也。"陈皞曰："爱者，不止所恃利，但敌人所顾之事，皆可夺也。"

兵之情主速，乘人之不及，由不虞之道，攻其所不戒也。

（训义）杜牧曰："此统言兵之情状，以乘敌间隙，由不虞之道，攻其不戒之处；此乃兵之深情，将之至事也。"梅尧臣曰："兵机贵速，当乘人之不备！乘人之不备者，行不虞之道，攻不戒之所也。"何氏曰："如蜀将孟达之降魏，魏朝以达领新城太守。达复连吴固蜀，潜图中国。谋泄，司马宣王秉政，恐达速发，以书绐达以安之。达得书，犹豫不决。宣王乃潜军进讨。诸将皆言达与二贼交构，宜审察而后动。宣王曰：'达无信义，此其相疑之时也，当及其未定，往讨之。'乃倍道兼行，八日，到其城下。吴、蜀各遣其将向西城、安桥木阑以救达，宣王分诸将拒之。初达与诸葛亮书曰：'宛去洛八百里，去吾一千一百里，闻吾举事，当表上天子，比相反覆，一月间也；则吾城已固，诸军足办；所在深险，司马公必不自来，吾无患矣！'及兵到，达又告亮曰：'吾举事八日，而兵至城下，何其神速也！'上庸城三面阻水，达于城下为木栅以自固。宣王渡水，破其栅，直造城下，八道攻之。旬有六日，达甥邓贤、将李辅等开门出降，遂斩达。李靖征萧铣，集兵于夔州，铣以时属秋潦，江水泛涨，三峡路陷，必谓靖不能进，遂休兵不设备。九月，靖乃率师而进，将下峡。诸将皆请停兵待水退。靖曰：'兵贵神速，机不可失。今兵始集，铣尚未知；若乘水涨之势，倏忽至城下，所谓疾雷不及掩耳，此兵家上策。纵彼知我，仓卒征兵，无以应敌，此必成擒也。'遂降萧铣。《卫公兵法》曰：兵用上神，战贵其速。简练士卒，申明号令，晓其目以麾帜，习其耳以鼓金，严赏罚以诫之，重刍豢以养之，浚沟堑以防之，指山川以导之，召才能以任之，述奇正以教之；如此，则虽敌人有雷电之疾，而我则有所待也。"若兵无先备，则不应卒;卒不应,则失于机;失于机,则后于事;后于事,则不制胜而军覆矣!故《吕氏春秋》云:"凡兵者欲急捷";所以一决取胜,不可久而用之矣。或曰:兵之情虽主速,乘人之不及;然敌将多谋,戎卒辑睦,令行禁止,兵利甲坚,气锐而严,力全而劲,岂可速而犯之耶?答曰:"若此,则当卷迹藏声,蓄盈待竭,避其锋势,与其持久,安可犯之哉!廉颇之拒白起,守而不战;宣王之抗武侯,抑而不进,是也。"张预曰:"用兵之理,惟尚神速;所贵乎速者,乘人之仓猝,使不及为备也。出兵于不虞之径,以掩其不戒,故敌惊扰散乱,而前后不相及,众寡不相待也。"

凡为客之道,深入则专,主人不克;

(训义)杜牧曰:"言大凡为攻伐之道,若深入敌人之境,士卒有必死之志,其心专一,主人不能胜我也。克者,胜也。"张预曰:"深入敌境,士卒专心,则为主者不能胜也;客在重地,主在轻地故耳。故赵广武君谓'韩信去国远斗,其锋不可当',是也。"

掠于饶野,三军足食,谨养而勿劳,并气积力,运兵计谋,为不可测。

(训义)杜牧曰:"斯言深入敌人之境,须掠田野,使我足食;然后闭壁守之,勿使劳苦;气全力盛,一发取胜;动用变化,使敌人不能测我也。"陈皞曰:"所处之野,须水草便近,积蓄不乏,谨其来往,善抚士卒。王翦伐楚,楚人挑战,翦不出,勤于抚御,并兵一力,闻士卒投石为戏,知其养勇思战,然后用之;一举遂灭楚。但深入敌境,未见可胜之利,则须为此计。"张预曰:"兵在重地,须掠粮于富饶之野以丰吾食,乃坚壁自守,勤抚士卒,勿任以劳苦,令气盛而力全,常为不可测度之计,伺敌可击,则一举而克。王翦伐荆,尝用此术。"

投之无所往,死且不北!

(训义)杜牧曰:"投之无所往,谓前后进退,皆无所之,士以此皆求力战,虽死不北也!"梅尧臣曰:"置在必战之地,知死而不退走。"

死,焉不得士人尽力!

(训义)王晢曰:"人在死地,焉不尽力!"郑友贤曰:"或问'死焉不得士人尽力!'诸家释为二句者,何也?曰:夫人之情,就其甚难者,不顾其甚易；舍其至大者，不吝其至微。死难于生也，甘其万死之难，而况出于生之甚易者哉！身大于力也，弃其一身之大，而况用于力之至微者哉！武意以为三军之士，投之无所往，则白刃在前，有所不避也；死且不避，况于生乎！身犹不虑，况于力乎！故曰：'死且不北。'夫三军之士，不畏死之难者，安得不人人用力乎！'死焉不得士人尽力'，诸家断为二句者，非武之本意也。"

兵士，甚陷则不惧，

（训义）张预曰："陷在危亡之地，人持必死之志，岂复畏敌也！"

无所往则固，深入则拘，

（训义）李筌曰："固，坚也。"杜牧曰："往，走也；言深入敌境，走无生路，则人心坚固，如拘缚者也。"张预曰："动无所之，人心坚固；兵在重地，走无所适，则如拘系也。"

不得已则斗。

（训义）曹操曰："人穷则死战也。"张预曰："势不获已，须力斗也。《尉缭子》曰：'一贼仗剑击于市，万人无不避之者，非一人之独勇，万人皆不肖也；必死与必生不侔也。'"

是故其兵不修而戒，不求而得，不约而亲，不令而信；

（训义）杜牧曰："此言兵在死地，上下同志，不待修整而自戒惧，不待收索而自得心，不待约令而自亲信也。"

禁祥去疑，至死无所之。

（训义）杜牧曰："黄石公曰：'禁巫祝，不得为吏士卜问军之吉凶，恐乱军士之心'；言既去疑惑之路，则士卒至死！无有异志也。"张预曰："欲士死战，则禁止军吏不得用妖祥之事，恐惑众也；去疑惑之计，则至死无他虑。《司马法》曰：'灭厉祥'，此之谓也。倘士卒未有必战之心，则亦有假妖祥以使众者，田单守即墨，命一卒为神，每出入约束，必称神；遂破燕，是也。"

吾士无余财，非恶货也；无余命，非恶寿也。

（训义）张预曰："货与寿，人之所爱也；所以烧掷财宝，割弃性命者,非憎恶之也,不得已也。"

令发之日,士卒坐者涕沾襟,偃卧者涕交颐。

(训义)李筌曰:"弃财与命,有必死之志,故感而流涕也。"

投之无所往者,诸、刿之勇也。

(训义)张预曰:"人怀必死,则所向皆有专诸、曹刿之勇也。专诸,吴公子光使刺杀吴王僚者。刿,当为沫;曹以勇力事鲁庄公,尝执匕首劫齐桓公。"

故善用兵者,譬如率然;率然者,常山之蛇也,击其首则尾至,击其尾则首至,击其中则首尾俱至。

(训义)梅尧臣曰:"蛇之为物也,不可击;击之,则率然相应。"张预曰:"率,犹速也;击之则速然相应,此喻阵法也。《八阵图》曰:'以后为前,以前为后,四头八尾,触处为首;敌冲其中,首尾俱救。'"

基博按:张预之说,似乎确有证佐;然武之意,非喻阵法也;自系指患难共处之相救应如一体耳,细玩其上下文可见。

敢问兵可使不率然乎?

(训义)梅尧臣曰:"可使兵首尾率然相应如一体乎?"

曰:可。夫吴人与越人相恶也,当其同舟同济,遇风,其相救也,如左右手。

(训义)张预曰:"吴越,仇雠也,同处危难,则相救如两手;况非雠者,岂不犹率然之相应乎!"

是故方马埋轮,未足恃也;

(训义)曹操曰:"方,缚马也;埋轮,示不动也。"杜牧曰:"缚马埋轮,使为方阵,使为不动,虽如此,亦未足称为专固而足为恃;须任权变,置士于必死之地,使人自为战,相救如两手,此乃守固必胜之道,而足为恃也。"陈皞曰:"人之相恶,莫甚吴越,同舟遇风而犹相救,何则?势使之然也。夫用兵之道,若陷在必战之地,使怀俱死之忧,则首尾前后,不得不相救也。有吴越之恶,犹如两手相救;况无吴越之恶乎!盖言贵于设变使之,则勇怯之心一也。"郑友贤曰:"或曰:'方马埋轮',诸家释为方缚;或谓缚马为方阵者,何也? 曰:解方为缚者,义不经;据缚而方之者,非武本辞。盖'方'当为'放'字,武之说,本乎人心离散,则虽强为固止而不足恃也。固止之法,莫过于枙其所行;古者用兵,人乘车而战,车驾马而行;今欲使人固止而不散,不得齐勇之政;虽放去其马而牧之,陷轮于地而埋之,亦不足恃之为不散也。噫! 车中之士,辕不得马而驾,轮不得辙而驰,尚且奔走散乱而不一;则固在以政而齐其心也。"

齐勇若一,政之道也;

(训义)陈皞曰:"政令严明,则勇者不得独进,怯者不得独退;三军之士如一也。"

刚柔皆得,地之理也。

(训义)曹操曰:"强弱一势也。"王晳曰:"刚柔,犹强弱也;言三军之士,强弱皆得其用者,地利使之然也。"张预曰:"得地利,则柔弱之卒亦可以克敌;况刚强之兵乎! 刚柔俱获其用者,地势使之然也。"

基博按:"刚柔"者,兵之用。九地者,"地之理"。"散地则无战","轻地则无止","争地则无攻","交地则无绝","圮地则行","围地则谋",六者,"柔"以得"地之理"也。"衢地则合交","重地则掠","死地则战",三者,"刚"以得"地之利"也。故曰:"刚柔皆得,地之理也。"诸家解似欠晰。

故善用兵者,携手若使一人,不得已也。

(训义)梅尧臣曰:"用三军,如携手使一人者,势不得已,自然皆从我所挥也。"

将军之事,静以幽,正以治。

(训义)梅尧臣曰:"静以幽邃,人不能测;正以自治,人不能挠。"王晳曰:"静则不挠,幽则不测;正则不偷,治则不乱。"张预曰:"其谋事,则安静而幽深,人不能测;其御下,则公正而整治,人不敢慢。"

能愚士卒之耳目,使之无知。

(训义)曹操曰:"愚,误也。民可与乐成,不可与虑始。"梅尧臣曰:"凡军之权谋,使由之而不使知之。"

易其事,革其谋,使人无识;

(训义)王晳曰:"已行之事,已施之谋,当革易之,不可再也。"何氏曰:"将术以不穷为奇也。"

易其居,迂其途,使人不得虑。

(训义)梅尧臣曰:"更其所安之居。迂其所趋之途,无使人得虑也。"王晳曰:"处易者,将致敌以求战也;迂途者,示远而密袭也。"张预曰:"其居,则去险而就易;其途,则舍近而从远,人初不晓其旨;及取胜乃服。太白山人曰:'兵贵诡道者,非止诡敌也;抑诡我士卒,使由而不使知之也。'"

基博按:"易其居",梅尧臣作"更易"之"易"解,承上"易其事",读入声。而王晳、张预似并作"险易"之"易"解,读去声。

帅与之期,如登高而去其梯;帅与之深入诸侯之地而发其机。

(训义)王晳曰:"皆励决战之志也。"张预曰:"去其梯,可进而不可退;发其机,可往而不可返。项羽济河沉舟之类,是也。"

焚舟破釜,若驱群羊;驱而往,驱而来,莫知所之。

(训义)张预曰:"群羊往来,牧者之随;三军进退,惟将之挥。"

聚三军之众,投之于险,此谓将军之事也。

(训义)梅尧臣曰:"措三军于险难而取胜者,为将之所务也。"

右第二节,论将军之事,在察人情之理,而聚三军之众,投之于险。险者,即指九地而言。

九地之变,屈伸之利,人情之理,不可不察也。

(训义)杜牧曰:"言屈伸之利害,人情之常理,皆因九地之变化。今欲下文重举九地,故于此重言,发端张本也。"王晳曰:"明九地之利害,亦当极其变耳。言屈伸之利者,未见便则屈,见便则伸。言人情之理者,深专浅散围御之谓也。"张预曰:"九地之法,不可拘泥,须识变通,可屈则屈,可伸则伸,审所利而已。此乃人情之理,不可不察。"

凡为客之道,深则专;浅则散;

(训义)梅尧臣曰:"深则专固;浅则散归。此而下重言九地者,《孙子》勤勤于九变也。"

去国越境而师者,绝地也;

(训义)梅尧臣曰:"进不及轻,退不及散,在二地之间也。"张预曰:"去己国,越人境而用师者,危绝之地也;若秦师过周而袭郑,是也。此在九地之外而言之者,战国时,间有之也。"郑友贤曰:"或问九地之中,复有绝地者,何也?曰:兴师动众,去吾之国中,越吾之境土,而初入敌人之地;疆场之限,所过关梁津要,使吾踵军在后,告毕书绝者,所以禁人内顾之情,而止其还遁之心也。《司马法》曰:'书亲绝,是为绝顾益虑。'《尉缭子》踵军令曰:'遇有还者诛之。'此绝地之谓也。然而不预九地者何?九地之法皆有变,而绝地无变,故论于九地之变而不得列其数也。或以越境为越人之国,如秦越晋伐郑者,凿也。"

基博按:武之意,自承上文而言;去国越境而师以致之绝地者,所以为深则专耳;非云九地之外,别有绝地。郑友贤之说,尚明而未融也。

四达者,衢地也;入深者,重地也;入浅者,轻地也;背固前隘者,围地也;无所往者,死地也。是故散地,吾将一其志;

(训义)杜牧曰:"守则志一;战则易散。"梅尧臣曰:"保城备险,一志坚守,候其虚懈,出而袭之。"

轻地,吾将使之属;

(训义)曹操曰:"使相及属。"杜牧曰:"部伍营垒,密近联属。盖以轻散之地,一者备其逃逸;二者恐其敌至,使易相救。"梅尧臣曰:"行则队校相继,止则营垒联属,脱有敌至,不有散逸也。"王晳曰:"绝则人不相恃。"

争地,吾将趋其后;

(训义)杜牧曰:"必争之地,我若已后,当疾趋而争;况其不后哉!"张预曰:"争地贵速,若前驱至而后不及,则未可;故当疾进其后,使首尾俱至。或曰:趋其后,谓后发先至也。"

交地,吾将谨其守;

(训义)梅尧臣曰:"谨守壁垒,断其通道。"张预曰:"不当阻绝其路,但严壁固守,候其来,则设伏击之。"

衢地,吾将固其结;

(训义)杜牧曰:"结交诸侯,使之牢固。"

基博按:"固其结",为结阵以自固;非固结诸侯之谓也,详见《九变篇》。

重地,吾将继其食;

(训义)贾林曰:"使粮相继而不绝也。"梅尧臣曰:"道既遥绝,不可归国取粮,当掠彼以食军。"

圮地,吾将进其涂;

(训义)杜佑曰:"疾行,无舍此地。"李筌曰:"不可留也。"

围地,吾将塞其阙;

(训义)杜牧曰:"兵法,围师必阙,示以生路,令无死志,因而击之。今若我在围地,敌开生路以诱我卒,我反自塞之,令士卒有必死之心。后魏末,齐神武起义兵于河北;魏尔朱兆、天光、度律、仲远等四将,会于邺南,士马精强,号二十万,围神武于南陵山;时神武马二千,步军不满三万,兆等设围不合,神武连系牛驴自塞之;于是将士死战,四面奋击,大破兆等四将也。"

死地,吾将示之以不活。

(训义)杜牧曰:"示之必死,令其自奋以求生也。"梅尧臣曰:"必死可生,人尽力也。"

故兵之情,围则御,

(训义)杜牧曰:"言兵在围地,始乃人人有御敌持胜之心。"

不得已则斗,

(训义)梅尧臣曰:"势无所往,必斗。"王皙曰:"脱死者,唯斗而已。"

过则从。

（训义）曹操曰："陷之甚过，则从计也。"陈启天曰："按过字为祸之借字。俞樾《荀子平议》云：'虽有大过，天其不遂乎。过与祸通。《汉书·公孙弘传》：虽阳与善，后竟报其过；《史记》过作祸。''过则从'，谓军在危祸之地，则易于服从命令也。"

是故不知诸侯之谋者，不能预交；不知山林险阻沮泽之形者，不能行军；不用乡导者，不能得地利。

（训义）梅尧臣曰："已解《军争篇》中。"王晳曰："再陈者，勤戒之也。"

四五者不知一，非霸王之兵也。

（训义）张预曰："四五，谓九地之利害。"陈启天曰："按'四五'两字，为'此三'两字之讹。十家注以四合五为九，指九地，误。"

夫霸王之兵，伐大国，则其众不得聚；威加于敌，则其交不得合。

（训义）王晳曰："能知敌谋，能得地利，又能形之，使其不相救，不相持，则虽大国，岂能聚众而拒我哉！威之所加者大，则敌交不得合。"

是故不争天下之交，不养天下之权，信己之私，威加于敌，故其城可拔，其国可隳。

（训义）杜牧曰："信，伸也；言不结邻援，不蓄养机权之计，但逞兵威，加于敌国，贵伸己之私欲；若此者，则其城可拔，其国可隳。吴夫差破越于会稽，败齐于艾陵，阙沟于商鲁，会晋于黄池，争长而反，威加诸侯，诸侯不敢与争；勾践伐之；乞师齐楚，齐楚不应；民疲兵顿，为越所灭。"张预曰："不争交援，则势孤而助寡；不养权力，则人离而国弱。伸一己之私忿，暴兵威于敌国，则终取败亡也。"陈启天曰："此三十一字，当作一句读。'信'，音伸，犹逞也。'敌'，谓彼此势均力敌之国。'故其城'之'故'字，犹则也。'其'，指不争天下之交，不养天下之权，但求逞一己之私欲，而以武力威胁势均力敌之国者；非谓敌也。

此句犹谓不讲求外交战以多争与国,多养威重;但知以武力威胁敌国,求逞一己之欲者;则其城与国有反为敌国攻破之虞也。以近事证之,日、德、义欲以武力横行世界,结局必遭失败;以其正犯《孙子》之戒也。"

基博按:"其城可拔,其得可隳"之两"其"字,谓"霸王之兵",与上文"其众不得聚","其交不得合"之两"其"字,谓"大国"之"敌"者不同;说详见序。

施无法之赏,悬无政之令,

(训义)梅尧臣曰:"瞻功行赏,法不预设;临敌作誓,政不先悬。"张预曰:"法不先施,政不预告,皆临事立制,以励士心。"陈启天曰:"自'施无法之赏',至'然后能为胜败'四十九字,与上下文意均不连;疑为上文'过则从'句下之脱简。"

犯三军之众,若使一人。

(训义)梅尧臣曰:"犯,用也;赏罚严明,用多若用寡也。"

犯之以事,勿告以言;

(训义)王晳曰:"情泄则谋乖。"张预曰:"任用之于战斗,勿谕之以权谋;人知谋则疑也。"

犯之以利,勿告以害。

(训义)张预曰:"人情见利则进,知害则避;故勿告以害也。"

投之亡地然后存,陷之死地然后生;

(训义)张预曰:"置之死亡之地,则人自为战,乃可存活也。项羽救赵,破釜焚庐,示以必死,诸侯从壁上观,楚战士无不一当十,遂虏秦将,是也。"

夫众陷于害,然后能为胜败。

(训义)梅尧臣曰:"未陷危难,则士卒心不专;既陷危难,然后胜;胜败在人为之耳。"

基博按:"能为胜败"者,众陷于害而人怀必死,则能为胜;众陷于害而人欲偷生,亦能为败。而所以能为胜,无不由于洞察人情。法国拿破仑大帝之所以战胜攻取者,亦以能洞察人情也。尝造一炮台以当敌冲,其地孤危而无掩蔽。其大将虑无人敢守。于是拿破仑手书以揭其上曰:"大无畏者之炮台!"而所部人人效命以争大无畏者矣!

故为兵之事,在于顺佯敌之意,

(训义)曹操曰:"佯,愚也。"杜牧曰:"夫顺敌之意,盖言我欲击敌,未见其隙,则藏形闭迹;敌人之所为,顺之勿惊。假如强以陵我,我则示怯而伏;且顺其强,以骄其意;候其懈怠而攻之。假如欲退而归,则开围使去;以顺其退,使无斗志;遂因而击之。皆顺敌之旨也。"张预曰:"彼欲进,则诱之令进;彼欲退,则缓之令退;奉顺其旨,设奇伏以取之。或曰:敌有所欲,当顺其意以骄之,留为后图。若东胡遣使谓冒顿曰:'欲得头曼千里马。'冒顿与之;复遣使来曰:'欲得单于一阏氏。'冒顿又与之。及其骄怠而击之,遂灭东胡,是也。"

并敌一向,千里杀将,

(训义)杜牧曰:"上文言为兵之事,在顺敌之意,此乃未见敌人之隙耳。若已见其隙,有可攻之势,则须并兵专力以向敌人,虽千里之远,亦可以杀其将也。"张预曰:"敌既骄惰,则并兵力以向之,可以覆其军,杀其将;则明如冒顿灭东胡之事,是也。"

此乃巧能成事者也。

(训义)张预曰:"始顺其意,后杀其将,成事之巧也。"

是故政举之日,夷关折符,无通其使;

(训义)梅尧臣曰:"夷,灭也;折,断也。"张预曰:"庙算已定,军谋已成,则夷塞关梁,毁折符信,勿通使命;恐泄我事也。"

励于廊庙之上,以诛其事。

(训义)曹操曰:"诛,治也。"张预曰:"兵者大事,不可轻议;当惕励于庙堂之上,密治其事贵谋不外泄也。"

敌人开阖,必亟入之。

(训义)张预曰:"或曰:谓敌人或开或阖,出入无常,进退未决,则宜急乘之。"

先其所爱，微与之期。

（训义）杜牧曰："微者，潜也；言以敌人所爱利便之处为期；将欲谋敌之故，潜往赴期，不令敌人知也。"

践墨，随敌以决战事。

（训义）杜牧曰："墨，规矩也；言我常须践履规矩，深守法制，随敌人之形；若有可乘之势，则出而决战。"陈皞曰："兵虽要在迅速以决战事，然自始及末须守法制；纵获胜捷，亦不可争竞扰乱也。"梅尧臣曰："举动必践法度，而随敌屈伸，因利以决战也。"陈启天曰："'敌人开阖，必亟入之。先其所爱，微与之期。践墨随敌，以决战事。'此数句，古今注家均误。'开阖'，谓国境关门之开闭；当两国将作战时，我军已迫近敌境，而敌国犹和战不定，或开关门，或阖关门。其主和者，如开关门来我军前议讲，须立即延入，以便用敌制敌；此之谓'敌人开阖，必亟入之'。'入'，谓延入敌国和使；非谓我军进入敌境也。十家注多以先夺其所爱，释'先其所爱'，大误！'其'指敌使；敌使所爱者为何，须酌如其意而先施之以结其欢心；此之谓'先其所爱'。'之'，亦指敌使；'期'，谓要约；非谓军期；敌使既已倾心于我，则当密与要约条件，令其回国进行；此之谓'微与之期'。'墨'字，十家注均以绳墨、规矩、法度释之，亦误。按'墨'当读'默'，二字音同义通；《汉书·窦婴传》'婴墨墨不得志'；借'墨'为'默'可证。'践'，犹持也，守也。'随'，犹因也，应也。'践墨随敌，以决战事'者，谓当我与敌佯为讲和之际，我宜保持沉默，因应敌情，以求突然决战，一举而胜也。"

基博按：此所谓"顺佯敌之意"，陈氏之说是也。惟"开阖"，不必指关门启闭；"入"者，我之入；"敌人开阖，必亟入之"者；谓敌人和战之计未定而不我虞，有隙可乘，我先发制人而亟入之；"先其所爱，微与之期，践墨随敌，以决战事"四句，乃所以申上文"敌人开阖，必亟入之"之意，而明其所以；如和平者，英、美之所爱也；而日人则先之以虚与委蛇，若即若离，野村、来栖，和平之使者连翩；近卫、东条，手书之殷勤不已；而英、美亦不利太平洋之有战事，未欲遽决裂也；平地一声雷，而日本攻其无备以先发制人，英、美太平洋上之珍珠港、菲律宾、马来亚半岛，卒被空袭；英、美人瞠目相视，猝不知措手，而军舰毁，香港陷矣！此之谓"敌人开阖，必亟入之"；此之谓"先其所爱，微与之期；践墨随敌，以决战事"；盖"先其所爱，微与之期"，此所以"敌人开阖"；而"践墨随敌，以决战事"，所以为"亟入"也。

是故始如处女，敌人开户；后如脱兔，敌不及拒。

（训义）曹操曰："处女，示弱；脱兔，往疾也。"杜牧曰："言敌人初时，谓我无所能为，如处女之弱；我因急去攻之，险疾迅速，如兔之脱走，不可捍拒也。"张预曰："守则如处女之弱，令敌懈怠，是以启隙；攻则犹脱兔之疾，乘敌仓卒，是以莫御。"

右第三节，论九地之变，屈伸之利；人情之理，交错而综言之。

基博按："九地之变，屈伸之利"一事，"人情之理"又一事。就全篇言：第一节论"九地之变，屈伸之利"。第二节论"人情之理"。而此节则错综以为说；而以"九地之变，屈伸之利，人情之理，不可不察也"起句，关锁上文，筦领下文，九形之变在地，屈伸之利在我；九地之变有定，屈伸之利何常。第一节称"散地则无战，轻地则无止，争地则无攻，交地则无绝，衢地则合交，重地则掠，圮地则行，围地则谋，死地则战"；此云"散地吾将一其志，轻地吾将使之属，争地吾将趋其后，交地吾将谨其守，衢地吾将固其结，重地吾将继其食，圮地吾将进其涂，围地吾将塞其阙，死地吾将示之以不活"；皆随九地之变，而为屈伸者也。而总言以发凡曰："为客之道，深则专，浅则散"；承上"为客之道，深入则专"，而重言以声明之。所谓"深则专"者，不仅指重地；凡绝地、围地、死地，皆所谓"深则专"也。所谓"浅则散"者，不仅指轻地；凡散地、交地、衢地，皆"浅则散"也。惟不察"人情之理"，则虽明乎九变之地，而无由屈伸以尽利。所谓"人情之理"者有二：一曰"兵之情主速，乘人之不及，由不虞之道，攻其所不戒也"；"是故始如处女，敌人开户；后如脱兔，敌不及拒"；此"人情之理"，"不可不察"之在于敌者也。一曰"兵之情，围则御"，"甚陷则不惧，无所往则固，深入则拘，不得已则斗,过则从";"投之亡地然后存,陷之死地然后生";此"人情之理","不可不察"之在于我者也。在于我者,当知"示之以不活";在于敌者,尤贵"攻其所不戒"。而"人情之理",所以神明"九地之变,屈伸之利",而以尽其用者也。然《孙子》究极"九地之变,屈伸之利",为当日战术言之也。而今地理政治学者力阐"海陆之权,屈伸之利",为现代战略言之也。地理之知识,以用之政治及战略,是为地理政治学。从前社会学,有地理学派;而此派之在德国,影响政治最大者,有腊德瑞尔,其分析英帝国地理精义,妙诘纷纶。威廉二世读之而大感奋! 至瑞典学者克杰伦,乃以为一学科,而有地理政治之名。二十年来,欧洲第一次大战以后,德陆军少将霍斯浩佛博士,遂为德国地理政治学之一代大师,组织地理政治学院于慕尼黑,罗致专家三千余人,根据世界地理以研究世界政治,出版地理政治刊物;而德国之国是定;希特勒遂据以决策世界第二次之政略战略矣! 希特勒之得政也,无日不讨国人而申儆之,明耻教战,整齐其民人,部勒以兵法,而以为世界第二次大战之工具。战略之制定,则一以地理政治学之综合判断为衡;而以为"此一役也,将为陆权与海权胜负之所由分;而德则陆权之国也。海权陵驾陆权之时期已逝,而马亨海军大将之理论,将不适于现代战争之技术。"而究其实,则何如耶? 世界文化之地理进展,由草原之游牧,而河流之农耕,而内海之商业劫掠,而大洋之工业殖民。英国则承西班牙、葡萄牙、荷兰之海洋霸权,而与之代兴。纳尔逊歼拿破仑之海军,而海权以巩固;迄于世界第二次大战之前夕,英国为海王之国,为海权国之标准代表! 英帝国之版图,大于不列颠一百倍,而以不列颠为首脑,以印度为心脏,右拥加拿大,左抵澳大利,而以直布罗陀、马尔他、埃及、苏彝士、亚丁、南波斯、锡兰、新加坡、香港诸据点,为经络之连结;而其毗邻据点之内地,一以为保护据点之用,一以接受据点商品之输入,卧榻之下,亦或容他人酣睡,而不能不隶英帝国之势力范围,巨舰炮垒,控险以守;良将精卒,陈利兵而谁何! 此海权国之轮廓也。夫海权国之所以维护其帝国者,在控制

海洋；而所以控之制海洋者，在控制海洋之据点。据点者，仅弱小国
之突出点耳；岂敢有贰心于英！其他列强，如有异图，只能从海上来；
而海上，则海权国之所控制；于是海权国之帝国，安于磐石！试观英
国之海军建军及其各据点设防，岂不然乎！盖不列颠以蕞尔岛国，而
缔造庞大之帝国以维护之，不得不用最经济之方法也！然则德之陆
权国，将何道以操胜算乎？德之地理学者乔黑尔，厥为大空间国之先
知！其说以为资源、原料，可以求之于人；技术、机械，可以求之于人；
惟民族之生存空间，不能求之于人；占领别人之土地，岂即自己之生
存空间！此为最固定之一因素。社会现象中最固定之因素，最足以
发挥力量也！假如设想德国在冰岛之上，则德国虽有八千万人口，苟
非向海发展，抑亦何路可走！然而不然！德国在中欧，德国在地理上
为中间国。以俾斯麦与威廉二世比，则俾斯麦为知政治地理者也；然
所知者德国地理；仅缔造德意志帝国，而大业以终！彼意念中无日耳
曼帝国，抑亦不能想像世界新秩序之可以日耳曼帝国为东半球盟主
也！威廉二世眼光四射，瞩全世界，但无深沉之思，而以中间国之德
国人，欣慕海王之国；此所为大惑不解也！然德国第一次欧战之败，
由于参谋长小毛奇，迂谨无大略，不知以世界地理，而策世界政治；习
故蹈常以运用地方性之战略；而地方性之史梯芬计划，又不能行之以
果！此固霍斯浩佛博士之所太息也！希特勒惩于前败而回顾俾斯
麦。俾斯麦言："我何须海军！如英国人欲登陆，我则以陆军聚而歼
之耳！"希特勒之敦刻尔克一役，抑或忆俾斯麦之说也？戈林之所欲
者，坦克、飞机、大炮。国社党之自觉而以成为陆权国；而希特勒为陆
权国之元首。希特勒亦回顾威廉二世，而方法则与威廉二世异。彼
不欣慕海王之国以扩建海军，而缘陆路以陆、空大军攻袭海权国连结
经络之据点，而掩有之；则海权之帝国虽庞大乎；而以神经失其连系，
痿痹不能动矣！此日本之所以攻占新加坡；德国陷苏联之塞港、诺
港，而以企图占领亚力山大港也。使海权国海上之据点，而为轴心所
掩有；斯可以封锁地中海与印度洋，而逼英国以入大西洋，遁荒加拿

大以苟延残喘！而于是海王国之英，扼守海上据点，维护帝国之经济办法，遂为帝国之弱点，而予轴心以攻瑕；据点毗邻之弱小国土，虽无虞于侵袭，而不足为掩护；以希特勒之自陆攻而不为海战也。然则希特勒者，盖兼综威廉二世之世界眼光，俾斯麦之地理认识，而自出心裁，以制陆权国之战略者也！然德国之所以张陆权者，抑亦坚持其不可拔之海权。不列颠三岛以封塞德国出海飘洋之门户，而为称雄海上之理想国。威廉二世尝欲以问英国之鼎，而希特勒则直以为不可能，张陆权以消海权，从陆上进攻以制英帝国之死命，而截取苏彝士运河，攻占近东及中东。一标准之陆权国，必并吞八荒以奄有大陆，打成一片；而旧式之海权，只以控制海洋，扼要害之处，置兵以守，星罗棋布以维护帝国。海权势分而力散；陆权力聚而势雄。陆权国则厚集其力以攻海权国之备多而力分。近东如为希特勒所有；则英帝国之腰脊断，而不能以自举，三岛局促，无能为也已！信如希特勒所言，"海权陵驾陆权之时代已逝"；而在今日，建立坚强之陆上阵地，掌握深广之后方陆地，又为决胜之条件。日本登陆战术之成功，曾不足以难其说；盖以日本之登陆成功，实因希特勒之陆权大张；海王之国，有事于西，奔命不遑，而无力分兵以东顾也！日本之田中奏章，抑亦陆权之战略。而或者以为日本海权国；其实不然！日本之地理，虽如亚洲之英国；然日本则为陆权国！日本海军瞠乎英、美之后；不过以为陆军之辅，而为之前哨，为之护航，开路登陆而已；其作用在大陆。田中之中心政策，为大陆政策；此日本之国策也。日本之战略，为陆权国之战略；而不借海军以缔造帝国，维护帝国。日本之登陆于朝鲜也，盖欲蚕食中国，延伸以至新加坡也。泱泱大陆，取之而置兵以守焉，自古以为难！然而以攻取论，海权国在海洋上，登陆不易；而陆权国壤土相接，只一举手一投足之劳，可以推锋而前。而以置守论，则有大空军与机械化之快速部队，可据点缘线以控制面；而大空军与机械化部队之建设，以比大海军为费省而力猛，进攻退守，事半功倍。现代化之军备，厥为海权陆权势力消长之区。昔日广袤之大陆，不易统治;而海洋则易于征服。今日则控制大陆,易于征服海洋;军事技术之改进,利于陆权;谭地理政治者,不可不察也!于是陆权国内线作战以占优势;而欧洲第二战场开辟之不易,不惟海权国虞外线作战之不利,而海军一旦失其所据,抑亦无用武之地!海权国外线作战,增援难而声势不接;内线作战则反是,声势接而供应不难;此陆权所以骤胜,一也。海权国备多而力分;陆权国节短而势险,以众击寡,实以我专敌分;二也。然则海权国将何道而以转败为胜耶?曰:海权国欲转败为胜,其战略必以海用陆,而其道有二:第一,得陆权国以为内线作战,而海权国自以外线供应。陆权国遇陆权国,而后势足以相持。苏联觅海口而不得;中国虽有海口,而海权国之势力倒灌,门户洞开;中、苏之为陆权国,抑亦不得不然;而克以建立坚强之陆上阵地,掌握深广之后方陆地,岂不泱泱乎大空间国也哉!所以持久之大战日酣,在中、苏两战场也!日顿兵于中国,德挫锐于苏联,欲罢不能,情见势绌;世界大势,决于中、苏;中、苏再接再厉以与德、日肉搏,亘月历岁,而势未堕。欲败德日,惟有陆战;海权国虽劳师以袭远,而攻之不得!欲败德,莫如增援苏联。欲攻日,必先增援中国。而海权国之战略,莫如外线供应,内线作战。海权国悉力以保持海上供应线,绰有余裕;而外线作战,声援不接,徒以堕军实而长寇仇;莫如供应陆权国以使之内线作战;分工合作,不劳事集。海权国一心并力以事制造运输,而不为外线作战之无谓消耗。陆权国得丰厚之军需供应,而运用大空间,动员大人口,反守为攻,以承德日之再衰三竭。德、日师老于中、苏,而财殚于英、美,旷日持久,何以济乎?其次,海权国如欲作战,必厚集其力,单刀直入以捣陆权国之心腹,而攻其本土;毋再分兵以株守一隅!在今日,海权国要塞尽失,尚有何地必置兵以守!而失地之规复,在以陆地为根据之同盟大战略中,视各地之人自为战为易!苟能败德、日以一蹶不振,则失地不收而自复!如欲败德、日,莫如集中兵力,反守为攻以直捣其国。希特勒向不虞人之攻,亦以自号于国人;而分兵四出,以为人为我攻,而后不暇以攻我。

今以其人之道,还治其人之身,而引兵长驱以入其国;则希特勒必仓皇引兵以自返救;安暇占人之土地;而亦以失信于其国,人心惶扰,而希特勒亦必无措!则是以陆权国之战略,而海权国反用之!日本自明治维新以来,无战不胜;亦攻人而不虞人攻;穷兵黩武以求所大欲,劳师以袭远;一旦兵临三岛,而承师老财匮之余,亦必无以善后!此则海陆之权,屈伸之利,《孙子》之所未言,而地理政治学者之所欲究明也;用为补义以殿于篇云。

火攻篇第十二

(解题)曹操曰："以火攻人。"王晳曰："助兵取胜，戒虚发也。"

基博按：此篇历举火人、火积、火辎、火库、火队，以火攻佐战胜攻取。今之交战国，有以空军大举轰炸，而毁敌人之人民财产，物资军需者，不必古今异宜也。

孙子曰：凡火攻有五：一曰火人，

(训义)李筌曰："焚其营，杀其士卒也。"何氏曰："鲁桓公世，焚邾娄之咸丘，始以火攻也。后世兵家者流，故有五火之攻，以佐取胜之道也。"

二曰火积，

(训义)杜牧曰："积者，积蓄也，粮食薪刍是也。高祖与项羽相持成皋，为羽所败，北渡河，得张耳、韩信军，军修武，深沟高垒；使刘贾将二万人，骑数百，渡白马津，入楚地，烧其积聚以破其业；楚军乏食。隋文帝时，高颍献取陈之策曰：'江南土薄，舍多茅竹，所有储积，皆非地窖；可密遣行人因风纵火，待彼修葺，复更烧之；不出数年，自可财力俱尽。'帝行其策，由是陈人益弊。"张预曰："焚其积聚，使刍粮不足；故曰：'军无委积则亡。'"

三曰火辎，四曰火库，

(训义)杜牧曰："器械财货及军士衣装，在车中上道未止曰辎；在城营垒，已有止舍曰库。其所藏二者皆同。"梅尧臣曰："焚其辎重，以窘财货。焚其库室，以空蓄聚。"张预曰："焚其辎重，使器用不供；故曰'军无辎重则亡。'焚其府库，使财货不充；故曰'军无财则士不来。'"

五曰火队。

（训义）李筌曰："焚其队仗兵器。"张预曰："焚其队仗，使兵无战具；故曰'器械不利，则难以应敌也。'"

行火必有因，

（训义）李筌曰："因奸人而内应也。"陈皞曰："须得其便，不独奸人。"贾林曰："因风燥而焚之。"张预曰："火攻，皆因天时燥旱，营舍茅竹，积刍聚粮，居近草莽，因风而焚之。"

烟火必素具。

（训义）曹操曰："烟火，烧具也。"梅尧臣曰："潜奸伺隙，必有便也；秉秆持燧，必先备也。"张预曰："贮火之器，燃火之物，常须预备，伺便而发。"

发火有时，起火有日。

（训义）梅尧臣曰："不妄发也。"张预曰："当伺时日。"

时者，天之燥也；

（训义）梅尧臣曰："旱燥易燎。"

日者，宿在箕、壁、翼、轸也；凡此四宿者，风起之日也。

（训义）李筌曰："《天文志》，月宿此者多风。《玉经》云：'常以月加日，从营室顺数十五至翼，月宿在于此也。'"梅尧臣曰："箕，龙尾也；壁，东壁也；翼、轸，鹑尾也；宿在者，谓月之所次也。"张预曰："四星好风，月宿则起，当推步躔次，知所宿之日，则行火。"

凡火攻，必因五火之变而应之。

（训义）张预曰："因火为变，以兵应之。五火即人、积、辎、库、队也。"

火发于内，则早应之于外。

（训义）杜佑曰："以兵应之，使间者纵火于敌营内，当速进以攻其外也。"杜牧曰："凡火，乃使敌人惊乱，因而击之；非谓空以火败敌人也。闻火初作，即攻之；若火阑众定而攻之，当无益，故曰早也。"

火发而其兵静者，待而勿攻。

（训义）杜牧曰："火作不惊，敌素有备，不可遽攻，须待其变者也。"

极其火力，可从而从之，不可从而止。

（训义）曹操曰："见可而进，知难而退。"张预曰："尽其火势，乱则攻，安静则退。"

火可发于外，无待于内，以时发之。

（训义）杜牧曰："若敌居荒泽草秽，或营栅可焚之地，即须及时发火，不必更待内发作，然后应之；恐敌人自烧野草，我起火无益。汉时，李陵征匈奴，战败，为单于所逐，及于大泽；匈奴于上风纵火，陵亦先放火烧断蒹葭，用绝火势。"

火发上风，无攻下风。

（训义）杜牧曰："若风东，则焚敌之东，我亦随之以攻其东。若火发东而攻其西，则与敌人同受也。故无攻下风，则顺风也。但举东，可知其他也。"

昼风久，夜风止。

（训义）张预曰："昼起则夜息，数当然也。故《老子》曰：'飘风不终朝。'"

凡军，必知有五火之变，以数守之。

（训义）张预曰："不可止知以火攻人，亦当防人攻己；推四星之度数，知风起之日，则严备守之。"

故以火佐攻者明，

（训义）杜佑曰："取胜明也。"

以水佐攻者强；

（训义）梅尧臣曰："势之强也。"王晳曰："强者，取其决注之暴。"

水可以绝，不可以夺。

（训义）张预曰："水止能隔绝敌军，使前后不相及，取其一时之胜；不若火能焚夺其积聚，使之灭亡也。水不若火，故详于火而略于水。"

右第一节论火攻。

基博按:《孙子》之所谓"火攻",近世则谓之"技术之破坏"。"技术之破坏",盖作战方法之一;所以毁损敌人之物资,扰乱敌军之行动,而杀其战斗力者也。德国陆军参谋本部人员,合著《世界大战间谍史例》一书,其中于"技术之破坏",尝详论之,以谓:"今有敌之一军,被攻而退,将过一桥,设埋地雷,伺其过而炸之,则一举而敌军歼焉,大炮之威力,飞机之轰炸,无如是之烈也;为之者,或为我混入敌后之间谍,或为我之当地居民。今有敌军辎重之所集,设我间谍能抵巇而炸焉,则敌人何所资以作战!又如铁路者,敌人军队及辎重之所以运输者也;设能抵巇而炸焉,则敌人何所资以行军!破坏之事,随时随地,举凡车站、航空站、军营、官署、马厩、堆栈、仓库,凡敌人之所资以战争者,莫非我之所欲破坏;而执行者之混入敌后,或取道中立国,或自占领区域,或则借被俘之士兵。上次大战,英法联军间谍,即由瑞士、荷兰、丹麦、瑞典等中立国以潜入德境。或则假中立国以为活动之根据地。法国情报局驻瑞士京城伯尔尼,发踪指示以设计德国工厂之破坏;而德国莱茵费尔登之龙嘉工厂,几遭不测焉!又在瑞士谋用病菌以传染运往德国之牲畜,或注射以马疫菌,或散播毒药于运输车;于是德国之军用马匹,无不病死;而人传染,亦鲜幸免者!至其特务人员之自德国北境潜入者,则图炸毁威廉帝军港、桥梁、铁路及旁海之船坞;如假道中立国而不得入德境,则有乘飞机以降落山村荒野者!破坏之技术,以今日科学之进步,凡声、光、化、电之类,可资为工具者,无不应用,或以本人之夹带,或假礼物之馈遗。中立国人士或俘虏戚友所馈之物,如牙膏、香皂、可可糖、糕饼、香肠、自来水钢笔、铅笔之类,骤视之,零用什物,不屑意也;而孰知其可资以为'火积'、'火辎'、'火库'、'火队'之具!设有一自来水钢笔,所镌商标,金碧辉煌,名厂出品,形状颜色,无可疑者;然若拆视之,则为一猛烈之延期性引火机器也!方间谍混入兵工厂,或俘虏作业农场之际,试思有较易于遗一自来水钢笔于炮弹之堆,或谷仓之事乎?然而人未之觉也!及散工之既久,而兵工厂、谷仓以失火闻,原因何在,莫可究诘;盖所以起火之自来水钢笔。同归一炬,泯不留迹也。然技术之破坏,亦不必机器也。间谍之处境至危,十目所视;而随身事物,岂可钓奇以引人疑;尤莫如随时随地,因物而施:或涂牙膏于农业机器,或涂糖于交通工具之摩托,或撒沙于机器之齿轮间,或撒沙于火车之油管中,或毁电线以走电,皆可以为厉阶而酿大灾;然为之者,一举手之劳耳;不必用机器也;而人亦莫之察也!往者英、法间谍及其被俘之士兵,盖尝以留声机唱针潜置德军牲畜之饲料中,而牲畜之死者无算;于是德人遂叹食无肉!又尝播莠草之种于麦田,而以生瘕之烂薯,与好马铃薯相杂,使之并腐;于是德人遂苦食不饱!凡此皆轻而易举之事,而为害于民生者实大;亦所以耗我物资,而为技术之破坏也!夫石炭,至寻常之物也!今取石炭一块,凿一小孔,满贮黄色炸药,而暗置于待装运之石炭堆内;若为某轮船或某工厂所购用,于是此轮船与此工厂,不转瞬化为浓烟矣!肇祸者之行动,无从侦伺也!德国巡洋舰卡尔司忽号在航程中之卒遇爆炸,安知非此石炭阶之厉?然而不敢断也!战时工业,以此而毁者不少;而生命死伤,亦不可以数计!只以格里斯海门化学工厂及濮老恩弹药厂之爆炸而言,死者四百〇八人;物资之耗,尤不足道也!《孙子》火攻之所欲为者,亦不外此而已!德国陆军参谋本部乃设破坏学校,以训练破坏之技术;而遣往各国之间谍,必卒业破坏学校焉!然德国参谋人员则以谓:"技术破坏之损失不赀,然尚不如精神破坏之足以损害国家意志,为祸烈也!"俟下篇详引之。

夫战胜攻取,而不修其功者凶,命曰费留。

(训义)曹操曰:"或曰:赏不以时,但费留也;赏善不逾日也。"贾林曰:"费留,惜费也。"张预曰:"战攻所以能必胜必取者,水火之助也。水火所以能破军败敌者,士卒之用命也。不修举有功而赏之,凶咎之道也。财竭师老而不得归,费留之谓也。"

基博按："不修其功"，非谓有功之将士不赏也；谓徒有战胜攻取之事，而不修战胜攻取之功。《作战篇》曰："其用战也，胜久则钝兵挫锐；攻城则力屈；久暴师则国用不足。夫钝兵挫锐，屈力殚货，则诸侯乘其弊而起，虽有智者不能善其后。"此非有战胜攻取之事，而不修战胜攻取之功者乎！"钝兵挫锐"之谓"留"；"屈力殚货"之谓"费"；故命之曰"费留"云。陈启天曰："自'夫战胜攻取'至'此安国全军之法也'一节，与《火攻篇》之旨意全不相属，疑为《谋攻篇》之文错简于此者。"

故曰：明主虑之，良将修之。

（训义）贾林曰："明主虑其事，良将修其功。"

基博按：两"之"字，皆承上文而有所指。"虑"者，虑"费留"之祸；"修"者，修战胜之功。诸家注欠分明。

非利不动，

（训义）杜牧曰："先见起兵之利，然后兵起。"

非得不用，

（训义）贾林曰："非得其利不用也。"

非危不战，

（训义）张预曰："兵凶战危，须防祸败，不可轻举，不得已而后用。"

主不可以怒而兴师，将不可以愠而致战，合于利而动，不合于利而止；

（训义）梅尧臣曰："兵以义动，无以怒兴；战以利胜，无以愠败。"张预曰："不可因己之喜怒而用兵，当顾利害所在。尉缭子曰：'兵起非可以忿也；见胜则兴，不见胜则止。'"

怒可以复喜，愠可以复悦，亡国不可以复存，死者不可以复生。

（训义）杜佑曰："怒愠复可以悦喜也；亡国不可复存，死者不可复生者，言当慎之。"梅尧臣曰："一时之怒，可返而喜也；一时之愠，可返而悦也；国亡军死，不可复已。"张预曰："见于色者谓之喜；得于心者谓之悦。"

故明君慎之，良将警之，此安国全军之道也。

（训义）杜牧曰："警，言戒之也。"张预曰："君常慎于用兵，则可以安国；将军戒于轻战，则可以全军。"

基博按："慎之""轻之"两"之"字，皆承上文而有所指。君当慎于"以怒兴师"，则"非利不动，非得不用"，而国可以安；将当戒于"以愠致战"，则"非危不战"，而军可以全。

右第二节论战胜攻取而不修其功，不如修安国全军之道。

基博按：武论战胜攻取而卒归之安国全军，乃至曰"非危不战，主不可以怒而兴师，将不可以愠而致战。"则是用兵不如不用之安国，不战胜于致战之全军，而知武非倡战者也。而欧西倡战者之论则不然！美国哈佛大学哲学教授珊泰雅纳氏尝辞而辟之以著《战论》；其论以为："倡战者之言曰：凡民族必于相当时间，有战争流血之事，而后能维持其民族之强盛，与勇武之精神；然而征诸吾人之经验，国富之耗竭，工业之停滞，文化之摧残，造成人民褊狭不仁之心理，而以授政府于暴人之手。忠勇之壮士，膏血原野；而羸弱残废以不差为懦怯者，乃以繁衍其种族；此非战争之罪乎！然则倡战者之言，岂不谬哉！夫战争之为残杀，不论其为对内对外，而要之人类文明之阻障，莫此为甚！观之古昔希腊及意大利之文明贵族，无不歼灭于战争之中；吾人当知今日之民族，非复古昔英雄之遗裔也，盖其时奴隶之云仍耳；观其躯干而知之矣。天下承平之既久，民生日即于丰亨，而有民族焉，张脉偾兴，不能安于无事，乃奋其久蓄不用之力，日以恣肆而图侵略者矣。不知自然之争，适者生存；而人类之相残杀，则优亡劣存而适得其反！世固有耀武扬威挺身于国际之角力场中，一举而歼其百战百胜之敌者，其必为新兴之邦，初胜自然，而未受人类战祸之伤耗者也。及其以兵力称雄于一世，渐且溺于华靡，习为战斗，而以自趋于衰亡，乃与向之所胜者前后一揆。于斯时也，又有新兴之邦国，英发之民族，未经战祸而力足以相制者，崛起而代兴矣。故以好战为勇者，何异以好色为爱哉！生斯世也，为斯人也，世途艰险，何适非是；

血气之勇，虽若不可为训，而亦不可或缺。譬如临悬崖，登峭壁，非卤莽汉灭裂，有一往无前之锐者，未免胆战而神摇也！夫如是，岂得仅以粗豪视之！夫临大危，任大难，而行之坚忍，一旦希望之未绝，虽百折而不回，亦不过养吾勇以推极其致耳；岂非天下之美德哉！特是不畏艰难之精神，必用诸不可避免之危险，乃为可贵。若以不必冒之危险，而徒快一时之意气以为勇者，斯亦不足道也。世固有夸大自豪，徒以行险侥幸，肆好胜之意气，而逞一朝之忿者，若而人者，反道败德，岂可以美德视之！呜呼！士卒而好战，美德也！将帅而好战，危机也！使执政者而好战，则罪恶矣！"何也，以其非"安国全军之道"也。使执政者而好战，则国不得安矣！将帅而好战，则军失其全矣！夫不畏艰难之精神，必用诸不可避免之危险，乃为可贵。武所谓"非危不战"也。若以不必冒之危险，而徒快一时之意气；此武所为致警于"主不可以怒而兴师，将不可以愠而致战"者也。而其辞意之儆惕，殆有甚于武焉。然而执政者之好战，自古有之；在中国有秦皇与汉武，而在欧西则希特勒与拿破仑，煊赫一时，威殚旁达。拿破仑之好战者亡，已成历史矣；然而希特勒则何如？或者以谓："希特勒之好战，与拿破仑同；而所挟持不同，今昔势殊，拿破仑以好战亡，而希特勒则有成功以无虞于败亡也！"顾哈佛大学历史教授布灵顿氏以一九四二年一月，揭载拿破仑与希特勒一文于外国杂志，而以阐明希特勒之不同于拿破仑者挟持；而必同于拿破仑者败亡；其词曰："希特勒，果同于昔日之拿破仑乎？如强以历史之事实，相提并论，无当也！拿破仑以一八一二年六月进攻莫斯科，而以九月占莫斯科；希特勒以一九四一年六月进攻莫斯科，而至九月未抵莫斯科，就事论事，而希特勒之于拿破仑，即此一端，已不可同日而语！惟世人好引拿破仑之世以阐论今之世，而明其相同，以作预言。我亦何妨援古证今，而就两大时代以作慎密之勘论：如以人格之相同而勘论，亦无当也！拿破仑尝立圣海伦那岛以望英伦而大言诋谋；其后自谓故作大言以耸听闻。希特勒亦有此事，而发神经质之怒狂；传者言：亦出故意。斯二人者,皆可谓之自尊狂。然二人之社会背景,之教养,之训练,气质以及人格,无不大异;而就神经病以论二人之同,可谓知其一而不知其二也!又或以特殊战役相衡,谓拿破仑之骑兵,固不如希特勒坦克车兵之神速;然法军在一八〇六年大战耶拿以后,征服普鲁士之迅速与从容,适与德军大战色当以后,征服法国相同。然不能由此阐明斯坦因与哈登堡之革新政策也。吾之所以衡二人之同者,不在战役,不在人格,亦不以历史演义,而在社会史之发展。第一吾人之所欲知者:拿破仑用法国以宰制欧洲;希特勒用德国以宰制欧洲;而从拿破仑宰制欧洲之企图与其经历,何者为希特勒之所企图以曾经历者也。一七九二——一八一五年之世界战争,盖爆发于法国大革命之后三年。而法国帝制推翻以后,党派倾轧,暗杀盛行,强梁攘夺,宗教纷争,国是不定,莫衷于一;政权推移以渐入激进分子之手,而组织严密以能束缚驰骤其民者,莫如雅各宾党,剸断一切,其中枢曰公安委员会;于时,民权剥夺,以行所谓恐怖统治,执政者为所欲为,恣行无忌,以至一七九三年,而恐怖政策,不仅以剸制于国内,抑亦以推行于国外。自一七九二年四月,爆发法国与普奥同盟之战,不久而演为第一次联盟之战;俄土两国而外,几乎全欧各国,皆联合一致以对共和法国作战。而法人之所为致命遂志以与全欧各国战者,有二目焉;斯其敌人所认为互相矛盾者也:一从压迫中解放他国。二尽可能以将他国法兰西化而并入法国。在法人之拿破仑观之,盖两者并行不悖,而解放欧洲其他各国以予之幸福自由,莫如使之法兰西化而变为法国体制之一部也。既而师徒挠败,联军几逼巴黎。于是一七九三年,颁布全国征兵令,以补卒伍,而军有增额。退伍之将校,亦见寇深国危,投袂以起,为国干城,而将不乏材。以及科学家、发明家、实业家,无不僇力以事战争。而猛将如云,应运以生;而拿破仑者,特其中之最伟大者耳!然而法人之所以再接再厉而有成功者,非法人之战斗力强也,则其敌人之力薄也!岂惟战略战术之太保守哉!抑亦不能联合一致以战法,斯法之所能以寡敌众而无虞心也!历史家往往将一七九二至一八一五年联合战法之国，列举如数家珍，似乎威震全欧，莫抗颜行！然一八一三年大联盟以前，未有一役而结合欧洲全部之力以与法战者也！亦未有一国而不受法国单独媾和之诱诳者也！独英国持以不懈，而与法国作战到底耳！然一八○二年，英国亦曾一度与拿破仑签订友好协定也！拿破仑以一七九九年得政，而用一七八九年以后颁布诸项新律，举而措之以奠国基；法军已横越荷、比诸国，而侵入德、义矣，拿破仑乃自称法兰西皇帝，欲以宰割欧洲。方其威声赫奕，尝重绘欧洲地图，以明得意，夸成功。盖以法兰西帝国，由拿破仑直接统治；所谓法兰西帝国者，不仅旧法国而已；尚有比利时也，荷兰也，德国海岸及汉堡也，义大利北境之一部包括土伦、热那亚、巴尔马，以及远隔之土斯坎尼教城与伊里利安省，无不隶法兰西帝国之版图焉。此外则为藩邦，由拿破仑之亲属统治。所谓藩邦者，在一八一二年，有义大利王国，统治未并入法国之义大利北部中部，由拿破仑为国王，而派其庶子尤金为总督。那不勒斯王国由其内弟穆拉治之。西班牙王国则其弟若瑟夫治之。莱茵河联邦，掩有德国之中部及西部，以其弟为西法利亚国王而治之。此外尚有华沙领地，则以亲属无人，而派一非亲属治之。瑞士号称独立，而究其实，亦法国藩邦。此外则其盟国奥大利，与普鲁士，以亲旧日，版图大缩。至于斯堪狄纳维亚诸国，则亦不出拿破仑之高掌远蹠；其中瑞典以国王无子而认法国贝那多特大将为义子，立以为储王。当是时，俄罗斯，则以梯尔西特之约，而与拿破仑为盟也。展图以视，则欧洲大陆，无不为法兰西体系所囊括；只有两小岛，斯加尔丁尼那及西西里，在英国舰队保护之下耳！此外尚有葡萄牙，则由威灵吞大将以少数英兵驻守焉。然则英国，独逍遥于拿破仑体系之外，此固拿破仑之所不能忍也！拿破仑始得政以欲肆志于英也久矣！一八○四年，法人出版一书，署曰《侵入英格兰》，描写法军曳大炮，登巨舰，浩浩荡荡，以渡英伦海峡，而英军之守海岸者不多，曾不足以当一击焉！盖以鼓军心，作士气也。拿破仑尝两集大军以临海峡，而望洋兴叹，塔尔法格尔之役卒无成功；于是改弦易辙以事大陆封锁，绝英国之贸易，不许交通欧陆，欲以阻塞通商者屈服英国；然而无望于饿死英国；以英国控制海洋，舰队纵横，运输四达；而工业化之程度，亦尚未至粮食不能自给也。然拿破仑之所以宰制欧陆者，亦岂徒恃军事之战胜攻取哉！抑亦得当地人民之同情而亲附焉；虽亲附之各地人民，不必多数；然在北义大利与莱茵区，人民之亲附拿破仑而响应，后先景从者，亦岂可以蔑视之少数哉！拿破仑师行所至，革新政治，从民之欲，风声所播，而亿兆归仁焉！是故拿破仑之用兵也，不徒用法兰西人，抑亦能用义大利人、波兰人、德国及其他非法兰西人，致命遂志以效驱驰。然不能尽人而悦之，则亦有其不服者焉！顽民蠢动，此伏彼起，绥靖之无方，不得不牵率法国大军以相镇压；而西班牙人民则自始迄终未尝就范也！一八〇七年，拿破仑以保护西班牙，防制英国为口实，而出兵西班牙以为镇压；若瑟夫遂称帝于玛德里，拿破仑自诩成功；然西班牙人民之骚动，伏莽遍地，遂以牵制拿破仑之精兵不得动，而伺间出没，成为游击，为日之既久，士兵亦耗，而法兵之可用者少矣！及一八一二年，拿破仑强俄国沙皇绝英交以不与通商，沙皇计未定；拿破仑怒，以为观望也，出兵攻俄，而拿破仑之末日至矣！及其兵顿莫斯科，大败而退，锐卒尽丧；欧洲各国知其无能为也，于是合而为一；然而难矣！夫以拿破仑百战百胜之威，虽败于莫斯科，而莫之敢睥睨，咸以为拿破仑可败而不可胜也；可以溃败不自收拾，而不可以力征经营也！使非英国政雄，发纵指示；亚历山大、梅特涅及普鲁士建国诸杰，奔走游说，殚心极虑；何望欧洲各国之合而为一以出兵也！拿破仑情见势绌，而欧洲各国之联军以成！拿破仑节节败退，联军着着胜利，拿破仑之声威渐堕，而联军之声势益壮！一八一四年滑铁卢之役，拿破仑虽败犹雄，而盖世之雄，卒囚荒岛！此拿破仑所以百战百胜，而不振于一蹶也！然而希特勒之视拿破仑，今日之德以视昔日之法，则何如？当日法国之雅各宾党，可比为纳粹党。法国之革命警察，可视为盖斯塔波。义大利与德国境内之侵法分子，可称为第五纵队或吉士林。法军一八〇六年耶拿之役，可喻为闪电战。而拿破仑毕生之所力征经营，可以谓建立欧洲新秩序。此外一八〇二年，英国与拿破仑订立友好协定，亦如一九三二年之慕尼黑协定，视为英国绥靖拿破仑之企图。至于利用国内革命运动所发挥之力以征服欧陆，希特勒之与拿破仑，咸能善用其民以跻于成功。及其战胜攻取而得国也，尤能组成一种超国家之机构，以绥靖地方，掌握治权，则拿破仑之所同。然拿破仑高掌远蹠，欲以跨海征英，而无成功；既不得志于北海，又欲肆其东封以征俄，而大败；而究其意念之所经营，毕生之所尽瘁，则欲宰制欧洲大陆以成超国家之体系，而以统治于法国；顾功败于垂成，而以一蹶不振！持此以衡，而希特勒亦必失败如拿破仑。惟拿破仑之败以上溯法国大革命，前后二十五年；而希特勒之岁月几何，则未敢悬断？然而言不可以若是其几也！则以吾人之今日，成败利钝，所持以决者，有为拿破仑当日之所不知；则希特勒之必败，亦未易以拿破仑为衡也！一年以前，英伦三岛，几为希特勒部队所侵入；而去年下半年，莫斯科亦濒陷落；果尔，则希特勒之声威，寖驾拿破仑而上之；然而不然！希特勒之封锁英国，以视拿破仑为烈；盖英之粮食，已不能自给也！然大西洋之战，英虽未胜，而已于英有利，抑希特勒之视拿破仑，尤多一美以为强敌焉！假使英国不支，希特勒岂即成功；而隔大西洋之美国，充裕之物资，敌忾之精神，殆希特勒所不敢正视而不敢不视；较之当日拿破仑之于隔海峡之英伦，有过之，无不及也！然则希特勒虽不遽败，抑亦未必以幸胜！顾希特勒虽未能胜，抑亦未征其遽败。何者？则以新武器之发明，及其所以控制被征服民众之法，殆有拿破仑之所未知未用也！第一，飞机、坦克、机关枪，以及其他新武器之猛烈运用，苟为少数之德人所握有；则凡从前西班牙人、德国人及其他颠覆拿破仑之民族反抗，在今日已不可能！民族反抗，纵有英雄，出以游击，而不得大量之新武器以为用，制梃以挞，攘臂而扔，徒自杀耳；宁有幸乎！其次，控制舆论之方法及其工具，亦非拿破仑当日之所知，而足以济新武器威力之所不及！例如无线电，大规模之廉价印刷,强迫教育,群众心理之把握,凡此皆足资德人以转移民众敌忾之心,而消其反抗。果若所云,则当日之拿破仑虽败,而今日之希特勒,可以不败。飞机、坦克,一日为德人所有;而被征服之人民,徒手岂能以相抗,则不得不以多数而受控制于德人之少数!然飞机、坦克,岂民间之所得秘密制造,私自散发,此为不可争之事实。然则西班牙人民之游击反抗,岂希特勒此日之所患;只可以困当日之拿破仑耳!不知拿破仑之当日,民众抗战,如无正规军以为后盾,则亦何能为役也!特以威灵吞屯军伊比里安半岛,而后西班牙人民叛服不常。特以拿破仑大败于莫斯科,声威扫地以堕,而后各地人民之反抗,继长增高也。今苏联倾国之力,再接再厉,以与希特勒作殊死战,相持于东而不得解;而英军之制空权日以扩大,常欲掩护海陆军登陆西大陆,乘瑕抵峨,以拊希特勒之背;树敌日众,而希特勒征服之国,民未亲附,安能无贰于希特勒以坐受宰割;怠工破坏,一如拿破仑之当日;而以生产及政治机构更为微妙之故怠工破坏之效果,则视拿破仑当日为大!倘以少数据有新武器之德人,便可永镇一国而以无虞耶?苟非德国人之超人,铁铸心肝,则不可能!然而德国人亦人也!既亦为人,人心肉做,何能一息不懈以永保尊严!及当地人民相处之日久,久而相习,交亲为娱,且以喜乐,且以永日,人情不能有张而无弛,而张之日久,一弛则不易复;往还既狎,纪律以废!而按之历史,纵有纪律严明,膂力方刚之青年占领军,屯戍既久,无不弛弱!我闻在昔:斯巴达人之大捷于倍罗波内亚一役也,遂有希腊,而镇以最精锐、有纪律之青年士兵;所以整齐其卒伍,训练其身心者,自童稚以迄成人,视纳粹为久,而亦视纳粹为严;然第班之驻军,以为莫敢余侮也,不几年而腐化不堪;遂为第班人一举而逐之境外!世论以为新武器,可资德人以永久占领人国,而莫之抗行者,岂不持之有故。然新武器,不能不以人用;而人之腐废,抑新武器亦将莫为用!机关枪、坦克车、俯冲轰炸机之与短枪、梭标,新旧武器之不同,自不为量而为质;顾谁则信一八一〇年之法兵,与一九四二年之德兵,人性之不同,抑如新旧武器之悬殊乎！假有人而信焉，则无异于信魔术尔！德国人所资以奴役被征服国家者：第一新武器之酷烈。其次宣传之诳惑。希特勒之宣传，乃所以超于拿破仑，而为一种魔术；此固赞颂希特勒者之所艳道也！德国人手中之新武器，不过挟以镇压被征服民族抗叛之工具；德国人手中之宣传，则可以进而消灭被征服民族抗叛之意志焉！一两年前，无人不言纳粹党人，厥为欧洲各国群众反叛之鼓动者；无一国之群众，不欲欢迎纳粹党，而觊以得解放者；而吾人民族主义之所导扬，如习惯、风俗、利益、理想等等，无不失其作用；此希特勒宣传之成功也。然而希特勒之成功日增大；而各征服国反抗希特勒之意志，亦即民族主义之意志，随希特勒之成功以渐增大！此何以故？盖宣传之为法，希特勒能用，吾人亦岂不能用；自无线电广播，以至走私之印刷品，百出其途以渗入沦陷各国；德国人无法加以制止；亦如拿破仑之无法制止德国人当日之私读阿尔思特爱国诗歌同。德国人不能发明一种魔术，以禁止其他征服民族，读其嗜读之书，听其喜听之言；而吾人之宣传，深入心通以日起而有功矣！抑德国人，所作所为，远不如法国人在十九世纪之得人同情！法国人当日之所措施，亦或与自由、平等、博爱，所以为号于天下之三者相反；而自由、平等、博爱三者之为词，往往引欧洲其他民族之同情，而得其欢迎。今德国人之所以号于捷克、波兰、塞尔维亚、法兰西以至义大利人者，为何如乎？则以日耳曼人为天之骄子，而宰制世界民族之武断论也！及其措之以行事，则为控制，为民族之不平等，为思想，言论之不自由，欲相安于无事而不得；而民族主义之意志，日以滋长；铤而走险，伏莽四起；抑更何待吾人之宣传也！德国纳粹握有现代之新武器，而以实施有系统、有目的之残酷政策，宰制欧洲，几为欧洲有史以来所未有！可以使被征服之民众，啼饥号寒，捄死之不遑，奚暇他图；而以消失其反抗之体力及意志。可以锄诛豪俊以除人望，而以消灭其反抗之领袖；氓之蚩蚩，以供奴役，莫有豪杰为之倡，只有俯首受驱策。此固纳粹理论家之所鼓吹也。不知人类有超凡不可思议之反抗本能；而有悠久之历史，有卓越之文化以有自骄传统之民族为尤甚！设以医药为喻，苟非纳粹之毒菌，致人于死；而被征服之人民，则必能自在其身，渐以岁月而培植抗毒素，以致纳粹于死。孰为成功，固难逆睹；而按之历史，常以证明抗毒素之培植成功者为多，不暇一一以举也！凡一政府，无不得人民之同意以相支持。如或有人以为迂阔而远于事情；吾人不妨扩而充之，而曰政府者，不得不恃人民之同意与习惯以支持者也；人民习惯成自然，则亦不同意而同意矣！然习惯，非一朝一夕之所养成，无不渐以岁月之久。而英美与苏联，岂容坐视德国之在欧洲大陆，养成人民服从新秩序之习惯，而予以岁月之从容者；有以知其必不然矣！昔日之英国与俄，尝予拿破仑以十五年之岁月；然而拿破仑未有余暇以成功新秩序也！然新秩序之成功未易，而希特勒不能以自制止！何者？盖希特勒之自尊狂，不容希特勒之知难而退，适可而止；方张皇六师，南征北讨；非希特勒知穷能竭，非德国人人人筋疲力尽，而以僵殍不起；其势不可以已！然而希特勒之恶稔，德国人之骨枯矣，髓竭矣！然则民主国家今日之大患，不在希特勒之能成功，而在民主国家人士之谰言无稽，以为希特勒必无不胜，助之张目；亦如一八一〇年之欧洲人士，以为拿破仑之必无覆败同！然拿破仑之覆败终至，而希特勒之胜利，亦岂有幸！"终亦必亡而已矣！然则"好战者亡"之果为金科玉律，而无间于东海西海！于戏！《传》不云乎！"忘战者危，好战者亡"。"忘战者危"，"危而不战"者也。"好战者亡"，"非危而战"者也。惟国有"危而不战"者，偷生视息以苟安于一旦；而后"非危而战"者，得以狡焉启疆而逞志焉！然则"好战者"之罪，抑亦"忘战者"有以阶之厉也！夫"非危不战"，则危而必战，不好战，亦不忘战；国可百年无战，而不可一日不备战；故曰："明君慎之，良将警之，此安国全军之道也。"为国者尚知监哉！于戏！"危而不战"，法之所以溃也！"非危而战"，德、意、日之所以耗也！"非危不战"，"危而必战"，斯则中、英、苏、美之所以保大定功而安民和众者也！

用间篇第十三

（解题）曹操曰："战者，必用间谍以知敌之情实也。"李筌曰："《孙子》论兵，始于计而终于间者，盖不在以攻为主。"郑友贤曰："或问间何以终于篇之末？曰：用兵之法，惟间为深微神妙，而不可易言也；所谓非圣智不能用间，非微妙不能得间之实者，难之之辞也。武始以《十三篇》干吴者，亦欲以其书之法，教阖闾之知兵也。教人之初，蒙昧之际，要在从易而入难，先明而后幽，本末次序，而导之使之不惑也；是故始教以计划校算之法，而次及于战攻、形势、虚实、军争之术，渐至于行军、九变、地形、地名、火攻之备，诸法皆通，而后可以论间道之深矣。噫！教人始者，务令明白易晓，而遽期之以圣智微妙之所难，则求之愈劳，而索之愈迷矣；何异王通谓不可骤而语易者哉。或曰：庙堂多算，非不难也，何不列之于终篇也？曰：计之难者，经之以五事，校之以七计而索其情也。夫敌人之情，最为难知，不可取于鬼神，不可求象于事，不可验于度；先知者必在于间。盖计待情而后校，情因间而后知，宜乎以间为深，而以计为浅也。"

基博按：先胜而后求战，知己知彼，百战百胜，为《十三篇》之纲领；而欲知彼，莫亲于间，莫密于间，故以"用间"终于篇。先计而后战，故校之以计而索其情，曰："主孰有道？将孰有能？天地孰得？法令孰行？兵众孰强？士卒孰练？赏罚孰当？"不知敌之情，乌乎校以计？间者，计之所以成始而成终也。故以计始，以间终；而卒言之曰"此兵之要，三军之所恃而动也。"方今列强并峙，纵横捭阖，战争有时而停，五间无时不用。角智争力，莫密于间，博访以资众论，沉思以审敌情；微乎，微乎，无所不用间也！《孙子十三篇》

指要,可以"间"、"计"、"形"、"势"四言赅之。"间"以知敌;"计"以决战;"形"有定而"势"无常。"势"者,因利而制权;惟"虚实"、"奇正"足以尽其用。

孙子曰:凡兴师十万,出兵千里,百姓之费,公家之奉,日费千金。内外骚动,怠于道路,不得操事者七十万家。

(训义)曹操曰:"古者八家为邻;一家从军,七家奉之;言十万之师举,不事耕稼者七十万家。"杜牧曰:"古者一夫田一顷;夫九顷之地,中心一顷,凿井树庐,八家居之,是为井田。怠,疲也;言七十万家,奉十万之师,转输疲于道路也。"

相守数年,以争一日之胜,而爱爵禄百金,不知敌之情者,不仁之至也;非人之将也,非主之佐也,非胜之主也。

(训义)梅尧臣曰:"相守数年,则七十万家,所费多矣;而乃惜爵禄百金之微,不以遗间钓情取胜,是不仁之极也。"张预曰:"辍耕作者七十万家,财力大困,不知恤此,而反靳惜爵赏之细,不以啗间,求索知敌情者,不仁之甚也;不可以将人,不可以佐主,不可以主胜,勤勤而言者,叹惜之也。"

故明君贤将,所以动而胜人,成功出于众者,先知也。

(训义)梅尧臣曰:"主不妄动,动必胜人;将不苟功,功必出众;所以者何也? 在预知敌情也。"

先知者,不可取于鬼神,不可象于事,不可验于度;必取于人,知敌之情者也。

(训义)梅尧臣曰:"鬼神之情,可以卜筮知;形气之物,可以象类求;天地之理,可以度数验;惟敌之情,必由间者而后知也。"张预曰:"鬼神,象类,度数,皆不可以求先知,必因人而后知敌情也。"

右第一部论用兵,必知敌之情;而知敌之情,必取于人以用间。

基博按:间之为用,匪惟以知敌情! 亦可以伐敌谋! 昔在战国,六国之卒并于秦,岂诚秦之善伐兵,抑亦秦之能用间也! 秦使王龁攻上党,拔之,上党民走赵。赵廉颇军长平,以按据之。龁遂攻赵;廉颇坚壁不出;索战不得。秦使人行千金于赵,为反间曰:"秦独畏马服君之子括为将耳!廉颇易与,且降矣!"赵王遂以赵括代颇将,出兵击秦,战不利;秦射杀之;卒四十万人皆降。赵人大震,割地以和;则用间之成功也!既而秦伐赵,围邯郸。魏王使晋鄙救赵;次于邺,畏秦不敢进。魏公子无忌袭杀鄙,夺其军以进,大破秦军邯郸下;然不敢归魏,使将将其军以还。秦使蒙骜伐魏。魏王患之,使人请无忌趣驾还魏,以为上将军。遂帅五国之师,败蒙骜于河外,追至函谷而还。秦既败于河外,使人行万金以间无忌,求得晋鄙客,令说魏王曰:"公子亡在外十年矣!今复为将,诸侯皆属;天下徒闻信陵君,不闻有王矣!"秦王又使人贺无忌曰:"得为魏王未也?"魏王信之。使人代将。于是无忌谢病不朝,醇酒妇人,以酒色自杀。魏迄不振以至于亡;则用间之成功也!秦王翦伐赵;赵以李牧为大将军,御之。牧,良将也,尝败秦师;秦多与赵嬖臣郭开金,使言牧欲反。赵王使赵葱、颜聚代牧;牧不受命;遂捕杀之。而王翦大破赵军,杀赵葱,颜聚亡;遂克邯郸,虏赵王,而赵以亡;则用间之成功也!后胜相齐,与宾客多受秦间金,劝王朝秦,不修战备,不助五国攻秦;秦以故得灭五国,而灭燕之后,乃自燕南攻齐,猝入临淄,民莫敢格者,而齐以亡;则用间之成功也!方六国之未亡也,大梁人尉缭来说秦始皇曰:"以秦之强,诸侯譬如郡县之君臣;但恐诸侯合从,翕而出不意;此乃智伯、夫差、湣王之所以亡也!愿大王毋爱财物,赂其豪臣以乱其谋;不过亡三十万金,则诸侯可尽!"始皇从其计,而亦用客卿李斯谋,阴遣辩士赍金玉,游说诸侯,厚遗结其名士,不可下者刺之,离其君臣之计,然后使良将将兵随其后;数年之中,卒兼天下。呜呼!此则传授心法,近代德国之所小用小效;大用大效;而东海西海,不得不谓之心同理同者也!德国战略,一本克老山维兹;而克老山维兹著论,每谓:"如能操纵敌国之舆论,以煽诱敌国之人心,使之厌战而自为瓦解,夫如是,其孰能御我!"呜呼!此固秦之所以施于齐,而尉缭、李斯之所为教始皇者也!

方第一次欧战胜负未分时，德人以巨金饵英、法、俄之政客及新闻家，昌言和平以抗政府之作战计划，而德之间谍与中立国之说客，接迹于协约诸国之境，以欲行克老山维兹之论；然而未有成功！及二十年后之今日，希特勒喑呜叱咤，纵横欧陆；人皆震于闪电战之成功，而莫知其用间以先闪电战也！其指要具见《谋攻篇》。一九三四年夏，奥国总理陶尔斐，以希特勒并奥之图日急，欲赴义大利，访墨索里尼商谈以乞援；未及行而叛从中起，总理官邸为人所袭以刺死；则希特勒之所发踪指示也，而奥遂以坐并矣！法国外长巴尔都亦鉴于希特勒之咄咄逼人，而以是年夏，在日内瓦，向李维诺夫商谈，而欲引苏联以入国联；又历聘波兰、罗马尼亚、南斯拉夫及捷克诸国，欲以订约互援，而合纵抗德；顾道出于奥，火车被炸，仅乃得免；而是年十月，卒在马赛与南斯拉夫王亚历山大同乘而出以俱被刺死，亦希特勒之所发踪指示也；而法之主持外交以抗希特勒者无人矣！波兰之未用兵也，而波兰军部所以动员及对德作战之计划，有图有说，朗若列眉；德军参谋，莫不人手一册焉！挪威则德军登陆，戍兵有枪无弹，徒手欲奋，而将校制止以降于德也！荷兰之军，方抗德以力战，而德国间谍之预匿荷境者，从地上以显信号，接应空中陆战队，导之降落，杀人放火，乱从中起，而军心摇动，遂以大溃！比利时之列日要塞，挨宾挨马利军港，匠心经营；其图早为德之间谍所得，而献于陆军参谋本部，按图制型，配备兵士，由大将指挥，此攻彼守，反复演习，以明如何攻取之法；此所以斩关夺隘，如驾轻车，就熟路也！法国，则以莱诺内阁之阁员，其中数人，早与德国间谍有连，而嗾达拉第，以掣莱诺之肘，议论纷纭，国是未定，临敌易将，陈兵纵横；而大将如甘末林、贝当、魏刚之徒，不知不觉，为德国间谍之意识所浸润，以谓："战德而胜，英则声生势张，于法何利焉！"法国对德之胜利，无异法国工人对法国资本家之胜利！防苏甚于惧德，疑德亦以猜英，始而按武不动，继则举棋不定；然后希特勒乘其不虞以推锋直入耳！南斯拉夫之大将，第一次大战，皆尝服务于奥大利帝国军队，而倾心于德；希特勒遂因而用之；其中科见耳尼克将军者，盖发踪指示以颠覆南斯拉夫，而成希特勒之胜焉！岂果闪电战之有以战必胜，攻必取哉！所谓闪电战者，不过以侈声威，资恫喝而已！希特勒之将侵挪威也，德国驻挪威公使布罗埃尔博士以一九四〇年四月五日之夜，开电影会以延嘉宾。挪威政府之内阁阁员、海陆军大将，以及国会议士、新闻记者、名媛贵妇，无不人得一柬，其上书曰："请观名贵之影剧！"裙屐毕集，二百许人，而睹所谓名贵之影剧者，盖波兰闪电战之一幕，而德国空军之轰炸波兰各都市也；巨弹纷飞，颓垣一片，断脰折足，通衢横尸，绘影绘声，观者神耸！剧终而宴，宾主酬酢，举杯相碰，主微语曰："诸公今日观剧，亦有动于中乎？"座客相顾，莫知所对！布罗埃尔博士乃正色相告曰："诸公！此非战争之电影也！盖诏吾人以不走和平之门，糜烂其民而战之，其殃祸必至于此！诸公触目惊心，意者无不反战也！敢举觞以为诸公寿！"一饮而尽，战胜尊俎；不四日，而德国福尔格霍斯特将军帅其众一千五百人，导以挪威骑巡六人，而安步徐行以入挪京奥斯陆矣！顾三万人之奥斯陆市民，夹道骤观，不以一弹相加遗；则慑于闪电战之声威也。然而闪电战果何如？闪电战者，德国兵家本谓之闪击战；盖开战之先，不警告，不宣战，突以闪击，而乘一国之不虞，未及动员，而其国破，其军溃。然闪击一国，非大军不为功；而大军之动员集中，亦必有其时；何得人之不知，而可以乘其不虞！墨索里尼之闪击阿尔巴尼亚也，十日之前，阿人知之；虽击而不成闪也！闪击战之大演习，厥为一九三六——一九三八年西班牙之战！德义联军以援佛朗哥，海陆空军无不出动；而西班牙共和政府之军备窳陋，不如德义之坚锐，人所知也！然顿兵玛德里，久而不克！于是德人设炮兵学校于玛德里附近，两年以内，更替派遣见习军官及炮手向玛德里射击，以试验克虏伯炮厂之出品。然玛德里坚守如故；而不得不用间以促西班牙政府之内溃，而有成功！然后德国兵众知闪击战之不足以摧武器精良，人民惯战之捷克；而尤无法以突破苏台山地要塞！于是捷克内政部长，撤退苏台宪兵，开门揖盗，苏台党声生势张，里应外合,而以成捷克之亡！则是闪击战之无成功,而成功于用间也！及一九三九年九月波兰之战,而闪击战之声威大张;而闪电战之名以起！然细按其实:希特勒之侵波兰也,以步兵四十五师,每师一万六千人;而波兰有步兵四十二师,每师一万零五百人,则是以四十二万人,而当德军七十二万人也！而波兰重炮,以六百门,当德军之一千四百门;轻炮,以二千四百门,当德军之三千一百门;平射炮,以六百门,当德军之四千七百九十门;坦克车,以九百一十辆,当德军之三千三百五十辆;飞机,以一千二百架,当德军之二千五百架;寡固不可以敌众,弱固不可以敌强;然而华沙一役,德之仑加耳得坦克车师,不足以当波兰迎头之击,而溃不成军焉！及一九四○年五月,希特勒以步兵一百零七师,坦克车十师,分布荷兰、比利时及卢森堡之沿边,以进攻英、法、比、荷四国联军;而四国联军仅有步兵六十三师,骑兵六师,轻装机械化部队四师。德国之一坦克车师,有坦克车四五百辆,而法仅一百八十辆。飞机,则以一千三百架,当德军之五千架;固已寡不敌众,而重之以四国联军,各有统帅,意见横生,号令不一,此进彼退,未能同仇以僇力;然而德之坦克车师,亦有以轻敌锐进,而为法军所歼灭者;非无偾军覆将之事也！及联军既溃,而德兵追奔逐北以入法境,有步兵一百三十五师,坦克车十二师;而法则仅有步兵九十五师;机械化部队,溃败无几;而法之领空,尤为德国空军所控制;固知无能为矣;亦以众寡之兵,既不相如;而坦克车师、空军之势,又甚悬绝也！至于希腊,则希特勒以倍众之兵,作闪电之势,而乘希腊与义相持之已敝,步、骑、炮、空,及锋而试;然美达克萨斯战线,德以大败！使希腊并力反攻,德亦何为;而诸将无心敌忾,则以诸将之次且怯懦,而成闪电战之胜也！及希特勒之进攻苏联也,而苏联霍斤少将著《骄德之妄想》一文,其中谓:"一九三九年以至一九四○年,德国军阀之所以耀武扬威,自夸常胜者,岂诚国社主义之有力;而国社间谍,煽其国之贪人败类,叛变卖国,里应外合,以成希特勒之无敌耳！其实希特勒之军,几见真能突破人国之坚固防线！波兰之西境,未尝设防;而法之北疆,防线脆薄,则有若无;至马奇诺防线之突破,则睹我红军之有法以突破芬兰曼纳林防线,而有所鉴观以策动者也!然而曼纳林防线者,德国军事家之所设计指导者也!然则德军之无敌,希特勒荒唐之言耳!"希特勒之伐人国也,先以政客游说,间谍操纵,离其人民,溃其腹心;然后随以大兵,以众暴寡,以疾乘猝;此其所以无敌,而传授吾尉缭、李斯之心法者也!抑希特勒之狡焉思逞,胜败兼权,岂特以离其人民,溃其腹心,制胜而以肆兼并;抑亦以离其人民,溃其腹心,捄败而以贻后灾!方大举侵苏以无成功而其徒戈培尔宣言:"万一德国溃败,必彻底破坏一切被征服之国家!"所谓彻底破坏者,不惟破坏其财产物资,抑亦破坏其精神心理;制造阶级之仇恨,潜伏政治之纠纷,以策动其国之内战,而使之不暇复仇!柏林人士,亦不讳言:"设法于德军离去时,务使每一国家无不发生无政府之状态,而为互相仇杀之战争!"处心积虑,其道多端:一曰利用贫民之饥馑。饥馑者,希特勒用以在西欧创造阶级仇恨与分裂之主要工具也!国社党,自始即利用饥馑为政治技术之一!盖人民而饥馑;体力不振,精神亦耗,何来抵抗之毅力,自然为奴以低首!至一九四二年以后,法国、比利时、挪威、奥大利以及波希米亚等地,粮食缺乏,饥馑以甚!于是国社党又利用粮食之缺乏以破坏被征服民族之民族精神与团结;分配不使平均,应得不予以得,而鼓励黑市以鼓励仇恨,膨胀通货以膨胀混乱;皆预为德军撤退时,而以为其国内乱之种因也!何以言之?德军占领当局,未尝不禁止粮食之黑市,而诛戮黑市交易之人;然究其实,则国社党制造黑市以有阴谋!凡占领国之食品,无不予取予求以输供德国;而民间之肉类、鸡蛋、牛乳、牛油以及蔬菜,久已搜索无余;然使有钱,未尝不可以得之于私贩;而私贩,则得之于德国秘密警察;价格之昂,有时超过最高法定价格五十倍,而大多数人民之所无力购买;然此正国社党之所欲也!盖欲获巨额之金钱以购黑市之物品,惟有作卖国贼,而效忠于德以出卖其灵魂,乃能有此获耳!国社党由于上次大战之经验,而知惟有粮食发生黑市,有钱得食,无钱挨饿,最足以造成民间之仇恨而自相残杀；今乃倒行逆施而播其毒于占领国，以使比邻相憎，同国互仇，贫民怨憎富人，工人憎恨农民；一旦德军撤退而靡所制裁，其民自起仇杀之不暇，而暇组织以必报德乎！此鼓励黑市以鼓励仇恨也，抑通货膨胀，亦欲以膨胀混乱！德军以占领费用，悉索敝赋；而其占领国之政府，则以供应军需，支出不赀；农工生产，只以输贡于德国而无自给！货币之紊乱，通货之膨胀，不得不相随而至；而德军占领当局，则加速其膨胀，而促进于崩溃！军用票之在占领国，固视以为合法之货币，而发行之数量，漫无限制！当其占领国政府大声疾呼以激发其人民之爱国心，而力求节用，以制止通货膨胀之狂澜；而占领当局，则源源发行无代价之货币以购买一切！每当法国及荷兰政府之在币制渐能稳定时；则占领当局必以鼓励购买之狂潮，而增加流通之币额；于是币制之稳定者，复返于不稳定！盖国社党深知一国民意之沮丧，莫过于不可控制之通货膨胀！希特勒之所以能得政，亦以当日德国之通货膨胀，以造成经济之崩溃，心理之混乱；而民众对民主政体之信心全失！惟通货膨胀，而以发生各阶层人民之互相嫉视，莫不以自身之疾苦，归咎于他人之优裕！惟通货膨胀，而中产阶级以毁灭，而以丧失其对自由制度之信心！惟通货膨胀，而以造成人民侥幸之心理，予投机者以非法营利之机会，而政治日以腐化，风俗日以放僻！于是国社党知占领国之势在不得不放弃；然代之而起之新政府，苟非有力以阻止通货膨胀，则必在短时期内崩溃，而无法以获得人民之支持！惟通货膨胀，可以阻其占领国之经济复兴，而社会崩溃，人民丧乱愈益混乱！此以膨胀通货而膨胀混乱也！二曰污蔑正人之信用。一国之亡也，必有一国之贤豪长者，矢志忠贞以为其民众之所仰赖，而不为德军占领当局所用！顾众望所归，德人知戮辱及之，身价益高；则转而示有勾结，加以亲礼；或占领当局，数数造访；或延以汽车，招摇过市。捷克之亡也，有一律师，积年不屈，闭户著书，德人无如之何！既而国社党报，忽播新闻，谓律师之法学名著，已为占领当局所选定以译德文；舆论大哗，众望立堕！然而众望既无所归，民志以何抟一！纵一旦德军撤退，其人亦无法自白以起而抟一民志，领导复兴！人怀自疑，此固德人之所欲也！三曰强征占领国壮丁以伏内衅。希特勒征遣西欧及中欧诸征服国青年数千百万以输运入德；论者以为由于德国人力之缺乏，而征以为劳动之服役！顾究其实，希特勒征遣之人数，远超过德国之所需要；而所征遣者，多血气方刚，能反抗之人；而阿附以呈身国社党者，则不征遣！柏林人士不讳言以为人质；而国社党之在法国，波希米亚及荷兰宣言："如德国胜，必有归来之日！"易言之，即德国败，将无归来之望！此其用心，不惟英、苏解放军来临之时，而血气方刚，能反抗之人，既以征遣，而揭竿以应者之无几也！方今法国、荷兰及挪威，无一家，不有一儿子、一父亲或兄弟以征遣入德；德人以为人质，如其家人有揭竿以起，则枪毙之无贷！及德人不支而大败，则其占领之国，必有人痛心疾首于德而高唱无条件投降；亦有人为其父子兄弟怀忧而欲姑息；意见横生，而同仇敌忾之志以杀矣！四曰挑拨巴尔干民族仇恨以自残杀。国社党之占领波兰及塞尔维亚，所毁者，人民之肉体；在法国及波兰，则毁人民之灵魂；而在东欧，所持以为毁灭社会政治之武器，厥为巴尔干之民族主义！德人千方百计以煽动民族仇恨，鼓励民族野心；一旦为盟军解放，而巴尔干各国人民，必不暇以援应盟军，而互相混战以不反兵于德；而德人之狡计售矣！南斯拉夫之国，有塞尔维亚人，有克罗地人；而德人则使之各自为政！塞尔维亚之自治傀儡，屠僇境内之克罗地人；而克罗地人之傀儡政府，亦屠其境内之塞尔维亚人以为报。德人之告塞尔维亚人曰："吾军之来，克罗地人实召之！"而告克罗地人则曰："塞尔维亚人而胜，则克罗地人无遗种矣！"一旦德军撤退，而克罗地人之惧塞尔维亚人以甚，塞尔维亚人之恨克罗地人则深，亦何望言归于好以携手建国哉！报载南斯拉夫游击队之内部冲突，亦由于塞尔维亚人与克罗地人之仇怨！然两族之游击队，莫不矢志以反日尔曼，及国社党；而国社党则利用两族之相互仇怨，以使之相互攻击，而忘大敌之当前；此德人之狡也！德人之于捷克斯拉夫也,则扶植斯洛伐克人以鼓励斯洛伐克民族运动!斯洛伐克之农民区,向为捷克文化政治落后之区;德人则予以自治,建之为国;而以示异于捷克立国时之所以待斯洛伐克人!斯洛伐克人虽不悦其傀儡政府;而一经自治独立,则无望其再为捷克之附庸!一旦捷克复兴而自治政府取消,则政府之官吏失业而无望其插足于捷克政府!亦有工人商人,资国社党之工厂以为生;如与捷克并国而治,则斯洛伐克人之工厂,何足以与捷克工厂之效率度长挈短,而竞争以必归于失败!斯洛伐克之农民,则欲以保护其市场之农产品高价,而亦不悦于捷克;不悦于捷克,则暱于德人以求其支持!纵德军有撤退之日,亦何望捷克之有斯洛伐克以为国也哉!不但德军之占领国如此;而在巴尔干之与国,亦无不播散民族仇恨以自树援!一旦德军撤退,而匈牙利与罗马尼亚必相火并!盖希特勒分割外斯拉窝尼亚以予两国,而两国无一日自慊;然不敢以致怨于希特勒,而相怨;匈牙利人虐待其境内之罗马尼亚人,而罗马尼亚亦虐待其境内之匈牙利人;两国之深仇不可解矣!希特勒亦分南斯拉夫与捷克斯拉夫之地以予匈牙利;匈牙利偿所大欲,而南斯拉夫与捷克斯拉夫之深仇不解矣!保加利亚亦得南斯拉夫之多地以偿大欲;然保加利亚之一部分地,则以许罗马尼亚!所以巴尔干诸国,无一国不从邻国之毁灭以偿大欲;而无一国不分担国社党之罪恶以取深仇疾怨于人!无一国不痛心疾首于其邻国之阻兵安忍,狡焉启疆,而思得一当以必报为快!国社党不讳言:"纵希特勒政权有崩溃之日,而东南民族之相为敌雠,必不能僇力同仇以攻德,而兄弟阋墙以自攻也!假令德国而败,亦必有不少数民族之追怀德国,而欲以结为同仇!"假令塞尔维亚而胜,则克罗地人必以追怀于德,而为不满现状之少数民族矣!其他可以类推。然则希特勒之所以伐谋伐交,胜败兼权,如环无端,流毒无穷;宁暋伐兵以擅胜利于一时乎!呜呼!有国者可以监矣!

故用间有五:有因间,有内间,有反间,有死间,有生间。

(训义)梅尧臣曰:"五间之名也。"张预曰:"因间,当为乡间;故下文云'乡间可得而使。'"

五间俱起,莫知其道,是为神纪,人君之宝也。

(训义)贾林曰:"纪,理也;言敌人俱莫知我以何道,如通神理也。"张预曰:"五间循环而用,人莫能测其理。"

因间者,因其乡人而用之。

(训义)杜佑曰:"因敌乡人,知敌表里虚实之情,故就而用之,可使伺候也。"梅尧臣曰:"因其国人,利而使之。"

内间者,因其官人而用之。

(训义)杜牧曰:"敌之官人,有贤而失职者;有过而被刑者;亦有宠嬖而贪财者;有屈在下位者;有不得任使者;有欲因败丧,以求展己之才能者;有翻覆变诈,常持两端之心者;如此之官,皆可以潜通问遗厚贶金帛而结之;因求其国中之情,察其谋我之事;复间其君臣,使不相和也。"

基博按:"因间","内间",皆因敌之人,以为我之间。特"因间"者,因其乡人;盖其人之无政权者,而为人民。"内间"者,因其官人;盖其人之预政权者,而为官吏。而"因间"、"内间"之为用,尤在破敌人之拼结,毁敌人之国家。而德国陆军参谋人员则谓之"精神之破坏";盖于所著《世界大战间谍史例》,尝有慨乎言之,以谓:"技术之破坏,只以毁我国家之物资;精神之破坏,且以毁我国家之意志;愿进而论精神之破坏;精神之破坏,何道以出之?曰'宣传'是也。夫兵凶器,战危事也!若以小抗大,以弱敌强,为民族生存而战,为子孙万世而战,为主义理想而战,则其艰苦尤十百焉;然敌人则以我之艰苦,而逞其宣传矣!盖宣传必有所借口;而所借口者,必为我当前不堪受,不能忍之事。然此日之所谓不堪受,不能忍者,开战之初,非不知其必临也;非不知其不当受也;然人情好逸而恶劳,怯死而贪生,往往偷一时之安,而不顾百年之后患!及征战之日久,吾人神经,刺激过甚,易于亢奋;而敌人宣传,乘间以入;于是感情冲动,死不择音,暴动罢工,无所不为,妨害生产,摧毁国力;爱我太息,敌人大悦!一九一八年,我之雄师,方压敌境。而邦分崩离析,一蹶不振者,则以我德人之抗战精神,惨遭敌人破坏之故!盖英、法协约诸国,既以饥饿之封锁政策,阻绝我海外之粮食及牲畜饲料以不得;而又损我谷物收获以成凶岁;于是我德人食无半饱,不自聊生,然后鼓如簧之舌,以事宣传;于我德人民之啼饥号寒,若不胜其悯恤之意;而昌言指摘德国贵族及大地主之气象豪华,优游柏林,临阵则畏缩不前,后方佚乐;生活则豪华依旧,任情挥霍,代为不平,不啻若自口出!一九一四年,开战方始,德国前线兵士,已得一图相传观,上绘一财阀,一贵族,执鞭而驱德之士兵,以入死神巨口;死神之上,署曰:'资源战争';笔意幽默,神情栩栩!又有一纸,大书曰:'打倒普鲁士军阀',若无意与德国人民为仇,而吊民伐罪者!又以德国城市人民生活之与乡村不同,享受有差别;而故为挑拨,以激动人民之嫉妒,嗾相诘难;而以分崩也!犹以为未足,则益利用德国国内党派之分歧,因势利导,以鼓动国内之政治斗争,而破坏德人之统一;所用以攻击农村之标题,及其摇惑观听之辞,则故意与大战前之德国左派党团所用以攻击农村经济要求者相同。德国左派之社会民主党人,喜掀风波以乱秩序;此固协约国间谍之所视以为良好之助手者也!若辈初不知为敌人之所欲利用,卒以政党利害之冲突,而不恤为虎作伥!一九一六年五六月之间,德国有数城市人民,有饥饿示威之大游行;而主之者,莫非社会民主党之左派人物;其所写之标语,利用之论证,一如敌人发踪指示之所宣传者!尤巧者,其后德国革命党之传单,与敌人之所散者,如出一吻;所区别者,仅来源不同而已!吾人诚不能武断,遽谓二者有直接之联系,然此德国革命势力领导之骚动,实予敌人间谍以宣传之根据。至一九一七年,而二者之行动,果趋一致;发动战时工业中心区之罢工,以反对食粮分配额之减少。国内之民情,既已涣散;而作战之军队,亦因之而无斗志!盖前线士兵所得之家书,读之,莫非啼饥号寒之辞,危涕坠心,英雄气短,儿女情长;于是军心摇动,海军叛变,同舟敌国,而德之溃败不可收拾矣!"然则德国社会民主党之左派人物,英法联军之"因间",而德国人之所痛心疾首者也！盖因德之"乡人而用之"也。一九一七年,列宁既擅国,而寄心膂于托洛斯基；对德和约者,托洛斯基之所签订也。及列宁卒,而托洛斯基不得志于史丹林以亡命；顾以得政苏联久,其徒党播全国,咸预机要；而托洛斯基必欲逞志于史丹林。希特勒知其然也,则欲以向日威廉之所以用列宁者,用托洛斯基以肆毒于苏联；因托洛斯基以通苏联重工业副人民委员批亚太珂夫、外交副人民委员索柯尔尼珂夫、铁道副人民委员李夫雪茨以及拉狄克、莫拉洛夫、绥莱勃里亚柯夫等著名共产党员十七人,饵以重金,出售军事情报以资德国、日本,而与德国、日本约：托洛斯基如得政苏联,必割乌克兰于德,割沿海州于日以为酬焉。批亚太珂夫以重工业副人民委员而向德厂订购机器时,价必抬高,而以抬高所得之额外货款,资托洛斯基之子塞度夫以为阴谋之用。而内外勾结以鼓励怠工,破坏交通,暗杀红军,一九三六年一年之间,层见叠出,莫识所由！其间工人克尼亚柴夫以毁火车,而供认得日本间谍之贿一万五千卢布。亦有工程师故若不经意,而毁化学制造厂之锅炉者；皆托洛斯基之所发踪指示也！则是托洛斯基者,希特勒之"内间"也！因俄之"官人而用之"也。德国以陆军驰誉于世；而苏联军官之被派以赴德国参观实习者,往往有之；德人遂因之以为俄间。苏联红军杜嘉契夫斯基元帅、前任苏联驻德及驻英使馆陆军武官普特拿将军、列宁格勒军区司令雅基尔将军、前任白俄罗斯共和国总司令乌鲍罗维支将军、奥索亚维亚基之首领欧特曼将军,及参谋本部人事课主任费尔特曼将军等八人,以一九三七年六月十一日骈诛；其罪状,则与德国、日本勾结,而欲于战争时以出卖红军也！其中考克与费尔特曼两将军,皆为生于波罗的海诸省之德国人,其姓氏仍袭德人之旧。乌鲍罗维支将军尝赴德国参观国社党大会后之德军大演习。而考克与普拿特两人,皆尝为驻德使馆陆军武官者也。此亦"因其官人而用之",所谓"内间"也；而实以托洛斯基筦其枢！希特勒因其大将塞克特与托洛斯基有十二年之雅故,而组织德、日两国之军事间谍,以与托洛斯基在苏之羽党,抟而为一;而以德、日两国大使馆及领事馆为集合,为掩护,策动怠工,主持暗杀;一九一四年十二月,暗杀史丹林之心腹基洛夫,亦所发踪指示也。杜嘉契夫斯基诸大将,亦以托洛斯基派之挑拨游说,而与德、日两国参谋本部,息息相通;将以一九三七年五月上旬,举兵袭史丹林之徒而聚歼之,以与德、日联合,为军事同盟。使其谋得遂,一攘臂,而国社党之势力,横被六合,纵贯欧亚!不意史丹林先发制人;然不为奥国总理陶尔夫斯之续者,亦仅尔!顾希特勒不能因托洛斯基以杀史丹林,而能因阿斯脱夫人以蛊张伯伦!阿斯脱夫人者,英国之名媛也,有克莱武登之别墅,好客,喜延揽。自首相以及其阁僚,一日二日万几,自公退食,必过克莱武登。夫人盼睐承迎,人人得其欢心,而倦勤以纾,无不乐亲芗泽;此固希特勒之所欲因以为间!而贵要辐辏,权势自生;浸润肤受,谭言微中,亦以荡心惑志,默移大计!而所晋接,尤倾保守,而恫心疾首于共产,世称之曰克莱武登系;其人以为"惟扶德,可以倾苏;亦惟不助法以减德人西顾之忧,而后德人有余力以东进攻苏"。百喙一辞,寖成国是!又夸大希特勒之空军,以吓张伯伦;而张伯伦亦以吓其与国法兰西阁僚达拉第、莱诺之徒;于是捷克牺牲,而慕尼黑协定以成,而法苏协定以解;而法国之援以孤,英之誉望亦堕;而希特勒之愿遂矣!此亦"因其官人而用之",所谓"内间"也。于戏!中国有史,必儆女祸!而诵欧史,大邦名媛,荡轶飞扬,所谓社交之花者,惊鸿游龙,王侯心醉;而外国因之以用为间,有意无意,或挑其嫉妒以为阋,或歆其金珠以为赂。色授魂与,几事以泄;国际之阴谋,得肆志于跳舞会者,吾见亦多矣!妇人用其鞶笑,丈夫以为喜怒!希特勒通夏莲夫人以杀莱诺抗战之志,得阿斯脱夫人以歆张伯伦和平之利,而法有沦胥之祸,英亦贻噬脐之悔!又不仅是!印度独立党人沙伯尔滑尔者,亡命日本已数十年,而为美国某通讯社员,出入各国公使馆,以一九三六年夏,在美国俱乐部,与美大使会谈;而为东京宪兵特高课检举,以谓供给情报也!搜其住屋,所得记录,无不涉军事政治机密者;而研诘所自,凡名流贵家之夫人,有闲而好事,以广交游,而接外国人为荣者,无不晋谒以为媚悦,兴会所至,巧言如簧;孰甘守口如瓶! 轻颦浅笑之中,而情报悉以供给矣! 呜呼! 此亦新女祸之所当做,而有国者之监也! 希特勒得政之初,既扩其国社党之组织以及奥大利人、捷克人,而以并奥吞捷,有成功;益散其帑金以资丹麦、挪威及法之人民,依仿国社党之组织丹麦团、挪威团、法兰西团而倡言亲德;此则"因其乡人而用之",所谓"因间"也。一九四○年四月九日午前五时,挪威政府得德国驻使布鲁埃尔博士之通牒,谓德军将占领挪威全国之海港也。议会开紧急会议,咸主抗战,而先于是日午前一时半,挪威之奥斯洛海峡驻有挪威军舰三艘,其司令官得外长谷脱之令,谓:"德国舰队至矣! 毋得抗战,任解除武装,可也!"司令官坦然受之,莫逆于心! 惟水雷敷设舰奥拉甫号,以收港修理,而遗未致令,迨午前四时半,德国巡洋舰亚姆顿号,率潜水艇二,悠然而向霍登要塞以进。碇泊之三挪威军舰,任所欲为,则以外长谷脱之令也! 不意其掠奥拉甫号以过,而奥拉甫号之炮火骤震也,要塞司令官亟加制止;而亚姆顿号及潜水艇一已沉没矣! 其未沉没之一潜水艇陆战队,登陆者百人尔! 而以要塞司令官之制止,守兵武装,自动解除;于是霍登要塞拱手以让矣! 奥士卡尔司堡者,挪威之海军根据地也,左近海峡,满播机雷,苟一发机,全峡震腾,插足不得,何从登陆;然而机雷之电流,早为要塞司令官所切断矣! 德国军舰布留赫尔号,以是日午前三时,疾驶进峡,掉首扬尾,以为莫余毒也! 不意在大炮射程八百码以内,而炮台之一小军官,莫知谁何,突命开炮,中布留赫尔号以毁其装甲,不五分钟,而此德国最新锐之一万吨巨舰告沉矣! 舰员之不死者,才四十人也! 在德人以为司令官既相默契,其他亦何能为! 而不虞偏裨之中,尽有肝胆,百密一疏,遂铸大错! 然德军之登陆者三百人,而挪威守兵三千,以司令官之低首下心,而亦束手矣! 要塞尽失,门户洞开;而德国福尔格霍司特将军,帅所部一千五百人,导以挪威骑巡六人而安步以人挪京奥斯陆。将军随幕僚二人,且行且以国社党敬礼,而致答于群众中之第五纵队队员焉;则为其日午后之三时也! 及五时,而奥斯陆播音局,以柏林土音向挪威广播矣;谓奇士林国民政府宣告成立也。奇士林者,尝以一九三二——一九三三年。掌挪威国防部;诸大将多所拔擢;希特勒得而用之,与之为构;擒贼擒王,而桓桓赳赳,皆降将军矣!此则"因其官人而用之",所谓"内间"也。至于希特勒所以溃法而取之者,人皆谓闪电战之功;而不知亦握其枢于"内间"! 奥托阿毕斯者,希特勒国社党之特务人员也;谈吐风生,擅才辩;先娶一法女为妻,而于大战之前,尝携巨金以至巴黎,收买报纸及政客,广交游,尝指其手提皮包以扬言:"法国国会议员,有十余人入吾彀中矣!"传者曰:"法国六百一十五名之国会议员,有三百余人受人津贴也!"法国前后两内阁总理达拉第之情妇古洛素侯爵夫人、莱诺之情妇夏莲,每有茶话宴会,奥托阿毕斯无不与! 及法人对德宣战,而被逐以行;然党徒实繁,蟠踞津要,上自政府,下遍闾巷,播散谣言,捭阖操纵,嗾达拉第以挠莱诺之政策,通夏莲以摇莱诺之心志,军事政情,纤悉必知!甘末林之为法军总司令也,将往前线视察,未及首途,而柏林播音局已以消息广播矣! 甘末林惶骇莫措! 莱诺组阁,颇不慊于甘末林,而欲用魏刚。达拉第则袒甘末林焉。及德军之侵入比境,而两人纷争未已! 甘末林亦有所闻知,曰:"余岂怯哉!"欲立殊功以自见;乃放弃可守之阵地,而引大军趋荷兰,让道以予德军,欲俟其猛扑马奇诺防线不下,然后反兵而截其后路,包围德军,一鼓而聚歼诸。讵意希特勒推锋直入,法军撤退不及;为德人所包围以解甲焉! 德人之将进攻也,无日不向法军广播,申明:"德人之不欲与法战,而所仇者英也!英人之利用法,已二十年矣! 法人何苦为他人作嫁衣裳,而不独立自主!"浸润之潜,夜以继日;于是法人之信念摇动,法军之士气消沉!而达拉第之徒,如赖伐尔及庞莱,如响斯应,振振有辞,欲以介义媾和。然法之政客,如赖伐尔及庞莱,大战既开犹倡言亲德,肆口无忌,而能得大将之拥戴;以当国柄政! 欲窥此中消息,不可不知一九三七——一九三八年之卡古拉党狱! 法政府于此讳莫如深,而就其可知:

卡古拉党者,盖由极右派之发动,由诸大将之援助,有缜密之计划,而欲以武力建立独裁制度,然后加入极权国之集团也。不意人民渐有知者,舆论哗腾;而警察不得不执行侦查。顾以治安部长白许翁之同情于卡古拉党;警察翼翼小心,不敢深求,逮捕党徒,而领袖人物则佯若不知谁何! 然而众目昭彰,众口难掩,莫不知魏刚将军为卡古拉党之军事领袖也! 贝当将军虽非卡古拉党,而亦不以魏刚诸大将为非。卡古拉党之军火储藏厂,设在巴黎及克拉蒙佛朗一带,而搜查其中之来福枪及机关枪,莫非德制! 政府恐株连大狱,下令停止搜查。捕系者百余人,无一人公开受审;及大战起,咸予赦免;而其中军官,又列籍正规军,后备军以为国干城矣! 米西林将军者,则卡古拉党之尤有功于希特勒者也! 将军为米西林厂之主人,而厂则法国最大之汽车制造公司也! 公司之主要厂,设在克拉蒙佛朗,而卡古拉运动之中心也! 米西林将军,为卡古拉党之军事教官;而同时兼为法国第五战区司令。第五战区以奥里昂为大本营,而铁路纵横,四方道里适中,军火之制造及运输,咸萃于是! 顾米西林将军,处孔道,当大任,而怠所事以堕军实,长寇雠! 一九三九年九月,希特勒东侵波兰;法人欲出兵攻摩尔塞河以捣其背,而卒左次不进者,则以重炮之未能运出;而第五战区之奥里昂、布日及维尔松铁路诸站,重炮堆积,车辆停留,延至十月而未运。问其所以? 则未奉米西林将军之命也! 第五战区之中,有坦克车制造之厂三焉,设在布日及蒙他日附近,而所制造七十吨之坦克车极精,速度高,转动灵,而装甲则视德国之八十吨者为尤厚;利器也! 顾留置于第五战区之待运场,而迄未一用,等于虚掷;及一九四〇年六月,德军之进占奥里昂也,见之,叹赏不置! 而睹法军兽骇鼠窜,遂改乘此法人造而不用之坦克以追奔逐北焉! 则米西林将军之以也! 此亦"因其官人而用之",所谓"内间"也。然希特勒用"内间"于苏联而无成功,用之于法而有奇效者;盖史丹林剸制由己,以快刀斩乱麻,当机立断;而法政府率于朋党,姑息养奸;此希特勒所以成败异也! 然希特勒所以并奥大利,吞捷克,入荷兰,胁匈牙利、罗马尼亚、保加利亚,而侵南斯拉夫,无不操纵其人民,贿通其官吏,"因间"、"内间",处心积虑,以摧毁政权,摇动人心;然后随以大兵,莫之或御,如摧枯拉朽,蔑不克矣!日人者,希特勒之所引为同志者也!然希特勒之所以呼朋啸侣,结同志者,果何以乎?亦不能外"因间"、"内间"而别有以也!德国驻日大使奥笃将军,于一九三九年之春,以不得成日德军事同盟为憾,造访首相平沼,卒然曰:"日本之荣誉,被作践矣!"平沼曰:"日本之荣誉日本人自知之!君外国人,如何能知!"奥笃懔然,徐曰:"日本迟日自知!"一九四〇年夏,奥笃又造访近卫公爵别墅,言曰:"公赤心为国,夹辅无人,不可不组织一政团;匪是者,国策何能推行尽利!"近卫曰:"日本国事,尚得日本人自决,不敢以劳!"然奥笃先为东京使馆武官之日久,出身行伍,豪爽健谈,而挥金如土,英风侠气,足以得日本军人之欢心,而欣得奥笃为同志者,盖大有人在!奥笃坛坫周旋,口角生风,不在天皇之皇宫,不在东京之外务省,而在东京之妓院;日夕过从,非历任之首相,亦非外相,而为日本之青年士官;三三两两,出入妓院;而奥笃左右追随,不恤为东道主,缠头百万,筵开不夜,尊俎折冲,畅论欧亚大陆之如何重新分配,聚米画沙,抵掌而谈,主宾极欢,而青年士官,入耳心通,不觉倾倒以为之"内间"矣!政客中野正刚者,日本著名之右派,而奥笃款筵之以为"因间"者也!一九三五年夏,自德而来之国社党党员,以中野正刚之介,而与日本右派构结,以组同志会;会所在东京之新桥,富丽堂皇,而日本枢密院大臣木户侯爵、外务省顾问白鸟,莫不为同志会之会员焉!一九三六年十一月,日德防共协定成立;而协定之条文,则起草于其年之夏,多方拟议,不在外务省,而在新桥之同志会;外务省无人知者;而发踪指示,则为奥笃!奥笃以一九三八年四月,授驻日大使;然一九三九年之春,尚无法以成日德军事同盟!至一九四〇年八月,希特勒以空军大举袭英伦,不克;惧美国之参战以援英,而亟欲得日本为援,以牵制美于远东;乃派休它默为特使,奉希特勒致近卫之手书,以造于东京,访外相松冈,请日本参加德义军事协定。松冈即以属白鸟,曰:"君与休它默好议之!"白鸟以九月十日,邀休它默长谈,不觉促膝!午后,白鸟进见近卫,告以休它默之议,自抒所见,指陈得失。近卫亦为动容!即以十一日午后,召外相松冈、海相及川、陆相东条会议,而近卫以首相为主席,所谓四相会议,是也;亦既众谋金同,乃以十四日,召集紧急临时阁议。亦有阁员期期以为不可,纷争延会至七小时之久,而卒不得不通过!中野正刚在新闻纸慷慨著论,陈德人之必胜,斥英、美之援华,奠定东亚,只有联德;劫制舆论,噤不得发!然阁议,非枢密院核准,不得上奏;而枢密院大臣木户侯爵,早有默契,翕无异议!乃以十九日,奏请天皇开御前会议,欣然参加。会散之后,近卫、松冈,见休它默,举杯互祝,立以电告希特勒。请君入瓮,莫逆于心;是则希特勒"因间""内间"之有成功于日人也!抑希特勒之惧美国参战以援英也,不惟引日本为与,以对美战争分散美人援英之力量;抑亦因孤立派为间,以对苏恐惧转移美人对德之敌忾!孤立派者,以罗斯福为政敌,以共和党为壁垒,而以资本家摩根集团为主人者也。摩根集团之美国总电气公司,资本二十二万三千二百万美元;而以投资于德国之总电气公司者,有一万八千五百万马克。德国克虏伯炮厂与美国总电气公司订有合同;而西门子公司亦有关系。德国奥贝尔汽车厂之全部资本,皆为摩根集团之通用汽车公司所有。德国五金公司,为德国伐本企业公司之一部,而有杜邦摩根之投资一百万美金;此皆尽人所知,其不知者,盖阙如也!及罗斯福援英以绝德,而摩根集团与德国资本之关系中断;然美国资本家之假途中立国;转运物资以济德国,亦尽人之所知!假使罗斯福之政策成功,而希特勒之德国以败,则美国与德国资本结合之公司工厂,无不随倒;而投资及利润不可问矣!此非摩根集团之所许也!摩根集团,则以参议员韦勒及塔虎脱、前总统胡佛、林白上校之流为喉舌,而胡佛为之魁!胡佛者,孤立派之总指挥,而摩根集团之参谋也!早岁服务于英国各矿业公司以历非洲、澳洲、亚洲;而在中国,则尝任职于开滦煤矿公司也。自一九〇九年,以拉门德之引进,而效忠摩根集团;一九二○年,以汤姆生之介绍,而加入共和党。柯立芝之为总统也,以胡佛任商务部长,则拉门德之所推荐也!遂以摩根集团之支持,而当选一九二八年之总统,则以拉门德为首席政治顾问,而内阁名单,非摩根集团之公司银行董事,即股东也;几以白宫为摩根集团之支部矣!虽以一九三二年去职,而摩根集团之意见,必以胡佛为反映;共和党之机构,亦以胡佛为领导;共和党全国委员会,则德国第五纵队视为可以成为在美活动之中心者也。胡佛之发言不多,而有言,则必代表孤立派以代表摩根集团!胡佛为孤立派及共和党机构之幕后指挥人物;而兰敦、塔虎脱、林白上校之流,无不受其指挥以行事;一九四四年,共和党总统候选人之杜威,方任纽约州长,又其徒子法孙也;知胡佛,乃知杜威!杜威之发言亦不多,而所以不发言之用心,则不同于胡佛!胡佛之发言不多,而发言,则必以和平为怀;盖不和平,则希特勒之德国,久必不支;而摩根集团之德国投赀,亦化乌有也!及一九四一年六月,希特勒大举以袭苏联;而胡佛昌言以谓:"希特勒之弱点,在怕和平!惟有和平,可以去希特勒!惟有和平,可以结束战争!几见战争而能打出结果耶!"则以和平瞰希特勒之弱点,而不思希特勒无一役胜利之后,无一战发动之先,不呼吁和平以为烟幕;乃曰希特勒之弱点在是,吾谁欺,欺天乎!及一九四二年,而胡佛与前任美国驻波兰大使吉卜生,合著一书曰《持久和平问题》,则以谓:"资本主义之美国,与社会主义之苏联,不能共存;当以在全世界恢复资本主义为战争之目标";此固希特勒之所人声呼吁者也;顾胡佛之用心,则欲以对苏恐惧,而转移美人对德之敌忾耳!至一九四三年十月,而莫斯科会议之中美英苏四强宣言发表;未几而罗斯福以其年十二月,会丘吉尔、史丹林于德黑兰,有成议;于是胡佛嗾其徒兰敦大声疾呼,以谓:"今而后,史丹林可以任意解决边疆问题矣!"胡佛则冷冷曰:"且以静观其后",然而扬言静观,阴有行动!对外,则在瑞士设有机构以与德国金融家取得联系而接济德国。而对内,则在莫斯科会议之后,以其年十月,有十四团体之代表七十五人,在纽约集会,以为必得和平,尤必得马上和平,而众议佥同以决定展开马上和平之运动!其中有名雷蒙威尔基者,则诋莫斯科会议为慕尼黑第二;而一人曰弗莱德里克李培者,则曰:"咄嗟!何为而牺牲千百万人性命以为史丹林死乎!"塔虎脱之夫人,亦出席会议而以主讲焉!所谓十四团体之代表七十五人者,其人为德国第五纵队与美国孤立派之大联合;而究其用心,阳以呼吁和平惜美国人之死,阴以反对战争捄希特勒之败;皆胡佛之所以发踪指示也!杜威与胡佛及兰敦,一阴一阳,或默或语以相为用。一切慷慨激昂之言论,由杜威及胡佛两人说尽;而一切庄严负责之态度,不可不由杜威一身做尽!杜威一言不发,一心做事,以众望而长纽约,整理税制,平衡预算,既切实,又尊严,而造成人民之偶像,骗取总统之当选;及一朝权在手,惟胡佛之命是听,而言和平,言妥协;岂惟摩根集团之投资无恙;而希特勒亦得资以"因间"、"内间"而有成功矣!希特勒之欲用胡佛以为间于美,犹之日人之图用汪精卫以为间于我!日人之逞志于我也,狡焉启疆,喋血万里,而"因间"、"内间",抑亦极尽操纵之能!上自行政大僚,下迄市井侠少,以至搢绅先生,旁罗儒硕,不捐细大,兼资文武;英雄入彀,其尤著者:徐树铮、王揖唐,日人所欲因之以为间于段祺瑞者也!郭松林、杨宇霆,日人所欲因之以为间于张作霖、张学良父子者也!至于汪精卫,则尤日人所欲因之以为间于国民政府者也!汪精卫善演说,动人娓娓,纵横捭阖,为国民党之健者,而久据高位,实繁有徒;顾与委员长貌合神离,日人知之稔矣,久已暗送秋波!既而汪精卫以不得志于委员长,出国养病。及一九三六年十二月,委员长以张学良之叛,被留西安。于是希特勒则以向日德之所以用列宁于俄者,嗾日人以用汪精卫于我;亟促返国以赴委员长之难;如委员长不幸殉国,众望所属,必汪精卫,代之而兴;则举兵讨共以与日人提携;日人可以不劳而定中国;于是因中国之人力物力,以与苏联战;外国报纸,颇露其秘。然则日人所欲借手以为因间于中国者,孰有如汪精卫之伟大者乎!盖汪精卫以国民党元老,而为行政院院长;中国"官人"之最崇高者也！使其计得售，其说而信，则中国不抗日而讨共反苏，不得不随德、义、日轴心为进退；而苏联东西受攻，世界之历史全变，宁独中国蒙其不幸！天相中国，而张学良知众怒之难犯，悔祸于厥衷，奉委员长以再起；汪精卫虽得政而未擅国。及大战之起，日人老师深入，连兵久不解，而欲因汪精卫以亟媾祸于我。委员长不许也；计不得逞，而出奔以委质于日人焉！此亦"因其官人而用之"，所谓"内间"也。至黄秋岳父子以奉职于行政院及外交部，而售情报以通日人；遂以骈诛！然犹"内间"之卑无甚高论者也！初土肥原以日本特务人员，而奔走华北，游说大将，网罗策士；"因间""内间"所在多有；而冀东自治委员会、冀察政务委员会，相继成立；华北之势，几以瓦解！战端既开，而山东省主席韩复榘不发一弹，拥兵而退，委山东以予日人，而以诛戮！则韩复榘者，亦土肥原借之以为间于抗战者也！大抵军人政客之急功贪权，不甘居人后，而鞅鞅失职者；文武官吏之好殖货以自肥，及侈自奉而不给于财用者；市井少年之游手好闲不事事者；皆敌国"因间"、"内间"之所欲资也！方甲午之战之未起也，日本参谋本部海外谍报武官荒尾精，尝奉密令以来中国，得上海日商英租界河南路乐善堂主人岩田吟香之助，以在汉口开设乐善堂支店，自任堂长，而招集上海、天津等处浪人以事组织，其中分外员、内员；而内员又分三部：（一）理事。（二）外股员，执掌整理调查报告任务；审察在外干部情况；摘录国内外大势之新闻，以供外员参考，辅助各外员之活动。（三）编纂股，就各外员汇送之报告以及东西洋新闻纸登载之消息，凡可供他日参考之事件，择要编纂；并搜集各种书籍，以供堂员研究。外员，则负责在外调查；调查项目，为土地、被服、阵营、运输、粮食薪炭、兵制、兵工厂；此外对于山川土地之形状，人口之疏密，住民之贫富以及风俗之善恶，皆用军事及经济之见地，实地调查；而尤不可不注意各地人物，详细报告其姓名，年龄及住所。所谓人物者有六种：（一）君子，其间又分六等：（1）有志于救全地球者为第一等。（2）有志于振兴东亚者为第二等。（3）有志于改良国政以救本国者为第三等。(4) 有志于鼓励子弟而欲明道于后世者为第四等。(5) 有志于亲立朝端治国者为第五等。(6) 洁身以待时机者为第六等。(二) 豪杰,其间又分八等。(1) 企图颠覆政府者。(2) 企图起兵割据一方者。(3) 对欧美在国内跋扈,深抱不满,而欲逐之国外者。(4) 企图仿效西洋以制器利用者。(5) 有志于振兴工业者。(6) 有志于振兴军备者。(7) 商业巨子。(8) 提倡振兴农业者。(三) 豪族,谓名家巨阀之后,而在一乡一镇之间,为众望之所归者;苟得一人焉,则如得一乡一镇之人民。(四) 长者,谓家富而好济贫,在乡间排难解纷。一乡皆称善人焉;苟得一人,亦如得一乡一镇之人民。(五) 侠客,谓其人奋不顾身,而好打不平以拯人之急,往往为血气方刚之青年子弟所崇拜;有事之际,如得其振臂一呼,响应四起。(六) 富者。外员调查之际,如发见地方有相当之人物,不惟探查其行动而已;尤必与之结纳,得其欢心而以为后日有事之用焉!综其所以欲罗致,几乎细大不涓;君子小人,一网打尽;凡戊戌政变之立宪党,辛亥起义之革命党,莫不殊途而同归,为日人之所欲资以用为"因间""内间"者也!凡我邦人,可不戒儆惕厉,而审所以自处乎!

反间者,因其敌间而用之。

(训义)杜牧曰:"敌有间来窥我,我必先知之,或厚赂诱之,反为我用;或佯为不觉,示以伪情而纵之;则敌人之间,反为我用也。"

基博按:上次欧洲大战以前,德国之情报机关,曰第三处。凡服务为间谍者,无不受严厉之监督;倘有奉职不谨,处事失当,或侦探失实,或报告错误,无不受应得之惩诫;而惩诫之法,则设为一种似机密非机密之通讯,寄所欲惩诫之人,落于敌手而使之疑为间谍,侦伺逮捕,以练智练胆,增长经验;观其如何自脱而策以自新;如无法自脱而受刑,斯则应得之惩罚也!有卡鲁格雷夫博士者,德之名间谍也!日俄之战,尝出没旅顺,侦伺日人行军之秘而告于柏林;及第一次巴尔干半岛战争之日,奉命以往,亦有声绩!顾以事与第三处有忤;遣往英国,与之通讯,而故示英人以可疑,遂被捕也!英人知其然;处以徒刑而不执行；于是告以德人之相卖，劝其矢忠以自赎。博士遂以所知于德者，倾露其秘。而英人厚待之以反间于德，乃大有功；此"因其敌间而用之"也。顾有刑其为间之人，因其通讯之法，而以假作真，诳误于敌者。密勒者，亦德人之为间于英者也；往往登小广告于日报，影射军情，以视柏林；而巧为设词，载出卖栏，以报告英国军舰行动。为英警厅所捕，下狱；而得其密码底本及第三处训令，将计就计，假作消息，以登广告；或旬日一登，或间月一登；胡卢依样，而德人不察其伪也，薪依旧寄；且以其报告之勤也，加厚犒焉！英警厅得其金而买一汽车，题曰密勒以志喜；此亦"因其敌间而用之"也。及此大战，法之所以猝为希特勒所乘，而措手不及者，亦以中希特勒之反间也！一九三九年开战之初，陆军部之情报厅所谓第二厅者，其中密探受阿毕斯之金而为所贿买者，早已不少而为所用！达拉第于一九四〇年所得报告，谓："希特勒志在攻英，无意于先法也！"既信以为实然！而总司令甘末林所得之情报，则又异是；且曰："希特勒之在一九四〇年，无意西征，而欲有事于巴尔干"也！不知法国派驻比利时、荷兰、瑞士等国之情报人员，早为希特勒贿买；而所得之情报，皆来自希特勒之情报机关！甘末林为所绐，于是撤北疆之戍军，以付魏刚，率赴近东，而连土耳其以战于巴尔干；不虞希特勒之推锋北疆以捣其虚，则"反间"之以也！一九四三年，美国联邦调查局破获德间多人于第特律城；其妙用亦在因敌之间，而以破敌之间！先是加拿大妇人第宁，貌都丽而擅口辩，为德人所雇以赴柏林受训练，资以巨金，转里斯本以赴纽约，而定居第特律城，自称伯爵夫人；当地名流，无不倾身延接，纵谈天下事，巧言如簧，人以得见颜色为幸！顾联邦调查局，自一九四一年，第宁未至第特律城之时，已追踪而加侦伺矣！既而知其为德间也，则逮以密讯，胁以自新，而因之以搜捕妈黎昂哈特寄宿舍，则德人之第特律城特务机关也！捕医生汤姆斯，则由其病人口中得情报，而侦察美国硝酸甘油之生产，及魏斯丁豪斯之俄亥俄办事处以资德人者也！美国商务队海员霍夫门，则以第特律城福特工厂及格罗西伊尔海军训练站之情报资德人者也！第特律城女青年会国际组秘书皮兰斯夫人，则以芝加哥普尔门公司之情报资德人者也！威尼大学德文教授之妻摩尔基夫人，则第宁之助手也！发踪指示，莫非第宁之以；则亦"反间"之以也！

死间者，为诳事于外，令吾间知之，而传于敌。

（训义）杜牧曰："诳者，诈也；言吾间在敌，未知事情；吾则诈立事迹，令吾间凭其诈迹以输诚于敌，而得敌信也。若吾进取，与诈迹不同；间者不能脱，则为敌所杀；故曰死间也。"

基博按："死间"者，诳间也；疑误敌而以不实之情报为诳；诳间未必死，而有可死之道；亦有不死，不足以取信，而不得不死；故曰"死间"。一九〇五年日俄战争之前四年，日本驻俄使馆陆军武官寺间大尉，用财如泥沙，广交游以侦俄军谋，俄情报局固已疑之矣！寺间心知其然，则佯若为俄情报局所饵，而狎一妓，则情报局之女情报员也！寺间恣情声色，以为所胁持而返其国，私寄日本参谋部攻俄地图于俄情报局，酬所愿欲；既而事泄，判死刑；其父寺间亲王忿子之卖国以陨家声，亦自杀！俄人以为信也，及战之起，而俄人按图布防；不意日人避坚攻暇以乘所不备；遂以大败，乃知中日人之间也！于是取日俘而讯之曰："寺间大尉寄俄之地图，将以为诳乎？"曰："诳！"曰："然则寺间大尉之被诛，亦诳乎！"曰："否！不诛，不足以成大尉之诳而取信于汝俄！吾日人名誉重于生命；大尉名誉之大恤，何有于生命！杀身为国，此莫上之荣誉也！"曰："其父亲王自杀信乎？"曰："信！不如是，不足以坚汝俄之信而成大日本之胜利也！"然则寺间父子，不恤辱身贱行，陨身破家，以成其间之诳，岂非"诳间"之适例乎！及一九四一年五月，希特勒将攻苏联也，其秘书兼国社党副首领及政治部主任赫斯，突乘飞机以奔英，而机上之弹孔累累，声言以饵战防共，建议和平，窥见希特勒之用心；而挟其和平觉书以相赴；惟未得希特勒之同意；非诚未得希特勒之同意也！希特勒惮于言和，而假赫斯为诳以尝英人，旧调重弹，以防共饵英之资产阶级，缓其仇德，懈其敌忾，而得媾和于英，以并力苏联也！此希特勒之"诳间"也！而英人不为所愚，待以俘虏！顾英人以此知希特勒之亟图媾于英而不惮发难于苏，告苏以离其交而自树援。及希特勒进兵攻苏，而英外相艾登声言："英人之图与苏联也屡矣！而苏联不欲；以伤德人之心也！"及迈斯大使以德人欲攻苏联告，而谋于苏，苏人犹有难色！其辞若有憾焉，其实乃深喜之尔！而德人侵苏之报，尤予丘吉尔以振奋，而广播其演习二月之演辞，背诵如泻水焉！盖四月以来，丘吉尔已知希特勒之必攻苏也，则预习广播之辞；邀其朋从，听其演说；在朋从，则静默恭听；而丘吉尔，则词气溢涌，间以诙嘲，喻希特勒如吸血之毒蛇，妙语解人颐！及词之毕，而其朋从各陈所见。如何声罪致讨以斥德，如何仗义执言以援苏，润色讨论；如是者屡次不一次！至六月二十二日，而德人侵苏之报至，遂以其日下午三时广播。听者无不叹树义之正大，措辞之圆到；而不知其演习之有日，素所蓄积然也！则是希特勒"诳间"之大失败也！

生间者，反报也！

（训义）杜佑曰："择己之有贤材智谋，能自开通于敌之亲贵，察其动静，知其事计所为，已知其实，还以报我，故曰生间。"贾林曰："身则公行，心乃私觇，往反报复，常无所害，故曰生间。"

基博按：近代各国互派驻使，阳敦睦谊，阴则觇国；号为亲善之使，实兼间谍之用；如贾林所谓"身则公行，心乃私觇，往反报复，常无所害"；而有治外法权以庇其徒，苟非宣战，无不尊重；此最"生间"之适例，而公开之秘密也！日本之于各国驻东京使馆，监视尤严，而分有等级；第一严防苏联政府驻日之外交官，便衣侦探，无时无刻不逡巡使馆前后，侦伺出入过访之宾客，而密记其车辆牌照号数以为追踪；亦或投身以受雇为使馆低级馆员或侦伺！然传者言：一九四一年以前，德国驻日大使奥笃，亦为驻日第五纵队之领袖，而拥有一万名之德籍队员，中有士官二千一百人；其他国籍之队员，如捷克人、匈牙利人、瑞士人、瑞典人、美国人以及日本人，总数有二十万零一百五十人，以操纵政团，以劫持报纸；发号施令，无不出德国使馆！是故苏联之于外国使馆，必驻赤军，非惟守卫，抑亦监视！仰光者，缅甸之都府也。日侨五百人，其业，则照相馆也，镶金牙也，药房也，弹子房也，形形色色，执业多贱，而尤婆者，乃开小客店；然无一人不有特务之岗位，而非受指挥于日本之仰光总领事馆者！及日人以兵取仰光，而起侨寄十年之日本牙医铃木以为缅甸总督；适从何来，遽集于此；乃知牙医其名，"生间"其实也！一九四一年三月，英国海军部声言谴责日本驻使重光葵为德间，以英国海军秘密资德，涣然大号；而日本使馆不置一词以对，几乎默认！是年十一月，日本以空军突袭夏威夷群岛之珍珠港；而美政府搜查夏威夷之日本领事馆，乃知馆中全体人员二百人，非受雇于日本陆军，即海军之所雇用；而夏威夷军事国防，无不随时缕告也！荷兰东印度政府以一九四二年一月发播白皮书，声称："日本政府派芳泽谦吉以使节议贸易；而芳泽来驻一年，阴资日本陆海军人员以相侦伺，而拟定军事计划之准备工作。"至于中国，则以日人之狡焉思逞，日本驻华大使馆，为调查中国政治、军事、经济、社会之实况，特以一九三二年十月，成立情报部；而南京、济南、青岛、成都、汉口、九江、宜昌各地，咸设支部；各支部咸设电台以互递消息；每年在中国所用之机密费，至一千万元。而一九三七年，日本外务省亚洲司中国局，更提出机密费扩张之预算，谓："本外务省与中国密切联络，而使驻华之外交代表，广搜各种情报，以改善外务省之工作也。"义大利派驻埃及之外交代表，慎简其人，代表之才能必卓越，容仪必伟岸，固不待言；抑亦相其夫人之是否娴丽，美貌足以动人！政府不恤资以多金，励其盛饰，浓妆艳抹，双双而至；其在开罗，招摇过市，几乎有会必到，无到不双！上自宫廷，下逮搢绅，无不延为上客，醉其艳色，从容谭宴，微言讽刺，而埃及之反英，人同此心，心同此理矣！此皆彰彰在人耳目；而不仅德国之驻外使署及领事馆，被人指摘为间谍之机关也！此"生间"之大者也！此外又有所谓特务人员，弥缝其阙，以补使署领事馆之所不及，而为生间之正身！德国之遣阿毕斯于法，日本之遣土肥原于我，晋接显要，上下游说，而以操纵焉；则杜佑所谓"择己之有贤材智谋，能自开通于敌之亲贵，察其动静，知其事计所为"者也！英国外交部之情报处，为英国特务机关之尤有声绩者；其中之特务人员，遍播世界各国；当英国之正式外交人员，无法交涉时，则特务员起而代行其职，以运用机智而促使所在国政府之改革，或破坏所在国政府与其他外国缔结密约；因时因地，相机应变，而暗为斡旋，若出自动，毋使其致疑于英国政府而以牵涉在内！其有助于外交者功不细也！德国特务人员，则以辅军谋为主；而有计划，有组织，成一机关以执行所事，始于普鲁士政治警察队队长史蒂白，盖铁血宰相俾斯麦之所特拔也！史蒂白尝事腓律特烈克威廉为密探，以一八五〇年任警察局长；及威廉一世摄政，而鄙其为人；又以府众怨，讼章盈廷，虽以得白，而官亦罢！及俾斯麦之相威廉一世以造德意志帝国也，而奥国起而争长；苟非战胜奥国，不能建立德国；然不知奥之军备若何？遂以委之史蒂白！史蒂白则化装为小贩，驾一马车，载宗教雕刻及春画之类，沿门叫卖，而以周历奥国之城镇乡村，察勘当地之地形、路径、军备及经济情形，绘图立说而归以报。老毛奇遂据以部署进攻，长驱直入，仅四十五日，而奥国大败以迫为城下之盟；虽曰老毛奇指挥若定，抑亦史蒂白供给情报以先为之地也！于是史蒂白根据战时情报之工作经验，建议于俾斯麦以设中央情报局，而自任局长。俾斯麦既以无虞于奥，又欲有事于法。于是史蒂白以一八六六年，偕其助手瑞尼克与喀丹巴赫两人赴法，而遣所部三万六千人，分布全法境，随地勘视，前后凡十八月，凡从德边至巴黎之路径，绘为细图，铢黍不失；及一八七〇年之侵入法也，德军按图索骥，如入无人之境；而所部三万六千人者，潜匿全法要塞，以伺德军之至而为内应，则史蒂白之以也！史蒂白之于法也，不惟各地之道路、桥梁、炮台及驻军兵力，调查不遗纤悉；而所有各地之人口、农工商业、旅馆、银行、居民之财产以及当地之出品，无不历历如数家珍，缮成数巨箱之报告，而以先运回德！及德军之入法境也，每至一地，则按照史蒂白之报告，而搜索一切军需品以为供应；比如一村，养母鸡若干，应征发若干鸡蛋，若干鸡；隐匿不得！一富户语于人曰："德军知我之财产，胜于我之自知！"则以史蒂白之情报有效也！于是欧陆各国，无不惩于法之败，而以注意情报；此情报机关之所自始也！德国之情报机关，有一总部发踪指示以笕其枢；而英国之情报机关不一，外交部、陆军部、海军部、空军部、商业部、殖民部、内政部，各隶一情报处以各自为政而不相为谋！上次欧洲大战，英国海军部情报处主任何鲁，知其一友人之为德间也，谈话中有意无意，漏言："英海军之集中，将以掩护陆军在延姆斯与威塞耳两河之间某地登陆"；本以诳误德人也！不意为荷兰皇军总部所闻，大惊，以为英人之将侵我中立也，调兵以防！英陆军之特务人员，以飞报陆军部。陆军部则以为荷兰之为此，必系德人欲假道于荷以出兵进犯英南海岸也；告海军部调舰为备，然后知何鲁之故弄狡狯以诳德人也！一九二五年，英国陆军部与外交部之特务人员，各拥一阿拉伯酋长，资以金钱，供其武器，而为之谋主以进攻对方，而不自知其操戈同室；咸以为对方之煽惑鼓动者，厥为外国之特务人员也！论者颇以无组织为嫌！然德之组织，亦有不利！德国特务人员之组织，昉于史蒂白，而有纵之联系，有横之联系；与军队之编制相同。在国外活动之特务人员，无不相互有横之联系；而各组织特务间，又有相互之联系，彼此呼应，如左右手；然而有其不利！使有一人偾事以为驻在国破获，往往因一人以及其他，辗转推讯而牵动全部组织；有时因一无关紧要之交通员被迫踪，而破获特务机关之全部；上次欧洲大战，德国驻英特务机关之全军覆没而一蹶不振以此！于是柏林情报局痛定思痛，而解散横之联系，训练人员以推陈出新，出入敌后，单独活动；则一人偾事，而大局无害；此特务组织之一大革新也！如欲得"因间"、"内间"于外国，亦以特务组织为之介，而笕其枢于柏林情报局；不能以利诱，亦可以计胁！上次欧洲大战之未起也，柏林情报局通令各国之特务人员，就驻在国政治，工商及社会各方面之重要人物，而详细调查其出身历史、家庭情形以及一切隐私，随时报告；于是各国要人之秽史，列为柏林情报局之档案，其中有一档案，称："某夫人于某星期告其夫，赴某地别墅休养；而据实际调查，则过宿于某先生家也！"吹皱一池春水，干卿底事，而如此之不惮烦耶？盖德人之图逞志于各国，必资"因间"、"内间"以为用；固有用金钱以可收买者；然有地位，有财产之人，则非金钱可收买！既得其隐私而列为档案，则于必要之时，可以要挟而资为"因间"、"内间"之用！其人不少巨公列卿，名门贵媛，一旦隐私揭发，则名裂而身亦败；以此不得已而胁制为用者，往往有之！相传柏林情报局档案库中，有一名册，列英国人四万七千；而此四万七千英国人所不愿人知，尤怕人知之隐私，无不以事系日，以日系月，以月系年，有时有地，详记各人姓名之下；所以柏林情报局，可以随时胁制此四万七千英国人，资以为"因间"、"内间"，而供给情报以为交换；其人多据枢要，而以视德国之特务人员，所得为事半而功倍矣！德国之特务人员，有专门学校以严格训练，而教学一切特务应备之技能；而英国之特务人员，则无特务工作之正式训练，不过为各项专门之人才，随情势之自然，而更事既多，由浅入深，以为政府所选择而任用之。德国之特务人材，从海陆军后备队中挑选以入特务学校，年不得过三十岁，而录选之人，不仅普通之所谓才而已；尤必精密而圆滑，理智而直觉，勇敢而忍耐，敏捷而镇静，勤奋而从容，活泼而忠实，无美不备，不名一美者，相反而相成，然后录取而授以必需之特务学识；如语言学、国际心理学、各国警政、工业制度、化装学，以及如何使用爆炸物、密码、暗号及秘密摄影机等，无不在研习之列；而尤要者，为建筑术与测量学；测量尤必有特殊之训练，不但精通测量之术而已；须能用目力或直觉以测得一建筑物之高度、角度及距离；何者？特务人员之在外国，不能明目张胆，用器测量，而以引起之猜嫌也！相传一九一四午之夏，德国有一特务人员，不用器械而以实测英国北部某地之一大桥，用脚步测量距离，用视线测算角度，进而探究桥址下之地质构造，以及用多少炸药，可以炸毁，绘图列说；一旦有事，举而措之已耳！可知其造诣之精，训练之素也！

英国之特务人才，则选拔自侨居国外之人民，而为职业之专家，或工或商，平时执业以自活，而有委任，则效奔走；其人多富赀产，不仰薪给，而社会之声望亦甚高，所以纡尊降贵而从事特务工作者，苟非出于爱国之诚，则必为好奇之本能所驱役耳！然而特务工作，非易为也！以不可告于妻子，不得谋于朋友，而惟"天知"、"地知"、"我知"而不予"人知"之孤独工作；然生活不能自处孤独，酒食征逐，与人为亡町畦，诩诩强笑语以相取下，握手出肺肝相示，而不能有真正之友朋；机警敏捷，而不动声色，意思安闲，斯则理想之特务人材也已！英国之特务人员，非有需要，不用女子！独一九三八年，苏联有一特务机关，设于英伦，为英政府所知而无法侦查！有某女士者，一风貌娴雅之金发女郎也，年三十许；以友人之介而为陆军部之情报处所延聘；则志愿加入苏联之友协会，而与其中之苏联特务领袖相结识，蛊以冶容，得其亲任，而知其秘要；以告陆军部，而苏联机关之特务人员，悉数就逮，无一漏网者！然英国之不用女子为特务人员，几为一成不变之例；而德国则好用女子为特务人员，以其冶容海淫，为达官贵人所喜，易为惑溺而得其宠信，知其事计所为；上次欧洲大战，韩丽春夫人及荷兰籍之美妲罕丽，其尤著者也！美妲罕丽者，巴黎之红色舞女也，以裸体舞而有盛誉，历柏林、罗马、维也纳、伦敦，所至倾动，王公贵人，争以得亲颜色为幸；而德国第三处罗致之以入间谍训练所，授以间谍之学术。韩丽春夫人，则美妲罕丽之队长，而女间谍训练之主任也。先是韩丽春夫人年十七岁，尝随父游俄之圣彼得堡，樱唇黛目，金发柔美，而为一德国使馆武官所嫟，藏娇有屋。时俄国步兵奉颁新式炮，德国参谋部欲窥其秘而不得也！武官者，乃牺牲韩丽春色相以投俄国军官之好；俄国军官忘其所以，而枕头席上，倾诚以告焉！及是而所以诏其女弟子者曰："间谍者，竞技之一也！成功无人赏，失败无人怜，无法纪，无道德，只有冒万险以求遂所欲而已！如汝性爱冒险，间谍生涯，尽有意趣，职务之本车，即酬报也；务于不惜牺牲，甚而至于死！"大战之起，而美妲罕丽为间于巴黎，上自外交部、陆军部之机要大僚,下逮前线归休之中下级军官以至伤兵,无不巧笑承迎,乘其狂欢极醉之余,而以言相话;无不倾诚,知其事计所为,而以告德人;法军屡以大败而莫知失机所由! 一九一六年九月二十六日,霞飞将军指挥法军,三路进攻;而德军则以前十日得大本营令,设备以防法军之进攻;法军死者八万,伤者十万,而未有成功;则美妲罕丽之以也! 英国之特务人员,以本国人为主;而德国则本国人之外,尤多募中立国人;以美妲罕丽为间于法而籍荷兰,亦中立国人也! 盖两国交战,而以我国人留敌国境内,无不以间谍相监视;中立国人,则萧然事外,无所于嫌;一也。又两国交战,无不欲争取中立国而不敢重开罪;纵有嫌,而惧中立国使馆之抗议;投鼠忌器而不敢逮捕;二也。希腊人台元尼斯者,亦德间之有名者;初为小贩,以历游法、比、德等国,而达于柏林;性好冶游,而以小贩之收入,作有限之风流;一日,方在林登大道散步,忽为警察所捕! 其人莫知所由,自念近虽小弄狡狯,而无伤大雅,何劳警局过问耶! 顾不逮解警察局,而送禁卫森严之第三处,则大惊不知所措! 问官指数其在各国之诸不法行为,历历如数家珍;更无置喙之地! 问官大声叱喝,且曰:"法、比两国政府以文书请求引渡,欲综所犯而并科刑,有罚无贷,从此投狱底长不见天日矣!"其人俯首战慄不敢仰也! 忽闻问官柔声曰:"虽然,以汝之能通几国语言;我爱汝人物倜傥;如肯矢忠为大德国驰驱,当加恩贷而不予引渡;此大皇帝之恩施格外也!"其人感激涕零,誓愿效死! 于是阶下之囚,引作入幕之宾,三薰三沐,改称施慕诺斯伯爵,衣冠优孟,盛服而出,资以巨金,而遨游上都,与列国贵人相周旋;在若人固得其所哉,而在第三处亦得其人而用之,为知人善任使;然后知第三处之久注其人,派探追踪以历半欧洲,而察其出没,考其性行,然后控之于罪以恩威兼施,而胁之为用也! 此外如西班牙人黎卡道之与其婿多拉克受德雇以为间于法,而探其后方军队调动;阿根廷人戴巴士之爱德雇以为间于英,而欲探其巡洋舰重炮改良之图案;皆以中立国人,而为德所用以成间者! 英以其国外侨民为特务人员,多取其材而有声望者;而德国之用其侨民,则不必材也,而取其不为人注意;不必即以为特务人员,而以为特务人员之通讯机关!上次欧洲大战之将发也,德皇威廉先一年聘英,馆于伯京罕宫;而其侍从长官,忽出宫以访一理发匠,纡尊降贵;英国警吏知之,则大惑不解而加侦伺;其人名恩士德,出生英国,而父母则德国籍也!及侦伺之日久,而知其人筦德国外交部通信之枢而不自知!每月得酬金一磅;每星期得自德寄来之信件一大束;其信已贴英国邮花,而其人则按信开地址以分投伦敦之各地邮政局。警吏则按址而侦其得信之人,皆德国之特务人员;而其信则政府之训令也!于是警吏佯为不知,而暗中监视,时时检阅其信,而侦所为;及大战起,而按址就逮,无一漏网;仅得脱者,一人耳!日本之特务人员,其组织与训练,略仿于德。日本情报之组织系统,直隶属参谋本部,而接受陆军省之指挥,外务省之指导;所得军事情报,如外国军力、军备、军事计划等,报告于参谋本部;而其他事项,则分别向有关系之机关报告。日本陆军省预算表中之秘密费,盖资以为供给及组织情报之用者也!日本陆军省之预算支出,占日本全国行政之预算支出之二分之一,而秘密费之支出,则占陆军省总支出三分之一!情报人员之在中国,所执行之任务而为参谋本部明文规定者有五:(一)军事间谍,无论何时,于其侦察区内中国军队之军力、军械,分布及活动,加以最审确之注视!凡中国国内无论发生何种变化,军事间谍应即刻报告东京参谋本部及同在中国从事间谍之其他人员。(二)军事间谍当深切认识中国各地方之特征条件,并随时注意铁路交通上最微细之变化;而对于军械储藏所在及弹药库所在,尤当特别注意!(三)所有当地军营要塞,及其他可能改为制造军械场所之工厂,军事间谍应力求认识与熟悉;并应计划如何临时其地电话、电报之交通。(四)军事间谍当设法鼓动中国人对于日本之信仰心;而在可能情形之下,尤当与中国之地方文武官宪缔结私人间之交往,以观察其人之品性,及其对于军事政治上之同国敌人之意见,而侦察其有无秘密活动。(五)军事间谍于其侦察区之经济情形及变化,亦有认识及了解之必要;而矿业、银行、商务企业之有关于军事方面者,尤宜注意! 而日本驻沪之军事间谍团,则为优秀之青年军官所组织,而所以履行其任务者,有四途焉:(一)化装潜入日人在沪所开设之纱厂中充当工人,以便从中交接所雇用之中国工人,而利用为汉奸以刺探中国情形。(二)借工人名义以进入中国军事机关,而拜访有关系之工役,从中探听军事消息。(三)利用各种参观团及考察团名义以旅行国内各地,而乘机侦察我国防建设及军事之行动。(四)利用跳舞以入舞场,择擅色艺、工鞶笑之名舞女,贿以重金,饵以珠饰,而借舞女以诱惑我军政长官,于巧笑情盼之中,以刺探军事政治之重要消息而供给情报。日本情报人员之用女子,以色盅,亦同德国! 日人在其本国,挑选美丽动人之少女,而授以间谍之训练,擅中国南北各地之方言,服中国装,而以分派中国各大政治军事中心地点为娼妓;或散布各舞场充舞女,勾结我政府要人以及熟悉党政军情形之在野要人,而探取重要之情报;而舞场尤所利用! 日本驻沪之国际侦察局,旧由化名李云霞之女间谍川岛芳子主持,上海各舞场,无不有其芳踪! 及一二八上海之战,川岛尝以舞女为十九路军某军官所欢,得以直接抄取军事计划而侦知闸北之地形及我军布置;十九路军遂以败绩失守! 而川岛为我志士所狙击,伤而未死,遂北返,而继之以舍英岛,拟具计划以呈请东京参谋本部者核示者三事:(一)尽量利用女性间谍。(二)在沪创设跳舞学校两所及宏伟之舞场一所,而利用曾受间谍训练之舞女以接近中国军政绅商各界。(三)设法收买各机关及各团体学校有声望之交际花,使之参与间谍工作,以诱惑我方军政要人,出入过从,既以于不知不觉之间,刺探消息;亦可乘机以金钱收买为高等汉奸也! 方我二十六年抗战之未起也,广东、福建两省,有不少化装茶房女侍之日籍女子,散布广州沙面及长堤一带以招待青年军官及政府机关职员,买弄色相,而成好合,遂以挟制以供情报;既而为广州市警察局勘破,斥有间谍嫌疑以取缔驱逐云! 日本亦如德国,凡特务人员,非几经挑选,而授以特殊之间谍训练,不以任也！日本同文书院者，日本第一任参谋总长川上卖其住宅以为基金，而创设于上海之徐家汇，招其子弟来中国，治中国之学及语言文字，展览成绩，余往观焉，见所谓支那分省调查，绘图极细，穷乡小镇，朗若列眉；问所以？则春秋佳日，分遣诸生，以游览为实地图绘，汇装成册；闻之咋舌！呜呼！此日本之中国"生间"养成所也！苟非我泱泱大风之中国；走遍地球，几见有一国焉，肯容异国在封域设书院，培间谍以图逞志，而熟视无睹，大度不校者乎！吾闻日本佐贺官立学校，延一美人为英文教师；一日作文，以"何为学英文"命题。一生交卷曰："英文为世界第一强国之文！我欲征服英国，不可不知英国；而不知英文，则何以知英国！我知英文，知英国；然后可以跨海出兵，征英国而无所虞！此所以学英文也。"其师为瞠目！今日本之设同文书院以招其子弟来中国也，岂真敦同文同种之谊以有爱于中国文化，毋亦欲知中国以征服中国也！及大战之起，江南沦陷，而诸县之宣抚班长及县政顾问，几无不为同文学生焉！呜呼！此日本之中国"生间"养成所，不可不特笔也！德国国社党，以各国旅行为"生间"；德国志愿军之军用波兰地图，是则一九三七年，德国旅行家之所绘献也。而日本则有渔船以游弋异国领海；有理发师，有洗衣工，有御料理店以深入内地；形形色色，或海陆军人假装，或其人素业，而要之发踪指示自军部！英国帝国会议以一九二一年议决建筑新加坡军港；而日人渔船以其时出没新加坡沿海，英人之所恶也！空军根据地附近之彭贡，日人则开十余家啤酒店及养渔场以营业焉！柔佛有日本餐馆曰玉川酒家者，价廉味旨，游客驰誉，一登玉川，而柔佛海峡之形胜，一览无余焉！一九三八年，军港落成；英人举行海军演习以为祝典。而有日本货船曰婆罗洲丸者，乃碇泊在白拉江之马地，则设防岛屿也，离新加坡船坞，才六百码耳！适从何来，遽集于此！英人以为大嫌，而于是海军预定之演习程序乃大变也！巴拿马运河，为美国大西、太平两洋舰队作战时调动增援之生命线；而已故日相大隈伯爵尝作豪语曰："美国舰队如欲利用巴拿马运河以入太平洋而危及日本安全时,两岸日侨三十万,咸愿受命奋身以全体沉入河中而塞其途也!"一九三四年美国舰队通过巴拿马运河之试航,事先严禁泄露消息;然试航所经,某时某处,东京报纸,逐日披露;则日本间谍之密布运河可知!而运河两岸之日侨,百分之七十五,皆无固定之收入;设理发所者,终日不剪一发;设衬衫厂,终日不售一衣;设料理馆,终日不烹一菜;而渔夫所用钓竿,以钢为丝,以铅为饵,其端无钩,而直沉水底以测运河深浅而已!荷兰东印度政府亦声言:"日本渔船以作海军眼线。日本后备军官以乔装洗衣工人。"有一日本捞网船,沿海逡巡,尝为荷兰哨兵所击沉也!荷兰人不许东印度土人窥探军舰;而有一日本巡洋舰驶达爪哇井里汶时,礼延土人,登舰参观。于是荷兰人大哗!而一九三三年以后,日本宣传人员,与东印度土人以耳语运动,鼓之反荷,则尤荷兰人之所疾首痛心者也!一九四一年,五六月之间,自称日本出口公司代表之人物,纷纷藉藉以抵泰京曼谷,腰缠累累,而商业之经营,又非所措意!街谈巷议,咸谓其中多日本化装之海陆军人;而赁屋必在街角,以便一旦有事,用机关枪扼守,以控制泰京,威胁泰人。及十二月,太平洋之战起,而泰人行动不得自由,惟日人之所欲为矣!此亦日本之"生间"也!然海军国之所惮者,尤莫如日本渔夫!一九四二年一月,英属加拿大政府声言:"哥伦比亚有日本居民七万人,以渔为业;常出没加拿大太平洋沿岸以至阿拉斯加,海道熟谙;及战之起,而征役于日海军之潜艇及航空母舰矣!"此日本之"生间",以活动于太平洋者也。义大利国民之侨居尼罗河流域者六万余人,大都出生埃及,而其久者,祖父相传,历一百五十余年;然始终未脱离义大利国籍,而与埃及人杂居以相习,操阿拉伯语,熟谙其风土人情,而知其好恶;于是墨索里尼因之以组义大利第五纵队矣!无一义侨不加入法西斯团体,其团体,则有所谓行动队者,所谓休闲协会者,所谓青年团者,所谓义大利参战军人协会者,形形色色,而无一团体不有严密之部勒,不有半军事性之检阅。埃及政府,下令取缔,而羽翼已成,伏莽堪虞！此义大利之"生间"，以活动于埃及者也。然则今之所谓"生间"者有三：一曰外交官员。二曰特务人员。三曰侨民。以侨民为鹰犬，而以外交官、特务人员为发踪指示者也。一九四二年十一月，美政府之艾森豪威尔将军袭取法属北非也，亦先之以间，而资侨民莫菲氏以为用！莫菲氏者，尝任驻维琪大使馆参赞，而侨北非之日久；与法国驻军统帅魏刚将军有旧，往来过从，一日，以言话曰："设我以美军假道，将军许之乎？"魏刚笑曰："君以一师兵来，我将开枪；设君有兵二十师，则我拥抱而吻汝矣！"莫菲氏喻其意，及一九四二年一月受命，而经营一百货商店。美政府则选精通法语之外交官二十人，佐莫菲氏以为店夥。不论土人法人，有来顾者，其夥则和颜婉语，其货则价廉物美，趋之如鹜！而法国驻军将校之眷属，尤笑言承迎以得其欢心！久之，莫菲氏得介美政府代表克拉克少将以与法国驻军将校相见，得其默契，而艾森豪威尔进兵之有成功；亦"生间"之一例也。

故三军之亲，莫亲于间；

（训义）杜佑曰："若不亲抚，重以禄赏，则反为敌用，泄我情实"王晳曰："以腹心亲结之。"

赏莫厚于间；

（训义）梅尧臣曰："爵禄金帛，我无爱焉。"张预曰："非高爵厚利，不能使间。陈平曰：'愿出黄金四十万斤，间楚君臣。'"

事莫密于间。

（训义）杜佑曰："间事不密，则为己害。"张预曰："惟将与间，得闻其事，非密欤？"

非圣智，不能用间。

（训义）杜牧曰："先量间者之性，诚实多智，然后可用之；厚貌深情，险于山川，非圣人莫能知。"王晳曰："圣，通而先识；智，明于事。"

非仁义，不能使间。

（训义）郑友贤曰："使间者，使人为间也。非仁恩，不足以结间之心;非义断,不足以决己之惑。"

非微妙,不能得间之实。

(训义)杜牧曰:"间亦有利于财宝,不得敌之实情,但将虚辞以赴我约;此须用心渊妙,乃能酌其情伪虚实也。"梅尧臣曰:"防间反为敌所使,思虑故宜几微臻妙。"石声淮曰:"诸家解'非圣智不能用间,非仁义不能使间',以为圣智以知间之性,仁义以结间之性;非是! 此两句反剔上文,谓能用间之谓圣智,能使间之谓仁义也。上文谓'兴师十万,不得操事者七十万家,相守数年以争一日之胜,而爱爵禄百金,不知敌之情者,不仁之至也';则能使间,为仁至义尽;故曰'非仁义不能使间'。'明君贤将,所以动而胜人,成功出于众者,先知也! 先知者,必取于人,知敌之情者也。''先知'之谓'圣智';故'非圣智不能用间'也。既用间而为圣智;使间而为仁义矣;又贵知几察微以得间之实;故曰'非微妙不能得间之实'。如此,则上下文脉络贯通,似胜旧解也?"

微哉微哉! 无所不用间也。

(训义)梅尧臣曰:"微之又微,则何所不知。"

基博按:"微"者,知之于无形,察之于未兆。

间事未发而先闻者,间与所告者皆死。

(训义)杜牧曰:"告者非诱间者,则不得知间者之情,杀之可也。"梅尧臣曰:"杀间者,恶其泄。杀告者,灭其言。"

凡军之所欲击,城之所欲攻,人之所欲杀,必先知其守将、左右、谒者、门者、舍人之姓名,令其间必索知之。

(训义)杜牧曰:"凡欲攻战,必须知敌所用之人,贤愚巧拙,则量材以应之。"张预曰:"守将,守官任职之将也,谒者,典宾客之将也。门者,阍吏也。舍人,守舍之人也。"

必索敌人之间来间我者,因而利之,导而舍之,故反间可得而用也。

(训义)张预曰:"索,求也;求敌间之来窥我者,因以厚利诱导而馆舍之,使反为我间也。言舍之者,谓稽留其使也;淹延既久,论事必多,我因察敌之情。下文言四间,皆因反间而知;非久留其人,极论其事,则何以悉知!"石声淮曰:"张预解'导而舍之',以'导'为诱导,'舍'为馆舍,非是!'导'者,示也;'舍'读为舍,释也,纵也。所贵用反间者,不但利其泄敌情于我;尤利其反国而为我作间也。'导而舍之',谓授之以方略,然后纵使归国而为我之间。下文四间可得而使,不仅因敌间输情于我,我知其瑕隙而蹈之;抑且谓资反间而使四间与我通声气也。"

因是而知之,故乡间、内间可得而使也。

(训义)张预曰:"因是反间,知彼乡人之贪利者,官人之有隙者,诱而使之。"

因是而知之,故死间为诳事,可使告敌。因是而知之,故生间可使如期。

(训义)梅尧臣曰:"令吾间以诳告敌者,须因反间而知敌之可诳也。生间以利害觇敌情;须因反间而知其疏密,则可往得实而归如期也。"

五间之事,主必知之;知之必在于反间,故反间不可不厚也。

(训义)杜牧曰:"乡间、内间、死间、生间四间者,皆因反间,知敌情而后用之;故反间最切,不可不厚也。"张预曰:"人主当用五间以知敌情;然五间,皆因反间而用;则是反间者,何可不厚待之耶!"

右第二节论五间之事。

基博按:五间之用,不外二端:曰"因间",曰"内间",曰"反间",因敌之人以为间于内也。曰"死间",曰"生间",用我之人以为间于敌也。特是孙子五间,"反间"筦其枢;近代用间,"因间"妙其用。而间之为"因",有今之所有,而古之所无者:一曰新闻间。二曰政治间。三曰留学间。四曰宗教间。五曰民族间。六曰主义间。其中政治间、留学间,往往得志为官人,则为"内间"。而要不外因其国人而用之;盖"因间"可以包"内间",而"内间"不出于"因间"也。新闻间者,因其国之新闻家而用之也。一九一四年七月,欧洲第一次大战发生,义大利社会党人，咸持义国中立之议；独墨索里尼以社会党机关报《前进》之主笔，而昌言参加协约作战；遂为社会党开除，而夺其《前进》主笔之职！于是墨索里尼受法人之津贴，以创《义大利人民报》；大声疾呼而倡参战；盖法人亟欲引义人参战以分德之兵势，而亦免南顾之忧。墨索里尼向主笔《前进报》者两年，而以言论锋锐，倾动其国人，遂以成名；固法人之所欲用也！法国记者，尤不惮造新闻以货巨金，变乱是非，摇惑观听！一九三一年，日本之进兵满洲也，巴黎各报，议论无不袒日；以日金饱其囊橐也！一九三三年，义大利之侵阿比西尼亚也，一年之间，津贴法国各报以六千五百万法郎；无冕之皇，亦墨索里尼之所欲用也！希特勒亦挥金如土以献于巴黎无冕之皇！一九三九年夏，法国极右派代表盖鸢理，在国会检举外交部长庞莱之柏林代表白理农，为其数月之间，受德金至三万万佛郎，以为收买法国报馆，鼓吹和平，提倡国社主义也！巴黎小报，有名曰"嘴与爪"者，德之国社党、法之政府，各致津贴；而主者两受焉！东海西海，万国朝贡，此巴黎无冕之皇，亦人豪矣哉！东京之报纸，亦有阳以牖导日本人之爱国，阴以响应德人之舆论，而为之间者！《报知新闻》，东京著名之报纸也；董事长及社长，虽为日本人；而股权，则已全落德国第五纵队之手！董事长则为一败落之伯爵；第五纵队饵以厚贿而为傀儡；然日人之读者，无不信《报知新闻》为本国极端爱国主义之发言人；讵意不知不觉以浸润国社党之理论，而为之喉舌也耶！政治间者，因其国之政治家而用之也。威廉二世之用列宁于帝俄，希特勒之用托洛斯基于苏联，日本之用汪精卫于我，皆所谓政治间也。凡一国失意之政治家，尤外国所欲礼罗，以烧冷灶，备后用！苟其当国之政治家，发强刚毅，所求不遂，则扶植其失意之政敌，以与为市，而削其势；日之于我，盖屡屡焉！其人有曰头山满者，日本间谍之长老也，年八十余矣！日俄战后，头山满处心积虑以注视中国及其他亚洲各地革命，而欲有以利用之！凡中国、菲列宾、马来亚以及缅甸、印度之革命家，不为当地政府所容者，无不延揽，须白如银，意度温克，见者以为巨人长德也。握手出肺肝相视，受其金钱，听其议论；而头山满如簧澜翻以教导革命。我国之革命长老，亦必有为座上客者！一九三六年十一月，中东伊拉克之巴克西特基将军举兵以杀其国防大臣查法；而纽里将军者，查法之妹夫，而伊拉克政治家之典型也！英人亟用飞机以载出国，而保护之。义报讯之曰："此奇货可居也！英人工心计，唯利是图；飞机汽油，岂漫费！"嫉忌之辞，如见肺肝！盖政治亡命者，固外国人之所欲因以为间者也！留学间者，因其国之留学生而用之也。人之于所学，不能无囿；而留学外国者，往往为其国文化之文化所炫，思想既有所囿，感情亦以渐合；始而爱好其文化，探讨其学术；继而服习其土风，结交其国人，此亦人情之自然；而野心之外国，往往因之以用为间！如在弱小后进之国，而留学先进强大之国；其留学生回国，尤为社会人士所欣慕，而得国家之柄用；此尤野心之外国，所不能漠视！日人尝以太平洋佛教协会之介，邀上等缅甸人，免费游日；而奖励缅甸青年，留学东瀛，交换日缅文化，鼓励日缅合作；司马昭之心，固属路人皆知！而日人利用我留日学生之当官而得政者，以为间卖国；三十年以来，其人其事，悉数难书，而为国人之所周知，无待缕述者也！苏联于一九三二年以前，红军将校多派赴德国参观陆军留学，而以与德之国防军有密契；于是史丹林有一九三七年之肃军，诛其大将。义大利人在开罗所设之中小学不少，埃及子弟可以免费入学；暑假时，可免费以赴义旅行。而埃及前皇弗阿德曾之肄业罗马军官学校也，尝备受义皇室之优待，而以表现露骨之亲义色彩矣！此亦留学间之适例也！吾国留学诸君，衡政论学，往往谈吐之间，留英、美，则祖英、美，留德、日，则祖德、日；甚有自轻家丘，不妨冷嘲热讽；闻诋所留，便欲发声征色；芸人舍己，彼哉彼哉！倘非厚培爱国自重之观念，导扬民族文化之信心；一旦敌国外患，而为所留，皆人所欲因以为间，而所可因以为间者也；可不为之大哀乎！宗教间者，因其国之与吾同宗教者而用之也。欧美传教，航海东来，虽有文化侵掠之嫌，尚无军事间谍之据！日人之佞佛，人所知也！佛法慈悲为怀，顾日之军人，则以佞佛为用间,以僧侣为间谍！太平洋佛教协会之组织,所以网罗中国、印度、暹罗、缅甸等国之僧侣,而因之以用为间也。印度者,佛教之祖国也。日人则设东亚佛教协会、佛教兴亚会以遍于印度名城,而饵印度之佛教徒焉！顾印度四万万人,中有九千万之回教徒;而日人无奉回教者,顾设有伊斯兰文化协会、大日本回教协会,以一九三八年五月,于东京建筑宏丽之回教礼拜堂;落成之日,以盛礼邀请印度之回教徒赴会,而请其向世界广播,以颂日本之崇礼回教;谁与主持之者?则陆军大将、前内阁总理林铣十郎也！于是印度人之反英者,足迹不绝于三岛;而欧战之起,印度人反战运动之澎湃,日人遂以推波助澜焉！则以宗教间之为用也！缅甸者亦佛教之祖国;而仰光者,抗战以来,我国国际输入仅能假道之一地也！于是日人交欢缅人,因佛教以投所好,组织日缅佛教协会;政府资以经费,馈遗缅人之现任官吏、国会议员、报馆主笔;而僧侣之在缅人,信仰既深,势力尤雄！一九三七年五月之浴佛节日,大光寺前,麕集数万之群众,而要求修改宪法,扩大自治,反抗中缅之交通。政党党员,以欲得欢于选民,而高唱排华;不问而知日缅佛教协会之所发踪指示也！宗教间之成功也！日本回教联合会,又尝派东京神学教授谷正氏至爪哇,设计于荷兰东印度各地,各置回教区长一人,助理四人至五人,上说下教,以联络其地之回教徒;每区由日本领事馆拨发开办费一百盾;干卿底事,而不惮烦?则以宗教间之资以为用也！然而狡焉启疆,何国蔑有！西藏者,亦佛教之宗邦,而我之藩服也。前清之末,达赖喇嘛有师保曰德尔智者,俄之布利亚特人也;幼而入藏朝山以抵拉萨,住哲蚌寺十五年,博习经典,而为达赖喇嘛之所宠幸,遂因以通于俄国。一八九六年,俄人组织赴藏考察团,假装朝山香客,经中国之蒙古、新疆以聘拉萨,而因德尔智以为间,迎藏人之所信,其中多喇嘛,多德尔智同族之布利亚特人;自达赖喇嘛以下各大寺院,无不有献,币重而言甘,而欲得西藏以为俄用！藏人大悦！然印度者,英人之外府也;实逼处此,卧榻之侧,岂容他人鼾睡;于是以一九〇四年,派荣赫鹏大佐率兵入藏。达赖喇嘛望俄援，不得；遂出奔，而派葛丹寺梯林布奇代表与英人言和，放逐德尔智以离西藏。而德尔智则绝交不出恶声，将行，遍谒有权势、有交谊之各大寺院，献金馈物，以示眷恋之意，而系先后之思；所费不赀，而一出于俄廷；此亦宗教间之适例焉！民族间者，因其国之与吾同人种者而用之也。民族间，始于巴尔干半岛。巴尔干半岛，为十余种之民族错糅而居；而斯拉夫族实居半数；则斯拉夫人之力，常能为巴尔干半岛之中坚，明也！然全世界之斯拉夫人一万六千万；而在俄罗斯者，一万一千万焉；故斯拉夫族，以俄为宗盟；而其他散播于奥匈帝国以延及巴尔干半岛，如塞尔维亚、保加利亚等支族，憔悴呻吟于奥匈及土耳其压迫之下者，其视俄也，若弱弟之怙恃其长兄；此事理之最顺而易驯致者也。方帝俄之秉大彼得遗训，注全力以经略东南欧，其始亦恃军威以力征已耳！十七十八两世纪，与土与奥，凡大小十余战。迨十九世纪，民族主义披靡一世；俄人遂利用之以为侵掠之资，于是所谓大斯拉夫主义者兴焉！大斯拉夫主义者，举凡住居于东南欧之斯拉夫民族，转为一体，脱离他族之统治，或成为单一国，而戴一斯拉夫之元首；或成为联邦国，而戴一最大之斯拉夫国为之主盟也。俄人既揭斯义以涣然大号于斯拉夫族，而复以快语歆动之，以愤语刺激之，其言曰："欧洲三大民族迭兴：拉丁族之历史在过去。条顿之历史在现在。而我斯拉夫族之历史在将来！"又曰："以拥有一万六千万之斯拉夫族，而让区区五千万人之条顿族，宰制世界以握霸权；诚窃为吾族耻之！"其论起于一千八百三十年之顷，始倡之者，不过数人；而斯拉夫族心同理同，如响斯应；至十九世纪之下半期，而大斯拉夫主义之团体及言论机关，已遍于东南欧矣！有大斯拉夫主义所属之团体，曰国民共励协会者，总会设于塞尔维亚之首都，分会遍巴尔干各地以延及奥匈境内，而俄之将校实阴主之！自一八三〇年，以终十九世纪，巴尔干半岛诸国，先后举兵以脱离土耳其独立，什九皆国民共励协会为之发踪指示也！然奥匈帝国之人民，五千一百余万；而二千五百万人，为斯拉夫族；如大斯拉夫主义，乘间抵巇以得逞于奥匈，则帝国不国矣！是大斯拉夫主义者，奥匈帝国之所不许，而必出死力以相持者也！及一九一四年六月，奥皇太子菲的南以阅兵边境披士尼亚州，而被刺死；刺客二人，即日就缚，皆塞尔维亚人也；而讯鞫所以，则塞京有所谓国民共励协会者实主其谋；而披士尼亚州之巨室名士，莫不隶籍为会员焉！披士尼亚州州议会议长亦就逮，且抗言曰："太子之来，吾党环而图之者，不知凡几辈也！不此则彼，必无幸！谓余不信，盍一检寝室食案！"迨检，则时表之侧，盥器之旁，累累然三炸弹焉！有一雏婢侍寝食者，且持炸弹七！而于是滔天之大战以起！此则民族间之始作俑也！铁血宰相俾斯麦，既相普鲁士王威廉一世，以日耳曼主义，抟一其民人，建德意志帝国，而雄飞欧洲。及威廉二世即位，更欲推而大之，揭大日耳曼主义，高掌远蹠，欲以抟一世界各国之日耳曼族，而为之元首以建一大帝国；不幸战败！希特勒绍其雄图，旗鼓重振，以奉天承运自命，而以天诞聪明之日耳曼族，宰制世界，天职攸存，义不容辞；振厉其民人，而以送秋波于其他世界各国之日耳曼族，声应气求，相为勾结，组国社党，资以武器。北自斯堪迭纳维亚半岛之丹麦、瑞典、挪威，以延中欧之奥大利、匈牙利、捷克，近东之罗马尼亚、保加利亚、南斯拉夫诸国，无不有当地出生之日耳曼人所组成之国社党或准国社党焉。及其声生势长，而并奥大利，吞捷克，胁匈牙利、罗马尼亚、保加利亚，兵不血刃；实以国社党之为内应，抑亦民族间之大成功乎！主义间者，因其国之与吾同主义者而用之也。苏联列宁言："国际资产阶级，如欲攻我；只一举手之间，而所佣工人，已牢捉其手，不得动矣！"列宁、史丹林既以共产主义，号召世界各国之农工无产者，而为国际组织，惟所指麾，以因之为间。德希特勒即以国社主义，号召世界各国之军政反共者，而为国际组织，惟所组织，以因之为间。相摩相荡，此之谓主义间也。民族间，始作俑于俄人，而德人效尤焉！主义间，亦作俑于苏联，而德人效尤焉！民族间，以民族感情，而组织异国之同民族以因为间。主义间，以主义宣传，而组织异国之异民族以因为间。民族间，可以破国界，而利用世界各国之同民族。主义间，盖以扩国际，而利用世界各国之不同民族；范围愈大，运用愈活；此第一次欧洲大战之所未见，而推陈出新，后来居上者也！然苏联之主义间，与民族间，各行其是；而德人则主义间，与民族间，打成一片。史丹林以希特勒相煎太急，而咄咄逼人也，于是以一九三五年，示意各国共产党徒，暂时放弃世界革命。其年春，法国外长赖伐尔造访，谈次，史丹林谓："法国同志，不可不放下革命，而扶持法国之政府及其军队，以抗纳粹之势力！"法国共产党人闻之，大哗，以谓："如此，则失其所以组织；主义放弃，信仰堕，而党亦瓦解矣！"史丹林则曰："无伤！此所以保护苏联之代价也！无论何国之共产党人，其责任之最大者，莫大于抵抗纳粹主义！希特勒者，共产主义之大威胁也！共产主义之中坚堡垒，为苏联；苏联不保，何有于共产！所以法国共产党人，应牺牲其党之立场，抛弃法国革命之初衷，而得法国及法国陆军之力，以反抗希特勒，而保卫苏联！"乃以其夏召集共产国际大会于莫斯科，申明此旨。质言之，可牺牲法国共产党，而不可牺牲苏联；有利于苏联，则信仰必遵；无利于苏联，则主义可抛！世界各国可以无际，而苏联不可侵犯！欲以苏联为中心，而播共产于国际，左右曰以，惟命是听。此主义间之妙用，而兼并之新法也！呜呼！秦之所以并六国者，征战之功三，而间谍之用七，苏秦、张仪之徒，纵横捭阖，实当日之国际间谍也！散六国之纵约以伐其交；离六国之君臣以散其势；遣辩士阴赍金玉，厚遗结其名士，有不受吾金，则诛以一剑；莫非间之为用！此李斯之所以教秦，而六国之卒见并也！观于今日，希特勒之叱咤生风云，纵横欧陆；闪电战之突飞而猛进，固举世之所震也！间谍之广播而深入，尤有识之所戒也！闪电之战，只以败敌之军队，堕敌之国防；而间之为用，则以堕敌之士气，散敌之民心！民心既散，国势自溃！国之破于闪电战者，什二三；而国之破于用间者，什七八焉！岁费四千万镑以组织国际之国社党。希特勒曰："虽裁数师之陆军以事此，亦所不恤！"国社党之德国，非开明之政府也；盖阴谋之党团也！国社党之范围为世界，其目的在征服世界，而其原动力，则在数千万流侨外国之德国人，整齐训练以隶籍于国社党，而惟所驱策！先是德意志帝国，尝制定双重国籍法而颁布之："凡德国人之在外国者，可以转籍为法人，美人，或葡萄牙人，而仍不失其固有之德国国籍。"一九三七年六月，苏联赤军肃军之狱，骈诛大将八人，其中考克与费尔特曼两将军，则苏联籍之德国人也！及希特勒之柄政也，留美德侨，有非希特勒政策之所欲压迫，而流亡以来者，皆转籍为美国人。问其所以？则应曰："乐美国政治之自由，不如德国之拘束"；其辞则然也；而其实，则为希特勒阴谋之所驱使，而欲使自由民主之美国，成为希特勒之美国，而活动以为内间也！有一德国之高级技术家，而投美国广播公司，愿得一职以自效；此其用心果何在乎？借广播以传播希特勒主义及其政策，一也。得各方情报以告希特勒，二也。猝有内变，得广播以散谣言，三也。五十年以前，转籍之德国人，而生子；柏林当局必登记，以使之毋忘为德国人，而隶国社党之组织，施以武装之训练。美国有国社党训练最精粹之第五纵队，而配备以德国精良之武器；一旦与美宣战，则操戈以内应，舟中之人皆敌国矣！此其转籍者也。至于不转籍之外国德侨，希特勒政府必告以"恪守居留国法律"；不可不尊重居留国之法律，而亦申儆之曰："不可不尊重德国之胜利！"德国人民，非警察许可，不得出国；而出国之后，必以见闻随时报告；及抵达居留之国，必投所在之国社党人员，报告住址，而与之有系。一九三六年，日本中学大学之德籍教师一百人，其中八十七人国社党党籍列其大名；而受指挥于德国驻日东京使馆奥笃将军。无一日本中学不派国社党宣传员；而宣传员之所自，则德国地理政治学院院长霍斯浩佛博士所主办之第五纵队人员养成所毕业者也。无一德侨商店，不有国社党党员一人。日德文化协会之指导者，厥为精明强干之德国瓦特尔端纳博士，而柏林外交部长秘书波尔主持之国社党国外组织会之会员也。苟有一事，而为日本习俗之所尚者，国社党之德人，无不依样葫芦，投其所好；春秋佳日，必见国社党之德人，叩谒神社，遇军部显要，则致国社党之敬礼。

凡所以罗致日本人入国社党者，无所不用其极；以东亚新秩序之一讲题，而为国社党之公开演讲，意若即国社党之政纲也者！口舌游说，酒食征逐，金钱收买，而收买之费用，一九三八年德国驻日使馆，支付日金七十八万元；而费之所出，不患无着，半汇自柏林之外交部，半税自侨日之德商也。荷兰有一显官，雇一女佣，为德国籍而哑也；一日，闻其在厨房，与一谁何不知姓名之人语，所操者，乃流利之牛津英语也；大惊而逐焉；然机要文书，则偕女佣以杳如黄鹤矣！虽然，此犹德国人也；乃至非德国人之斯堪的纳维亚人，荷兰人，操法兰斯德语之比利时人，操德语之瑞士人，以及盎格鲁撒克逊人，印度，则以同一亚利安人种相标榜，相号召，而勾结之隶国社党。其发踪指示之中心机构，为柏林之国社党；而其指臂之相使，则为党之国外组织，有六百以上之地方团体，而统之于四十五以上之支部；每一国有一支部，而总其成于柏林之一人曰波尔者，其人有八百以上之助手，而其名义，则外交部之秘书也。如有一国焉，不能或不敢以国社党标榜，则别为题署；如在罗马尼亚，则曰铁卫团；在瑞士曰真正同盟；在美国曰美德协会；在日本曰日德文化协会；曰同志会；其名尽异，其旨则一，而务以贯彻希特勒之阴谋。在太平无事之日，游行悬旗，率励徒众，或纪念国社党英雄以集会，或庆祝希特勒生日以集会；而侦伺其国之不悦希特勒以图相抗者，开成黑名单，乘间抵峨以暗杀之；或绑架之以至德国，而予以处刑。一旦开战，则异军突起于其国，而为希特勒之内应焉！所以施之于奥大利、捷克及挪威、荷兰，莫不皆然已！如居留外国之德人，而有不忠于国社党者，则有政治警察五千人，散播各国，隐形监视，腹诽者诛，偶语有刑；如得其人，有罚无贷者也！政治警察之训练，厥在德国陆军情报部之心理实验室；主其事者，曰伏斯上校白薛蒙尼脱；而其中有一学程，曰国际心理学者，盖军事间谍、政治警察，以及国社党之国外组织人员之所必修也。慕尼黑之德意志地理政治学院，则尤德间之所发踪指示也；霍斯浩佛博士，实为院长，其下有科学、历史、地理、经济及工商业专家数百人，受其指挥！夜以继日,分门研究;而间谍四出,以遍播世界各国,刺探政治机要,以至工业、商业及技术,如有变革,随时报告,以供专家之研究记录,分类编号,而储之宏伟之政治地理图书馆,以贡献于希特勒,而备咨询考论;又为设计策动罢工,鼓煽政潮,以观各国之应付,而试其权能焉。然希特勒之所以驱策党徒,而为间于国外者有二:一曰国社党之国外组织,波尔之所指挥也。一曰德国驻外之公使、大使及领事,外交部之所委派,而亦在政治警察隐形监视之下者也。政治警察之于驻外大使及领事,严密注意,曾有其人谈吐之间,一言半语,藐视元首,而流露于不自觉者乎?抑或一言半语,欣羡自由,而以不适于现代德国之政况者乎?如有其人,则政治警察之所必检举,而不容一日尸位者也!倘其人有造于希特勒之阴谋,斯称职之外交官矣!美国旧金山之德领事魏德玛,希特勒尝明令嘉奖,谓其一九三九年七月,煽动美国国会,而以不通过罗斯福所修改之中立法也。此希特勒之所以用间之组织也。虽然,岂特希特勒之德国为然哉,观于日本之所以组织其居外之日侨,而受指挥于特务人员者,亦如德之于其侨矣,观于苏联之用共产党于国际,而因以为间者,亦如德之于国社党矣!《传》不云乎!"用兵之道:攻心为上,攻城为下。心战为上,兵战为下。"而间者,则"攻心""心战"之所为用也!往者欧洲第一次大战,连兵四年有余,而帝俄之先屈于德,革命也!德之继折于英法,亦革命也!邦分崩离析,岂战之败哉!而原革命之所由起,半由于人民之厌战,而半由于间之为用也!呜呼!非鸷悍敢死之士,不能为间!惟愚懦无知之民,能动于间!开战之初,士夫雍容而谈和平;久战之后,人民慌怯而苦征战,张皇敌势,以相震惊;原其初衷,亦岂有他;而不知不觉,乃为间所用,以传播谣言,而扰动人心也!一九一八年六月,德国兴登堡大将尝有慨乎其言之曰:"呜呼!吾德人民,殆以自私自利,而不惮牺牲祖国矣!饥寒交迫,死丧之威,神经错乱,道德堕落,乃以敌人之胜利,而视为祖国之幸福与和平所由致;用心刺谬,为何如乎!然后知向者托洛斯基在不勒斯特之所宣讲,非无效于德人也!迄于今日,而德军之胜利,人民不以为喜;英、法之宣传,人民乃以为信;于是我军民抗战之力,日以委靡;而敌人攻心之狡谋得逞,国其殆哉!"呜呼!此德人之所以百战百胜而无成,亦以英、法之用间也!吾中国和平为怀,岂有阴谋以肆志于侵略,间亦于我何用;然而不可不知间之为用;知间之为用,乃不为间所用!《荀子·议兵》:"兼并非难,坚凝为难!"此为当日秦之侵略言之也!吾则曰:"坚凝为难,胜利非难!"此为今日我之抗战言之也。倘知间之为用,而谣言不听,天君自泰,则坚凝矣!前车不远,德可为监也!此则耿耿之怀,所欲掬诚以告我邦父老,而不惮探颐索隐,以为缕说之如此。

昔殷之兴也,伊挚在夏;周之兴也,吕牙在殷。

(训义)何氏曰:"伊吕,圣人之耦,岂为人间哉!今《孙子》引之者,言五间之用,须上智之人,如伊、吕之才智者,可以用间;盖重之之辞耳。"

故明君贤将,能以上智为间者,必成大功;此兵之要,三军之所恃而动也。

(训义)张预曰:"用师之本,在知敌情;故曰'此兵之要'也。未知敌情,则军不可举;故曰'三军所恃而动也。'"

右第三节,论间以上智,乃成大功,为一篇结穴。

基博按:孙武论用间有五,而未明所以用五间之法,则间可以为胜,亦可以为败。宋儒苏洵论兵著《权书》之明间也,以为:"五间之用,其归于诈,成则为利,败则为祸。且与人为诈,人亦且将诈我;故能以间胜,亦或以间败。吾间不忠,反为敌用,一败也;不得敌之实,而得敌之所伪示者以为信,二败也;受吾财而不能得敌之阴计,惧而以伪告我,三败也。"然则如之何而可?曰:《荀子·议兵》不云乎,"窥敌观变,欲潜以深,欲伍以参。"杨倞注:"谓使间谍观敌,欲潜隐深入之也。伍参,犹错杂也;《韩子》曰:'省同异之言以知朋党之分;偶参伍之验以责陈言之实;'又曰:'参之以比物,伍之以合参也。'"明人无名氏《草庐经略》之论间谍曰:"五间俱起,固当总而角其同。即一间之中,不可不多其人,以觇言果同否,则始为真。五间各不令相知。生间之人,亦当择其彼此素不相识者而遣之;则其所谓敌情,各述所闻,吾始得较量其同否,而察其真伪。何者?为间之人,一相知识,则必符同其说以巧用其奸,而吾反为间所诳矣!故为间之人不一,而知间之人惟我,详询而观其诚,参订以诀其微,幻如乌有,秘若鬼神,敌虽善扃,能遁其情乎?不然,或用间以成功,或凭间以自倾,间可常恃耶?"此则荀卿"欲伍以参"之说也。特是用间之言,欲"伍"以"参";而用间之人,在"知"以"试"。宁都魏世效《昭士文集》,有《书苏文公用间后》曰:"苏子之三败不易矣;三军之事,不用间,不能成功;用间,则三败不可试。然则间终不可用乎?吾谓间之之道有三:三者何?吾习其人矣,吾知其心,又知其才之足以济,夫然后其人可用也,道一;吾有大恩于其人,人愿为我死,我用之,道二;吾知其人之才,吾不可以知其心,吾可以制其父母妻子之死命,是其势可用也,道三。故曰用之之道有三,非三者,则不可用也。虽然,诚欲用此三者,其道一而已矣,曰试之。试之之道有二:二者何?吾知其人之才矣,吾不深知其心,吾试之,置之于色货,观其动否也;置之于刀锯,观其变否也。吾知其人之心,吾不深知其才,吾试之,乘之以不可设以观其能应;窘之以不可测以观其能中。故曰试之之道有二,非二者,则不可试也。虽然,其所以试之者,一而已矣,一者何?隐是也。吾隐而试之,彼其人不知吾之将欲用之也,夫然后间可得也。"盖"伍"以"参",所以明之于用间之时;而"知"以"试",则以预之于用间之先。先之以"知"与"试",用之于"伍"以"参",而后三败之害可杜,五间之利以尽也。不知此者,不足以用间;吾故特表而出之,以匡孙武之漏义,而弥缝其阙云。

孙 子 今 说

无人不知《孙子》为兵家之祖；然而无人能知其意以时措之宜！吾今援《孙子》以说明当前大战之中苏、英、法、美、德、日、义八国战略类型；倘亦所谓善言古者，必有验于今欤！

（一）战略与战术之异

古之人所谓兵法，不过作战之法尔。惟战有一时一地之交战；有不一时，不一地，数次以至数十次，数百次之交战，而成一大战。然战必为数十百次交战之所积累；而未有以一时一地之交战决胜负者！是故欲明战之所以为法，不可不知法之攸别：杀敌致果，用兵以为一时一地之交战者，谓之"战术"。而料敌制胜，计险厄远近，调节空间时间以运用各地之交战，而蕲以达最后之胜利者，谓之"战略"。德人克老山维兹《战争论》第二篇《论战之原理》，曾剖析言之。而返之吾国，《汉书·艺文志》论次兵书者四种，曰"权谋"、"形势"、"阴阳"、"技巧"。其称"权谋者，以正守国，以奇用兵，先计而后战，兼形势，包阴阳，用技巧"；是则克氏之所谓"战略"。而谓"形势者，雷动风举，后发而先至，离合背向，变化无常，以轻疾制敌"，则克氏之所谓"战术"也。《汉书·艺文志》著录兵书三十五家，而以《孙子》八十二篇居首，世传《孙子》十三篇，为其上卷，而以《计篇》冠首，其大指以为："兵者，国之大事；死生之地，存亡之道，不可不察也！故校之以计而索其情，计利以听，乃为之势以佐其外。势者，因利而制权也。"曰"计"，曰"势"，盖挈《十三篇》之要焉！"势"者，兵家之诡道；"计"者，庙算之先胜；必先校之以"计"而索其情，乃为之"势"以佐其外。盖"势"者，因利制权，施之临战；而"计"者，量敌审己，虑于未战。自《计篇》以下《作战》、《谋攻》及《形》三篇，反复丁宁于"先胜而后求战"，"知彼知己"，"地生度，度生量，量生数，数生称，称生胜"，皆阐发《计篇》未尽之蕴；《孙子》之所谓"计"，《汉书·艺文志》谓之"权谋"，而克氏之所谓"战略"者也。《势篇》以下《虚实》、《军争》、《九变》、《行军》、《地形》、《九地》、《火攻》、《用间》九篇，皆论因利而制权之"势"；其大指不外言"战者，以正合，以奇胜"；"后人发，先人至"；"以诈立，以利动，以分合为变"；"由不虞之道，攻其所不戒也"；此则《汉书·艺文志》之所谓"形势"；而克氏谓之"战术"者矣。惟《孙子》之意，重"计"而不重"势"；则是"战略"重于"战术"。顾吾人之在今日，往往以一时一地战术之失败，而遽掉心失图于抗战战略之无成功，固为无知；然亦有沾沾自喜于战术之胜利，而无当于战略之成功者，虽欧洲名将，亦所不免！

　　近代欧洲之言兵者，无不推本于克老山维兹，而远承法皇拿破仑。然欲究明拿破仑之用兵，不可不先立乎其大；而吾人之欲杀敌致果以制全胜，不可不知战略之先乎战术，则固揆之《孙子》而无二旨！顾以自动武器之威力日张，战术之随武器以推陈出新，而战略往往在所忽视！一九三七年，法参谋次长罗亚楚著《战略之成功与战术之成功》一书，曾以此为申儆，而断断于战略之应居领导地位，战术应随之行动。犹以为未足，而著《一九　　八年之德人战略》一书以为德人一再攻势之所以失败，只以偏重战术而忽视战略，所以一胜之为烈，而无裨于全局！及今日之大战，德人自一九四一年挟百战百胜之威以反兵于苏联，而倾国殚锐，亦曲尽闪电战之能事，再接再厉；顾钝兵挫锐，以迄一九四三年，情见势绌！有美国记者问红军第六十二军军长朱可夫将军曰："得无德军之战术有失乎？"朱可夫将军曰："德军之失败，在战略，不在战术；所以战术之胜利，无补战略之成功！"于是美人古柏因之而著《敌人之战略类型》一文，载一九四三年五月十五日《民族杂志》，中谓："德人侵苏联之所以无成功，则由于低估苏联！盖闪电战者，机动战术之极度也；德国兵力，以极度机动而节约！大战之初，置少兵西线以牵制英、法，而集中七十师人以闪击波兰，才十六日而波兰以溃；则留少兵以掩护东线，而转锋西向以厚集其力。荷兰、比利时之猝不足以当一击；实以其幅员褊狭，无地回旋；闪电战战术之奇袭，一变而为战略之奇袭，此所以有成功也！至苏联，则幅员数万里，泱泱大国，而利用边区之深广以缓和闪电战之震动力；战术之奇袭，只成战术之奇袭而已！德国为机动之怪物，亦以恪守机动之原则而战无不胜！然苏联之地形与气候，非机动之战术所能推行尽利；北部之沼泽森林，既以妨碍机械化战斗之不易进行；而一九四一年秋季，大雨连绵，尤以延缓德军之前进！德军机动之成功，只限于乌克兰及南俄；而苏联则避不交绥，一任德军之纵横驰突；顾再衰三竭，至史丹林格勒而势以蓄缩，顿兵挫锐，不能增援，只有退却，而以掩护退却之后卫，无不被红军包围而歼灭矣！战斗力之集中，抑亦以辅兵力之节约；然德军侵法一役，能以战斗力之集中，而成兵力之节约；而侵苏，则以兵力之节约，而妨战斗力之集中！德国有军三百师，而侵法一役，只用七十六师，不过其兵力全部四分之一；及其大举以侵苏联也。最高估计用三百师；而希特勒宣言'此一战线，延两千哩'；则是平均六十六哩有一师；而其闪击荷兰，比利时以侵法也，战线之长，未尝过四百哩，而用七十六师，则是平均五·三六哩有一师；而知德国在苏联前线每一哩之兵力，比之侵法一役，少百分之二十七！倘德军能闪击红军以迂回，亦或以寡胜众；顾红军则善用空间以避免德军之闪击与迂回！方德军一鼓作气，推锋而前以抵伏尔加河与高加索，列城风靡；然史丹林格勒与巴库之不下，师老力竭，则其最初之胜利，何当最后之成功？"呜呼！吾人如知德军侵苏之胜利，在战术，不在战略，所以无成功，则知日人侵我之胜利，亦战术，而非战略，何能有成功！吾人当把握战略以制全胜，而研讨战术以辅战略！无人不知德人之战略与战术，推本克老山维兹，而远承拿破仑；而无人知苏联之战略与战术,近袭吾人以推本《孙子》! 古柏之论,盛夸日人之战略,而有不足于我! 其实日人之战术,不过拾德人之余;而苏联则袭我之战略以有成功! 在人可以成败论英雄,而在我则何可以妄自菲薄以轻家丘。请得而申论之!

(二)孙子与克老山维兹之异

谭兵者往往以孙子与克老山维兹相提并论;其实东海西海,未必心同理同! 何以言其然? 克氏贵先;孙子贵后。

克氏之论兵也! 争主动,尚攻势,薪于先发制人,而集中兵力以摧之一击,其体系一本拿破仑! 法人卓莱上校者,欧洲上次大战霞飞将军之裨将也,以凡尔登之役受伤而废其足;及大战之终,而独居深念,思德之必以报法,法之未可幸胜,于是请益宿将,博学审问,而著一书曰《新军论》,中引名将纪尔伯之言以论拿破仑曰:"拿破仑之战略战术,为攻而不为守。其攻也,必集中所有之兵力,以攻敌人之主力,而出其不意,如迅雷不及掩耳,敌人不知措手足;独立独往,所以战无不胜!"质言之曰:"攻人而不攻于人以争主动而已!"是则克氏之学所自出也;知拿破仑,然后可以知克氏。

《孙子》则战术争主动,而战略不争主动! 观于《势篇》、《虚实》、《军争》诸篇所论,用间出奇,因利制权,战术虽为其可胜;而反于《计篇》、《作战》、《谋攻》、《形篇》之说,则校计索情,量敌审己,战略常虑其不可胜! 克氏作战谋攻;而《孙子》则《作战篇》非战以明胜久之不能善后;《谋攻篇》非攻以明攻为下政之不得已! 克氏言:"战之为道,暴行也! 而所以为战,必先摧毁敌国之战斗力;而尤不可不尽摧毁之,使之不能复战! 所谓胜利者,不仅战场之占领而已;抑必以敌人之战斗力与精神,摧毁无余,而后竟其全功! 是故一地之得,一城之下,必以力战而得为功;倘未经力战,而由一战地,一方向以延他战线,他方向而猛进者,常虞敌人反攻,而视为不得已之下策!"顾《孙子》则曰:"用兵之法,全国为上;破国次之。全军为上;破军次之。是故百战百胜,非善之善者也!不战而屈人之兵,善之善者也!故善用兵者,屈人之兵而非战也;拔人之城而非久也;必以全争于天下!"则与克氏之以摧毁为先务者异趣矣!

克氏以胜必可为,敌必可胜。而《孙子》则曰:"不可胜在己;可胜在彼;故善战者能为不可胜,不能使敌必可胜,故曰胜可知而不可为!"克氏主动以争人之先;孙子后起以承人之弊。克氏先为攻;兵志所谓"先人有夺人之心"也。《孙子》先为守;《形篇》所谓"先为不可胜以待敌之可胜"也。攻守异势,先后异同,能明辨乎此,而当前大战之各国战略类型,朗若列眉矣!

(三) 中苏英法美战略与德日义之异

德、日、义,争先而主攻;中、苏、英、法、美,贵后而先守;此固尽人所知!而按之《孙子》,读《作战篇》,即以知德、日、义战略之胜久而不能善后;而读《形篇》,可以明中、苏、英、法、美战略之能自保而全胜也!惟中、苏之战略,又与英、法、美有别。试剖析以陈。

《孙子·作战篇》曰:"其用战也,胜久则钝兵挫锐;攻城则力屈;久暴师则国用不足!夫钝兵挫锐,屈力殚货,则诸侯乘其弊而起;虽有智者,不能善其后矣!故兵闻拙速,未睹巧之久也!故兵久而国利者,未之有也!故不尽知用兵之害者,则不能尽知用兵之利也!故兵贵胜不贵久!"观于甲午之役,日以先发胜我;日俄之役,日以先发胜俄;无不一战即胜,一胜即和;胜而不"久",所以长保其胜而无后害也!及其今日而又肆毒于我,攻我不戒以发难于卢沟桥,我则兵败地蹙而自知无幸,予以胜而并予以"久";相持不解,连兵五六年,而"钝兵挫锐","屈力殚货"之兆形矣!顾日人以英、美之不无右我也,而乘其不虞以得逞志于太平洋。英、美忿于前败，而益与我僇力，两大国之兵交至；则《孙子》所谓"诸侯乘其弊而起，虽有智者，不能善其后矣！"始也不夺不餍，今且欲罢不能，情见势绌，岂不以胜之"久"耶！而义则何如？义有杜黑将军之制空论，即欲以先发制胜！然而义之得逞志于阿比西尼亚、阿尔巴尼亚也，一举而覆其国，则以强弱之悬殊，小大之不敌；兼弱攻昧，所以胜而不"久"也！然义人得逞志于阿比西尼亚、阿尔巴尼亚；而不得逞志于希腊！希腊人以寡击众，再接再厉，欲为"久"而并不予以胜；苟非希特勒以倍众之兵，作闪电之势，而乘希腊与义相持之已罢，义且大败不止也！

义、日之用兵，师承德人；而德人则一推本克氏，以谓："作战之道，尤贵迅速决胜，而以消溃敌国之军队及其战斗力！其后老毛奇、史梯芬，一脉相承；史梯芬搜集古今之迅速歼灭战史例，而以手订德军速战速决之计划，所谓史梯芬计划也。及小毛奇之上次大战，而以执行失当，为法人所败；然而德人传诵弗替！"前陆军总司令白鲁希兹称："史氏之所以遗吾人者，盖诏吾人以战略要点，而迅速决胜之途也。"所谓战略要点者，柏林大学教授爱尔兹为之诠释，以谓：一、战必速决。二、西方之敌，必用奇袭以制胜，而包围以歼灭之。而苦尔将军者，上次欧战马兰之役之军长也，更重言以申之，谓："如速决之战略失其用，而连兵不解，则德必亡！盖以吾德之敌众而与寡，苟旷日持久，必罢于奔命以不支！"及今日之大战，而希特勒以一九四〇年一月闪击法人以一蹶不振；亦既奇袭西方之敌以制胜矣！然征英不能，而转兵东向以顿兵苏联，则苦尔之所谓"速决之战略失其用"，而《孙子》之所谓"诸侯将乘其弊而起"，"胜久"无幸，势所必至！然克氏著书论兵尚攻势，而未尝不申儆于攻势之有极限，征俄之未易胜！以谓："幅员广延之浃浃大国，未易以攻势而制胜！纵以力征经营，占其首都，掠其州郡，而最后之胜利，未必在我！及我之兵力疲弊，攻势顿挫，而被侵国之势力转强，往往反守为攻，而最后之胜利，不在我矣！观于拿破仑一八一二年侵俄之役，可为监也！凡攻击乃随其前进而力弱!"夫攻击之为胜利,必以占领土地;而波兰总理兼陆军总司令西考尔斯其以一九四二年十一月六日出席英国利物浦大学波兰建筑学院开学典礼演说,谓:"希特勒之占领土地愈广,则被胶着之德军愈多! 德军向以集中兵力,而以众击寡,显其决胜之用;今则地广而备多,备多而力分;集中兵力,难之又难矣!"此攻击之所以随前进而力弱也! 然而攻之未可前进,固垂戒于克氏;岂特胜之不贵于"久",曾著论于《孙子》! 夫"贵胜不贵久",固理之自然;能"久"乃能胜,亦势有相因! 大抵小国而暴强,可以乘人于猝而凭借不厚者,贵胜不贵久;久则力屈而货殚,如德、义、日,是也。大国而积弛,未虞受人之攻而仓猝以应者,能"久"乃能胜;久则力厚而气完,如中、苏、英、美,是也。试更进而论中、苏、英、法、美之战略。

《孙子·形篇》曰:"昔之善战者,先为不可胜以待敌之可胜。不可胜在己,可胜在彼;故善战者,能为不可胜,不能使敌必可胜;故曰胜可知而不可为!"然德之兵家,不知胜之"可知而不可为";而早夜以思,务为"可胜"以欲攻人之国,而不能自为"不可胜";及其旷日持久,再衰三竭,势绌而情见,非惟无以保其胜;抑且无以守其国! 威廉二世,既以覆其皇室矣;希特勒曾不之悛,覆辙相寻;而日人且效尤焉;然后知《孙子》之郑重丁宁于"能为不可胜,不能使敌必可胜",有旨哉! 夫知兵之"贵胜不贵久",而以为敌之"必可胜"者,此德、日、义之战略也。抑知胜之"不可为",而"先为不可胜以待敌之可胜"者,此中、苏、英、法、美之战略也。而其所以为别;盖"贵胜不贵久"者,争取时间之最先;而"待敌之可胜"者,争取时间之最后。惟中、苏先写"可败"以待敌之可且;而英、法、美先为"不可胜"以待敌之可胜;又自有别。

法自一八七〇年之败于德,兵败地割,已不能为拿破仑之攻势,而战略趋于守势。迄于上次欧战之起,总司令福煦将军在巴黎军官大会演说,谓:"自来名将,无不先取守势;俟敌军疲怠,然后反攻;以我之奋,乘彼之衰,未有不胜!"此则《孙子》所谓"先为不可胜以待敌之可胜"也。及以胜德,而先守后攻之论,几为典型!贝当元帅之序杜黑制空论也,谓:"战之任务,不出二途:曰攻。曰守。盖守者以破坏敌人之胜利;而攻者以求得自我之胜利;必先守御有备,而集中全力,用其有余以为攻击之决胜。如不顾保障,而寻求胜利,孤注一掷,此危道也!"北丹将军曰:"守则立于不败之地;攻则以克敌制胜;必先防敌之能胜我,乃可攻敌以制胜。吾人不可不自审四境之国防,果能坚而无虞敌之我攻欤;然后乃能转而攻敌以制胜。"达拉第、甘末林咸同此论! 一九二一年,参谋部颁发大单位作战教令,中称:"就欧洲战备所可预测者:开战之初,以少数之军团,掩护我大军之集中,而以妨害敌军之集中,可乘敌军之未完配备,利用甚大之自由空间,以发扬机动威力;及其终也,则伺敌人之已疲弊,而蹈瑕抵巇以决胜!"则是以攻为守于开战之初,而待敌之可胜以为决胜。独魏刚议以机械化部队为运动战,施行攻击以歼灭敌人;然亦言:"法国无侵略之图,而军事配备,只以防御为目的。"虽尼山尔极力抨击,谓:"若欲保护法国,吾人异日之战,必在敌国境内。"而众议院军事委员会主席盖拉香白言:"战之初起,如以陆战而论,只有坚决采取守势,无可疑者!"百口一辞,此马奇诺防线之所以苦心经营也!不意一九四〇年,希特勒闪电战之推锋而前,遽以摧破,遂贻口实!然希特勒蹈瑕抵隙以袭法之北疆而乘虚以入;则是法之败,仍是败于国防之不能无虞,而予希特勒以可乘!苏联史丹林防线与魏刚防线,同一基本于纵深战术,而胜败异势!苏联大将相语,谓:"德人之突破马奇诺防线,特以过回战略,避坚攻瑕而成功;而非正面之突破!"其实法人致败之端不一,而要由于政略,不在战略也!

　　方大战之未起,希特勒咆哮于欧洲,而英人亦有虞心!《泰晤士报》军事分析家哈德上尉著有《第二次大战之英国战略与战术》一书,谓:"观于第一次大战,而西战场之所谓会战,在攻者徒以损兵折将而自贻毁灭耳!将来之战争,必以人力物力,孰能持久而制胜。人力物力,孰先耗以尽者,孰先毁灭!现代防御战术之远胜攻击,固已征而可信！而军队之攻坚，既以军火之消耗无度，而生产因以不继，原料亦以日乏；至士卒亦以牺牲太多，目击心伤而有厌战之心，士卒沮丧；是故守御之坚，足以挫猛攻者之士气，而夺其心以不敢攻，不欲攻！自古及今，吾英无不用海上堑壕与海军以限制消耗，而控其余力以持久取胜！盖战之所以败，由于人力物力之已尽；而攻者不得不倾全力以先消耗；苟守者能限制消耗，而留其有余，用之于最后；彼竭我盈，无不克也！"则亦先守而后攻，"先为不可胜以待敌之可胜"，与法同一战略类型。然希特勒之闪电战，得逞于法，而不得逞于英者，亦以海上堑壕为之障，而英得搜卒补乘，徐图缮完以为不可胜也！于时，罗斯福睹英人之不支，而希特勒肆其亡等之欲，其祸必中于美！美国财力之富，制造之盛，为世界各国之冠；而持盈保泰，不知忧患，陆军之少，国防之脆，亦为世界各国之冠！军火之制造，只以为商品，而不以供国防！设希特勒乘胜远斗以兼弱攻昧，美亦不支，斯罗斯福之所大患也！然则如何而可？曰：英能支以不败，斯美能为其不可胜！于是以一九四一年三月，咨请国会通过军火租借法案，明文规定："世界任何之一国，而总统认为于美国国防有裨者，得予以军火租借。"而以一九四二年三月，发表《新炉边闲话》以阐明其意，谓："援助民主国，所以抵御独裁者不得接近西半球也！独裁者迟一天接近西半球，吾美人即多一天之时间以制造更多之大炮、坦克、飞机与军舰，供给军用品，日增月益；为英国，为中国，即以为美国之安全！"揣其意，盖以英国为欧洲对德之第一道防线，中国为亚洲对日之第一道防线；中英两国之抗战能持久，则美国得争取时间以厉戎讲武，完成军备；而军火租借法案者，即以援助中、英两国之抗战，而以为美国之不可胜也！及美国之军备完成，而德与日，亦以中、英两国抗战之久，师老于外，财匮于内；然后美国待德、日之可胜，而徐起以承其弊，岂非《孙子·形篇》所谓"其所措必胜，胜已败"者耶！

英、美之"先为不可胜以待敌之可胜"，则既有然矣；而我中国则何如？我委员长知彼知己，操心虑危；以日之张脉偾兴，乘我之积弱久弛，知"不可胜"之未易为，而为"可败"；知日之"贵胜不贵久"，而为可"久"；以空间换时间，予以胜而不予以决胜；苟我能保其主力以不为日歼灭，则以日之悬师深入，必有一日以承其弊而为我所制！此我国之所以抗日，抑苏联之所以胜德也！往者德人克老山维兹著书，力主攻势之"可胜"；独列宁有会于其书之第六篇"论防御"，而不恤言退却！方其与左翼共产主义者争论之际，而涉及国土之防御，以谓："欲防御国土，则必严密测定彻底之准备，与力量之相互关系。若力量不足而善图防御，莫如深向国内之退却；读克氏书所援之史例，而知其事不偶然也！然左翼共产主义者之间，尚未能理解力量之相互关系！"顾史丹林则传授心法而理解之也！希特勒以一九四一年六月二十二日进兵苏联；而史丹林以七月三日广播演说，大戒于国，谓："德军久经集中，而苏联方始动员！德军身历百战，而红军未更战阵！德人背约弃信以乘我之不虞！我不利而德有利！"亦既承"不可胜"之未易为，而欲为其"可败"！然苏联败而必反攻；德人胜而以旷久；连兵不解以迄一九四三年八月，而德人之攻势已竭！美人威尔纳著《苏联计划之特点》一文，以谓："有三特点：第一战略之审慎，而能节约使用红军以维持其存在；宁可保全实力以放弃土地，决不死守一土地以牺牲红军！其次德国之战略在速决，而苏联迫之以入长期战争；及其旷日之已久，苏联之国力，完全发展；而德则精疲力竭矣！其三且战且退，而以不息之抗斗，消耗德兵力以至于尽；然后厚集吾兵力以乘之于再衰三竭！"呜呼！此固承我委员长以空间换时间之睿算也！我之抗战，以西历一九三七年七月始；而德之侵苏联，则后我四年；于是苏联以我之经验为经验；即以我之战略而接受列宁之启示。特苏联以英美军火供应之积极，第二战场第三战场之相继开辟，而德人不得不反共自救；苏联遂以坐大！我则以英美战略之先西后东，军火援助之微薄而我遂迁延以顿挫；日人尚尔鸱张！一彼一此，岂战之罪！然苏联之战略，师承自我；而我之战略，远本《孙子》；则固建诸天地而不悖，百世以俟而不惑者！

　　呜呼！先发未必制人，后起亦常多胜！凡我同仇，不震不㥥，知兵之"贵胜不贵久"，即知"敌之可胜"之必可"待"！希特勒以一九四二年地窖啤酒间政变纪念日，发表演说，谓："英人自夸从未战败，其言绝不可信！然英人不战则已，战必到底，则非虚语！"呜呼！"战必到底"，此英人之所以因祸而得福，转败而为功也！欲知最后之胜利谁属，亦视"战必到底"之谁属而已矣！我委员长之必主持作战以到底；此最后胜利之所以必属我也！然我能作战到底，而日人不能作战到底！何者？我为守而日为攻；凡攻击随其前进而力弱；一也。日人之胜已"久"，而钝兵挫锐，屈力殚货之势成；二也。日人师承德国之攻势战略；而不知克氏之攻势战略，不惟时间争其速，抑亦空间限于小；克氏书固引拿破仑之征俄以为炯监！所以希特勒之闪电战，用之于波兰，于荷兰，于比利时，乃至法国以及巴尔干半岛之希腊、南斯拉夫，无不所当者破；而用之于苏联，则钝兵挫锐，屈力殚货之形立见；则以知时间之争其速，而昧于空间之限于小也！然则日人之知其一而不知其二；以承讹袭谬于德，宁有幸乎！

　　吾读古柏所著《敌人之战略类型》，首引英国军事权威韩得森上校名著之"绪言"曰："观于南北美之战，而知参战之人，如治战略以能实践，虽武器之不及人，而可以得更多之成功！凡有用之公民，何可不治战略；而在英、美之民主国，明慧之舆论，往往有左右时局之力；岂仅指挥战斗军队之能奏功乎！"然则最后之胜利，作战之到底；岂惟有赖军队之忠勇，抑亦系乎舆论之明慧；凡我父老兄弟，何可不知战略！

　　德、日、义之战略，在争取时间之最先；中、苏、英、法、美之战略，则争取时间之最后；而施之战术，亦后先异尚！同一为包围也，而所以为包围不同！德人之为包围也，以中坚与敌军相持，而张左右翼迂回敌后，前后合围；而尤重侧翼突击；此攻势之包围；而日人亦仿之者也。法人之为包围也，中路退却以消杀敌势；而左右两翼则力固防地，扼敌军左右两翼使不得展；而我中路乃突反攻，与左右翼相应以围深入之敌军,而聚歼之;此守势之包围;而苏联亦以之者也。同一用坦克也,而所以用坦克不同!坦克之利,在纵横驰突之疾捷;而其不利,即在纵横驰突之疾捷以与后续部队之不得联系!方欧洲大战之初,德人集中坦克以纵横驰突,攻无不克;然而成功于波兰,于英、法、荷、比联军,而不能不败绩于苏联之提摩盛科将军,于北非之英国奥钦勒克将军!盖以两将军者,有以知其然;每当德人以大队坦克掠阵之际,任其推锋直入而不加制止;及其深入而疾驰,然后以所部坦克配合其他兵种,疾抄德军坦克队之两侧以出其后,而隔断其后续部队以不得联系;于是德军之坦克以失援孤立而被围歼;或因油竭而自毁也!同一坦克也,而德人制人于先发;苏、英乘人于后竭;王廖贵先,兒良贵后,不惟运用之妙,存乎一心;抑亦战略之因袭,相承一贯;盖先人有夺人之心,德之战略则然;而后人以承人之弊,苏联与英人之战略则然也!然则胜负亦何尝之有!所贵好学深思,心知其意,固难为浅见寡闻道也!

（四）余 论

或有问于予曰:"吾子据《孙子》以说明当前大战之中、苏、英、法、美、德、日、义八国战略类型,亦判以析矣!然则当前之战术,亦可以孙子为说欤?"

曰:"何为而不可也!《孙子》之论战略,注意时间,为持久战。《孙子》之言战术,着眼空间,为运动战。运动战之解释不一,独前法国陆军总司令加曼林将军,曾著一文,有明确之诠说,谓:'假定军队不足以控制战略正面,则地域之运动自由必大;而一语自由之空间,斯可以明运动战之定义!'今按《孙子·虚实篇》曰:'出其所必趋,趋其所不意。行千里而不劳者,行于无人之地也!攻而必取者,攻其所不守也!守而必固者,守其所不攻也!故善攻者,敌不知其所守!善守者，敌不知其所攻！微乎微乎，至于无形！神乎神乎，至于无声！故能为敌之司命！进而不可御者，冲其虚也！退而不可追者，速而不可及也！故我欲战，敌虽高沟深垒，不得不与我战者，攻其所必救也！我不欲战，划地而守之，敌不得与我战者，乖其所之也！'所以明战术之运用空间自由以不局于一隅，而争主动；曰：'能为敌之司命'者，欲战不欲战之主动在我也！其前《势篇》言：'战者以正合，以奇胜。战势不过奇正；奇正之变不可胜穷也！奇正相生，如循环之无端，孰能御之！'《虚实篇》，所以明运动战之不拘方所；而《势篇》，则以明运动战之不囿法执！然运动战，亦不能不受兵情地势之限制；则《虚实篇》以下《军争》、《九变》、《行军》、《地形》、《九地》五篇所论，是也。故曰：'涂有所不由，军有所不击，城有所不攻，地有所不争。'所以明战术之空间，亦有时而拘束！呜呼！吾人今日之抗战，何啻三战三北；则以中枢固已把握战略之时间，而行军未能认识战术之空间；徒以眩于战术之闪电，武器之机动，而张皇敌势，不知所措！其实吾军虽无机动战术之武器，而吾国尽有运动战术之空间！亟肆以疲，多方以误，我之空间自由，我不能自运用而以资敌！敌攻我所不守，而我何为不守所不攻也！敌进而不可御，我何为不乖其所之也！然而谈何容易！欧洲兵家之能明乎战术之空间者，惟普鲁士菲烈德立大王及法拿破仑大帝！拿破仑运用攻势之空间；而菲烈德立则主宰守势之空间。然吾国无侵略之雄图，而不能不事防御；今日如此，他年亦复如此；所以运用攻势之空间，匪我思存；而主宰守势之空间，何可不图！"

或问："主宰守势之空间则如何？"

曰："《孙子·虚实篇》谓：'凡先处战地而待敌者佚。后处战地而趋战者劳。故善战者致人而不致于人。'所以主宰守势之空间也。菲烈德立之创内线作战，则以运动战而主宰守势之空间。于时，菲烈德立四面受敌，乃结合兵力于一地以为中心，而分兵四出，进退自如；敌则兼顾不易，不知所以为攻矣！盖内线作战之居中驭外，其指挥易；外围偾盈之四面合攻，其呼应难；尚不仅劳逸之攸分；而菲烈德立遂以收七年战争之功也！"

"然则内线作战之说，中国古兵家亦有之乎？"

曰："无其说而有其法！子不见诸葛武侯《八阵图》乎！盖内线作战之阵图，所有方向，皆为正面；而以无虞敌军之侧击包抄者也！其图，画井字，四正四奇，开方为九；而大将居中握机，成井田形。然八阵井田，同形异制。井田之制，务在均平；使公家之田，多于私家，则不均不平而怨声作矣；所以公田居中而不逾百亩，与四正四隅同。八阵则主于用兵，须有居重驭轻之势；若大将居中握机，而兵势与外八阵等，则尾大不掉矣！故虽同为井字形，而中军则必倍四正，四正则必倍四隅，而后可以如身使臂，如臂使指。及其用之于战也，唐李靖对太宗之问，以谓：'四头八尾，触处为首；敌攻其中，两头俱救。'当敌者为首，则旁援者为尾。所谓'四头八尾，触处为首'者。盖四正为首，则四隅为尾；四隅为首，则四正为尾；首尾相生，如环无端。所谓'帮攻其中，两头俱救'者，盖敌攻其中之一阵，则旁近之左右两阵齐应为援。武侯当汉贼不两立之时，值曹丕全盛之势，计一旦出蜀而复关陕，必将以数十万众转战中原，与曹丕旗鼓相当；于是斟酌古法而制法八阵；夫亦为十万之师交绥中原，而平地置阵设也。凡兵家置阵，皆据险阻，只一两面向敌，则力省而功倍；犹秦地关中四塞，阻三面而守，独以一面制东诸侯也。不得已而平地置阵，四面八方，应敌为难！《八阵图》面面若一，四头八尾，触处为首，侧击包抄，皆无所施；泛应曲当，岂非内线作战之神而明之者耶！然菲烈德立以内线作战收七年战争之功，而武侯不能以八阵收六出祁山之功！出师未捷身先死，长使英雄泪满襟，非战之罪也，天也！"

或又问："吾子谓苏联史丹林防线与法之马奇诺防线、魏刚防线，同一基本于纵深战术；倘亦《孙子》所谓'先处战地而待敌'，欲以主宰守势之空间者耶！"

曰："纵深战术，亦中国自古有之！宋许洞著《虎钤经》二十卷，其中第九卷有重复、八卦二阵，而著所以为用，言：'敌为直阵，我以重复阵当之'；即纵深战术也。又曰：'敌用兵四面围我，我以八卦阵当之'；即内线作战也。皆欲以主宰守势之空间也。至徽钦之世，金人起于东北，而善用骑；以集团驰突之威猛，远胜于单骑也；又以骑兵之利冲击而不利防御也；于是被马以甲，而兵皆重铠，号铁浮图；戴铁兜鍪，周匝缀长檐；三人为伍，贯以韦索；每进一步，即以拒马拥之；进一步，拒马亦进，退不可却，而寓坚重于轻锐；分左右翼，号拐子马，专以推锋，用兵以来，所向无前！于是吴璘创为叠阵；每战，以长枪居前，坐不得起；次最强弓，次轻弩，跪膝以俟；次神臂弓；约敌相搏至百步内，则神臂先发；七十步，强弓并发；次阵如之；而欲以静制动，以坚制锐；其阵以拒马为限，铁钩相连，俟其伤则更代，代则以鼓为节；骑两翼以蔽于前，阵成而后退。诸将疑曰：'吾军其歼于此乎！'璘晓之曰：'战士心定，则能持满；敌虽锐，不吾当也！'遂大破金人于秦州。盖以铁骑之集团驰突，推锋直入；而璘御之以叠阵，许洞所谓'敌为直阵，我以重复阵当之'者也，岂非纵深战术之于古有征者耶！更推而上之，则春秋时之楚，已行纵深战术！"

"然则亦有征乎？"

曰："有！观于邲之战，随武子论楚荆尸之阵，曰：'前茅虑无，中权后劲。'两言者，足以尽纵深战术之指要矣！余读蒋百里先生著《巡视欧洲西战场记》，尝引《左传》长勺之战，用曹刿盈竭之论，而阐一九一六年凡尔登之役，法之所以制胜，以谓：'德军之倾全力以掠取阵地也，法军决不分其主力以求原线之维持，而故控其力，取攻势于敌人既得阵地以后；以我之力有余裕，乘德之攻坚力屈，一鼓作气，此则曹刿三鼓之原理，而用之于最新武器者也！'其论卓矣；然而未尽！余谓曹刿言'战勇气，一鼓作气，再衰三竭，彼竭我盈'；以我之盈，乘彼之竭，法之所以胜；胜之理也。随武子论楚荆尸，'前茅虑无，中权后劲'，以后之劲，承前之无，法之所为胜；胜之法也。昔左文襄公每诏所部曰：'兵事利钝，未可预知；而锐进须防其退速，后劲尤重于前茅！盖战阵之事，最忌前突后竭！行军布阵，壮士利器厚集于后，则前队得势，锋锐有加；战胜而兵力愈增，必胜之着也！吾全力悉注前行，一泄无余，设有蹉跌，无复后继，是乃危道！'呜呼！此德人之所以百战百胜，而法卒以承其弊于昔日者也！法人蒲哈德氏尝著《德大将兴登堡欧战成败鉴》一书，其大指以谓：'善治兵者，不主前线之密集，而主后线之坚厚；果后线之军脆薄，则前线一衄，军溃不支！夫德人殚锐竭力，而不图后继，一击不中，亦以一蹶不振！何如我福煦元帅老谋壮事，力故控其有余以轻兵置前线，而后线则厚集兵力以承前线！盖兵数密集，易为敌人之炮火聚歼；前线兵稀而散，则敌人之炮火虽密而无大伤害；而兵力厚集于第二线第三线，以承德军炮火之衰，以全力卷阵而进，蔑不胜矣！'夫前线兵少之谓'前茅虑无'；后线阵厚之谓'中权后劲'。观今日之世界大战，德人以机动之武器为闪电战，而不得逞志于苏联！苏联则以坚制锐，厚集其阵以为纵深之配备，亦不外推衍此义；而阵地愈深入，兵力愈增强；不殚锐竭力以坚持前线，而'前茅虑无'，'中权后劲'，故控其力于后以伺德军深入，而薄之于再衰三竭之余；此又德人之所以百战百胜，而苏联卒以承其弊于今日也！呜呼！德人不得逞志于苏联，岂日人承其余智而得逞志于我！惟我不能主宰守势之空间以制敌；而敌遂得运用攻势之空间以乘我！谚不云乎？'不经一事，不长一智！'拿破仑之侵普鲁士也，克老山维兹实以裨将为俘，而动心忍性，增益不能以极深研几，蔚为德国兵学之祖！况吾国神明之胄，胚胎前烈；黄帝肇开人纪，以师兵为营卫；而孔子亦云'好谋而成'，'我战必克'，宁啻孙子谈兵之雄！此一役也，凡我同仇，身经百战，情伪尽知，必有酌古斟今，神明其意，而刷新兵学以有光于前人者，姑以余言为左券！"

民国三十四年一月，钱基博讲于湘中前线大庸军次，凡两日，每日两小时。听者五百余人。韩军长仲景、徐参谋长亚雄，咸不以余言为刺谬；而徐参谋长于余急言竭论之余，必起而提示指要，郑重申明。呜呼！书生谈兵，何当大计；野人献曝，亦有微诚；耿耿此心，读者鉴之！

兵法精义

克劳塞维兹

目　　次

卷 头 语[*]

侯官严又陵先生有言：

> 西方一德，东方一倭，皆犹吾古秦，知有权利而不知有礼义
> 公理者也！德有三四兵家，且借天演之言，谓战为人类进化不可
> 少之作用。德人虽有议院，然实尚武而专制，以战为不可少之圣
> 药；外交则尚夸诈，重诇侦；其教民以能刻苦、重竞争为本；其所
> 厉行，乃尽吾国申、商、孙、吴之长而去其短。日本窃其绪余，遂
> 能于三十年之中，超为一等强国。(见《学衡杂志》载《与熊纯如
> 手札》)

何图狡焉启疆，肆毒于我，喋血千里，乘胜远斗，其锋不可当；顾究其
所以用兵行军之法，壹以德为师资。而百年以来，德之名将所奉行之
战略，皆出其军学鼻祖克劳山维兹氏而自为神明变化。克氏则普法
之战常胜将军毛奇之师也。孙子曰："知彼知己，百战百胜。"倘知克
之所以言兵，则知我之所以制日；胜负之数，其如示诸掌乎！

克劳山维兹氏，以西历一七八〇年生于普鲁士之马特堡。其先
本波兰人也。少小有胆智，束发从戎，至十三岁而与于抗法之战焉。
二十一岁，入柏林军事学校，校长香化斯脱氏深器之，而以二十三岁
卒业。至二十六岁，为一八〇六年，法皇拿破仑以大军来侵。普人御
之，败绩，而克氏为俘焉。既而普与法媾和，交释所俘，遂以一八〇九
年归普，参赞军政之改制，实施征兵，用奠普国复兴之基。而卒以普

---

* 据江南出版合作社 1941 年版校印。

为城下之盟,低首下心,惟拿破仑马首是瞻也。义有不屈,私计当日地广兵强之未为法屈者,惟有俄尔,乃走俄军,为参谋。及拿破仑纠诸国联军以伐俄,而普军与焉。俄为坚壁清野;而拿破仑老师深入,无所得食,军以大溃,僵殍属路。然而普人震于积威,莫之敢撄!于是克氏发愤而起曰:"报仇雪耻,在此举矣!时哉不可失也!"身入普军,慷慨陈辞,上说下教,莫不为之动容。于是普人发难,乃举兵以声讨拿破仑;任白立希氏为元帅,而克氏为之参谋,以有一八一四年滑铁卢之役。而于是百战百胜之拿破仑一蹶不振,遂以降王受絷;则克氏之以也!既以知兵有闻于普,而为军官学校教官,普王太子军事教官。至一八一八年,受命为柏林陆军大学校长,而毛奇将军实隶籍为弟子焉。以一八三一年十一月十六日卒,年五十二岁。

克氏之卒也,其夫人玛利校订遗著,以一八三二年六月三十日出版,而为之序焉;凡十册,而冠以兵法三册,分八卷。其中一论战之性质,为八章;二论战之原理,为六章;三论战略,十八章;四论交战,十四章;五论兵力,十八章;六论守,三十章;七论攻,二十一章;八论军事,九章;共一百二十四章,原始要终,富哉言乎!自毛奇以暨欧洲大战之兴登堡、麦耿生、鲁登道夫诸大将,莫不奉为绳墨,善其运用。而夷考克氏之言兵,传授心法,乃得之拿破仑大皇,以其习与拿破仑战者久也。当其时名王大将之遇拿破仑者何限,日与为构,徒惊拿皇用兵之神,纵横挥斥,莫测高深,只有目眩心骇,望风而靡已耳!独克氏运其机智,好学深思,窥拿皇用心所在,默识心通以能自得师,成一家言;所以其言兵不墨守成法,而焯有玄解,蔚为德国兵学之祖也!其大指可得而论者有三:一曰战争之道,尤贵迅速决胜,而以消溃敌国之军队及其战斗力;孙子所谓"贵胜不贵久",而"古之善用兵者,能使敌人前后不相及,众寡不相待,贵贱不相救,上下不相收,卒离而不集,兵合而不齐",用此道也。二曰战略无妨政略,外交以辅军事,斯其战胜不忒。如恃胜好战,而外交因应无方,则未有能终保其胜!孙子所谓"不知诸侯之谋者,不能预交";而"霸王之兵,伐大国,则其众

不得聚；威加于敌，则其交不得合；是故不争天下之交，不养天下之
权，信己之私，威加于敌，故其城可拔，其国可堕"者也。三曰操纵敌
国之舆论，以煽诱敌国之人心，使之厌战而自为瓦解。夫如是，其孰
能御我！此则马谡应诸葛亮南征之对，所谓"用兵之道，攻心为上"，
而出以新式运用者也。而今观于日本则何如？方其始也，挟战胜之
威，乘积弛之我，欲以雷霆万钧，迅雷不及掩耳，胁我媾和，解我军备，
然后因我之资，蓄力养锐以徐与俄持；故其大命悬于速战而大捷，信
有如克氏所论者！然而孟贲、乌获，力有所底；飚发雷奋，浸淫以迄今
日，老师深入，兵顿鲁南。我方再接再厉，敌已再衰三竭。岂非孙子
所谓"其用战也，胜久则顿兵挫锐，攻城则力屈，久暴师则国用不足。
夫顿兵挫锐，屈力殚货，则诸侯乘其弊而起，虽有智者不能善其后"
耶！此其无胜我之道一矣！日之有疾怨深仇于俄，非一日矣；而又以
好大喜功，招英法之怒，协以助我；而亦自虑专欲之难成也，乃与德、
意为构。德、意虚以协定相饵，而阴以邀利于英，大欲一偿，何借于
日！而方穷兵不戢，以来逞志于我。此正孙子所谓"不争天下之交，
不养天下之权，信己之私，威加于敌，故其城可拔，其国可堕"，危乎殆
哉！抑亦克氏之所致戒也！其无胜我之道二矣！师直为壮，曲为老。
凡我国人，外御其侮，小大毕力，未有贰志。而日则残民以逞，师出无
名，诽谤有诛，道路以目，兵无斗志，军纪日壤；而贪财好色，淫掠无
禁，贼杀不辜，益以坚我国人同仇敌忾之志，有死而无二。虽欲如克
氏所称"操纵我国之舆论"，消杀国人之抗战而有所不能。何者？则
以日军之恣为不道，我国之人怀必死，而非可以虚词饰说动焉！此其
无胜我之道三矣！观于克氏之为书，而胜负之数，不待著蔡，昭然可
睹也，要在我之有以善图其后耳！其书以一八四九年，有法译本；一
八七三年，有英译本。

　　基博尝授同学诸子以孙武书。时则首都沦陷，我军败绩；天下汹
汹，士无靖志！而基博则谓："强弱无定形，胜负无常势；要在量敌而
审己，因利以制权。倘得孙武十三篇书读之，心知其意，可以镇方扰

之人心，延国命于垂绝！"亦以为乡人顾君谷宜诵说。谷宜闻而惊叹曰："微乎微乎！出神入化矣！惜余闻道之晚也！"既而昭于基博曰："余粗习欧故。"迺为道："德之有克氏焉，言而世为天下则，亦庶几欧西之孙子也！"迺据英译本以相研讨，而证孙武之书。虽其言有合有不合，而要以证见日所以敢冒天下之不韪而以逞志于我者，其道有由！基博曰："盍迻译以为我国人告也？"谷宜笑曰："孙武书十三篇耳，然而国人罕有肄业及之者！况克氏之下笔不自休，其卷帙之浩浩，且什伯于孙武书焉，恐读者未终卷而我倦欲眠矣。宁易窥其要领所在乎！"基博仰而思，俯而答曰："是何伤！请毋斤斤于字比句次之直译，而会通其旨以为要删。意最其精，辞出以达，庶几目治者易终卷，心维者易挈要焉，其亦可也！"于是谷宜说其义，基博润其辞，以一卷为一篇，随篇标目，题曰精义，勿以辞阂。挂一漏万，虽自知其未允；提要钩玄，庶无负于作者！如以此为未足，则有克氏之原书在。聊疏其旨，以冠于篇。时在中华民国二十七年之五九国耻纪念日，无锡钱基博叙于国立浙江大学之江西泰和县上田村舍。

发凡第一

原著卷一《论战之性质》

克劳山维兹曰：欲论兵，不可不知战。而战之为道，暴行也；乃以威力加于敌，胁之以受命于我，而惟我之所欲为。此战之所为起也，论者不察，乃倡议裁减军备，不以杀敌致果为武。此在人群为仁义，而以论战则罪恶！何者？天下之为危道，莫大乎论战而不非仁义矣！夫仁者不杀人，义者不侵人，而战则驱不义之徒，操杀人之器。如不以杀敌致果为武，而以刑仁讲义为尚，可杀之人不杀，可侵之国不侵，则何以兼弱攻昧而威加于敌哉！又不仅是。我不杀人，不能禁人之不杀我。我不侵人，安能止人之不侵我！是人为刀俎，我为鱼肉，拱手揖让以听人之宰割，危莫大焉，辱莫大焉！所以仁义与战，两不相容之道也！而言战必舍仁义。战之为道，暴行也；惟暴为无敌。仁义之师，鲜不挫败。然仁义不能以用兵，而理智则无害于暴。战者，利用理智以肆于为暴，而尽力之所能焉；倘以与不能为暴，刑仁讲让之敌遇，有不战，战必胜矣！战之所欲者，理智之暴行也；非仁也，义也！世日趋于文明，而两国交兵，优待俘虏，不残破不设防之城市；岂果以煦煦为仁、孑孑为义哉？诚以战之威力所加，有大于此者耳。或者乃以为野蛮。不知杀人之器，随科学以俱新；而国之文明愈高，战之危险愈大，人民同仇敌忾之心亦愈烈。何德不报，除恶务尽，不恤冒天下之不韪以快意于一战。文明之与野蛮何殊焉！

基博按：此克氏开宗明义以诂战之第一义谛；而何其言之酷烈也！其在我国：周穆王时，有徐偃王，地方五百里，行仁义，朝之者三十六国。而穆王方骋八骏以西巡狩,闻诸侯咸归于徐,一日千里,长驱而归,使楚人伐徐。偃王不忍斗其民,北走彭城,百姓从之者以万数。偃王将死,曰:"吾赖于文德而不明武备,故至此!"又春秋之世,宋公及楚人战于泓。宋人既成列,楚人未既济。司马子鱼请击之。公曰:"不可!"既济而未成列,又以告。公曰:"未可!"既陈而后击之。宋师败绩,公伤股。国人皆咎公。公曰:"君子不重伤,不禽二毛。古之为军也,不以阻隘也。寡人虽亡国之余,不鼓不成列。"子鱼曰:"君未知战!勍敌之人,隘而不列,天赞我也!阻而鼓之,不亦可乎!且今之勍者,皆吾敌也。虽及胡耇,获则取之,何有于二毛!明耻教战,求杀敌也。伤未及死,如何勿重!若爱重伤,则如勿伤!爱其二毛,则如服焉!三军以利用也,金鼓以声气也。利而用之,阻隘可也;声盛致志,鼓儳可也。"此则仁义之师,鲜不挫败,克氏之言,若信而有征也!然而我国先圣昔贤,曾不以徐偃、宋襄为大戒,而论兵不废仁义。孟子之言曰:

> 域民不以封疆之界,固国不以山溪之险,威天下不以兵革之利。得道者多助,失道者寡助。寡助之至,亲戚畔之。多助之至,天下顺之。以天下之所顺,攻亲戚之所畔。故君子有不战,战必胜矣。(《孟子·公孙丑》下)

> 有人曰"我善为陈,我善为战",大罪也。国君好仁,天下无敌焉。南面而征,北狄怨;东面而征,西夷怨,曰:"奚为后我!"武王之伐殷也,革车三百两,虎贲三千人。王曰:"无畏!宁尔也,非敌百姓也!"若崩厥角稽首。征之为言正也,各欲正己也,焉用战!(《孟子·尽心》下)

荀子议兵,常以仁义为本,曰:

> 仁者爱人,爱人,故恶人之害之也;义者循理,循理,故恶人之乱之也。彼兵者,所以禁暴除害也,非争夺也。故仁人之兵,所存者神,所过者化,若时雨之降,莫不悦喜。且夫暴国之君,将

谁与至哉？彼其所与至者，必其民也；而其民之亲我，欢若父母；其好我，芬若椒兰。彼反顾其上，则若灼黥，若仇雠。人之情虽桀、跖，岂肯为其所恶、贼其所好者哉？是犹使人之子孙自贼其父母也！（《荀子·议兵篇》）

则是克氏唯暴为无敌，而孟子言仁者无敌；克氏论兵以暴行为主，而《荀子·议兵》以仁义为本。然此犹儒者之论，则见以为迂阔而远于事情；而孙子则兵家之祖，亦以"不战而屈人之兵"为说。其言曰：

凡用兵之法，全国为上，破国次之。全军为上，破军次之。全旅为上，破旅次之。全卒为上，破卒次之。全伍为上，破伍次之。是故百战百胜，非善之善者也！不战而屈人之兵，善之善者也！故善用兵者，屈人之兵而非战也，拔人之城而非攻也，毁人之国而非久也，必以全争于天下，故兵不顿而利可全。（《孙子·谋攻篇》）

杜佑为之解曰：

敌国来服为上，以兵击破为次。

张预更引伸之曰：

《尉缭子》曰："讲武料敌，使敌气失而师散，虽形全而不为之用，此道胜也。破军杀将，乘堙发机，会众夺地，此力胜也。"然则所谓道胜、力胜者，即全国、破国之谓也。夫吊民伐罪，全胜为上。为不得已而至于破，则其次也。不战，则士不伤；不攻，则力不屈；不久，则财不费。以完全立胜于天下，故无顿兵血刃之害，而有国富兵强之利。

诸葛亮征南中，问计参军马谡。谡曰：

用兵之道，攻心为上，攻城为下。心战为上，兵战为下。愿公服其心而已。（《三国志·马良传》注）

此则我先圣昔贤论兵之第一义谛,与克氏为异。盖克氏欲肆为威暴以消敌人抗战之力。而我先圣昔贤,则强行仁义以消敌人抗战之心。此则全国、破国之异趣,心战、兵战之殊途,其大较然也。远古姑不论;而近代之战,尽有敌国政府抗战之力,已臻摧毁;而敌国人民同仇之心,益以坚强! 即以德而论,观其以一九一四年发滔天之难,所向无前,攻比攻法,尽力摧毁,岂非肆为威暴,欲以力求贯彻克氏之所论哉! 然而负固不服,既出法比人民同仇之心,而其政府抗战之力,亦不容不以再接再厉。卒之顿兵挫锐,无救于挠败者,岂不以敌国抗战之力,未易以威暴消之使尽,而其人民同仇之心,乃益以威暴奋其武怒哉! 然后知孟子言"仁者无敌",孙子之"必以全争于天下",为老谋深算;而克氏所论之未为究竟义也!

战之为道,暴行也。而所以为战者有三:其一摧毁敌国之战斗力,使之不能复战。次则占领敌国之土地,使之无法复兴以整军经武。又其次则消散敌国人民之战斗意志,而煽其人之爱好和平者起而反战。国之所与存亡废兴者,人民也。民心泮涣,人无斗志,彼其政府,将谁与战! 夺其所恃,自不得不惟我之命是听。而我之威加于敌,所以耗其国力者,尤必大于我之所求欲,而予敌人以永劫不复之残破。屈服愈迟,则残破愈大。苟非屈服,无以自救,于是敌人乃不得不忍受我之所欲求,低首下心以保苟延之一息,以免加深之残破。始以我之所求为大欲者,今以与我威力所及之残破相较,乃转觉其渺小;然后知我向所求欲以为宽大,而自悔其未早计。两害相形,必取于轻;事有必至,理无可疑者。然非光毁其武力以尽消溃敌国之军队,不克臻此。夫先人有夺人之心,若我不先毁敌之武力,则敌或毁我之武力。我之武力毁,则我将惟敌之命是听,事久变生,未可知也。是故战之第一事,必先摧毁敌国之战斗力,而尤不可不尽摧毁之,使之不能复战。然而事未可以一概论!

其一,欲尽摧毁敌国之战斗力,则我之武力,亦必尽量发挥;我之军费,亦必尽量支出。而以视战胜后所偿之欲求,未必与消耗相当,则是功不补患,得不偿失!不如占据其土地,抚定其人民,因资力以为持久之计,据形胜以示控制之势,绝其与国之援,阻其运输之路,形格势禁,敌自破败。以视摧毁敌国之战斗力,而势不得不出于苦战者,劳费较少,收功为易。

其二,欲尽摧毁敌国之战斗力,必集中我国之武力、物力,尽其所能以恣一战。胜负固非一战所能决,而第一战胜负之所系于士气之勇怯、民心之得丧者甚大,何可不以全力出之!而欲倾国之所有以事一战,非人民同仇不可。人民安居乐业之既久,谁则好战?而敌忾之心,往往非一鼓所能作,而抚有广土众民之大国,其人力物力,亦非旦夕所能集中。此尤摧毁敌国之战斗力,欲先而不易为先之一端也。

其三,欲尽摧毁敌国之战斗力,必挑敌与战。如敌不以战而以守,则我之术有时而穷。何者?近世战术,利守不利攻;而兵力之弱者,常以守而延长战争。旷日持久,而攻者困于士兵死丧之过多,财用支给之日匮,情见势绌,则不战而自屈。昔在普鲁士佛立德力大王之七年战争(1756—1763)时,其兵力不如奥之众且强;而奥无以制其命者,徒以守而不与战也。虽然,所谓守者,非坐困之谓也,特静以观变,相机而动以待反攻之机会耳。如有反攻之机,则必迅速以赴敌。苟攻守不相为用,守者每不知敌之所为攻,何得不分兵四防;而攻则可集中兵力以专注一处。以四散之分守,而当集中之猛攻,夫如是,其孰能御之!

基博按:一九一四年欧洲大战,英、法、美三国联军总司令福煦将军,尝在巴黎军官大学演说,谓:"自来名将,每先取守势,一俟敌军疲惫,大举反攻。以我之怠,乘敌之衰,未有不胜。"其说盖本克氏,而用以搏西战场最后之胜利。其在我国:广昌揭暄著有《兵法百言》一书,历观古今兵事利钝之故而籀其会通,其中有"延"与"速"之两言,而相次以明为用,以为:

势有不可即战者，在能用延。敌锋甚锐，少俟其怠；敌来甚众，少俟其解；征调未至，必待其集；新附未协，必待其孚；计谋未定，必待其决。时未可战，姑勿战。盖拙者贵于守；延者，势在必战而特迟之也。势已成，机已至，人已集，而又迁移迟缓者，此堕军也。士将怠，时将不利，国将困，拥兵境上而不决战者，此迷军也。有智而迟，人将先计；见而不决，人将先发；发而不敏，人将先收。难得者时，易失者机，速哉！用兵能速，则智不能谋，勇不及断，己舒而人促，己裕而人窘。

盖始之以"延"，胜之于"速"，其论亦与克氏之指相发。欧洲大战，法国福煦将军之所以挫德者以此；而我今日之所以图制日者，亦无出于此。观法之能胜德，知我之必胜日矣。特是日人知其士之将怠，时之将不利，国之将困，不甘为揭氏之所谓"迷军"，而欲快心于一决。此诚揭氏所谓"敌锋甚锐，少俟其怠；敌来甚众，少俟其解"。在我则用"延"，而尚未臻用"速"之日也。揭暄字子宣，清初人，见阮元《畴人传》。称其深明西算，而又别有悟入，其言七政小轮旋转而生漩涡，遂成留逆，实为古今之所未发。所著《璇玑遗述》，一名《写天新语》。

其四，战之成功，非绝对也。胜败，何常之有！败者岂无旂鼓重振之日！而邻国之环以伺我，眈眈逐逐者，正大有人，何可不虞！如我武力、物力，倾国之所有以耗之于一国，尽之于一朝，而不图有以善其后，必有承我之敝以收功于全胜者。夫患生于不防，虑及于可知。天下事，往往有谋之于数年、败之于一旦者。是以人生多意外之变，世道有不虑之衅，而战为尤甚者也。知彼知己，何尝不审！而军事情报，每多失实。其在兵法，用间固为尤难。强弱之故，难以臆测。是故战，危道也，匪不得已，不可以战。而及其战，人民不可不有敌忾之同情，将帅不可不有缜密之战略，国家不可不有久大之政略。而其运用，则因时而异，因地而异。夫纵横捭阖，国际间之政争，永无已时；而战则国际政争之一法，不过以弥缝其阙耳。是故为将帅者，不可以不明政治；而政略，则战略之所自出焉。

基博按：日人之所以施于我者，消溃我军队，占据我土地，摧挫我民气。凡克氏之所指画，几无不倾囊以出；而尤殚锐竭力以欲消溃我军队，可谓传授心法！虽然，孙武不云乎：

> 智者之虑，必杂于利害。杂于利而务可信也，杂于害而患可解也。（《孙子·九变篇》）

克氏历陈消溃敌军之为先务之急，而卒之曰："事未可以一概论。"长虑却顾，言其可，而亦何尝不虑其事之不终可耶！此其"杂于利害"之所以为智者。而日人则一意孤行，见其可而不见其不可，尚为知其一而不知其二也。至于克氏所云"消散敌国人民之战斗意志"，似与我先哲攻心之论有合。特我之所谓"攻心"者，盖以德服人之仁；而克氏所云，则半出于力征，半出于计煽，惨徼狙诈，殆兼而有之。我以仁，彼以暴，未可以同年而语也！

战之胜负，将之才不才系焉；而人才不易，将才尤难。国家日进于文明，百度维新，然人才只有此数，则以社会相需之殷，而将才少。惟野蛮之国，事业不振，人才无所用之，而又日竞于武，故将才多。特是才有高下，将有智愚；而才之高者，所贵有明敏之睿智。睿智，则必随文明以俱进。惟文明之国，厥为名将之所孕毓焉。苟其国家文明，其人民好战，则其国之名将必多。远鉴古之罗马，近观拿破仑时代之法，名将蔚起，莫之与京，岂偶然哉！无亦以好战之人民，而擅有文明之国家，故能钟灵秀以有此盛也！

将以智为本，以勇辅之。而勇之为验有二：一曰临大危而不挫其气；一曰常大任而不避其艰。一言以蔽之，曰不畏艰险而已。夫不畏艰险，或起于轻生之习性，或激于爱国之热情。轻生则气锐，情热则多力；而意气陵厉，自无畏难苟安之心矣！

战之为事,劳筋骨,苦心志。而将士之服战役者,必具有坚强之体力、勇毅之精神,而济之以明敏之睿智,乃克有济;而尤莫重于智,莫难于智。盖战无常法,兵无定势,瞬息万变,往往不可臆度;所贵相机应变,因利制权,而深有借于思虑及推考。然则何道而可?曰:必先之以敏锐之观测,而发之为果敢之动作。其亦庶乎其可也! 夫惟有敏锐之观测者,乃能洞鉴幽渺莫测之情势,而深识其真,慎勿局于一时一隅。而目先四射,熟权时间、空间两者之错变,而运用繁赜①之战略,出以心思之灵敏,发以动作之果敢。而果敢者,不疑而为之之谓。然为之不疑,必先知之不惑。知之明,故为之果,斯大勇矣。倘知之未明,而为之不疑,卤莽徒以偾事,盲动而已,岂得谓之果敢哉! 故智谋者,果敢之本也。然智谋亦必济以果敢;而需者事之贼,多智者,亦往往多疑多败。故智谋辅以果敢,而沉着胜于聪明;聪明或以自误,而沉着决不盲动也。两者相济为用,而必基之于识力之培养!

抑为将之道,非杀敌之难,而御兵之难;尤非急战之难,而持久之难。方战之初,一鼓作气,人怀必胜,为将无难也。及其久而师老,信心渐失,暮气既深,怯死幸生;鼓之不知奋也,励之不知耻也;劳而欲休,陈而不整;其尤甚者,怨愤其上。使当此之时,而为之将者,抚众有度,镇抚以定,而以其自我之光明,焕发众心之迷盲;以其自我之热情,激励士气之萎靡。以静制乱,以勇振怯,发其信心,鼓其暮气,旃鼓重振,有死无二。此则为将之所难也。然而为之有道,持之有故。曰:惟为将者,示之以坚强之意志,发之以热烈之情感,持之以卓越之识力,而后为士众所仰赖,可与之死、可与之生而不畏危也。三者相辅而以相成,不可或缺者也。

基博按:一九一四年欧洲大战,德之败也,非兵不利,战不善,弊在师久而老。老师则厌战,厌战而丧气,溃败之道也。克氏之论,可

---

① 赜,原作"颐",据《国命旬刊》第七期(1938.6.10)第 7 页改。

谓有验矣! 揆之中国: 春秋之世, 齐人伐鲁, 鲁庄公御之长勺。将战, 曹刿曰:"未可。"齐人三鼓, 刿曰:"可矣。"乃战。齐师败绩。公问其故, 刿曰:"夫战, 勇气也。一鼓作气, 再而衰, 三而竭。彼竭我盈, 故克之。"亦以一鼓之气易为作, 持久力难为继也。一日之战如此, 况兵连祸结以延数年之旷日持久, 何可不慎图所以持其后哉!《司马法》曰:

> 凡战, 以力久, 以气胜。(见《司马法·严位》)

戚继光曰:

> 兵之胜负者, 气也。兵士能为胜负, 而不能司气。气有消长, 无常盈, 在司气者治制之何如耳。凡人之为兵, 任是何等壮气, 一遇大战后, 就或全胜, 气必少泄; 又复治盛之以再用, 庶气常盈。若一用之而不治, 再用则洇, 三用则涸, 故无常胜之兵矣。夫方寸之微, 出入无乡; 一少恃其旧气, 便著障根, 以渐变去, 便至不可收拾, 是故世未尝无百战百胜之卒, 惟在我无百战百胜之心耳。(见《纪效新书或问》)

我之抗日, 苦战一年, 破军杀将, 主客交困。日之师老, 我亦力竭, 胜负之分, 其孰能久; 而治气治心则能久, 夺气夺心则不能久。孙子曰:

> 三军可夺气, 将军可夺心。是故朝气锐, 昼气惰, 暮气归; 故善用兵者, 避其锐气, 击其惰归。此治气者也。以治待乱, 以静待哗。此治心者也。(见《孙子·军争篇》)

苟我能治气治心, 避其锐气, 击其惰归, 其所以夺气夺心者, 将不在我而在敌。然则治气治心奈何? 曰有本有原。苏洵曰:

> 凡兵上义, 不义, 虽利勿动。非一动之为害, 而他日将有所不可措手足也。夫惟义可以怒士。士以义怒, 可与百战。(见《权书·心术》)

此治气治心之本也。洵又曰：

> 凡战之道，未战养其财，将战养其力，既战养其气，既胜养其心。谨烽燧，严斥候，使耕者无所顾忌，所以养其财。丰犒而优游之，所以养其力。小胜益急，小挫益厉，所以养其气。用人不尽其所欲为，所以养其心。故士常蓄其怒、怀其欲而不尽。怒不尽则有余勇，欲不尽则有余贪。故虽并天下而士不厌兵，此黄帝之所以七十战而兵不殆也。不养其心，一战而胜，不可用矣。（同上）

此治气治心之法也。曰人师也无名，苟以利动，此洵所谓"非一动之为害，而他日将有所不可措手足"者也。何如我之外御其侮，士以义怒；治气治心，既得其本矣；改革币制，统制金融，所以养其财者，亦既图之于未战；而所以养力、养气、养心以持之于既战既胜者，何可不善图利之，而要在于将之镇。揭暄《兵法百言》有"镇"之一言，以为：

> 将，志也。三军，气也。气易动而难制，在制于将之镇。惊骇可定也，反侧可安也，百万众可却灭也。志正而谋一，气发而勇倍，动罔不臧。

诚哉是言也！惟将军夺心，斯三军夺气。李靖曰：

> 守者不止完其壁、坚其阵而已，必也守吾气而有待焉。（见《孙子·军争篇》张预注引）

师老矣，寇深矣，所以守吾气而有待者，兵之利也，将之任也。

爱名誉，重气节，此将士意志之所以坚强。特其百折不挠，久而不渝，则非持之以定识定力不为功！

情热，则多力。热情者，凡为将士之所不可少。然所贵者，不在一时之义勇愤发，而在激昂慷慨之中，能持之以镇静，仍无害于处变若定之智虑。此则所难也。大抵人有三品：其一情感阙乏之人，激之使奋，其道非易。然以其人沉着，奉令承教，无热情，亦无败事，用之于战，亦有可取之道。其二情感热烈之人，如炸药然，一触即发，而一发即熄，可激发而不可持久者也。此其人烈于情感，昧于智计，遇小忿则怒，而当大敌则挠，往往仓皇扰攘而不知所措。此其人非受高深之教育以发展其智虑，则不可以之为将；倘因材器使，可为裨将，以所任者不过冲锋陷阵，而一时之义勇奋发，足以集事矣。其三为刚毅木讷，不以小忿而气激，不以小挫而志馁；意思深长，其情感不易发，而一发则不可遏；其蓄诸中者以浅以厚，其措之事也可大可久。此则所谓激昂慷慨，而能持以镇静，无害于处变若定之智虑者也。持是道也以往，可以为帅矣。此其人禀乎天性，而要非有识力之培养不克臻此。

博学多闻，不足以见识力。而所谓识力者，谓有主张，有自信，有文理密察之智虑，与发强刚毅之德性者也。夫战之为道，至无定也。凡兵家之言，极深研几；及其临阵，学说原理，杳无经验，何所用之！而纷纭之变，扰我灵台；死丧之哀，凄人心脾；茫茫前途，惟有猜想。是故战之为事，至变且乱也，非战之难。变而能持其常，乱而不失其定，则难！此则识力之培养，必有以裕之于平日，而后临战之时，指挥若定，坚持我初衷，勿失其自信。然而自信之过，往往流为刚愎自用，情势既变，故我自封，执一无权，何以应变！此所以发强刚毅之德性，必本之文理密察之智虑，而后自信不为刚愎，主张不同成见。动无失策，事无过举，斯则识力之明效大验矣！

所谓将材者，其性行大略具此矣。才有偏全，则位殊尊卑。然此可以为将，而未遽以为帅也。夫帅者，政治家而兼军事家者也。将才之外，必擅政事；战略之用，兼权政略焉。

基博按：克氏之所以衡将才者五事：曰智、曰勇、曰果敢、曰热情、曰识力。而两言括之，曰智曰勇而已。果敢与热情，所以大其勇也;识力,所以充其智也;而要之以智为本,以勇为辅。稽之中国:孔子尝言:"有文事者,必有武备","我战则克。"而子路曰:"子行三军则谁与?"子曰:"暴虎冯河,死而无悔者,吾不与也!必也临事而惧,好谋而成者也。"(见《论语·述而》)盖子路好勇,夫子深戒之,正与克氏之论相发。

孙子曰:

> 将者,智、信、仁、勇、严也。(见《孙子·计篇》)

杜牧注:

> 先王之道,以仁为首。兵家者流,用智为先。楚申包胥使于越,越王勾践将伐吴,问战焉。曰:"夫战,智为始,仁次之,勇次之。不智,则不能知民之极,无以诠度天下之众寡;不仁,则不能与三军共饥劳之殃;不勇,则不能断疑以发大计也。"

何延锡注则谓:

> 非智,不可以料敌应机;非信,不可以训人率众;非仁,不可以附众抚士;非勇,不可以决谋合战;非严,不可以服强齐众。全此五才,将之体也。

孙子论将有五才,若与克氏五者之数相当。其实克氏所论之五者,孙子"智"、"勇"两义足以尽之,而"信"、"仁"、"严"三义,则足以匡克氏之所未逮。独其称"智"以冠五才之首,亦犹克氏以智为本之旨也。顾孙子所以论将之用"智"者有二:一曰智足以知战;二曰智足以愚士。智足以知战则奈何?曰有三知焉,"知吾卒之可以击","知敌之可击","知地形之可以战"。三者知而后胜乃可全。

孙子曰:

> 料敌制胜,计险阨远近,上将之道也。知此而用战者必胜,不知此而用战者必败。故战道必胜,主曰无战,必战可也;战道不胜,主曰必战,无战可也。故进不求名,退不避罪,惟民是保,

而利合于主，国之宝也。视卒如婴儿，故可与之赴深溪；视卒如爱子，故可与之俱死。厚而不能使，爱而不能令，譬如骄子，不可用也。知吾卒之可以击，而不知敌之不可击，胜之半也。知敌之可击，而不知吾卒之不可以击，胜之半也。知敌之可击，知吾卒之可以击而不知地形之不可以战，胜之半也。故知兵者动而不迷，举而不穷。（见《孙子·地形篇》）

谓智足以知战也。孙子又曰：

　　将军之事，静以幽，正以治，能愚士卒之耳目，使之无知。昌其事，革其谋，使人无识。易其居，迂其途，使人不得虑。帅与之期，如登高而去其梯。帅与之深入诸侯之地而发其机，焚舟破釜，若驱群羊，驱而往，驱而来，莫知所之。聚三军之众，投之于险，此谓将军之事也。（见《孙子·九地篇》）

夫战者，所以聚三军之众，投之于险也，惟能愚士卒之耳目，使之无知者，斯聚三军之众，投之于险，惟命是听，无扞格之患矣！此智足以愚士也。孙子又论将有五危，曰：

　　必死可杀也，必生可虏也，忿速可侮也，廉洁可辱也，爱民可烦也。凡此五者，将之过也，用兵之灾也。覆军杀将，必以五危。（见《孙子·九变篇》）

夫"必死"，则不智；"必生"，则无勇；"忿速可侮"，则勇而愚；"廉洁可辱"，则信而愚；"爱民可烦"，则仁而愚；而要归于不智。倘持克氏之论以为衡，所谓"知之未明，而为之不疑"，此其为不智之果敢，孙子所谓"必死可杀"者也。若其人"烈于情感，昧于智计"，而触之即忿，激之易动，则所谓"忿速可侮"者也。至于"爱名誉，重气节"，此将士之廉洁也。然而孙子曰："廉洁可辱。"梅尧臣注以为"徇名不顾"。此亦将之一危，何可不察也！

吴子曰：

夫总文武者,军之将也。兼刚柔者,兵之事也。凡人论将,常观其勇。勇之于将,乃数分之一尔。夫勇者必轻合,轻合而不知利,未可也。故将之所慎者五:一曰理,二曰备,三曰果,四曰戒,五曰约。理者,治众如治寡。备者,出门如见敌。果者,临敌不怀生。戒者,虽克如始战。约者,法令省而不烦。受命而不辞,敌破而后言返,将之礼也。故师出之日,有死之荣,无生之辱。(见《吴子·论将》)

其论将之所慎者五,曰"理"、曰"备"、曰"戒"、曰"约",皆"智"之事,所谓"文"也、"柔"也,独"果"则奋其"武"、"刚"而属于"勇"。顾吴子以为"勇之于将,乃数分之一尔。夫勇者必轻合,轻合而不知利,未可也"。此则克氏所称不智之果敢,卤莽徒以愤事,盲动而已。孙子曰"必死可杀,忿速可侮"者也。至言"受命而不辞,敌破而后言返,将之礼也。故师出之日,有死之荣,无生之辱",得无嫌于"必死可杀"乎?而克氏论勇之为验,亦曰"轻生则气锐",又与吴子之言有合,何也?盖兵,凶器;战,危事也。"必死可杀","必生可虏",皆将之危也,惟兼权于"必死""必生",而善有以自处。然则如之何而可?昔夔州唐甄论将有利才一论,其言以为:

彼义激气愤,解带自决,暴虎冯河而不反,世皆壮之,称为烈士。是愚夫悍妇之行也,君子不为也。君子之当大任,立身于必不死,设心于必死。必不死,以善其用也;必死,以坚其志也。吾闻之:立功者,才也;卒功者,智也;审定者,心也;达险者,志也。天下重器,举之难举也;命数不常,测之难测也。苟以死存心,以死立志,谐妻泣之而不顾,爱女泣之而不顾,昵子随之而不顾,临事之时,处之必静,见之必明,思之必熟,行之必决。虽谋不及太公,亦可以成太公之功;虽才不及管仲,亦可以成管仲之功。今夫矢一也,以弱弓发之,或不能杀人;以强弓发之,则可以贯甲。志坚则才利,亦犹弓之发矢也。昔者蜀大乱而食人肉,冉邻起兵。冉邻者,唐子未娶之女之父也,遣二人者为谍于寇。闻有猎人者于途,二人惧而欲返。其一人曰:"进死于釜,退死于法,等死耳,其行乎! 第疾走,慎毋怯而反顾。"比肩而走。一人不反顾,一人数反顾。一反顾,逊不反顾者五步;再反顾,逊不反顾者十步。卒之追者及之,反顾者肉糜于釜;不及顾者,鸟逝隼集而反命,得寇之形以战胜焉。由是观之:以死心处死地者成,以生心处死地者败。成败之间,勇怯之分也。

斯可以通孙、吴之郗而发其奥矣! 唐甄,原名大陶,字铸万;清世祖顺治丁酉举人,官长子县知县,罢官,侨居昆山,著有《唐子潜书》。宁都魏禧见之,称为汉唐以来所未有。宣城梅文鼎则以为周秦而后仅见之作云! 然而孙、吴之论将,尚未能通于神明也。方战国之世,临武君与孙卿子议兵于赵孝成王前,请问为将? 孙卿子曰:

知莫大乎弃疑,行莫大乎无过,事莫大乎无悔。事至无悔,至矣,成不可必也。故制号政令,欲严以威。庆赏刑罚,欲必以信。处舍收藏,欲周以固。徙举进退,欲安以重,欲疾以速。(杨倞注:"静则安重而不为轻举,动则疾速而不失机权。")窥敌观变,欲潜以深,欲伍以参。(杨倞注谓:"使间谍观敌,欲潜隐深入之也。伍参,犹错杂也,使间谍或参之、或伍之于敌之间,而尽知其事。韩子曰:'省同异之言,以明朋党之分,偶参伍之验,以责陈言之实。'又曰:'参之以比物,伍之以合参也。'")遇敌决战,必道吾所明,无道吾所疑。夫是之谓六术。无欲将而恶废,无急胜而忘败,无威内而轻外,无见其利而不顾其害。凡虑事欲熟,而用财欲泰。夫是之谓五权。所以不受命于主有三:可杀而不可使处不完,可杀而不可使击不胜,可杀而不可使欺百姓。夫是之谓三至。凡受命于主而行三军。三军既定,百官得序,群物皆正,则主不能喜,敌不能怒。夫是之谓至臣。虑必先事而申之以敬,慎终如始,始终如一。夫是之谓大吉。凡百事之成也,必在敬之;其败也,必在慢之。故敬胜怠则吉，怠胜敬则灭；计胜欲则从，欲胜计则凶。战如守，行如战，有功如幸。敬谋无圹，敬事无圹，敬吏无圹，敬众无圹，敬敌无圹。（杨倞注："无圹言不敢须臾不敬也。圹与旷同。"）夫是之谓五无圹。慎行此六术、五权、三至，而处之以恭敬无圹，夫是之谓天下之将，则通于神明矣！

临武君曰："善！"（见《荀子·议兵篇》）

此则儒将风规，不竞不绿，历览史册，前有乐毅，后有诸葛亮，倘庶几焉，非克氏之所及知也。克氏论将以"智"为本，以"勇"为辅，而以"识力"充其智。而孙卿子则以"先事"为虑，以"弃疑"为智，而以"恭敬"要其成。孙卿子之所谓"通于神明"，倘克氏之所谓"识力"乎？然而"识力"不足以尽之矣。苏洵曰：

为将之道，当先治其心。泰山崩于前而色不变，麋鹿兴于左而目不顾，然后可以制利害，可以待敌。凡主将之道，知理而后可以举兵，知势而后可以加兵，知节而后可以用兵。知理，则不屈；知势，则不沮；知节，则不穷。见小利，不动；见小患，不避。小利小患，不足以辱吾技也，夫然后可以支大利大患！夫惟养技而自爱者无敌于天下，故一忍可以支百勇，一静可以制百动。（见《权书·心术》）

此则克氏之所谓"识力"矣。苏洵之所谓"治心"，克氏谓之"识力之培养"，辞趣不同，其揆一也。论将而至于"治心"，深矣微矣，虽未通于神明，而神明之所由通乎！独我自抗战以来，义问昭宣，大小毕力。将军有死之心，士卒无生之气，莫不挥泣攘臂以殉国家之急，决命争首，奋不顾身，天下之勇孰尚焉。然而古人有言："非死之难，所以处其死者实难。"吾今则曰："非勇之难，所以用其勇者实难。"三国夏侯渊赴急疾，常出敌之不意。虽数战胜，魏武帝戒之曰："为将当有怯弱时，不可但恃勇也。将当以勇为本，行之以智计。"况今强寇压境，乘胜深入。而我自战其地，抚民训士，非一克之为烈，而来日之大难！

所望深体苏洵治心之旨,兼权克氏识力之论。知彼知己,沉几观变,勿缮一时之武怒,而养可久之大勇！史称魏武帝与虏对阵,意思安闲,如不欲战；然及至决机乘胜,气势盈溢,故每战必克,军无幸胜。而揭暄《兵法百言》有"敛"之一言,以为:"惟敛可以克刚强,惟敛难以刚强克。故将击不扬以养骜,欲挢弭耳以伸威,小事隐忍以图大。我处其缩,以尽彼盈。既舒吾盈,还乘彼缩。"然非治心之有道,智勇互用,何知制胜之以"敛",盈缩尽利,而以此制敌,何敌不摧；国家攸赖,胜利可望矣！

抑地利者,战之先务也。而将士之天赋,尤有要焉,曰地利之直觉本能是也。凡为士者,必有认识道里方向之本能；而为将者,尤必有想象全局形势之本能。览之即知,思之即得,不待穷思力索,而自然会心,此之谓本能。倘必按地图,事测绘,而后有知焉,则仓卒无应变之方,不知所以活用之矣。

基博按:孙子论地形有通、有挂、有支、有隘、有险、有远,而卒之曰:

> 六者,地之道也,将之至任,不可不察也！夫地形者,兵之助也。料敌制胜,计险阨远近,上将之道也。知此而用战者必胜,不知此而用战者必败。(见《孙子·地形篇》)

顾以为:

> 不知山林险阻沮泽之形者,不能行军。不用向导者,不能得地利。(见《孙子·军争篇》)

而克氏则论地利之直觉本能,足匡孙子所未逮。特是吾邑顾景范先生序所著《读史方舆纪要》一书,则先克氏而早发其义,以为:

> 地利何常之有！金城汤池,不得其人以守之,曾不及培塿之

丘,泛滥之水。得其人,则枯木朽株皆可以为敌难。是故九折之
阪,羊肠之径,不在卭崃之道、太行之山、无景之溪、千寻之壑,不
在岷江之峡、洞庭之津。及肩之墙,有时百仞之城不能过;渐车
之洽,有时天堑之险不能及也。知求地利于崇山深谷、名城大
都,而不知地利即在指掌之际,而乌足与言地利哉!然则变化无
穷者,地利也!地利之微,图不能载,论不能详,而变化于神明不
测之心。所谓可以意会不可以言传者乎!故曰,方圆奇偶,千秋
不易也,伏羲以之画八卦,大禹以之演九畴;伍两卒旅,千秋不易
也,武侯以之列八阵,李靖以之变六花;城郭山川,千秋不易也,
起于西北者,可以并东南,而起于东南,又未尝不可以并西北。
故曰:不变之体,而为至变之用。一定之形,而为无定之准。阴
阳无常位,寒暑无常时,险易无常处。知此义者,而后可与论方
舆。使铢铢而度之,寸寸而比之,所失必多矣!吾尝考蒙古之用
兵,奇变恍惚,所出之道,皆师心独往,所向无前,故其武略比往
古为最高。彼岂常求之于山海之图、里道之志哉!且夫一指蔽
前,则泰山不见;十步易辙,则日景不分。彼其惘惘焉,陷大泽而
不知,前入深谷而不悟,乃欲执迷途之人而求其为乡导。乡导其
可恃乎哉!

则信乎料敌制胜之所以计险扼远近者,果在乎地利之直觉本能;而乡
导,则可用而不可恃者也!

　　战者,以将为帅,而以兵为用者也。是故临阵合战之急者二:一
曰得地利,二曰兵服习。习于艰劳而不苦,习于战阵而不慑,习于情
伪而不惑,此之谓兵服习。而习器械,习队伍,又其次也。
　　身宜耐劳,不求逸乐,此为训兵之第一义。夫战之为事,至劳剧
也。即以行军而论,盛夏行役,而穷冬暴露,其肌肤之所浸渍,手足之
所胼胝,轻霜雪而冒风雨,绝山险而狎河津,然后寒暑不能为之毒,关
河不能为之阻。而道路有壤,则必除道;桥梁或断,又须架梁;材未素

具，工必速集；劳而不怨，安之若素，此之谓习于艰劳矣。特是初战气锐，服劳尚易，而所难者，胜利之后，不为骄惰，旷岁之战，益以勤奋。此以征为将训练之有方矣！

习于艰劳矣，尤必习于战阵。夫战，危事也，而尤莫甚于近代。方其渐近战线也，炮声隆隆，如轰雷迅霆，耳震目眩，固已不易自持。及其进也，炮弹横飞，每一堕地，则火光迸裂，烟焰弥漫；枪珠杂出，啸亦惨厉；而同伍之折臂断足，血流殷地，偃仰僵仆者，尤令人目不忍睹。使非久经行阵，习惯自然，鲜不心惊胆摇，而仓皇无所措手足矣！

习于战阵矣，尤必习于情伪。而所谓习于情伪者，谓习于情报之幻变；而判别其情伪也，情报不能不用，然大都不可信。方开战之初，其情伪尚不难辨。迨夫战之既久，以敌之多方误我也；而情报之来，乃予我以迷离惝恍之思，而莫知所从焉。然矛盾之情报，尚可参伍而得其情伪。所患者，尤在情报之源源而来者，前后如出一吻，而信以为实，措之行事，往往如敌人之所愿欲，而以成不可救之败绩，此则不可不慎也。夫情报之矛盾[1]者，利害不一，利我则意得，害我则气沮。顾以师久而老，失其自信，往往见其害而不见[2]其利。风声所播，因以溃不成军者，亦时有之。是以为将者平日训练士兵，不可不使之洞达人情，谙练世故以培养其判断情报之识力。此固不能求之人人。特使一军一队之中，其人愈多，则军心愈固而士气不挠。

习器械，习队伍，可以操场训练得之；而所谓"习劳苦"、"习战阵"、"习情伪"之三者，则非实事求是不为功。平时之野战演习，不过聊胜操场训练，亦徒具文而已，岂能得实地之经验！所以长治久安之国无胜兵也！然则何道而可？曰道有二：常调我军队以援四邻，使之实地参战，一也。聘调久历战阵之外国军队与我军合编，相观而善

---

[1]　盾，原误作"遁"，据《国命旬刊》第七期（1938.6.10）第13页改。

[2]　见，原误作"害"，据《国命旬刊》第七期（1938.6.10）第13页改。

以为示范,二也。庶几有勇知方,干城无虞矣。

基博按: 明戚继光以名将平倭镇蓟更历南北,并著声。在南方,战功特甚;北则专注守。撰《纪效新书》十八卷、《练兵实纪》九卷、《杂集》六卷,专论练兵之法,以为:

> 操兵之道,不独执旗走阵于场肆而后谓之操,虽闲居、坐睡、嬉戏,亦操也。善操兵者,必使其气性活泼,或逸而冗之,或劳而息之,俱无定格;或相其意态,察其动静,而撙节之。故操手足号令易,而操心性气难;有形之操易,而不操之操难。能操而使其气性活泼,又必须收其心,有所秉畏竞业。又有操之似者,最为操之害。何则?权哗散野,似性气活泼;懈苦不振,似心有竞业;为将者辨此为急。操之于场肆者,不谓之操,所谓筌蹄也。兵虽静处间阎,然亦谓之操,乃真操也。微乎微乎,妙不可测!神乎神乎,玄之又玄!此圣贤之精微,经典之英华。(见《纪效新书·或问》,亦见《练兵实纪·储练通论》。)

所著《纪效新书》十八卷,以一卷为一篇:曰束伍、曰操令、曰阵令、曰谕兵、曰法禁、曰比较、曰行营、曰操练、曰出征、曰长兵、曰牌筅、曰短兵、曰射法、曰拳经、曰诸器、曰旌旗、曰守哨、曰水兵,各系以图而为之说,皆阅历有验之言。而《练兵实纪》,则在蓟门练兵之作。一练伍法,二练胆气,三练耳目,四练手足,五练营阵,六练将。以为"教兵之法,美观则不实用,实用则不美观"。曰实纪者,征实用也,而以"练心力"、"练手力"、"练足力"、"练身力"四者为先务之急。其言曰:

> 凡人之血气,用则坚,息则脆。劳其筋骨,饿其体肤,大人且然,况兵乎! 不宜过于太甚;是谓练心之力也。

> 凡平时各兵所用器械,轻重分两,当重于交锋时所用之器。盖重者既熟,则临阵用轻者,自然手捷,不为器所欺矣。是谓练

手之力也。

> 凡平时各兵，须学趋跑，一气跑得十里不气喘才好。如古人足囊以沙，渐渐加之；临阵去沙，自然轻便。是谓练足之力也。

> 凡平时习战人必重甲，荷以重物，勉强加之，庶临阵身轻，进退自速。是谓练身之力也。（见《练兵实纪·练手足》）

然四者练矣，而无胆，犹未足以语于杀敌致果也。继光认为：

> 平日在教场操时，打铳则把托稳定，对把从容；舞械则以单对单，前无利害。似谓习之已精已至矣。临敌之时，若使仍是照前从容酬应，如教场内比试一般，不必十分武艺，只学得三分，亦可无敌。奈每见贼时，死生呼吸所系，面黄口干，手忙脚乱，平日所学射法、打法尽者忘了，只有互相乱打，已为好汉，如用得平时一分武艺出，无有不胜；用得二分出，一可敌五；用得五分出，则无敌矣。谚云艺高人胆大，殊为不然！必须原是有胆之人，习得好艺，故胆益大。无胆之人，平日习得武艺十分精熟，临时手软身颤，举艺不起；任是如何教习，亦不得胆之大也。

克氏曰："习于战阵而不慑。"此所以练胆也。揭暄《兵法百言》之论"练"，则曰：

> 意起而力委谢者，气衰也；力有余而心畏沮者，胆丧也。气衰胆丧，智勇竭而不可用。故贵立势以练气，经胜以练胆，布心以练情，一教以练阵艺。

此其说亦与克氏所论互有详略。克氏所谓"习于战阵而不慑"，是即"经胜以练胆"也。而"练阵艺"，则克氏之所谓"习器械"、"习队伍"。至于"练气"、"练情"之说，盖克氏之所未言焉！

明　学　第　二

原著卷二《论战之原理》

克劳山维兹曰：兵之为法，作战之法；所以兵法之为学，作战之学也。惟战有一时一地之交战，有不一时、不一地，数次以至数十次、数百次之交战而成为一大战。然战必为数十百次交战之所积累，而未有以一时一地之交战决胜负者。是故兵法有二：杀敌致果，用兵以为一时一地之交战者，谓之战术；而料敌致胜，计险阨远近，调节空间时间以运用各地之交战，而靳以达最后胜利者，谓之战略。易言之，盖用兵以求交战之胜利者，战术也；用交战以达征战之主旨者，战略也。其他如军队之给养，伤兵之抚治，兵器之整缮，虽为重要，然不过战前战后之所有事，而匪为作战之法，故不属于兵法之范围焉。

行军也，屯营也，兵站也，皆为作战之准备。三者具，而后交战之事兴焉；故为战术之一部。抑亦于全局之胜负有关，而不限于一时一时；故亦为战略之一部也。

行军者，乃调遣军队之谓，用以分配兵力，而操纵交战之时与地以神明其用者也。可以支配交战，而不为交战之所支配，故为战略之用。惟行军之时，如或分道并进以与敌战，则是涵有战术之用矣。行军之神妙者，往往不及交绥而敌已望风披靡，师徒挠败，于是崇战略者，以为不战而胜，用兵之上。此则故甚其词而失之夸大。盖谋定后动、操必胜而后战者有之矣；未有不交战而能克敌者也。是故行军者，战略而兼战术；而非明战术之为用，则行军之威力不见，何以奏肤功哉！

屯营与兵站亦然。若用以休兵养威，备预不虞；此则属于备战，而不在兵法之范畴矣。然或分配兵力，控制要害以示形势，则又战略之用也。苟其与敌交绥，先据要害，欲以制人而不制①于人；则擅战术之用矣。

是故战术与战略，不同而相为用，固结而不可分。特以为学理之探讨，而不得不别白言之耳。

基博按：克氏论兵法有"战略"、"战术"之分，而《汉书·艺文志》载：

> 兵家者流，盖出古司马之职。……《洪范》八政，八曰师。《易》曰："古者弦木为弧，剡木为矢，弧矢之利，以威天下。"其用上矣。后世燀金为刃，割革为甲，器械甚备。下及汤武受命，以师克乱而济百姓，动之以仁义，行之以礼让，《司马法》是其遗事也。自春秋至于战国，出奇设伏，变诈之兵并作。汉兴，张良、韩信序次兵法，凡百八十二家，删取要用，定著三十五家。诸吕用事而盗取之。武帝时，军政杨仆据撼遗逸，纪奏兵录，犹未能备。至于孝成，诏步兵校尉任宏论次兵书为四种。

曰"权谋"、"形势"、"阴阳"、"技巧"。其称"权谋者，以正守国，以奇用兵，先计而后战，兼形势，包阴阳，用技巧"，是则克氏之所谓"战略"。而谓"形势者，雷动风举，后发而先主，离合背乡，变化无常，以轻疾制敌"，则克氏之所谓"战术"也。《汉书·艺文志》著录五十三家，而以《孙子》居首。世传《孙子》十三篇，而以《计篇》冠首；其大指以为：

> 兵者国之大事，死生之地，存亡之道，不可不察也。故校之以计而索其情，计利以听，乃为之势以佐其外。势者，因利而制权也。

---

① 制，原作"致"，据上下文意改。

曰"计"、曰"势"，盖挈十三篇之要焉。势者，兵家之诡道。计者，庙算之先胜。必先校之以计而索其情，乃为之势以佐其外。势者，因利制权，施之临战。计者，量敌审己，虑于未战。自《计篇》以下，《作战》、《谋攻》及《形》三篇，反覆丁宁于"先胜而后求战"、"不尽知用兵之害，则不尽知用兵之利①"、"知彼知己，百战不殆"，皆阐发《计篇》未尽之蕴。孙子之所谓"计"，任宏谓之"权谋"，而克氏之所谓"战略"者也。《势篇》以下，《虚实》、《军争》、《九变》、《行军》、《地形》、《九地》、《火攻》八篇，皆论势；其大指不外言"战者以正合，以奇胜"、"后人发，先人至"、"以诈立，以利动，以分合为变"、"由不虞之道，攻其所不戒也"。此则任宏之所谓"形势"，而克氏谓之"战术"者矣。惟孙子之意，重计而不重势，则是战略重于战术。而欲为计，必先知彼；苟不知敌之情，安能校之以计而索其情乎？用间者，所以知敌之情也，故以用间要其终焉。

兵器之学，与兵法不同，挽近世利器之制造、要塞之建筑，以及军队之组织与阵式，时有进步，日新而月异。技术以之而精能，兵威因此而扩增，然此不过物质之进步、机械之改进，而于兵法无与焉。兵法者，乃心机之交斗。犹之炼剑者，未必能用剑，而杀人则在能用剑。兵器之学，譬之炼剑；而兵法，则能用之者也。

基博按：任宏论次兵书四种，其四曰技巧。技巧者，习手足、便器械、积机关以立攻守之胜；此即所谓兵器之学也。克氏论兵器之学，为机械之改进，而兵法乃心机之交斗，其论精矣。然心机之交斗，盖随机械之改进，而益发挥以趋于繁赜。中国兵家，多涉制器用器之法。《司马法》曰：

> 兵不杂，则不利。长兵之卫，短兵以守。太长则难犯，太短

---

① 利，原误作"?"，据《孙子》改。

则不及。（《天子之义第二》）

又曰：

> 弓矢御，殳矛守，戈戟助。凡五兵五当，长以卫短，短以救长。迭战则久，皆战则强。（《定爵第三》）

此言用器之"长以卫短，短以救长"也。《吴子》曰：

> 教战之令，短者持矛戟，长者持弓弩，强者持旌旗，勇者持金鼓。（《治兵第三》）

此言用器之人各有宜也。晁错言兵事书论器用利，有步兵之地，车骑之地，弓弩之地，长戟之地，矛铤之地，剑楯之地。此言用器之地各有宜也。而戚继光《纪效新书》有《长兵》、《牌筅》、《短兵》、《射法》、《拳经》、《诸器》等篇；《练兵实纪》有《军器解》；则更阐明"长兵短用，短兵长用"之义，论勘尤详。且曰：

> 古人有言，器械不利，以卒予敌。利之一字，不专为锋利；用之便利，亦此利也。欲用之利，必习之精。（《练兵实纪·练将》）

> 彼有精器而无精兵以用之，是谓徒费。有精兵而无精器以助之，是谓徒强。须兵士立得脚根定，则拽柴可以败荆，况精器乎！（同上《杂集·储练通论》）

> 分门习技者士卒；而所以杂其长短，随其形便，错而用之者，主将也。（《纪效新书·或问》）

> 夫五兵之法，长以救短，短以救长；长既易迈而势老，短又难及而势危，故相资为用；此自然之势，必然之理，至妙之术也。（《练兵实纪·杂集·军器解》）夫火器，均谓之长技，长者短用。凡力可及百步者，只用于五十步之外；势险节短，无有不中者矣。（同上《杂集·储练通论》）

> 夫长兵短用，短兵长用，此所谓势险节短之法已。火器、火箭、弓矢，皆长兵也，往往贼在数百步外，即已打发，及至贼近与

大队齐来,却称火药放尽,铅子欠缺,或再装已尺,每由此而败。至于叉钯、枪刀,皆短器也;何以长用?枪必身法步法与手法并进,而手握于根,即如把舵使舟,叉必尽柄着手,皆长用之妙也。(同上)

况用器之术,短不接长。且如南方狼士之兵,士官军令严重,人人用命,宜战无不胜也。初调杀倭,每得一胜,旋即①败衄,何也?所用皆长牌短刀,而倭寇则以长枪重矢。此所谓短不接长。及短刀相接,刀法迥不如倭。此所谓以不能而斗能也。余乃因蹙思便,以败求胜,乃精放鸟铳之以代矢,矢不及铳。步下短兵,有若长枪,手握于根;而倭则持枪中截。枪法,惟长彼一寸,则必胜,乃较倭枪可五尺。是倭枪不足以敌吾之枪矣,狼筅、钯棍,皆倍刀之长。(同上)

大端短不接长,故必多用长以制短,此不易之论也。两长相对,惟有法者胜,两法相同,惟有胆者胜。(同上)

太仓陆世仪著《八阵发明》,谓:

制阵,非阵之难,而制队伍之难。古之善杀贼者,皆相敌而制伍。吴璘以弓、弩、长枪为三垒,岳飞、韩世忠以麻扎刀大斧砍拐子马,皆得制伍之精者也。故制阵,先制伍;制伍,先制器。

其《思辩录·治平类》论:

兵家所言出奇制胜者多矣,言旌鼓步伐者少。唐有《李靖兵法》,此其书也,然不得见全书,今仅存杜氏《通典》所载。戚南塘《纪效新书》是从此书脱出,故于旌鼓步伐之法独详。教阵先教队,教队先教器;而队法妙处,全在制器得当,故队者,一阵之所由始;艺者,一队之所由始。儒者欲存心兵学,慎勿以一器一艺为可忽也,虽不能行之,亦务为知之,若大将,则须通知各艺之情

---

① 即,原作"则"。

而善用之。

麻城鲁之裕《趣陶园集》有《选兵论》，至谓：

> 选兵莫善于选器，必明于选器，而选兵之道乃尽焉。人之生也，自二十以至四十者为壮，过此，则血气不能不衰矣。就此壮者而论之，其中长短大小强弱之不同，势不能齐而一之也。故其用器也，各有所宜焉，得其宜而后用之，无不利。大约目睛灼而猿臂鹄立者，宜弓箭；身材短小精悍者，宜籐牌、滚刀；其杀气蕴结于中，而有时勃发于面者，宜腰刀、手枪。至于排枪、大刀、档木、挠钩之用，则必老成有力者任之；苟少年健儿，筋力未任，而使习其艺，则未几而乏矣、溃矣。长大丰伟而使习圆径二尺之牌，握短刀，跪伏委曲，伸缩进退以出没于锋镝之间，其将能耶？必知于此乎精以辨之者，而后可与练兵。

虽近代兵器之日趋机械化，自非旧时中国之刀矛弓矢可比；而要之长以卫短，短以救长；地各有宜；人各有宜；而投器之必视兵所宜，制阵之在制器得当；若大将则须通知各艺之情而善用之；似不以今古攸殊。而制器以图善用，亦何尝非以发挥心机之交斗耶？克氏所论，不过以明兵器学之未足以尽兵法耳。

兵法之昌明，特挽近世事尔。其初不过史家之传记、名将之回忆录，偶有精卓不磨之成语格言播诵人口。然语焉而不详，未能立言有宗，成章以达也，乌足以语学术！既而渐有成书，特以战局兵情，瞬息万变。往往随事抒论，未得要领所在。而有开宗明义，欲以自名一家言者，则又见为迂阔而远于事情！谭兵者未能执简以驭繁，乃欲避难而图易，于是舍心理之神明，而专注于物质之估量。计其所以为说者有四：其一曰兵力说。以兵力之强弱，为胜负之所由分，兵以多为胜，以强为武。不知胜负之因多端，而兵力特其中之一。倘指挥无方，地形不习，虽强，亦奚以为！而必谓兵强者胜，斯皮相之谈尔。其二曰给养说。以给养为军队之生命，而列之为战略之根本。此尤迷信物力，而无当于事实者也！其三曰巩固根据说。以为战必得地利，惟给养集中，器械充足，可进可退，交通便利者，为适于战也；于是用几何原理以定一据点，而依之为进退。此一说也，似颇得战略之微意；然此机械之推理，亦偏面之真理耳。及其既也，则以我之固其根据，而推人之亦恃其根据也，谓惟包围战，可以夺所恃、操必胜，而不知其不必然。其四曰内线战说。此乃不足于巩固根据说，而欲有以矫其弊者也，以为战有必胜之法，在以一地为中心，而分兵四出。我之攻敌，可以进退自如，而敌则兼顾不易，不知所以为御矣。然此亦几何式之偏面理论，未为必胜之法也。斯四者，皆足以备一说；然不免阂于法而失之拙滞！徒断断于可占算之数量。讵知战者，知彼知己，所以为斗智，必索之于计，而计乃用智之效。我有计，而不计人之所以为计，是不知战者也。是故兵无成法。才将之所为，用法贵得法外意，宁兵法之所得拘！而欲治兵法者，只有就天挺之将才而问学焉。

兵法之所以为难，尤在心理之神明，而不在可估量之物质、物力；犹之医之用药，而药之为品易明也，然身体之强弱，无两人而相同。同一药也，或效或不效。此医之所以难为也。夫兵法在用我之心计，以制人之心计，而心理之至幻变，尤不同生理之可测识。是则学兵尤难于学医矣！

基博按： 克氏论兵法，而探源于"心理之神明"，此诚识微之论，而中国兵家之所屡言不一言者也。孙子曰：

> 敌虽众，可使无斗。故策之而知得失之计，（梅尧臣注："彼得失之计，我以算策而知。"）作之而知动静之理。（杜牧注："作，激作也，言激作敌人使其应作，然后观其动静理乱之形。"）形之而知死生之地。（张预注："形之以弱则彼必进，形之以强则彼必退，因其进退之际，则知彼遽之地死与生也。死地谓倾覆之地，生地谓便利之地也。"）角之而知有

余不足之处。（张预注："有余，强也；不足，弱也。角量敌形知彼强弱之
所。唐太宗曰：'凡临阵，常以吾强对敌弱，常以吾弱对敌强。'苟①非角
量，安得知之。"）故形兵之极，至于无形。无形，则深间不能窥，智
者不能谋。因形而错胜于众，众不能知。人皆知我所以胜之形，
而莫知吾所以制胜之形；故其战胜不复，而应形于无穷。夫兵形
象水，水之形避高而就下，兵之形避实而击虚。水因地而制流，
兵因敌而制胜，故兵无常势，水无常形。能因敌变化而取胜者，
谓之神。（《孙子·虚实篇》）

此其所论，与克氏所称"战者知彼知己，所以为斗智"之说若合符节；
而归本于"兵因敌而制胜"，是克氏所谓"兵法在用我之心计以制人之
心计"者也。

唐李筌论兵，则致辩于"形"与"神"之相为用，以为：

兵之兴也，有形有神。旗帜金鼓依于形，智谋计事依于神。
战胜攻取，形之事，而用在神；虚实变化，神之功，而用在形。观
形，不见其神，不知其事。是以曳柴扬尘，形其众也；减灶灭火，
形其寡也。勇而无刚，尝敌而速去之，形其退也；斥山泽之险，无
所不致，形其进也；油幕布帔，冠之树株，形其强也；偃旗卧鼓，寂
若无人，形其弱也。故曰：兵形象陶人之埏土，冶氏之冶金，为
方为圆，或鼎或钟。土金无常性，因功以为名；战阵无常势，因敌
以为形。形不因神，不能为变化；神不因敌，不能为智谋。（见《太
白阴经·兵形篇》）

克氏论"兵法之所以为难，在心理之神明，而不在可估量之物质
物力"，而筌则谓"形不因神，不能为变化。神不因敌，不能为智谋"，
尤视克氏之论为圆融无漏义。而筌之所谓"神"，克氏谓之"心理之神
明"者也。若其舍心理之神明，而专注于物质之估量者，特以昧于筌

---

① 苟，原误作"荀"，据《宋本十一家注孙子》改。

之所云"战胜攻取,形之事,而用在神"尔。

揭暄《兵法百言》上、中、下三篇,上篇论智,有"先"、"机"、"势"、"识"、"测"、"争"、"读"、"言"、"造"、"巧"、"谋"、"计"、"生"、"变"、"累"、"转"、"活"、"疑"、"误"、"左"、"拙"、"预"、"叠"、"周"、"谨"、"知"、"间"、"秘"二十八言,盖宗孙子所称"能因敌变化而取胜者谓之神"以立说;而于克氏"心机之交斗"一义,阐发尤无余蕴。如论"识"曰:

> 听金鼓、观行列而识才;以北诱、以利饵而识情;撼而惊之,扰而拂之而识度;察于事也。念之所起,我悉觉之;计之所贻,我悉洞之;智而能掩,巧而能伏,我悉灼之;灼于意也。若夫意所未起而预拟情变,先心敌心以知敌,敌后我意而意我,则谋而必投也。

论"测"曰:

> 两将相遇,必有所试。两将相持,必有所测。测于敌者,避实而击疏。测于敌之测我者,示短以致长。测蹈于虚,反为敌诡;必一测而两备之,虞乎不虞,全术也,胜道也。

论"战"曰:

> 战者,争事也。兵争交,将争谋,将将战机,不争力而争心。

论"计"曰:

> 计有可制愚,不可制智;有可制智,不可制愚;一以计为计,一以不计为计也。惟计之用,智愚并制。假智者而愚,即以愚施;愚者而智,即以智投。每过乎敌所见,反乎敌所疑,则计蔑不成矣。

故"计必因人而施"。论"累"曰:

> 我可以此制人,即思人可以此制我而设一防。我可以此防

人之制,人即可以此防我之制,而思一破人之防。我破彼防,彼破我防,而又设一破彼之破。彼既能破,复设一破乎其所破之破。所破之破既破,而又能固我所破以塞彼破,而中我破,究不为其所破。递法以生,踵事而进,深乎深乎。

论"叠"曰:

太凡用计者,非一计之可孤行,必有数计以裹之也。以数计裹一计,由千百计练数计。故善用兵者,行计务实制,运巧必防损,立谋虑中变,命将杜违制。此策阻而彼策生,一端致而数端起,前未行而后复具,百计叠出,算无遗策。累字纵言之,计上生计也。此叠横言之,计中用计也。

而冠之以"先"者,先人有夺人之心也。终之于"秘"者,几事不密则害成也。然事事秘,则计未就而人先疑,反为败局。兵,诡道也,有行而隐其端,有用而绝其口。然可言者,亦不妨先露以示信;推诚有素,不秘,所以为秘地也。所以用我之心计而制人之心计者,发微阐幽,备矣,无所不至矣。邵阳魏源《古微堂文集》,有《孙子集注序》,论兵谋,则以为心之变化所极,而非通《易》与《老》之旨者,不足以明孙武而得其所以然,尤为探源立论。其言曰:宋黄震有言:"《孙武子》十三篇,以兵为不得已,以久战多杀为非理,以赫赫之功为耻,岂徒谭兵之祖,抑庶几立言君子矣!所异于儒,惟'诡道'一议,言用兵变化,非奸诈之谓。"知言哉!弩生于弓,弓生于弹,弹生于孝子。杀人以生人,非谋曷成!谋定而后战,斯常夫可制变。上谋之天,下谋之地,中谋之人。人谋敌谋,乃通于神,非之力也,心之变化所极也。变化者,仁术也。上古圣人,以其至仁之心,搏水火,胜之,搏龙蛇虎豹犀象,胜之。恩生于害,害生于恩,微观于五行相生相克之原,天地间无往而非兵也,无兵而非道也,无道而非情也!精之又精,习与性成,则造父御、羿弓、稷稼、宜僚丸、秋弈、越女剑,皆得诸心,不能宣诸口。能言其然,不能言其所以然者也。若夫由其然以得其所以然,深乎深乎!微乎微乎！夫非知通《易》、《老》之旨者，孰与言乎！经之《易》、子之《老》、兵家之《孙》，其道冒万有，其心照宇宙，其术皆合天人、综常变。盖以为惟此三书足尽"心之变化所极"也。非尽"心之变化所极"者，不足以言"心机之交斗"；而"心之变化所极"，岂成法可得而拘！史载汉武帝欲教霍去病孙、吴兵法，对曰："顾方略何如耳，不至学古兵法。"唐之张巡，以己意行军；而宋岳飞亦曰："运用之妙，存乎一心。"此克氏所以论兵无成法，而谓"才将之所为，宁兵法之所得拘。"可谓信而有征也！

夫心理之所尤不可不加意者有四：一曰察敌将之智愚。其人之年龄、经历、才能、品性，我不能不知也。其人矜而上人，抑谦以能受乎？宽而得众，抑暴以自恣乎？骄而轻敌，抑静以能虑乎？谋而无成，抑果以有断乎？老而更事，抑少以喜功乎？而其战之勇怯、士之用命不用命系焉。苟知之有素，则应之有方。二曰审士气之盛衰。夫敌忾之心，致果之志，与相迫之势，三者，士气之所为奋也。昧者每以战为武力之比赛。不知武力之比赛，非济之以迈往之士气不为功也。三曰明心理之反应。敌之心理，我则知之。然尤不可不知者，名之曰敌，则必为有智虑而勇抗战之人。我窥其用心而利用之，安知敌之不因我之利用而反以图我？是故敌人心理之反应，非心理学之通则所能尽也。知彼知己，惟久经大敌、饶有经验者能为之耳。与其默守兵法之原理，毋宁发挥天才之明敏。四曰睹事变之不测。战者，事之不可捉摸者也。譬之大雾行舟，探途于无方，防患于不见，如必万全无害而后得当以试，古今无此战也。在我惟恃天才，在势只有机运，而察微知著，默识心通，兵法固非必胜之保障，此所以难也！

基博按：克氏论列四事，而所以为言者三："察敌将之智愚"、"明心理之反应"，此审其在敌者也；"审士气之盛衰"，此固其在我者也；"睹事变之不测"，此虑其在事者也。夫战，以勇为主，以气为决，而士气为战之大本。发其"敌忾之心",励其"致果之志",而视以"相迫之势",进无必死,退无幸生,则士气作而敢死必矣!《司马法》曰:

> 凡人死爱,死怒,死威,死义,死利。凡战之道:教约之轻死,道约人死正。(《严位第四》)

道约人死正则奈何? 昔宋司马子鱼尝告襄公曰:"明耻教战,求杀敌也。"而《吴子》曰:

> 制国治军,必教之以礼,励之以义,使有耻也。夫人有耻,在大之以战,在小足以守矣。(《吴子·图国》)

苏洵则论惟义可以怒士,而谓:

> 古之善军者,以刑使人,以赏使人,以怒使人,而其中必有以义附者焉。不以战,不以掠,而以备急难,故越有君子六千人。(《权书·法制》)

苏轼曰:

> 天子无皆勇之将,而将军无皆勇之士;是故致勇有术,致勇莫先乎倡。夫倡者何也? 气之先也。有人人之勇怯,有三军之勇怯。人人而较之,则勇怯之相去,若莛与楹;至于三军之勇怯则一也,出于反覆之间,而差于毫厘之际,故其权在将与君。人固有暴猛兽而不操兵,出入于白刃之中而色不变者;有见虺蝎而却走,闻钟鼓之声而战栗者;是勇怯之不齐,至于如此。然闾阎之小民,争斗戏笑,卒然之间而或至于杀人。当其发也,其心翻然,其色勃然,若不可以已者,虽天下之勇夫,无以过之。及其退而思其身、顾其妻子,未始不惻然悔也。此非必勇者也,气之所乘,则夺其性而忘其故。故古之善用兵者,用其翻然勃然于未悔之间。而其不善者,沮其翻然勃然之心,而开其自悔之意,则是不战而先败也。故曰致勇有术,致勇莫先乎倡。均是人也,皆食其食,皆任其事。天下有急,而有一人焉,奋而争先而致其死,则

翻然者众矣。弓矢相及,剑楯相交,胜负之势,未有所决;而三军之士,属目于一夫之先登,则勃然者相继矣。天下之大,可以名劫也。三军之众,可以气使也。谚曰:一人善射,百夫决拾。苟有以发之,及其翻然勃然之间,而用其锋,是之谓倡。(《策别·倡勇敢》)

此所以发其"敌忾之心",励其"致果之志"也。何谓示以"相迫之势"?孙子曰:

人既专一,则勇者不得独进,怯者不得独退,此用众之法也。(《孙子·军争篇》)

视卒如婴儿,故可与之赴深溪。视卒如爱子,故可与之俱死。爱而不能令,厚而不能使,乱而不能治,譬如骄子,不可用也。(《地形篇》)

投之无所往,死且不北。死,焉不得士人尽力。兵士甚陷则不惧;无所往则固;不得已则斗;是故其兵不修而戒,不求而得,不约而亲,不令而信;禁祥去疑,至死无所之。吾士无余财,非恶货也;无余命,非恶寿也。令发之日,士卒坐者涕沾襟,偃卧者涕交颐。投之无所往,诸刿之勇也。故善用兵者譬如率然。率然者,常山之蛇也;击其首,则尾至;击其尾,则首至;击其中,则首尾俱至。敢问可使如率然乎?曰:可!夫吴人与越人相恶也,当其同舟济而遇风,其相救也如左右手。是故齐勇若一,政之道也。故善用兵者,携手若使一人。不得已也,投之亡地然后存,陷之死地然后生。夫众陷于害,然后能为胜败。(《九地篇》)

吴子曰:

凡兵战之场,立尸之地,必死则生,幸生则死。其善将者,如坐漏船之中、伏烧屋之下,使智者不及谋,勇者不及怒,受敌可也。(《吴子·治兵》)

唐甄曰:

夫兵者,死门也,不可以生心处之。有自完之心者必亡,为退休之计者必破。欲保妻子,妻子必虏;欲全家室,家室必灭。善用兵者,有进无退,虽退所以成进;有先无后,虽后所以成先;有速无迟,虽迟所以成速;有战无守,虽守所以成战。邛兵围三盗,立戟如林,几楱充闾,盗斩围而出。以彼千百之众,其智其力,岂不三盗若也;而不能禽者,趋生者怯,趋死者勇也。人之常情,棘迫肤,则失色;砭触趾,则失声。一旦临死莫逃,忿发气生,心无家室,目无锋刃,鬼神避之,金石开之,何战不克,何攻不取。(唐子《潜书·五形》)

何也? 不得已则斗也,此之谓"相迫之势"。故曰:"敌忾之心、致果之志,与相迫之势三者,士气之所为奋也。"至于审其在敌,一曰"察敌将之智愚";一曰"明心理之反应"。揭暄《兵法百言》上篇论智,皆以明心理之反应,已见前引。若其论敌将之智愚,此亦中国兵家之所极论。吴子曰:

凡战之要,必先占其将而察其才;因形用权,则不劳而功举。其将愚而信人,可诈而诱;贪而忽名,可货而赂;轻变无谋,可劳而困。(《吴子·论将》)

唐太宗谓李靖曰:

朕尝临阵,料敌之心与己之心孰审,然后彼可得而知焉。察敌之气与己之气孰治,然后己可得而知焉。(《续通鉴·兵典》引)

苏洵曰:

将战,必审知其将之贤愚。与贤将战,则持之。与愚将战,则乘之。持之,则容有所伺而为之谋。乘之,则一举而夺其气。虽然,非愚将勿乘;乘之不动,其祸在我。分兵而迭进,所以持之也。并力而一战,所以乘之也。(《权书·法制》)

许洞曰:

夫兴师之际，当先探敌将才不才。设若敌将不能以兵法使众，惟以勇敢为己任，我则顺用古法待之。或敌将善用古法，我则逆用古法待之也。夫用兵之奇，莫奇于设伏；设伏之奇，莫奇于新智。新智者，非不师古也，因古而反之尔。古人料敌，以其始来，战阵未合，先以贱而勇者挑之，观其号令旗鼓之整与乱，士马之强弱，营阵之偏正，行伍之齐肃散乱，言语之喧哗缄默，以定胜负焉。是以古法曰："若其众喧旗乱，其卒自行自止，追败恐不及，见利恐不得。如此者将必无谋，虽众可获矣。"

许洞曰："如古人以此取功。苟敌人能料；我当顺其所料，伏兵待之，以诈示之；俟彼出师，则发伏攻之。"古法曰："杖而立者，饥也。汲而先饮者，渴也。见利不进者，劳也。军扰者，将不重也。旗动者，乱也。吏怨者，倦也。悬瓶不反其舍者，穷寇也。谆谆翕翕，徐与人言者，失其众也。数顾者，失其群也。来委谢者，欲休息也。"许洞曰："观古人以此料敌，今则不然。当令精锐吏士，分而伏于要冲，使其劳倦残伤者如饥渴失群之状，或数摇动其旗，或数惊扰其众，使吏士喧哗，应敌人所料，苟出师袭我，则潜发所伏，出其不意击之。"古法曰："鸟起者，伏也。众树动者，来也。"不知此未必伏与来也，欲为疑兵也。我已奔遁，多令老弱者动其众树及惊鸟起之类也。（《虎钤经·逆用古法》）

吴县汪缙《汪子文录》有《案兵家》一文，谓：

兵交而欲知其将之贤愚，在乎触之而动，触之而不动。触之动，为愚将。将愚者，见利则动，轻敌则动。法当以二诱取之：见利者，饵而诱之，可取也；轻敌者，怵而诱之，可取也。触之不动，为贤将。将贤者，智周则不动，法周则不动。法当以二济持之：两智相交，智不胜智，济之以法以持其疏，因智之一失也而攻之；两法相交，法不胜法，济之以智以持其变，因法之偶疏也而攻之。兵志曰攻谋，谓此也。

此其说皆与克氏之论相发;而苏洵、许洞、汪绮三人,尤极推明敌将之智愚不同,而所以应之者各有攸宜,足以匡克氏之漏义焉。"事变之不测",亦为用兵者之所宜慎。

唐甄谓:

> 用兵之道,危伏于安,安伏于危;死伏于生,生伏于死;惟达变者能见其微而用其巧。(唐子《潜书·受任》)

揭暄《兵法百言》上篇有"变"、"活"、"周"之三言,以为:

> 事幻于不定,亦幻于有定。以常行者而变之,复以常变者而变之,变乃无穷。可行则再,再即变,以其拟变而不变也。不可行则变,变即再,以其识变而复变也。兵必活而后动,计必活而后行。虽然,活中务敌,严处寻活。无留接,是谓孤军。无后者,是云穷策,掳思于不虑,作法于无防,计周靡恃,为周之至。

皆所以致谨于"事变之不测"也。

将才天授,运用在心,然则兵法非学之所可能乎? 曰:必胜之兵法,世之所无。言之愈详,用之愈乖,以简御繁,是为得之。明乎此,则兵法未尝不可学。而学兵法之所不可不知者有二:一曰:兵法,视将之大小尊卑而攸殊。大抵神将之所贵者,在杀敌致果之勇,而智谋之为用少;其战争之范畴小,而对象大都能目见。故兵法之所言者,有定程而易为知。至于人将之所事,因应无方,而时措之宜,则岂兵法之所能尽! 又如兵器之应用及其威力,兵法之所能言者也。及其威力之已震,成效之已著,如何利用之以有成功,则涉于心理之范畴,可以意会,而非兵法之所能言传者矣。要之战术之兵法易,战略之兵法难;盖战术可以迹求,而战略惟有意会也。二曰:兵法者,必有以见古今战事之赜而观其会通以归纳之为例,然不能视为一成不易之信条,盖徒法不能以自行。而所谓兵法者,不贵于有法,贵于有法而不乖乎事实。倘能就历代战史,汇通而籀讨之,或判其异同,或明其谋略,或贯通全局以为说,或酌举一事以明凡,蕲于养成思虑之智能,而以增进当机之判断而已。是故兵法者,所以助我思虑、发人神智之学,而非可挟之以入战场,而执一不变者也。夫如是,则兵法何尝不可学!所贵好学深思,心知其意,而搜战史以为归纳,读兵法以相参验,斯无空谈原理而不切情实之病。及其深造有得,则似简单而实宏深。所操者约,所赅者广。近代兵器日精,学兵者不可不察其性而习其用,固也。然兵法者,所以指挥将士而尽兵器之用者也。如以学兵器为兵法,则茫不知所措矣。历古名将,往往不恃问学而发挥天才;倘亦以问学可求,而神明难通也乎!

基博按: 克氏之所以论学兵者,大抵以法为用,而毋为法拘;以事为验,而不以迹求。夫事机万变,应在一心。苏轼所谓"神兵非学到,自古不留诀"。此历古名将所以"不恃问学而发挥天才"也。揭暄《兵法百言》上篇有"读"与"造"之两言,亦论兵法之所以为学,盖视克氏为辞赅而义圆也。其论"造"曰:"勘性命以通兵玄,探古史以核兵迹,穷象数以彻兵征,涉时务以达兵政,考器具以策兵物。静则设无形事而作谋,出则探素所怀以经天下。"克氏论"兵法者,必有以见古今战事之赜,而观其会通,以归纳之为例",是即所谓"探古史以核兵迹"者也。然非"勘性命以通兵玄",则或拘阂于迹而不能神明其法。此兵法之所以为难,而克氏尤致叹于"心理之神明"者也。至于"读"之一言,则论读兵法、核兵迹之不可以迹泥,毋拘于法执,谓:

> 论事古不如今,事多则法数,时移则理迁。故善读千古兵书者,不宜知拘,妄言知谬,未备识缺,幻查索实,浮张必斥,成套务脱,忌而或行,戒而或出,审疏致密,由偏达全,反出见奇,化执为圆。人泥法而我铸法,人法法而我用法,善兵者神明其法。

长沙[①]郑敦曜《亦若是斋文》中有《城守破攻考》一篇,而卒之曰:

---

① "长沙"后原衍"法"字,据《国命旬刊》第十二期(1938.7.30)第10页删。

> 兵法云："圣人体天，贤人法地，智者师古。"夫惟智者能师古；非智者，虽师古，亦泥古矣。智者胸中先有卓识，临时神明变化，存乎一心，不作聪明以弃旧法，不泥旧法而失时机。师其迹，兼师其神；迹者常，神者变也。师其得，又师其失；得者法，失者鉴也。以此治兵，师古而世不知其为师古；即不师古，而亦未尝不与古合。是之谓能师，是之谓智将。

斯其论通神明，兼得失之谓"能师"，足与揭暄之指相发者也；然非"勘性命以通兵玄"，其孰能通神明、兼得失哉！至我国兵家言之"探古史以核兵迹"者：自唐杜佑撰《通典》，著有《兵典》，以为：

> 孙武所著十三篇，旨极斯道；故知往昔行师制胜，诚当皆精其理。

辄捃摭史事，与孙武书之义相协，并颇相类者纂之，为卷十有五，为目百四十有奇，条举件系，大抵以孙武书明法，而以古事为验；其于唐以前兵事略备矣！至清代，河间纪昀等奉诏续《通典》，一仍其例而颇有损益。其事则自唐迄明，凡兵家之论说、名将之事迹皆采择焉。明武进唐顺之论用兵指要，撰有《武编》十卷，分前后两集。而后集则征述古事，自料敌、抚士、坚壁、摧标凡九十七门。所录前人旧说，自孙、吴、穰、苴、李筌、许洞诸兵家言，及唐宋以来名臣奏议，无不摭集，亦犹杜佑之志也。宋浦城何去非著有《何博士备论》一卷，永康陈亮著有《酌古论》一卷，皆论议古人之用兵，判别同异，互明得失。其文雄快踔厉，上下古今，殊足以发。至清初，宁都魏禧著有《兵谋》一卷、《兵法》一卷，则又搜讨《春秋左氏传》载之用兵，而籀其大例。先是明陈禹谟有《左氏兵略》三十卷，曾益有《左略》一卷，宋征璧有《左氏兵法测要》，皆以《左传》言兵，与魏禧同，然不如禧之辞简而法赅也。吾邑顾震沧先生著《春秋大事表》，中有《兵谋表》，而序以申其指曰：

> 史称关壮缪好《左氏》，讽诵略皆上口。而岳忠武尤好《左氏春秋》，尝曰："用兵在先定谋。栾枝曳柴以败荆，莫敖采樵以致

绞,皆谋定也。"二公佐汉、宋中兴,而生平经略,靡不由于《左传》。余观春秋二百四十二年,列国交兵,其行军用师屡矣。大抵世愈降,则战愈力,而谋亦益奇。综其大要,为类十有二:曰"息民训卒",曰"知彼知己",曰"设守要害",曰"亟肆疲敌",曰"持重不战",曰"毁军设覆",曰"先声夺人",曰"先入致死",曰"攻瑕必克",曰"乱敌耳目",曰"乘其不备",曰"要其归路"。胪而列之,俾知儒者胸中当具有武事,匪徒侈文雅章句之业而已。

昆山顾炎武《日知录》称:

> 司马温公《通鉴》,承《左氏》而作,其中所载兵法甚详,凡亡国之臣、盗贼之佐,苟有一策,亦具录之。朱子纲目,大半削去,似未达温公之旨矣。

迨咸同间,江南用兵,益阳胡林翼为湖北巡抚,乃取《通鉴》之叙及兵事者,以时代为次,辑《读史兵略》四十六卷,以颁诸将,惟摘取事实,殊鲜发明,盖未足以见古今战事之赜而观其会通云!

兵法者,艺术也,非科学也。艺术之所以异于科学者,以其重判断而不重知识也。艺术家,发挥其评判而得创造。科学家,考索乎真理而得知识。兵法运用在心,不贵墨守,是天才之创造也,则兵法为艺术矣。世之论者,因以兵法比手艺;然手艺,特一技之末耳,虽得心应手,技有巧拙,而规矩准绳,非无定程焉;若兵法,则无可循之绳墨也。亦有比兵法于文艺者。文艺为天才之创造,似有同于兵法;然文艺之意到笔随,由熟而巧,纵横在我,惟所愿欲而莫之扞格。若用兵则不能无对,抗兵相加,有往必复,情格而势禁,匪可纵横由我,如意之所欲出者也。故兵法者,既不属于科学,而亦不得概以艺术目之。盖艺术可匠心以为巧,而兵法必因敌以制胜,此又不同也。

战者,人类社会之斗争;而兵法,则以指挥此人类社会之斗争者也。与其以艺术之美妙为比,毋宁以商业之竞买为喻。盖以其为彼我利害之相争而各极其活力,与兵战同,此所以有商战之说也。至政治家以利害之不相容,而竭其心思才力以角逐于政坛,钩心斗角,亦与兵法异功而同巧。而政治家之心机,尤战争之母体也。观其意念之所向,而战端或以开焉。乃不察乎此,而断断于科学与艺术之辨,不亦俱乎!要之所谓兵法者,盖生物斗争之法,抑为生物中尤有生气、有活力之人类斗争之法也,变动不居,岂拘拘于绳墨之物质律所能规范其活动。而善言兵者,贵能察其活动之机与情以著为活用之理论。抑亦仅为活用之理论者也,不可为典要,惟变所适,岂遂为一成不变之法乎!盖天下之幻变至赜者,莫如兵法也!

基博按: 魏禧叔子文集中有《答曾君有书》云:

承教以兵学叙,治学叙,欲使禧献其愚见。兵为治学之一,于天下事最为难能,不可以轻谈。叙中"兵者人情而已",又谓:"法者皆情变之极致",二言者,可谓广大精微矣。兵法万变,不可穷诘,二语则已得其要领。天下之法,贵于一定,然天下实无一定之法。古之立法者,因天下之不定,而生其一定。后之用法者,因古人之一定,而生其不定。盖非独兵为然。

此克氏所以论"兵法为活用之理论"也。夫"法者情变之极致",知此者乃可与言兵。

兵法为活用之理论;然理论实施诸行事以指挥士兵,尤必有赖于平日之训练,而习阵法尚焉。阵法者,士兵之所以作战也。虽曰战无定势,然纷纷纭纭,斗乱而不可乱,无定之势,不能不御以有定之法;而有定之法,乃就纷纭万变无定之势,依历来战场之经验,而绅绎其动作之数见不鲜、差成惯例者,以制为军队分合进退之法,而齐其心志,一其动作,此之谓阵法。非服习之既久,何能自然合度,而不以为苦耶!惟不能以之为作战不变之定型,所贵随时损益,因地制宜。以之为作战之基础,而不以为墨守之定型,是乃善用阵法者也。夫战场纷纭,士兵众多,动作不一,指挥未易;与其师心自用,漫无把握,何如成法可循,善用经验阵法者,积战场之经验而得者也。士兵服习之久,既稳且练,进退有度,指挥惟命。而军官之位愈卑,则有判断能力者愈少,未能随机应变,只有成法可守。倘非平日熟练于阵法,则其临敌,何能无仓皇失措之虞耶!阵法之于大将,亦非无用,方其督战,非利赖部队之阵势,则不能并敌一向。何者?非习阵法,不足以善吾指挥也。惟习阵法,必先致力于操法与规程;是皆使士兵习于战阵之动作与生活者也。至于将帅临阵指挥之所不可不知者,有原则焉,有适例焉。大抵原则之应用无制限;而适例,则虽不限于一时一地,而有适用,有不适用。譬如在敌军密集之步兵之前,勿用骑兵;又如枪炮之发射,必在有效之距离内;兵力宜节省以作决战之用。凡若此者之谓原则。原则者,谓普遍可用之法则也,而适例则异是。如敌诱勿深入,敌奔须猛击,两者相反,而用有取舍,或适或不适也。虽然,将帅之于阵法,可用之作战,而不能以决最后之胜利。盖大战胜负之局,非战场之一彼一此所能决,而重有赖于其他重大情势之变化。故善为阵者,可以制一时之胜,而或于大局之得失无与焉;此不过战术之胜利尔。而大战胜负之局所由判,则战略之得失为之,非善为阵者所克有济也。而战略则必以理论之活用为之基。此之不可不察也。

基博按:阵法之用在节制,而兵法之奇在变化。然非节制,不能以用变化,而变化无节制,徒以以乱人意而滋扰攘尔。此克氏论兵之所以不废阵法也。惟阵法可作战,而不可以墨守。唐李筌撰《太白阴经》十卷,其第九卷为"阵图",而序则明战阵之应敌变化而不可图,颇与克氏"不可墨守"之论相发。其序以为:

> 风后演握奇之图,以正合,以奇胜,或合而为一,或离而为八,聚散之势,节制之度。复置虚实二垒,力牧以创营图。其后秦由余、诸葛亮并有阵图以教人战。夫营垒教战有图,使士卒知

进止，识金鼓；其应敌战阵，不可预形，故其战胜不复，应形无穷。兵形象水。水因地而制流，兵因敌而制胜，能因敌变化而取胜者谓之神，则其战阵无图明矣。

因叙列风后握奇以下诸阵图。

宋许洞著《虎钤经》二十卷，大抵汇辑旧文，惟第九卷"飞鹗"、"长虹"、"重覆"、"八卦"四阵，为洞自创之新法，以为：

> 兵阵，战场立功之所自；不能规度以固法，何以取功决胜而定天下乎！李筌纂聚诸家阵图，但有形势而已，其部位行列，精微尺寸，则莫能释然。其名既多，其要则寡。因辨古阵之法，创造新意，别为四阵之施，可御而变。是故结阵之术不可疏，疏则难应；不可密，密则难用。首欲栖，翼欲轻；腹欲实，尾欲正。栖者不可使过；轻者不可使陵；实者不可使不应机；正者不可使不知便即变。今之所定四阵者，十万人之正阵也，每一阵步兵七万、骑兵三万以为常准。但四阵更变，各随所便而用之尔。若敌为峦阵，我以飞鹗阵应之。敌为直阵，我以重覆阵当之。敌为突阵，我以长虹阵当之。敌用兵四面围我，我以八卦阵当之。此所谓应敌者也。欲士伍应变之精熟，在日月数习之。不能教阵者，是举其师伍与敌也；虽万变之机，不能精于阵战之事，与愚者同也。

此其论习阵战以济万变之机，正与克氏异代而同揆；然古人亦有谓习阵法无裨于作战者。宋王德用帅真定。仁宗遣使问边事，对曰："常时赐诸阵图，人皆守死法，缓急不相应，以至于败。愿不以阵图赐诸将，使之应变出奇，自立殊效。"其后金人入寇，汴京留守宗泽授岳飞以阵法，飞曰："阵而后战，兵法之常。运用之妙，存乎一心。"金章宗尝谓宰臣曰："人有以八阵图来上者，图果何如？朕尝观宋白所集武经，具载攻守之法，亦多难行。"右丞相清臣曰："兵书一定之法，难以应敌，本朝行兵，惟用正奇二军，临敌制变；以正为奇，以奇为正，故无往不克。"帝曰："自古用兵，亦不出奇正二法。且学古兵法，如学弈棋，未能自得于心，欲用旧阵势以接敌，疏矣。敌所应与旧势异，则必不可支。"然此非阵法之过，而墨守之过。克氏之论，所为贵"随时损益，因地制宜"者也。明戚继光撰《纪效新书》《练兵实纪》，专明束伍练阵之法，以为：

> 束伍之令，号令之宜，鼓舞之机，赏罚之信，不惟无南北水陆，更无古今，其节制、分数、形名，万世一道，南北可通也。若夫阵势之制，随敌转化。或曰：君用兵酷嗜节制，节制工夫从何下手？曰：束伍为始，教号令次之，器械次之。微权重焉，不能传也。（《纪效新书·或问》）

> 兵有二用：数十百人随意野战，风雨之势，非罚所加，非法所管，可以一语传呼而止，无节制，可也；虽然，此即节制也。若用数万之众，堂堂原野之间，法明令审，动正有则，使强者不得独进，弱者不得独退。峙如山岳，不可撼摇；流如江河，不可阻遏；虽乱犹整，百战不殆；握定胜算，以制全敌。舍节制，必不能军。节制者何？譬如竹之有节，节节而制之，故竹虽虚，抽数丈之笋而直立不屈；故军士虽众，统百万之夫如一人。夫节制工夫，始于士伍以至队哨，队哨而至部曲，部曲而至营阵，营阵而至大将，一节相制一节，节节分明，毫不可干。金鼓各有所用，音不相杂。旗麾各有所用，色不相杂。人人明习，人人恪守，宁使此身可弃，此令不可不守；此命可拌，此节不敢不重。视死为易，视令为尊。如此，必收万人一心之效，必为堂堂无敌之师。（《练兵实纪·练将》）

至清代，上高李祖陶所著《迈堂文略》，中有读戚武毅《纪效新书》《练兵实纪》有述之作，称：

> 采六经之腴，拔百家之萃，精微广大，兼而有之，而总归到节制上去。节制者，如竹之有节，节节制之，虽笋抽丈余而仍不倾敧；

又如木之有干,干上报节,节上生枝,枝上生叶,节节固之,虽千花万蕊而不紊乱。而万人所以为一心者,只是以一管十,以十管百,以百管千,以千管万。兵退步,则斩将;将败死,则斩兵;一节一节,互相瞻顾,有欲走而不能走,欲走而不敢走者。孙子之书,形而上者也;戚氏之书,形而下者也。然形而上者之道,即寓于形而下者之器之中。倘兵无节制,则虽有权谋,亦无可用,用亦不能成矣。

陆世仪《思辨录》"治平类"中则论戚继光之鸳鸯阵及撒星阵,以为:

> 鸳鸯阵至今称绝,然其妙处全在队法。撒星阵亦全是队法妙;阵散而队不散,故能聚散如意。今人动称撒星阵之妙;而不知其妙处全在队法;队法一散,则竟散矣,不能复聚。行阵之妙,全在队法。

戚继光谓节制始于束伍;而世仪称行阵妙在队法,欲习阵,先操队。此克氏论习阵法,所以必致力于操法及规程也。世仪精研阵法,详究古今诸阵,而明其意在用众,以为:

> 自学士大夫不知兵,而文与武歧为二。自武夫战将不知阵,而战与阵又歧为二。三代而下,善战者无虑数百,而求其堂堂正正,阵而后战,合于王者之师,无一人焉。惟汉孔明以王佐之才,推演八阵,匡军定国,其书不传;而演而述之者,益为诡异,至使读者不可究诘。惟李卫公书中载八阵数语,语颇切实,其言曰:"大阵包小阵,大营包小营。"曰:"散而成八,复而为一。"曰:"阵间容阵,队间容队。"曰:"四头八尾,触处为首;敌冲其中,两头俱救。"是数言者,未知所引出于何书;然要而不繁,简而意尽,从来论八阵者,无逾于此。尝试论之:阵何从起乎?起于用众也。众则易乱,敌则易溃,是故金鼓以教耳,旌旗以教目,而阵法生焉。八阵从何起乎?起于用众而不已也。众而不已,则亘山谷,包险阻,前不知后,右不知左,指挥约束之有旌旗金鼓之力所不

及者。是故大阵包小阵,大营包小营,中外奇正,四头八尾,而八阵之法生焉。故八阵者,所以用大众也。先为不可胜以待敌之可胜,如是而已;非有怪异奇巧,坐得必胜之术,如世俗阴阳鬼神之说也。握奇之说,起于《风后握奇经》,其言曰:"四为正,四为奇,余奇为握机。"世遂谓黄帝阵为握奇;然不知何者为握奇?又《李卫公问答》载唐太宗与李靖论八阵曰:"阵数有九。中心零者,大将握奇。"世遂谓孔明八阵亦有握奇,然亦不知何者为握奇?曰:奇者,奇也,凡物数偶,则体相敌而不相下。奇则无对,无对则尊,尊则能统众,即如五人为伍,四人俱是偶数,各不相下,其伍长则是奇,奇则能统四人,故伍长亦即可谓之握奇。其余千百夫长皆然。凡握奇,以奇偶之奇论,则一伍即以伍长为奇,一队即以队长为奇,一部即以部将及中部为奇,一营即以营将及中营为奇,八阵即以大将及中军为奇。八阵者,中画井字,四正四奇,开方为九军,成井田形。何以知其然?曰:只以古人置阵法观之,则自见矣。凡为三阵者,形必如品;为五阵者,形必如五花;为七阵者,形必如六出;则为八阵者,必四正四隅,开方九军为井田形。是故井田为兵法之祖;而中军,则大将之所握奇焉。《握机经》所谓"余奇为握机"。《李卫公问答》曰"阵数有九,中心零者,大将握"是也。然八阵井田,理一分殊,井田之意,务在均平。使公家之田,稍浮于八家一寸,则不均不平而怨声作矣。故百亩公田之中,尚须以二十亩为庐舍,以正什一之数,而后田制始定。八阵主于用兵,须有居重取轻之势,若中一阵与外八阵等,则尾大不掉矣。故虽同为井形,而中军则必倍四正,四正则必倍四奇①,而后可以如身使臂,如臂使指。此八阵与井田所以形同而实不同也。中军虽各为一阵,而营则分而五之,一居中,四居四维,亦成一小井字。《李卫公问答》所谓"其营井字,开

---

① 奇,原误作"正",据《国命旬刊》第十二期(1938.7.30)第15页改。

方九焉,五为阵地,四为闲地",是说中五军也。兵法数起于五,故《周礼》制军皆用五数。孙子曰:"声不过五;五声之变,不可胜听也;色不过五,五色之变,不可胜观也。"故在天则有五行,在地则有五方,在人则有元首四肢,在势则有方圆曲直锐。制军者因而则之,为前后左右中,上以应天,下以应地,中以应人。以战,则配首翼策应之数;以守,则备方圆内外之体;于法简而尽,于形实而全,于数顺而自然。且中以一当四,则立营制阵,其体适均,无偏轻偏重之弊。故制军之阵,虽有不齐,而求其至当不易,可守以为法,则莫如五;而质言之,不过前后左右中而已。前后左右中,即八阵起数于五之法,军中一定不可易之理。昔孙武教宫嫔曰:"汝知尔左右手心背乎?"左右手心背,即前后左右也。《礼记》:"军行,左青龙,右白虎,前朱雀,后玄武。"《左传》:"军行,右辕;左追蓐;前茅,虑无;中权;后劲。"是前后左右,久为古人用兵良法,今人断不能外。中四军分前后左右,正也;则更加以外四军,不过前后左右,但别之以四正而已;更加以隅四军,亦不过前后左右,但别之以四奇而已。龙虎鸟蛇,前后左右之别名也。天地风云,四隅之别名也。大将居中而运,则营部易办而指挥不繁。士卒环拱而列,则位置久定而分数不杂。此古人所以治众如治寡,而御一人不为易,御千万人不为劳也欤?八阵各为一小阵,而合之为一大阵,所谓"大阵包小阵"也。大凡结阵,大阵首尾悬远,恐为敌所冲,故阵中又结小阵,使人自为战。若小阵,则须人人当敌,攒则势迫,自为蹙弱。是故大阵忌散懈,欲其谨严;小阵忌迫蹙,欲其宽展。如何能宽展?曰:此所以"阵间容阵,队间容队"也。阵间之为容,主于出入,主于备卫;少隘,则车骑壅塞;少远,则声势不接;故阵间之相去,必以容阵为主,则不隘不远而壁垒坚。队间之容队,主于拒御,主于更叠(古人队间容队,凡前队战酣,后队更换,或回军转阵,以后为先,皆是队间出入,于队间叠进叠退)。太疏,则击刺不及;太密,则进退不利。故队间之相去,必以容队为主，则不疏不密而行伍整。所谓"四头八尾，触处为首，敌攻其中，两头俱救"者。军阵之法，不过奇正。故孙子曰："三军之众，可使必受敌而无败者，奇正是也。"首尾之说，奇正而已矣。当敌者为正，即为首；旁击者为奇，即为尾；故阵有四头八尾。盖四正为首，则四奇为尾；四奇为首，则四正为尾。首尾相生，如环无端，孙子所谓"常山之蛇，首动尾应"，即此是也。问四头八尾，处处可用？曰：此大概谓一首二翼、以三敌一之法也。盖置阵既大，必不能围；若选锋击其一营，则三营齐应，此是常理。八阵，骑军列居阵后，为却月形，两端外向。列居阵后，畏居阵中，则迫杂而嚣，且仓卒难出也。两端如却月外向者，摩垒之势（摩垒者，从军垒旁行），出则张两翼，归则如游康庄，不至冲垒触车，动摇阵脚也。孔明著八阵图，然一生未用，以八阵之奇为用众之极则。盖兵众则烦，而愈众则愈烦；兵烦则乱，而愈烦则愈乱。故虽古之善用兵，如先主符坚者，亦往往以兵多致败。甚矣，用大众之难也！然用大众，非分营分阵之为难，而合营合阵之为难。合营合阵，又非旁山临水，依据险阻之为难；而四面无险，平地置阵之为难。孔明当汉贼不两立之时，值曹丕全盛之势，一旦出险进战，而复关陕，必将以数十万众，格斗中原，与曹丕旗鼓相当，非八阵何由用众。故孔明斟酌古法，竭尽心思，制为八阵。夫亦为数十万之众，合斗中原，平地置阵设也。孔明六出祁山，虽皆由坦道，然亦非平原千里之地，亦未尝用大众旗鼓相当。杜牧之言孔明出斜谷，以兵少止用六数。六数，即六花也。此可为未用八阵之一证。问何以八阵为平地置阵之法，曰：凡兵家置阵皆据险阻，只一两面向敌，力省而功倍；犹秦地四塞，阻三面而守，独以一面东制诸侯也。地愈险，则力愈省，而功愈倍。犹一夫当关，万夫莫开也。不得已平地置阵，四面八方，俱当照顾，故为独难。八阵图，面面若一，四头八尾，互相呼应，故知为平地之阵。魏刁雍云："仿诸葛八阵之法，为平地置阵之方。"此一证也。

语见《八阵发明》，而其《思辨录》"治平类"则谓：

戚少保鸳鸯阵，皆是古法。必为方阵，八阵之正形也。遇敌者为正兵，八阵之四头八尾，触处相生也。两仪五形，大三才，小三才，大阵包小阵也。中军不动，握奇也。阵必为伏，八阵之游兵也。必为间队，叠追叠出，古之鱼丽，吴璘之叠阵也。奇正相生，如环无端，常山蛇势也。然南塘阵法，不过万人之阵而已，万人以外，未之详也。故继光亦尝言："吾才止堪十万，过此以往，未之或知！"予谓十万亦何易言，非精于分数，未易几也。必如八阵法，方可谓之能用众。戚继光阵法，其初亦只是五人为伍，五伍为队；后来见得五人力弱，不足以敌倭，故特倡为鸳鸯队；虽曰五人为伍，二伍为队，其实是十人为伍也。凡阵，或以三起数，或以五起数，大要视兵数多寡，不拘成格。至于队法，必不可变。假如戚将军若以三起数，则三队为旗，旗三十人；三旗为哨，哨九十人；三哨为总，总二百七十人；三总为营，营八百一十人；合家丁杂役之类，约成一千人之阵。若以五起数，则五队为旗，旗五十人；五旗为哨，哨二百五十人；五哨为总，总一千二百五十人；五总为营，营六千二百五十人；合家丁则探游兵之类，约成一万人之阵。或三或五，其数不拘；要之队法则总是一鸳鸯队。戚继光队法定于十人。《周礼》队法定于百人。《周礼》五人为伍，五伍为两，四两为卒，五卒为旅，五旅为师，五师为军。夫周之兵法，既以五起数矣。而至于卒，则独以四为数，何哉？盖周之时皆用车战，每车定用百人，四两正合此数，二为正，二为奇，增减人不得矣。故名之曰卒，卒者止也，言兵法止十此也。所以周之兵阵，亦有一军三军者；要之百人为卒之法，却是一定不易。戚继光队法止于千人，步战法也。《周礼》队法定于百人，车战法也。

千言万语，两言蔽之，曰制阵以用众，但用众起于队。此克氏论习阵法，所以必致力于操法及规程，而戚继光谓束伍为节制之始也。至雍正时，临川李绂巡抚广西，著有《桂林阵法》，教将士以习进退变化。为阵凡九：一曰一龙戏珠阵，二曰五行六花阵，三曰六叠进步阵，四曰六叠回枪阵，五曰三才阵，六曰风雷卷地阵，七曰九叠八卦阵，八曰天圆地方阵，而以九叠八卦为诸阵之主，一气相生，可胜可败。二龙戏珠阵、六叠进步阵、三才阵、风雷卷地阵，以决胜。五行六花阵、天圆地方阵，以为不可胜。而六叠回枪阵，以救败。又以广西多山，而鸟道羊肠，未可用大阵，仿宋将吴璘叠阵，制为山路连环三叠阵；仿岳飞麻扎刀、张威撒星，制为籐牌撒星阵。以为：

> 阵非徒为饰观而已，必有阵而后行间容行，队间容队；进不患其拥挤，退不忧其蹂践，止以阵为营，行以阵为队，进以阵为攻，退以阵为守。（见《序说》）

而"演阵先演领旗"，"演阵先演行列"（见《演阵余论》）。则所以习操法与规程，而为习阵法之始事焉。亦与克氏之论同。

大凡活用之理论，无征不信，必考验诸事实而后理论为有据。若仅以理论为信条，则施之于用而或乖；无事实，亦无理论可籀绎也。惟考验，能以抽象之理论，按诸事实而有验。其用愈显，其理益明。所以言理论者，不可不知考验。

考验者，籀绎史料之法也。其次第可得而言：一曰辨事实。袪其传疑，存其可信。二曰探因果。事实既明，乃推因果；因果不昧，而籀理论。三曰评得失。既知其事之前因后果矣，当考验此之所谓后果者，将舍其前因而必不可能乎？抑其所程之效，固为主者之所预计，倘亦偶然成功以出于侥幸乎？斯将略之功罪可明，而理论之得失有验矣。然而探因果，诚有难言者！一曰原因之难知也。事之因果，本不易求，而兵为尤甚！方事之殷，纷纭赜变，所有措施之得失及其用意往往未易测识。而识其用意者尤难，何者？兵，诡道也。大抵主者之所措施，多不愿明了用意所在，予人以可测，而亦有其用意见于偶发之事实，不过一时之触机，而为史家所忽漏者，惟多途搜考，或能补记载所未备耳。但书缺有间，可以完全明了者不多。吾人研兵事以籀理论，如记载有缺，慎无臆断，莫如疑以传疑而仍其残缺。倘明知记事之疏漏，而强探力索，穿凿附会，以为真因在是矣。不知薄物细故，何关得失，而或视为成败兴废之大因。执此以籀理论，宁有当哉！此探因果之难，一也。二曰原因之复杂也。一战之成功，往往由多数之原因错综成之，而其中之大小轻重，诚非可以概论！吾人推考其因果关系，而于求得若干原因之后。倘不分别估计其原因之何轻何重，或者以偏赅全，误重为轻；因果之真，既不免淆；得失之评，亦何能确乎？此探因果之难，二也。明乎此二者而知所注意，必能于推考因果之中，而获理论之实证焉。然历古相传切于情实之理论，亦必资以为考验之具；舍此，则茫不知所以措手矣！然则理论必以事实为根据，而事实必以考验而得信，斯不易之道也。

夫理论根于事实，斯实施无虞扞格；然执一无权，亦殊非宜！何者？理论非即事实，不过助我判断之工具耳。事势何能无变，理论尤贵活用。例如马队必置诸步兵之后，而不能同一阵线，此正确之理论也；倘有违者，亦或有其特殊之原因。苟非经缜密之考核，何可率加以非难乎？又如围攻之法，以我四面进兵，敌人往往惊扰，不知所以为守，而成功极大。特以各路兵到，先后参差，往往未[①]能刻期，胜负遂难悬断。故会攻者成功之大，可以预期，而未可必得；何可执一不化以自陷于困蹶耶！

兵法乃属于经验之学科，惟经验可以确定理论。而兵器之利用，尤必有事于经验，而非可凭空悬谈，人人所知也。特是一器一械之实效，往往受其他因素之影响者极多；而非凭各个之试验所可推测。例

---

① 未，原误作"来"，据《国命旬刊》第十二期(1938.7.30)第17页改。

如一炮弹之火力,在某距离而有若干之破坏作用。此极易实验者;然炮弹之作用,不仅在破坏物质;而其足以振军威而堕敌志者,尤不可不知。往者火药发明之初,其威力远不如今日,然其及于心理之振奋而皇扰,则视今日倍蓰过之。拿破仑之军械,非必胜于人人也,特以其军队能受震惊而不乱,故百战而百胜。而敌军则反是,往往一震即溃。同一利用火药也,而胜负相反,则军心之镇定、不镇定为之也,岂必一震之为威乎!故兵法须重经验,无可疑也。

兵法既基于经验,而籀史例以得古人之经验,学兵之捷诀也。史例之大用有二:其一说明一事一理之意义,不用史例,无以阐发。其二用史例以创造新理论,此为尤要,然流弊亦大。而欲推行尽利,所不可不注意者三事:一曰史例不可滥用。理论家欲证其理之可恃者,援引故事,不嫌多多益善,持之有故,言之成理;然细按之,则彼此矛盾而不中情实者,往往有焉。二曰应用之史例,不可不经缜密之分析。吾人证一理,阐一义,例不必多,而所引之例,则必体验考量,出以详慎,而证明因果相互之不得不然。夫如是,则一例已足,庸必以多为贵乎!三曰宜用最近之例。盖古代之事,往往书缺有间。而时代愈近,则记载愈完备。此非言古代之例一无可取也。如战略荦荦数大端,古例何尝不精要!惟战术及战略之详细布置,则以近例为尤宜。何者?以其近已而时变相类,非惟记载之完备而已。要之惟能用史例者,而后谈兵不患其凿空,理论毋涉于诬妄。余故不惮证证言之如此。

战 略 第 三

原著卷三《论战略》

　　克劳山维兹曰：战略者，战之大计，国家所以成征战之功，而蕲于国家遂所欲为者也。顾战略之实施诸行事，厥为连续推进之交战。然则定计之始，于开战后所有交战之形势，可程之效能，以及所需之兵力，与士气之消长，何可不一一熟虑而审考之。虑之已熟，而后每一交战，必求有裨于战役所期之成功，相辅而不相背。此战略之所以不可不察也。然战略者，不过作战之纲要尔；而其缜密之措施，则必因时因地而制其权。是故为统帅者，不可株守京师，而必驻于大军会合之所，身临前敌，然后实际战况无虞于隔阂，而能收随时指挥之效。夫如是，不交战则已，而一交战，则必于战略有作用以推行尽利。而及其成功也，如水到渠成，如瓜熟蒂落，自然而然，不同于行险以徼幸也。呜呼！自来名将之为不可及者，岂在一二战术之发明以予智自雄也哉！要其兵无虚用，而每一交战，必有其推进战略之功用，斯难能耳！

　　基博按：克氏之所以论战略者有二义：曰定战略，曰戒浪战。盖战略不可不前定，而交战必以成战略。此固中国兵家之所致谨者也。克氏之所谓战略，中国兵家则谓之"计"，已详前篇。然计有二：一曰计彼我之情，一曰计征战之法。管子不云乎：

　　　天时地利，其数多少，其要必出于计数。故凡攻伐之为道也，计必先定于内，然后兵出乎境。计未定于内，而兵出乎境，是则战之自胜、攻之自毁也。是故张军而不能战，围邑而不能攻，得地而不能实,三者见一焉,则可破毁也。故不明于敌人之政,不能加也;不明于敌之情,不可约也;不明于敌人之将,不先军也;不明于敌人之士,不先阵也。是故以众击寡,以治击敌,以富击贫,以能击不能,以教卒练士击殴众白徒,故十战十胜,百战百胜。(见《管子·七法》)

孙子则曰:

校之以计而索其情,曰主孰有道?将孰有能?天地孰得?法令孰行?兵众孰强?士卒孰练?赏罚孰明?吾以此知胜负矣!夫未战而庙算胜者,得算多也。未战而庙算不胜者,得算少也。多算胜,少算不胜,而况于无算乎!吾以此观之,胜负见矣。(见《孙子·计篇》)

《草庐经略》曰:

敌情叵测,常胜之家,必先悉敌之情也。其动其静,其强其弱,其治其乱,其严其懈,虚虚实实,进进退退,变态万状,烛烟数计。或谋虑潜藏而直钩其隐伏,或事机未发而预揣其必然。盖两军对垒,胜负攸悬,一或不审,所失非细。必观其将而察其才,因其形而用其权。凡军心之趋向,理势之安危,战守之机宜,事局之究竟,算无遗漏。所谓运筹帷幄,决胜千里也。(见《草庐经略》卷二《料敌》)

凡此所论,皆所以计彼我之情,而立战略之大本也。《草庐经略》不知作者何人,其文中有"国初两淮郡县多为张士诚所据,高皇帝欲取之"语,知为明朝人也,收入《粤雅堂丛书》。其书为卷十有二,为目一百五十有二,捃摭兵书,融裁以意,大抵以古兵家言明法,而以古史为证,略如《通典·兵典》之例,而提要钩玄,简核为过之焉。夫彼我之情得,而后可以计征战之法;征战之法不早计,则战胜攻取,所以操之者无其具。李靖曰:

> 将之上务，在于明察而众和，谋深而虑远，审于天时，稽乎人理。若不料其能，不达权变，及临机赴敌，方始趑趄，左顾右盼，计无所出，信任游说，一彼一此，进退狐疑，部伍狼藉，何异趣苍生而赴汤火，驱牛羊而啖狼虎者乎！（见《孙·形篇》杜牧注引）

此言战略之不可不前定也。前定则奈何？自中国兵家言之，则由政略以运用战略，由战略以支配交战。苏轼不云乎：

> 用兵有可以逆为数十年之计者，有朝不可以谋夕者。攻守之方，战斗之术，一日百变，犹以为拙。若此者，朝不可以谋夕者也。古之欲谋人之国者，必有一定之计。勾践之取吴，秦之取诸侯，高祖之取项籍，皆得其至计而固执之。是故有利有不利，有进有退，百变而不同，而其一定之计，未始易也。勾践之取吴，是骄之而已。秦之取诸侯，是散其从而已。高祖之取项籍，是间疏其君臣而已。此其至计不可易者，虽百年可知也。（见《东坡文集·策断中》）

此之所谓"计"，不仅"战略"而已，盖以"政略"而立乎"战略"之先以运用"战略"者焉。"战略"则奈何？揭暄《兵法百言》有论"兴"之一言曰：

> 凡兴师，必分大势之先后缓急以定事，酌彼己之情形利害以施法，期于守己而制人。或严外以卫内，或固本以扩基，或翦羽以孤势，或擒首以散余，或攻强以震弱，或拒或交，或剿或抚，或围或守，或远或近，或两者而兼行，或专力一法，条而审之，参而酌之，决而定之，而又能委曲推行，游移待变，则转战而前，可大胜。

此则所谓"战略"，而定乎交战之先以支配交战者焉。然"战略"可前定，而实现"战略"之交战则随步换形，时移势易，而不能以前定；而又不能不于无定之中，为不虞之计。然则如何而可？曰：有二说焉：有欲以战略支配交战而预为算定者；有不以战略束缚交战而酌留余地者。揭暄《兵法百言》有论"预"之一言曰：

> 凡事以未意而及者，则心必骇。心骇，则猝不能谋，败征也；则必敌袭何以应，敌冲何以拒，两截何以分，四来何以战，凡艰危险难之事必预筹而分布之。务有一定之法，并计不定之法，而后心安气定，适值不惊，累中无危。古人行师，经险出难，安行无虞，非必有奇异之智，预而已。

此欲以战略支配交战而预为算定者也。顾胡林翼则谓：

> 非算定、非多算一二着，不能成功。（见《胡文忠公集》己未正月二十七日《致钱萍矼枢密》）
>
> 以多蓄兵力，预留活着为第一义。（同上庚申五月初四日《致曾沅圃观察》）
>
> 必应急求战法，置精兵良将于活着，则满盘棋子皆活，审地势，审贼情，审兵机。（同上己未正月二十三日《致司道及各局》）
>
> 有前有后，有防抄袭之兵，有按纳不动以应变之兵，乃是胜着。（同上己未十二月二十六日《致金逸亭》）
>
> 断不可一力前进，致犯兵家之忌而启狡贼之心。（同上己未十二月二十七日《致金逸亭观察》）
>
> 不轻敌而慎思，不怯敌而稳打，斯得之矣。（同上己未十二月二十八日《致金观察》）
>
> 荀悦之论兵也，曰"权不可预设，变不可先图，与时迁移，随物变化"，诚为兵事之至要。（同上庚申十二月二十四日《致多都统》）

此不以战略束缚交战而预留活着者也。但以预留活着为余地，此胡氏与揭氏之所略异；而以算定为前提，则胡氏与揭氏之所大同。然而谭何容易！左宗棠有言：

> 用兵之道，规模形势，先后缓急，可预为商酌；至临敌审几致决，瞬息不同。兵情因贼势而生，胜负止争呼吸，断无遥制之理。

自忝预军事,阅时颇久。窃惟用兵一事,在先察险易地势,审彼己情形,而以平时所知将士长短应之,乃能稍有把握。其中有算至十分而用七八分已效者;有算至七八分而效过十分者;亦有算至十分,而效不及三四分者;更有我算多而贼算不应,并有贼算出于我算之外者。始叹古人云"多算胜少算",非虚语也。平时用兵,亲临前敌,于地势贼情军情,审之又审,尽心力度之;有时不必亲履行阵,但画定大局,料定敌情,用其相信之将领,并所部之人才,亦可集事。惟过则归己,功则归人,以策后效,以励将来,可常胜而不败。盖于所部将士,知之有素,计之已深,故随事随时泛应而可期其曲当也。若以此骤加之别部,行之异地,譬如盲人道黑白,又若絷人手足,令其搏斗求胜;不能尽人之长,适成己之短;其害将不止人己两负。此可见遥制之难矣。(见《左文襄公奏稿》卷四十六《遵旨密陈片》)

此统帅之所以不可不身临前敌,而收随时指挥之效也。夫交战必以成战略;而无补战略之交战,是谓浪战,兵家之所大戒也。《草庐经略》曰:

凡为将,攻不必取,不苟出师;战不必胜,不苟接刃。夫必胜必取而后攻战者,即孙子所谓"胜兵先胜而后战",言先得胜算也。岂如庸将不料彼我之势,不决制胜之机,不设奇谲之变,不讲地形之利,统军而进,偶而合战,亦偶而分胜负,而将不能自主也哉!夫胜负之数,将不先定,安能为三军之司令!如果敌势方强,未可与角一朝之胜负,必坚守而不轻为一战;及其得机决策,则策胜如神矣。(见《草庐经略》卷二《将谋》)

天下良将少而愚将多,故多狃近利而遗远略也。务远略者,虽无一时可喜之功,而有制胜万全之道。不以小胜而喜,不以小败而忧,不以小利而趋,不以小害而避。洞达利害,兼览始终。其静俟若处女,其秘密若神明;其期许也若落落难合。其持众也慎,其虑事也详,其料敌也审,其应变也舒,其投机也捷。非必取,不出众;非全胜,不交兵。缘是万举万当,一战而定。譬若弈者,高著低著,人谓可略,到头一著,则乾坤老而始信敌手之稀。譬若良医,平和之剂,似无速效,而起死回生,则众不能,而独妙刀圭之剂。为将亦然。(同上卷三《远略》)

此其论非必胜不战固矣。然而战胜必期于成功,胜而于成功无补,虽胜,亦奚以为! 胡林翼不云乎:

> 兵事以审机为上策,以保士卒、养精锐为上计。凡事当有远谋、有深识,坚忍于一时,则保全必多。一惭之不忍,而终身惭乎! 为小将,须立功以争胜。为大将,戒一胜之功而误大局。(见《胡文忠公书牍》八月二十五日《复多都统》)

> 盖侥幸而图难成之功,不如坚忍而窥远大之谋。(同上庚申八月二十七日《复多都统》)

> 夫战,勇气也,当以节宣、蓄养、提振为先。又阴事也,当以固塞、阴忍、蛰伏为本。(同上十一月二十四日《致严渭春观察》)

> 昔条侯之破亡国也,坚壁三月,以太后梁王之故而不受诏,故曰"亚夫真可任使也"。秦王之破宋金刚,亦坚壁年余,俟其粮尽遁走,则一日夜追剿二百余里。秦王非天锡智勇者哉! 设今人当之,则疑其怯矣。(同上己未四月十二日《致左季丈》)

> 战事之要,不战则已,战则必须挟全力;不动则已,动则必须操胜算。如无把握,则坚守一月二月三月。(同上庚申九月二十三日《复余会亭、伍次荪》)

> 贵乎审机以待战,尤贵蓄锐以待时。(同上庚申八月二十四日《致多都统》)

> 兵事有须先一著者,如险要之地,以兵踞之,先发制人,此为扼吭之计、必胜之道也。有须后一著者,愈持久愈神妙,愈老到愈坚定。待贼变计,乃起而乘之。此可为奇兵而附其背,必胜之道也。(同上庚申八月十九日《致吴幹臣》)

凡兵事，有先一著，伐贼谋而胜者；有后一著，待贼动而胜者。此时应待贼动而后应之。躁者必败，静者必胜。（同上庚申十月初五日《复余会亭、伍次荪》）

动者必躁，静者有所待，有所谋，不可测也。（同上庚申十月初八日《致李少荃观察》）

兵事不在性急于一时，惟在审察乎全局。全局得势，譬之破竹，数节之后，迎刃而解。军事到紧要之时，静者胜，躁者败；后动者易，先动者难；能忍者必利，不能忍者必钝。此其大较也。（同上庚申十月十七日《复多都护》）

严密坚忍以待之，盖本有破釜沉舟之志，却以挽辔安闲出之。（同上庚申十月十一日《复左季高》）

人孰不知战略之成功之不能无待于交战哉？然而非交战之难也，交战而不浪战之难也。夫浪战匪特无裨于交战之成功也，抑且有害焉。曾国藩曰：

凡与贼相持日久，最戒浪战，兵勇以浪战而玩，玩则疲。贼匪以浪战而滑，滑则巧。以我之疲，敌贼之巧，终不免有受害之一日。余在营中常戒诸将曰："宁可数月不开一仗，不可开仗而毫无安排算计。"（见《曾文正公家书》咸丰七年十月十五日《致九弟》）

稳扎稳打，自立于不败之地。与悍贼交手，总以能看出他的破绽为第一义。若在贼者全无破绽，而我昧焉以往，则在我者必有破绽[①]被贼看出矣。（见《曾文正公批牍·统领湘勇张道运兰禀职营与吉中各军击贼获胜由》）

无乘以躁气，无摇以众论，自能觑出可破之隙。若急于求效，杂以浮情客气，则或泰山当前而不克见。（见《曾文正公书牍·与李次青》）

---

① 此句三处"绽"，原均误作"锭"。

其论皆与克氏之意相发。要之交战，必以成战略而有推进之功用，乃不为浪战，匪徒一胜之为烈也，败尤无论已。胡林翼，湖南益阳人。曾国藩，湘乡人。左宗棠，湘阴人。于晚清咸丰之朝，三人者，以书生起乡兵，驱里巷子弟之白徒，角太平天国锋起方张之锐。操心危，虑患深，其论兵多出于动心忍性，体验有得。每有战事，书简往复，尽诚商讨，具见三人集中。语无泛设，事皆亲历，其议论多足匡古兵家所未逮云。

交战有二：有交战之交战；有不交战之交战。而所谓不交战之交战者，盖分布军队以御敌不得进，敌遂避而他途之从焉。虽未交锋，而其用同于交战者是也。而交战之目的亦有二：有战略决胜之交战，亦有非决胜而推进战略之交战。如克一城、毁一桥，虽不必有裨于战略之决胜，而于当前战略之得失不能无关。必能审辨乎此，而后可以明用兵之缓急轻重。

战略之原理，简而易明；战胜攻取之道，千古不易，不如战术之以科学进步而日新月异。包抄侧击，记者往往叹为奇计，实则稽之史籍，陈陈相因，而以之出奇制胜者不知凡几，岂必待天才而后发明。是故战略之理论，非名将所贵；所贵于名将者，在战略之当机立断耳。方其战略之未定，所待考虑者千绪万端，骤不可爬梳；其利害或多相反。而欲判其得失，审其取舍，不以事变之赜而乱其思虑，不以意气之激而轻于判断。及其既也，尤不以关系之重大、责任之艰巨，而失之迟疑。此非天下之大勇者之莫克胜任而愉快也。人知杀敌致果，战阵之不可无勇，而不知运筹决策之尤有待于勇，抑更千百倍之。不啻？於戏！自古大将之以不能当机立断，而卒之偾军覆国者，揆之于史，岂少也哉！

基博按：克氏论战略，匪能明之难，而能断之难。不难在智，而难在勇。太公曰：

> 善战者，居之不挠，见胜则起，不胜则止。故曰：无恐惧，无犹豫。用兵之害，犹豫最大；三军之灾，莫过狐疑。善者见利不失，遇时不疑；失利后时，反受其殃。故智者从之而不释，巧者一决而不犹豫。是以疾雷不及掩耳，迅电不及瞑目。赴之若惊，用之若狂。当之者破，近之者亡，孰能御之。（见《六韬·龙韬·军势》）

此言善战者之"见利不失，遇时不疑"，而"无犹豫，无恐惧"也。夫惟勇者无恐惧，惟断者无犹豫。许洞曰：

> 用兵之术，战胜而败者：急难定谋，狐疑不决，一败也；机巧万端，失于迟后，二败也。战胜而欲必胜者，定谋贵决，机巧贵速。胜败之术，非勇决神智，安能行之耶！（见《虎钤经》卷三《胜则》）

此言迟疑则败，速决必胜也。东汉末，曹操与袁绍相持官渡，荀彧、郭嘉谓操曰："公有十胜，绍有十败。绍多谋少决，失在事后；公得策辄行，应变无穷。此谋胜也。"将之不可无"断"如此。然非"断"之难也，"断"而当"机"之难也。《草庐经略》曰：

> 兵者，机以行之者也。攻其无备，出其不意，批亢捣虚，能使敌人前后不相及，众寡不相持，贵贱不相救，上下不相收者，非迅速不可也！故微乎微乎，至于无形；神乎神乎，至于无声。若从天降，若从地出，若飞电闪烁，令人仓皇，四顾不可方物。大要料敌欲审，见机欲决，原非履险蹈危，幸功于万一者也。倘虚实有未知，地利有未熟，敌情有未谙，我势有未审，徒慕迅雷不及掩耳之名；而以我之轻易，当敌之有备，用率孤军，深入重地，欲进不能，欲退不敢，攻城不得，掳掠无获，粮道既绝，救援不通，虽韩、白不能善其后。亦有先缓而后速者，缓者令其弛备，速者乘彼不虞。彼既弛备而不虞我之至，则往无不克，发无不中也。（见《草庐经略》卷四《迅速》）

　　大将临戎制胜，未有不败于畏缩而成于刚决者。故曰："用兵之害，犹豫最大；三军之灾，生于狐疑。"或延揽忠告，或独摅神机，参伍详审，料敌设计，得策辄行，岂容留滞。是故不模棱而废可底之绩，不后事而失可赴之机。圜转迅发，决断如流，才明练达，称良将也。尝观刚愎自用者，亦未始不藉口于果断。彼其所谓断者，不度可否，不听良谋，作事愦愦，恣行胸臆，败所由来也。夫果断之道，托基在明；明，则无不当矣！（同上《果断》）

盖"断"而当"机"，则以制胜；"断"不当"机"，亦或偾军。此之不可不察也。夫所谓"机"者何也？事势之会也。唐甄曰：

　　鼠之出也，左顾者三，右顾者再，进寸而反者三，进尺而反者再。吾笑拙兵之智，类出穴之鼠也。人之情，始则惊，久则定。惊者可挠，定者不可犯。善用兵者，乘惊为先。敌之方惊，千里非远，重关非阻，百万非众，人怀干面，马囊蒸菽，倍道而进，兼夜而趋，如飘风，如疾雷。当是之时，敌之主臣失措，人民逃散，将士无固志。乘其一而九自溃，乘其东而西自溃，乘其南而北自溃。兵刃未加，已坏裂而不可收矣。凡用兵之道，莫神于得机。离朱之未烛，孟贲之甘枕，此机之时也。同射惊隼，伺射突兔，先后不容瞬，远近不容分。此用机之形也。机者，一日不再，一月不再，一年不再，十年不再，是故智者惜之。古之能者，阴谋十年，不卜年也；转战千里，不千里也。时当食时，投箸而起，食毕则失；时当卧时，披衣而起，结袜则失；时当进时，弃家而进，反顾则失。不得机者，虽有智主良将，如利剑之击空；虽有累世之重，百万之众，如巨人之痿处；虽有屡战屡胜之利，如刺虎而伤其皮毛。机者，天人之会，成败之决也。唐子之少也，从舅饮酒。坐有壮士秦斯，力举千斤，战必陷阵，常独行山泽间，手格执伏者数十人。舅指一客戏之曰："客虽羸也，然好拳技，尝欲胜君。君其较之。"斯笑曰："来。"遂舍卮离席。方顾左右语，而未立定也，客遽前击之,触手而倒。客皆大笑。夫以客当斯,虽百不敌也;然能胜之者,乘其未定也。善用兵者,如客之击秦斯,可谓智矣!(见唐子《潜书·五形》)

揭暄《兵法百言》有论"机"之一言,则谓:

> 势之维系为机,事之转练为机,物之要害为机,时之凑合为机。有目前为机,转盼即非机者。有乘之即为机,失之即无机者。谋之宜审,藏之宜密,定于识,利于决。

然而"机"之为事,其当与不当,可以猝决,而未易以周审也;则惟有发之以"锐",行之以"无畏"。揭暄又有论"锐"之一言曰:

> 养威贵素,观变贵谋。两军相簿,一呼而夺其气者,惟锐而已矣。众不敢发而发之者,锐也。"徒锐者蹶,不锐者衰。智而能周,发也能收,则锐不穷。"锐者,用锋芒,非专恃强力也。故曰养、曰谋,前乎锐而筹;曰周、曰收,后乎锐而进。

此"锐"之说也。胡林翼曰:

> 兵事怕不得许多,算到五六分,便须放胆放手,本无万全之策也。(见《胡文忠公集》庚申十月十一日《复左李高京卿》)

> 不宜长虑却顾,太谨慎,则嫌于拙滞。(同上庚申十月十五日《致曾钦使》)

> 兵事无万全,求万全者无一全。处处谨慎,处处不能谨慎。历观古今战争,如刘季、光武、魏武、唐太宗,无不日濒①于危。其济天也,不当怕而怕,必有当怕而不怕者矣。(同上庚申九月十六日《复蒋文若》)

> 决胜之机,宜明断而深稳。(同上己未十一月三十日《致余会亭丁月台》)

---

① 濒,原作"频"。

是即太公之所谓"无恐惧，无犹豫"而"无畏"之说也。然非知之明，何能决之勇！惟神智，能审"机"；惟勇决，能赴"机"。此"决胜之机"所为"明断而深稳"者也。然则智又恶可废哉！许洞曰："胜败之术，非勇决神智，安能行之耶！"岂不信哉！

有战略，必有所以发挥运用此战略者，其要有四：曰"精神"，曰"兵力"，曰"用奇"，曰"地理"。而四者之中，尤以精神莞其枢。"精神"之于战略也，犹铁锤之锤物；而"兵力"、"用奇"、"地理"，三者不过精神之所藉以发挥，犹之铁锤之不能无木柄以操持耳。

军队之有精神，必以三事：曰将才，曰训练，曰爱国情绪。三者相辅相成，而不可以或缺。山地野战，爱国情绪莫尚焉。平原战之胜败，则决于军人之武德；而地势复杂之战场，则尤有赖于将才之因地制权，而操决胜之机焉。

"将才"之说，具详于第一篇，今请言"训练"。军队非训练不能战，此固人人知之。然吾今之所欲论者，非有形之训练，而无形之训练，所谓"精神"之训练也。诚窃以为培养军人之武德，尤为训练之第一义谛焉。军人之武德，必植其基于军队之荣誉心与自治力二者。苟军队之荣誉心，发挥之以至乎其极，蹈义不顾，人自知奋；炮火震撼而色不沮，败报纷纭而志不摇，持以沉著，进以猛锐，胜不骄，败不馁，忠于所事，矢死无二。自古名将，如亚力山大、凯萨、大弗立特力、拿破仑等之能战胜攻取而勋名彪炳者，亦以所部有军人之武德也。然则若何而可以培养军人之武德乎？曰：艰①苦之久战，与胜利之荣誉也。盖军人之未经战阵者，则其智勇无所发而不能以自信，所以临敌不免有仓皇失措之虞也。军队之战斗能力，必以历练而老到，尤必以将帅之指挥而历练。然军队之精神，非经胜利之振奋，不克日跻于坚强。然则军人之武德者，盖良将之化身，而胜利之结晶也。

---

① 艰，原作"坚"。

基博按：第一篇论士服习，所以论训练者详矣，兹特揭"精神之训练"一义，以培养军人之武德，而补第一义之漏义。自中国兵家论之：吴起有言：

> 兵以治为胜。所谓治者，居则有礼，动则有威，进不可当，退不可追，前却有节，左右应麾，离绝成阵，虽散成行，与之安，与之危，其众可合而不可离，可用而不可疲。投之所往，天下莫当，名曰父子之兵。（见《吴子·治兵》）

是即所谓"军人之武德"也。戚继光《练兵实纪》有"练心气"之说，谓：

> 人有此身，先有此心。气发于外，根原于心。匪心，则气曷出。故出诸心者为真气，格于物而发者为客气。练心则气壮。孟子曰"我善养吾浩然之气"，养心也；又曰"志一则动气，气一则动志。今夫蹶者、趋者，是气也，而反动其心"。是心者，内气也；气者，外心也。故出诸心者为真气，则出于气者为真勇矣。是故走阵于场，习艺于师，召耳目以金鼓，齐勇怯以刑名，皆兵中之一事。如人之五官十指、四肢皮毛，各有轻重缓急之司，要之少一件，固非完人；便少一件，亦未害其为人，亦与大命无干。何也？不足以该全体也。即如三军之政，行伍号令，旗鼓技艺之数，少一件，固不足以为万全之师；少一件，亦未必不能为一战之胜。故大命所系在气，而内属乎心。心之所系，则神明之感、自然之应也。故诛一人而千万人顺，诛心也；赏一人而千万人奋，亦赏①心也。不怒而威，岂斧钺之力哉！不言而信，岂金帛之惠哉！视死如归，得其心也；视敌如仇，心之同也。苟不求于心而务求于气。诚以北方之兵，骄悍劲猛，气孰尚焉。往岁征役于吴，一败而不可复振，盖其所发为勇者，乃浮气之在外者，非真气之根于心也。气根于心，则百败不可挫，天下莫当，父子之兵矣。

---

① 亦赏，原作"赏亦"，据文意改。

戚子于督兵东南时,凡诸营伍中,有养气太勇而久未用者,不使当前行,以其积气太浮,畏心渐掩,或轻视其号令,必堕贼之计中。故兵人惟恐其不勇,人皆知之;而勇之过盛,亦不可用,则知之者鲜矣。善将者宜何如而练其心气哉!是不外身率之道而已矣。倡忠义之理,每身先之,必诚感诚。又如婴儿哑子,饮食为之通,疾病为之恤,患难为之共,甘苦为之同。彼有情焉,如婴儿不能自通乎心,如哑子,不能自白于口。善将者不待其心之发而先为之所,不待其口之出而预为之谋,谆谆谕以忠君之义,祸福之辨,修短之数,死生之理,使之习服忠义;足以无忝所生,其为荣也利也如何?世之情事,有重于死者,有甚于生者。人心观感之下,积戴之久,感于爱,则爱君爱将,而身非所爱;感于义,则不忍后君后将,而先其所私;感于祸福之辨,则患难不足恐,而亲上之志坚;感于修短死生之数,则水火存亡,不足以夺其心。万人一心,心一而气齐,气齐而万人为一死。夫如是,吾以一心之万力而敌万力之各心;以一死夫,而拒彼万生命。孔曰"教民七年",孟曰"仁者无敌","执挺以挞秦楚之坚甲利兵"。非得其心而一其气,何以致此于民哉?(见《练兵实纪·储练通论》)

此之所谓"练心气",克氏谓之"精神之训练"者是也。曾国藩则以"训"与"练"为二事,谓:

> 三八操演,集诸勇而教之,反覆开说,至千百语,但令其无扰百姓。每次与诸弁兵讲说,至一时数刻之久,虽不敢云说法点顽石之头,亦欲以苦口滴杜鹃之血。练者其名,训者其实。(见《曾文正公书牍·与张石卿制军》)
>
> 训有二:训打仗之法,训作人之道。训打仗,则专尚严明,须令临阵之际,兵勇畏主将之法令,甚于畏贼之炮子;训作人,则全要肫诚,如父母教子,有殷殷望其成立之意,庶几人人易于感动。练有二:练队伍,练技艺。练技艺,则欲一人足御数人;练

队伍,则欲数百人如一人。(见《曾文正公批牍·统领韩字营全军韩参将进春禀奉委招勇》)

　　总之吾辈带兵勇,如父兄带子弟一般,无银钱,无保举,尚是小事,切不可使他因扰民而坏品行,因嫖赌洋烟而坏身体,个个学好,人人成材,则兵勇感恩,兵勇之父母妻子亦感恩矣。(见《曾文正公书牍·与朱云崖》)

此以"练"属于形式,"训"属于精神,而"训"重于"练",亦与克氏之意相发也。盖平日训练之所宜加意者如此。而亦有以训练非实地战争不能以磨炼出精神者。胡林翼曰:

　　凡兵之气,不见仗则弱,常见仗则强。久逸则终无用处,异日亦必不可临敌。(见《故文忠公书牍》己未十二月二十八日《致毛骧云观察》)

　　兵事如学生功课,不进则退,不战则并不能守。敬姜之言曰:"劳则思,逸则淫。"且久逸则筋脉皆弛,心胆亦怯,不仅难战,亦且难守。(同上庚申五月十五日《致毛骧云观察》)

　　守兵不动,久亦并不能守;战兵不战,久亦并不能战。其心散,其志弛,其力骧也。譬之写字读书,进德修业,非猛进,即乍退。游息只须半日半时,则精力乃足。若一日二日不做工夫,或经月经年不求精进,未有不懈不荒者。彼文事尚然,况用力之事耶!凡人总当忧勤,千般苦楚,总要人肯吃,无自便之策。(同上庚申九月十□日《致严渭春方伯》)

　　凡兵勇不难于进,而难于站稳,此坚忍之实在功夫。多历战事,兵勇乃有进境。(同上庚申十月二十九日《致余会亭》)

　　夫兵,犹火也,不戢则焚;兵,犹水也,不流则腐。治军之道,必以苦其心志,劳其筋骨为典法。(见《胡文忠公批扎·饬各统带查办各营》)

左宗棠曰:

得力之兵……大小操演，固宜加勤。然非调之随征，俾令历练有素，则虽技艺有观，终不足恃。盖打仗以胆气为贵。素练之卒，不如久战之兵，以练技而未练胆故也。（见《左文襄书牍》卷六《答徐树人中丞》）

不明练心练胆之术，而但侈器之精、技之长、阵①之整，固有时而穷矣。（同上卷二十《上总理各国事务衙门》）

此以战争为训练，而揆之克氏所云培养军人之武德，在"坚苦之久战"，与"胜利之荣誉"用意正同也。然"坚苦之久战"与"胜利之荣誉"，足以锻炼军队之精神，亦或以耗竭军队之精神，中国兵家有极论之者。何以明其然？戚继光谓：

兵之胜负者，气也。兵士能为胜负而不能司气。气有消长，无常盈，在司气者治制之何如耳。凡人之为兵，任是何等壮气，一遇大战后，就或全胜，气必少泄；又复治盛之以再用，庶气常盈。若一用之而不治，再用则浊，三用则涸，故无常胜之兵矣。

语引见第一篇。而胡林翼则曰：

尝论孺子之戏猪脬，贯以气而缚以绳。当其盛时，千锤不破；一针之隙，全脬皆消。兵事以气为主，兵勇之气，殆如孺子猪脬之气。此中盈虚消息之故，及蓄养之法，节宣之法，提倡之法，忍耐之法，惟大将能知之。（见《胡文忠公书牍》庚申八月二十九日《复多都统》）

王翦用六十万人，日以美饮食抚循其士而不遽战。李牧治边，日以市租椎牛飨士而不欲战。养之久，而气势之蓄，郁于中，乃愈厚。（同上庚申十月二十四日《覆阎丹初农部》）

俟审察贼情，并力大战，则我军之气，愈遏而愈盛。切忌零星试战。零星试战，最误事也。（同上庚申八月二十九日《复多都统》）

---

① 阵，原误作"陈"，据《左宗棠全集·书牍卷二十》改。

曾国藩曰：

战，勇气也，再而衰，三而竭。国藩于此数语，常常体验。大约用兵无他谬巧，常存有余不尽之气而已！孙仲谋之攻合肥，受创于张辽。诸葛武侯之攻陈仓，受创于郝昭。皆初气过锐，渐就衰竭之故。惟荀罃之拔逼阳，气已竭而忽振。陆抗之拔西陵，预料城之不能下，而蓄养锐气，先备外援以待内之自敝。此善于用气者也。愿学陆抗，气未用而预筹之；不愿学知罃，气已竭而复振之。（见《曾文正公书牍·与李次青》）

昔作有得胜歌云："起手要阴后要阳，出队要弱收队强。初交手时如老鼠，愈打愈狠如老虎。"虽粗浅之言，而精意不外乎是。（同上《覆宋滋久》）

左宗棠①曰：

兵事属阴，当以收敛闭塞为义；战阵尚气，当以磅礴郁积为义。知柔知刚，知微知彰，则皆干之惕若之心为之也。（见《左文襄公书牍》卷二《与王璞山》）

气愈王而神愈敛一语，直揭古今用兵要诀，非深于此道者不能知。果能此过矣，以治心之学治兵，克己之学克敌，知兵事以气为主，而多方养之，俾发而不泄，泄而不竭。（同上卷四《与王璞山》）

是知军队之精神，固贵振奋以妙鼓舞之用，尤当蓄养以善节宣之宜。斯克氏之所未及知也。然而振奋之法，亦自多端，而训练不足以尽之。《草庐经略》有"一众"之论，谓：

兵法曰："千人同心，则有千人之力。万人异心，则无一人之用。"众心不一，则彼此互诿，进退疑二；敌人薄之，前阵数顾，后阵欲走，虽百万之众，竟亦何益。故一众之说，兵家所同。《三

---

① 棠，原误作"棐"。

略》曰："士众欲一。"《司马法》曰："气闲心一。"《孙武子》曰："齐勇若一。"《六韬》以"一"为独往独来之兵。《尉缭》以"一"为独出独入之兵。所谓独者,谓能使三军之众一心同力,齐至死战。一之之法,拊循欲厚,激劝欲勤,号令欲严,赏罚欲信,俾士卒戴我而乐于一,畏我而不敢不一。又顿兵死地,示之以必死,令不得不致其死而一。所以万人一心,奋勇直前,人莫能御,如吴子所称父子之兵者是也。

而揭宣《兵法百言》则揭"励"之一言,以为:

> 励士之道,不恃乎法,名加则刚勇者奋,利诱则忍毅者奋。迫之以势,唉之以危,诡之以术,则柔弱者亦奋,将能恩威毕协,所策皆获,则三军之士,彪飞龙蹲,遇敌可克;而又立势佐威,盈节护气,虽北不损其锐,虽危不震其心,则又无人无时而不可奋。

此则振奋之法,有不尽于训练者也。要之军队之精神,宜振奋而不尽于振奋;可训练而不尽于训练。倘必以训练出精神,盖莫如恭绎吾国委员长《军人基本常识》一书,酌古衡今而制其宜,取精用宏,乃综合《司马法》之节制、孙武之权谋,而神明之以宋儒程朱之性理,贯彻之以近代曾、胡之训练,六通四辟,其运无乎不在,真所谓内圣外王之学也。呜呼!戚继光之论训练也,以为:"微乎微乎,妙不可测;神乎神乎,玄之又玄。此圣贤之精微,经典之英华。"天挺伟人,积累我神州禹域数千年之文化而系之一身,闳中肆外,其能知之矣。更岂克氏之所能窥哉!

民族之情绪,至晚近世而为战略之所不可忽视。拿破仑之盛衰,不过系于民族情绪之向背,方其得欧洲诸民族之拥护也,所向无敌。及西班牙民军起义,俄罗斯、普鲁士国民相继反法,而拿破仑一蹶不振。其亡也忽焉!拿破仑以前军队,以常备军为主,其众不多,如今之海军然。及国民服军役,而后近世之全民战争,乃始可能,而民族精神之系于欧洲战略者独巨焉。

基博按："全民战争"者，近代国家之新战略也。然而中国古兵家有论之者。盖春秋、战国以前，中国寓兵于民。故国民兵役之制，在欧为军政之革新，而在我则已陈之刍狗，布在方策，读《周礼》《管子》之书而可知也。于时诸侯力征，必以附民；民之不欲，将何以战！管子谓：

> 凡人之所以守战至死而不德其上者（原注：或守或战，虽复至死，不敢恃之以德于上），曰大者，亲戚坟墓之所在也；由宅富厚足居也；不然，则州党与宗族足怀乐也；不然，则上之教训习俗，慈爱之于民也厚，无所往得之也；不然，则山林泽谷之利足生也；不然，地形险阻，易守而难攻也；不然，则罚严而可畏也，赏明而足劝也；不然，则有深怨于敌人；不然，则有厚功于上也。今恃不信之人而求以利，用不守之民而欲以固，将不战之卒而幸以胜，此兵之三暗。（见《管子》）

孙子曰：

> 道者，令民与上同意也，故可与之死，可与之生，而民不畏危。（见《孙子·计篇》）

孙卿曰：

> 用兵攻战之本，在乎一民。弓矢不调，则羿不能以中微；六马不和，则造父不能致远；士民不亲附，则汤武不能以必胜也。故善附民者，是乃善用兵者也……故仁人上下，百将一心，三军①同力。臣之于君，下之于上，若子之事父、弟之事兄，若手臂之扞头目而覆胸腹也。诈而袭之，与先警而后击之一也。且仁

---

① 军，原误作"童"，据《荀子》改。

人之用十里之国，则将有百里之听；用百里之国，则将有千里之
听；用千里之国，则将有四海之听；必将聪明警戒，和传①而一。
（见《荀子·议兵篇》）

凡此皆全民战争之说。而国家所以决全民战争之胜负者有二：曰民
众之多寡，曰爱国情绪之盛衰。昔孟子与齐宣王论邹人与楚人战孰
胜，曰："楚人胜。"曰："然则小固不可以敌大，寡固不可以敌众。"（见
《孟子·梁惠王上》）而一九一四年，欧洲大战之连兵不解也，德人方西
推比以入法，东援奥以败强俄，乘胜远斗，其锋不可当；而吾国严复则
号于人曰：

　　德必无幸！何以明其然？今日之战，动以国从，战事之于人
国，犹试金之石，不独军政兵谋关乎胜负；乃至政令人心、道德风
俗，皆倚为衡。俄广土众民，天下莫二；然以蚕食小弱有余，至于
强对作战，则无往不败。昔之于日本，今之于德，皆其已事之明
验也。此其故不在兵，而在国之政俗。而德意志国力之强固，可
谓生民以来所未有。东西二面，敌英、法、俄三强国矣；而比塞虽
小，要未可轻。顾开战十阅月，民命死伤以亿兆计，每日战费不
在百万磅以下。推锋而前，覆比败法，累挫强俄，至今虽巴黎未
破，喀来未通，东则瓦骚尚为俄守，海上无一国徽，殖民地十丧八
九，然而一厚集兵力，则尽复奥所亡城。俄人奔命不遑，日忧战
线之中绝。法之北疆，英法联军动必以数千伤亡，易区区数基罗
之地，所谓死醋不得入尺寸者也。不独直抵柏林，虽有圣者，不
能计其期日，即如法北肃清，比地收复，亦未易言。此真史传之
所绝无，而又知人事之大可恃也。英人于初起时，除一二兵家如
罗勒古青纳外，大抵皆以为易与，及是始举国忧悚，念以全力注
之；而于政治，则变政党之内阁而为群策群力，于军械子药，则易

----

① 传，原作"附"，据《荀子》改。

榴弹以为高炸。取缔工党,向之八时工作者,至今乃十一时。男子袿兵革,女子职厂工。国债三举,数逾千兆镑而犹不给。由此观之,英人心目中,以条顿种民为何等强对,大可见矣!故尝谓国之实力,民之程度,必经苦战而后可知,设未经是役,则德之强盛,不独吾辈远东之民,不窥其实,即彼与接壤相摩者,舍三数公外,亦未必知其真际也。使其知之,则英人征兵之制,必且早行;法之政府,于平日军储,必不弛然怠缺而为之备明矣。今夫德以地形言,则处中央散地四战之境,犹战国之韩、魏。顾自伏烈大力以来,即持强权主义,虽中经拿破仑之蹂躏,而民气愈益深沉,千百八十年累胜之余,一跃千丈,数十年磨厉以须,以有今日之盛强。因此而知国之强弱无定形,得能者为之教训生聚,百年之中,由极强可以为巨霸,观于德可征已。方战事勃发之初,以德人新兴之锐,乘英法积弛之政,实操十全胜算,尔乃入巴黎不能,趋喀来不至,仅举比境与法北徵而不得过雷池半步者,此其中殆有天焉。及至旷日持久而不得志,则今日之事,其决胜不在战阵交绥之中,而必以财政兵众之数为最后。德虽至强,而兵力颇亦有限。试为约略计之,则一年中,其死伤或云达三百万,即令少此,二百余万,当亦有之。而其东陲对俄之兵,报称三百五十万众,如此则六百万矣;而西面比法之间,至少亦不下二百万。是德之胜兵八百万也。方战之初,德人自言兵有此数,群诧以为夸诞之言,乃今此众已全出矣。英法之海军未燔,而财力犹足以相持,军兴费重,日七八兆镑,久之德必不支。要而言之:德之霸权,终当屈于财权之下。又知此后战争,民众乃第一要义。吾国繁庶如此,假有雄桀起而用之,可以无敌;而日操戈同室,残民以逞,为足痛也!(见《学衡杂志》载《与熊纯如手扎》)

则是中国有其民矣;而民族精神者,爱国情绪之所由生也。世之为国者,必诏人民之爱其国,抑且不许人民之不爱其国。而不知人民之所以不得不爱其国者有二道焉:其一,国家之权能,足以保障人民之生命财产而策其安全;无国家,即无保障;人民虽欲不爱而势有不可。其一,国家之文化,足以发生人民之低徊景仰而系其思慕;无国家,即无文化;人民虽欲不爱而情有所不安。顾民国肇造,亦既日寻干戈,横征暴敛,强陵弱,智诈愚,纵无外患,吾侪小民生命财产,早已失所保障;所仅赖以维系吾民、搏其心志者,惟此数千年文化之涵濡,浃髓沦肌,深入人人尔。又有大师先觉,诋祖国为无文化,予智自雄,以考古者疑古,以摧毁中国文化者董理中国文化,孔孟比于刍狗,礼教以为大厉。二三十年来,亦既习为风气。而一国之人,自上之下,不复自知我国历史久长之难能、文化发扬之可贵。本实已拨,人奋其智,惟图私便,则国与民之所以搏系于不坏散者,仅法律权力之有强制、生命财产之受保障已耳,于精神意志之契合何有!一旦敌国外患之强有力者,患之以武,绥之以政,但使法律权力足以相制,生命财产足以相保,羊驯狗叩,群帖焉趋伏于敌人之足下已耳!今日沦陷战区之所见,莫不皆然矣。亦既寇深国危,计无所之,则又诏之以忠义,责之以爱国,所以淬厉吾人民者,祖国文化,又若不可爱而可爱。氓之蚩蚩,疑此日之所以诏,何以①往昔之所闻;而细民之所为诰,又殊大师之所讲。黠者嗤鼻,懦者充耳。此一役也,三军之众,虽若可以气使,天下之大,似未可以名劫。养之不豫,操之无本,心所谓危,由来者渐,非一朝一夕之故也。往者庚子义和团之乱,德国大将瓦德西奉其皇威廉勅命,为各国联军总司令以来中国,观其所以奏德皇者,谓:

> 中国四万万人同文同种,自负数千年之神明华胄,其为人勤生而节用,富有巧慧,而守法易治;忍嗜欲,耐劳苦,而以知其民族之健全,盖远在吾欧工业国人民之上。使有聪明天亶者出而领袖群伦,利用世界之近代文明以发挥神明华胄之自尊,中国未可侮也。(见瓦德西《拳乱笔记》一九〇一年二月三日之奏议)

---

① 以,据上下文意,似应为"异"。

乌呼！世界政雄所视，以为中国之不可侮者在此；而吾大师先觉，惟恐不铲灭之以为快，是诚何心！吾读黄台瓜辞曰："种瓜黄台下，瓜熟子离离。一摘使瓜好，再摘使瓜稀。三摘犹为可，四摘抱蔓归。"大师先觉之于中国文化，已再摘而三摘矣。耿耿隐忧，窃愿其慎勿摘耳！使全民忧争而无民族精神以厚植爱国情绪之基，则民非其民也，将何所借而欲策动全民战争哉！

作战之条件甚多，条件不具，则不可以战。假使彼我之条件相等，而胜负之决，必在兵力之多寡。特此之所谓兵力者，非两国兵力总数多少之谓，而指战场决战时兵力多少之谓，使其于决战之地点，当决战之时机，而配备优越之兵力，以远过于敌军者，无不胜。此乃战略用兵之枢要也。换言之，必使决战之地点，为敌兵力最弱之地点；而决战之时机，为敌兵力最弱之时机。则我有以胜敌，而敌无以制我。然则我何道而得此？曰：我必居于主动之地位；而何地决战，何时决战，以及决战所用之兵力，无不我自决之，而不为敌人所牵制；此亦理之自然。而所难者，在时与地之取舍。在我亦时有利钝，地有坚瑕；而敌人固亦择利而蹈以争取自动也。往古之战，罕有留意及此者；而史家叙战之记数量者，殊不概见，至大弗力特立及拿翁出，而后战争必以强大之兵力决胜，乃为兵家之所论定焉。

基博按：克氏之意，盖审其机，相其地，欲以我最强之一刹那，而乘敌最弱之一刹那也。此则管子坚瑕之说，孙子虚实之义。管子曰：

> 凡用兵者，攻坚则韧，乘瑕则神，攻坚则瑕者坚，乘瑕则坚者瑕。故坚其坚者，瑕其瑕者，屠牛坦朝解九牛，而刃可以莫铁（原注：莫，犹削也），则刃游间也。（见《管子·制分》）

盖用兵非难，而得间为难。然则如何而可？曰：莫如争取主动；而争取主动，则必形人而我无形。孙子曰：

我欲战,敌虽高垒深沟,不得不与我战者,攻其所必救也。我不欲战,画地而守之,敌不得与我战者,乖其所之也。故形人而我无形,则我专而敌分。我专为一,敌分为十,是以十攻其一也。则我众而敌寡,能以众击寡,吾之所与战者约矣。吾所与战之地不可知;不可知,则敌所备者多;敌所备者多,则吾所与战者寡矣。故备前则后寡,备后则前寡,备左则右寡,备右则左寡。无所不备,则无所不寡。寡者,备人者也。众者,使人备己者也。故知战之地,知战之日,则可千里而会战。不知战地,不知战日,则左不能救右,右不能救左,前不能救后,后不能救前;而况远者数十里,近者数里乎!以吾度之:越人之兵虽多,亦奚益于胜败哉!(见《孙子·虚实》)

此之所谓多寡,正如克氏所云"决战时兵力之多少,而非两国兵力总数多少"之谓也。盖惟形人而我无形者,为能争取主动,纵横挥斥,用寡如众,以众克寡;而亦惟争取主动者,为能形人而我无形。曾国藩曰:

兵法最忌情见势绌四字,常宜隐隐约约、虚虚实实,使贼不能尽窥我之底蕴。若人数单薄,尤宜知此诀。若常扎一处,人力太单,日久则形见矣。我之形,既尽被贼党觑破,则势绌矣,此大忌也!必须变动不测,时进时退,时虚时实,时示怯弱,时示强壮,有神龙矫变之状。老湘营昔日之妙处全在乎此!(见《曾文正公批牍·统领湘勇张道运关禀牛角岭与贼苦战失隘旋复由》)

此用寡者必争取主动,而后形人而不为人形也。胡林翼曰:

临阵分枝,不嫌其散。先期合力,必求其厚。(见《胡文忠公书牍》庚申九月初二日《致曾钦使》)

择贼所不防之处,并力一战,如破竹然;于根本节要批之,则势钝;于竹尖竹尾批之,则势利。贼从东来,西面必轻;西面破,东面自懈矣。兵法攻瑕,不可不思。(同上庚申正月十六日《致多

都护》)

此用众者必争取主动,而能并力以蹈人瑕也。大抵兵力之配备,必有以识众寡之用,审强弱之宜,而争取主动,乃可以决胜。以我之弱,持敌之强,是为牵制,为骄敌。以我之强,乘敌之弱,是为攻瑕,为决胜。苏洵不云乎:

> 不从其瑕而攻之,天下皆强敌也……范蠡曰:"凡阵之道,益左以为牡①,设右以为牝。"春②秋时,楚伐随。季梁曰:"楚人上左,君必左;无与王遇,且攻其右;右无良焉,必败!偏败,众乃携。"盖一阵之间,必有牝牡左右,要当以吾强攻其弱耳。取天下、取一国、取一阵,皆如是也。③ 唐太宗曰:"吾自兴兵,习观行阵形势,每战,视敌强其左,吾亦强吾左;弱其右,吾亦弱吾右;使弱常遇强,强常遇弱。敌犯吾弱,追奔不过数十百步。吾击敌弱,常突出自④背,反攻之,以是必胜。"后之庸将,既不能处⑤其强弱以数,而又曰:"吾兵有老弱杂其间,非举军精锐,以故不能胜。"不知老弱之兵,兵家固亦不可无。无之,是无以耗敌之强兵,而全吾之锐锋,败可俟矣!故智者轻弃吾弱,而使敌轻用其强。忘其小丧而志于大得,夫固要其终而已矣!(见《权书·强弱》)

此则不惟争取主动以攻敌之瑕,抑亦欲以善用吾弱而耗敌之强。盖克氏之所未及,而可以匡其漏义者也。

兵不厌诈,出奇而后能制胜,此兵家之常谈也。夫批吭捣虚,以集中兵力于决战之地,而乘敌之不备,盖亦出奇制胜之用也。盖奇兵

---

① 牡,原误作"壮"。
② 春,原误作"季"。
③ 检诸苏洵《权书·强弱》,此处并无"取天下、取一国、取一阵,皆如是也"句。
④ "自"字原缺,据苏洵《权书·强弱》补。
⑤ 处,原作"识",据苏洵《权书·强弱》改。

者,乃以行动迅速之军队,指挥灵敏之将效,与神秘莫测之兵机,合组而成者也。自古善战者,无不用奇。一八〇〇年,拿翁之绝阿尔柏山而过,以掩袭奥军,亦其一例也。虽当,用奇有以制胜,亦有以取败,而非可仅恃用奇以行险侥幸也。有强大之兵力,有精练之军士,有智勇之将校,然后参谋部之神谋秘计,因形设变以出奇制胜,此之谓强者之用奇。假使兵微将弱,器械不备,士不服习,不耻不若人,而行险侥幸,出人意表,以作孤注之一掷,不大胜,即大败。此可谓弱者之用奇。强者以用奇而益加强,弱者以用奇而多颠覆。此不可不察也。吾故曰:有准确之目光,有敏锐之头脑,而辅以狡狯之机智,此良将也。使徒有狡狯之机智,而不能出之缜密,将以小心①,或以卤莽灭裂者,非良将也!

基博按:用奇之说,乃中国兵家之所极论。孙子谓:

> 战者以正合,以奇胜。(见《孙子·势篇》)

而"以奇胜"之法,则未及详言之。苏洵曰:

> 古之善攻者,不尽兵以攻坚城。善守者,不尽兵之守敌冲。夫尽兵以攻坚城,则钝兵费粮而缓于成功。尽兵以守敌冲,则兵不分而彼间行袭我无备。故攻敌所不守,守敌所不攻。攻者有三道焉;守者有三道焉。三道:一曰正,二曰奇,三曰伏。坦坦之路,车毂击,人肩摩,出亦此,入亦此,我所必攻,彼所②必守者,曰正道。大兵攻其南,锐兵出其北,大兵攻其东,锐兵出其西③者,曰奇道。大山峻谷,中盘绝径,潜师其间,不鸣金,不挝鼓,突出乎平川以冲敌人腹心者,曰伏道。故兵出于正道,胜败未可知也;出于奇道,十出而五胜矣;出于伏道,十出而十胜矣。

---

① 心,原作"必",据文意改。
② 所,原误作"此",据《权书·攻守》改。
③ 西,原误作"面",据《权书·攻守》改。

何则？正道之城，坚城也。正道之兵，精兵也。奇道之城，不必坚也。奇道之兵，不必精也。伏道，则无城也，无兵也。攻正道而不知奇道与伏道焉者，其将木偶人是也。今夫盗之于人，抉门斩关而入者有焉；他户之不扃键而入者有焉；乘坏垣、坎墙趾而入者有焉。抉门斩关，而主人不之察，几希矣；他户之不扃键，而主人不之察，大半矣；乘坏垣、坎墙趾，而主人不之察，皆是矣。为主人者，宜无四门之固，而他户墙隙之不卹焉。夫正道之兵，抉门之盗也；奇道之兵，他户之盗也；伏道之兵，乘垣之盗也。所谓正道者，若秦之函谷、吴之长江、蜀之剑阁是也。昔者六国尝攻函谷矣，而秦将败之；曹操尝攻长江矣，而周瑜走之；钟会尝攻剑阁矣，而姜维之拒。何则？其为之守备者素也。刘濞反，攻大梁。田禄伯请以五万人别循江淮，收淮南长沙以与濞①会武关。岑彭攻公孙述，自江州溯都江，破侯丹兵，径拔武阳，绕出延岑军后，疾以精骑赴广都，距成都不数十里。李愬攻蔡，蔡悉精卒以抗李光颜而不备愬；愬自文成破张柴，疾驰二百里，夜半到蔡，黎明，擒元济。此用奇道也。汉武攻南越，唐蒙请发夜郎兵，浮船牂柯江，道番禺城下以出越人不意。邓艾攻蜀，自阴平，由景谷，攀木缘碊，鱼贯而进，至江油而降马邈，至绵竹而斩诸葛瞻，遂降刘禅。此用伏道也。吾观古之善用兵者，一阵之间，尚犹有正兵、奇兵、伏兵三者以取胜；况守一国、攻一国，而社稷之安危系焉者，其可以不知此三道而欲使之将耶！（见《权书·攻守》）

唐甄曰：

鸡之斗者，两距相拒，不知其他；狗之斗者，两牙相啮，不知其他。吾笑拙兵之智类鸡狗也。正道之兵，我之所往，敌之所来；我之所争，敌之所御；不可以就功。善用兵者，不出所当出，

---

① 濞，原误作"会"，据《权书·攻守》改。

出所不当出。无屯之谷,无候之径,无城之地,可以利趋,能趋之者胜。必攻之地常固,必攻之城常坚,必攻之时常警,不可以就功。善用兵者,不攻所当攻,攻所不当攻,欲取其东,必击其西,彼必不舍西而备东;欲取其后,必击其前,彼必不舍前而备后。此人情所不虞也,能误之者胜。万人为军,不过万人,五万人为军,不过五万人。十万人为军,不过十万人。我有此众,敌亦有此众,不可以就功。善用兵者,不专主乎一军。正兵之外有兵,无兵之处皆兵。有游兵以扰之,有缀兵之牵之,有形兵以疑其目,有声兵以疑其耳,所以挠其势也,能挠之者胜。此三奇者,必胜之兵也,少可胜众,弱可胜强。昔者唐子试于蜀,同舍生九人,有馈筒酒者,五人者据之,四人者弱,争之不能得也,乃择奴之捷者教之曰:"我噪而入,彼必舍甏御我。汝疾入取之。"于是声噪而攻唐[①]之左,彼果悉众向我于左。五人者胜而反饮,已亡其酒矣。善用兵者如唐子之取筒酒,可谓智矣。(见唐子《潜书·五形》)

此以奇胜之说也。然用奇不能以必胜,而用奇,必有先乎用奇者以预之于平日。克氏谓"有强大之兵力,有精锐之军队,有智勇之将校",又谓"奇兵者,乃以行动迅速之军队,指挥灵敏之将校,与神秘莫测之军机合之而成"。而所谓"行动迅速之军队[②],指挥灵敏之将校",皆先乎用奇,而不能不预之于平日者也。吾国德清陈斌《白云文钞》中有《读陈龙川酌古论》,则谓:

> 三代以上,战守皆正兵。秦汉以后之用兵者,守以正,战以奇;备敌以正,胜敌之奇;其隽功殊烈,克除天下之大毒,而立去生人之久痛者,盖莫不能用奇矣。然成军十万,无数千蹈凶入陷之死士,则不可以用奇。行军千里,无数十出鬼没神之间谍,则亦不可以用奇。吾观握奇之家,凤谋而成,临战而败者有之;夫

---

① 唐,原作"堂",按文意当指"唐子",据改。
② "队"下原衍"之"字,删。

岂非死士不附贵将，间谍不由公赏，恩动义结，尝恐不得。而况无专阃之帅，而况无猝应之饷；投机之会，转瞬莫及，虽欲用奇，何自而用之哉！

胡林翼曰：

大抵兵事不外奇正二字，而将才不外智勇二字。有正无奇，遇险而覆。有奇无正，势极即沮。智多勇少，实力难言。勇多智少，大事难成。（见《胡文忠公书牍》戊午十一月二十三日《复李雨苍茂才》）

军旅之事，谨慎为先。战阵之方，讲习为上。盖兵机至精，非虚心求教，不能领会，矧可是己而非人！兵机至活，非随时谨密，不能防人，矧可粗心而大意！（同上批牍《札霍营鲍副将喻都司》）

将在谋，不尽在勇；于战胜攻取之道，具有心得，以静制动，以预应猝，以我料敌，以经行权，读兵书而通其变，则知进知退，能正能奇，虽古来名将，不是过矣。（同上书牍己未七月二十日《复鲍春霆总镇》）

曾国藩：

大抵平日非至稳之兵，须不可轻用险着。平日非至正之道，必不可轻用奇谋。然则稳也，正也，人事之力行于平日者也；险也，奇也，天机之凑拍于临时者也。（见《曾文正公书牍·复胡宫保》）

凡云少兵以尝贼，伪退以诱贼，皆士诚将心至熟者之所为，非新营所可学也！（同上批牍《管带义字营吴主簿禀两次接仗败挫难于复振由》）

凡此所论，皆致谨于用奇，而出之以缜密，将之以戒惧，与克氏之意相发者也。倘用奇一不中，而为敌人所乘，此兵家之危道也！致谨于用奇之先，尤当预虑其不中之后。而揭暄《兵法百言》有"一"与"闲"之两言，以为：

行一事而立一法，寓一意而立一机，非精之至也。故用智须沉其一，用法须增其一，用变须转其一，用偏须照其一，任局必出其一，行之必留其一，画之必翻其一。盖以用为动，以一为静；以用为正，以一为奇。止于一，余一不可①。一不可一②余，一不可一尽。二余一而三之，四余一而五之③……精之至也……纷纠中赘设一步，不故解其所谓；宽缓处漫立一局，似觉属于无庸；迨后凑乎事机，实收此着之用，而知所关惟急也。人是兵有闲着。兵无闲着。

此所以虑用奇之不中，而预图有以承其敝，善其后也；要之无为孤注一掷而已。

兵法之不能不讲求地理，何得赘述！而地理运用之法，吾将于后数篇详论之。兹之所欲言者，在战略之所以言地理者，与战术绝不同也。盖战术为局部交战之法，战略为大体征战之学，而所以运用地理者，亦自有异。战术所言之地理，为分区之地理，宜详密，宜真确。而战略之地理，则宜着眼于全局，而其所资意讲求者，不以图籍为已足。战术之利用地理，不过一时一地交战之成功；而战略之地理利用，则综合各地交战之胜负而以求最后之胜利也。故就战术而言地形之利用，似有一定之原理。若论战略④之地理，则神而明之，存乎其人；知彼知己，惟在主帅之神计妙算而已。故其成功为不可必，而尤宜心知其意以防不虑之变。若其成功，则必为非常之功，而于胜负之大局有造者也。

基博按： 中国兵家，多言战术之地理，而罕有及战略之地理者。

① "止于一，余一不可"，原误作"止于余一不不可"，据《兵法百言》改。
② 一，原误作"之"，据《兵法百言》改。
③ 之，原误作"为"，据《兵法百言》改。
④ 略，原作"观"，据文意改。

孙子曰：

> 地者,远近险易广狭死生也。(见《孙子·计篇》)

梅尧臣为之说曰：

> 用兵贵先知地形。知远近,则能为迂直之计;知险易,则能审步骑之利;知广狭,则能度众寡之用;知生死,则能识胜负之势。

此战术之地理也。而孙子具言所以运用地理之方法,则详《九变》、《行军》、《地形》、《九地》四篇。其后兵家之言地理者宗之,亦战术之地理也。而揭暄《兵法百言》有"地"之一言,则历观史册所载古今用兵成败而通其意以明地理运用之法曰：

> 凡进师克敌,必先相敌地之形势。十里有十里之形势,百里有百里之形势,千里、数千里各有形势;即数里之间,一营一阵,亦有形势。一形势,必有吭有背,有左夹右夹,有根基要害。而所恃者,必恃山恃水,恃城恃壁,恃关隘险阻、草木蓊翳、道路错杂。克敌者必审其何路可进,何处可攻,何地可战,何虚可袭,何山可伏,何径可透,何险可遮,利骑利步,利短利长,利纵利横,业有成算,而后或扼吭,或拊背,或穿夹,或制根基要害。恃山则索逾山之法,恃水则索渡水之法,恃城壁关隘、草木道路,则索拔城破壁,越关过隘、焚木除草、稽察道路、正岐通合之法。势在外,无轻入,入如鱼之游釜,难以遗脱;势在内,毋徒绕,绕如虎求圈羊,不可食也。

此亦克氏所谓"战术之地理",而可以"一定之原理"说明者也。独吾邑顾景范先生著《读史方舆纪要》,历观古今用兵成败之迹,而以言中国之战略地理,以为：

> 途有所必由,城有所必攻,此知之于平日者也。欲出此途而不径出此途者,乃善于出此途者也。欲攻此城而不即攻此城者,

乃善于攻此城者也。此知之于平日，而不得不资于临时者也。攻则攻敌之所不能守，守则守敌之所不能攻。辨要害之处，审缓急之机，奇正断于胸中，死生变于掌上，因地利之所在而为权衡焉，此固大将之任。而吾所以用多用少、用分用合、用实用虚之处，既已灼然知之，而后从其可信而缺其可疑，以善吾地理之用，夫然后可以动无不胜。(见《读史方舆纪要序》)

此则克氏之所谓"战略之地理"，而贵乎心知其意，不可以"一定之原则"求者也。然克氏谓"战术之地理""似有一定之原理"，而亦仅"似有一定之原理"。左宗棠谓：

> 地学之要，不过山川条列，得真形，可为用兵之助。至用兵之精微，专在临时相度详审。如得其宜，则数仞之冈，无异嵩华；渐车之浍，无异江河。固非一定之崇卑夷峻所能限也。岂图画计里开方、测高测深便谓胜策在斯乎！大地山川，千万古未之有改；而兴亡成败，远者数百年，近者数十年、十数年，如棋局然。何尝披图按谱，学磨牛旋迹之为乎！胜局须防一着之错，败局原有一着之生，其分在用子之人，其效在一心之用而已。(见《左文襄公书牍》卷十五《答谭文卿》)

诚哉是言也！

编　后　记

　　《克劳塞维兹兵法精义》原名《德国兵家克劳山维兹兵法精义》，初发表于浙江大学 1937 年 10 月创办的宣传抗日救国的时事刊物《国命旬刊》第六、七、八、十、十二号（1938 年 5 月至 7 月），署名"浙江大学教授顾谷宜精译、师范学院教授钱基博注释"，1941 年 11 月由江南出版合作社（浙江丽水）出版发行，内容较《旬刊》版多有增补。此次出版以上海图书馆所藏之丽水版为底本校印，原书版权页上注为"上册"。从其内容看，本书至少还有下册，但是否出版过，尚不得而知。查《国命旬刊》之内容，只有《发凡》、《明学》两章，无所补益。此间，编者于浙江省图书馆、国家图书馆、北京大学图书馆、天津图书馆、华东师范大学图书馆、无锡国专图书馆、丽水市图书馆等单位多方搜求，均未能如愿，有此书者也仅为上册，不见下册踪影。因以付诸阙如为憾！

上海古籍出版社